Egon Spiegel

Gewaltverzicht

Grundlagen einer biblischen
Friedenstheologie

edition pace I Band 28
Regal: *Pazifismus der frühen Kirche* 3

Herausgegeben von Peter Bürger, in Kooperation mit:
Ökumenisches Institut für Friedenstheologie,
Lebenshaus Schwäbische Alb

Egon Spiegel

Gewaltverzicht

Grundlagen einer biblischen Friedenstheologie

Dritte, unveränderte Auflage

edition pace

Diese Buchausgabe
folgt der schon erschienenen
Digitalversion des Online-Regals
(OekIF / Lebenshaus Schwäbische Alb)

© 2024

Egon Spiegel

GEWALTVERZICHT
Grundlagen einer biblischen Friedenstheologie.

Neuedition nach der Zweiten Auflage 1989.

edition pace ⏐ Band 28
(*Regal: Pazifismus der frühen Kirche* 3)

Herausgegeben & gestaltet von Peter Bürger.

Umschlagmotiv: „Palmesel" um 1480, vermutl. aus Ulm,
Sammlung Victoria & Albert Museum
(Marie-Lan Nguyen ⏐ commons.wikimedia.org)

Verlag: BoD · Books on Demand GmbH, In de Tarpen 42,
22848 Norderstedt, bod@bod.de ⏐ Druck: Libri Plureos
GmbH, Friedensallee 273, 22763 Hamburg
ISBN: 978-3-7693-2404-4

Inhalt

Für
Barbara
Salome und Simeon

————

Die Christen müssen der Versuchung widerstehen,
sich mit einem falschen Gefühl von Machtlosigkeit
oder Sicherheit abzufinden.
Die Kirche sollte ihre Bereitschaft betonen,
ohne den Schutz von Waffen zu leben,
und bedeutsame Initiativen ergreifen,
um auf eine wirksame Abrüstung zu drängen.

V. Vollversammlung des Ökumenischen Rates der Kirchen
vom 23. November bis 10. Dezember 1975 in Nairobi (Kenia)

Den Staatsoberhäuptern und Regierungschefs, den Mächtigen in Politik und Wirtschaft rufe ich zu: Verschreiben wir uns dem Frieden, dem Frieden durch Gerechtigkeit! Entscheiden wir uns feierlich, hier und jetzt, als Mittel zur Lösung von Streitigkeiten nie mehr Krieg zuzulassen oder gar zu suchen! Versprechen wir unseren Mitmenschen, uns unermüdlich um Abrüstung und für die Ächtung aller Kernwaffen zu bemühen! Laßt uns Gewalt und Haß ersetzen durch gegenseitiges Vertrauen und Solidarität!
Jedem Menschen in diesem Land und in der Welt rufe ich zu: Fühlen wir uns verantwortlich füreinander und für die Zukunft: über alle politischen und gesellschaftlichen Grenzen hinweg! Erziehen wir uns und erziehen wir die anderen im Geist des Friedens! Lassen wir die Menschheit niemals mehr zum Opfer im Kampf zwischen wetteifernden Systemen werden! Nie wieder darf es einen Krieg geben!

Johannes Paul II. in seiner Ansprache vor dem
Friedensdenkmal in Hiroshima am 25. Februar 1981

Mit dem Aufkommen der sog. „neuen" Friedensbewegung hat auch die friedenstheologische Literatur boomartig zugenommen. Schon sind wesentliche Beiträge zu Einzelfragen aus dem weiten Bereich der theologischen Friedensforschung kaum noch zu überschauen. Versuche, sie zu einer Globalinformation zu verarbeiten, gestalten sich darum immer schwieriger, profitieren allerdings auch von der Fülle vielfältiger Detailuntersuchungen.

Hier soll nun zum einen eine vorläufige Bilanz gezogen, d. h. das vorliegende Material gesichtet und die unterschiedlichen Argumente zusammengestellt werden. Zum anderen zielt die Herausarbeitung einer bibeltheologischen Orientierung, die Erarbeitung von Grundlagen einer biblischen Friedenstheologie auf eine Vertiefung der Diskussion über Gewalt und Gewaltverzicht, insbesondere Krieg und Frieden.

Ausgangspunkt meiner Untersuchung ist das neutestamentlich überlieferte Friedenshandeln Jesu, das ich sowohl von alttestamentlicher Theologie als auch Jesu „Reich Gottes"-Verkündigung her nach Umfang, Wurzeln und Ziel zu erhellen versuche. Unter beiden Gesichtspunkten versteht sich Jesu Gewaltverzicht als theologisch-zwingende Konsequenz und umgekehrt jede Zuflucht zu (personaler wie struktureller) Gewalt als eine atheistische, d. h. nicht mit Gott rechnende Praxis.

Dieser Befund mutet einen hohen Maßstab für die zwischenmenschlichen und politischen Auseinandersetzungen zu. Ihm liegt eine Deutung biblischen Textmaterials zugrunde, die sich nicht daran orientiert, was weithin als machbar („realistisch") gilt, sondern offen ist für die Herausforderungen einer am ersten Gebot orientierten „radikalen" Jahwe-Theologie und gerade dadurch neue, verheißungsvolle Wege zu zeigen vermag.

Meine Beschäftigung mit Themen des Friedens reicht bis in meine Schulzeit zurück und wurde tief geprägt durch das Zusammenleben und die Begegnungen vor allem mit Bernhard Schilling und Wolfgang Kurzschenkel, mit Wolfgang Spiegel, Ullrich Hahn, Josef Geue, Herbert Froehlich und Hildegard Goss-Mayr, denen ich an dieser Stelle für ihre vielfältigen Wegweisungen und -begleitungen danke.

Daß ich mein bis heute nicht abgeschlossenes Hinterfragen herkömmlicher Konfliktlösungsstrategien und mein Suchen nach gewaltfrei-orientierten Handlungsmodellen auf der Ebene der theologischen Friedensforschung fortsetzen konnte, habe ich meinem verehrten Lehrer und Doktorvater, dem Direktor des Instituts für Christliche Gesellschaftslehre an der Theologischen Fakultät der Albert-Ludwigs-Universität Freiburg i. Br., Herrn Prof. Dr. Rudolf Henning zu verdanken, der mir nicht nur auf wissenschaftlichem Gebiet jede Förderung zukommen ließ, sondern auch im privaten Bereich viel Gutes getan hat. Ihm gebührt mein ganz besonderer Dank.

Vorliegende Arbeit ist der überarbeitete erste Teil einer dreiteiligen Untersuchung, die unter dem Titel „Wege in die Gewaltfreiheit. Materialien – Argumente – Impulse" von der Theologischen Fakultät der Universität Freiburg i. Br. als Dissertation angenommen wurde. Für die Zweit-Begutachtung bin ich Herrn Prof. Dr. Dr. Rudolf Pesch (bibeltheologischer Teil) und Herrn Prof. Dr. Fritz Beutter (sozialwissenschaftlicher Teil) sehr zum Dank verpflichtet. Durch ein großzügiges Stipendium des Verbands der Diözesen Deutschlands wurde mir der für die Ausarbeitung nötige Freiraum vergönnt; hier bedanke ich mich besonders bei dem Direktor der Katholischen Sozialwissenschaftlichen Zentralstelle in Mönchengladbach, Herrn Prof. Dr. Anton Rauscher.

In ungezählten Gesprächen, in oft langer Nachtarbeit, hat mich Wolfgang Kurzschenkel auf Schwachstellen und Unklarheiten meiner Ausarbeitung hingewiesen: ein unschätzbarer Freundschaftsdienst, für den ich ihm sehr dankbar bin.

Zu danken habe ich auch Helga Weber und Wolfgang Zucht für ihren großen verlegerischen Einsatz.

Amöneburg, im Januar 1987
Egon Spiegel

Während der Büchermarkt mit Friedensliteratur übersättigt erscheint, darf dieses Buch nach relativ kurzer Zeit seine zweite Auflage erfahren. Um den günstigen Kaufpreis im wesentlichen halten zu können, ist dabei auf das Korrigieren kleinerer, unwesentlicher Fehler verzichtet worden. Aus derselben Überlegung heraus kann ich in dieser Auflage auch nicht auf die zahlreichen bereits erschienenen Rezensionen und privaten Zuschriften eingehen, die – wie etwa Dieter Emeis (KatBl 113 [1988] 693f) – fast durchweg die zentrale Aussage meiner Untersuchung herausstellen: daß der Verzicht auf Gewalt eine Konsequenz des Vertrauens auf Gott (Gandhi würde sagen: auf die Macht der Wahrheit) ist.[1] Bernhard Häring hat sicher recht, daß noch stärker Entsprechungen des Selbstverständnisses Jesu mit den deutero-jesajanischen Gottesknechtsliedern hätten herausgearbeitet werden können (THG 30 [1987] 273). Weitergeben möchte ich auch einen Hinweis von Peter Fiedler, daß schon nach E. HAENCHEN (Der Weg Jesu, Berlin 2. Auflage 1968, 392-389) die sog. Tempelreinigung nicht als historisch angesehen werden könne: daß sich ein Vorgehen mit nackter Gewalt nicht in das Jesusbild der Evangelien einfüge, daß „zwischen diesem Jesus, der mit seinen Anhängern gewaltsam im Tempel eine ‚neue Ordnung' einführt, und dem Jesus der Gleichnisse und der Sprüche … eine tiefe Kluft" bestehe (ebd. 387).

Hier wie in allen Detailfragen wird die exegetische Forschung weitergehen und mit noch manchen überraschenden Ergebnissen aufwarten. Wichtig bleibt, sich den biblischen Herausforderungen zunächst einmal zu stellen und dabei die Erfahrung zu riskieren, in seinem eigenen Verhalten hinter ihnen zurückzubleiben, ohne sogleich und im Gegenzug dazu die Forderung nach einer Gewalt-legitimierenden „Notordnung" für die Zeit der ausbleibenden Global-

---

[1] In den folgenden Zeitschriftenbeiträgen habe ich die Kernaussagen meiner Untersuchung zusammengefaßt: E. SPIEGEL, „Assur kann uns nicht retten …" Theo-anthropologische Voraussetzungen der gewaltfreien sozialen Verteidigung (Herrn Prof. Dr. Rudolf Henning zum 65. Geburtstag), in: gewaltfreie aktion (Vierteljahreshefte für Frieden und Gerechtigkeit) 18 (2./3./4. Quartal 1986) 18-22; DERS., Einer biblischen Theologie des Gewaltverzichts auf den Spuren, in: ru (Zeitschrift für die Praxis des Religionsunterrichts) 17 (1987) 142-145.

verwirklichung des Reiches Gottes zu erheben und sich darin im Grunde nicht von außerchristlichen politischen Theorien zu unterscheiden. Große Überwindungen wird die Theologen noch die biblisch-orientierte Auseinandersetzung mit den verschiedenen Erscheinungsformen struktureller Gewalt und das Hindenken sowie Hinarbeiten auf alternative gewaltfreie Strukturen des Zusammenlebens kosten.

Die mehrfach geforderte Veröffentlichung jener Bände, in denen ich auf der Grundlage meiner bibeltheologischen Orientierungsarbeit sozialethische Konsequenzen erörtere, muß ich aus verschiedenen Gründen noch zurückstellen.

Amöneburg, im Februar 1989
E. S.

———

Anmerkung
zur vorliegenden Dritten Auflage

Die hier dargebotene Neuausgabe erscheint in der Reihe „edition pace" (Regal I Pazifismus der frühen Kirche 3) und folgt – abgesehen von einigen Schreibkorrekturen – in allem der zweiten Auflage[2] von 1989. Wir danken Egon Spiegel für die freundliche ‚Freigabe' seiner Pionierstudie, denn ohne eine biblische Grundlegung wäre unser „Regal" zur Kriegsverweigerung der vorkonstantinischen Kirche schon von der Anlage her auf Sand gebaut. I pb

---

[2] Egon SPIEGEL, Gewaltverzicht. Grundlagen einer biblischen Friedenstheologie. Zweite Auflage. Kassel: Verlag Weber, Zucht & Co 1989. [279 Seiten; die Erstauflage ist 1987 erschienen]. I Vollständig auch enthalten in: Thomas NAUERTH (Hg.), *Handbibliothek Christlicher Friedenstheologie* (= Sonderband der Digitalen Bibliothek). Berlin 2004.

Einleitung

Mit der in jüngster Zeit heftig entbrannten Diskussion[1] über Krieg und Frieden, Rüstung und Abrüstung, Gewalt und Gewaltfreiheit ist das Vertreten pazifistischer Überzeugungen schlagartig salonfähig geworden. Neue Aufrüstungsbestrebungen (vgl. Neutronenbombe, Pershing II, SDI)[2] haben ungeheure Betroffenheit ausgelöst. Große Bevölkerungsteile sehen Zusammenhänge und Gefahren, derer sie sich vorher nicht bewußt waren. Dieser Prozeß verläuft nicht nur blockübergreifend.[3] In beinahe allen Berufsgruppen haben sich Friedensinitiativen gebildet, in den meisten Wissenschaftsdisziplinen wird die Arbeit für den Frieden thematisiert und nach den je eigenen Möglichkeiten einer Arbeit für den Frieden gefragt.[4]

a) Unzureichende Ansätze der kirchlichen Friedensarbeit und theologischen Friedensforschung

Stark betroffen und motiviert durch jene als lebensbedrohend erkannten politischen Entwicklungen versuchen jetzt auch die mit Erwachsenenbildung, Religionsunterricht oder Katechese betrauten

---

[1] Hier ist darauf hinzuweisen, daß auch schon vor der Zeit der sog. „neuen" Friedensbewegung in kleinen engagierten Friedenskreisen (beispielsweise des Internationalen Versöhnungsbundes oder Pax Christi) zum Teil sehr intensiv gewaltfreie Konfliktlösungsstrategien diskutiert wurden, wenngleich dies in der breiten Öffentlichkeit zunächst eine relativ geringe Beachtung fand.

[2] Vgl. dazu die Jahrbücher des STOCKHOLM INTERNATIONAL PEACE RESEARCH INSTITUTE (SIPRI); Die UNO-STUDIE: Kernwaffen, München 1982; A. WILSON, Das Abrüstungshandbuch. Analysen, Zusammenhänge, Hintergründe, Hamburg 1984.

[3] Vgl. etwa H. A. PESTALOZZI/R. SCHLEGEL/A. BACHMANN (Hg.), Frieden in Deutschland. Die Friedensbewegung: wie sie wurde, was sie ist, was sie werden kann, München 1982; W. BÜSCHER/P. WENSIERSKI/K. WOLSCHNER (Herausgegeben unter Mitarbeit von R. HENKYS), Schwerter zu Pflugscharen. Friedensbewegung in der DDR, Reinbek bei Hamburg 1982.

[4] Vgl. nur etwa die mit dem Friedensnobelpreis 1985 ausgezeichnete Initiative „Ärzte für den Frieden" und die ungezählten örtlichen Initiativen (mit beispielsweise dem Ziel der Erklärung „atomwaffenfreier Zonen").

Mitarbeiter in den Kirchen, zum Frieden zu erziehen.[5] Mitunter geschieht diese Schwerpunktsetzung situationsbedingt überstürzt und kurzschlüssig.[6]

Aus dem Bedürfnis, die zunächst vernachlässigte bzw. nicht als notwendig erkannte Friedenserziehung nachzuholen, erklären sich beispielsweise die naheliegenden, doch unzureichenden Orientierungsversuche, die an den alt- und neutestamentlichen Friedensbegriffen (*schalom* und *eirene*) anknüpfen.[7] So verdankt die gegenwärtige Friedensforschung den wissenschaftlichen Untersuchungen der biblischen Friedensbegriffe[8] zwar wesentliche Impulse, doch auch die ernüchternde Erkenntnis, daß die vielfältigen, nach Ort und Zeit differierenden Vorstellungen von Frieden, wie sie bei den verschiedenen Verfassern biblischer Schriften begegnen, nicht einfach auf moderne Verhältnisse übertragbar sind.[9] Wenn im AT die Rede vom

---

[5] Aus dem Spektrum der Literatur zur religiösen Friedenserziehung sei hier nur verwiesen auf: C. BÄUMER u. a. (Hg.), Friedenserziehung als Problem von Theologie und Religionspädagogik, München 1981; N. METTE, Zum Friedenshandeln erziehen. Thesen zu einer religionspädagogischen Aufgabe, in: P. Eicher (Hg.), Das Evangelium des Friedens. Christen und Aufrüstung, München 1982, 165-188; M. METTNER/J. THIELE, Entwaffnender Glaube. Frieden als Thema in Religionsunterricht, Jugendarbeit und Erwachsenenbildung. München 1983; G. BIEMER, Thesen zur Friedenserziehung als Aufgabe der Religionspädagogik, in: Christlich-pädagogische Blätter 97 (1984) 458-464.

[6] Vgl. F. RICKERS, Friedenserziehung im Religionsunterricht. Ein Literaturbericht, in: P. Biehl/C. Bizer/H.-G. Heimbrock/F. Rickers (Hg.), Jahrbuch der Religionspädagogik (JRP), Bd. 1, Neukirchen 1984, 120-136: „Insgesamt wirken die bisherigen Beiträge zur Friedenserziehung in der Religionspädagogik noch sehr unfertig, abrißhaft und kurzatmig, manchmal naiv-aktionistisch und punktuell. Ihr Charakter als Gelegenheitsschriften einzelner engagierter Religionspädagogen ist nicht zu übersehen."

[7] Vgl. z. B. B. HÄRING, Umrüsten zum Frieden. Was Christen heute tun müssen, Freiburg/Basel/Wien 1983, 13: „Der Ausgangspunkt aller unserer Überlegungen ist die Friedensbotschaft der Bibel. Dabei muß uns klar sein, wie zentral diese für die ganze Offenbarung ist. Es gilt zu verstehen, was der Friedens- und Segensgruß Schalom für jeden einzelnen und für die ganze Menschheit bedeutet."

[8] Vgl. etwa die Arbeiten von C. WESTERMANN, Der Frieden (Shalom) im Alten Testament, in: Studien zur Friedensforschung. Bd. 1, hg. von G. Picht und H.E. Tödt, Stuttgart 1969, 144-177, und P. STUHLMACHER, Der Begriff des Friedens im Neuen Testament und seine Konsequenzen, in: W. Huber (Hg.), Historische Beiträge zur Friedensforschung (Studien zur Friedensforschung, Bd. 4), Stuttgart/München 1970, 21-69.

[9] Vgl. nur die Bemerkungen bei WESTERMANN, Frieden (Shalom) 144: „Von einer Untersuchung des alttestamentlichen Wortes für ‚Frieden' ist eine direkte Auswirkung auf die gegenwärtige Friedensdiskussion nicht notwendig zu erwarten …" (ähnlich auch H. H. SCHMID, salôm. „Frieden" im Alten Orient und im Alten Testament, Stutt-

„Schalom des Krieges" (vgl. 2 Sam 11, 7) sein kann, dann steht in z. B. dieser Dimension der alttestamentliche Friedensbegriff konträr zu dem aktuellen und zentralen Bemühen um einen Frieden zumindest jenseits von Krieg. Das bei der Suche nach einer Auskunft des NT zu den gegenwärtigen Fragen des Friedens beliebte Rekurrieren auf Eph 2, 14-17[10] und darin das Bekenntnis, daß Jesus „unser Friede" ist (V 14a), wirkt nicht nur oft verlegen, es läßt dann auch häufig ein näheres und notwendiges Eingehen auf die Ansprüche paulinischer Christologie und Eschatologie vermissen. Ein Vorgehen unter rein begrifflichen Gesichtspunkten, das soll hiermit nur angedeutet sein, ist zwar verständlich, doch eben auch recht unzulänglich.[11]

Darüber hinaus entgehen auch jüngere Veröffentlichungen zum Thema „Frieden" nicht der Gefahr, bestimmte Schriftstellen und Wegweisungen Jesu interessenbedingt eklektizistisch, positivistisch-eng, nicht zuletzt moralistisch[12] zu verwenden und dabei – nolens, volens – lediglich (wenn auch immerhin) altbekanntes pazifistisches Gedankengut zu rezipieren, ohne freilich jene bahnbrechenden und avantgardistischen Vorarbeiten substantiell zu überbieten.

---

gart 1971, 10; DERS., Frieden ohne Illusionen. Die Bedeutung des Begriffs schalom als Grundlage für eine Theologie des Friedens, Zürich 1971, 5-7); K. GEYER, Theologie des Friedens. Literaturbericht zu Arbeiten aus dem Bereich der neutestamentlichen Wissenschaft, in: G. Liedke (Hg.). Frieden – Bibel – Kirche (Studien zur Friedensforschung, Bd. 9), Stuttgart/München 1972, 187-199; 188: „Die Eindeutigkeit, mit der oft Pazifisten und Nichtpazifisten ihre Positionen durch direkten Rekurs auf das Neue Testament glaubten begründen zu können, ist heute immer fragwürdiger geworden."

[10] Zu Eph 2,14-17 vgl. J. GNILKA, Christus unser Friede – ein Friedens-Erlöserlied in Eph 2,14-17. Erwägungen zu einer neutestamentlichen Friedenstheologie, in: G. Bornkamm/K. Rahner (Hg.), Die Zeit Jesu (Festschrift Heinrich Schlier), Freiburg 1970, 190-207.

[11] Vgl. auch die Reserviertheit gegenüber einem Vorgehen auf der Grundlage von „Stichwort-Assoziationen" bei L. PERLITT, Israel und die Völker, in: Liedke (Hg.), Frieden 17-64; 18f. Vgl. auch ebd. 58. Dagegen vgl. aber auch die Anfrage von G. LIEDKE, Israel als Segen für die Völker. Bemerkungen zu Lothar Perlitt „Israel und die Völker", in: DERS. (Hg.), Frieden 65-74; 65f.

[12] Gegen den moralisierenden Umgang mit der Bergpredigt vgl. E. DREWERMANN, Der Krieg und das Christentum. Von der Ohnmacht und Notwendigkeit des Religiösen, Regensburg 1982.

b) Versuch einer weiterführenden Systematik

Auch in der nachfolgend dargebotenen Untersuchung werden die verschiedenen, in der bisherigen Literatur zu unserem Thema bereits mehr oder weniger ausführlich erörterten Textstellen Berücksichtigung finden – nicht jedoch in der Weise einer bloßen Nebeneinanderreihung zum freien Gebrauch im Streitgespräch über Krieg und Frieden. Die Systematik der Ausarbeitung macht bereits deutlich, daß hier das auffallend gewaltfreie Verhalten und Handeln Jesu – weiterführend – nach seiner theologischen Wurzel und Zielgerichtetheit befragt wird.

Zwar wird in einem *ersten Schritt* Jesu gewaltfreies Friedenshandeln allein dem Umfang nach erörtert (in diesem Zusammenhang kommt es selbstverständlich auch zu exegetischen Detailuntersuchungen wie z. B. der sog. Tempelreinigung oder der problematischen Schwertworte Jesu); Jesu Verhalten wird also zunächst nur oberflächlich geschaut, d. h. die Physiognomie, das Relief seines Gewaltverzichts wird in den Blick genommen. Dazu zählt auch, modern gesprochen, seine Ablehnung struktureller Gewalt.[13]

Unweigerlich stellt sich über solcher Betrachtung seines Verhaltensprofils die Frage nach möglichen Motiven, nach den Wurzeln seines Gewaltverzichts, der – insbesondere im Rückgriff auf alttestamentliche Schriften – in einem *zweiten Schritt* nachgegangen werden soll. Dabei wird deutlich, daß sich Jesus offensichtlich auf dem Boden einer Theologie bewegt, die geprägt ist durch die radikale Ernstnahme des ersten der Zehn Gebote und das Bild eines barmherzigen, gewaltfreien Gottes sowie einer grenzenlosen Liebe zum Mitmenschen.

Jesu Verkündigung des angebrochenen „Reiches Gottes" als Zentrum seiner Umkehrpredigt vorausgesetzt, stellt sich schließlich in einem *dritten Schritt* die Frage nach der Absicht, dem Ziel seines

---

[13] Vgl. dazu auch die Fragestellung bei N. LOHFINK, „Gewalt" als Thema alttestamentlicher Forschung, in: DERS. (Hg.), Gewalt und Gewaltlosigkeit im Alten Testament, Freiburg/Basel/Wien 1983, 15-50; 40: „Ist irgendwo überhaupt schon einmal ins Auge gefaßt worden, daß Gewalt mit Rechtsordnung und mit Staat zusammenhängt und man vielleicht das eine ohne das andere gar nicht diskutieren darf?" Vgl. auch F. WAGNER, Zur theologischen Kritik der Gewalt. Ein Beitrag zum Verhältnis von dogmatischer und ethischer Urteilsbildung, in: Zeitschrift für Theologie und Kirche 78 (1981) 320-344; 343.

Verhaltens. Die im Gewaltverzicht sich konkretisierende Feindesliebe wird danach mehr als „Reich Gottes"-strategische denn bloß emotionale Größe begriffen.

Ausgehend von Jesu herausforderndem Verhalten, werden in diesem systematischen Dreierschritt (Jesu Umfang des Gewaltverzichts verstanden von seinen Wurzeln und seinem Ziel her, erörtert also im Spannungsfeld von „woher" und „wohin") *Grundlagen einer biblischen Friedenstheologie* erarbeitet, ja wird gleichsam die *Skizze einer Theologie des Gewaltverzichts* entworfen – nicht zu verwechseln mit den bekannten Eintöpfen, die sich aus Auslegungen gewaltfreiorientierter Schriftzitate zusammensetzen und in ihrer Art leicht zu ideologischem Mißbrauch bzw. moralistischer Verwendung verleiten. Indem vorliegende Arbeit versucht, den Gewaltverzicht Jesu hinsichtlich seines Umfangs, seiner Wurzeln und seines Zieles durchsichtig und auf diese Weise versteh- und nachvollziehbar zu machen, verfolgt sie das Ziel einer Entscheidung für den Weg Jesu im Sinne von Nachfolge statt Nachahmung, in psychologischen Kategorien gesprochen: von Identifikation (ich begreife das Verhalten Jesu von seinen Beweggründen her) anstelle von Imitation (ich ahme es, ohne solches Wissen, knechtisch-abhängig, d. h. verständnislos und unfrei nach).

Das hier betont theologisch und nicht etwa ethisch- humanistisch begründete Gewaltverzichtspostulat gewinnt, letztlich im Interesse einer Zunahme von Mitmenschlichkeit, an nicht mehr zu überbietender, eben *religiöser Verbindlichkeit.*

c) Hinwendung der Sozialethik zur Exegese

Nach einer boomartigen Zunahme pazifistischer Protestaktionen fordern viele ihrer Teilnehmer und Initiatoren Anstrengungen um Vertiefung von Information und Motivation. Wie ein erstes, wenn auch überwältigendes Betroffensein von eben begriffenen politischen Vorgängen einer soliden Fundierung durch die Arbeit umfangreicher Kriegsursachenforschung[14] bedarf, so tun einer christli-

---

[14] Eine Einführung in die Kriegsursachenforschung bietet etwa K.W. DEUTSCH. Der Stand der Kriegsursachenforschung, DGFK-Hefte: Friedens- und Konfliktforschung, Nr. 2, Sept. 1973. Bonn-Bad Godesberg. Vgl. darüber hinaus die speziellen Veröffentli-

chen Friedensbewegung, nach einem zum Teil ersten, schlaglichtartigen Wahrnehmen biblischer Wegweisungen in ein Leben ohne Gewalt, ganzheitliche theologische Orientierungen not. Christliche Friedensbewegungen wie christliche Sozialethik sehen sich dabei zunehmend auf die Exegese des Alten und Neuen Testaments verwiesen.

Für die Sozialethik ist insbesondere in der Frage des Friedenschaffens die Bibelwissenschaft (neben Soziologie und Politologie) eine *zentrale, meinungsbildende Hilfs- und Bezugswissenschaft*. In diesem Sinn versteht sich vorliegende Untersuchung als eine *von sozialethischem Erkenntnisinteresse geleitete bibeltheologische bzw. exegetische Vorarbeit*: in dem durch ihre Ergebnisse abgesteckten Rahmen habe ich (noch zu veröffentlichende) gewaltfreie Alternativen zu militärischer, staatlicher und revolutionärer Gewalt entwickelt und umfassend dargestellt.[15] Sie ist also das vorläufige Ergebnis eines durch Fragestellungen aus dem Bereich „Christliche Gesellschaftslehre" geprägten Studiums biblischer Fachliteratur, einer Art „Umfrage" des Sozialethikers bei den auf Exegese spezialisierten und bibeltheologisch beschlagenen Kollegen.

Die dort begegnende Breite und Vielfalt des Auslegungsspektrums sowie die Häufigkeit krasser Auslegungsgegensätze lassen erstaunen und – bescheiden werden im Versuch einer Zusammenschau der Arbeitsergebnisse. Wer hier als Sozialethiker beanspruchen würde, klärend in den Streit der Exegeten eingreifen zu wollen, überschritte bei weitem seine Kompetenz. So kann denn auch im folgenden nur eine Art *Materialsammlung*, eine Wiedergabe von Argumenten, eine „Globalinformation" durch das Nebeneinanderstellen verschiedener Auslegungspositionen und bestenfalls hier und dort eine Problemanzeige versucht werden.[16] Der Leserin und dem Leser

---

chungen der „Hessischen Stiftung Friedens- und Konfliktforschung" (Frankfurt).

[15] Wie bereits im Vorwort erwähnt, entstand diese Arbeit im Rahmen einer in sozialethischem Fachbereich angefertigten Dissertation, ausgehend von der kritischen Wahrnehmung verschiedener Gewaltverhältnisse und den Versuchen ihrer realistischen, sozialwissenschaftlichen Einschätzung sowie ethischen Beurteilung.

[16] Daß die Exegese, was unser spezielles Frageinteresse betrifft, erst am Anfang einer wünschenswert intensiven Auslegungsarbeit steht, macht für den Bereich des Alten Testaments N. Lohfink deutlich: vgl. N. LOHFINK, „Gewalt". In dieser seiner Problemanzeige (vgl. dazu die Rezension von S. WAGNER, in: Theologische Literaturzeitung 110 [1985] 804-806) bekennt der Autor, daß es ihm „viele Mühe" gemacht habe, das

bleibt damit allemal die Aufgabe, sich letztlich selbst ein Urteil auf dem Hintergrund eigener zusätzlicher Untersuchungen und Erfahrungen zu bilden. Zur Weiterarbeit und Vertiefung sowie ergänzenden bzw. korrigierenden Einzeluntersuchung (der Versuch einer Zusammenschau ist immer nur möglich auf Kosten der Arbeit am Detail[17] und mit dem Risiko des Dilettantismus) sollen Hinweise in den Anmerkungen dienen – das möge auch die Fußnotenlastigkeit entschuldigen, die einmal mehr dadurch gefördert wurde, als das Thema umstritten ist und deshalb möglichst differenziert und vielschichtig angegangen sein will.[18]

Es steht fest, daß auch gewissenhafte und sorgfältige Untersuchungen immer nur Annäherungen an die *biblischen Texte* ermöglichen, daß Jesus in seinem Anliegen, in seiner Sendung und Verkündigung, nur partiell verstanden werden kann. Bei aller Offenheit im Hinblick auf neue, weiterführende Ergebnisse der exegetischen Forschung, bei aller Zurückhaltung bezüglich definitiver Aussagen, wird hier dennoch die „Ansicht" vertreten und begründet, daß Jesus

---

Material für seinen einleitenden Forschungs- und Literaturüberblick zusammenzusuchen; denn „weder standen wirklich brauchbare Hilfsmittel zur Verfügung, etwa unter diesem Gesichtspunkt schon zusammengestellte Spezialbibliographien, noch gab es überhaupt einen einheitlichen und allgemein akzeptierten Gesichtspunkt, unter dem" er suchen konnte. (N. LOHFINK, „Gewalt" 16f) Im großen und ganzen decken sich seine Hinweise sowohl auf Forschungsrichtungen wie Literatur bis hinein in die Systematisierung seiner Ausführungen mit dem von mir in meiner schon vorher eingereichten Dissertation. Dort habe ich auch bereits staatliche Ordnungsgefüge (um mit N. Lohfink zu sprechen) „unter der Rücksicht des Bezugs zur Gewalt studiert"; vgl. ebd. 24: „So müßte man, wollte man die Detailbeschäftigung unserer Wissenschaft mit der Gewalt vollständig auflisten, nun eigentlich auch noch nach den Arbeiten zu Gesetz, Recht, Staat und anderen Ordnungsgefügen fragen." Vgl. auch N. LOHFINK, Die Schichten des Pentateuch und der Krieg, in: DERS. (Hg.), Gewalt 51-110; 75.

[17] Nicht unproblematisch ist freilich auch die „emsige Vielgeschäftigkeit", die sich in zahlreichen Einzeluntersuchungen zum Wortfeld „Gewalt" im AT und vielen Spezialstudien ausdrückt, möglicherweise aber „den geheimen Zweck" hat, „vor lauter Vor- und Einzelfragen ... vor der Begegnung mit den eigentlichen Fragen bewahrt zu bleiben." N. LOHFINK, „Gewalt" 26.

[18] Daß das mit der Veröffentlichung von N. Lohfink u. a. geförderte wissenschaftliche Gespräch im Bereich der alttestamentlichen (ich würde ergänzen: und neutestamentlichen) Wissenschaft gezielt und speziell weitergeführt wird, ist die eine Hoffnung (vgl. die oben erwähnte Rezension von S. WAGNER 806); daß die Ergebnisse hinausund in Nachbardisziplinen hineingetragen werden, ist die andere. Meine eigenen Anstrengungen verstehe ich als Beitrag insbesondere für letzteres.

entschieden und konsequent auf Gewalt[19] verzichtet und dadurch einen Weg aus der Spirale der Gewalt in ein gewaltfreies Zusammenleben gewiesen hat.

d) Ausbau der theologischen Friedensforschung

Ein erfolgversprechendes Hinarbeiten auf gewaltfreie Lebensverhältnisse bedarf der interdisziplinären Zusammenarbeit: der Verständigung zwischen den verschiedenen theologischen Disziplinen,[20] den unterschiedlichen Wissenschaften sowie zwischen diesen und außerwissenschaftlichen Versuchen,[21] Wege des Friedens ausfindig zu machen. Von lehramtlicher kirchlicher Seite liegen dementsprechend seit geraumer Zeit zahlreiche Appelle an die Wissenschaften im Interesse einer Intensivierung der Forschung für den Frieden vor. So erklärt Johannes Paul II. – um nur dieses Wort zu zitieren – in seiner Botschaft zum Weltfriedenstag 1982, daß der Aufbau des Friedens neben anderem auch „vom Fortschritt der entsprechenden Forschungen" abhänge, von wissenschaftlichen Studien über den Krieg und sein Wesen, über seine Ursachen, Mittel, Ziele

---

[19] Hier soll bewußt die Frage, was Gewalt eigentlich ist, ausgeklammert werden. Ich habe sie andernorts (vgl. meine Dissertation, Bde 2 und 3) ausführlich nach allen Seiten hin erörtert und bin mit anderen Autoren zu dem Ergebnis gekommen, daß eine allseits befriedigende Definition noch aussteht. Ich setze voraus, daß mit „Gewalt" bzw. „Gewaltverzicht" grob, doch für jeden verständlich, eine Richtung angedeutet ist, in der gemeinsam fragend weitergegangen werden kann: auf diesem Weg werden sich die Begriffe mehr und mehr mit konsensfähigen oder auch nicht-konsensfähigen Inhalten füllen.

[20] Daß auch die Dogmatik und Fundamentaltheologie wesentliches in dem gemeinsamen Ringen um einen aus der „Spirale der Gewalt" (Helder Camara) herausführendes Friedenshandeln beitragen kann, zeigt z. B. die Arbeit von R. SCHWAGER, Brauchen wir einen Sündenbock? Gewalt und Erlösung in den biblischen Schriften, München 1978. Auf exegetischer Seite haben nach einer Reihe wertvoller Arbeiten von Mitgliedern der Forschungsstätte der Evangelischen Studiengemeinschaft (F.E.St., Heidelberg) auf katholischer Seite vor allem N. Lohfink und R. Pesch, P. Trümmer und G. Lohfink gearbeitet. Kurz vor der letzten Überarbeitung des vorliegenden Textes für den Druck ist die engagierte moraltheologische Arbeit von B. HÄRING, Die Heilkraft der Gewaltfreiheit, Düsseldorf 1986, erschienen; sie konnte leider nicht mehr berücksichtigt werden.

[21] Eine wissenschaftskritische Haltung weiß zu akzeptieren, daß weiterführende, für das Überleben der Menschheit wichtige Erkenntnisse nicht selten „extra muros" gewonnen werden.

und Einsätze und die darin enthaltenen zahlreichen Hinweise auf die Bedingungen des Friedens.[22] Ähnlich appellieren die US- amerikanischen Bischöfe in ihrem Pastoralbrief über Krieg und Frieden „an die Männer und Frauen in der Wissenschaft": „Wir brauchen die Untersuchungen und Analysen der Sozialwissenschaftler bei unserem Bemühen, die moralischen Grundsätze der katholischen Tradition auf die konkreten Probleme unserer Zeit anzuwenden. Wir ermutigen die Sozialwissenschaftler, diese Arbeit weiter zu tun und moralische Einsicht und politische Realität miteinander in Beziehung zu setzen. Wir brauchen immer wieder eure Erkenntnisse."[23]

Was speziell die *theologische Friedensforschung* betrifft, so ist in der katholischen Kirche wiederholt deren Intensivierung gefordert worden. Bereits im Synodenbeschluß „Der Beitrag der Katholischen Kirche in der Bundesrepublik Deutschland für Entwicklung und Frieden" wird die Empfehlung ausgesprochen, „die Friedensforschung zu fördern, ihre Ergebnisse zu berücksichtigen und die Theologie des Friedens in Forschung und Lehre in Zusammenarbeit mit der Friedensforschung weiter zu entfalten."[24] In ihrem Hirtenwort „Gerechtigkeit schafft Frieden" sieht die Deutsche Bischofskonferenz in der theologischen Friedensforschung ein Aufgabenfeld, in dem „Christen besondere Verantwortung haben";[25] dazu führen die Bischöfe weiter aus: „Wir wünschen, daß sich die theologische Forschung und Lehre intensiver mit den grundlegenden Problemen des

---

[22] *Der Frieden, Gottes Geschenk, den Menschen anvertraut.* Botschaft des Papstes zum Weltfriedenstag am 1. Januar 1982, in: L'Osservatore Romano 12 (1. Januar 1982, Nr. 1) 1 und 4f; 4.

[23] DIE HERAUSFORDERUNG DES FRIEDENS – Gottes Verheißung und unsere Antwort. Pastoralbrief der Katholischen Bischofskonferenz der USA über Krieg und Frieden, in: Pax CHRISTI, Deutsches Sekretariat (Hg.), Herausforderung Frieden. Antworten der Bischöfe der USA, der Niederlande, der DDR, Österreichs, Ungarns, der Schweiz, Belgiens, Irlands und Japans, Frankfurt 1983, 5-129; 115.

[24] DER BEITRAG DER KATHOLISCHEN KIRCHE IN DER BUNDESREPUBLIK DEUTSCHLAND FÜR ENTWICKLUNG UND FRIEDEN. Ein Beschluß der Gemeinsamen Synode der Bistümer in der Bundesrepublik Deutschland, hrsg. vom Sekretär der Gemeinsamen Synode (Heftreihe: Synodenbeschlüsse Nr. 13), Bonn o.J., 37 (Nr. 2.3.1).

[25] GERECHTIGKEIT SCHAFFT FRIEDEN. Wort der Deutschen Bischofskonferenz zum Frieden, hrsg. vom Sekretariat der Deutschen Bischofskonferenz (Reihe: Hirtenschreiben der deutschen Bischöfe Nr. 34), Bonn 1983, 66 (Nr. 5.3.1).

Friedens, aber auch mit seiner Realisierung in der politischen Wirklichkeit und mit den praktischen Beiträgen der Kirche beschäftigt."[26]

In diesem Sinne leistet bereits die „Päpstliche Akademie der Wissenschaft" hervorragende Arbeit,[27] wenngleich diese – hier teilt sie das Schicksal der weltkirchlichen Verlautbarungen, denen vor allem im westdeutschen Katholizismus eine „gewisse Arroganz" entgegenbracht wird[28] – von den Multiplikatoren kaum wahrgenommen, geschweige ihre Ergebnisse an der Basis weitergegeben werden. Im deutschsprachigen Raum sollten vor allem Anstöße für die theologische Friedensforschung und kirchliche Friedensarbeit von der Deutschen Kommission „Justitia et Pax", dem bisherigen „Katholischen Arbeitskreis Entwicklung und Frieden" zu erwarten sein. Das vom Katholischen Militärbischof 1978 errichtete und von E. J. Nagel geleitete „Institut für Theologie und Frieden" (Barsbüttel) dokumentiert in verdienstvoller Weise Literatur zur Friedensthematik; seine Forschungsprojekte und Veröffentlichungen sind eindeutig darauf ausgerichtet, der theologischen und ethischen Rechtfertigung militärischer Verteidigungspolitik (kritisch) zu dienen, sie sind darin aber um dialogfähige Grundlagen bemüht. Wenn das Gespräch über Krieg und Frieden, Gewalt und Gewaltverzicht innerhalb der katholischen Gemeinden nicht ganz verstummt, dann dürfte das freilich noch am ehesten der offiziellen internationalen katholischen Friedensbewegung „Pax Christi" (mit ihren bescheidenen finanziellen Mitteln) zu verdanken sein.

Im großen und ganzen lebt das Gespräch wie die wissenschaftliche Forschung zum Thema „Frieden" von einer Vielzahl von Einzelinitiativen, die zusammenzuführen Aufgabe einer *universitär verankerten theologischen Friedensforschung* bzw. einer *ökumenisch getragenen Einrichtung für Fragen des Friedens* sein könnte. Hier liegt jedoch – man bedenke die oben zitierten Forderungen nach einer Intensivierung theologischer Friedensforschung – ein Defizit vor, das im Interesse des Überlebens dringend zu beheben ist. Die Institutionalisierung der theologischen Friedensforschung ist heute weniger

---

[26] Ebd. 67 (dies. Nr.).

[27] Die in regelmäßigen Abständen zusammenkommende Akademie veröffentlicht ihre Ergebnisse im L'Osservatore Romano (z. B. über die Auswirkungen eines atomar geführten Krieges); ihre fundierten Arbeitsergebnisse stimmen pessimistisch.

[28] Vgl. METTNER/THIELE 17.

denn je Luxus; sie ist eine Notwendigkeit.[29] Denn Frieden und die Sorge um ihn werden ab jetzt nicht nur ein bedeutsames Dauerthema z. B. der Moraltheologie (vergleichbar etwa der Sexualethik als absoluter Renner spezieller Moraltheologie) bleiben, es dürfte sich vielmehr als das Thema des Überlebens und Lebens schlechthin erweisen.

Die ebenfalls von kirchlicher Seite schon als notwendig bezeichnete „Friedensarbeit in der Gemeinde" bedarf ständiger Bemühungen um Grundlegung, einer fachlich-verantworteten Überführung bibeltheologischer Herausforderungen und Einladungen in sozialethische Impulse und schließlich pastoraltheologischer, katechetischer wie religionspädagogischer Konzepte, wie sie etwa eine Einrichtung für theologische Friedensforschung (Sammelstelle und Umschlagplatz friedensfördernder Erkenntnisse) leisten könnte.

e) Zum Begriff „Gewaltverzicht"

Der Begriff „Gewaltverzicht", der in der vorliegenden Untersuchung zentral verwendet wird, erscheint im Vergleich mit den Begriffen „Gewaltlosigkeit" und „Gewaltfreiheit"[30] recht blaß: umgibt ihn nicht sogar im alltagssprachlichen Gebrauch ein Geruch von Feigheit und Passivität? Bei genauerer Deutung zeigt sich aber, daß er in Wirklichkeit das Gegenteil zum Ausdruck bringt: nämlich ein Verhalten aus „souveräner Stärke". Denn dem echten Verzicht auf

---

[29] Vgl. den nach wie vor relevanten Beitrag von H. E. TÖDT, Friedensforschung als Problem für Kirche und Theologie. Einführung in die „Studien zur Friedensforschung", in: Studien zur Friedensforschung, Bd. 1 (vgl. Anm. 8), 7-72.

[30] In einem Beitrag zur Bergpredigt spricht Ernst Käsemann bewußt von „Gewaltverzicht" und nicht von „Gewaltlosigkeit", weil jenes „immer Ideologie" sei (insofern es nie und nirgends gewaltfreie Räume gebe und gegeben habe); E. KÄSEMANN, Bergpredigt – eine Privatsache?, in: Aktion Sühnezeichen/Friedensdienste (Hg.), Christen im Streit um den Frieden. Beiträge zu einer neuen Friedensethik – Positionen und Dokumente (zusammengestellt und bearbeitet von W. Brinkel u. a.), Freiburg 1982, 74-83; 81. Nun impliziert die Rede von Gewaltlosigkeit zwar nicht gewaltfreie Räume, sondern gewaltfreies Handeln (was in der Regel einseitig und in einem Klima der Gewalt erfolgt), ist aber dennoch (vor allem in ihrer gesteigerten Form: im Gebrauch des Begriffs „Gewaltfreiheit") der Gefahr einer Ideologisierung ausgesetzt. Mehr noch als „Gewaltlosigkeit" vermittelt der Begriff „Gewaltfreiheit" Statisches und damit ideologischen Dunst. Das scheint mir bei „Gewaltverzicht" weniger die Gefahr zu sein.

Gewalt gehen die Potenz und der Impuls zur Gewalt voraus. Umgekehrt: „Wer nicht zuschlagen *kann*, wird es auch gar nicht erst versuchen." Doch ist dann nicht „Verzicht" gegeben. „Denn Verzicht setzt Vollbesitz und Freiwilligkeit voraus." Mehr noch: „Die frei gesetzte, vernünftig motivierte Unterlassung stärkt die Gewißheit zu können, was man begründet nicht tut."[31]

So ist auch Jesu Gewaltverzicht „nicht Schwäche, im Gegenteil, er ist wie nichts anderes Ausdruck seiner souveränen Stärke, die es nicht nötig hat, den anderen mit Füßen zu treten, sei es auch um noch so edler Zwecke willen."[32] Daß er Gewalt hätte anwenden können, wenn er dies nur gewollt hätte, es aber bewußt und entschieden unterlassen hat, teilt nicht nur die Versuchungserzählung (vgl. Mt 4,8-10; Lk 4,1-13) mit; bildhaft unterstreicht dies auch die in Mt 26,53 überlieferte Begründung, mit der Jesus die gewaltsame Nothilfe des Petrus bei seiner Gefangennahme zurückgewiesen hat: „Oder glaubst du nicht, mein Vater würde mir zugleich mehr als zwölf Legionen Engel schicken, wenn ich ihn darum bitte?"

---

[31] Alle Zitate: F. HAMMER, Macht. Wesen – Formen – Grenzen, Königstein/Ts. 1979, 50; vgl. auch F. BEUTTER, Christliche Ethik in der pluralen Gesellschaft, in: Theologische Zeitschrift 34 (1978) 212-220; 220.
[32] M. HENGEL, War Jesus Revolutionär?, Stuttgart 4. Aufl. 1970, 22; vgl. auch J. EBACH, Das Erbe der Gewalt. Eine biblische Realität und ihre Wirkungsgeschichte, Gütersloh 1980, 58.

1 | Umfang des Gewaltverzichts Jesu

Jesu Gewaltverzicht hinsichtlich seines Umfanges in den Blick zu bekommen, ist angesichts der Quellenlage und des großen zeitlichen Abstandes kein unproblematisches Unterfangen. Selbstverständlich heißt es dabei, die Ergebnisse der historisch-kritischen Exegese aufzugreifen, was freilich nicht ausschließen muß, sich in die Existenz Jesu, d. h. hier sein Ringen um den rechten Weg in den Auseinandersetzungen mit den religiösen und politischen Kräften seiner Zeit, *einzufühlen*. Das Profil Jesu, die Konturen seines gewaltfreien Handelns erschließen sich – das unterstreicht auch die Vielfalt der zitierten Beiträge – im Geltenlassen, mehr noch in der einander ergänzenden Zusammenführung unterschiedlichster Entdeckungsversuche. Eine historisch völlig abgesicherte Wiedergabe des Verhaltens Jesu wird es niemals geben und braucht es auch niemals zu geben: der geglaubte, kerygmatische Jesus ist zugleich auch der irdische, historische Jesus, wie umgekehrt der historische Jesus als vor allem der geglaubte zur Überlieferung Anlaß gibt.

Natürlich ist dabei auch die Unterscheidung von jesusechten Worten bzw. Taten und sogenannten Gemeindebildungen[1] und – damit verbunden – die interessante und reizvolle Frage nach dem historischen Jesus[2] angezeigt. Um jedoch nicht in dem weiten Feld der dadurch aufgeworfenen (Vor)fragen stecken zu bleiben, wird dem hier nur exemplarisch und nicht durchgängig entsprochen. Das Bild des historischen Jesus mag von den Verfassern und Redaktoren der neutestamentlichen Schriften verschiedentlich verzeichnet sein,

---

[1] Sie hat beispielsweise D. LÜHRMANN, Liebet Eure Feinde (Lk 6,27-36/Mt 5,39-48), in: Zeitschrift für Theologie und Kirche 69 (1972) 412-438, im Hinblick auf die Forderung nach Feindesliebe vorgenommen. – Zum angesprochenen Problem vgl. insbesondere auch die Ausführungen von W. LIENEMANN, Gewalt und Gewaltverzicht. Studien zur abendländischen Vorgeschichte der gegenwärtigen Wahrnehmung von Gewalt, München 1982, 54-59 („Zur Autorität von Jesus-Logien"), der mit P. Stuhlmacher in der „Konvergenz von Kerygma und historischer Rekonstruktion" eine methodische Ausgangsbasis sieht.
[2] Dazu einiges bei H. FLENDER, Die Botschaft Jesu von der Herrschaft Gottes, München 1968, und M. LATTKE, Neue Aspekte der Frage nach dem historischen Jesus, in: Kairos, N.F. 21 (1979) 288-299.

indes niemals so verzerrt, daß dadurch das Anliegen Jesu verdunkelt oder gar verraten wäre. Der geglaubte Jesus der nachösterlich entstandenen schriftlichen Zeugnisse ist auch ein Spiegelbild des historischen, mehr noch: eine dichte Wiedergabe jesuanischen Profils. Die Inkaufnahme einer mehr verschwommenen Sicht des historisch wahren Wirkens Jesu, die z. T. unkritische Hinnahme vielfältiger, situations- und auseinandersetzungsbedingter Einfärbungen[3] halten freilich dazu an, wo immer im folgenden vom *Gewaltverzicht Jesu* die Rede ist, ergänzend mitzudenken: im *Zeugnis seiner ersten Jünger*, in der Wiedergabe der Evangelisten. Um es abschließend noch einmal zu betonen: so sinnvoll die angedeuteten Differenzierungen sind, hier würden sie, streng durchgehalten, den Versuch einer Orientierung in der Gewaltfrage, ausgehend vom Beispiel Jesu, eher behindern als fördern. Nach Jesu Verhältnis zur Gewalt fragen heißt auch, nach dem der ersten Gemeinden (in denen die schriftlichen Glaubenszeugnisse entstanden sind) fragen. Darin sauber unterscheidende Detailuntersuchungen bleiben reizvoll und sind überaus wünschenswert; hier können sie nicht geleistet bzw. nicht in jedem Fall referiert werden.

Mit diesen Einschränkungen gilt es nun, in einem ersten Kapitel nach *Umfang und Tragweite* des Gewaltverzichts Jesu zu fragen, um in den beiden darauffolgenden Kapiteln (2 und 3) die *Gründe* und *Absichten* seines Verhaltens so herauszuarbeiten, daß daraus Verhaltenskriterien ableitbar sind, die zu einem eigenständigen, über eine bloße Nachahmung hinausreichenden Gewaltverzicht befähigen.

1.1 | „… gehorsam bis zum Tod"

Aus dem Martyrium wächst Leben. Der Anblick des Leidens verwandelt. Um die Verkrustung eines Herzens aufzubrechen, um einen Gesinnungswandel herbeizuführen, ist manchmal das äußerste geboten: das Opfer des Lebens unter Verzicht auf Gewalt. „Nur das

---

[3] Nicht wenige der relativ spät entstandenen Jesuszeugnisse des Neuen Testaments dienen der Auseinandersetzung der Jüngergemeinden mit beispielsweise der zelotischen Aufstandsbewegung und ihren Vertretern und sind von daher kritisch zu lesen: hier wird oft mit der Autorität (in der Regel wohl auch im Geist) Jesu, sozusagen „ex cathedra", gesprochen.

Kreuz, nicht das Schwert, besiegt die Welt und die Hölle."[4] Wenn den Verstockten mit den besten Worten nicht beizukommen ist, kann ein Leiden unter bewußtem Verzicht auf Gegengewalt zu einer Notwendigkeit werden, das bereitwillige Todesopfer zu einem „Muß" (vgl. Lk 24,46; Mt 26,53f).[5] So fragt denn auch die urchristliche Gemeinde in ihrem Bemühen, den Tod Jesu zu verstehen: „Mußte nicht der Messias all das erleiden, …?" (Lk 24,26)

Oder hätte Jesus seinen Leidensweg doch besser und zur rechten Zeit verlassen sollen? Petrus tritt nicht zum erstenmal als *advocatus diaboli*, als Anwalt des scheinbar Gebotenen auf, wenn er bei der Gefangennahme Jesu mit dem Schwert zuschlägt und dadurch Jesu Weg noch kurz vor dem Ende zu verbauen droht (vgl. Joh 18,10 und Mk 8,31-33). Jesus verbittet sich jedoch diese Art von „Nothilfe": „Der Kelch, den mir der Vater gegeben hat – soll ich ihn nicht trinken?" (Joh 18,11)[6] Noch steht, nachdem alle anderen Mittel (wie

---

[4] L. Ragaz, Die Bergpredigt Jesu, Hamburg 1971, 84.

[5] Vgl. O. Pesch, Das geheimnisvolle „Muß" im Leben Jesu. Durch Leiden und Tod zur Herrlichkeit, in: Geist und Leben 49 (1976) 81-87; 82: Das „Muß" des Kreuzestodes Jesu ist zwar ein geheimnisvolles. Doch „wir dürfen dieses ‚Muß' auch nicht so verstehen, als ob dahinter von Anfang an ein ‚Plan' Gottes, des Vaters, gestanden hätte. … Es ist einfach das ‚Muß' der ‚Ohnmacht Gottes' in der Welt." Vgl. auch G. Schumacher, Die Botschaft vom Kreuz. Leiden – die Probe aufs Leben, in: Kirche und Mann 29 (April 1976, Nr. 4) 1: Weil Jesus „kompromißlos seinen Weg ging, weckte er nicht nur Glauben und Nachfolge, sondern auch Widerstand und Feindschaft. Sein Leidensweg ist die Probe darauf, ob er wirklich vorbehaltlos vor Gott lebte. Seine Kreuzigung bestätigt, daß er nie eine Ausnahme machte."

[6] Die in dieser Weise bei Johannes geschilderte Auseinandersetzung zwischen Jesus und Petrus gibt einen gut vorstellbaren Konflikt wieder; sie trifft im Kern der Aussage jene bereits von Mk (vgl. 8,31-33) unverblümt zur Sprache gebrachte oppositionelle Haltung des Petrus, der das zielgerichtete und darin konsequent gewaltfreie Verhalten Jesu nur schwer begreifen kann. Dennoch darf sie hier nur quasi-historisch, im Sinne einer erzählerischen Verdichtung, verstanden und im großen Kontext des Lebens und Wirkens Jesu gedeutet werden. Wenn wir auch „nicht im geringsten zu bezweifeln" brauchen, „daß Jesus in Getsemani den Versuch einer gewaltsamen Befreiung abgelehnt hätte, falls einer der Jünger das Schwert gezückt hätte", so muß doch „die Behauptung, Jesus selbst habe in Getsemani zu einem konkreten Fall des Schwertgebrauchs Stellung genommen, … als äußerst gewagt gelten". (A. Vögtle, Was ist Frieden? Orientierungshilfen aus dem Neuen Testament, Freiburg/Basel/Wien 1983, 78f) „Denn höchst wahrscheinlich kam der Schwerthieb eines Jüngers erst nachträglich in die Verhaftungserzählung hinein", um „die Jünger in ein günstiges Licht zu rücken", (ebd. 79; vgl. auch J. Ernst, Das Evangelium nach Markus, Regensburg 1981, 435: „Die kurze Schwertschlagszene wirkt wie ein nachträglicher Einschub, der die fliehenden Jünger entlasten und einen, wenn auch mißglückten Widerstandsversuch suggerieren

Beispiel, Gespräch, Belehrung usw.) erschöpft sind, das letzte, das Opfer seines Lebens, aus. Durch alle menschliche Todesangst hindurch entscheidet sich Jesus zur Passion,[7] Gipfelpunkt seines Lebens und Wendepunkt vor allem im Leben seiner Gemeinde: die sich im letzten Augenblick von ihm abgewandt hatten, die ihre alte Freundschaft mit ihm geleugnet hatten, die „rennen" jetzt zum Grab, einer schneller als der andere (vgl. Joh 20,4). Den Emmaus-Jüngern „gingen die Augen auf, und sie erkannten ihn", schreibt Lukas (Lk 24,31). Jetzt bricht mit Macht die Wahrheit herein, und es wird Wirklichkeit, was Jesus verkündet hat: Gottes Reich in dieser Welt, exemplarisch verwirklicht in der Pfingstgemeinde. „Wahrlich, das war Gottes Sohn!" (Mt 27,54) bekannten schon der Hauptmann und die Männer, die den Gekreuzigten zu bewachen hatten; wie von einem Erdbeben erschüttert sind sie durch seinen Tod (vgl. Mt 27, 51.54f).

Leiden unter Verzicht auf Gegengewalt kann verstehen helfen. Sodann befreit es, weil es die erlittene Gewalt für immer aus der Welt schafft: Der Gottessohn „erlöste die Menschen dadurch, daß er ihre bösen Taten sich bis zu ihrem perversen Höhepunkt entwickeln, aber nicht mehr auf die Täter zurückfallen ließ. Nachdem sie ihre innersten Begierden auf Jesus entladen hatten, konnte vom Getöteten und Auferweckten her eine Liebe in ihr Innerstes zurückfließen, die sie in keiner Weise mehr vergewaltigte. Was keine menschliche Phantasie hätte ersinnen können, trat ein: das Gesetz der Vergeltung wurde zum Gesetz der erlösenden Liebe. Der Fluch wurde

---

soll.") Auf dem Hintergrund dieser historisch-kritischen Einschränkung muß dann freilich auch die von Mt eingebrachte Zurückweisung des Schwertgebrauchs mit dem Erfahrungssatz „Steck dein Schwert in die Scheide; denn alle, die zum Schwert greifen, werden durch das Schwert umkommen" (26,52) in ihrer Jesusechtheit hinterfragt werden, was nicht heißen muß, daß sie unjesuanisch ist: es drückt sich darin mit Sicherheit auch die Grundhaltung Jesu aus. Ausführlicher dazu: VÖGTLE, Frieden 79 u. 81f; vgl. aber auch R. SCHNACKENBURG, Die Seligpreisung der Friedensstifter (Mt 5,9) in mattäischen Kontexten: Biblische Zeitschrift, N.F. 26 (1982) 161-178; 172, der im „Steck dein Schwert in die Scheide …" die „deutlichste Mahnung" im Mt-Ev zu einem Waffen- und Gewaltverzicht sieht und ein, auch von Bultmann vermutetes, „apologetisches Interesse" hinter diesem mt Sonderwort bezweifelt.

[7] In diesen Entscheidungsprozeß sich einzufühlen, helfen besonders jene Gleichnisse, die Georg Baudler die Kampf- und Passionsgleichnisse nennt; vgl. G. BAUDLER, Jesus im Spiegel seiner Gleichnisse. Das erzählerische Lebenswerk Jesu – ein Zugang zum Glauben, Stuttgart und München 1986.

mit Segen vergolten. Der Verschwörung des Hasses antwortete die verströmende Liebe."[8] Das Samenkorn muß in die Erde fallen und vergehen, damit neue vielfältige Frucht daraus hervorwachsen kann (vgl. Joh 12,24). Jesu Tod ist die „Geburtsstunde der gewaltfreien, neuen Gesellschaft des Volkes Gottes im Neuen Bund".[9] Ein neuer Anfang ist gemacht.[10]

Am Kreuz gibt Jesus sein deutlichstes Zeugnis des Gewaltverzichts.[11] Hier „ist die Methode des Nichtwiderstrebens völlig und endgültig veranschaulicht".[12] Im Martyrium des Kreuzestodes sind die Forderungen des Dienstes und der Feindesliebe bis zur letzten Konsequenz durchgehalten.[13] Über die Inhalte seiner „Reich Gottes"-

---

[8] R. SCHWAGER, Sündenbock 219. – Daß sich Jesus als einen „notwendigen Sündenbock" verstanden haben soll, insofern er, wie SCHWAGER, ebd. 145f, ausführt, unterschwellige Gewalt durch sein Leiden habe ableiten wollen, bestreitet allerdings E. ZENGER in einer Rezension des Schwager-Buches in: Theologischer Literaturdienst 1979, H. 4, 49f; 50.

[9] R. PESCH, Neues Testament – Die Überwindung der Gewalt, in: N. Lohfink/R. Pesch, Weltgestaltung und Gewaltlosigkeit. Ethische Aspekte des Alten und Neuen Testaments in ihrer Einheit und ihrem Gegensatz, Düsseldorf 1978, 62-80; 67.

[10] Vom Kreuzestod Jesu her, von diesem „ihrem Anfang her", kritisiert christliche Theologie „jede mögliche Gewaltstruktur"; WAGNER 340.

[11] Vgl. R.J. SIDER, Jesus und die Gewalt, Maxdorf 1982, 28: „Jesu stellvertretender Kreuzestod für die Sünder ist die Grundlage und der tiefste Ausdruck von Jesu Gebot der Feindesliebe."

[12] H.C. MACGREGOR, Friede auf Erden? Biblische Grundlegung der Arbeit am Frieden, München 1955, 98.

[13] Vgl. H. SCHÜRMANN, Jesu ureigener Tod. Exegetische Besinnungen und Ausblick, Freiburg/Basel/Wien 1975, 47-49. Vgl. auch M. LIMBECK, Was Christsein ausmacht. Nachfolge Jesu als unverzichtbarer Weg, Stuttgart 1976, 49: Wenn wir Jesu Kreuzestod „nur als ein isoliertes Faktum" sehen, „stehen wir in großer Gefahr, die eigentliche Torheit und das wirkliche Ärgernis des Kreuzes zu verfehlen; denn dann könnten wir uns zu schnell allein bei dem schockierenden Faktum eines gekreuzigten Messias und Gottessohns aufhalten. Betrachten wir aber Jesu Kreuzestod als Konsequenz seines Lebens, das um der Güte Gottes willen nie anders als gütig dachte, redete und handelte, dann werden wir begreifen, daß das eigentliche Ärgernis des Kreuzes darin besteht, daß wir des Bösen nicht anders Herr werden sollen als durch das Gute, das wir dem Bösen unbeirrt entgegenstellen. ..." Über die „theologische Binsenwahrheit" (MACGREGOR, Friede 69), daß Jesus „im Gehorsam gegen Gottes Willen" (ebd. 68) ans Kreuz ging, dürfen nicht die Tatsachen umgangen werden," die zum Kreuz als geschichtlichem Ereignis geführt haben" (ebd. 69). Das Kreuz ist nach MACGREGOR, Friede 69, Konsequenz des engagierten gewaltfreien Verhaltens Jesu. Das Kreuz war das „Ziel, dem Jesu Absicht während seiner ganzen Wirksamkeit immer bewußter zustrebte. Und wenn das Kreuz so im Mittelpunkt stand von Jesu Messiasbewußtsein, dann haben wir kein Recht, es abzusondern als ein theologisches Geheimnis, das keinen

Botschaft in den Konflikt mit den Verteidigern des Status quo geraten, läßt sich Jesus – selbst angesichts drohender Todesstrafe – nicht zur Gewaltausübung hinreißen. Nicht „auf einem Schlachtfeld, sondern an einem römischen Kreuz" führt Jesus bezeichnenderweise seine messianische Aufgabe ans bittere Ende.[14] Seiner „Linientreue" wegen mußte er ans Kreuz oder, wie es ein alter Christushymnus sagt, weil er „gehorsam" war (vgl. Phil 2,7f). Weil er sich „in einen absoluten Konflikt mit der religiös-politischen Gesellschaft" gesetzt hatte, verlor Jesus sein Leben durch einen Mord.[15] Weil er diesen Mord unter Gewaltverzicht annahm, konnte daraus neues Leben entstehen: bald danach („am dritten Tage") wurde er auferweckt, wie die urchristliche Gemeinde nicht zuletzt durch ihre Neukonstituierung bezeugt.[16]

Zusammenhang hätte mit der Ethik" (ebd. 103).

[14] MacGregor, Friede 69. Vgl. auch das Wort der Deutschen Bischofskonferenz „Gerechtigkeit schafft Frieden" 14f.

[15] K. Rahner, Chancen des Glaubens. Fragmente einer modernen Spiritualität, Freiburg/Basel/Wien 1971, 37. Ebd. warnt Rahner davor, den genannten Zusammenhang zu überspringen, bevor man dann allerdings auch zum „letzten Verständnis des Todes Jesu" kommen muß, zur religiösen Ursache und „einmaligen Tiefendimension, die mit dem Wesen und dem Selbstverständnis Jesu gegeben ist". Zum „letzten Verständnis" vgl. etwa: E. Lohse, Märtyrer und Gottesknecht. Untersuchungen zur urchristlichen Verkündigung vom Sühnetod Jesu Christi, Göttingen 2. Aufl. 1963; W. Schrage, Das Verständnis des Todes Jesu Christi im Neuen Testament, in: E. Bizer u. a., Das Kreuz Jesu Christi als Grund des Heils, Gütersloh 1967, 49-89; H. Kessler, Die theologische Bedeutung des Todes Jesu. Eine traditionsgeschichtliche Untersuchung, Düsseldorf 2. Aufl. 1971; Schürmann, Tod; D. Kertelge (Hg.), Der Tod Jesu. Deutungen im Neuen Testament, Freiburg/Basel/Wien 1976; M.-L. Gubler, Die frühesten Deutungen des Todes Jesu. Eine motivgeschichtliche Darstellung aufgrund der neueren exegetischen Forschung, Göttingen 1977; R. Pesch, Das Abendmahl und Jesu Todesverständnis, Freiburg/Basel/Wien 1978; Schwager, Sündenbock; M. Hengel, Der stellvertretende Sühnetod Jesu. Ein Beitrag zur Entstehung des urchristlichen Kerygmas, in: Internationale katholische Zeitschrift 9 (1980) 1-25 und 135-147; L. Oberlinner, Todeserwartung und Todesgewißheit Jesu. Zum Problem einer historischen Begründung, Stuttgart 1980; N. Hoffmann, Sühne. Zur Theologie der Stellvertretung, Einsiedeln 1981; A. Schenker, Versöhnung und Sühne. Wege gewaltfreier Konfliktlösung im Alten Testament. Mit einem Ausblick auf das Neue Testament, Freiburg i. d. Schweiz 1981, bes. 121-144. Vgl. auch das Themenheft 2/1986 von „Bibel und Kirche" und ebd. die Beiträge von A. Weiser und H. Merklein. Grundlegend zum Verhältnis von Leiden als eine Form des auf Veränderung gerichteten Widerstandes: W. Sternstein, Leiden als Tun, in: Junge Kirche 38 (1977) 184-189.

[16] In einem Versuch, „das Rätsel der Umkehr der Jünger Jesu (zu) verstehen – ohne es aufzulösen", gelangt R. Pesch, Zwischen Karfreitag und Ostern. Die Umkehr der Jünger Jesu, Zürich/Einsiedeln/Köln 1983, zu der Überzeugung, daß der Weg zwischen

1.2 | „… nicht gekommen, Menschen zu vernichten, sondern zu retten"

Daß Jesu bereitwilliges Sterben am Kreuz auf dem Horizont seines gewaltfreien Umgangs mit den Menschen zu sehen und zu verstehen ist, zeigt sich in folgender Begebenheit: Auf dem Weg nach Jerusalem wird Jesus und seinen Jüngern in einem samaritanischen Dorf die Beherbergung verweigert. Seine Jünger sind darüber sehr aufgebracht und fragen ihn: „Herr, sollen wir befehlen, daß Feuer vom Himmel fällt und sie vernichtet?" (Lk 9,54). Doch Jesus wehrt, wie es heißt, entschieden ab: „Da wandte er sich um und wies sie zurecht (und sagte: Ihr wißt nicht, was für ein Geist aus euch spricht. Der Menschensohn ist nicht gekommen, um Menschen zu vernichten, sondern um sie zu retten)." (Lk 9,55) Mit der folgenden lapidaren Mitteilung endet schließlich der Text: „Und sie gingen zusammen in ein anderes Dorf." (Lk 9,56)

Jesus akzeptiert diesem Text zufolge, daß er nicht aufgenommen wird. Er verläßt das Dorf, um in einem anderen nach Unterkunft zu fragen. Jesus drängt sich nicht auf. Er *respektiert die Freiheit des Menschen* auch unter Inkaufnahme ihrer Schattenseite, hier der Ablehnung des Fremden, des Nein zur Mitmenschlichkeit. Die Freiheit des Menschen ist ihm mehr als alles andere wert. Eine Beherbergung erzwingen hieße, die Menschen dieses Dorfes „vergewaltigen". Der Zustand, in dem sie sich (noch) befinden, läßt eine Gastfreundschaft zu diesem Zeitpunkt nicht zu. Dafür gibt es Gründe, die jedoch in der Kürze der Zeit nicht „aufgearbeitet" werden können. Jesus bricht nichts übers Knie. Er setzt sich nicht, auf welche Weise auch immer, gegen den Willen seiner Gegner durch. „Jesus selber lehnt seinen Gegnern gegenüber jede Demonstration seiner Macht, jede Legitimation seiner Vollmacht ab. … Nicht um Propaganda ging es Jesus, sondern um die Rettung des Menschen."[17]

Karfreitag und Ostern „der Weg der Gemeindebildung in Jerusalem" ist (84), daß die Gemeinde „das eigentliche ‚Subjekt' des Osterglaubens" ist (86). Vgl. ebd. 88: „Das der Auferweckung Jesu korrespondierende Wunder und ihr eigentlicher ‚Beweis' ist die Erweckung der neutestamentlichen Gemeinde, die Erweckung der toten Sünder zu lebendigen Steinen im Bau der Kirche."

[17] H. Küng, Christ sein, München (Taschenbuchausgabe) 1976, 280; vgl. auch ebd. 223. Vgl. auch W. Rupp, Erstaunliche Gleichnisse. Das Himmelreich ist wie …, Graz/Wien/ Köln 1985, 145 (hier freilich im Hinblick auf Jesu Reden in Gleichnissen, gültig aber

Daß Jesus die Entscheidung der Samaritaner akzeptiert und weitergeht, kann der erste Schritt zur Lösung eines tiefverwurzelten Konflikts sein: die besondere Art seiner Reaktion ist angetan, Selbstkritik an die Stelle von Selbstgerechtigkeit treten zu lassen. Ein zuerst problemlos scheinender ja fast selbstverständlicher Hinauswurf kann im nachhinein denen, die ihn vornahmen, zu einem persönlichen Problem werden, zum Anlaß von Neubesinnung und Umkehr.[18]

---

auch bezogen auf sein Gesamtverhalten): „Es fällt auch auf, daß Jesus seinen Hörern die Wahrheit nicht einfach vorsetzte, ohne Rücksicht darauf, ob sie verstanden werden kann. Er ließ ihnen Zeit, bis die Zeit dafür reif geworden war, auch wenn er lange warten mußte, er drängte sie niemals auf. Er wußte, daß es einen Kairos, eine Stunde der Wahrheit gibt ..." Jesus kann offensichtlich warten, weil er darauf vertraut, daß „schöpferische Kräfte" am Werk sind; so H. WOLFF, Neuer Wein – Alte Schläuche. Das Identitätsproblem des Christentums im Lichte der Tiefenpsychologie, Stuttgart 1981, 212.

[18] Vgl. die instruktive Verhaltensparallele bei Franz von Assisi; Franziskus gehorchte zwar demütig dem Bischof von Imola, der ihm verbot, in der Stadt zu predigen („In wahrer Demut neigte Franziskus das Haupt und ging hinaus; ..."), nahm aber nach der ersten Ablehnung einen neuen Anlauf („... nach einer knappen Stunde trat er wieder ein") und erhielt daraufhin die Predigterlaubnis. (BONAVENTURA, Die Legende des Heiligen Franziskus, 6. Kap. Nr. 8, in: A. DEMPF [Hg.], Der heilige Franziskus, Kempen 1949, 76-125; 106) Dementsprechend lehnte es Franziskus auch ausdrücklich ab, sich das Predigtrecht durch ein päpstliches Privileg sichern zu lassen, wie es seine Brüder von ihm verlangten: „Vater, siehst du nicht, daß die Bischöfe uns manchmal nicht zu predigen erlauben und uns mehrere Tage müßig an einem Ort verweilen lassen, bevor wir das Wort des Herrn verkünden können? Es wäre besser, du erbätest dir darüber vom Papst ein Privileg; das diente auch dem Heil der Seelen." (Aus dem Spiegel der Vollkommenheit, in: DEMPF 41-72; 52) In seinem Testament befiehlt Franziskus „allen Brüdern, den Vorstehern wie den Untergebenen, keinen Brief vom Apostolischen Stuhl zu verlangen, weder zur Ausübung der Predigt noch zur Vermeidung von Verfolgungen. Franziskus sagte nämlich in seiner Demut, wenn sie demütig die Bischöfe und Priester um Erlaubnis bäten, so würden sie die Hirten der Kirche durch das Beispiel der Demut erbauen und dazu die eigene Tugend der Vollkommenheit bewahren durch geduldiges Ertragen; wenn aber umgekehrt die Brüder unter dem Schutz eines Privilegs gegen den Willen der Prälaten handelten, so würden sie sich durch solchen Schutz erhaben vorkommen und nicht demütig ausharren; dazu würden sie die hochmütigen Prälaten zum Widerstand und zu ihrer Erniedrigung veranlassen; wenn es dann hart auf hart geht, muß nach beiden Seiten Ärgernis entstehen, und unwirksam bleibt das Wort der Wahrheit, sobald in seinem Verkünder nicht das Beispiel der Demut erscheint. Wenn die Prälaten ein-, zwei-, ja dreimal die Brüder am Predigen gehindert haben, diese aber immer voll Geduld und Demut bleiben, so werden sie tatsächlich doch dem Volke predigen und auf die Dauer das harte Herz des Prälaten durch heiliges Beispiel erweichen, bis er die Predigt so heiligmäßiger Brüder nicht nur gestattet, sondern geradezu wünscht und sucht. Dann wird eine solche Predigt mehr

Jesus zwingt den Menschen nichts auf. Ebensowenig verbietet er. Dem Zöllner verbietet er nicht den Beruf; er speist mit ihm (vgl. Mt 9,10-13; Lk 19,1-10). Die Dirne identifiziert er nicht mit ihrem Gewerbe; er läßt sich von ihr mit kostbarem Öl salben (vgl. Lk 7,36-50). Dem Hauptmann untersagt er nicht den Beruf des Soldaten; er lobt ihn seines Glaubens wegen (vgl. Mt 8,5-13).[19] Den Zöllner Matthäus nimmt er in seinen Kreis auf (Mt 10,3). Den Jüngern verbietet er offensichtlich nicht das Tragen eines Schwertes (Lk 22,35-38). Jesus nimmt den Menschen nichts, reißt ihnen selbst das Böse nicht aus und weg. Er gibt ihnen „etwas" dazu. Was sie damit und daraus machen, liegt ganz bei ihnen selbst, in ihrer eigenen freien Entscheidung. „Aus der Haltung der totalen Liebe beginnt Jesus die Befreiungsarbeit, indem er die Revolution im einzelnen Menschen auslöst. Jeder einzelne muß jedoch die Befreiungsarbeit selbst leisten. Jesus trägt sie durch sein neues Gesetz der Liebe und durch symbolische, beispielhafte Akte der Befreiung in die Welt hinein, doch jeder einzelne muß sie in sich und in seiner Umwelt selbst vollziehen."[20] Echte, durch alle Widrigkeiten durchhaltbare Umkehr kann nicht von außen angeordnet werden, sie kann nur eingepflanzt werden und von innen heraus wachsen, unter der Regie des jeweiligen Menschen selbst. Jesu Methode der Befreiung „besteht darin, die Menschen durch Fragen und Bilder derart mit der Wahrheit zu konfrontieren, daß sie seine Achtung und Liebe spüren und bereit werden, sich aufzuschließen, den Widerspruch, der zwischen der Wahrheit und ihrem persönlichen Leben, ihrer Umwelt, ihrer Gesellschaft besteht, zu erkennen, und beginnen, sich auf diese Wahrheit hin grundlegend zu verändern. Er leitet so den Prozeß der Selbstbefreiung aus der Kraft der göttlichen Liebe und Wahrheit ein."[21]

---

erbauen als tausend, die im Streit und in verminderter Demut gehalten werden." (UBERTIN VON CASALE, Arbor Vitae Crucifixi Jesu, in: DEMPF 131-142; 139f.).

[19] Josef Blank, der bemerkt, daß die Soldaten im NT „relativ gut" weg kommen und „nicht verteufelt" werden (was uns von negativen wie positiven Kollektiv-Vorurteilen freimachen sollte), hält es für wahrscheinlich, daß hier die spätere frühchristliche Praxis „rigoroser war als die Praxis und Einstellung Jesu"; J. BLANK, Gewaltlosigkeit – Krieg – Militärdienst im Urteil des Neuen Testaments, in: Orientierung 46 (1982) 157-163; 159.

[20] H. GOSS-MAYR, Der Mensch vor dem Unrecht. Spiritualität und Praxis gewaltloser Befreiung, Wien 1976, 54.

[21] Ebd. 35.

Jesus drängt sich nicht auf. Das wird besonders darin deutlich, daß er die Menschen über das Erzählen von Gleichnissen anzusprechen, d. h. für die Sache des Reiches Gottes zu gewinnen versucht.[22] Im Gegensatz zum definitiven Vortrag, zum logischen Argumentieren, zum deskriptiven Sprechen fordert die Gleichnisrede zu eigenen Deutungen auf, gewährt also die Chance einer Mitarbeit, durch die der Hörer auf die eigenen Füße gestellt werden und Gemeinschaft zwischen dem Mitteilenden und Empfangenden zustande kommen kann.[23] Offensichtlich ist es Jesus „lieber, daß die Leute vor der (in den deutungsoffenen Gleichnissen gestellten; E.S.) Frage stehen bleiben und sich den Kopf zerbrechen, um die Antworten zu finden, als daß er gleich die Erklärungen gibt".[24] Jesu „Religionsdidaktik" ist uneingeholt[25] narrativ[26]. Nicht durch suggestiv-demagogische Rede sucht Jesus ein Einvernehmen mit dem Hörer zu erzielen[27], sondern durch nicht-argumentierendes Erzählen: „Das Geschichtenerzählen, nicht das subtile Ringen im Disput, nicht das raffinierte Parieren mit Argumenten, nicht das Fechten mit wohlgesetzten Worten, auch nicht das wohldurchdachte Begründen und Widerlegen, nein, das Geschichtenerzählen kennzeichnet diesen Jesus von Nazaret. ... Argumentieren sucht die Schwächen des

---

[22] Mit C. WESTERMANN, Vergleiche und Gleichnisse im Alten und Neuen Testament, Stuttgart 1984, hat G. BAUDLER, Jesus 46ff, gezeigt, daß Jesus durch seine Gleichnisse nicht die Wirklichkeit des Reiches Gottes „abbilden", sondern vielmehr wachrütteln will; vgl. ähnlich hier auch C. M. MARTINI, Der Acker ist die Welt. Was uns Jesus in Gleichnissen sagt, Freiburg/Basel/Wien 1986, 47 und 65. Jesus dichtet und benutzt Gleichnisse zur Verstärkung seiner Anrede, die in dieser Weise aber die Freiheit des angesprochenen Mitmenschen achtet.
[23] Vgl. L. RAGAZ, Gleichnisse Jesu. Seine soziale Botschaft, Hamburg 1971, 11 ff.
[24] C. MESTERS, Vom Leben zur Bibel – von der Bibel zum Leben. Ein Bibelkurs aus Brasilien für uns, Bd. 1, Mainz und München 1983, 85.
[25] Vgl. MARTINI 17: Im Gegensatz zu Jesus sind wir (wenigstens in Europa) „nicht gewohnt, uns in Gleichnissen auszudrücken".
[26] Vgl. G. BAUDLER, Einführung in symbolisch-erzählende Theologie. Der Messias Jesus als Zentrum der christlichen Glaubenssymbole, Paderborn/München/Wien/Zürich 1982; E. ARENS, Narrative Theologie und theologische Theorie des Erzählens, in: Katechetische Blätter 110 (1985) 866-871.
[27] Vgl. M. HENGEL, Christus und die Macht. Die Macht Christi und die Ohnmacht der Christen. Zur Problematik einer „Politischen Theologie" in der Geschichte der Kirche, Stuttgart 1974, 21; DERS., Christus und die Macht, in: E. Kellner (Hg.), Christliche Politik – ein fehlgeschlagenes Experiment?, Wien 1976, 15-27; 20.

Hörers; Erzählen dagegen nimmt ihn ernst."[28] Damit räumt Jesus den Zuhörern ein, ihre eigenen Erfahrungen einzubringen.[29]

Jesus zwingt nicht auf seine „Linie". Wer über das verkündende Wort hinaus „Zeichen vom Himmel" erwartet (vgl. Mt 16,1), ist bei ihm an der falschen Adresse. Die Versuchung, durch Schauwunder die Menschen zu gewinnen, greift bei Jesus nicht. In der Rechtfertigungsrede von Dostojewskijs Großinquisitor findet sich eine Erklärung: „Du bist nicht vom Kreuz herabgestiegen, als sie Dir unter Hohn und Spott zuriefen: ‚Steig herab vom Kreuz, und wir werden glauben, daß Du es bist!' Du bist nicht herabgestiegen, weil Du wiederum den Menschen nicht durch ein Wunder knechten wolltest, weil Du nach seinem freien Glauben lechztest und nicht nach Wunderglauben. Du lechztest nach Liebe in Freiheit und nicht nach der knechtischen Begeisterung eines Sklaven angesichts einer Macht, die ihm ein für allemal Schrecken eingeflößt hat."[30] Wer nicht will, braucht nicht: der wird nicht durch welche Manipulationen auch immer auf den Weg gebracht. Die zwar geschickt das Wetter aus der Himmelsrötung hervorsagen können, aber nicht die Zeichen der Zeit zu deuten gewillt sind, überwältigt Jesus nicht durch Wunderzeichen. Die nicht überzeugt, sondern fasziniert werden wollen, müssen von Jesus enttäuscht sein. Ihnen kann er nicht dienen. So läßt er denn auch die Herausforderer stehen und geht, wie es heißt, weg (vgl. Mt 16,4).

Jesus stülpt nichts über, Jesus sät ein: im Vertrauen auf die Kraft seiner Saat. Das Unkraut des Bösen reißt er nicht aus.[31] Er moralisiert das Böse nicht weg. Seine Methode der Befreiung trägt von Grund

---

[28] X. PFISTER, Jesus als Gleichniserzähler, in: A. Steiner/V. Weymann (Hg.), Gleichnisse Jesu. Bibelarbeit in der Gemeinde. Themen und Materialien, Zürich/Köln/Basel 1979, 56-62.

[29] E. LINNEMANN, Gleichnisse Jesu. Einführung und Auslegung, Göttingen 6., durchgesehene und ergänzte Aufl. 1975, 35.

[30] F.M. DOSTOJEWSKIJ, Die Brüder Karamasow, München 1968, 345.

[31] Vielmehr warnt er seine Jünger davor, Unkraut herauszureißen: mit dem Unkraut würde auch unweigerlich der Weizen herausgerissen (vgl. Mt 13,24-30). Vgl. dazu besonders X. PFISTER, Eingeladen zum Gewährenlassen. Das Unkraut unter dem Weizen (Mattäus 13,24-30), in: Steiner/Weymann 103-128, der – anders als H. WEDER, Die Gleichnisse Jesu als Metaphern. Traditions- und redaktionsgeschichtliche Analysen und Interpretationen, Göttingen 1978, 123f – auch diese Pointe des Gleichnisses für jesusecht hält (so übrigens auch O. KNOCH, Wer Ohren hat, der höre, Die Botschaft der Gleichnisse Jesu. Ein Werkbuch zur Bibel, Stuttgart 1983, 104f).

auf der Würde des Menschen, ganz besonders seiner Freiheit, Rechnung.[32] Es ist die Methode radikaler Gewaltfreiheit.

Selbst angesichts einer „Gefahr im Verzuge" verläßt er nicht seinen Weg. Das Böse der Steinigung einer auf frischer Tat ertappten Ehebrecherin verhindert er nicht durch einen moralischen Protest, durch ein Verbot im Namen der Mitmenschlichkeit und Nächstenliebe oder dergleichen; er verhindert die Tötung durch eine Frage, die die pharisäischen Richter mitten ins eigene schlechte Gewissen trifft und ihre moralische Basis der Selbstgerechtigkeit dermaßen erschüttern läßt, daß sie ihr Todesurteil vor sich selbst nicht mehr aufrechterhalten können: „Wer von Euch ohne Sünde ist, werfe als erster einen Stein auf sie." (Joh 8,7) Daraufhin ging „einer nach dem andern fort", und die Strafe blieb unvollstreckt. (Vgl. Joh 8,9)

Jesu „Waffe" ist das Wort. Durch das Wort erreicht er den Nächsten in der Mitte seiner Person. Das Wort, das aus der Wahrheit kommt und gleichsam Wahrheit ist, ist „wie Feuer", „wie ein Hammer, der Felsen zerschmettert" (Jer 23,29; vgl. auch Hos 6,5). Stärker als jede Gewalt ist das *wahre Wort*. In diesem Glauben wurzelt die Erwartung, daß der Heilsbringer „den Gewalttätigen mit dem Stock seines Wortes" schlagen wird (Jes 11,4). Jesus löst diese Erwartung ein: auf den Schlag des Soldaten schlägt er nicht zurück, freilich nimmt er ihn auch nicht einfach hin. Mit der Kraft des Wortes geht er auf den Schläger zu: „Wenn es nicht recht war, was ich gesagt habe, dann weise es nach; wenn es aber recht war, warum schlägst du mich?" (Joh 18,23) Gewalt trennt, Worte verbinden. Durch das Wort wird eine Brücke geschlagen aus dem Innern des einen in das Innere des anderen; erst darauf ist Begegnung, ein Aufeinanderzugehen und gemeinsames Fortschreiten möglich. Gewalt ist Herausforderung zum Brückenbauen; Jesus nimmt sie an: durch seine ungewöhnliche Notwehrreaktion, seine Frage, seine Anrede, sein „Du", zeigt er, daß er den Schläger immer noch als Bruder sieht.

---

[32] Vgl. T. SARTORY, Der Mündigkeitsspruch (Mt 5,13-16; Lk 14,34; 11,33), in: M. Müssle (Hg.). Die Humanität Jesu im Spiegel der Bergpredigt. Mt 5,13-7,29 und Lk 6,27-49, München 1971, 18: „Jesus ruft zur Freiheit, bietet Freiheit an, stellt in die Freiheit – und respektiert selbst noch die ‚Freiheit' des Menschen, unfrei bleiben zu wollen." Die Pharisäer läßt er ziehen. Den reichen Jüngling läßt er gehen. Jesus manipuliert den Menschen nicht. Er redet ihm nichts auf, sondern hilft ihm, die Antwort auf seine Frage selbst zu finden.

Statt Auseinander-Setzung Zusammen-Setzung, statt Gegenschlag Interesse, statt moralischem Zeigefinger Hilfe zur Aufarbeitung, statt Verdammung Annahme: durch seine Frage veranlaßt Jesus „den Mann, der ihn geschlagen hat, sich seiner Tat bewußt zu werden und sie zu beurteilen".[33] Jesus schafft die Voraussetzung für Besinnung und Umkehr. Seine Art der Notwehr befreit.[34]

---

[33] J.-M. MULLER, gewaltlos. Ein Appell, Luzern/München 1971, 66. Vgl. auch KÜNG, Christ sein 314: „Verzicht auf Gegengewalt meint von vornehrein nicht Verzicht auf jeden Widerstand. Jesus selber hat nach den Berichten bei einem Schlag auf die Wange vor Gericht keineswegs die andere Wange hingehalten, sondern aufbegehrt." Vgl. F. FURGER, Bewaffnet gewaltlos? Freiburg in der Schweiz, Konstanz/Mödling 1981,12f, der Jesu Verhalten vor Gericht als Beweis gegen eine buchstäbliche Auslegung der Bergpredigt anführt. Ebenso W. KRECK, Kirche in der Krise der bürgerlichen Welt. Vorträge und Aufsätze 1973-1978, München 1980, 214: „Wenn es in der Bergpredigt heißt, man solle nicht Schlag mit Schlag erwidern, sondern lieber die andere Backe auch darbieten, so ist damit nicht ein allgemeines Prinzip der Gewaltlosigkeit aufgerichtet, sondern damit ist uns Rache und Vergeltung untersagt. Jesus selbst hat in der Tempelreinigung oder auch im Verhör vor dem Hohen Rat sich nicht verboten, sich so verhalten." Vgl. auch J. HÖFFNER, Frieden, wie ihn die Welt nicht geben kann, Frieden, wie ihn die Welt braucht. Ansprache bei der Kundgebung im Rheinstadion am 3. September 1982, in: Sekretariat der Deutschen Bischofskonferenz (Hg.), Die christliche Friedensbotschaft. Ansprachen, Reden und Vorträge zum Thema Frieden beim Katholikentag in Düsseldorf (1.-5. Sept. 1982), 5-9; 7: „Als Jesus vom Gerichtsdiener ins Gesicht geschlagen wurde, hat er ihm nicht die linke Wange hingehalten, sondern ihm entgegnet: ‚Warum schlägst du mich?' (Joh 18,23)." – Führt Jesus aber nicht gerade durch diese gewaltfreie Reaktion aus, was er unter dem Hinhalten der anderen Wange verstanden wissen will? Nach VÖGTLE, Frieden 96f, gibt Johannes zwar kein historisches Detail aus der Synedriumsverhandlung wieder, belebt aber möglicherweise das „urkirchliche Verständnis" jenes Jesuswortes von der anderen Wange im Sinne eines Appells an das Gewissen; vgl. auch ebd. 70.

[34] „Manchmal ist das Wort eine Tat, eine stärkere und wirksamere Tat als jede andere." LANZA DEL VASTO, Definitionen der Gewaltlosigkeit, Überlingen o.J., 13. Lanza del Vasto unterstreicht dies durch folgendes Beispiel, das ein Notwehrverhalten vor Augen führt, das dem von Jesus sehr nahe kommt: In einem deutschen Gefangenenlager während des Krieges erlaubte sich ein Wachmann nach der täglichen Zwangsarbeit allerhand „Scherze" mit den Gefangenen. „Er zog den einen an der Nase und gab einem anderen einen Tritt in den Bauch. Jeder fragte sich, wer wohl heute an der Reihe wäre. Eines Abends aber kam einer der Gefangenen von selber zu ihm und sagte: ‚Da sie jeden Tag jemand schlagen müssen, möchte ich sie bitten, heute mit mir vorlieb zu nehmen.' ‚Nanu, kleines Französchen! Weil du frech bist, rate einmal, wieviel Mal ich dir mit meiner Reitpeitsche auf den …' ‚Es ist nicht meine Sache zu bestimmen, wieviele Schläge ich verdient habe. Ich überlasse das ihrem Gewissen.' ‚Meinem Gewissen, meinem Gewissen? Ich habe kein Gewissen!' ‚Doch!' sagte nach einer kleinen Pause der Gefangene. ‚Doch, sie haben ein Gewissen. Ihr Zögern beweist, daß sie ein Gewissen haben, denn sie haben mich noch immer nicht geschlagen.' – Und indem er

Jesu gewaltfreier Umgang mit den Menschen zeigt sich in weiterer Hinsicht: Jesus lockt nicht mit verheißungsvollen Formeln auf den Weg; Jesus wirbt nicht; *Jesus lädt ein*: „Kommt und seht!" (Joh 1,39) Nicht durch Wunder, nicht durch propagandistische Ereignisse sucht Jesus die Menschen für seinen Weg zu gewinnen (vgl. Mt 4,5-7), auch nicht durch wohlgesetzte Rede und einschmeichelndes Geschwätz.[35] Vielmehr wirkt Jesus durch das, was er tut: „Die Werke, die ich im Namen meines Vaters vollbringe, legen Zeugnis für mich ab." (Joh 10,25) Propaganda durch die Tat: Jesus lebt den von ihm angebotenen Weg des Heils bis in die letzte Konsequenz am Kreuz. „Jesus war, was er gelehrt hat, so daß der beste Kommentar zu seinen Worten sein Leben ist, wie andererseits seine Worte die beste Deutung seines Lebens geben."[36]

Das vom „Gottesknecht" in Jes 4,2 Gesagte[37] ist mit Jesus in Erfüllung gegangen: „Er schreit nicht und lärmt nicht und läßt seine Stimme nicht auf der Straße erschallen." Jesu eigentlicher Verkündigungsort ist *der kleine Kreis*, die Begegnung von Mensch zu Mensch.[38]

---

sich anschickte, weiterzugehen, fügte er noch hinzu: ‚Ich glaube sogar, daß Sie mich heute abend nicht mehr schlagen werden.' Dann wandte er sich um und ging. Der Andere starrte betroffen vor sich auf den Boden, blaß, mit Tränen in den Augen und zitternden Lippen. Nie zuvor hatte jemand zu diesem Unglücklichen von seinem Gewissen gesprochen. Vielleicht war das die Ursache seiner Rohheit. Nach diesem Tag wurde kein Gefangener mehr von ihm geschlagen. Diese Geschichte ist so unwahrscheinlich, daß ich nicht wagen würde, sie zu erzählen, wenn ich nicht wüßte, daß sie wahr ist." (ebd. 14f)

[35] Vgl. die Verkündigungspraxis des FRANZ VON ASSISI: „Darauf durchzog Franziskus, überall predigend, die Städte und Dörfer. Nicht mit den überzeugenden Worten menschlicher Weisheit, sondern in der Lehre, Wahrheit und Kraft des Heiligen Geistes verkündete er treuherzig das Reich Gottes. Er war ein Prediger, der, von der apostolischen Autorität gestärkt, keine einschmeichelnden Redensarten gebrauchte und den Zauber der Form verachtete; denn was er anderen mit Worten riet, hatte er vorher sich selber geraten, so daß er auf das getreueste die Wahrheit aussprach." Aus der „Legende der drei Gefährten", in: DEMPF 19-40; 28.

[36] MACGREGOR, Friede 50f; vgl. auch MESTERS 87.

[37] Ernst Haag macht in der Auslegung dieses Verses (mit G.F. Hasel) darauf aufmerksam, daß mit „schreien" das Aufgebot zum Heerbann im Jahwekrieg gemeint ist, der Gottesknecht aber genau dies zur Durchsetzung der Rechtsordnung Jahwes ablehne; E. HAAG, Die Botschaft vom Gottesknecht. Ein Weg zur Überwindung der Gewalt, in: N. Lohfink (Hg.), Gewalt 159-213; 202. Meine eigene Deutung ist hier dagegen stärker von der Assoziation der Massenrede bestimmt.

[38] Der durch einige Passagen des Neuen Testaments hervorgerufene Eindruck, daß Jesus gelegentlich auch in Massenveranstaltungen das Reich Gottes verkündet habe, ist

Verkündigung ohne Gewalt setzt den kleinen Kreis voraus. Nur in der kleinen Gruppe ist gegenseitige Verständigung möglich. Dort ist der Ort des Einander-Ernstnehmens und Aufeinander-Eingehen-Könnens, der Begegnung, der Partnerschaft, Freundschaft und Brüderlichkeit und – auf alldem aufbauend – der Gemeinschaft und Gemeinde. Nur im kleinen Kreis sind Rückfragen möglich und Widerrede und ein gemeinsames Fortschreiten im Dialog.

Massenredner fahren notgedrungen über den Mund. Massenansprachen lassen ein Individuum voller Rückfragen und Einwände zurück. Das Gegenteil ist Jesu Ziel: er will im Einzelnen einen Umdenkungsprozeß initiieren und ihn darin begleiten. Er will verstanden sein und wissen, ob er verstanden worden ist. Darum fragt er bei seinen Gesprächspartnern sogar ausdrücklich zurück: „Habt ihr das alles verstanden?" (Mt 13,51) Er vergewissert sich der Ansichten seiner Freunde, um nicht etwa über ihre Köpfe hinweg zu reden und ihnen dadurch Gewalt anzutun. Jesus ist bemüht, Mißverständnisse

---

fragwürdig. Einen „Berg der Seligpreisungen", von dem herab Jesus etwa dem Volk gepredigt haben soll, gibt es sicherlich nicht; was als große Volksansprache erscheint, ist eine Redekomposition des Evangelisten. Ebensowenig sind die Zahlenangaben in den Brotvermehrungserzählungen historisch (5000 Personen nach Mt 14,21; Mk 6,44; Lk 9,14; Joh 6,10; 4000 noch einmal nach Mt 15,38; Mk 8,9); die Zahlen haben vielmehr „symbolische Bedeutung". Vgl. A. HEISING, Die Botschaft der Brotvermehrung. Zur Geschichte eines Christusbekenntnisses im Neuen Testament, Stuttgart 1966, 53f; vgl. auch H. SCHÜRMANN, Das Lukasevangelium. Erster Teil (Kommentar zu Kap. 1,1-9,50), Freiburg/Basel/Wien 1969, 515: „Während 4 Kg 4,42ff die Vermehrung das Verhältnis 1:5 einhielt, ist sie hier mit 1:1000 ins Immense gesteigert, ja sie überschlägt sich förmlich noch in Überfülle in übriggebliebenen Brocken V17. Mit solcher Zahlenangabe soll sichtlich nicht Tatsächliches berichtet, vielmehr wird mit den Mitteln der palästinensischen Haggada Theologie getrieben, wobei offenbar mit runden Zahlen die vollendete Fülle zum Ausdruck gebracht werden soll." Vgl. auch R. PESCH, Das Markusevangelium, I. Teil (Einleitung und Kommentar zu Kap. 1,1-8,26), Freiburg/Basel/Wien 1976, 356, der ebenfalls auf die „symbolische Bedeutung" der im Text benutzten Zahlen hinweist: „Der Text ist ein Dokument der frühen christlichen (…) Christologie, nicht der Historie Jesu." Vgl. auch andere Hinweise, nach denen der Bericht mit der Zahl der Mahlgäste die „Größe des Wunders" (F. HAUCK, Das Evangelium des Markus, Leipzig 1931, 83; W. GRUNDMANN, Das Evangelium nach Markus, Berlin 7., neu bearbeitete Aufl. 1977, 183), die „staunenerregende Größe des Geschehens" (J. GNILKA, Das Evangelium nach Markus, 1. Teilband [Mk 1-8,26], Zürich/Einsiedeln/Köln/Neukirchen-Vluyn 1978, 262) unterstreichen will. – Daß Jesus den Menschenauflauf, sprich: die Masse, scheut, darauf verweist Joh 5,13: „Jesus war nämlich weggegangen, weil sich dort eine große Menschenmenge angesammelt hatte." Vgl. außerdem die in Joh 7,3-4 und Joh 7,10 beschriebenen Vorgänge.

im Zusammenhang mit seinem Auftreten zu vermeiden. Wo sie möglich sind, aber von ihm unerkannt zu bleiben scheinen, fragt er seine Freunde: „Für wen halten mich die Menschen?" (Mk 8,27) Um aufkommende Fragen, Unklarheiten und Bedenken rechtzeitig auffangen zu können, fragt er auch seine Freunde nach ihrer eigenen Meinung über ihn: „Ihr aber, für wen haltet ihr mich?" (Mk 8,29) „Überzeugt von der Größe seiner Sendung, überwältigt er dennoch nicht. Er zwingt sich nicht auf, er redet nicht den Kopf voll, er verführt nicht. Er stellt vor die Entscheidung, aber er erzwingt die Entscheidung nicht."[39] Jesus sucht die freie und in jeder Hinsicht überlegte Zustimmung;[40] deshalb erzählt er seinen Freunden auch die Gleichnisse vom Turmbauen und Kriegführen (Lk 14,28-33).[41] Jesus setzt sich mit seiner Botschaft und Existenz den Menschen aus.

1.3 | Wegweisungen Jesu in die Gewaltfreiheit

Nach diesem eher atmosphärischen Einstieg in die Welt des Gewaltverzichts Jesu wird im folgenden Jesu Praxis und Forderung des Verzichts auf Gewalt unter verschiedenen, naheliegenden Gesichtspunkten genauer erörtert: es ergibt sich daraus eine Aussage über die Reichweite des jesuanischen Verständnisses von Gewaltfreiheit.

1.3.1 *Verzicht auf das Recht der Gewalt und die Gewalt des Rechts*

Das Erstaunlichste an Jesu Aufforderung zum Verzicht auf gewaltsamen Widerstand (vgl. Mt 5,38-42) dürfte seine Forderung nach Rechtsverzicht sein: dem bösen Menschen keinen Widerstand leisten ist „im Sinne des Verzichts auf Rechtsmittel zu verstehen und in der Aussage zum mindesten mitzuhören: mit dem Bösen keinen

---

[39] Vgl. PFISTER, Jesus 59; vgl. auch ebd. 60.
[40] Vgl. WESTERMANN, Vergleiche 41: Wie etwa die Gleichnisse in Jes 5,1-7 und 28,23-29 richten sich auch die Gleichnisse Jesu „an das urteilende Denken und werben um die freie, überzeugende Zustimmung". Vgl. ebd. 105: „Wie die Vergleiche im AT richten sich die Gleichnisse Jesu nicht an den Glauben, sondern fordern zu selbständigem Urteil heraus. Hinter den Weisungen Jesu z. B. steht wie hinter den Worten der Propheten keine Macht, kein Amt, keine Institution, der Anredende kann nur an die Einsicht, die innere Zustimmung der Hörenden appellieren."
[41] Vgl. z. B. KNOCH 129-132.

Prozeß führen".[42] Mit seiner Forderung, Gewalt auszuhalten statt – mit Recht sogar – zurückzugeben, verlangt Jesus nicht nur „den Verzicht auf gewaltsame Selbsthilfe gegenüber einem Angreifer, sondern den grundsätzlichen Verzicht auf die protektive Wirkung des Gesetzes".[43] Mit den in Mt 5, 38ff wiedergegebenen Worten fordert Jesus „indirekt auf, sich gar nicht erst auf den Rechtsweg einzulassen. Der Mensch soll weder auf seinem Recht beharren (Mt 5, 39) noch dem anderen Grund und Anlaß geben, seinerseits darauf zu beharren und nach dem Richter zu rufen (Mt 5, 40) …"[44]

Ich aber sage euch: Leistet dem, der euch etwas Böses antut, keinen Widerstand, sondern wenn dich einer auf die rechte Wange schlägt, dann halt ihm auch die andere hin. Und wenn dich einer vor Gericht bringen will, um dir das Hemd wegzunehmen, dann laß ihm auch den Mantel. (Mt 5,39f)

Eine Erklärung für Jesu „Skepsis gegen das damalige Rechtsdenken"[45] geht vom Inhalt des seinerzeit in der Rechtsprechung vertretenen *ius talionis* aus: die in ihm gutgeheißene Vergeltungsgewalt sei Anlaß der Rechtsmittelverwerfung Jesu gewesen, nicht aber sein „rechtlicher Charakter": „daß es sich um einen Rechtssatz handelt, wird ganz übersehen. Entscheidend ist allein, daß die alttestamentliche Regel Gewalt wider Gewalt stellt und dem Gewalt Leidenden die Befugnis zuspricht, Gewalt zu üben, und immer handelt es sich dabei um das eng begrenzte Verhältnis von Mensch zu Mensch. Und diese Gewalt ist darum ‚böse', weil sie sich zu dem Herrn macht, der über den anderen nach seinem Belieben verfügt. Würde also der Einzelne dem ‚Bösen' entgegentreten, so würde auch er trachten, des anderen Herr zu werden – und würde damit gerade Böses getan haben. Gewalt üben am Nächsten ist, mag es aus Willkür oder aus Ver-

[42] W. GRUNDMANN, Das Evangelium nach Matthäus, Berlin 4. Aufl. 1975, 171.

[43] J. ROLOFF, Gewalt und Gewaltlosigkeit nach der Verkündigung Jesu, in: J. Strauss (Hg.), Glauben und Gewalt (Tutzinger Texte, Nr. 10), München 1971, 9-28; 18.

[44] S. MEURER, Das Recht im Dienst der Versöhnung und des Friedens. Studie zur Frage des Rechts nach dem Neuen Testament, Zürich 1972, 69.

[45] Ebd.

geltung geschehen, also an sich böse. Darum: Dem Bösen nicht entgegentreten!"[46]

Nach Siegfried Meurer soll Jesus seinen Jüngern den Rechtsverzicht nahegelegt haben, weil das damalige Rechtssystem – beruhend
auf dem Vergeltungsschema „Auge um Auge, Zahn um Zahn" –
dem Versöhnungsanliegen entgegengestanden habe. Seine Jünger
sollen bei einer Schädigung „auf den damaligen Rechtsweg verzichten, um nicht ein Rechtssystem zu unterstützen, das auf Vergeltung
beruht und der Versöhnung nicht dient".[47] Denn „der damalige Prozeß vertiefte Gegensätze. Das Gerichtsverfahren jener Zeit sprach
den einen schuldig, den anderen unschuldig, statt zu versöhnen.
Dadurch wurden Feindschaften vertieft, die doch aufgehoben werden sollen (Mt 5,43ff)."[48]

Insofern jedes Recht auf dem „Grundsatz der Wiedervergeltung" beruht und sich Jesus gegen eine Inanspruchnahme des *ius
talionis* ausspricht, wird durch Jesu Worte allerdings „der Satz jedes
Rechtslebens angegriffen".[49] Was Jesus ablehnt, ist „nicht ein bestimmtes grausames Recht, sondern der Grundsatz jedes Rechts".[50]
Das hat, nach Julius Schniewind, Tolstoi ganz richtig gesehen.[51]

Ist jedoch das *ius talionis*[52] allein Anlaß für Jesu Rechtskritik? Ein
Hinweis von Walter Grundmann läßt vermuten, daß vielmehr das
Rechtliche schlechthin für Jesus ein Problem gewesen sein muß;
denn aus der Erkenntnis heraus, „daß der Schaden, unter dem die
menschliche Gemeinschaft leidet, auf dem Wege des vergeltenden
Rechts nicht geheilt und nicht neu aufgebaut werden kann", setzt
Jesus „der Formulierung des ius talionis *kein juristisches Äquivalent*
gegenüber, sondern den Verzicht auf den Rechtsweg, also eine sitt-

---

[46] E. LOHMEYER, Das Evangelium des Matthäus. Nachgelassene Ausarbeitungen und
Entwürfe (für den Druck erarbeitet und hrsg. von W. Schmauch), Göttingen 3., durchgesehene Aufl. 1962,138.

[47] MEURER 69.

[48] Ebd.

[49] J. SCHNIEWIND, Das Evangelium nach Matthäus, in: H. Strathmann/J. Schniewind/
K.H. Rengstorf, Die drei ersten Evangelien, Göttingen 1963, 68.

[50] Ebd.

[51] Ebd.

[52] Vgl. H.-W. JÜNGLING, „Auge für Auge, Zahn für Zahn". Bemerkungen zu Sinn und
Geltung der alttestamentlichen Talionsformeln, in: Theologie und Philosophie 59
(1984) 1-38.

liche Aussage".[53] Nicht über ein „öffentliches Programm" erwartet folglich Jesus eine Heilung der kranken menschlichen Gemeinschaft, sondern allein über das persönliche Engagement. Alle Verhaltensbeispiele, die Jesus nach Mt 5,38ff gibt, „zielen auf ein unerwartetes verblüffendes Handeln, das nicht den Riß in der Gemeinschaft vertieft, sondern ihn heilt".[54]

„Dem Jüngerkreis ist es verwehrt, sich in dem Schutzwall des Gesetzes zu bergen, …"[55] Die juridische Verhaltenssteuerung scheint bei Jesus zugunsten einer moralischen zurücktreten zu müssen; „der Mensch soll aus dem konkreten Anspruch nicht entweichen dürfen in die garantierende Sicherheit eines Paragraphen"[56]. Das „Desinteresse Jesu an juristischen Fragen" scheint gelegentlich sogar „hinüberzuspielen in eine ausgesprochene Ablehnung dieses ganzen Bereichs".[57]

In Mt 5,25f warnt Jesus eindringlich davor, sich in einen Prozeß einzulassen, durch den am Ende „das feindliche Verhältnis der beiden Betroffenen um ein Vielfaches verschlimmert" ist[58].

Mit den Worten „Richtet nicht!" (Mt 7,1a) untersagt Jesus seinen Jüngern ein durchaus im forensischen Sinn zu verstehendes amtliches Richten.[59] Für sich selbst lehnt er entschieden ab, als Richter in einem Erbschaftsstreit zu fungieren: „Mensch, wer hat mich zum Richter oder Schlichter bei euch gemacht?" (Lk 12,14) Auch dieses Wort könnte wie die beiden vorhergehenden „ein alter, echter Jesusspruch sein"; „denn sein Tenor ist typisch für das juridische Des-

---

[53] GRUNDMANN, Evangelium nach Matthäus 171 (Hervorhebung von E.S.).

[54] Ebd. 172.

[55] ROLOFF 18.

[56] H. BRAUN, Jesus. Der Mann aus Nazareth und seine Zeit, Berlin 1969, 95.

[57] Ebd. 91. Vgl. allerdings auch R. SCHNACKENBURG, Maßstab des Glaubens. Fragen heutiger Christen im Licht des Neuen Testaments, Freiburg 1978, 241, sowie VÖGTLE, Frieden 123-126, die H. MERKLEIN, Die Gottesherrschaft als Handlungsprinzip. Untersuchung zur Ethik Jesu, Würzburg 2. Aufl. 1981. 275. beipflichten, der die Auffassung vertritt, daß ein Verzicht auf eine strafrechtliche Verfolgung durch den Staat „direkt zur Pervertierung jener von Jesus geforderten radikalen Zuwendung zum Mitmenschen führen" könnte, ja Widerstand in einer Situation der Bedrohung individuellen Rechts und Wohls durch einen anderen „in paradoxer Weise geradezu Ausdruck dessen sein (kann), was Jesus mit dem Verzicht auf Widerstand meint".

[58] MEURER 71f.

[59] Ebd. 63f.

interesse Jesu".[60] „... nirgends finden wir Texte, die ein Interesse
Jesu an den juristischen Instanzen seiner Umwelt verraten."[61]

Jesu Desinteresse am Recht scheint tiefer zu wurzeln als in der
Problematik des Vergeltungsprinzips – „mit einem gewissen Auf-
wand an Phantasie" dürfte sogar „ein Rechtssystem ohne Gewaltanwendung" vorstellbar sein.[62] Nach allem, was über Jesus bekannt
ist, ist es durchaus denkbar, daß seiner negativen Einschätzung des
Rechtlichen die radikale Einsicht zugrunde liegt, *daß das Recht „den
Menschen schematisiert"*, wie Leo Tolstoi in seiner christlich begründeten Rechtskritik zu verstehen gibt.[63] Dann würde das Rechtliche
nicht nur insofern auf Jesu Ablehnung stoßen, als es dem Vergeltungsprinzip verpflichtet ist, sondern auch insofern, als es durch
Schematisierung Gewalt antut.

Mit seiner radikalen Rechtskritik sucht Leo Tolstoi den Standpunkt Jesu zu verstehen: nie ist demzufolge „die überpersönliche
Rechtsordnung imstande, den lebendigen Menschen zu erfassen".[64]
„Was das Problematische im Recht betrifft, so versucht Tolstoi zu
zeigen, daß das Recht überhaupt nicht imstande ist, die Persönlich-
keit des Menschen zu erfassen, daß es unmöglich sei, Lebensvor-
gänge in die Rechtsformen zu pressen."[65] Merkmal rechtlicher Lebensgestaltung ist eine schematisierende und formalistische Behandlung des Menschen.[66] Ein Rechtssystem, „das fähig wäre, das
Einmalige zu registrieren und auf das Individuelle (individuell im
Gegensatz zu generalisierend) zu reagieren, ist undenkbar".[67] Es

---

[60] BRAUN 86.

[61] Ebd. 90.

[62] B. SAPIR, Dostojewsky und Tolstoi über Probleme des Rechts, Tübingen 1932, 84 (jetzt
auch: AALEN 1977).

[63] Ebd. 79 (Hervorhebung von E.S.).

[64] Ebd. 85.

[65] Ebd. – Daß Jesus die bestehende Rechtsordnung überschreitet hin zu einer neuen
Ordnung, daß er altes Recht abrogiert und – wenn man so überhaupt noch reden kann
– neues setzt, wird deutlich im Gleichnis vom verlorenen Sohn / barmherzigen Vater:
vgl. dazu W. PÖHLMANN. Die Abschichtung des Verlorenen Sohnes (Lk 15,12f) und die
erzählte Welt der Parabel, in: Zeitschrift für neutestamentliche Wissenschaft 70 (1979)
194-213.

[66] In seiner Erzählung „*Der Tod des Iwan Iljitsch*" (Stuttgart 1971) macht L.N. TOLSTOI
mit einem Richter bekannt, der Zeit seines Lebens bedenkenlos schematisch und for-
malistisch verfahren hat und nun sterbenskrank eine vergleichbare Behandlung durch
seine Ärzte über sich ergehen lassen muß.

[67] SAPIR 84.

gehört „zum Wesen des Rechts, daß es generalisierend in das Leben eingreift, daß es, um Recht zu bleiben, mit formalen Kategorien und Schematen arbeitet. Verzichtet das Recht auf diese Methoden, so steht es der Vielseitigkeit des Lebens einfach hilflos gegenüber."[68] Vor allem weil es den Menschen schematisiert und auf diese Weise verhindert, daß er liebevoll behandelt wird, glaubt Tolstoi das Recht vom Evangelium her grundsätzlich ablehnen zu müssen.[69] Desweiteren kritisiert Tolstoi, daß das Recht unmoralisches Verhalten billige und soziale Ungerechtigkeiten festschreibe.[70]

Wie könnte das zu verstehen sein? Hinter der vorrangigen Fixierung des Menschen auf sein Recht zielt Jesu Verkündigung auf eine Förderung des moralischen Verhaltens, weil nur dieser Weg das „außergewöhnliche" herbeizuführen verspricht. Unter dem Recht dagegen ist die Weise und damit auch das Niveau des menschlichen Zusammenlebens im großen und ganzen festgelegt. Wie weitgehend das Recht auch im Einzelfall gestaltet sein mag: es wird der moralischen und sozialen Potentialität nicht gerecht. Das gilt für den Fall des Konflikts wie für den Fall gesellschaftlicher Aufbauleistung. Im Recht ist festgehalten, was erlaubt und was verboten ist. Für jeden Konfliktfall ist die „Lösung" bereits vorprogrammiert; exekutiert wird sie, wenn es sein muß, über die Köpfe der Betroffenen hinweg: die Rechtsprechung kommt auch ohne deren Einsicht und Zustimmung aus; ungeduldig zwingt sie nach vorgegebenem Schema „Schlichtung" auf. Die existentielle Notwendigkeit eines allseitigen moralischen Zusammenraufens entfällt: für den Notfall hat man eben das Recht, worauf man sich verläßt. Das Recht nimmt die Versöhnungssorge und außerordentliche moralische Anstrengung ab.[71]

---

[68] Ebd. 86.

[69] Vgl. ebd. 51 und 79; 65: „Die Kritik, die Tolstoi am Recht übt, ist dem Recht nicht immanent, weil sie das Objekt der Kritik restlos vernichtet."

[70] Vgl. ebd. 73-78. – Dem „Gesetz der Gewalt" setzt Tolstoi das „Gesetz der Liebe" entgegen; vgl. L. TOLSTOI, Über das Recht. Briefwechsel mit einem Juristen, Heidelberg/Leipzig 1910: Sapir, vor allem 45-110; W.-A. HAUCK, Rudolf Sohm und Leo Tolstoi. Rechtsordnung und Gottesreich, Heidelberg 1950, bes. 157-239. Vgl. aber auch die Polemik gegen die pazifistische Rechtskritik Tolstois von G. HUNTEMANN, Die politische Herausforderung des Christen, Wuppertal 1972, 58-63.

[71] Vgl. N. BERDIAJEW. Das Reich des Geistes und das Reich des Caesar. Darmstadt und Gent 1952. 108: „Freiheit ist etwas viel Uranfänglicheres als Gerechtigkeit. Vor allem ist Gerechtigkeitsjustiz gar kein christlicher Gedanke, sie ist eine Idee gnadenloser

Gerechtigkeit. Das Christentum brachte nicht die Idee der Gerechtigkeit, sondern die Idee der Wahrheit." Vgl. ebd. 109f: „Das Gesetz kann die Menschen zur Gerechtigkeit zwingen, aber es kann nicht zu Brüderlichkeit zwingen". – Gegen die „trennende Isolierung von Recht und Liebe" vgl. E. WOLF. Recht des Nächsten. Ein rechtstheologischer Entwurf, Frankfurt 1958; vgl. besonders die Problemstellung ebd. 11f und die diesbezüglichen Literaturangaben 35-38. Wolfs Ausgangsfrage: „Gewiß hat noch jede rechtverneinende Utopie, auch modernster Ideologen, sich unkräftig erwiesen, soziales Dasein von Grund aus zu ordnen; schwärmerische Liebe allein zeigte sich überall unvermögend, dauernden Frieden zu stiften. Aber versagte liebloses Recht, auch auf traditionelle Ideale gegründetes, nicht gleichfalls?" (ebd. 11) Nach Wolf, der das Nächstenrecht biblisch begründet sieht, gilt es erstens, „den Nächsten (vgl. ebd. 28ff: d.i. derjenige, der mir begegnet, der mir nahesteht; E.S.) im Recht zu lassen", zweitens, „einander Recht zu geben, statt sich Recht von Andern zu nehmen", drittens, „das jeweils persönlich Zukommende grundsätzlich zu erwarten statt zu erzwingen und nie als Entkommendes zu schelten, was Andern zukommt" – dies alles unabhängig von gesetzlich Gebotenem: vgl. ebd. 24-28. Zum ersten vgl. 25: „Von selbst muß der Nächste zu seinem Recht kommen können – nicht erst durch Schutzorgane öffentlicher Gewalt. Dem Nächstenrecht genügt nicht die Gesetzlichkeit eines formalen Rechtsstaats; auch fordert es mehr als Begrenzung und Ergänzung der Rechte durch Pflichten im Sinn des modernen Sozialstaats." Zum zweiten vgl. 25f: „Der Nächste muß zu seinem Rechte kommen und das nicht erst durch Geltendmachen klagbarer Ansprüche. Nächstenrecht begnügt sich nicht mit den Verfahrensgarantien eines formalen Justizstaates und verlangt mehr als Ermessenskontrollen im bürokratisch gelenkten Verwaltungsstaat." Zum dritten vgl. 27: Wo sich politischer Machtwille mit aller Gewalt „durchzusetzen versucht, fehlt es an Achtung des Nächstenrechts. Aber auch Wahrnehmung an sich berechtigter Privatinteressen darf dem Nächsten gegenüber nur behutsam gefördert werden und nur, wo sie unvermeidlich erscheint, zu erzwingen erlaubt sein." Wolfs Ausführungen zufolge sind die Fixierung auf den eigenen Rechtsstandpunkt und die Zubilligung eines Nächstenrechts zweierlei; das letztere dürfte zweifellos ein Gebot der Mitmenschlichkeit sein. Vgl. auch folgende weiterführende und grundlegende rechtstheologische Studien: R. HENNING, Der Maßstab des Rechts im Rechtsdenken der Gegenwart, Münster 1961: A. REBER, Katholische und protestantische Rechtsbegründung heute, Frankfurt 1962; W. STEINMÜLLER, Hypothesen und Fragen zu einer katholischen Rechtsbegründung, in: A. Hollerbach/W. Maihofer/T. Würtenberger (Hg.), Mensch und Recht. Festschrift für Erik Wolf, Frankfurt 1972, 236-249. – Daß das Geltendmachen von Recht für den Nächsten ein Gebot der Liebe sein kann, zeigen vor allem die Diskussionen über die Menschenrechte; vgl. etwa, A. WIMMER (Hg.). Die Menschenrechte in christlicher Sicht. Freiburg/Basel/Wien 1953; J. BAUR (Hg.). Zum Thema Menschenrechte. Theologische Versuche und Entwürfe, Stuttgart 1977; C. LEWEK/M. STOLPE/J. GARSTECKI (Hg. im Auftrag des Sekretariats des Bundes der Evangelische Kirche in der DDR), Menschenrechte in christlicher Verantwortung, Berlin 1980; W. HUBER/H.E. TÖDT, Menschenrechte. Perspektiven einer menschlichen Welt, Stuttgart/Berlin 1977: J. MOLTMANN, Menschenwürde, Recht und Freiheit. Stuttgart/Berlin 1979. bes. 13-35: darüber hinaus vgl. W. HEIDELMEYER (Hg.), Die Menschenrechte. Erklärungen, Verfassungsartikel, internationale Abkommen, Paderborn 2., vollständig überarbeitete Aufl. 1977; AUSWÄRTIGES AMT, REFERAT ÖFFENTLICHKEIT (Hg.), Menschenrecht in der Welt. Konventionen, Erklärungen, Perspektiven. Bonn 2.

Guter Wille, Phantasie und Zutun des Menschen sowohl im Konfliktfall als auch im Bereich gesellschaftsorganisatorischer Leistungen sind zwar unter dem Recht nicht definitiv ausgeschlossen, aber auch nicht besonders herausgefordert. Das Recht richtet ein und lullt ein. Anstrengungen, die über den durch das herrschende Recht fixierten Level menschlichen Zusammenlebens hinausführen, können sich nur schwer als notwendig ausgeben, wo doch scheinbar alles „funktioniert", und geraten deshalb auch schnell in den Verdacht, nur Unordnung heraufzuführen. Das Recht liebt den Status quo. Wo sich Überbietungen des bestehenden Rechts ankündigen, wittern seine Hüter Umsturzgefahr und blocken in der Regel ab. Rechtsfortschritte werden dann nicht selten mit Gewalt gegen Gewalt erkämpft. Und wie das alte wird auch das neue Recht, nachdem es bereits zu seiner Durchsetzung der Gewalt bedurfte, zur Aufrechterhaltung seiner Inhalte Gewalt beanspruchen. Sich gegen zugefügtes Unrecht auf das herrschende Recht berufen und es geltend machen heißt, das hinter ihm stehende Gewaltpotential bemühen. Hinter der Inanspruchnahme des Rechts steht die Absicht und Entscheidung, eine Gewalt, die man zwar nicht persönlich und auf direktem Wege ausüben will oder kann, doch auf dem Umweg über das Recht und seine Vertreter gegen den Unrechtstäter anzuwenden. Nicht zuletzt kaschieren Rechtsansprüche häufig sogar weitaus egoistischere Interessen als sie Unrechtstaten zugrundeliegen. Zudem ist der Unterschied von Recht und Unrecht wie der von Eigentum und Diebstahl nicht sehr groß: in jeder Gestalt ist der Mammon ein ungerechter, wie Gustav Radbruch den Gleichnissen Jesu entnehmen zu können glaubt.[72] „Die Gerechten und die Ungerechten verstehen einander ausgezeichnet, so ist Jesu Meinung, sie sind, wie Förster und Wilddieb, Inquisitor und Delinquent durch eine geheime Familienähnlichkeit und Sympathie unterirdisch miteinander verbunden. Man kann es nicht vermeiden, sich gemein zu machen mit dem, mit welchem man handgemein wird, der Verteidigung wird ihre Weise durch den Angriff vorgeschrieben: so wird die Art des Rechts durch das Unrecht notwendig bestimmt, das Recht als

---

Auflage (in Zusammenarbeit mit dem Presse- und Informationsamt der Bundesregierung) 1979.
[72] G. RADBRUCH, Rechtsphilosophie, hrsg. von E. Wolf und H.-P. Schneider, Stuttgart 8. Aufl. 1973, 188.

ein bestenfalls relativ Gutes mit dem Unrecht zusammen in einer Sphäre gemeinsamer Sündigkeit unauslösbar verstrickt."[73]

Nach Gustav Radbruch sind dem Christentum in seiner Urform das Recht und auch der Staat – die Rede ist ärgerlich und provoziert – wesenswidrig, „ganz gottesfern, ganz wesenlos, ganz nichtig"; wesenhaft ist dem Christentum im Verhältnis der Menschen zueinander „einzig und allein die Liebe".[74] Gemeinschaftsleben sieht es „nicht als Ergebnis einer Rechtsordnung über den Einzelnen, sondern nur als eine Ausstrahlung christlicher Liebe der Einzelnen"; „die menschliche Gemeinschaft ist in ihrem Wesen keine Rechtsgemeinschaft, sondern eine reine, anarchische Liebesgemeinschaft".[75]

---

[73] Ebd.

[74] Ebd.; vgl. auch ebd. 189: Radikaler noch als Leo Tolstoi später das Recht als widerchristlich anzusehen gelehrt habe, habe, so Radbruch, die Bergpredigt das Recht als „wesenlos" angesehen: „so radikal Tolstois völlige Verneinung des Rechts, sein christlicher Anarchismus scheinen mag, die Bergpredigt ist noch viel radikaler, denn radikaler als die Leidenschaft, die den Kampf gegen den Rechtszwang aufnimmt, ist doch wohl die überlegene Verachtung, die sich auf einen Kampf gar nicht einlassen will", nicht einmal – wie Radbruch dann allerdings mehr als fragwürdig schließt – auf den passiven (gemeint: gewaltfreien), und aus tiefer Gleichgültigkeit gegenüber der Obrigkeit gehorsam ist.

[75] Ebd. 188. – In Abweichung von dieser urchristlichen Distanzierung von Recht und Staat einerseits und einer für das gesellschaftliche Zusammenleben scheinbar unaufgebbaren Rechtsnotwendigkeit andererseits bildete sich auch im Protestantismus die Überzeugung, daß der Christ zwar „für sich selbst", wie Luther schreibt, „nichts von weltlicher Gewalt und Recht in Anspruch nehmen" soll, so wie er sich auch alles Übel und Unrecht gefallen lassen soll, sich nicht selbst rächen und nicht für sich selbst vor Gericht Schutz suchen soll, „aber für andere ... Vergeltung, Recht, Schutz und Hilfe suchen" soll. (M. LUTHER, Von weltlicher Obrigkeit. Schriften zur Bewährung des Christen in der Welt, Stuttgart 3. Aufl. 1978, 32) „... das Schwert soll kein Christ für sich und seine Sache führen und anrufen, damit dem bösen Wesen gesteuert und die Rechtschaffenheit geschützt wird." (ebd.) Den Ungläubigen soll das Gesetz als Organisationsinstrument nicht genommen werden; ja der Christ habe zu helfen, daß die von den Nichtchristen aufgestellten Gesetze „die Bösen erfassen, damit sie nicht Schlimmeres tun". (ebd.) Vgl. die mit Luthers Standpunkt völlig übereinstimmende Erklärung von SCHNIEWIND 68: „Christen suchen für sich selbst nie und nirgends Rache; sie sind bereit, alles zu dulden und zu leiden, was ihnen unrecht geschieht. Dies ist so, weil ihnen der Dienst Gottes anvertraut ist. ... Daneben aber kann derselbe Dienst, ja, wie Luther und Paulus sich ausdrücken, die Ehre, der Ruhm eines anvertrauten Amtes (...), es notwendig machen, daß das Recht erzwungen wird." Ebenso SCHNACKENBURG, Maßstab 271. Das in der katholischen Soziallehre vertretene Rechtsverständnis entspricht im wesentlichen dem von H. THIELICKE, Das Leben kann noch einmal beginnen. Ein Gang durch die Bergpredigt, Stuttgart 1965. 71, vorgeschlage-

1.3.2 *Herrschaftsfreies Zusammenleben*

Unter Hinweis auf die je eigene Schuld warnt Jesus seine Jünger davor, über den Nächsten zu Gericht zu sitzen: „Warum siehst du den Splitter im Auge deines Bruders, aber den Balken in deinem Auge bemerkst du nicht?" (Mt 7,3) Im Gegensatz zum vorhergehenden „Richtet nicht ...!" (Mt 7,1), das gegen ein amtlich-öffentliches Verurteilen gesprochen ist, ist damit „ein Urteilen und Verurteilen, wie es im alltäglichen Leben vorkommt", zurückgewiesen.[76] „Wer von euch ohne Sünde ist, werfe als erster einen Stein auf sie." (Joh 8,7) „Zufolge der bitteren Erfahrung, die die Menschen mit eigener und fremder Unvollkommenheit, Parteilichkeit und Ungerechtigkeit machen", hält das Neue Testament „an mehr als einer Stelle gegenüber Gericht und Strafe kritisch Distanz".[77]

Nicht nur einmal holt Jesus seine Zuhörer und Freunde „herunter vom Richterstuhl"[78]. Über den Nächsten zu richten, ist immer eine Anmaßung. Hinter einer Verurteilung steht die Überheblichkeit; andere beurteilen und erst recht verurteilen heißt beanspruchen, über ihnen zu stehen. Das gilt im Fall des negativen wie im Fall des positiven Urteils, für den Tadel genauso wie für das Lob.

---

nen: danach will uns Jesus sagen, „daß das menschliche Recht nicht in der Lage ist, das Verhältnis zum Nächsten so zu regulieren, wie Gott es haben will, daß vielmehr dieses Recht nur eine *Notverordnung* in unserer gefallenen Welt ist". (Hervorhebung von E.S.) – Als gesellschaftliches Strukturprinzip ist die Liebe dem Recht überlegen. Daß das aber nicht zur Geringschätzung rechtlicher Verbindlichkeit führen muß, betont K.H. SCHELKLE, Meditationen über der Römerbrief, Einsiedeln/Zürich/Köln 1962, 199: „Die Liebe mag über das Recht hinausgehen, aber sie geht nicht über das Recht hinweg. Rechtspflichten kann man so erfüllen, daß man nichts mehr schuldig ist. Die Liebe jedoch kann man niemals so erfüllen, daß man fertig wäre."

[76] MEURER 64.

[77] R. HENNING, Richtet nicht – oder doch? Der Christ und die Strafgewalt des Staates (Kirche und Gesellschaft, Nr. 65), Köln 1979, 3.

[78] Vgl. G. SARTORY. Herunter vom Richterstuhl (Mt 7.1-5: Lk 6.37f), in: Müssle 116-127. In ihrem tiefenpsychologischen Interpretationsversuch kommt H. WOLFF, Wein, zu dem Ergebnis, daß „Jesus mit dem gesamten Komplex des Richtens und Rächens nichts zu tun haben will" (43), daß Jesus den „Richtergeist" entschieden verurteilt (43ff). Im Vergleich damit fällt auf, daß Jesu „Richtet nicht" schon den ersten Zeugen „bald eine nur noch verschwommene Vorstellung" war (63) und in einem „Rückfall hinter die Position Jesu" (64) wieder an einen „vorjesuanischen Richtergott" (vgl. 62-64) geglaubt und Richten „wieder großgeschrieben" (64) wurde.

Wer verurteilt, überhebt sich, und wer sich überhebt, macht sich seinem Nächsten zum „Gott".

Die Knechte des Hausherrn (in einem Gleichnis zu unserem Thema) haben keine Befugnis, das Unkraut aus dem Weizenfeld herauszujäten; ihnen fehlt das rechte Augenmaß: sie könnten den Weizen mit aus der Erde ziehen (Mt 13,24-30). Von Jesus selbst heißt es, daß Gott ihn nicht in die Welt gesandt habe, „damit er die Welt richtet, sondern damit die Welt durch ihn gerettet wird" (Joh 3,17). Das unterstreichen die Gleichnisse vom verlorenen Schaf (vgl. Lk 15,1-7), von der verlorenen Drachme (vgl. Lk 15,8-10), vom Arzt, der gesandt ist, die Kranken zu heilen (vgl. Lk 5,31), u. a.

Jesus ist bestrebt, den Menschen klarzumachen, daß die Haltung des „Gott, ich danke dir, daß ich nicht wie die anderen Menschen bin, ..." (Lk 18,11) jeder Berechtigung entbehrt. Er selbst weigert sich, sich vor Gott von den Menschen „gut" nennen zu lassen: „Warum nennst du mich gut? Niemand ist gut außer Gott, dem Einen." (Mk 10,18) Ebensowenig ist er bereit, Ehre aus Menschenhand entgegenzunehmen: „Meine Ehre empfange ich nicht von Menschen." (Joh 5,41)[79]

Jeder menschliche Anspruch auf ein „größer als" ist vor Gottes unvergleichlicher Größe nichtig und lächerlich. „Vor Gott" und „von Gott" sind alle Menschen gleich.[80] „... Gott richtet ohne Ansehen der Person" (Röm 2,11). Unterschiedslos sind alle Menschen auf die Zuwendung Gottes, seine Führung und Gnade angewiesen. Von Gott allein nur kann, nach dem Zeugnis der Bibel, Hilfe kommen. „Kann ein Blinder einen Blinden führen? Werden nicht beide in eine Grube fallen?" (Lk 6,39)

---

[79] H. WOLFF, Jesus als Psychotherapeut. Jesu Menschenbehandlung als Modell moderner Psychotherapie; Stuttgart 1978, bes. 56ff, hat dieses Verhalten Jesu psychologisch gedeutet als die Ablehnung von negativen (vgl. z. B. Mt 12,24) wie positiven (vgl. z. B. Mt 28,8) Projektionen (als die unbewußten Übertragungen von eigenem Unbewußten auf andere Menschen, Dinge oder Umstände): „Jesus selbst hat ... jede Projektion auf seine Person abgelehnt." (69) Vgl. freilich die Entwicklungen nach seinem „Weggang von dieser Welt", als er sich „nicht mehr gegen Projektionen mannigfachster wie konträrster Art wehren" konnte (vgl. 69f).

[80] S. HELMER, Gleichheit vor Gott – Gleichheit von Gott, in: Hochland 66 (1974) 12-21; vgl. auch die auf einer Ringvorlesung basierende Veröffentlichung von G. KEHRER, „Vor Gott sind alle gleich". Soziale Gleichheit, soziale Ungleichheit und die Religionen, Düsseldorf 1983.

Jesus hat sich von der kreatürlichen Bedürftigkeit des Menschen, seiner Verwiesenheit auf Gott, nicht ausgenommen. So begehrt auch er die Taufe durch Johannes: „Laß es nur zu! Denn nur so können wir die Gerechtigkeit (die Gott fordert) ganz erfüllen." (Mt 3,15) Wenn auch „Gott gleich", so hielt doch Jesus „nicht daran fest, wie Gott zu sein, sondern er entäußerte sich und wurde wie ein Sklave und den Menschen gleich". (Phil 2,6f). Darum ist er nicht weniger als sie darauf angewiesen, in der „Abgeschiedenheit" nach dem Willen seines Vaters zu fragen. Die vom Vater empfangenen Gaben teilt er ohne Abstriche aus; was er für sich behalten könnte („was ich von meinem Vater gehört habe"), gibt Jesus an die Jünger weiter. Auch religiöses Wissen ist Macht. Indem es Jesus restlos weitergibt, schafft er die Grundvoraussetzung für einen herrschaftsfreien Umgang und macht dadurch Freundschaft möglich: „Ich nenne euch nicht mehr Knechte; denn der Knecht weiß nicht, was sein Herr tut. Vielmehr habe ich euch Freunde genannt; denn ich habe euch alles mitgeteilt, was ich von meinem Vater gehört habe." (Joh 15,15)

Bei seiner letzten Zusammenkunft mit seinen Freunden macht Jesus durch den Dienst der Fußwaschung[81] deutlich, wie er sich das Verhältnis der Jünger untereinander denkt: so stand er „vom Mahl auf, legte sein Gewand ab und umgürtete sich mit einem Leinentuch. Dann goß er Wasser in eine Schüssel und begann, den Jüngern die Füße zu waschen und mit dem Leinentuch abzutrocknen, mit dem er umgürtet war." (Joh 13,4f) Eine prägnantere Beschreibung dessen, was er von seinen Jüngern erwartet, konnte Jesus nicht geben; wie er ihnen die Füße gewaschen hat, so sollen auch sie untereinander die Füße waschen: „Ich habe euch ein Beispiel gegeben, damit auch ihr so handelt, wie ich an euch gehandelt habe." (Joh 13,16) Im Dienste des Reiches Gottes gibt es nur Gleichberechtigung und Gleichwertigkeit.

Darum ist Jesus auch jede Privilegienpraxis fremd. Seine Angehörigen, die von ihm eine bevorzugte Behandlung erwarten, weist er zurück: „Wer ist meine Mutter, und wer sind meine Brüder?" (Mt 12,48) Jesus zeigt auf seine Jünger: „Das hier sind meine Mutter und meine Brüder." (Mt 12,49) Im Kreise derer, die den Willen Gottes zu

---

[81] Vgl. R. GUARDINI, Johanneische Botschaft. Meditationen über Worte aus den Abschiedsreden und dem ersten Johannesbrief, Freiburg 1966, 21ff.

erfüllen trachten, gibt es weder Elite noch Hierarchie, keine Ersten, die nicht zugleich Letzte wären. Es gibt weder eine Sondergruppe Brüder noch die Sonderposition einer Mutter: „Denn wer den Willen meines Vaters erfüllt, der ist für mich Bruder und Schwester und Mutter." (Mt 12,50) Allein das persönliche Verhalten zählt. Die mit seinem Verkündigungsauftrag zusammenhängenden Berufungen lassen zwar zurecht davon sprechen, daß die einen – z. B. die Zwölf – dem Auftrag Jesu enger und eigentümlicher verpflichtet sind als andere, die sich zu ihm bekennen; doch steht dem nicht die Einsicht entgegen, daß es im Reich Gottes keine angestammten Plätze gibt. Die Bitte der beiden Zebedäus-Söhne Jakobus und Johannes um eine Platzreservierung in seiner allernächsten Nähe muß Jesus zurückweisen: „… den Platz zu meiner Rechten und Linken habe nicht ich zu vergeben; dort werden die sitzen, für die diese Plätze bestimmt sind." (Mk 10,40) Wer Schulter an Schulter mit Jesus kämpft, wird nahe bei ihm sein. Aus dem gemeinsamen Einsatz ergibt sich die Nähe. Darum bestimmt am Ende jeder selbst durch die Intensität seines „Reich Gottes"-Engagements, ob er sich in Jesu Nähe befindet oder nicht.

Herr-Knecht-Verhältnisse sind mit dem hereinbrechenden Reich Gottes unvereinbar. Die Jünger sind von Jesus angewiesen, alles zu tun, um das Aufkommen neuer Herrschaftsverhältnisse zu verhindern: „Ihr aber sollt euch nicht Rabbi nennen lassen; denn nur einer ist euer Meister, ihr alle aber seid Brüder. Auch sollt ihr niemand auf Erden euren Vater nennen, denn nur einer ist euer Vater, der im Himmel." (Mt 23,8f) Am Beispiel der Schriftgelehrten veranschaulicht Jesus seine Herrschaftskritik: „Nehmt euch in acht vor den Schriftgelehrten! Sie gehen gern in langen Gewändern umher, lieben es, wenn man sie auf den Straßen und Plätzen grüßt, und sie wollen in der Synagoge die vordersten Sitze und bei jedem Festmahl die Ehrenplätze haben." (Mk 12,38f; vgl. auch Mt 23,6f und Lk 20,46) Eine „Übernahme der Autoritätsstruktur des Rabbinats" wird dadurch „radikal abgelehnt".[82] Durch das „Ihr alle aber seid Brüder"

---

[82] P. HOFFMANN in P. HOFFMANN/V. EID, Jesus von Nazareth und eine christliche Moral. Sittliche Perspektiven der Verkündigung Jesu, Freiburg/Basel/Wien 3. Aufl. 1979, 223; vgl. auch 224: „Der Titel ‚Rabbi', die Bezeichnung ‚Vater' waren, wie zeitgeschichtliche Parallelen, aber auch die matthäische Argumentation erkennen lassen, Ausdruck einer spezifischen Amtsautorität mit Lehr- und Gerichtsvollmacht, die eine

(Mt 23,8) ist die Gefolgschaft Jesu positiv bestimmt als Bruderschaft. Von daher folgert Paul Hoffmann: „Ein hierarchisches Gemeindemodell ist damit ebenso wie eine patriarchalische Amtsstruktur abgelehnt. Der christliche Lehrer hat seine Lehrfunktion so auszuüben, daß er seinen Standort innerhalb der Bruderschaft der Gemeinde nicht verläßt."[83]

„Mehr" zu sein als andere ist eine Selbsttäuschung, die großes Unheil ins Zusammenleben der Menschen bringt. Die Anmaßung Einzelner gefährdet das Gleichgewicht der ganzen Gemeinschaft. Gemessen am Anspruch des Reiches Gottes ist eine Herrschaft von Menschen über Menschen immer eine Unordnung. Auch Cliquenwirtschaft und Vereinnahmungspraktiken gehören hierher; sie stehen zu Jesu „Reich Gotts"-Arbeit in krassem Widerspruch. Jesus sucht sie in seiner Gemeinde zu verhindern. Dem Exorzisten, der zwar in seinem Namen, doch nicht aus dem Kreis seiner Jünger heraus wirkt, legt er nicht das Handwerk. „Hindert ihn nicht!" (Mk 9,39) ist seine Antwort auf die folgende Beschwerde seiner Jünger: „Meister, wir haben gesehen, wie jemand in deinem Namen Dämonen austreibt; und wir versuchten, ihn daran zu hindern, weil er uns nicht nachfolgt." (Mk 9,38) Gutes kann auch außerhalb des erklärten Jüngerkreises geschehen.[84] Daß Gutes überhaupt geschehe, ist Jesu Verkündigungsziel, nicht aber, daß es unter seiner Herrschaft geschehe. Nicht herrschen, sondern retten will er. Jenen Jüngern, die sich anschicken, das Unkraut aus dem Weizen ihrer Gemeinde herauszureißen, tritt Jesus entgegen: „Nein, sonst reißt ihr zusammen mit dem Unkraut auch den Weizen aus." (Mt 13,29) Jesus wehrt damit „allen ungeduldigen und rigoristischen Versuchen, schon jetzt hier auf Erden sektiererisch die ‚reine Gemeinde' zu verwirkli-

---

entsprechende gesellschaftliche Stellung einschlossen (vgl. Mt 23,5f)."
[83] Ebd. 224. – Vgl. auch K. BROCKMÖLLER, Christentum am Morgen des Atomzeitalters, Frankfurt 4. Aufl. 1955, 208: „Die ersten Christen haben mit dieser Forderung Christi noch Ernst gemacht und sich weder mit ‚Herr' noch mit ‚Genosse' angeredet, sondern sich ‚Brüder' genannt …".
[84] Vgl. auch A. STÖGER, Das Evangelium nach Lukas, Bd. 1, Düsseldorf 1964, 259: „Der fremde Exorzist erregt den Unwillen der Jünger. Sie betrachten ihre Stellung als Auserwählung, die sie über alle anderen stellt. Was der Fremde tut, fühlen sie als Minderung ihrer Größe. Sie wollen herrschen, nicht dienen." – Vgl. auch die in Joh 3,22ff berichtete Toleranz des Täufers Johannes gegenüber Jesus.

chen."[85] „Jesus war tolerant, vielleicht sogar liberaler, als es der späteren Gemeinde seiner Jünger gut schien. Denn diese hat sich nur zu oft als geschlossene Gesellschaft betrachtet und immer wieder energisch ihre Exklusivität geltend gemacht."[86] Jesus „beruft Jünger nicht in seine Nachfolge, um eine Institution zu begründen. Gehorsam fordert er gegenüber dem Willen Gottes, und insofern bestand Gehorsam im Freiwerden von allen Bindungen."[87]

Jesu Botschaft von der ankommenden Herrschaft Gottes, unter der „die bisher Schwachen, Unfreien, Trost- und Versorgungsbedürftigen lernen, sich frei zu bewegen", schließt „ausdrücklich die Möglichkeit aus, alte Herrschaftsverhältnisse durch neue zu ersetzen".[88] Jesus hat die „Befreiung von Menschenherrschaft" in die Welt gebracht.[89] „Als die Gottesherrschaft gemäße Form mitmenschlicher Kommunikation" werden von ihm „Herrschaftsfreiheit und Brüderlichkeit" proklamiert.[90] „Die Bewegung um Jesus von Nazareth ist ein Versuch ‚herrschaftsfreier' Sozialisation und ‚herrschaftsfreier' sozialer Interaktion", dem die Überzeugung zugrunde liegt, „daß kein Mensch es sich anmaßen kann, etwas von Gottes kommender Herrschaft ausüben zu wollen, sei es auch nur stellvertretend."[91] Denn „paradoxerweise" besteht „das Wesen der Herrschaft Gottes in der Beseitigung des Gegensatzes zwischen Herrscher und Beherrschten ..., somit in gewissem Sinne in der Aufhebung von Herrschaft überhaupt".[92]

---

[85] H. SCHÜRMANN, Worte des Herrn. Jesu Botschaft vom Königtum Gottes, Freiburg/Basel/Wien 1961 (Nachdruck der 3., verbesserten Aufl. Leipzig 1960), 87.

[86] A. SCHILLING, Randfigur des Christentums. Über Johannes den Täufer, in: Christ in der Gegenwart 31 (24.6.1979, Nr. 25) 209-211; 211.

[87] KÜNG, Christ sein 233f.

[88] EID in P. HOFFMANN/EID 236.

[89] R. BOHNE, Das katholische System. Eine Skizze, Zürich/Einsiedeln/Köln 1972, 9.

[90] J. BLANK, Die Auslegung des Willens Gottes im Neuen Testament, in: G. Denzler u. a., Zum Thema Wille Gottes, Stuttgart 1973, 83-114; 100.

[91] K. LÖNING in H. EISING/K. LÖNING, Herrschaft Gottes und Befreiung des Menschen, in: W. Weber (Hg.), Macht, Dienst, Herrschaft in Kirche und Gesellschaft, Freiburg/Basel/Wien 1974, 38-60; 57.

[92] W. PANNENBERG, Geschichtstatsachen und christliche Ethik. Zur Relevanz geschichtlich-politischer Sachfragen für die christliche Ethik, in: H. Peukert (Hg.). Diskussion zur „Politischen Theologie". Mainz/München 1969, 231-246; 239. Vgl. Eid in P. HOFFMANN/EID 236; vgl. auch N. GREINACHER. Herrschaftsfreie Gemeinde, in: Concilium 7 (1971) 181-190; 184: „Das Eigentümliche an dieser Gottesherrschaft, die uns in Jesus nahegekommen ist, besteht nun gerade darin, daß der Mensch nicht aufs neue einer

Jesu Praxis und Forderung der Herrschaftsfreiheit steht „in einem notwendigen inneren Zusammenhang mit dem Gebot der Gottes- und Nächstenliebe" und mit der von ihm verkündeten *Basileia* Gottes.[93] Die unter der Herrschaft Gottes möglich werdende Liebe (*Agape*) stellt sich „als die entgrenzende und befreiende Dimension einer herrschaftsfreien Wirklichkeit dar".[94] Sie konkretisiert sich in einer Brüderlichkeit und Dienstbereitschaft,[95] die jedoch erst dort voll entfaltet ist, „wo auf Herrschafts- und Machtausübung verzichtet wird"[96]. „Die von Jesus inaugurierte Gesellschaft ist keine Herrschaftsgesellschaft und keine Leistungsgesellschaft ..."[97] Dem Ethos der „Toten" setzt Jesus „ein neues Ethos, eine ,bessere Gerechtigkeit' (Mt 5,20) entgegen, ein Ethos, das an der Herrschaft Gottes als der grundlos liebenden Zuwendung Gottes zu allen Menschen orientiert ist und konkurrenzloses Miteinander der Menschen in einer neuen Gesellschaft, dem eschatologischen Volk Gottes, ermöglicht".[98]

„Jesus praktizierte ... Herrschaftsfreiheit und nicht nur Gewaltfreiheit."[99] Das Postulat der Gewaltfreiheit inkludiert das Postulat der Herrschaftsfreiheit. Gewaltfreiheit ohne Freiheit von menschlicher Herrschaft ist undenkbar. Umgekehrt setzt Herrschaftsfreiheit Gewaltfreiheit voraus; „nur in der Selbsthingabe und im Raum der bewußt bejahten Gewaltfreiheit" kann Herrschaftsfreiheit verwirklicht werden.[100]

„... in der Nachfolge Jesu gilt die Herrschaftsfreiheit."[101] „Die Jüngergemeinschaft soll sich als herrschaftsfreie Gruppe verstehen

---

Herrschaft unterworfen wird, sondern daß sie den frei macht, der auf Jesus eingeht. Die von Jesus verkündigte und in ihm zu uns gekommene Gottesherrschaft ist die Bedingung der Möglichkeit von menschlicher Freiheit schlechthin."

[93] Eid in P. HOFFMANN/EID 236.

[94] Ebd. 237.

[95] Ebd.

[96] Ebd. 239; vgl. auch G. HASENHÜTTL, Herrschaftsfreie Kirche. Sozio-theologische Grundlegung. Düsseldorf 1974, 132: Jesu Liebesgebot „schließt den radikalen Verzicht auf formale Machtausübung und Rangunterschiede ein".

[97] R. PESCH, Neues Testament – Kein Ethos der Weltgestaltung?, in: N. LOHFINK/R. PESCH 25-44;36.

[98] Ebd. 35f.

[99] Eid in P. HOFFMANN/EID 238.

[100] HENGEL, Jesus 20.

[101] HENGEL, Christus 20.

..."[102] Das thematisieren die Evangelien mit unterschiedlicher Akzentsetzung. Die Häufigkeit, mit der „Jesu Forderung, auf Vorrang und Herrschaft zu verzichten", weitergegeben wird, „signalisiert das Interesse, das die überlieferten Gemeinden an den Aussagen der Sprüche hatten" (vgl. Mk 9,35; 10,44-45; Mt 18,4; 20,25-28; 23,11; Lk 9,48d; 22,24-27).[103] Die Forderung nach Herrschaftsverzicht, mit allen ihren gesellschaftlichen Konsequenzen, hat innerhalb der jesuanischen Ethik einen zentralen Stellenwert: denselben Stellenwert wie seine Forderung nach Feindesliebe und Unauflöslichkeit ehelicher Verantwortung. Daß jedoch Jesu Herrschaftskritik gerne übergangen wird, mag an der gewohnten Vorstellung liegen, daß die Ausübung von Herrschaft für die Ordnung menschlichen Zusammenlebens unabdingbar notwendig und im übrigen auch ganz natürlich sei.

Auf die Überlegung seiner Jünger, wer unter ihnen wohl der Größte sei (Mk 9,33f par), antwortet Jesus unter Hinweis auf die Kinder: Werdet wie die Kinder! (Mk 9,36f par) Die Kinder sind ihrer gesellschaftlichen Stellung nach die Letzten. „Wie die Kinder werden" heißt: auf Ansehen, Macht, Reichtum und Sicherheiten verzichten.[104] „Wenn jemand der Erste sein will, sei er der Letzte von allen und der Diener von allen!" (Mk 9,35b) Das Streben der beiden Zebedäussöhne nach einer privilegierten Stellung im Jüngerkreis weist Jesus – in „dezidierter Gegenüberstellung" zum „Verhalten der Mächtigen in der Welt"[105] – zurück (Mk 10,42-45par):

„Ihr wißt, daß die, die als Herrscher gelten, ihre Völker unterdrücken und die Mächtigen ihre Macht über die Menschen mißbrauchen. Bei euch aber soll es nicht so sein, sondern wer bei euch groß sein will, der soll euer Diener sein, und wer bei euch der Erste sein will, soll der Sklave aller sein. Denn auch der Menschensohn ist nicht gekommen, um sich dienen zu lassen, son-

---

[102] BLANK, Auslegung 100.

[103] P. Hoffmann in P. HOFFMANN/EID 186.

[104] Ebd. 212.

[105] Ebd. 187. – Vgl. auch die in Dan 7 wiedergegebene Erfahrung mit Herrschaft von Menschen über Menschen und der Traum vom Menschensohn, dazu W. KELLNER, Der Traum vom Menschensohn. Die politisch-theologische Botschaft Jesu, München 1985.

dern um zu dienen und sein Leben hinzugeben als Lösegeld für viele."[106]

Folgendes *Fazit einer Untersuchung von Mk 10,42-45 par* durch Paul Hoffmann stellt eine starke Herausforderung dar:

1. Der Spruch vom Herrschaftsverzicht setzt, indem er Erste und Größte nennt und auf die weltlichen Machthaber anspielt, „unbestimmte gesellschaftliche Macht- und Herrschaftsstrukturen und, damit verbunden, Autoritäts- und Abhängigkeitsverhältnisse im zwischenmenschlichen Bereich, in Familie und Sippe, im dörflichen oder städtischen Milieu, in beruflichen und religiösen Gruppierungen ebenso wie auch im gesamtgesellschaftlichen Bereich, in Politik, Religion und Wirtschaft, voraus, die es in der patriarchalisch-feudalistischen Gesellschaft des antiken Judentums ebenso gab, wie sie mutatis mutandis die heutige Gesellschaft bestimmen".[107]

2. Die Aussage des Spruches kann verallgemeinert werden. „Die Termini ‚Erster' bzw. ‚Größter' sind im Spruch nicht absolut, auf eine bestimmte Gruppe eingeschränkt, sondern relativ gebraucht. Sie beziehen sich auf den Kreis der jeweils Angesprochenen: ‚von euch', ‚unter euch'. Die Aussage des Spruches ist also auf verschiedenste Situationen adaptierbar, wie schon die neutestamentliche Auslegungsgeschichte zeigt; solche Adaptierbarkeit dürfte seiner genuinen paränetischen Intention entsprechen."[108]

3. Die Forderung des Spruches an jene, die Machtpositionen anstreben oder besitzen, die unterste Position in ihrem Kreis einzunehmen, „darf weder im Sinn eines berechnenden Verhaltens noch als Trick mißdeutet werden; als ginge es darum, jenen erstrebten Vorrang nun unter der Maske des Dienstes zu praktizieren oder zu

---

[106] Exegetisch bereiten die Sprüche zum Herrschaftsverzicht insofern einige Schwierigkeiten, als sie in vielen Variationen existieren. Dieses Variationenspektrum läßt auf eine komplizierte Traditionsgeschichte schließen (vgl. P. Hoffmann in P. HOFFMANN/ EID 186). Zwar wird dadurch „die Bedeutung des Spruches für das Selbstverständnis der christlichen Gemeinde … deutlich, aufgrund der mannigfachen Bearbeitung aber ist ein sicherer Rückschluß auf die älteste, möglicherweise jesuanische Form des Spruches kaum möglich" (ebd. 190). Aufgrund der inhaltlichen Aussage und der paradoxen Struktur der Aussage, die „auch sonst für jesuanische Formulierungen kennzeichnend" ist, dürfte allerdings die Forderung auf Jesus selbst zurückgehen (ebd. 194; vgl. auch 199).
[107] Ebd. 195.
[108] Ebd. 196.

erringen. Durch die Forderung wird vielmehr ... die allgemein-menschliche Einstellung zu Vorrang, Macht und Prestige in Frage gestellt ..."[109]

4. „Der Spruch läßt sich als die konsequente Anwendung des Ge-botes der Nächstenliebe auf jenen Bereich zwischenmenschlicher Beziehungen und Verhaltensweisen begreifen, in denen die beste-hende gesellschaftliche Ordnung ihren Ausdruck findet und durch die ihr Bestand gesichert wird."[110] Eine bloße Umkehrung der beste-henden Verhältnisse, etwa eine Änderung des Regierungsstils oder ein Machtwechsel genügt Jesus nicht. „Der Spruch ist erst ans Ziel gelangt, wenn die gesellschaftlichen Strukturen, die die Existenz von Mächtigen und Großen möglich oder notwendig machen, ver-ändert sind; dann, wenn jene alte – oft als ,hierarchisch' numisierte – Ordnung des Unter- und Gegeneinanders abgelöst ist durch eine neue Ordnung des Neben- und Füreinanders und das alte Gesetz

---

[109] Ebd. – Der Erste und Größte „soll nun der Diener, Knecht, Sklave jener sein, die ihm bislang untergeordnet waren, unter denen er Erster und Größter war". (ebd.) Das ist eine ungeheuer weitreichende Forderung, deren Schärfe „uns aufgrund der oft miß-bräuchlichen und entstellenden Verwendung der Wortgruppe ,dienen' zur Beschrei-bung kirchlicher, staatlicher oder sonstiger Herrschaftsausübung, aber auch aufgrund der religiösen und philosophischen Idealisierung der ,Tugend' des Dienens in der christlich-abendländischen Tradition, wo sie etwa im Ideal des ,Staatsdieners', des so-zialen ,Dienstes' oder ,dienender Ganzhingabe' ihren Ausdruck findet, kaum mehr nachvollziehbar" ist. (ebd. 196f) In Umkehrung bisheriger Verhaltensweisen ist vom jeweils Ersten und Mächtigsten verlangt, „sich von den anderen abhängig zu machen, auf sie einzugehen" usw. Gemeint ist „nicht ,Dienst an sich' oder Dienst für ein Ideal, nicht Dienst für den Staat oder ,Gott' ... nicht ein Dienst also, der unter der Hand schnell wieder zu einer Form des Herrschens werden kann". (ebd. 199) Vgl. auch KÜNG, Christ sein 336: „Jüngerschaft meint ... das Gegenteil einer (oft recht fromm als ,Dienst' verschleierten) Herrschaft von Menschen über Menschen." Oder ebd. 234: „Statt Regeln für eine oft geistlich verbrämte Herrschaft von Menschen über Menschen gibt er (Jesus; E.S.) Gleichnisse von der Herrschaft Gottes." Vgl. ebenso F. KLOSTER-MANN, Demokratie und Hierarchie in der Kirche, in: Wort und Wahrheit 27 (1972) 323-336; G. GRESHAKE, „Unter Euch soll es nicht so sein!" Vortrag anläßlich einer Diakon-weihe, abgedruckt im Korrespondenzblatt des Collegium Germanicum et Hungari-cum, Rom, 85 (Dez. 1978) 35-39; K. RAHNER, Rede des Ignatius von Loyola, Freiburg/Basel/Wien 2. Aufl. 1978, 10-38; DERS., Theologie und Lehramt, in: Stimmen der Zeit 105 (1980, Bd. 198) 363-375; P. ARRUPE, Unser Zeugnis muß glaubwürdig sein. Ein Je-suit zu den Problemen von Kirche und Welt am Ende des 20. Jahrhunderts, Ostfildern 1981, 61f.

[110] Ebd. 200.

des ‚Treten und Getretenwerdens' abgelöst ist durch einen ehrlichen und vorbehaltlosen Dienst füreinander."[111]

5. Der Spruch stellt „von Anfang an den Versuch dar, die erwartete endzeitliche Umkehrung der innerweltlichen Ordnungen und Verhältnisse in gegenwärtiges Verhalten zu übersetzen", eine „Realisation der in der Zeit der Gegenwart der Basileia ermöglichten neuen Existenz".[112]

6. Daß Jesus durch das Logion Mk 10,43f „nicht zum gewaltsamen Sturz der Machthaber aufruft, sondern bei einem – allerdings das gesamte gesellschaftliche Gefüge einbeziehenden – Appell an die je Ersten und Großen und die, die es werden wollen, bleibt, einem Appell, der eine bessere Wirklichkeit aufdeckt und auf dem Weg über eine alle einbeziehende ‚Bewußtseinsänderung' die Änderung herrschender Verhältnisse zu erreichen sucht, fügt sich seiner radikal vom Liebesgott bestimmten Konzeption ein, entspricht seiner am Menschen orientierten Paränese."[113]

Wie es scheint, haben urchristliche Gemeinden die Herausforderung herrschaftsfreien Zusammenlebens angenommen und zu verwirklichen versucht.[114] Hier ist freilich nicht der Ort, der Frage nachzugehen, wie die jesuanische Forderung nach Herrschaftsverzicht „unter heutigen Bedingungen wirksam werden" kann.[115] Jedoch sollen abschließend einige jener Stimmen zu Wort kommen, die nicht müde werden, eine Umsetzung der Forderung Jesu zu verlangen: „Danach sollte sich die christliche Gemeinde von heute die Antwort nicht mit einem Seitenblick auf die faktische Entwicklung der Kirche als Institution zu bequem machen, sondern bedenken, daß die Option der Urchristen für eine herrschaftsfreie Gemeindeordnung

---

[111] P. Hoffmann in P. HOFFMANN/EID 199f.

[112] Ebd. 202; vgl. ebd. 208: „Die Forderung Jesu, auf Herrschaft, Macht und Großsein zu verzichten und sich auf bedingungslosen Dienst aneinander einzulassen, sucht" die in der Zeit der gegenwärtigen Basileia schon jetzt gegebene Chance, eine „von Elend und Unterdrückung befreiten, in Frieden und Glück lebenden Menschheit" zu „realisieren".

[113] Ebd. 214.

[114] Vgl. ebd. 214-230; vgl. auch HASENHÜTTL 126-147; H. HAAG 256-258. Eine kurze thesenartige Zusammenfassung seiner Arbeitsergebnisse zur jesuanischen Forderung nach Herrschaftsverzicht gibt P. HOFFMANN in dem Artikel „Herrschaftsverzicht", in: Christ in der Gegenwart 29 (23.10.1977, Nr. 43) 359.

[115] P. Hoffmann in P. HOFFMANN/EID 214.

nicht aus den ersten Tagen nach Ostern stammt, sondern eine Situation reflektiert, die bereits Herrschaftskonflikte kennt, in der die gemeindliche Ordnung bereits nicht mehr ohne spürbare Ausübung von Macht gewährleistet werden kann. Aber gerade dies wird in der Urkirche als problematisch empfunden, nicht etwa nur wegen der unerfreulichen Rivalitäten, die es gegeben hat, sondern weil die Ausübung von Macht unter Christen in Form von Menschenherrschaft über Menschen als illegitim beurteilt wird. Diese prinzipielle Ablehnung von Herrschaft dort, wo man die Verhältnisse selbst bestimmt, und zwar um der Hoffnung auf Gottes Herrschaft willen, der man nicht vorgreifen will, ist eine klare und eindeutige Option, wie immer es um ihre Praktikabilität bestellt sein mag."[116] An jenem „klaren, eindeutigen und unerbittlichen Maßstab" von Mk 10,42-45 „ist jede Machtausübung von kirchlichen Amtsträgern und von Christen überhaupt in Vergangenheit und Gegenwart zu messen und jede Ausübung von Herrschaft, und sei es auch einer heiligen Herrschaft, zu verurteilen."[117] Heute gilt es, „eine Kirche zu realisieren, die endlich Ernst macht mit jener den Menschen dienenden Grundstruktur der Kirche, wie sie Jesus vorgezeichnet hat".[118] „Wenn Kirche und das heißt konkret kirchliche Gemeinde glaubwürdig existieren will, muß sie eine herrschaftsfreie Gemeinde sein."[119] Eine Kirche, der Herrschaftsfreiheit gleichsam zur „Institution" geworden ist, eine Kirche als „Institutionalisierung der Anarchie könnte für sich selbst Kirche Christi verwirklichen und den Menschen eine bessere Zukunft verheißen".[120]

---

[116] K. Löning in H. EISING/K. LÖNING 59; vgl. auch F. HUMMER. 85: „Gültig für immer bleibt die Forderung herrschaftsfreier Brüderlichkeit unter Christen. Deutlich spricht das Neue Testament in Jesu Lehre und durch die Praxis der ersten Gemeinde. Da läßt sich nichts wegdisputieren. Daß Menschen, damals wie heute, hinter diesem Anspruch zurückbleiben, sollte nicht daran hindern, das Ideal selbst hochzuhalten."

[117] GREINACHER, Gemeinde 183: vgl. dagegen W. SIEBEL, Freiheit und Herrschaftsstruktur in der Kirche. Eine soziologische Studie, Berlin 1971, 57, der mit demselben Text (Mk 10,42-45) „wohl kaum" die Herrschaft verworfen sieht. Vgl. dazu BLANK, Auslegung 115.

[118] GREINACHER, Gemeinde 183.

[119] Ebd.

[120] HASENHÜTTL 142: vgl ebd. 43: „Wenn Anarchismus möglich ist, dann gilt dies sicher eher für die Kirche als für die Gesamtgesellschaft, den Staat." Ebd. 60: „Ich meine, in der Kirche wäre soziologisch" – das klingt grell – „Anarchie zu verwirklichen." (vgl. auch 59) N. GREINACHER, Herr und Knecht, in: Theologische Quartalschrift 164 (1984)

1.3.3 *Gemeindeaufbau in „adiaphorischer Distanz" zur Staatsgewalt*

„Ihr wißt, daß die, die als Herrscher gelten, ihre Völker unterdrücken und die Mächtigen ihre Macht über die Menschen mißbrauchen. Bei euch aber soll es nicht so sein, …" (Mk 10,42f) Jesu Aufforderung zum Herrschaftsverzicht setzt erklärtermaßen bei der Herrschaftspraxis der politischen Machthaber an. Schon Marias Magnifikat beinhaltet eine deutliche Herrschaftskritik: „… er stürzt die Mächtigen vom Thron und erhöht die Niedrigen." (Lk 1,52) Jesus selbst hat die Macht der Mächtigen in den Nachstellungen des Herodes, diesem „Fuchs" (Lk 13,32), wie er ihn wegen seiner „hinterlistigen Schlauheit"[121] nennt, fürchten müssen. Nach neutestamentlicher Überlieferung sieht Jesus auch für seine Jünger Verfolgungen durch die Mächtigen voraus: „Wenn man euch vor die Gerichte der Synagogen und vor die Herrscher und Machthaber schleppt, dann macht euch keine Sorge, wie ihr euch verteidigen oder was ihr sagen sollt." (Lk 12,11f) Die dunkelste Seite menschlicher Machtausübung muß Jesus in seiner Verhaftung und Verurteilung zum Tod erfahren: bevollmächtigt durch seine Vorgesetzten, läßt ihn der römische Statthalter Pilatus hinrichten. Aus Jesu Erwiderung auf das Machtgebahren des Pontius Pilatus („Weißt du nicht, daß ich Macht habe, dich freizulassen, und Macht, dich zu kreuzigen?") spricht das Unheil des Hierarchischen: „Du hättest keine Macht über mich, wenn es dir nicht von oben gegeben wäre; …" (Joh 19,10f). Jesus erklärt „dem sich mächtig gebärdenden Pilatus zunächst, daß er (Pilatus; E.S.) seine Macht nicht von sich selbst, sondern von seinen Vorgesetzten erhalten hat".[122] Wie die persönliche Herrschaftsausübung ist das Hierarchische schlechthin auf Jesu Kritik gestoßen.

66-68, plädiert im Sinne der jesuanischen „Kontrastutopie" (vgl. Mt 20,25-28) für ein auf die herrschaftsfreie Gesellschaft zielendes Engagement.

[121] J. Schmid, Das Evangelium nach Lukas, Regensburg 4. durchgesehene Aufl. 1960, 240. – MacGregor, Friede 52-54, setzt sich damit, daß Jesus so über andere reden konnte (vgl. auch Mt 23,33 oder Mt 18,6) auseinander.

[122] H.R. Schlette, Art. Staat, in: Handbuch theologischer Grundbegriffe, hrsg. von H. Fries, Bd. 4, München 1970 (vom Hg. durchgesehene und ergänzte Taschenbuchausgabe). 112-116 (biblischer Teil), 114. Nach herkömmlicher Exegetenmeinung äußert sich in der Aussage Jesu dagegen eine theologische Legitimierung zwischenmenschlicher Herrschaftsausübung; vgl. z. B. H. Strathmann. Das Evangelium nach Johannes, Göttingen 1963, 237, der davon ausgeht, daß die Souveränität und Verantwortung des Pilatus „von Gott gesetzt" sei; oder A. Wikenhauser, Das Evangelium nach Johannes,

Auffallend ist jedoch, daß sich Jesus nicht explizit zum Problem der Staatsgewalt geäußert hat. Das mag zwei Gründe haben. Bei aller Macht waren die Möglichkeiten der politischen Zentralgewalten zur Zeit Jesu begrenzt: das Herrschaftssystem konnte zwar brutal, doch nicht totalitär sein. Eine Auseinandersetzung mit dem System an sich legte sich daher mit nur geringer Notwendigkeit nahe. Der eigentliche Grund dafür, daß Jesus das Problem der Staatsgewalt nicht ausdrücklich thematisiert hat, dürfte allerdings ein anderer sein: eine noch so negativ ausfallende Kritik am System setzt eine Einlassung voraus, die in gewisser Weise eine Bestätigung ist. Jeder eingehenden Kritik haftet etwas von Immanenz an. Am Ende verspricht darum auch die weitestgehende nur Veränderungen an den Symptomen, eine Humanisierung zwar des Systems, doch keine grundsätzliche und endgültige Überwindung desselben. Die radikalste Form der Kritik, die dieser Mängel enthoben ist, besteht dagegen in der Enthaltung von jeder Kritik bei gleichzeitigem und konsequentem Bemühen um die Verwirklichung der Alternative. Dies genau könnte sich hinter Jesu offenkundiger Distanz zum Problem staatlicher Gewalt und seiner radikalalternativen Gemeindeethik verbergen. Jesus distanziert sich auf eine Weise von dem System der Staatsgewalt, daß diesem nicht auch nur ein Minimum an Anerkennung zukommt, und übt dadurch in einer nicht mehr zu überbietenden Radikalität Kritik.

„Zur Frage des Staates" ist auch – gegen allen Anschein – in Jesu Wort zur „Zinsgroschenfrage" (Mk 12,17) „kaum etwas gesagt".[123] Nach Günther Bornkamm hat Martin Dibelius „nicht zu Unrecht bemerkt, daß Mk 12,17 wohl ein Wort sei, das politische Verhältnisse berührt, aber nicht eigentlich ein politisches Wort". Aber, so fährt Bornkamm fort, „gerade dies, daß die ganze Problematik des Staates hier so an den Rand gedrängt ist, ja ihre grundsätzliche Problematik nicht aufkommen darf, ist offenbar ein sehr wesentliches Wort zur Sache".[124] Peter Trummer beschreibt das Verhältnis Jesu gegenüber der regulären Staatsgewalt als *„adiaphorische Distanz".*[125] Die politi-

---

Regensburg 3. Aufl. 1961, 328: „Jesus erwidert ihm mit überlegener Ruhe, daß er keine Macht über ihn hätte, wenn sie ihm nicht von oben, d. h. von Gott, gegeben wäre."
[123] G. BORNKAMM, Jesus von Nazareth, Stuttgart/Berlin/Köln/Mainz 9. Aufl. 1971, 113.
[124] Ebd.
[125] P. TRUMMER, Gewalt und Gewaltlosigkeit. Die Zeugnisse der Schrift und der Urkir-

sche Relevanz der so beschriebenen Distanz liegt auf der Hand: Jesus gerät in Verdacht, wird verfolgt und umgebracht. Auf ein kritisches Schweigen reagieren Machthaber bisweilen empfindlicher als auf offenen Protest.

Jeder Versuch einer Zerstörung des staatlichen Gewaltsystems bestätigt nicht nur den Geist der Gewalt, sondern fördert ihn. Was abgeschafft werden soll, wird am Ende stabilisiert. Die Geschichte revolutionärer Bewegungen liefert den Beweis dafür. Die Chance für eine Auflösung des staatlichen Gewaltsystems liegt nicht in der Zerschlagung seines Apparates, sondern in der Erfüllung seiner ideellen Zielsetzung. „Denkt nicht, ich sei gekommen, um das Gesetz und die Propheten aufzuheben. Ich bin nicht gekommen, um aufzuheben, sondern um zu erfüllen." (Mt 5,17) Jesus hebt das Gesetz auf, indem er seine Intentionen erfüllt: „Die Erfüllung des Gesetzes ist also mit seiner Aufhebung identisch, die nicht Auflösung, also Vernichtung, ist; …"[126] Auch wenn dem Menschen „die Hände gebunden sind, das Böse zu verhindern, so sind sie ihm nicht gebunden, das Gute zu mehren und damit die Übermacht des Bösen zu brechen".[127] „Denn es ist der Wille Gottes, daß ihr durch eure guten Taten die Unwissenheit unverständiger Menschen zum Schweigen bringt." (1 Petr 2,15) Durch das Gute das Böse überwinden! Die begeisterte Realisierung des Guten um des Guten willen übersteigt am Ende alles, was unter restriktiven Anordnungen an Gutem zu erreichen erhofft werden kann. Restriktionen und Systeme werden überflüssig gemacht, indem ihre positiven Ziele über Maßen erfüllt werden. Im Hinblick auf die ideelle Zielsetzung staatlichen Zwanges hieße das, ein gemeinschaftliches Zusammenleben praktizieren, das über dem Level staatlich anordbarer Kommunität liegt. Am Ende einer solchen Entwicklung wird jedem Gewaltsystem seine letzte Rechtfertigung genommen.

Jesu Einsatz zielt auf ein *Überflüssigmachen* und damit auf eine fundamentale Infragestellung des Gewaltsystems. Sein Einsatz gilt

---

che, in: Wort und Wahrheit 26 (1971) 504-517; 509. RADBRUCH 188 entdeckt eine „tiefe Gleichgültigkeit" Jesu; E. BLOCH. Atheismus im Christentum. Zur Religion des Exodus und des Reichs, Reinbek 1970, 12, spricht in diesem Zusammenhang von einer „Desinteressiertheit" Jesu.

[126] G. UELLENBERG, Die neue Freiheit (Mt 5,17-20: Lk 16,17), in: MÜSSLE 21-32; 29.

[127] H. HAAG 265.

einer radikalen Alternative; daneben bleiben weder Gelegenheit noch Kraft und auch nicht die Notwendigkeit, eine immanente Verbesserung alter, herkömmlicher, aber untauglicher und vor allem menschenunwürdiger Ordnungsstrategien zu betreiben. Jesus hat die Enge herkömmlicher politischer Denkstrukturen und gesellschaftsordnender Modelle verlassen. Jenes kleingeistige Denken in der Schablone von Herrschaft und Revolution, von Gewalt und Gegengewalt, von Regierung und Opposition, hat Jesus überwunden. Darum kann auch die Frage der Phariäser und Herodianer, ob es erlaubt sei, dem Kaiser Steuer zu zahlen oder nicht (Mk 12,14), so, wie sie gestellt ist, nicht greifen. Jesu Denkhorizont ist weit umfassender als der, dem die Frage entstammt. Jesu Denken unterscheidet sich radikal von dem der Fragenden. Sein Denkansatz ist so anders, seine Kritik und seine Vorstellung von einem gelungenen Zusammenleben aller Menschen so radikal alternativ, daß er seine Position verraten müßte, nähme er die Frage so, wie sie gestellt ist, und versuchte er, sie im Rahmen der vorgegebenen engen Beantwortungsalternative zu beantworten: sieht doch die Fragestellung seiner Herausforderer nur ein Ja oder ein Nein als Antwort vor: eine Bejahung der Steuerzahlungspflicht einerseits, wodurch sich Jesus öffentlich als Kollaborateur der verhaßten Besatzungsmacht erweisen würde, oder eine Verwerfung der Steuerbelastung andererseits, wodurch sich Jesus zum erklärten Feind der römischen Besatzungsmacht machen würde. Die Fragestellung schon verursacht eine Einengung des Antwortspielraums, innerhalb dessen Jesu Ansicht keinen Platz mehr finden kann.[128]

Übrigens versteht es Jesus, seine Herausforderer selbst der Kollaboration zu überführen: sie tragen das Geld der römischen Okkupationsmacht bei sich; bevor sie damit ihre Steuern bezahlen, treiben sie fleißig Geschäfte damit.[129] In ihrer Naivität reichen sie

---

[128] Vgl. A. FEUILLET, Die Versuchung Jesu, in: Internationale katholische Zeitschrift 8 (1979) 226-237; 233f: Die Frage der Gegner läuft auf eine Versuchung Jesu hinaus, die der durch den Teufel in der Wüste nicht unähnlich ist. „Jesus ist sich voll bewußt, in Versuchung geführt zu werden: ‚Warum versucht ihr mich?' (so nur in Matthäus und Markus), wird er doch gezwungen für oder gegen die römische Autorität Stellung zu nehmen, das heißt für die in der einen oder der anderen Form für einen politischen Messianismus einzustehen; aber er entzieht sich."

[129] BORNKAMM 11f: Indem sich Jesus den römischen Silberdenar mit Bild und Inschrift

Jesus sogar den geforderten Denar und entlarven sich dadurch selbst als Kollaborateure. Daß man Jesus einen Denar reichen muß, ist bezeichnend: Jesus trägt keinen bei sich. Im Gegensatz zu seinen Herausforderern partizipiert er offensichtlich nicht am römischen Währungssystem.[130]

Die Verpflichtung zur Steuerzahlung stellt für Jesus kein isoliert zu betrachtendes, für sich behandelbares und entscheidbares Problem dar. Der Suggestion der Frage, daß das Problem nach der einen oder anderen Richtung einfach zu beantworten sei, unterliegt Jesus nicht. Seiner weiterreichenden Perspektive entspricht es, *daß er den Boden der Frage verläßt*, um auf ein grundlegenderes Problem rechten mitmenschlichen Zusammenlebens aufmerksam machen zu können: die Erfüllung des Heilswillens Gottes. Das Anliegen der ursprünglichen Frage verschwindet gleichsam in dem viel umfassenderen Anliegen, Gott zu geben, was Gottes ist. Darum geht es: Gottes Willen zu erfüllen. Indem Jesus ungefragt die Verpflichtung gegenüber Gott anführt,[131] gibt er zu verstehen, daß das Problem ganz anders

---

des Kaisers reichen läßt, werden seine Gegner „bei einer Entscheidung behaftet, die sie ja längst schon getroffen haben. Munter treibt man Handel und stößt sich nicht an Bildnis und Kaiseremblemen, solange man mit der Münze Geschäfte machen kann. Erst wenn es ums Steuerzahlen geht, wird man leidenschaftlich und sieht sich zum ‚Bekenntnis' aufgerufen." Vgl. auch M. DIBELIUS, Rom und die ersten Christen, in: DERS., Botschaft und Geschichte. Gesammelte Aufsätze (in Verbindung mit H. Kraft hrsg. von G. Bornkamm), Bd. 2, Tübingen 1956, 178, der darauf hinweist, daß mit dem Gebrauch der Steuermünze „die Herrschaft des fremden Kaisers in Handel und Wandel anerkannt wird".

[130] Vgl. P. E. LAPIDE, Der Rabbi von Nazareth. Wandlungen des jüdischen Jesusbildes, Trier 1974, 45f: In der Aufforderung Jesu, ihm einen Denar zu geben, „ist die Antwort für den hellhörigen eigentlich schon gegeben, denn mit diesen Worten wird nachdrücklich betont, daß er, der Thoralehrer aus Galiläa, selbst keinen Denar besaß, sich also mit solchem Götzenbild nicht besudelte und ‚ihn erst sehen mußte' ehe er eine religionsgesetzliche Entscheidung fällen konnte".

[131] Diese Tatsache, daß Jesus im Gespräch mit seinen Herausforderern ungefragt auf die Verpflichtung gegenüber Gott verweist, wird auch von anderen Autoren herausgestellt: vgl. etwa P. LAPIDE, Er predigte in ihren Synagogen. Jüdische Evangelienauslegung, Gütersloh 3. Aufl. 1982, 43: „Daß im Schlußteil der Antwort die eigentliche Pointe zu finden ist, ergibt sich schon daraus, daß Jesus die zweite Hälfte seines Spruches ungefragt hinzufügt. Denn niemand hatte ihn gefragt, was man Gott geben sollte oder nicht. – Aber nicht um Gott ging es den Fragestellern, sondern um die Machtfrage. Jesus hingegen geht es ... vor allem um den Gehorsam gegen Gott." Ähnlich E. DREWERMANN, Tiefenpsychologie und Exegese, Bd. 2 (Wunder, Vision, Weissagung,

liegt, als es die Frage der Provokateure nahelegt; das Problem liegt in der Frage: Wie haltet Ihr's mit Gott? Das ist die entscheidende und am Ende einzig wichtige Frage. Die Feststellung, daß Jesus damit die Erfüllung des Willens Gottes priorisieren und die Verpflichtung gegenüber dem Kaiser nachordnen würde, wird dem schon nicht mehr gerecht. Für Jesus gibt es kein Kaiser-Problem. Wäre es anders, hätte er die Frage nehmen können, wie sie gestellt war. Indem er jedoch – völlig außerhalb dessen, was die Frage vorgesehen hatte – Gott anführt und seine gespannten Zuhörer auf das Problem lenkt, Gott zu geben, was ihm gebührt, bietet er eine völlig neue Perspektive politischer Lebensgestaltung. Es ist die Perspektive des „Euch aber muß es zuerst um sein Reich (= Reich Gottes; E.S.) und um seine Gerechtigkeit gehen; dann wird euch alles andere dazugegeben." (Mt 6,33) Ein allein auf die Verwirklichung des „Reiches Gottes" gerichtetes Engagement wird auch einen gesellschaftlichen Heilsfortschritt zeitigen.[132]

Dort, wo konsequent „Reich Gottes"-Verwirklichung betrieben wird, stellt sich nicht eigens die Frage nach dem Kaiser und der Steuerpflicht. Für ein letztlich staatsorientiertes Leben mag es das besondere Problem der Steuerentrichtung geben; für ein allein *Basileia*-orientiertes Leben gibt es ganz andere. Nicht der Staat und das Problem seiner Belange, sondern das Reich Gottes und seine Fordernisse sind Jesu Lebensperspektive. Mit der Botschaft Jesu sind zwei völlig andersartige Gestaltungsmodelle menschlichen Zusammenlebens konfrontiert: außerhalb staatlicher Ordnungsmodelle präsentiert Jesus die Vorstellung eines Reiches Gottes, das seiner soziologisch feststellbaren Gestalt nach eher ein „,Staat' im Staate" ist: „Wenn ich aber die Dämonen durch den Finger Gottes austreibe, dann ist doch das Reich Gottes schon zu euch gekommen." (Lk 11,20) Wo Heil geschieht, ist Reich Gottes in der Welt. Auf das Heil des Zusammenlebens bezogen: „Denn wo zwei oder drei in meinem Namen versammelt sind, da bin ich mitten unter ihnen." (Mt 18,20)

Apokalypse, Geschichte, Gleichnis), Olten 1985, 685: Wichtiger noch als die Ironie seiner Gegenfrage „ist der Hinweis Jesu auf das, wonach man ihn gar nicht gefragt hat, woher aber offenbar seine innere Kraft und Gelassenheit stammt: die Beziehung zu Gott."

[132] Vgl. L. TOLSTOI, Das Reich Gottes ist inwendig in Euch oder das Christentum als eine neue Lebensauffassung, nicht eine mystische, Lorch 1934.

Mit anderen Worten: wo im Namen Jesu Christi Eintracht herrscht, da ist Gottes Reich, da sind Menschen an ein soziales Ziel gelangt und haben staatliche Sozialisierungsmaßnahmen für sich überflüssig gemacht.

Das ist ein neuer Ansatz, das Problem des Zusammenlebens zu lösen: Jesus setzt „unten" an, an der Basis, am einzelnen Menschen und seiner Gemeinschaftsfähigkeit; die Herrscher der Völker setzen „oben" an und erhoffen sich, eine bestimmte (in der Regel ihren eigenen privaten Interessen dienende) gesellschaftliche Ordnung durch Zwang nach unten hin durchsetzen zu können. Das, was Jesus zu verwirklichen sucht und dort, wo er Menschen begegnet ist, bereits verwirklicht hat, sprengt alles Hergebrachte. Das ist eine Alternative jenseits dessen, was innerhalb der gesellschaftspolitischen Diskussion üblicherweise an Möglichkeiten vorgebracht wird; das hat mit den herkömmlichen, großflächigen und darum notwendig auf Gewalt beruhenden Gesellschaftsmodellen nichts mehr zu tun. Jesus sagt es vor Pilatus selbst: „Mein Königtum ist nicht von dieser Welt." (Joh 18,36)

Jesus hat das Staatsproblem weit überschritten. Es ist für ihn gelöst. Aber nicht durch das Modell eines besseren, anderen Staatssystems, in dem der Mensch immer noch Knecht eines anderen ist. Es wird auf eine unerwartet andere Art gelöst: durch den Aufbau des Reiches Gottes, konkretisiert in kleinen und größeren Gemeinschaften einer „spielenden Kirche"[133].

Das von Jesus vertretene „Ethos der Gewaltlosigkeit" fordert nicht nur individuelle Konsequenzen, sondern auch strukturelle. Es ist unvereinbar und nicht verwechselbar mit einem System staatlicher Gewaltausübung. In diesem Sinne erfüllt allein die Gemeinde die strukturellen Voraussetzungen für eine konsequente Verwirklichung des Gewaltlosigkeitsethos; „Gemeinde" bzw. „Kirche" bilden den „alleinigen Ermöglichungsgrund eines Ethos der Gewaltlosigkeit".[134] Neutestamentliche Ethik ist durchweg kirchliche Ethik, „wir

---

[133] Vgl. H. RAHNER, Der spielende Mensch, Einsiedeln 5. Aufl. 1960, 44ff. Vgl. besonders G. LOHFINK, Gottes Taten gehen weiter. Geschichtstheologie als Grundvollzug neutestamentlicher Gemeinden, Freiburg/Basel/Wien 1985, bes. 103-116 (Gott schafft sich eine neue Gesellschaft).
[134] N. LOHFINK, Altes Testament – Ethos der Weltgestaltung, in: N. Lohfink/R. Pesch 9-24; 15.

könnten auch sagen: Gemeindeethik".[135] *Gemeindeethik* ist der spezifisch neutestamentliche Beitrag zur „Weltgestaltung". Das Postulat der Liebe zielt sowohl in alt- als auch neutestamentlicher Perspektive zuerst auf die Ermöglichung von Gemeinde, weniger, wie bisher immer angenommen, auf eine kosmopolitische Gesinnung.[136] Gesellschaftsveränderung geschieht dort, wo in neuem Geist Gemeinde gelebt wird. „Neue Gesellschaft entsteht nur im Binnenraum der Gemeinde ..."[137] „Die einmütige Gemeinde ist die neue ‚*Kontrastgesellschaft*', die gewaltfrei lebt."[138] „Der Weg der Überwin-

---

[135] R. PESCH, Neues Testament 31.

[136] Vgl. N. LOHFINK, Unsere großen Wörter. Das Alte Testament zu Themen dieser Jahre, Freiburg/Basel/Wien 2. Aufl. 1979, 234: „Vielleicht wird doch manchmal etwas zuviel Universalismus in die Liebesaussagen des Neuen Testaments hineingelesen." 235: „Um bei den späteren Schriften des Neuen Testaments zu beginnen, bei denen doch eigentlich der größte Universalismus erwartet werden müßte, so zeigt die Nächstenliebe sich in den johanneischen Schriften als ‚Liebe zueinander', als ‚Bruderliebe', als ‚Freundesliebe'. Diese Bezeichnungen verraten schon, daß mit der in diesen Schriften emphatisch geforderten Liebe die Liebe der Gemeindemitglieder untereinander gemeint ist." In den späten joh. Schriften sieht Lohfink den gleichen Sachverhalt wie im Alten Testament: „An die Stelle der Volksgemeinde ist die Glaubensgemeinde getreten, und ohne daß dadurch etwas über die Einstellung gegenüber Außenstehenden präjudiziert wäre, wird jedenfalls das Wort ‚Liebe' nur für den Binnenraum verwendet." (ebd.) Lohfink räumt aber auch ein, daß in den älteren Paulusbriefen, wie z. B. in Röm 12,1, „auch Außenstehende ins Gesichtsfeld" geraten: „zunächst Verfolger, dann alle Menschen, Feinde, schließlich ausführlich die staatliche Gewalt." (235) Aber auch hier könne man „allerhöchstens gerade miterleben", „wie das Wort ‚Liebe' beginnt, zum universalen ethischen Begriff zu werden". (236) Auch Jesus spricht nach Lohfink nicht von der „universalen Liebe", wie man ihr in den Gedankengängen der Stoa begegnen kann. „Jesus ordnet vielmehr die Liebe der Not zu, die ihrer bedarf", wie das Gleichnis vom barmherzigen Samariter lehre. Selbst das Gebot der Feindesliebe entbehre einer universalistischen Stoßrichtung (236f); es handle sich um den „persönlichen Feind innerhalb der eigenen Gruppe". Sprengstoff enthalte allerdings die Begründung, sich nämlich wie der himmlische Vater zu allen Menschen gleich gut zu verhalten. (237) – Die Feststellung Lohfinks, daß Liebe in der biblischen Perspektive zunächst auf den kleinen Kreis bezogen gedacht und gefordert ist (vgl. dazu auch unten den Exkurs zu 2.2.4 „Die ‚*small-is-beautiful*'-Alternative des alttestamentlichen Schalomverständnisses"), widerspricht freilich nicht der konsequenten, in der Forderung mit eingeschlossenen Ausweitung auf die Menschen gleich welchen Ortes dieser Welt. Die Zeugen des Glaubens haben Liebe auch in dieser Dimension immer wieder gelebt. Die Ausgangsenge der Liebesforderung ist jedoch auch für eine qualifizierte universalistische Liebe von großer Bedeutung: sie weist darauf hin, daß ehrliche Liebe immer konkret ist und mehr ist als ein nur kosmopolitisches Feeling.

[137] R. PESCH, Ethos 2.

[138] Ebd. 75 (Hervorhebung von E.S.). Vgl. näherhin: G. LOHFINK, Wie hat Jesus Gemeinde gewollt?, Freiburg/Basel/Wien 1982.

dung der Gewalt – und darin einer Weltgestaltung von der Qualität ‚neuer Schöpfung' ist der Weg der neutestamentlichen Gemeinde in der Nachfolge Christi. Die an Ostern geborene ‚neue Gesellschaft', Gottes eschatologisches Volk, erscheint in der neutestamentlichen Gemeinde, in der die Unterschiede von Rasse, Klasse und Geschlecht aufgehoben, in der Gottes Sozialordnung gewaltfrei erwirkt, heilvoll erfahren und attraktiv aufgeleuchtet ist."[139] „Die neutestamentliche Gemeinde ist der Ort der Überwindung der Gewalt in der Nachfolge Jesu. Wo sie lebt, wird die Bergpredigt verstanden und kann sie praktiziert werden – in einem gewaltlosen Diesseitsethos, das die Welt neu macht."[140]

„Ist gewaltloses Leben überhaupt möglich? Das Neue Testament kennt nur eine Alternative: die gewaltfreie Gemeinde Jesu, die angstfreie Gemeinde Jesu. … Die gewaltfreie Gemeinde ist die Alternative Gottes, für die Gott seinen Sohn aufgeboten hat, sie ist seine Lösung: die Frucht der Erlösung."[141]

In einer Welt, die großflächig denkt und handelt, wird die Bedeutung der Gemeinde im Sinne eines politischen Hebels für eine umfassende gesellschaftliche Veränderung unterschätzt. Doch die „Alternative Gottes", die „Lösung Gottes", nämlich die „gewaltfreie Gemeinde", ist ein „Politikum".[142] Norbert Lohfink wie Rudolf Pesch betrachten die „segmenthafte Fundierung des Zusammenlebens der Menschen in überschaubaren, auf Freiwilligkeit und gewaltlosem Umgang miteinander beruhenden ‚Gemeinden'" „als eines der wesentlichen Merkmale einer an der Bibel orientierten gesellschaftlichen Veränderung".[143] Der Anspruch auf Weltgestaltung müßte demnach „die Christen heute eigentlich dazu zwingen, tragende Elemente am heutigen Gesellschaftssystem als falsch konstruiert zu betrachten und sich selbst daran zu machen, mit der Konstruktion von *Kontrastgesellschaften* zu beginnen".[144] „Wer Jesus nachfolgt, dürfte", nach Lohfink, „die weltliche Dimension seiner Hoffnung, die er vom Alten Testament her unverlierbar besitzt, doch nicht in

---

[139] Ebd. 76; vgl. auch 39.

[140] Ebd. 79.

[141] Ebd.

[142] Ebd.

[143] N. LOHFINK/R. PESCH 8 (im gemeinsamen Vorwort).

[144] Ebd. (Hervorhebung von E.S.)

den gewohnten Gestalten dieser Welt, und dazu gehört der Staat, verwirklichen wollen. Jede Art von Staatskirchentum und mithilfe von Macht, Gewalt und Krieg durchgesetzter ‚christlicher' Ordnung ist Verrat an Jesus".[145] Daß die frühe Kirche alle großen Titel der messianischen Hoffnung (also Herrschertitel) für Jesus verwendet hat, darf nicht täuschen: „Diese Titel sind alle uminterpretiert. Die Neuinterpretation der messianischen Erwartung ist eine der Hauptleistungen der Schritten des Neuen Testaments. Die Uminterpretierung führt allerdings nicht vom Diesseitigen, Geschichtlichen, Gesellschaftlichen weg. Nur von Dingen wie Staat, Macht, Gewalt. Sie führt zur Bergpredigt. Sie führt zu Sätzen wie diesem: ‚Ihr wißt, daß Fürsten ihre Völker beherrschen und daß die, die Macht haben, Gewalt ausüben; so darf es nicht sein unter euch; sondern ...' (Mk 10,42-44). Ein solcher Satz ist nicht eine ethische Aufforderung an den einzelnen, die es erlauben würde, strukturell in der Gesellschaft alles beim alten zu lassen und einfach mitzumachen, nur auf eine vorbildliche Weise. Vielmehr läßt er sich nur leben, wenn eine neue Gesellschaft mit neuen Strukturen entsteht. Doch das ist, wie letztlich auch schon die von dem ‚Gesetz' des Alten Testaments entworfene Gesellschaftsordnung Israels, dann nicht mehr eine Struktur, die man etwa mit dem Stichwort ‚Staat' charakterisieren könnte. Das Neue Testament hat, ein Stichwort des Alten Testaments in den Mittelpunkt rückend, von ‚Gemeinde' gesprochen."[146]

---

[145] N. LOHFINK, Was hat Jesus genutzt?, in: Bibel und Kirche 34 (1979) 39-43; 41.

[146] Ebd. – Vgl. auch N. LOHFINK, Die davidische Versuchung der Kirche. Zur Vereinnahmung des Alten Testaments für staatskirchliche und sakralstaatliche Leitbilder, in: Orientierung 42 (15.4.1978. Nr. 7) 80-84: Jesus, der sich selbst höchstwahrscheinlich weder als „Messias" noch als „Sohn Davids" bezeichnet hat, mit größerer Sicherheit aber als „Menschensohn", verkündete die nahe, ja gekommene Herrschaft Gottes. „Das war eher die Sprache des ‚Messias ohne Messias'. Es war das Stichwort, das die deuteronomistische Theologie gerade dem menschlichen Königtum in Israel entgegengesetzt hatte. Es meinte gesellschaftliche Wirklichkeit, aber nicht Staat." (ebd. 83) Jesus „sammelte Menschen um sich, und um ihn herum begann neue Gesellschaft. Aber sie war gerade nicht von der Substanz, aus der der Staat gemacht wird." Die „neue Gesellschaft", die nach dem Tod Jesu in immer neuen Gemeinden entstand, konnte sich trotz ihres Namens (‚Christen' von ‚Christos' = Messias; E.S.) und der in ihm liegenden Anspielung auf den ehemaligen und von vielen von neuem erhofften davidischen Staat niemals als Versuch verstehen, einen neuen Sakralstaat zu schaffen ... Nach anfänglicher „Ablehnung jeder Verquickung von Staat und Glaube" wurde das „davidische Experiment" in der Kirche „dann doch in verschiedenster Gestalt immer wieder neu versucht" (ebd. 83) im Gegensatz allerdings zu Mönchen und Orden

Der weltgestaltende Einfluß der „Reich Gottes"-Gemeinde kann nicht genug betont werden: „Überall, wo die hörende, glaubende und bekennende Gemeinde sich konstituiert, verändert die Macht der Liebe Gottes die Machtstrukturen des Stärkeren, und neue Beziehungen der Menschen zueinander erhalten Vorrang."[147] „Wo die Liebe wächst, verkümmert die Ungerechtigkeit und die Gewalt."[148] *Die politische Relevanz der Gemeinde* beschreibt – im Blick auf die frühchristlichen Gemeinden – Helmut Gollwitzer folgendermaßen: „Als gewaltlose Gruppe lebt diese Gemeinde mitten in der Gewaltgesellschaft, leidet Gewalt, aber übt sie nicht, und bezeugt damit vorwegnehmend das Leben einer neuen Gesellschaft, der anarchischen, gewaltlosen Gesellschaft des Reiches Gottes, das sie mit Worten und Leben ankündigen. Diese frühchristlichen Gemeinden sind kleine Gruppen ohne gesellschaftliche Verantwortung, meist aus Leuten der untersten Schichten bestehend. Damit können sie es sich leisten – so scheint es –, sich von der Gewaltausübung fernzuhalten, aber der Schein, sie seien nur so pietistische, unpolitisch-fromme Konventikel gewesen, trügt. Schon der politische Aspekt der römischen

---

innerhalb der Kirche und Sekten und Freikirchen außerhalb der Kirche, die versuchten, „die urchristliche Gestalt einer von der allgemeinen Gesellschaft abgehobenen, glaubenden Gegengesellschaft wiederzufinden" (ebd. 83f). Auch die Kirchen von heute, die sich darauf beschränken, subsidiär karitative, fürsorgerische und erzieherische Aufgaben zu übernehmen, „nur noch in diesem Umfang gebraucht zu werden", haben ihren ehemaligen Anspruch, „Gegengesellschaft zu sein", vergessen. Vgl. auch N. LOHFINK, Die messianische Alternative. Adventsreden, Freiburg/Basel/Wien 1981, 11-26, bes. 16ff („Was man eigentlich unter ‚urchristlicher Gesellschaftslehre' verstehen müßte"); ebd. 17f: „Die christliche Gesellschaftslehre ... hätte von einer Modellgesellschaft zu handeln, die Gott in der menschlichen Geschichte heraufführen will." – Vgl. auch M. HERWIG, Herrschaft Gottes – Freiheit des Menschen. Biblische Perspektiven zur Neugestaltung der Gesellschaft, Wuppertal 1977, 122, der mit G. Krüger davon ausgeht, „daß wir unserer Gesellschaft am besten durch neue Modellgesellschaften begegnen können: durch soziale Gruppen, in deren Leben das Evangelium Gestalt geworden ist", ähnlich jenem Netz von „Gemeinschaften und Gruppen, die das Römische Reich an allen Enden und bis in die Hauptstadt hinein durchsetzten" (vgl. auch Phil 2,15).
[147] G. FRIEDRICH, Utopie und Reich Gottes. Zur Motivation politischen Verhaltens, Göttingen o.J., 33.
[148] Ebd. – Dort, wo das Christentum die Grenze des Glaubens allerdings überschreitet und sich anpaßt, kommt es nach R. Pesch „zum Verlust seines weltgestaltenden Ethos und von dessen Kraft;" die so verursachte „Grundlagenkrise des Christentums" ist dagegen „nur durch eine Rückbesinnung auf das ihm eigentümliche Weltgestaltungsethos seiner Gemeindeethik zu überwinden". R. PESCH, Ethos 31.

Christenverfolgungen weist darauf hin: Diese Gruppen sind in der antiken Gewaltgesellschaft politische Gegengruppen, Avantgarden einer neuen Gesellschaft. Ihre Gewaltlosigkeit ist nicht Kennzeichen ihres unpolitischen, sondern ihres politischen Wesens."[149]

Von daher ergibt sich, wie Jürgen Ebach ausführt, „für das Verhältnis der christlichen Gemeinde zum Staat" eine „prinzipielle Distanz", auch noch in der Perspektive der Aussage von Röm 13, die „eine klare Begrenzung der Macht des Staates" enthalte.[150] Für den Christen gelte: „Weder hat er den Staat zu lieben, noch sich mit ihm zu identifizieren."[151] Für die christliche Gemeinde bleibe die „Notwendigkeit einer kritischen Distanz (die kritische Solidarität nicht ausschließt) zu jedem Staat" geboten[152]: „Geboten bleibt auch und gerade deshalb der Widerstand gegen jeden totalen Zugriff des Politischen auf den Menschen, gegen einen Zugriff, der in Diktaturen die Regel ist, aber auch in der Demokratie erfolgen kann, wo sie zur Diktatur der Mehrheit zu verkommen droht." Ein „Widerstand ge-

---

[149] H. GOLLWITZER, Zum Problem der Gewalt in der christlichen Ethik, in: DERS., Forderungen der Umkehr, München 1976, 129; zit. nach EBACH 68. – Vgl. auch L. RAGAZ, Die Bergpredigt und die Politik, in: Neue Wege 73 (1979) 43-49; 48f: Angesichts der Gesellschaft, die auf weltlichen Voraussetzungen beruhe, betont Ragaz: „Die Bergpredigt, das heißt die Orientierung an Gott (so wie ihn die Bergpredigt versteht!), kann nur durch Vorstöße geistig-revolutionärer Art von Einzelnen oder von kleinen Gruppen aus, in denen ihre Voraussetzung erfüllt ist, in die Welt überhaupt und besonders in die Politik eindringen."

[150] EBACH 68; vgl. auch G. DENZLER (Hg.), Kirche und Staat auf Distanz. Historische und aktuelle Perspektiven, München 1977, 9-28; 16f: Durch die „eschatologische Grundhaltung: ‚Gottes Reich zuerst' (vgl. Mt 6,33)" entstehe eine „klare Abwertung der politischen Macht". Ungleich weitergehender TOLSTOI, Reich 111: „Das Christentum in seiner wahren Bedeutung hebt den Staat auf. ... Das Bekenntnis des wahren Christentums schließt nicht nur die Möglichkeit der Anerkennung des Staates aus, es zerstört auch seine Grundlagen."

[151] EBACH 68.

[152] Ebd. 68f; vgl. auch M.-L. GUBLER, Juden und Christen – die fremden Brüder, Stuttgart 1981, 51: „Von Jesu Botschaft her ist dem Christen eine Identifikation von endzeitlicher Hoffnung und konkreter Staatsgestalt nicht mehr möglich. Jesus lehnt jegliche Gewaltanwendung ab. Insofern erfolgt eine eindeutige Festlegung in eine einzige Richtung: die des Gewaltverzichtes und der Feindesliebe (Mt 5,38-48, vgl. Lk 23,34; Joh 18,11). Als Konsequenz ergibt sich eine radikale Kritik am Staat (vgl. die Steuerfrage Mk 12,13ff)." Und ebd. 53: „Die Perspektive Jesu als Gewaltlosigkeit und Verzicht auf die Aufrichtung eines Staates mit seinem Machtapparat macht der christlichen Kirche ein ‚nationalistisches' Denken unmöglich."

gen jenen totalitären Zugriff des Politischen" ist, so betont Ebach, jedoch „alles andere als unpolitisch".[153]

Jesu Antwort auf die Herausforderung, Welt zu gestalten, besteht in der Initiierung gewaltfreier „Reich Gottes"-Gemeinden. Diese Antwort ist durchaus eine politische: insofern sie von unten, radikal, verändernd in den politischen Raum hineinwirkt. Durch ein gewaltfreies Zusammenleben auf Gemeinschaftsebene (das natürlich eine föderative Weiterführung in den gesellschaftlichen Raum hinein nicht ausschließt) sucht Jesus – von der Wurzel her – das auf Gewalt bauende Gesellschaftssystem *überflüssig* werden zu lassen und dadurch zu überwinden. Sein „Modell der neuen Gemeinde" ist der Zwölferkreis, ein Musterbeispiel von Integration: „Verwirklichung einer mit Gott und untereinander versöhnten Gemeinschaft war der Zwölferkreis vor allem auch deshalb, weil Jesus ,Todfeinde' miteinander versöhnte. Der im Dienst der Römer stehende und von den Juden insgesamt, besonders aber von den Zeloten und Sikariern ,bis aufs Blut' verhaßte Zöllner Levi (Mk 2,14) wird von Jesus ebenso berufen wie Simon der Zelot (Lk 6,15) und Judas Iskarioth (Lk 6,16), dessen Namensdeutung zwar umstritten, aber von einigen Auslegern von *skariot* = Sikarier abgeleitet wird."[154] In der urchristlichen Tugend der (Auf)erbauung von Gemeinde (vgl. Röm 14,19; auch Eph 4,12) hat sich Jesu Gemeindeanliegen positiv institutionalisiert.

Gemeinde versus Gesellschaft. Jesus will zur Gemeinschaft befähigen. Wo das gelingt, ist Gesellschaft bereits verändert. Der Hebel zur Gesellschaftsveränderung ist nicht die Gesellschaft und ihre je besondere Organisationsform, sondern die Gemeinschaft und darin der einzelne Mensch. Jesus hinterläßt eher eine christliche „Gemeinschaftslehre" als eine christliche „Gesellschaftslehre".[155] Jesu Befrei-

---

[153] EBACH 69.
[154] H. FRANKEMÖLLE, Jesus – Anspruch und Deutungen, Mainz 1979, 83f. Vgl. auch R. RIESNER, Formen gemeinsamen Lebens im Neuen Testament und heute, Gießen und Basel 1977, bes. 9-33; R. OTTO, Reich Gottes und Menschensohn. Ein religionsgeschichtlicher Versuch, München 3. unveränd. Aufl. 1954, 100f.
[155] Vgl. F. FURGER, Christ und Gesellschaft. Elemente zu einer christlichen Sozialethik, Freiburg/Schweiz 1978, 21f: Von den neutestamentlichen Zeugnissen her sind „nicht eigentliche gesellschaftspolitische Verhaltensmodelle oder Regelsysteme" zu erwarten. „Vielmehr sind es Impulse, die von der Gestaltung des Gemeindelebens, also von der primär-soziologischen Ebene ausgehen und so für die nächsthöhere soziale Di-

ungsstrategie zielt auf Gemeindebildung unter Gottes Alleinherrschaft. Die durch Jesus gestiftete Neuorientierung relativiert jeden politischen Herrschaftsanspruch. „Reich Gottes"-Gemeinden sind Unsicherheits- und Gefahrenmomente für jedes Herrschaftssystem, weil ihre Orientierung außerhalb wurzelt und sich jeder Kontrolle entzieht. Konfrontationen der autonomen „Reich Gottes"-Gemeinden mit den Gesellschaftsorganisatoren von „oben" liegen nahe. Sie werden Wirklichkeit, sobald die Repräsentanten der gesellschaftlichen Zentralgewalt in der begründeten Furcht vor einer Unterwanderung und Aufweichung des Systems die Bildung von *Basileia*-Gemeinden zu verhindern suchen bzw. Anordnungen treffen, die der Gesinnung und den ethischen Konsequenzen eines gottgläubigen Lebens zuwiderlaufen, und die Gemeinden in den Widerstand gehen. *Die „Reich Gottes"-Gemeinde ist* nicht nur eine Alternative zum gesellschaftlichen Gewaltsystem; sie ist *auch ein Widerstandspotential.* Sie baut auf, leistet aber auch Widerstand. Auf das Hineinwirken der staatlichen Zentralgewalt in ihre Gemeinden hin gingen die Christen der ersten Generation in den Widerstand. In Offb 13 erscheint der Staat (in apokalyptischer Verschlüsselung) als ein riesiges Ungeheuer. *Aut Christus aut Caesar:* wo das Ungeheuer in die Gemeinde zu dringen versucht und Ansprüche anmeldet, die der christlichen Ethik widersprechen, konkretisiert sich das „Niemand kann zwei Herren dienen ..." (Mt 6,24) im ungeteilten Bekenntnis zu Gott: „Man muß Gott mehr gehorchen als den Menschen." (Apg 5,29) Widerstand gegen die Staatsgewalt wird jetzt der politisch scheinbar einflußlosen Gemeinde zur „heiligen Pflicht".

Zu Ende gedacht kann schon eine Steuerzahlung einer Partizipation am Gewaltsystem gleichkommen. Abgesehen davon, daß Steuergelder in der Regel auch für vom christlichen Standpunkt aus verwerfliche Zwecke eingesetzt werden können, kann Steuergehorsam ein gesellschaftliches Groß- und Unrechtssystem stabilisieren, das im krassen Gegensatz zum jesuanischen Ordnungsmodell der kleinen gewaltfreien Gemeinde steht. Was bleibt freilich, so gesehen, dann dem Kaiser noch? „So gebt dem Kaiser, was dem Kaiser gehört, und Gott, was Gott gehört!" (Mk 12,17) Jesu Antwort scheint im Gegensatz zu den vorhergehenden Feststellungen überraschend

---

mension des Gesellschaftlich-Politischen wirksam werden können und sollten."

positiv ausgefallen zu sein. Sie hat die widersprüchlichsten Deutungen erfahren.

Von ihrer sprachlichen Gestalt her läßt Jesu Äußerung zwar auf zwei gleichrangige nebeneinanderstehende Forderungen schließen; daß jedoch die zweite („und Gott, was Gott gehört") von der Sache her mindestens als die schwergewichtigere, ja entscheidende anzusehen ist, in dem Sinn, daß durch sie die Pflicht zur Steuerzahlung in Frage gestellt ist, machen bereits die Gegner Jesu durch ihre Reaktion auf seine Antwort deutlich: sie ziehen ab, ohne Jesus der Kollaboration bezichtigen zu können. Nach Lk 23,2 wird Jesu Antwort vielmehr als Aufruf zur Steuerverweigerung an Pilatus weitergegeben, also zelotisch verstanden.[156] Sie und nicht die angebliche Tempelreinigung soll nach Ben-Chorin für seine spätere Verhaftung entscheidend gewesen sein.[157] Jesu Antwort („Gebt dem Kaiser, was dem Kaiser gehört") wurde also schon ursprünglich nicht als Rechtfertigung von Kaisertum und den damit verbundenen Aufgaben für das Volk verstanden.

Weil mit der an Jesus gerichteten Frage nur das spezielle Problem angesprochen sei, daß eine heidnische Okkupationsmacht vom Jahwevolk Israel Abgaben erhebt, kann nach MacGregor auch aus der *Antwort Jesu keine Staatslehre* gewonnen werden: „Der ,Kaiser', um den es sich hier handelt, ist nicht die Regierung, der ein patriotischer Jude das Recht zuerkennen würde, seine Untertanenpflicht in Anspruch zu nehmen. Er ist der Vertreter eines volksfremden Staates, der ein besiegtes Volk mit Waffengewalt niederhält. Wenn das Wort überhaupt dazu benützt werden darf, einen unbedingten Anspruch des Staates gegenüber seinen Untertanen zu rechtfertigen, so handelt es sich jedenfalls nicht um die Pflicht, Waffen zu tragen zur Verteidigung der Freiheit des Staates, sondern um die Pflicht der Unterwerfung unter eine unerwünschte Diktatur."[158]

Der *Parallelismus* der beiden Forderungen ist *nur ein rein sprachlicher.* Der inhaltlichen Aussage nach liegt, wie viele Ausleger betonen, jedoch ein sogenannter „klimaktischer Parallelismus" vor, „bei

---

[156] Vgl. O. CULLMANN, Der Staat im Neuen Testament, Tübingen 2., veränderte Auflage 1961, 24.

[157] S. BEN-CHORIN, Bruder Jesus. Der Nazarener in jüdischer Sicht, München 1972, 149 und 196f.

[158] MACGREGOR, Friede 116.

dem das zweite Glied das erste überbietet", so daß man übersetzen müßte: „Gebt dem Kaiser nicht mehr, als ihm gebührt. Gebt ihm nicht, was Gott zusteht!" Einschlußweise gebe demnach die Antwort Jesu zu verstehen: „Angesichts des Anspruchs Gottes können alle Forderungen des Staates immer nur ein begrenztes Recht und eine relative Bedeutung haben."[159]

Daß Mk 12,17 „keinesfalls im Sinne einer staatstreuen Untertanenhaltung mißverstanden werden" darf, begründet Martin Hengel u. a. damit, daß der ganze Nachdruck der Rede Jesu auf der zweiten Hälfte des Satzes liege: „Das ‚und' ist in adversativem Sinne zu verstehen und mit ‚aber' wiederzugeben."[160] „Der *status confessionis*" liege „nicht – wie die Zeloten meinten – in der Verweigerung der Steuerzahlung, sondern im absoluten Gehorsam gegen Gottes Willen. Wer schon Kaisermünzen bei sich trägt, soll sie ruhig ihrem Besitzer zurückgeben, d. h. seine Steuer zahlen; wesentlich ist allein Gottes Gebot. ..."[161]

Schon Franziskus M. Stratmann stellt heraus, daß „der zweite Teil dem ersten nicht nebengeordnet, sondern total übergeordnet" sei und eine „Nebenordnung von Gott und Kaiser, Thron und Altar, Gottesreich und Weltreich" „religiös unmöglich" sei: „Als ob Gott irgendetwas nebengeordnet sein könnte! Als ob er dem Staat auch nur das kleinste Gebiet überlassen könnte, auf dem er sich unabhängig fühlen dürfte!"[162] Allerdings sieht Stratmann die Macht nicht

---

[159] H. GOLDSTEIN, Skizze einer biblischen Begründung der Theologie der Befreiung, in: K. Rahner u. a. (Hg.), Befreiende Theologie. Der Beitrag Lateinamerikas zur Theologie der Gegenwart, Stuttgart/Berlin/Köln/Mainz 1977, 62-76; 75.

[160] HENGEL, Christus 20.

[161] Ebd.; vgl. auch K. KRÜGER, Der Staat ist reine Menschensache. Unzeitgemäße Betrachtungen zu einem zeitgemäßen ethischen Problem, Stuttgart 1975, 127: „Der unübersehbare Parallelismus seiner Glieder begründet nicht deren Äquivalenz. Neben Gottes Ordnung kann es im Ernst keine andere mit dem gleichen, das heißt gleichwertigen und gleichrangigen Anspruch geben. Die Ebenen sind ebenso inkommensurabel wie unverwechselbar. Dementsprechend liegt der Akzent auf der zweiten Hälfte des Logions: Gebt Gott, was Gottes ist! Der Gottesgehorsam bricht jede andere Forderung. Auch die des Staates, die immer nur ein begrenztes Recht und eine relative Bedeutung haben kann. Zwar soll dem Kaiser die Steuer gezahlt werden, solange sein Reich besteht. Aber der Staat ist nichts Letztes. Gebt ihm daher auch nicht mehr, als ihm gebührt! Zumal nicht das, was Gottes ist! Jesus widersetzt sich damit indirekt jedem staatlichen Totalitätsanspruch."

[162] F.M. STRATMANN, Die Heiligen und der Staat, Bd. 1 (Jesus Christus), Frankfurt 1949, 150.

ganz dem Staat genommen: „Der Staat ist immer nur eine Zwischeninstanz, niemals letzte Instanz. Wer das Christuswort richtig versteht, gibt auch das, was des Kaisers ist, Gott! Nur – gemäß der gottgewollten Stufenordnung – durch die Hände des Kaisers! Der Kaiser darf Steuern und andere ihm geleistete Dienste für seine Zwecke gebrauchen, aber nur, um in totaler Unterordnung aller seiner Maßnahmen unter das auch ihm auferlegte Sittengesetz seinerseits Gott zu dienen. Ehe der Kaiser Münzen mit seinem Bilde prägte, drückte Gott den Seelen Sein Bild ein, und dieses frühere Hoheitsrecht überragt das des Kaisers unendlich."[163] Stratmann erinnert hier an ein Wort des Johannes Chrysostomos: „Wenn ihr das Wort hört: Gebt dem Kaiser, was des Kaisers ist, dann versteht darunter Dinge, die dem Gott geschuldeten Dienste nicht entgegen sind; denn wären sie ihm entgegen, dann wäre es kein Tribut an den Kaiser mehr, sondern ein Tribut an den Satan." (Hom. 70 in Matth.)[164]

Martin Dibelius[165] und Albert Schweitzer[166] sehen im Parallelismus der Satzglieder einen „ironischen Parallelismus"; Günter Bornkamm[167] und andere schließen sich dieser Beurteilung an.[168]

---

[163] Ebd.

[164] Vgl. MULLER 123: „Die Befehle des Kaisers können ein christliches Gewissen nie verpflichten, wenn sie nicht auf die Verwirklichung des Gottesreiches und die Erfüllung seiner Gerechtigkeit hingeordnet sind." – Ob mit einer erzwungenen Leistung jedoch dem Reich Gottes gedient ist? Ob unter auch noch so gut gemeinten Befehlen das Reich Gottes wachsen kann? Selbst „gute" Anordnungen scheinen im Widerspruch zur Angebots- und Einladungspraxis Jesu zu stehen. – Einer Deutung Nikolai Alexandrowitsch Berdiajews zufolge bedeutet das „Gebt dem Caesar, was des Caesars ist" „gar nicht eine religiöse Definition des Caesars und seines Reiches, gar keine Wertung. Es ist bloß eine Unterscheidung zweier Sphären, um eine Vermengung zu verhindern"; BERDIAJEW 79.

[165] DIBELIUS, Rom 178.

[166] Vgl. A. SCHWEITZER. Die Mystik des Apostels Paulus, Tübingen 1930, 305: „Jesu Wort, daß man dem Kaiser geben solle, was des Kaisers ist, … ist ironisch gemeint. Denen, die ihn mit der Frage fangen wollen, ob man dem Kaiser Steuer entrichten soll, entschlüpft er mit einem Bescheide, der dadurch seinen wahren, von den Hörern nicht verstandenen Sinn bekommt, daß es einen Kaiser demnächst nicht mehr geben wird."

[167] Vgl. BORNKAMM, Jesus 112: Nur „formell" sei das Wort „nach dem sogenannten ‚Parallelismus der Glieder' gebildet", doch könne „im Ernst kein Zweifel bestehen, daß es sich um einen ‚ironischen Parallelismus'" handle. „In Wahrheit hat die zweite Hälfte alles Gewicht, und gerade um ihretwillen wird der ersten ihr Gewicht genommen."

[168] Vgl. beispielsweise CULLMANN, Staat 25: „Es liegt wie in so vielen Worten Jesu auch hier Ironie in diesem Ausspruch."

Andere Ausleger weisen darauf hin, daß mit der Aufforderung „zu geben" ein „Zurückgeben" gemeint sei; richtig übersetzt laute Jesu Aufforderung dann: „*Gebt* dem Kaiser *zurück*, …" (also *reddite*, wie die Vulgata übersetzt). Die Konsequenzen aus diesem sprachlichen Befund sind allerdings höchst widersprüchlich:

a) Nach Ethelbert Stauffer hat Jesus sagen wollen: „Ihr steht zum Staat in einem Schuldverhältnis, und eure Steuerzahlung ist darum Erfüllung einer Rückerstattungspflicht. … Die Zahlung des Kaisertributs ist nicht nur eure verdammte, sondern eure moralische Pflicht und Schuldigkeit."[169] Wer aus der Eingliederung in den römischen Weltwirtschaftsraum seinen Nutzen zu ziehen weiß, „der hat trotz aller Mißstände in der Steuerpraxis kein Recht, die Reichssteuer … abzulehnen. Wer es trotzdem tut, ist ein Parasit." Wer Nutznießer des Systems ist, muß auch zu Gegenleistungen bereit sein: „Die Kaisersteuer ist der praktische Ausdruck für die grundsätzliche Haltung des Gottesvolkes zum Kaiserreich. In der Tempelsteuer dokumentiert sich die Stellung des Gottesvolkes zum Gottesreich."[170] „Das *Imperium Caesaris* ist der Weg, das *Imperium Dei* ist das Ziel der Geschichte."[171]

b) Pinchas E. Lapide interpretiert das „gebt zurück" im entgegengesetzten Sinn: „Nicht ‚gebt' steht im griechischen Text, sondern ‚gebt zurück'! Das heißt: Gebt dem kaiserlichen Münzherrn sein verfluchtes Silber zurück, das nach römischem Recht sein Eigentum ist! Weigert euch nicht nur, die Kaisersteuer zu zahlen, sondern verweigert die Annahme seiner thorawidrigen Münzen überhaupt! Reinigt euch durch Rückgabe von seinem Sündengeld, damit ihr wieder Gott geben könnt, was Gottes ist: die Anerkennung seiner alleinigen Weltkönigsherrschaft."[172] „Weit davon entfernt, Unterwerfung unter den römischen Imperialismus zu empfehlen", fordere Jesus „zu einem kompromißlosen Bruch mit der bestehenden politischen Ordnung auf".[173] Der Wortlaut der gegen Jesus durch die Tempelpartei erhobenen Anklage vor Pilatus scheint diese Grundeinstellung Jesu,

---

[169] E. STAUFFER, Christus und die Caesaren. Historische Skizzen, München/Hamburg (7., für die Taschenbuchausgabe erweiterte Aufl.) 1966, 118.

[170] Ebd. 119 und 121.

[171] Ebd. 123.

[172] LAPIDE, Rabbi 46f.

[173] Ebd. 47.

wie Lapide bemerkt, zu bestätigen: „Wir haben diesen Menschen dabei angetroffen, daß er unser Volk aufwiegelt und verbietet, dem Kaiser Steuern zu zahlen ..." (Lk 23,2).[174]

Jesu Antwort auf die „Zinsgroschenfrage" bleibt auf bezeichnende Weise offen. Jesus ist, wie sich auch hier zeigt, kein Moralist. Er gibt Lebenshilfe, indem er auf Gott hin orientiert: „Gebt Gott, was Gott gehört!" So entläßt er den Hörer mit einer Frage: Gebt Gott, was Gott gehört! Was könnte das sein; was zu geben bin ich bereit? Jesus legt nicht fest; seine Antwort läßt noch eine persönliche Deutung zu. Jesus beläßt es dabei, in die Gewissenserforschung zu führen. Besinnen muß sich der Einzelne selbst. Aus der Besinnung auf sein Gottesverhältnis ergibt sich sein Verhältnis zur Staatsgewalt. Mk 12,17 ist kein Wort zur Steuerfrage und Staatsproblematik, es ist eine Aufforderung an den Hörer, über seine Gottverbundenheit nachzudenken.

EXKURS: *Römer 13*

In dem umstrittenen Kapitel 13 seines Römerbriefes orientiert auch Paulus seine Leser auf Gott. Die von Paulus vorausgesetzte staatliche Gewalt „steht im Dienst Gottes und verlangt, daß du das Gute tust"; vgl. Röm 13,4. *Einer Staatsgewalt solcherart, und nur dieser gegenüber, verlangt Paulus Gehorsam.* „Die Grenze des Gehorsams lag für Paulus dort, wo der ,Wille Gottes' mißachtet wurde, also dort, wo den Geboten eklatanterweise hätte widersprochen werden müssen."[175] So ist anzunehmen, daß er etwa „kriegerisches Blutvergie-

---

[174] Ebd. 49. – Zur Frage, ob im Zusammenhang der Zinsgroschenfrage die Rede von „zurückgeben" sein kann, vgl. auch BORNKAMM, Jesus 112. – Nach W.M. SWARTLEY, Gebt dem Kaiser ... Die Kriegssteuerfrage im Neuen Testament (Reihe: Der Weg des Friedens, Nr. 17; eine Veröffentlichung des Deutschen Mennonitischen Friedenskomitees), Frankfurt o.J., deutet die rabbinische Formel „Ist es erlaubt ..." u. a an, daß „die Pharisäer immer noch auf ihr Gesetz als über allem anderen stehendes verpflichtet waren ... und sie vorhatten, in dieser sehr empfindlichen Frage die Macht ihres Gesetzes gegen Jesus zu gebrauchen". (ebd. 5) Von daher warnt Swartley im Hinblick auf eine Aktualisierung, einfach die Position der Pharisäer zu übernehmen und dem Gesetz in allen moralischen Fragen das letzte Wort zu lassen. (ebd. 6)

[175] A. STROBEL, Macht und Gewalt in der Botschaft des Neuen Testaments, in: H. Greifenstein (Hg.), Macht und Gewalt. Leitlinien lutherischer Theologie zur politischen Ethik heute. Erarbeitet von einem theologischen Ausschuß im Auftrag des Landeskirchenrates der Evangelisch-Lutherischen Kirche in Bayern, Hamburg 1978, 71-112; 86f.

ßen ebensowenig duldete oder guthieß wie die gesamte älteste Christenheit".[176] Daß seine Gehorsamsforderung nicht für den Fall einer Staatsgewalt gilt, die der Verwirklichung des Guten im Wege steht, unterstreicht *sein eigener wiederholter Ungehorsam*, der ihm dreimal Auspeitschung eingebracht hat (vgl. 2 Kor 11,25) und eine Verfolgung, der er nur knapp entkommen konnte (vgl. 2 Kor 11,32f). Aufschlußreich dürfte auch die Tatsache sein, daß seine letzten Lebensjahre überschattet wurden von staatlichen Internierungs- und Observierungsmaßnahmen (vgl. Apg 21,27-28.31). Vgl. darüber hinaus auch Phil 1,13 und Apg 16,19ff. So fragt MacGregor, „ob Paulus sich wohl genau so ausgesprochen hätte über die römische ‚Obrigkeit', wenn dieser Brief am Ende seines Lebens geschrieben worden wäre oder wenn Paulus gar die Anfänge der allgemeinen Verfolgung der Kirche erlebt hätte. Das Buch der Offenbarung zeigt, wie die Stimmung in der christlichen Kirche umschlagen konnte."[177] Ohne die Hinzuziehung von *Offb 13* und *Apg 5,29* müssen Textstellen wie Röm 13 aber auch 1 Petr 2,13-17,1 Tim 2,1f, Tit 3,1f mißverstanden werden.

Nicht diskutiert werden kann hier, ob es sich bei Röm 13,1-7 um einen authentischen Text (vgl. E. Käsemann) handelt oder eine Interpolation (vgl. W. Schmithals), ob ihm das Wort zur Kaisersteuer als Vorlage gedient haben könnte (vgl. L. Goppelt) oder nicht (vgl. A. Strobel und E. Käsemann), ob Paulus damit etwa pneumatisch-schwärmerische (vgl. Käsemann) bzw. antirömische, zelotische (vgl. K. Haacker, dagegen aber U. Wilckens und W. Schrage) Tendenzen abwehren wollte, oder ob er vielleicht nur eine vernünftige Antwort darauf geben wollte, wie sich der Christ der „Obrigkeit" seiner Zeit gegenüber zu verhalten habe (vgl. H. Conzelmann und A. Lindemann) ...

Vgl. auch H. FRANKEMÖLLE, Friede und Schwert. Frieden schaffen nach dem Neuen Testament, Mainz 1983, 42, der die „kritische Grenze" des Gehorsams gegenüber staatlicher Gewalt durch die Stichworte „Ordnung Gottes" in V 2 und „Gewissen" in V 5 festgemacht sieht und auf 1 Petr 2,13f verweist. Vgl. darüber hinaus den klassischen Text von E. BERGGRAV, Der Staat und der Mensch, Hamburg 1946, 301-319 (mit der Überschrift: „Wenn der Kutscher trunken ist").
[176] STROBEL 86.
[177] MACGREGOR, Friede 119.

Unstrittig dürfte mittlerweile die Feststellung sein, daß *Röm 13,1-7 in den großen Kontext von Röm 12-14* gehört und nur so richtig verstanden werden kann; unter dem paränetischen Leitgedanken des „Friedens mit allen Menschen" und der Feindesliebe wird in 13,1-7 der Friede mit den Behörden thematisiert (vgl. auch unten 3.1). Darüber hinaus dürfte die *Berücksichtigung der besonderen historischen Situation*, in der sich die Christen Roms befanden (G. Strecker meint, daß es „unerfindlich" sei, in welche Situation hinein Paulus gesprochen habe), für ein Verständnis von Röm 13 grundlegend sein: danach schreibt Paulus in eine Zeit brutaler Steuereintreibung hinein, „berät und ermahnt" er „die römischen Christen also in einer für sie neuen, verschärften Situation".[178] Einmal mehr dürfte damit unterstrichen sein, was bereits Berdiajew für Röm 13 herausgestellt hat: „Die Worte des Apostels Paulus haben gar keine religiöse Bedeutung, ihr Charakter ist rein historisch und relativ, und sie wurden durch die Lage der Christen im römischen Reich veranlaßt."[179]

Wer dem Recht nachkommt, hat vom Staat nichts zu befürchten.[180] Damit wäre die Aussage von Röm 13 in einer Kürze und einer Weise wiedergegeben, die nur noch zynisch genannt zu werden verdient. Was jedoch Karl Hermann Schelkle in einer Meditation über den Römerbrief zum Ausdruck bringen möchte ist wohl dies: eine konstruktive Weiterarbeit (ohne innerlich bejahte Kollaboration) kann über lange Sicht ein Überleben im Staat möglich machen und gleichzeitig auf ein Überwinden der Herrschaft hoffen lassen, etwa im Sinne dieser Feststellung: „Auch wenn ihm (dem Menschen; E.S.) die Hände gebunden sind, das Böse zu verhindern, so sind sie ihm nicht gebunden, das Gute zu mehren und damit die Übermacht des

---

[178] Für eine solchermaßen kontextuelle und situationsbezogene Interpretation treten J. FRIEDRICH/W. PÖHLMANN/P. STUHLMACHER, Zur historischen Situation und Intention von Röm 13,1-7, in: Zeitschrift für Theologie und Kirche 73 (1976) 131-166, ein. – L. POHLE, Die Christen und der Staat nach Römer 13. Eine typologische Untersuchung der neueren deutschsprachigen Schriftauslegung, Mainz 1984, unterscheidet nach naturrechtlich-ordnungstheologischen, konkret-charismatischen, eschatologisch-realistischen und christokratisch-politischen Auslegungsrichtungen.
[179] BERDIAJEW 80. – Berdiajew vermutet allerdings, daß Paulus aus der Befürchtung heraus geschrieben habe, das Christentum könnte „sich in eine anarchische, revolutionäre Sekte verwandeln" und als solche nicht in die Weltgeschichte eingeführt werden.
[180] K.H. SCHELKLE, Meditationen 196.

Bösen zu brechen."[181] In ein so akzentuiertes Verständnis des Pauluswortes mögen insbesondere Ausführungen von Vaclav Havel, dem früheren Sprecher der Charta 77, zur *Idee der sogenannten „Kleinarbeit"* (d. h. der „ehrlichen und verantwortungsvollen Arbeit auf den verschiedensten Gebieten des Lebens im Rahmen der existierenden Ordnung") einführen;[182] am Engagement Havels selbst ist freilich zu sehen, daß dies nicht von der Aufforderung zu aktivem Widerstand entbindet. Vaclav ist Aktionist und Realist zugleich; von daher erhalten seine Ausführungen gerade auch für Röm 13 eine beachtenswerte Bedeutung: „Es ist schwer zu schätzen", so stellt Havel fest, „um wieviel schlimmer die Verhältnisse noch wären, wenn eine Menge arbeitsamer Menschen nicht immer wieder und wieder versuchten, das Beste zu tun, ... Diese Menschen gehen von der richtigen Voraussetzung aus, daß jede gute Arbeit eine indirekte Kritik der schlechten Politik ist und daß es Situationen gibt, in denen es sich lohnt, eben diesen Weg zu wählen, auch wenn das die Aufgabe ihres natürlichen Rechts auf direkte Kritik bedeutet."[183] „Schließlich kann auch die entwickelste Form des Lebens in den ‚Parallelstrukturen', auch die reifste Gestalt der ‚Parallel-Polis' – zumindest in posttotalitären Verhältnissen – nur so existieren, daß der Mensch zugleich durch tausendfache Beziehungen in jene ‚erste', offizielle Struktur eingekeilt ist, zumindest dadurch, daß er in ihren Läden einkauft, ihr Geld benutzt und als Bürger ihre Gesetze einhält. Man kann sich ein Leben vorstellen, das mit seinen ‚niederen' Aspekten in die offiziellen Strukturen integriert ist und mit seinen ‚höheren' Aspekten in der ‚Parallel-Polis' aufblüht."[184]

Desweiteren wäre nun die Frage zu untersuchen, ob das Gebet für die Herrscher, zu dem die Christen immer wieder aufgefordert werden (vgl. 1 Tim 2,1, aber auch verschiedene Kirchenväter), aus

---

[181] H. HAAG 265.
[182] V. HAVEL, Versuch, in der Wahrheit zu leben. Von der Macht der Ohnmächtigen, Reinbek bei Hamburg 1980, 51.
[183] Ebd. 52.
[184] Ebd. 73.

Loyalität[185] oder eher aus Feindesliebe[186] zu verstehen ist.[187] Wie diese Frage kann auch die höchst interessante nach dem *Verhältnis von „Kirche" und „Staat" in den ersten christlichen Jahrhunderten*[188] hier nicht behandelt werden.

1.3.4 *Verzicht auf revolutionäre Gewalt*

1.3.4.1 *In der Versuchung zur Gewalt*

Jesus lehnt für sich die Ergreifung politischer Macht entschieden ab. Daß er sich dazu hat durchringen müssen, bezeugt die sogenannte *Versuchungserzählung* (Mt 4,1-11). Der Gedanke, das Volk auf dem Weg der politischen Machtergreifung und Machtausübung, also mit Gewalt, zu befreien, wird als eine satanische Versuchung darge- stellt: „Wieder nahm ihn der Teufel mit sich und führte ihn auf einen sehr hohen Berg; er zeigte ihm alle Reiche der Welt mit ihrer Pracht und sagte zu ihm: Das alles will ich dir geben, wenn du dich vor mir

---

[185] Nach A.W. ZIEGLER, Entwicklungstendenzen der frühchristlichen Staatslehre, in: P. Granefield/J.A. Jungmann (Hg.), Kyriakon. Festschrift Johannes Quasten, Bd. 1, Müns- ter 1970, 40-58; 44, wollen die christlichen Schriftsteller mit ihrem Aufruf zum Gebet für die Herrschenden die Nützlichkeit der Christen für den Staat hervorheben; nach K. SCHÖN, Das Verhältnis der Kirche zur politischen Macht, in: F.X. Arnold/K. Rahner/ V. Schurr/L.M. Weber (Hg.), Handbuch der Pastoraltheologie. Praktische Theologie der Kirche in ihrer Gegenwart, Bd. II, 2, Freiburg/Basel/Wien 1966, 337-377; 346f, zeigt sich darin nur, daß niemand, auch nicht der heidnische Kaiser, aus dem Gebet der Christen ausgeschlossen ist.

[186] Hier ist an die Christenverfolgung unter Nero zu denken und etwa die Aufforde- rung des Bischofs Polykarp, für die Verfolger zu beten; dazu A.W. ZIEGLER 44.

[187] Vgl. die von R. VÖLKL, Frühchristliche Zeugnisse zu Wesen und Gestalt der christ- lichen Liebe, Freiburg 1963, eingeführten Texte, ebd. 21, 27, 38, 81f, 85, 87. Vgl. ebd. 21: „… die Christen beten nicht nur für sich, für ihre ‚Brüder', sondern auch für die Hei- denwelt und nicht zuletzt für die Herrscher des römischen Staates. Die Feindseligkeit desselben, die sich unter Nero und Domitian bereits gezeigt hatte …, gibt dieser Hal- tung gegenüber ‚unserer' Obrigkeit, wie Klemens sagt …, den Charakter christlicher Feindesliebe."

[188] Vgl. H. RAHNER, Kirche und Staat im frühen Christentum, München 1961; J. SPEIGEL, Der römische Staat und die Christen, Amsterdam 1970; A.J. TOYNBEE (Hg.), Auf diesen Felsen. Das Christentum – Grundlagen und Weg zur Macht, Wien/München 1970; BLANK, Kirche; W. GESSEL, Kirche und Staat in der Alten Kirche, in: DENZLER (Hg.), Kirche 29-41; W.-D. HAUSCHILD, Der römische Staat und die frühe Kirche (Texte zur Kirchen- und Theologiegeschichte, H. 20), Gütersloh 1974.

niederwirfst und mich anbetest." (Mt 4,8f) Damit schlägt ihm der Teufel das „Zelotenideal" vor.[189]

Wie sich diese Versuchung abgespielt haben mag: ob Jesus sie einmalig, vielleicht zu Beginn seines „öffentlichen Wirkens", durchzustehen hatte oder wiederholt, ob er davon mitgeteilt hat, oder ob er selbst gar nicht „versucht" worden ist, sondern nur eine Versuchung der Jünger nachträglich in das Leben Jesu hineinprojiziert wurde, um dann mit Jesu Antwort über eine autorisierte Weisung für die Gemeinde verfügen zu können, usw., braucht hier nicht näher zu beschäftigen.[190] Hier wird davon ausgegangen, „daß Jesus die politische Messiasauffassung immer als eine Versuchung, und zwar als seine besondere Versuchung angesehen hat".[191] „Welches auch der historische Kern der Versuchungsgeschichte sei, sicher steht hinter ihr die Tatsache, die wir durch alle Evangelien hindurch verfolgen können, daß nämlich Jesus die zelotische, politische Messiasauffassung für sich als eine teuflische Versuchung angesehen hat."[192]

Mit einem entschiedenen „Weg mit dir, Satan!" (Mt 4,10) weist Jesus nicht nur einmal[193], während seines besagten Wüstenaufenthaltes, in einer „Zeit der Meditation und Selbstversenkung"[194], die Versuchung zur Machtausübung zurück. Auf dem Weg hinab nach Caesarea Philippi antwortet er dem Petrus, der (möglicherweise aus zelotischem Hause stammend)[195] in ihm den politischen Messias

---

[189] Vgl. O. CULLMANN, Jesus und die Revolutionären seiner Zeit. Gottesdienst, Gesellschaft, Politik, Tübingen 1970, 57.

[190] Vgl. J. DUPONT, Die Versuchung in der Wüste, Stuttgart 1969; P. HOFFMANN, Die Versuchungsgeschichte in der Logienquelle. Zur Auseinandersetzung der Judenchristen mit dem politischen Messianismus, in: Biblische Zeitschrift, N.F. 13 (1969) 207-223; J. JEREMIAS, Neutestamentliche Theologie, Bd. 1, Gütersloh 2. Aufl. 1973, 73-80; W. WILKENS, Die Versuchungsgeschichte Luk. 4,1-13 und die Komposition des Evangeliums, in: Theologische Zeitschrift 30 (1974) 262-272; H. MAHNKE, Die Versuchungsgeschichte im Rahmen der synoptischen Evangelien. Ein Beitrag zur frühen Christologie, Frankfurt/Bern/Las Vegas 1978; FEUILLET.

[191] CULLMANN, Revolutionären 56f.

[192] Ebd. 57; vgl. auch O. CULLMANN, Hatte Jesus Christus politische Ziele? (zweiteilige Veröffentlichung), in: L'Osservatore Romano 9 (16.3.1979, Nr. 11; 30.3.1979, Nr. 13) jeweils 8f: hier faßt Cullmann im wesentlichen die Ergebnisse seiner vorhergehenden Arbeiten zu diesem Thema zusammen.

[193] Vgl. J.L. LASSERRE, Der Krieg und das Evangelium, München 1956, 70; CULLMANN, Revolutionären 51-62.

[194] BEN-CHORIN, Bruder 50f.

[195] Vgl. O. CULLMANN, Petrus. Jünger, Apostel, Märtyrer. Das historische und das

84

erwartet hat und ihn demzufolge von der bereitwilligen Leidens-
übernahme abbringen will, mit demselben „Weg mit dir, Satan!"
(Mk 8,33; Mt 16,23). Dem Volk, das ihn als politischen Messias feiern
und zum König machen will, entzieht er sich durch Flucht in die
Einsamkeit (Joh 6,13). Auch anläßlich seines Einzuges in Jerusalem
setzt Jesus, indem er statt auf einem Pferderücken auf einem Esels-
rücken einreitet, einen erneuten Gegenakzent zur herkömmlichen
Messiaserwartung (vgl. dazu unten 2.2.2.3). Seine entscheidende[196]
Versuchung besteht er endlich in Gethsemane, indem er jenen Jünger, der ihn mit Gewalt heraushauen will, zurückruft. (Mt 26,52)[197]
    Daß freilich das zelotische Ideal und die zelotische Praxis als ein
Gegenstand der Versuchung Jesu mehrfach direkt und indirekt angesprochen ist, verweist auf *Jesu Nähe zum Zelotismus*. Oscar Cullmann geht sicherlich nicht zu weit, wenn er unterstreicht, „daß die
ganze Wirksamkeit Jesu mit dem Zelotentum in ständiger Berührung war, daß dieses sozusagen den Hintergrund zu seiner Tätigkeit
bildete".[198] Zeit seines ganzen öffentlichen Wirkens hat sich Jesus
mit dem Zelotentum auseinandergesetzt; bei aller Distanz lassen
sich aber auch einige recht beachtliche Berührungspunkte zwischen
ihm und den Zeloten nachweisen. Der wohl auffallendste ist die Tatsache, daß er, wenn auch im „Justizirrtum", von den Römern als Zelot verurteilt und hingerichtet wurde. Daß sich in seinem Jüngerkreis Zeloten befanden, mag darauf hindeuten, wie groß seine An-
ziehungskraft auch für Zeloten gewesen sein muß. Schließlich teilt
Jesus mit den Zeloten seine Naherwartung des Gottesreiches und
ein darauf bezogenes Sendungsbewußtsein sowie die kritische Haltung gegenüber der römischen Besatzungsmacht und die Abneigung gegenüber königlicher Herrschaftsausübung.[199]

---

theologische Problem, Zürich/Stuttgart 2., umgearbeitete und ergänzte Aufl. 1960, 23;
vgl. dagegen M. HENGEL, Die Zeloten. Untersuchungen zur jüdischen Freiheitsbewegung in der Zeit von Herodes I. bis 70 n.Chr., Leiden 2., verbesserte und erweiterte
Aufl. 1976, 55-57.
[196] Vgl. CULLMANN, Staat 28.
[197] Vgl. dazu allerdings auch oben Anm. 6.
[198] CULLMANN, Staat 35.
[199] Vgl. CULLMANN, Revolutionären 21-33; vgl. auch M. HENGEL, Gewalt und Gewaltlosigkeit. Zur „politischen Theologie" in neutestamentlicher Zeit, Stuttgart 1971, 39.

Dennoch ist die Behauptung, daß Jesus ein Zelot gewesen sei,[200] zurückzuweisen. Denn mindestens ebenso viele und gravierende Unterschiede sprechen gegen eine letzte Übereinstimmung zwischen dem jesuanischen und zelotischen Ideal bzw. Vorgehen: Neben den bereits angeführten Erzählungen, in denen Jesus die Versuchung zur Gewalt zurückgewiesen hat, sind seine Forderung der Feindesliebe und seine mit keinem nationalistischen Bestreben in Deckung zu bringende „Reich Gottes"-Botschaft zu nennen. Insbesondere unterscheidet sich Jesus von den Zeloten dadurch, daß er den Hebel sozialer Veränderung im Individuum sieht und nicht im System. Der von ihm beschrittene Weg in die „heile Welt" führt über das Individuum, dessen Freiheit und moralische wie soziale Potenz. „Nicht aus Sentimentalität, sondern weil es ihm um die Freiheit des Menschen ging, lehnte Jesus jede Gewalt ab."[201] Die sogenannte Tempelreinigung war, wie wir noch sehen werden (s. unten 1.4), kein gewaltsamer und zelotischer Akt; und auch ein Lukas-Text (Lk 22,35-38), demzufolge Jesus seinen Jüngern nicht das Mitführen eines Schwertes verboten hat, darf nicht als Hinweis auf zelotische Absichten gedeutet werden (s. unten 1.3.4.3). Jesus war kein Zelot.[202] „Die Zuflucht zur Gewalt lehnte er unmißverständlich ab."[203] Von der zelotischen Widerstandsbewegung hielt er sich fern, freilich diskreditierte er sie auch nicht.[204]

Mit seinem entschiedenen Gewaltverzicht enttäuschte Jesus zwar eine zentrale Messiaserwartung seiner Zeit, die auf eine ge-

---

[200] J. CARMICHAEL, Leben und Tod des Jesu von Nazareth, München 1965; S.G.F. BRANDON, Jesus and the Zealots, Manchester 1967; LAPIDE, Rabbi 33-40; weitere Literaturhinweise in HENGEL, Jesus 6-8.

[201] T. SARTORY, Mündigkeitsspruch 18.

[202] Das unterstreichen vor allem folgende Arbeiten: M. HENGEL, Jesus; DERS., Gewalt; CULLMANN, Staat 5-16; DERS., Revolutionären; G. BAUMBACH, Die Zeloten – ihre geschichtliche und religionspolitische Bedeutung, in: Bibel und Liturgie 41 (1968) 2-25; J.B. BAUER, Die Zeit Jesu. Herrscher, Sekten und Parteien, Stuttgart 1969, 29ff; J. BLANK. Kirche, bes. 15f.

[203] JOHANNES PAUL II., Eine „Stunde der Gnade" für Lateinamerika. Ansprache von Papst Johannes Paul II. auf der dritten Generalversammlung der lateinamerikanischen Bischöfe in Puebla am 28. Januar, in: L'Osservatore Romano 9 (2.2.1979, Nr. 5) 1 und 8-11; 8. Ebd. betont der Papst, daß sich das „Verständnis von Christus als Politiker, Revolutionär und Umstürzler von Nazareth" nicht „mit der Katechese der Kirche" in Einklang bringen lasse.

[204] Vgl. CULLMANN, Revolutionären 51.

waltsame Machtergreifung und Verwirklichung der Herrschaft Gottes ausgerichtet war. Doch „hätte die Welt ihn als Erlöser begrüßt, wenn er als Anführer der jüdischen Patrioten gegen die römischen Legionen gefallen wäre, statt an einem römischen Kreuze hängend seinen Feinden zu vergeben?"[205] Indem er der Versuchung zur Gewalt widerstand, eröffnete er der Menschheit eine neue Zukunft; das hat Ethelbert Stauffer treffend folgendermaßen zum Ausdruck gebracht: „Das ist die große Versuchung Jesu: die Versuchung zum Wege des *Homo imperiosus*, der mit dämonischer Gewalt die Macht an sich reißt und mit Wunderbrot und Wunderspielen die Massen gewinnt, ein neuer David, Judas Makkabaeus, Herodes, ein zweiter Augustus – und mehr als sie alle zusammen – aber dennoch nur einer mehr, der vor dem Dämon dieser Welt kapituliert. Wenn Jesus Ja sagt, bleibt alles beim alten. Aber Jesus sagt Nein. ‚Hebe dich weg von mir, Satan, denn es steht geschrieben, du sollst Gott deinen Herrn anbeten und ihm allein dienen' (Mt 4,19)."[206] Der urchristlichen Gemeinde freilich fiel es später in der Auseinandersetzung mit den verschiedenen Trägern der jüdischen Aufstandsbewegung nicht leicht, nachzuweisen, „daß Jesu Verzicht auf die ‚messianischen' Taten und die Gottes-Sohn-Würde sich durchaus vereinbaren lassen, ja daß dieser Verzicht für ihn der von Gott gewiesene Weg war".[207] Niedergeschlagen hat sich das u. a. in der eingangs erwähnten Versuchungserzählung Mt 4,1-11. Diese kann, wie Paul Hoffmann in Anlehnung an die formgeschichtliche Schule betont, „aus der konkreten Situation der Gemeinde und ihrer Diskussion um Weg und Art des Werkes Jesu" abgeleitet werden.[208] Mit ihr erklärt die Gemeinde, „warum Jesus nicht wie ein Messias nach Art der Freiheitsbewegung auftrat".[209] Mit vor allem der dritten Versuchung, in der der Teufel „die Weltherrschaft um den Preis des Abfalls von Gott anbietet, wird die Idee einer politisch-messianischen Weltherrschaft disqualifiziert. Jesus weist das Angebot und damit das politisch-messianische Verständnis seiner Person zurück."[210]

---

[205] MacGregor, Friede 51f.
[206] Stauffer 94f.
[207] P. Hoffmann, Versuchungsgeschichte 219.
[208] Ebd. 211.
[209] Ebd. 214.
[210] Ebd.

„Gegenüber den messianischen Erwartungen des zeitgenössischen Judentums verteidigt die Gemeinde die Machtlosigkeit des irdischen Jesus."[211] „Der Menschensohn Jesus steht gegen den Messias der Sikarier und Zeloten, und damit seine Botschaft und Weisung gegen das Programm der gewaltsamen Errichtung des messianischen Reiches."[212] Mit Martin Hengel wird man „abschließend sagen können, daß trotz gewisser Berührungspunkte die Verkündigung Jesu und der ersten Christenheit die eigentliche Überwindung des zelotischen Versuches darstellte, die Herrschaft Gottes auf Erden mit Gewalt herbeizuführen".[213]

1.3.4.2 *Jüdische Erfahrungen in „gewaltfreier Aktion"*

Daß Jesus revolutionäre Gewalt konsequent abgelehnt hat, dürfte kaum noch zu bestreiten sein. Doch taucht eine neue Frage auf: War Jesu Gewaltverzicht eine den Gegebenheiten seiner Zeit entsprechende, d. h. realistische Antwort? Nach MacGregor dürfen wir annehmen, „daß die sozialen und nationalen Probleme, die damals in seinem Volk der Lösung harrten, ihn tief bewegt haben müssen, und daß er seine ethischen Forderungen im Hinblick auf diese Probleme aufgestellt hat und gemeint haben muß, sie sollten gerade für diese Probleme gelten".[214] Sowohl Jesus als auch seine nachfolgenden Jünger lebten, wie Pesch betont, „nicht in einem Glashaus oder einem Elfenbeinturm, in dem sie sich illusionären Glasperlenspielen hinge-

---

[211] Ebd., 219.

[212] Ebd.; zur antizelotischen Tendenz speziell des Mt-Evangeliums vgl. auch G. THEISSEN, Studien zur Soziologie des Urchristentums, Tübingen 1979, 179f.

[213] HENGEL, Zeloten 386; vgl. auch J. JEREMIAS, Die Gleichnisse Jesu, München (Kurzausgabe) 2., durchgesehene Aufl. 1966, 103, der vermutet, daß mit dem Gleichnis von der „selbstwachsenden Saat" bzw. vom „geduldigen Landmann" (Mk 4,26-29) wie etwa auch im Gleichnis vom „Unkraut unter dem Weizen" (Mt 13,24-30) ein Gegensatz formuliert ist „zu den Bestrebungen der Zeloten, die messianische Erlösung durch die Abwerfung des Römerjoches mit Gewalt herbeizuzwingen".

[214] MACGREGOR, Friede 60. – Auch in der Jesusbewegung wurde, so THEISSEN, Studien 129, beispielsweise die Situation der Verschuldung reflektiert: Wir begegnen der Angst vor sozialem Abstieg, vor Schuldgefangenschaft (Mt 5,25; 18,30) und Schuldversklavung (Mt 18,25); die Schulderlässe des ungetreuen Verwalters werden positiv bewertet und verlieren selbst durch zweifelhafte Mittel nicht an Wert (Lk 16,1ff); das Winzergleichnis spiegelt die rebellische Stimmung unter den Pächtern (?) großer Güter (Mk 12,7). Vgl. auch ROLOFF 16.

ben konnten, sie standen vielmehr in öffentlichen Auseinandersetzungen, in denen sie den Teufelskreis der Gewalt zu entlarven und durch Verzicht auf Gegengewalt zu durchbrechen suchten".[215] Überdies ist deren Forderung nach Gewaltverzicht nur „im Kontext konkreter Verfolgungserfahrungen, angesichts offener und verschleierter Gewalt gesprochen", also mitten aus der Realität heraus zu verstehen.[216] Wie jeder andere seiner Zeitgenossen hätte auch Jesus nicht am Problem der politischen und religiösen Unterdrückung seines Volkes sowie des Massenelends in Palästina verbeisehen können: dafür war die Misere zu groß.

Die *wirtschaftliche Lage der kleinen Leute* (Kleinbauern, Pächter, Fischer, Handwerker) hatte sich im 1. Jahrhundert erheblich verschlechtert, während die wenigen Reichen noch reicher geworden waren.[217] Das hatte politische, ökonomische und ökologische Gründe. Die Römer kontrollierten, seitdem sie Judäa direkt verwalteten, auch die Steuereinziehung. Die Steuerpolitik wurde unflexibler. „Herodes hatte noch zwei Mal Steuernachlässe gewährt, um sozialen Unruhen vorzubeugen (…). Die Zahlungen an die Römer hat er vielleicht vorgestreckt. Jetzt aber mußten Steuererleichterungen im fernen Rom beantragt werden, wo es an Intimität mit den diffi-

---

[215] R. PESCH, Überwindung 63.

[216] 216 Ebd. – Vgl. auch J. ZINK, Wie übt man Frieden? Über den Umgang mit dem Bösen und die Liebe zum Feind, Stuttgart/Berlin 1982, 5: „Als Jesus auf dem Berg am See Genezareth über den Frieden und die Gewaltlosigkeit sprach, lagen wenige Kilometer entfernt jene Höhlen in den unzugänglichen Felsen, in denen sich die bewaffneten Untergrundkämpfer sich zu verbergen pflegten, wenn die Römer ihnen auf den Fersen waren. Man sagt: Jesus habe gut reden gehabt in dem friedlichen Galiläa. Aber das können nur Leute sagen, die von den politischen Vorgängen jener Zeit nichts wissen. Denn es war eine Epoche ununterbrochener Kriege, Kämpfe, Verfolgungen, Strafmaßnahmen gegen Dörfer und Landstriche, und wer da von Gewaltlosigkeit sprach, stand gegen die Volksmeinung. Er sprach gegen die Guerilleros, die auch unter seinen Zuhörern sitzen konnten. Er redete sich möglicherweise um Kopf und Kragen. Die Bergpredigt war damals eine Kampfansage gegen einen Nationalismus, der an die Waffe glaubte."

[217] Literaturangaben zur ökonomischen Situation im damaligen Palästina bei THEISSEN, Studien 136. Folgende Ausführungen beruhen im wesentlichen auf THEISSEN, ebd. 136-138. Zur Situation der von Jesus ins Gleichnis eingebrachten Tagelöhner (Mt 20,1-16) vgl. L. SCHOTTROFF, Die Güte Gottes und die Solidarität von Menschen. Das Gleichnis von den Arbeitern im Weinberg, in: W. SCHOTTROFF/W. STEGEMANN (Hg.), Der Gott der kleinen Leute. Sozialgeschichtliche Bibelauslegung, Bd. 2 (Neues Testament), München/Gelnhausen/Berlin/Stein 2., unveränderte Aufl. 1979, 71-93; 74-79.

zilen Verhältnissen in Palästina fehlte." Eine Bitte um Steuererleichterung unter Tiberius dürfte wahrscheinlich erfolglos gewesen sein. Von einer Steuererleichterung während der großen Hungerkatastrophe unter Claudius (um 46/47 n. Chr.) ist nichts bekannt. Während Neusiedler unter Herodes völlige Steuerfreiheit genossen und seinem Nachfolger Philippus nur unbedeutende Abgaben bringen mußten, „erdrückten" Agrippa I. und II. sie mit Steuern, was von den Römern noch überboten wurde. Im 1. Jh. ist außerdem eine „fortschreitende Besitzkonzentration" festzustellen. Durch „Transaktionen wurden die ohnehin Besitzenden noch reicher", gelangten in den Besitz, der „ertragreichsten Gebiete", konnten über den Eigenbedarf hinaus produzieren und bestritten den Export, der zu dieser Zeit einen ungeheuren Aufschwung erlebte. Ökologische Krisen (Hungersnöte, Dürren, Orkane, Erdbeben, Seuchen) verschärften die Besitzkonzentration und in deren Folge die Verarmung der Massen. Die Kleinbauern gerieten in noch größere Verschuldung und Abhängigkeit.[218]

Hinzuweisen wäre auch auf die Situation der sozial schwächsten Schicht, der es noch schlechter ging: auf die Tagelöhner, Kranken und Bettler. In der Stadt Jerusalem bildeten diese „wohl die zahlenmäßig stärkste Gruppe", und selbst in der judäischen Gesamtbevölkerung machte sie „einen hohen Prozentsatz aus".[219] Die Tagelöhner, die weder über einen Grundbesitz verfügten noch einem festen Beruf nachgingen, boten jeden Morgen von neuem ihre Arbeitskraft an in der Hoffnung, für den Tag gedungen zu werden.[220] Sie lebten

---

[218] Vgl. auch W. DOMMERSHAUSEN, Die Umwelt Jesu. Politik und Kultur in neutestamentlicher Zeit, Freiburg/Basel/Wien 1977, 92f: „Besonders im 1. Jahrhundert v. Chr. häuft sich in den ertragreichen Gebieten Galiläas und Judäas der Besitz von einigen Begüterten. … Die Großgrundbesitzer praktizieren zudem oftmals unlautere Handelspraktiken, indem sie das Brotgetreide spekulierend zurückhalten, um den Verkaufspreis zu steigern, oder indem sie in ertragreichen Jahren die Kleinbauern und Pächter auf dem Markt unterbieten. Auch als Darlehensgeber haben sie die Pächter, die sich in schlechten Jahren stark verschulden müssen, oft völlig in der Hand." 95: „In Jahren der Mißernte kann der Kleinbauer – mangels einer Rücklage für Notzeiten – in unwürdige Abhängigkeit vom Großgrundbesitzer geraten. Unter Umständen ist er sogar gezwungen, sein Land zu verkaufen." – Hier ist auch hinzuweisen auf das Gleichnis vom Mord im Weinberg, Mk 12,1-12.
[219] Ebd. 95.
[220] Vgl. L. SCHOTTROFF, Güte, bes. 71-79, wo geschildert ist, daß es den Tagelöhnern noch schlechter ging als den Sklaven.

tagtäglich in Unsicherheit und unter dem Existenzminimum. Das Straßenbild Jerusalems war geprägt durch viele Blinde, Lahme und Kranke, die auf das Almosen der Vorüberkommenden angewiesen waren.[221]

Die *religiösen Übergriffe der römischen Besatzermacht* sind hinlänglich bekannt. Durch ihre Versuche, Kaiserbilder als Götzenbilder in Jerusalem zu installieren, griffen sie tief in den Glauben der Juden ein. Der zelotische Widerstand entzündete sich am Herrschaftsanspruch der Römer schlechthin, durch den sie den Alleinherrschaftsanspruch Jahwes über sein Land und auserwähltes Volk verletzt sahen.[222] Es stand also der vielfältigen sozialen Unterdrückung auch eine religiöse noch zur Seite.

Gewaltsame Widerstands- bzw. Aufstandsbewegungen während dieser Zeit verstehen sich von selbst. Sie zählen nicht zu den unbedeutendsten der Revolutionsgeschichte. Ihre Kontinuität und Breite sollen unten noch andeutungsweise herausgestellt werden. Wichtiger scheint jedoch der Hinweis auf *betont gewaltfreie Aktionen* ebenda und im selben Zeitraum zu sein: Sie unterstreichen, daß Jesu Forderung nach Gewaltverzicht nicht nur eine moralische, sondern auch eine politisch-praktikable Grundlage hat. Zunächst aber kurz zum gewaltsamen Widerstand der jüdischen Bevölkerung:

Für das Palästina der Zeit Jesu können wir eine „relative Kontinuität des Widerstandes" feststellen.[223] Über einen Zeitraum von 100 Jahren lassen sich zahlreiche Widerstandskämpfe gegen das herodäische und römische Regime belegen.[224] Daß die Quellen dabei statt von Widerstand bzw. Aufstand von „Räuberei" sprechen, erklärt sich aus der Perspektive der Reichen: für sie muß es sich bei den Aufständischen um „Räuber" handeln, um Banditen, „die ihr eigenes Vermögen verschleudert" haben; denn „daß man auch ohne Verschulden arm werden kann, ist ein Gedanke, der etablierten Kreisen immer fern gelegen hat."[225]

---

[221] Vgl. Dommershausen 96.

[222] Vgl. Hengel, Zeloten.

[223] Theissen, Studien 125.

[224] Ebd. 124f.

[225] Ebd. 126. Daß „landwirtschaftliche Produktionsschwierigkeiten" zur „Räuberei", d. h. zum Widerstand führten, ist verständlich: „Den verschuldeten Bauern und Pächtern blieb oft keine Alternative als die Flucht zu den Widerstandskämpfern in den Bergen, um sich drohender Verelendung zu entziehen." (126) Nach Theissen besteht kein

Um nur *einige der bekanntesten Höhepunkte des Widerstandes* zu nennen: 47/46 v. Chr. tötet Herodes den „Räuber"-hauptmann Hiskia, von dem es heißt, daß er eine große Bande um sich geschart hatte; 39/38 v. Chr. gefährden „galiläische Räuber" ernsthaft die Herrschaft des Herodes; 5/4 v. Chr. kommt es zu einem regelrechten „Räuberkrieg", in dem fünf Gruppen den Römern erhebliche militärische Schwierigkeiten bereiten; 6/7 n. Chr. agitiert Judas Galiläus gegen den Zensus; um 27 n. Chr. werden zwei „Räuber" zusammen mit Jesus gekreuzigt; kurz vorher hatte es einen Aufstand gegeben, an dem auch Barrabas beteiligt war; 40 n. Chr. droht ein Aufstand, weil aufgrund der Wirren vor Caligulas Tod keine Aussaat erfolgt war und dann auch keine Steuern gezahlt werden konnten; 44/45 n. Chr. säubert Cuspius Fadus ganz Judäa von „Räubern;" 46/48 n. Chr. läßt Tiberius Alexander zwei Söhne des Judas Galiläus hinrichten; 48/52 n. Chr. machen sich in Judäa wieder „Räuber"-banden breit; 52/60 n. Chr. kreuzigt Felix zwar „unzählige" Widerstandskämpfer und deren Sympathisanten, wird aber der „Räuber" nicht Herr; die Sikarier werden unter ihm sogar in Jerusalem aktiv.[226]

Nicht lange vor Jesu öffentlichem Auftreten, *um das Jahr 26/27 nach Christus,* machten Juden allerdings auch durch eine beispielhafte gewaltfreie Aktion von sich reden. Ausgelöst wurde diese durch den blasphemischen Versuch des Pontius Pilatus, Kaiserbilder, die den Juden als Götzenbilder galten, nach Jerusalem bringen zu lassen. Dieses Vorhaben löste eine allgemeine Empörung unter den Juden aus. „Josephus erzählt uns, daß die Juden nach Cäsarea strömten, den Palast des Pilatus umringten und dort fünf Tage und Nächte

---

Zweifel daran, „daß die Widerstandsbewegung ihre Dynamik aus dem sozioökonomischen Verteilungskampf zwischen Unter- und Oberschicht bezog, ein Verteilungskampf, der sich wahrscheinlich in Hungerszeiten verschärfte". (128) Unter den mannigfachen sozialen Bedingungen der Widerstandsbewegungen (Konkurrenz einheimischer Machteliten, Furcht vor Strafverfolgung, ökonomische Not; soziokulturelle Widerstandtradition seit den Tagen der Makkabäer) dürfte „das ökonomische Motiv das stärkste gewesen" sein. (126)

[226] Während des für uns besonders interessanten Zeitraums zwischen 10 und 35 n. Chr., also der unmittelbaren Lebenszeit Jesu, scheinen allerdings keine nennenswerten Aufstände stattgefunden zu haben. Wenn für diese Zeit Berichte von Widerstandshandlungen fehlen, kann das an der dürftigen Quellenlage liegen; es ist aber auch möglich, daß es zur Zeit Jesu „relativ ruhig war". Vgl. THEISSEN, Studien 192.

ununterbrochen auf ihren Knien lagen, ohne sich wegzubewegen. Nach fünf Tagen ließ Pilatus sie in ein Stadion kommen, wo er sich auf einen Richterstuhl setzte. Alle erwarteten, daß er nun die umstrittene Frage entscheiden würde. Statt dessen ließ er die demonstrierenden Juden von drei Reihen Soldaten umringen und versuchte, sie unter Druck zu setzen. Sie aber weigerten sich trotzdem, die Kaiserbilder zu tolerieren. Pilatus eskalierte: Er drohte, sie zu töten, und ließ die Soldaten die Schwerter ziehen: ‚Die Juden aber warfen sich wie auf Verabredung hin dichtgedrängt auf den Boden, boten ihren Nacken dar und schrien, sie seien eher bereit zu sterben, als daß sie die väterlichen Gesetze überträten. Zutiefst erstaunt über die Glut ihrer Frömmigkeit gab Pilatus den Befehl, die Feldzeichen sofort aus Jerusalem zu entfernen.' (bell 2,174) Der gewaltlose Widerstand der Juden war erfolgreich."[227]

Ungefähr dreizehn Jahre später, *um das Jahr 39/40 n. Chr.*, hören wir von einem ähnlichen Konflikt. Wieder entschlossen sich die aufgebrachten Juden zum gewaltfreien Widerstand – und wieder mit Erfolg. Anlaß war diesmal der wahnsinnige Plan des Gaius Caligula, sein Standbild im Jerusalemer Tempel aufzustellen. Das Volk strömte daraufhin zum Statthalter Petronius, der mit der Errichtung der Statue beauftragt worden war. „Und wieder drohte der Statthalter mit Gewalt. Petronius fragte die Juden: ‚Wollt ihr also', sagte Petronius, ‚mit dem Kaiser Krieg führen, ohne an seine Rüstungen und an eure Ohnmacht zu denken?' Sie aber entgegneten: ‚Wir wollen ganz und gar keinen Krieg führen, sondern lieber sterben, als dem Gesetz entgegen handeln', und bei diesen Worten warfen sie sich zur Erde, boten ihren Nacken dar und erklärten sich bereit, denselben Augenblick zu sterben. So fuhren sie vierzig Tage lang fort, ohne das Land zu bestellen, obschon es Saatzeit war, und sie blieben fest bei ihren Worten und dem Entschluß, eher zu sterben, als die Bildsäule aufrichten zu sehen. (ant 18,271f, vgl. bell 2,195-198) Petronius war so sehr von der Opferbereitschaft der Juden beeindruckt, daß er schließlich förmlich um Rücknahme des Befehls bat."[228]

Die Tatsache also, daß es zur Zeit Jesu „noch andere Kräfte" gab, „die auf eine gewaltlose Lösung von Konflikten hinarbeiteten", daß

---

[227] Ebd. 192f.
[228] Ebd. 193f (bevor sich allerdings der Konflikt noch weiter zuspitzen konnte, wurde Gaius Caligula ermordet).

also Jesu Einschätzung geteilt werden konnte und seine Aufforderung zur gewaltfreien Konfliktlösung „nicht isoliert im Judentum" vertreten wurde,[229] stellt die Berechtigung des Vorwurfs, daß Jesu Gewaltverzichtspostulat schon damals als wirklichkeitsfern habe gelten müssen, sehr in Zweifel. Nach den oben erwähnten Beispielen gewaltfreien Widerstands zur Zeit Jesu darf man „damit rechnen, daß in diesen Jahren der Gedanke eines gewaltlosen Widerstandes lebendig war, gerade zu dieser Zeit".[230] Die Frage, ob „Jesus und die Apostel etwa in einer weniger grausamen Welt gelebt" hätten[231] und deshalb „ruhig" Gewaltverzicht hätten üben können, ist nach allem, was wir aus seiner Zeit wissen, zu verneinen: „Das Unrecht und das Leiden in Palästina vor 2000 Jahren war gewiß nicht geringer als das Leiden in unserer Welt heute."[232] Jesus hat seine Aufforderung nach Gewaltverzicht ganz bewußt angesichts des Elends seiner Zeit gesprochen. Wenn seine Botschaft auch keine Botschaft „von der Welt" war, so war sie – und ist sie – doch eine Botschaft „für die Welt".[233] In einer Situation, in der sich damals wie heute gewaltfreie und gewaltsame Befreiungsbewegungen gegenüberstehen,[234] hat sich Jesus bewußt für die gewaltfreie entschieden und damit gegen die auch damals verbreitete „Meinung, daß die Situation der jeweiligen Gegenwart unerträglich geworden sei und daß dadurch revolutionäre Gewalt gerechtfertigt, ja notwendig geworden sei".[235]

---

[229] Ebd. 194.

[230] Ebd. – Vgl. auch P. TRUMMER, Gewaltloser Widerstand in neutestamentlicher Zeit und was daraus zu lernen ist, in: ders. (Hg.), Gedanken des Friedens, Graz 1982, 165-201.

[231] Vgl. LASSERRE 25.

[232] HENGEL, Gewalt 45.

[233] RAGAZ, Bergpredigt Jesu 49.

[234] HENGEL, Gewalt 45.

[235] Ebd. – „The possibility of nonviolent resistance" zeigt auch J.H. YODER, The Politics of Jesus. Vicit 1972, 90-93, am Beispiel der beiden gewaltfreien Aktionen unter der Statthalterschaft von Pilatus und Petronius auf; vgl. auch H. GOSS-MAYR, Die Gewaltlosigkeit Jesu – Antwort auf die Gewalt unserer Zeit, Linz (Veritas) o.J. Zu Yoder vgl. F. FOUCACHON, Jésus Politicien?, in: La revue réformée 37 (1986) 105-112.

1.3.4.3 *Zur Problematik der Schwert-Worte, insbesondere Lk 22, 35-38*

Kann die Behauptung, Jesus habe sich jeder revolutionären Gewaltanwendung enthalten, durchgehalten werden? Jesus sagt von sich selbst, daß er nicht gekommen sei, „um Frieden zu bringen, sondern das Schwert" (Mt 10,34; vgl. auch Lk 12,49-51), also, wie man auf den ersten Blick vermuten könnte, die Gewalt? „Daß hier wahrhaftig das Schwert als die Kriegswaffe schlechthin gemeint ist", wie Pinchas E. Lapide in seinem Jesusbuch demselben Text glaubt entnehmen zu dürfen,[236] ist jedoch recht zweifelhaft. Mit der Auffassung, daß es sich vielmehr um „a vivid metaphor for division" (also ein Bild der Entzweiung) handelt, dürfte John Ferguson eine weit verbreitete und gut gesicherte Exegetenmeinung wiedergeben.[237] Jesus will aus der Unentschiedenheit in die Entschiedenheit, aus dem Friedhofsfrieden in den Kampf führen.[238] Einem wörtlichen Textverständnis entgegenkommend, findet sich bei Martin Hengel allerdings auch diese Interpretation: „Falls die Mt-Version die ursprüngliche ist, meint sie nicht das Schwert, das die Gemeinde Jesu im Kreuzzug gegen ihre Verfolger führt, sondern – wie A. Schlatter richtig gezeigt hat – das Schwert, das die Verfolger gegen die Gemeinde verwenden."[239] Beide Aspekte (Entzweiung und Verfolgung) sind in einer Erklärung von Josef Blank berücksichtigt, nach der das Bildwort vom Schwert für die Auseinandersetzung und

---

[236] LAPIDE, Rabbi 35.

[237] J. FERGUSON, The Politics of Love. The New Testament and Non-violent Revolution, Cambridge (James Clarke) o.J., 30.

[238] Vgl. dazu SCHWAGER, Sündenbock 161f: Seine Worte wollen nicht so verstanden werden, „als ob der Streit das Ziel seiner Botschaft wäre. Sie können nur bedeuten, daß er durch sein Kommen ungewollt und doch notwendigerweise Streit auslöst. Der wahre Grund für die Entzweiung liegt deshalb nicht bei ihm selber. Er deckt aber durch sein Kommen die untergründig bereits vorhandenen Spannungen auf und provoziert so tatsächlich offene Feindschaften. Er wirkt als Schwert und als Störenfried, weil er die gewohnten Formen menschlicher Eintracht als trügerisch entlarvt." Vgl. jetzt auch das Wort der Deutschen Bischofskonferenz zum Frieden „GERECHTIGKEIT SCHAFFT FRIEDEN" 14: Das Wort Jesu steht „nicht im Gegensatz zur Friedenssendung Jesu, sondern fordert Entschiedenheit für das Evangelium, das den Menschen den Frieden Gottes bringt."

[239] HENGEL, Jesus 18.

Konflikte steht, die mit der Annahme der Botschaft Jesu verbunden sind, nicht jedoch als Rechtfertigung des Schwertgebrauchs.[240]

Problematischer noch gibt sich offensichtlich ein anderer Text, in dem Jesus ebenfalls von einem Schwert spricht: *Lk 22,35-38*. Auch diesen Text zieht Lapide heran, um zu zeigen, daß sich Jesus für den Gebrauch eines Schwertes und damit die Gewalt ausgesprochen habe.[241] Vor Lapide vertrat schon Adolf Schlatter diese Auffassung.[242] Selbst Ferguson stellt in Rechnung, daß der Text schwierig ist: „This is undoubtedly the most difficult passage in the New Testament to reconcile with the general tenor of Jesus's teaching of nonviolent love."[243] Vor der näheren Erörterung die Wiedergabe des Textes:

> Dann sagte Jesus zu ihnen: Als ich euch ohne Geldbeutel aussandte, ohne Vorratstasche und ohne Schuhe, habt ihr da etwa Not gelitten? Sie antworteten: Nein. Da sagte er: Jetzt aber soll der, der einen Geldbeutel hat, ihn mitnehmen, und ebenso die Tasche. Wer aber kein Geld hat, soll seinen Mantel verkaufen und sich dafür ein Schwert kaufen. Ich sage euch: An mir muß sich das Schriftwort erfüllen: Er wurde zu den Verbrechern gerechnet. Denn alles, was über mich gesagt ist, geht in Erfüllung. Da sagten sie: Herr, hier sind zwei Schwerter. Er erwiderte: Genug davon! (Lk 22,35-38)

Jesu Aufforderung, sich für die Zukunft mit einem Schwert auszurüsten, „markiert scharf eine Zeitenwende": Die Zeit, da sich die Jünger nicht um ihre Existenz zu sorgen brauchten, ist vorbei; eine schlimme steht bevor: anstelle von Zustimmung, Begeisterung und Gastfreundschaft erwartet sie von nun an Ablehnung, Verfolgung

---

[240] J.B. BLANK, Gewaltlosigkeit 161; vgl. auch VÖGTLE, Frieden 74-76.

[241] LAPIDE, Rabbi 34.

[242] Vgl. A. SCHLATTER, Die beiden Schwerter, Luk 22,35-38. Ein Stück aus der besonderen Quelle des Lukas, Gütersloh 1916. Vgl. auch H. WINDISCH, Der messianische Krieg und das Urchristentum, Tübingen 1909, der davon ausgeht, daß Jesus seinen Jüngern, allerdings nur zur Selbstverteidigung, ein Schwert zugestanden habe, was nicht zelotisch interpretiert werden dürfe.

[243] FERGUSON 31.

und Haß.[244] Mit dem „*Bildwort*"[245], sich ein Schwert zu besorgen – koste es selbst den unentbehrlichen Mantel –, thematisiert Jesus diesen bedrohlichen Stimmungsumschwung. „Der Hinweis auf das Schwert dürfte … nicht durch den Gedanken an den messianischen Krieg bestimmt sein, sondern sinnbildlich den Ernst der Lage auf-

---

[244] Vgl. H. SCHÜRMANN, Der Abendmahlsbericht Lukas 22,7-38 als Gottesdienstordnung, Gemeindeordnung, Lebensordnung, in: DERS., Ursprung und Gestalt, Düsseldorf 1970, 108-150; K.H. RENGSTORF, Das Evangelium nach Lukas, Göttingen 17. Aufl. 1978, 249; J. SCHMID, Lukaskommentar 334; P. DAUSCH, Die drei älteren Evangelien, Bonn 4., neu bearbeitete Aufl. 1932, 550.

[245] RENGSTORF 249: Die ablehnende Einstellung Jesu zur Gewaltanwendung vorausgesetzt, könne „das Wort nur dann als richtig verstanden gelten, wenn man es als *Bildwort* auffaßt, das die Größe der bevorstehenden Not mit Hilfe des verschiedenen Maßes an Gefahr für die Jünger in Vergangenheit und Zukunft zu verdeutlichen sucht." Es handelt sich hier um einen „Appell an den Glauben der Jünger auch im Blick auf die schwere Zukunft". (ebd.) Vgl. auch J. ERNST, Das Evangelium nach Lukas, Regensburg 1977, der „das Wort *symbolisch* als Hinweis auf die bevorstehenden harten Auseinandersetzungen" versteht (602, Hervorhebung von E.S.): „Das Wort vom Schwertkauf deutet auf den bedrohlichen Ernst der neuen Lage nach dem Abschied Jesu hin: die Sendboten des Evangeliums … (sind) Anfeindungen und härtesten Verfolgungen ausgesetzt. Das altertümliche Logion, das ursprünglich vielleicht die eschatologische Notzeit angekündigt hat …, ist jetzt ein Bild für die harte Auseinandersetzung, in der sich die Gemeinde befindet." (603) Vgl. weiterhin J. SCHMID, Lukaskommentar 334: Das Wort vom Schwert sei „doch wohl nur als *ironischer Ausdruck* dafür zu deuten, daß die Jünger sich auf eine Zeit der Feindseligkeit und des Kampfes gefaßt machen müssen, in der sie, symbolisch gesprochen, ein Schwert brauchen". Schmid wendet sich allerdings gegen eine allegorische Deutung des Schwertes (vgl. auch B. WEISS, Die Evangelien des Markus und Lukas, Göttingen 9. Aufl. 1901, 643) im Sinne Eph 6,17 (Schwert als Schwert des Geistes und Wortes Gottes), aber auch gegen eine streng wörtliche, die dem „Geiste Jesu widersprechen" würde; auch der Gebrauch des Schwertes zur Selbstverteidigung stehe „nicht im Einklang mit anderen Worten Jesu (vgl. 6,22f; 12,4-7 = Mt 10,28-31)" (J. SCHMID, Lukaskommentar 334). Vgl. auch DAUSCH 551: „Ohne Zweifel" stünde die „kriegerische Stimmung, die in diesen Worten lodert" „in Widerspruch zu den Ansprüchen Jesu, die aktiven Widerstand verbieten"; gegen alle fabulösen Deutungen werde dem Wortlaut und den Gedanken Jesu „allein die herkömmliche Auslegung gerecht: der Heiland hat, ‚in *sprichwortartiger Veranschaulichung*' seinen Jüngern den Ernst, die Schwere ihres künftigen Berufes, vielleicht auch schon ihrer gegenwärtigen Lage, vor die Seele führen wollen". Ebenso auch WEISS 642, der im vorliegenden Text „eine Weissagung bevorstehender schwerer Zeiten" zu erkennen glaubt. In der Aufforderung Jesu sieht er (ebd. 643) einen „*sprichwörtlichen Ausdruck* dafür, daß sie (die Jünger; E.S.) sich vorbereiten müssen auf eine Zeit schwerer Kämpfe, die ihnen die Feindschaft ihrer Volksgenossen bereiten wird"; doch „unmöglich kann Jesus sie buchstäblich auffordern wollen, daß sie sich zu Nothwehr und Kampf bewaffnen sollen …" (sämtliche Hervorhebungen von E.S.).

zeigen."[246] Offensichtlich geht es Jesus darum, daß die Jünger klar erkennen sollen, auf was sie sich einlassen, wenn sie auch zukünftig jenen Weg gehen wollen, den sie bisher mit ihm gegangen sind. Das Ende, das ihm bevorsteht, wird auch sie ereilen; das liegt in der Konsequenz desselben Weges (vgl. Mt 10,24f; Joh 15,20). Jesus scheint Wert darauf zu legen, daß im Kreis seiner Jünger Klarheit über das für die Zukunft zu erwartende Schicksal besteht. Wer sich für seinen Weg entscheidet, der soll wissen, was ihn erwartet. Mit anderen Worten hätte seine Warnung auch lauten können: „Macht euch auf alles gefaßt!" Ihm liegt nichts daran, andere in eine „Sache" hineinzuziehen, an deren Ende Entsetzen, Enttäuschung und das Gefühl des Betrogenseins steht. Wohl wäre auch der „Sache" wenig gedient, wenn im Ernstfall die Jünger weiche Knie bekämen. In diesem Zusammenhang ist noch einmal an das Gleichnis von der reiflich überlegten Kriegsstrategie (Lk 14,31f) zu erinnern, das ebenso dem Zweck dient, die Tragweite der Nachfolge rechtzeitig bewußt werden zu lassen.[247] Jesus ist an einem „Ja" gelegen, das durchgehalten werden kann, auch durch Nachstellungen, Folter und Tod. Jesus will ein „Ja", dessen letzte Konsequenzen erkannt und erwogen sind. Darum spricht er auch bei den Jüngern von diesen letzten Konsequenzen und stellt sie so, den neuen Gegebenheiten entsprechend, noch einmal neu in die Entscheidung.

Nach Vers 38 lassen sich die Jünger trotz der düsteren Zukunftsvision nicht vom Bekenntnis zu Jesus abhalten. Zum Zeichen ihrer Entschlossenheit ziehen zwei von ihnen das Schwert[248]: demnach sind sie zum Äußersten bereit. Darin kommt jene Entschiedenheit zum Ausdruck, die sich Jesus wünscht. Die zwei Schwerter sind Sinnbild für Kampf- und Opferbereitschaft, und insofern reichen sie aus, wie Rengstorf erklärt: „Die Worte ‚es ist genug', mit denen Jesus zugleich antwortet und das Gespräch abbricht, wird man aus dem Zusammenhang heraus weder nur als bitteres ‚Genug davon!' noch

---

[246] W. GRUNDMANN, Das Evangelium nach Lukas, Berlin 8. Aufl. 1978. 408.

[247] Vgl. dazu VÖGTLE, Frieden 27f.

[248] Der interessanten Frage, warum die beiden Jünger mit einem Schwert ausgerüstet waren und welcher Art das Schwert war (Ein Schlachtmesser fürs Passahmahl etwa? Vgl. dazu WEISS 644; E. KLOSTERMANN, Das Lukasevangelium, Tübingen 2., völlig neubearbeitete Aufl. 1929; u. a. Oder dolchartige Messer? Vgl. RENGSTORF 249), kann hier nicht weiter nachgegangen werden.

gar als ein ironisches ‚Das reicht!' richtig verstehen. Sie werden im Gegenteil besagen sollen, daß die beiden Schwerter tatsächlich ausreichen, da es (…) nicht auf die Waffen ankommt, sondern auf die Erkenntnis, daß Jesu Sache nun den ganzen Jünger fordert mit Einschluß auch seines Sterbens. Daß er sie dazu bereit sieht, genügt ihm, weil er darin die Gewähr für die Zukunft erkennt. Deshalb tadelt er die Jünger auch nicht, obwohl er sich nicht ganz verstanden sieht, sondern trägt ihren Unverstand in Geduld (vgl. V. 27) und dient ihnen auch noch in dieser Stunde, indem er ihnen seine Gemeinschaft bis zum Letzten erhält und ihnen dadurch die Brücke in eine Zukunft schlägt, die ganz im Zeichen ihres Dienstes nach seiner Art steht."[249]

Indem die Jünger tatsächlich zum Schwert greifen, bekunden sie, den Ernst der Situation erkannt zu haben. Insofern darf sich Jesus verstanden wissen, gehen seine Freunde mit ihm d'accord, teilen sie das Ergebnis seiner „Situationsanalyse". In der Frage der „Situationsbewältigung" unterscheidet sich der Standpunkt der Jünger jedoch wesentlich von dem des Meisters: auch nach längerem Umgang mit Jesus und den Erfahrungen seines radikalen Gewaltverzichts glauben sie – im Gegensatz zu ihm – immer noch, mit der Gewalt des Schwertes die Basileia herbeiführen und verteidigen zu können. Für sie ist das Schwert und die dadurch ermöglichte Gewalt eine reale Hoffnung. Sie mögen die Intention der jesuanischen „Reich Gottes"-Predigt verstanden haben, aber sicher noch nicht jene Tatsache, daß das beste Ziel durch die Wahl inadäquater Mittel desavouiert werden kann: daß der Friede des Reiches Gottes niemals mittels Gewalt heraufgeführt werden kann. Außerdem scheinen sie zu diesem Zeitpunkt noch wenig empfindsam zu sein für die Unmenschlichkeit der Gewalt und für die Widersprüchlichkeit von *pacem facere* und Gewalt.

Der Text, der erzählt, wie schnell die Jünger auf Jesu Wort hin mit dem Schwert zur Hand waren, erweckt den Eindruck einer fragwürdigen Impulsivität in ihrem Verhalten. Noch, so könnte im größeren Kontext die Aussageabsicht des Evangelisten lauten, ist das Verhalten der Jünger durch eine gewisse Naivität, Kurzschlüssigkeit, Unüberlegtheit, Unbesonnenheit und Distanzlosigkeit geprägt;

---

[249] RENGSTORF 249.

doch nachdem das Leiden Jesu, das vom Verzicht auf jegliche Gegengewalt bestimmt war, im Licht nachösterlichen Glaubens als ein befreiendes erkannt ist, wird auch das Schwert-Wort Jesu in seiner letzten Bedeutung verstanden werden.

Daß Jesus das Gespräch mit der „üblichen semitischen Redewendung"[250] „Genug davon" (vgl. Dtn 3,26; Mk 14,41) *abbricht,*[251] den Gegenstand also jetzt verlassen wissen möchte,[252] könnte die Einsicht widerspiegeln, daß nach Jesu vorhergehenden vergeblichen Zurechtweisungen (vgl. Lk 9,51-56) auch ein grundsätzlicher Einwand zu diesem Zeitpunkt kaum noch weiterzubringen verspricht. „Genug davon" scheint weiterhin die Zuversicht Jesu zum Ausdruck zu bringen, daß zukünftige Entwicklungen seine radikal-pazifistische Akzentsetzung eher verstehen lassen werden.

In Jesu Erwiderung auf die Schwert-Demonstration der Jünger schwingt jedoch ein ärgerliches „Jetzt reicht's aber ... Habt ihr denn immer noch nicht begriffen!" ebenso mit wie ein auf später vertröstendes „Jetzt aber genug davon ... Was ihr heute noch nicht versteht, werdet ihr bald verstehen!". Jesu Antwort auf die Gewaltbereitschaft der Jünger ist „im abwehrenden Sinne zu verstehen",[253] das wörtliche Verständnis der Jünger also ein „Mißverständnis"[254]. Sie

---

[250] MacGregor, Friede 32f; vgl. auch E. Klostermann, Lukasevangelium 214; aber auch Grundmann, Lukas 409f: „Jesus aber bricht das Gespräch ab, wahrscheinlich weil sie ihn nicht verstehen. Sie denken an bevorstehenden Kampf, zu dem sie bereit sind; er denkt an die kommende Zeit der Verfolgung und des Martyriums. Zur Formel *hikanon estin* kann an 1. Kön. 19,4 und Deut. 3,26 sowie an die Redensart b. Schab 33a gedacht werden, gleich eines deutschen ‚Genug davon'."
[251] Vgl. auch F. Hahn, Christologische Hoheitstitel. Ihre Geschichte im frühen Christentum, Göttingen 3. Aufl. 1966, 168; Vögtle, Frieden 86. Ernst, Lukas 604: „Jesus bricht ... die Diskussion schlagartig ab."
[252] E. Klostermann, Lukasevangelium 214.
[253] Das Neue Testament übersetzt und kommentiert von U. Wilkens, beraten von W. Jetter, E. Lange und R. Pesch, Hamburg/Köln/Zürich 3. Aufl. 1971, 293 (z.St.). Vgl. auch Häring, Frieden 26, unter Berufung auf R.J. Cassidy, Jesus, Politics and Society. A Study of Luke's Gospel (Maryknoll) 1978, 45: Jesu „Genug davon!" sei „offenbar im Sinne" von „Genug! Davon will ich nichts mehr hören" zu verstehen.
[254] Ebd. – Dieses, von den meisten Exegeten unterstellte „johanneische" Mißverständnis der Jünger (vgl. auch Ernst, Lukas 602: „Die Jünger haben den Sinn der dunklen Rede Jesu nicht verstanden. Ihre Gedanken sind bei dem Schwertwort stehengeblieben, aus dem sie eine Aufforderung zum Widerstand mit der Waffe heraushören.") darf nach Blank, Gewaltlosigkeit 162, Lukas als Verfasser des fragwürdigen Textes nicht unterschoben werden.

„bezieht sich nicht auf die zwei vorhandenen Schwerter, sondern auf das ganze Gespräch, das damit abgebrochen wird (vgl. Deut 3,26; 3 Kön 19,4), weil die Jünger den Sinn des Wortes Jesu nicht verstanden haben".[255] Jesus hat nicht zum Ausdruck bringen wollen, daß, für welche Unternehmungen auch immer, zwei Schwerter ausreichen. Mit zwei Schwertern läßt sich weder eine Jüngergruppe erfolgreich verteidigen, noch lassen sich damit Revolution und Krieg machen. „Auf jeden Fall zeigt der Vorrat der Jünger und das Urteil Jesu, daß diese Schar nicht auf einen Handstreich ausging. Eine lächerliche ‚Bande‘ hätten sie dargestellt, und ihr Führer wäre auch nicht gerade der Klügste gewesen."[256] Jesus muß also „etwas anderes gemeint haben".[257]

Durch die Aufforderung, sich mit einem Schwert zu rüsten, will Jesus zum Ausdruck bringen, daß zunehmende Widerstände eine erhöhte Einsatzbereitschaft erforderlich machen. Dem stimmen die Jünger zu, indem sie zwei Schwerter (Messer?) hervorziehen: in ihrer Entschlossenheit zum Kampf scheuen sie auch nicht die Gewalt. Die radikal-pazifistische Akzentuierung des von Jesus geforderten Engagements verstehen sie freilich nicht. Eine Auseinandersetzung über das Problem der Gewalt scheint allerdings für Jesus zu diesem Zeitpunkt wenig erfolgversprechend zu sein. Darum bricht er das Gespräch vorläufig ab in der Hoffnung, daß die zukünftige Entwicklung den Jüngern eine neue Beurteilungsperspektive eröffnen wird.

Ein solcher Auslegungsversuch geht von einer tatsächlich zwischen Jesus und seinen Jüngern geführten Debatte aus, in der am Ende des öffentlichen Wirkens Jesu ein Mißverständnis in der Frage der Anwendung von Gewalt seitens seiner Jünger zum Ausdruck kommt, dabei aber auch noch einmal die Haltung Jesu aufscheint. Ein Textverständnis dieser Art ist nicht zuletzt geprägt durch den Versuch, sich in die strategischen Auseinandersetzungen Jesu mit

---

[255] J. SCHMID, Lukaskommentar 335. – Vgl. LASSERRE 44: Eine Analyse des griech. Textes zeigt, daß Jesus gesagt hat „Es ist genug" (*hikanon estin*), und nicht etwa im Plural „Sie genügen." „Der Sinn der Worte Jesu ist dann ein energisches ‚Genug!‘ oder ‚Ruhe!‘, ‚Seid still‘; auf keinen Fall aber: ‚Diese beiden Schwerter werden genügen …!‘."

[256] WINDISCH 48.

[257] WEISS 644: „Da zwei Schwerter unmöglich zur Vertheidigung ihrer Aller ausreichen konnten, liegt darin, dass er etwas Anderes gemeint habe." Vgl. auch LASSERRE 37 und 38f.

seinen Freunden hineinzufühlen. Damit verbunden ist freilich auch die Gefahr, kraft eigener psychologisierender und soziologisierender Phantasie dem Text Gewalt anzutun. Ihr dürfte selbst der geschulte Exeget noch unterliegen. Das Risiko des phantasiegeleiteten Fehlgriffs ist der Preis für die Chance neuer Erkenntniszugewinne.

Daß in diesem Sinn auch in unserem speziellen Fall noch nicht das letzte Wort gesprochen ist, legt die auffallende Vielfalt und Widersprüchlichkeit bisheriger Deutungen[258] nahe: neben zum Teil sehr konstruiert wirkenden Überlegungen und Interpretationen finden sich exegetische Erklärungen, die für sich beanspruchen dürfen, der Komplexität des Textmaterials annähernd gerecht zu werden. Abschließend eine Auswahl:

„In Ermangelung einer eigentlich pazifistischen Erklärung" hält H.C. MacGregor eine Deutung von P. W. A. Curtis für die „weitaus beste". Danach soll Jesus das Schwert bei einer Missionstätigkeit, die außerhalb des Bereichs der gesetzlichen Ordnung stattfindet, als ein Mittel der Selbstverteidigung gerechtfertigt haben: „Man darf annehmen, daß Jesus nichts einzuwenden gehabt hätte gegen das gewöhnliche Mittel der Selbstverteidigung, wenn sie in Gegenden reisten, die von Räubern unsicher gemacht waren und wohin der Schutz der bewaffneten Staatsgewalt nicht reichte."[259]

Nach O. Cullmann bezeichnet das „Genug!" die Grenze des Widerstandes im Gegensatz zum Zelotentum: „… es gibt eine Grenze, die nicht überschritten werden darf. Sie ist genau dort, wo das Zelotentum zur rein politischen, militärischen Bewegung wird und von der Aufgabe ablenkt, die den Jüngern Jesu gestellt ist: Das Reich Gottes zu verkündigen. Als Jünger Jesu haben sie zwar zu allen Fragen Stellung zu nehmen, auch den politischen, aber sie haben nicht von sich aus Krieg zu führen. Das ist die Grenze ihres Schwerttragens. ‚Genug!' ‚Bis hierher'."[260]

Wieder eine andere Erklärung geht vom Reflexionszitat V 37 aus: Jesus habe sich danach bewußt zu den Übeltätern zählen lassen wollen; um das zu erreichen, hätten die Jünger Schwerter zur Schau tragen sollen.[261]

---

[258] Vgl. auch den Überblick bei VÖGTLE, Frieden 82-90.
[259] MACGREGOR, Friede 30f.
[260] CULLMANN, Staat 23.
[261] Vgl. LASSERRE 35f.

H. Bois entnimmt dem Text die Aussage einer augenblicklichen Versuchung Jesu: „Aber der Gedanke, mit Waffengewalt Widerstand zu leisten, ist nur eine plötzliche Eingebung gewesen, eine sofort von Jesus zurückgewiesene Versuchung ... Sobald er die beiden Schwerter, die die Jünger eilends herbeitragen, sieht, faßt er sich ... und besinnt sich anders. ..."[262]

F.C. Burkitt versteht Jesu „Genug" als ironische Bemerkung, als halb scherzhafte Erwiderung auf die wörtliche Auffassung der Jünger. Sollten diese lächerlichen zwei Schwerter wirklich genügen, um der Macht Roms widerstehen zu können? Jesus habe die völlige Vergeblichkeit des bewaffneten Widerstandes gemeint.[263]

Da der Vorfall nur bei Lk erwähnt ist, schließt G.H.C. MacGregor auch nicht aus, „daß diese schwierige Stelle einfach ein ungeschickter Versuch des Lukas-Bearbeiters ist, auf das vorzubereiten, was in Gethsemane folgt, und auf solche Art den Versuch bewaffneten Widerstandes auf Seiten der Jünger zu rechtfertigen."[264] Es sei nämlich „bezeichnend, daß auch an anderen Stellen Lukas dazu neigt, die Schwächen der Jünger zu verwischen".[265]

H. Frankemölle (der sich unter Hinweis auf die historisierenden Tendenzen bei Lk gegen eine bildliche oder symbolische Auslegung ausspricht) rechnet bei unserem Text sowohl damit, daß die Verse in der vorlukanischen Tradition Vorstellungen einer christlich-zelotischen Gruppe aufgreifen, die im Kontext der Verheißungen Jesu von der Endzeit mit dem messianischen Endkampf rechnen[266] als auch damit, daß Lk hier um Verständnis für diejenigen wirbt, die in Notlagen eine gewaltsame Verteidigung praktizieren, wie konkret jene Christen in Jerusalem, denen die Flucht nicht gelang und die sich deshalb am bewaffneten Aufstand gegen Rom beteiligen mußten[267].

Auch J. Blank sieht im Wort von den „zwei Schwertern" eine lukanische Bildung, die nicht metaphorisch, sondern wörtlich verstan-

---

[262] Vgl. ebd. 37.
[263] Vgl. ebd. 33.
[264] MACGREGOR, Friede 32.
[265] Ebd.
[266] FRANKEMÖLLE, Friede 48, verweist hier auf: M. BLACK, The Violent Word, in: The Expository Times 81 (1969/79) 115-118.
[267] FRANKEMÖLLE, Friede 48, beruft sich dabei auf H.W. BARTSCH, Jesu Schwertwort, Lk 22,35-38, in: New Testament Studies 20 (1973/74) 190-203.

den sein will: Lk schränke hier für die Zeit nach dem Tod Jesu „realistisch" ein, daß der radikale Gewaltverzicht nicht durchführbar sei, und gehe davon aus, daß den Jüngern, solange das Reich Gottes noch ausstehe, durch Jesus ein gewisses Recht auf Notwehr zugestanden sei und sie, wie etwa Paulus, „das Schwert" des staatlich-römischen Rechtsschutzes beanspruchen dürfen. Daß zwei Schwerter „reichen", meine: die Jünger sollen sich nicht auf die gewaltsame Verteidigung verlassen und erst recht keine umfassende Verteidigung aufbauen.[268]

Nach A. Vögtle will Lk „so gut wie sicher" mit dem Schwerter-Text „nicht auf die Situation der nachösterlichen Jüngermission ausblicken lassen",[269] sondern auf die Gefangennahme Jesu vorausblicken,[270] seine Redigierung der Verhaftungserzählung mit der Szene von zwei Schwertern vorbereiten[271]. „Bei Lukas ist es sichtlich vor allem das apologetische Interesse, durch das vorgängige Angebot der Verteidigungsbereitschaft der Jüngerschar diese insgesamt in ein günstiges Licht zu setzen."[272] Deshalb muß man auch nach Vögtle „darauf verzichten, jene Szene als urchristlichen Beleg für die erlaubte Anwendung von Waffengewalt zu individueller Notwehr zu vereinnahmen", allerdings auch, darin eine „ausdrückliche Verurteilung eigenmächtig ausgeübter Waffengewalt" zu sehen.[273] Auch aus den von Lk geschilderten Vorgängen bei der Verhaftung läßt sich nach Vögtle „die eigenmächtige Anwendung von Waffengewalt ... nicht so ausdrücklich und eindeutig als sittlich unerlaubt, wie es Jesus selbst im vorausgesetzten Fall sicher getan hätte", bezeichnen.[274]

Die Darstellung der unterschiedlichen Textauslegung soll damit abgeschlossen sein. Eine letzte Entscheidung für die eine und gegen die anderen Positionen kann und soll hier nicht getroffen werden, wenngleich angenommen wird, daß das „Genug davon" der Ein-

---

[268] BLANK, Gewaltlosigkeit 162. – Auf A. VÖGTLE, Frieden 85, wirkt diese Erklärung „freilich gezwungen".
[269] VÖGTLE, Frieden 86.
[270] Ebd. 87.
[271] Ebd. 88.
[272] Ebd. 90.
[273] Ebd. 88.
[274] Ebd. 89.

heitsübersetzung wie das „Genug jetzt" der Stuttgarter Kepplerbibel die Antwort Jesu in der Schwerterdebatte adäquat, d. h. im Sinne Jesu, wiedergeben.[275] Einer militaristischen Auslegung des Textes steht mehreres entgegen: Erstens weist bereits die *Exegese* der Perikope ein wörtliches Verstehen des Schwert-Wortes Jesu zurück (Jesus verlangt nur bildhaft die Ausrüstung mit einem Schwert; sein „Genug jetzt" bedeutet Gesprächsabbruch).[276] Zweitens ergibt sich aus dem näheren *Kontext*, daß Jesus die Gewalt grundsätzlich ablehnt (Jesus untersagt Petrus den Gebrauch des mitgeführten Schwertes).[277] Drittens widerspräche ein Aufruf zur Gewalt *Jesu Gesamteinstellung*, die vom Evangelium durchweg als eine gewaltfreie wiedergegeben wird.[278]

---

[275] DIE BIBEL. Altes und Neues Testament. Einheitsübersetzung; DAS NEUE TESTAMENT. Stuttgarter Kepplerbibel, neu bearbeitet und mit Erläuterungen versehen von P. Ketter, Stuttgart (Sonderdruck) 1965.

[276] Wenn A. VÖGTLE mit seiner Auslegung recht behält (s.o.), ist der Text allein aus dem apologetischen Interesse heraus entstanden, nachträglich zu zeigen, daß die Jünger doch nicht so feige waren (wie sie es in Wirklichkeit waren) und durchaus Jesus verteidigen wollten.

[277] LASSERRE problematisiert eine militaristische Auslegung unter verschiedensten Gesichtspunkten; um einige herauszugreifen: Jesus könne keine allgemeine Bewaffnung gefordert haben, da sich eine solche unter der römischen Besatzungsmacht sehr schwierig gestaltet hätte (37 und 40); wenn er eine allgemeine Bewaffnung gefordert hätte, warum habe er sich dann aber so schnell mit den beiden Schwertern zufrieden gegeben (ebd.); und wenn er schon Waffengewalt legitimiert habe, warum habe er dann wenig später nur dem Petrus die Verteidigung mit dem Schwert untersagt (38 und 40); Jesus könne auch nicht die Verteidigung der Jünger nach seiner Verhaftung im Auge gehabt haben: im Text sei die Rede von „jetzt;" mehrmals habe er die Gewalt grundsätzlich verurteilt; nach seiner Verhaftung hätten sich die Jünger nicht der Schwerter bedient (40); der neutestamentliche Befund der Schwert-Stellen lege eine allegorische Deutung nahe (vgl. Mt 10,34: „Ich bin nicht gekommen, Frieden zu bringen, sondern das Schwert."). „... es wäre nicht das erste Mal, daß seine Hörer sich täuschten, indem sie einen Ausdruck wörtlich verstanden, den er im übertragenen Sinn gebraucht hatte". (42; vgl. 41-43)

[278] Vgl. J.M. CREED in seinem Lk-Kommentar: „Es ist unwahrscheinlich, daß Jesus ernsthaft an bewaffneten Widerstand dachte, was in der Tat im Widerspruch stände mit dem ganzen Sinn seines Lebens und seiner Lehre." (zit. LASSERRE 32) Vgl. auch J. ERNST, Lukaskommentar 603: „Ein wörtliches Verständnis ... scheitert an den ethischen Maximen der Jesusverkündigung." Ebenso VÖGTLE, Frieden 83. Vgl. auch F.G. UNTERGAßMAIR, Zum Thema: Friede nach den Evangelien. Handreichung für Erwachsenenbildung, Religionsunterricht und Seelsorge, Paderborn 1983, 26, der ebenfalls in Lk 22,24-37 keinen Widerspruch zum „Jesusbild vom exklusiven Friedensbringer" zu erkennen vermag. Vgl. dazu allerdings auch G. WILDMANN, Die Katholische Friedensdiskussion 1982-1984. Ein Literaturbericht, in: Theologisch-praktische Quartalschrift

1.3.5 *Demonstrative Wehrlosigkeit* (das Stabverbot)

In der Anweisung Jesu an seine Jünger, keinen Stab mit auf die Reise zu nehmen, drückt sich ein radikaler, selbst die Ablehnung von Notwehrgewalt einschließender Gewaltverzicht aus. Jesu Anweisung überliest sich schnell, ist aber für unser Thema höchst relevant: demonstriert doch derjenige, der auf den Stab verzichtet, absolute Gewaltlosigkeit und Friedfertigkeit. Dies bedarf der Ausführung.

Anders als in Mk 6,8 („… und er gebot ihnen, außer einem Wanderstab nichts auf den Weg mitzunehmen, …") hat Jesus nach Mt 10,10 und Lk 9,3 seine Jünger unter der Voraussetzung ausgesandt, unter anderem auch „keinen Wanderstab" mitzunehmen.[279] Allein unter dem Gesichtspunkt der Bedürfnislosigkeit betrachtet, wäre diese Auflage allerdings nicht einsichtig, denn durch einen Wanderstab „wird die geforderte Bedürfnislosigkeit nicht geschmälert"[280]; ein Wanderstab ist „nicht gerade Luxus"[281]. Noch haltloser dürften Erklärungen wie diese sein: daß durch das Mitführen eines Wanderstabes die Missionstätigkeit behindert worden wäre, weil sich die Jünger durch den Stab unnötig belastet und dadurch an Beweglichkeit verloren hätten,[282] oder daß sich die Jünger nicht durch unnötige Vorbereitungen hätten aufhalten bzw. ihrer geistlichen Freiheit berauben lassen sollen,[283] usw. Auszuschließen ist auch, daß im Markus-Text die ursprünglichere Version der Ausrüstungsregel vorliegt: Markus rezipiert eine „‚angepaßte' Regel".[284] Für den sekundä-

---

133 (1985) 59-66; 62, der das Zwei-Schwerter-Logion von Untergaßmair „besonders glatt im Sinne der Gewaltlosigkeit Jesu vereinnahmt" sieht.

[279] Hier mag dahingestellt bleiben, ob diese radikale Ausrüstungsregel (dem Text zufolge untersagt Jesus auch das Tragen von Sandalen, die zum Ergreifen der Flucht notwendig sind) tatsächlich von Jesus selbst stammt oder im nachhinein, freilich in seinem Geist, von gleichgesinnten Jüngern formuliert und in seinen Mund gelegt worden ist. Wie dem auch sei, nach G. Lohfink wäre es „ein schwerer exegetischer Mißgriff, die Ausrüstungsregel in ihrer Konkretheit nicht wörtlich zu interpretieren"; G. LOHFINK, Der ekklesiale Sitz im Leben der Aufforderung Jesu zum Gewaltverzicht (Mt 5,39b-42/Lk 6,29f), in: Theologische Quartalschrift 162 (1982) 236ff; 243.

[280] GNILKA 239.

[281] W. TRILLING, Das Evangelium nach Matthäus, 1. Teil, Düsseldorf 1962, 220.

[282] Vgl. P. BONNARD, L'Evangile selon Saint Matthieu, Neuchatel 1963, 144f; u. a.

[283] Vgl. K. STAAB, Das Evangelium nach Matthäus, Würzburg 1958, 55; L. MARCHAL, Evangile selon Saint Luc, Paris 1950, 120; u. a.

[284] R. PESCH, Markusevangelium 328; ebenso GRUNDMANN 168; dagegen allerdings J. SCHMID, Das Evangelium nach Markus, Regensburg 4. Aufl. 1958, 120, der nicht aus-

ren Charakter des in Markus wiedergegebenen Textes spricht auch, neben anderem, diese Überlegung: „Da Stab und Sandalen zur selbstverständlichen Ausrüstung eines jeden Wanderers gehörten, hätte sie der Autor nicht eigens zugestehen müssen. Wenn er es tut, so nimmt er offenbar auf ein Verbot dieser Ausrüstungsgegenstände in einer früheren Fassung Bezug und will dieses dadurch korrigieren. Offenbar haben sich die konkreten Erfordernisse der Mission durchgesetzt: barfuß und ohne den vor allem Schutz bietenden Wanderstab zu reisen, war bei ausgedehnten Missionsreisen nicht möglich."[285]

Grundsätzlich wurde das Mitführen eines Wanderstabes auf weiten Wanderungen als notwendig angesehen: dieser „diente dem Wanderer nicht nur als Stütze, sondern vor allem auch als Waffe; mit seiner Hilfe konnte er ihn anfallende Tiere oder angreifende Menschen abwehren".[286] Daß die Essener, die in ihrer Bedürfnislosigkeit den urchristlichen Boten wohl kaum nachgestanden haben, ausdrücklich Waffen zum Schutz gegen Räuber mit auf Wanderschaft nehmen durften, „erhellt schlagartig die Gefahren, in der sich Wanderer in damaliger Zeit befanden, und läßt das Verbot des Wan-

---

schließt, daß Mt und Lk die in Mk wiedergegebenen Anweisungen radikalisiert haben könnten; vgl. auch C. SCHNEIDER, Art. *rabdos*, in: Theologisches Wörterbuch zum Neuen Testament, Bd. 6, 966-970; 969, der in Mt 10,10 und Lk 9,3 einen „judenchristlichen Rigorismus" am Werk sieht, der das Wort „nach dem Verbot, den Tempelberg mit Stab, Sandalen und Gürtel zu betreten", verändert habe. P. GAECHTER, Das Matthäusevangelium, Innsbruck/Wien/München 1963, 325, versucht dagegen zwischen den sich widersprechenden Textaussagen zu vermitteln: Jesus habe seine in Mt und Lk wiedergegebene Anweisung nicht als juridische Vorschrift verstanden, sondern als „sittliche Maxime;" Mk habe dann die „Buchstabenreiter" beruhigen wollen: „So ist es nicht gemeint, natürlich dürft ihr Stock und Sandalen mitnehmen."

[285] P. HOFFMANN, Studien zur Theologie der Logienquelle, Münster 1972, 240; vgl. auch 239-242 und 264-267.

[286] Ebd. 313f. – Vgl. auch G.v.d. LEEUW, Phänomenologie der Religion, Tübingen 1956, 24: „Der Stab ist ursprünglich auch eine Waffe." Vgl. auch S. KRAUSS, Talmudische Archäologie, Bd. 2, Hildesheim 1966, 313: „Der Stab gehörte zur notwendigen Ausrüstung des Hirten und des Wanderers, die an ihm eine Waffe hatten." (Beide zit. nach P. HOFFMANN, Logienquelle 322 bzw. 314). Oder auch J. ERNST, Lukaskommentar 332, der festhält, daß der Stab „auf den nicht immer ungefährlichen Wegen als Stütze und Waffe unentbehrlich" gewesen sei; ebenso R. SCHNACKENBURG, Das Evangelium nach Markus, Bd. 1, Düsseldorf, 2. Aufl. 1976, 148.

derstockes in Q als ungewöhnliche und riskante Forderung erscheinen".[287]

Paul Hoffmann, der der ursprünglichen Fassung der Ausrüstungsregel in der Logienquelle nachzugehen versucht, kommt über die Feststellung, daß sowohl Mk als auch Lk und Mt nach den jeweils eigenen Verhältnissen „mit dieser merkwürdigen Regel zurecht zu kommen" versucht haben, zu der Auffassung, „daß die präzise formulierte Regel auch in Q mehr darstellte als irgendeine beliebige, letztlich zufällige Anweisung; sie scheint vielmehr mit dem, was die Gruppe wollte, in einem Zusammenhang gestanden zu haben; sie war *Ausdruck einer Grundhaltung und eines Programms.*"[288] Dementsprechend sei das Verbot, einen Wanderstab bei sich zu haben, im Zusammenhang mit einem zentralen Thema von Q zu sehen, nämlich der Wehrlosigkeit und Friedfertigkeit, die schon in dem Bildwort von den Lämmern unter Wölfen ausgesagt ist.[289] „Ohne Stab zu gehen, bedeutete vor allem den Verzicht auf die primitivste Waffe, die selbst einem Armen damals zur Verfügung stand."[290] Wenn ein Jünger ohne Stab auftrat, „demonstrierte er Wehrlosigkeit, positiv ausgesagt: Friedfertigkeit und Friedensbereitschaft."[291] Im Stabverbot drückt sich ebenso wie im Bild von den Lämmern unter den Wölfen und dem programmatischen Friedensgruß ein und dasselbe Friedensmotiv aus; es entspricht Jesu Aufforderung zur Feindesliebe, grenzenlosen Vergebung, Barmherzigkeit, Gewaltlosigkeit, usw.[292] Indem die Boten im Vertrauen auf Gott[293] arm und wehrlos auftreten, demonstrieren sie das Programm des

---

[287] P. HOFFMANN, Logienquelle 317.

[288] Ebd. 312 (Hervorhebung von E.S.).

[289] Ebd. 325. – Nach J. ERNST, Lukaskommentar 332, ist in Lk 10,4 dieser Zusammenhang allerdings nicht mehr reflektiert: „Lk übernimmt zwar die auf totale Armut und Bedürfnislosigkeit abgestellte Grundintention der Vorlage, aber eine demonstrative Reflexion über Wehrlosigkeit, wie sie P. Hoffmann (…) für Q postuliert, darf für die Lk-Redaktion kaum noch angenommen werden … Lk hat kaum noch die Verbindung zwischen dem Stabverbot und der Friedlosigkeit bzw. Versorgungsverbot und der Forderung nach Armut erkannt. Ihm geht es ganz einfach um den Verzicht auf alles Überflüssige im Interesse eines optimalen Missionserfolges."

[290] P. HOFFMANN, Logienquelle 324.

[291] Ebd.

[292] Ebd. 325.

[293] Vgl. ebd. 328f.

Friedens und der Feindesliebe;[294] „ihr ungewöhnliches Verhalten hat die Funktion eines Zeichens, es dient der Demonstration ihres Programms"[295].[296]

1.3.6 *Der innere Zusammenhang von Haß, bösem Wort und Mord*

Bereits Verachtung und Haß entlarvt Jesus als Gewalt. Schon das böse Wort ist Gewalt und eine Wiege des Mordes. Töten und Zürnen stehen auf derselben Ebene der Verwerflichkeit; wer seinem Bruder zürnt, ist nicht weniger dem Gericht verfallen als derjenige, der den anderen tötet:

> Ihr habt gehört, daß zu den Alten gesagt worden ist: Du sollst nicht töten; wer aber jemand tötet, soll dem Gericht verfallen sein. Ich aber sage euch: Jeder, der seinem Bruder auch nur zürnt, soll dem Gericht verfallen sein; und wer zu seinem Bruder sagt: Du Dummkopf!, soll dem Spruch des Hohen Rates verfallen sein; wer aber zu ihm sagt: Du (gottloser) Herr!, soll dem Feuer der Hölle verfallen sein. (Mt 5,21f)

Indem Jesus die Tat des Tötens und die schon im Zorn sich äußernde Einstellung „unter dieselbe Gerichtsdrohung stellt, zeigt er, daß es nicht genügt, erst im Grenzfall des Tötens das Recht auf Leben zu respektieren".[297] Haß und Mord sind am Ende eins. „Jeder, der seinen Bruder haßt, ist ein Mörder, …" (1 Joh 3,15) „Haß und Mord", so Raymund Schwager, „decken sich. Dabei ist die Frage zweitrangig, wer den Mord physisch ausführt. Entscheidend ist die Einsicht, daß jeder Haß auf die eine oder andere Weise zum Töten führt und deshalb schon Gewalttat ist."[298] Ein Mord beginnt „längst vor der

---

[294] Ebd. 326.

[295] Ebd. 320.

[296] Vgl. auch I. BOSOLD, Pazifismus und prophetische Provokation. Das Grußverbot Lk 10,4b und sein historischer Kontext, Stuttgart 1978, 87; PESCH, Markusevangelium I, 328. Vgl. auch eine zum Stabverbot angefertigte Studie (unveröffentlicht) von S. NUß OFM, Freiburg i.Br.

[297] P. Hoffmann in P. HOFFMANN/EID 77.

[298] SCHWAGER, Sündenbock 168. – Hier sollte allerdings zwischen dem Ausleben eines Hasses und dem Erleben unterschieden werden und, wie A. MILLER, Am Anfang war Erziehung, Frankfurt 1983, 231, resümiert, beides „im Gegensatz" gesehen werden:

physischen Tat in den bösen Gedanken und Wünschen des Herzens. Seine böse Macht ist bereits dort am Wirken, wo man ‚anständig‘ zusammenlebt und sich nur Schimpfwörter an den Kopf wirft."[299] In der Verwünschung des anderen liegt ein Todeswunsch für ihn: „Das ‚Hol‘ ihn der Teufel‘, das sich so häufig in scherzendem Unmute über unsere Lippen drängt, und das eigentlich sagen will: ‚Hol‘ ihn der Tod‘, in unserem Unbewußten ist es ernsthafter, kraftvoller Todeswunsch. Ja, unser Unbewußtes mordet selbst für Kleinigkeiten …"[300] Darum ist auch „die Sublimierung vom wirklichen Mord zur verbalisierenden Ausschaltung von Gegnern nicht weniger gefährlich. Die Verwandlung z. B. von Mord in Rufmord behält das Grausame der Aggression bei."[301]

Ein Studienobjekt für den Zusammenhang von Mord, bösem Wort und Haß ist der politische Mord[302]: In der Regel geschieht er in einer

---

„Das Erleben ist eine intrapsychische Realität, das Ausleben dagegen ist eine Handlung, die den andern Menschen das Leben kosten kann." Dabei ist Miller überzeugt, daß Haß zum Ausleben kommen muß, wenn der Weg zum inneren Erleben des Hasses etwa durch Verbote versperrt ist.

[299] Ebd. 163. – Vgl. auch F. KAMPHAUS, Was dir zum Frieden dient, Freiburg/Basel/Wien 2. Aufl. 1983, 39ff: Jesus begnügt sich nicht mit dem Gebot: „Du sollst nicht töten", er macht bewußt, daß bereits im Herz Zorn und Mord zusammenrücken. „Ich gehe dem anderen nicht erst dann ans Leben, wenn ich ihn töte, sondern schon dann, wenn ich ihm im Zorn die Gemeinschaft aufkündige. Das Recht auf Leben ist nicht erst im Extremfall des Tötens zu respektieren." (ebd. 39) Jesu Rede zielt auf die „tödlichen Gedanken und verbrecherischen Wünsche, die in uns aufkommen", auf „Gedanken, die man sich verbieten muß, Wünsche, in die man sich nicht einlassen darf, auch und gerade wenn sie in der Luft liegen und das Klima bestimmen" (ebd. 40). Kamphaus verweist auf die Sprache, die den „Mörder in uns" verrät: wenn wir davon sprechen, „daß wir jemanden erledigen, fertigmachen, abschießen, kaltstellen, kaputtmachen", daß „wir jemanden totschweigen oder totreden, ihn mundtot machen oder über die Klinge springen lassen, indem wir Rufmord begehen", wenn wir sagen: „Der ist für mich gestorben", „Den kann ich auf den Tod nicht leiden", „Den kannst du vergessen", „Den werde ich schon kleinkriegen, …" (ebd. 39f)
[300] S. FREUD, Zeitgemäßes über Krieg und Tod, in: DERS., Gesammelte Werke, Bd. 10, Frankfurt 4. Aufl. 1967, 324-355; 351; vgl. ebd.: „Unser Unbewußtes führt die Tötung nicht aus, es denkt und wünscht sie bloß. Aber es wäre unrecht, diese physische Realität im Vergleiche zur faktischen so ganz zu unterschätzen. Sie ist bedeutsam und folgenschwer genug. Wir beseitigen in unseren unbewußten Regungen täglich und stündlich alle, die uns im Wege stehen, die uns beleidigt und geschädigt haben."
[301] R. DENKER, Aufklärung über Aggression, Stuttgart/Berlin/Köln/Mainz 5., überarbeitete und erweiterte Aufl. 1975, 75.
[302] Ein nicht weniger geeignetes Studienobjekt wäre der infolge verbreiteter Gehässig-

Atmosphäre der Gehässigkeit. Derjenige, der den Mord ausführt, bewegt sich auf der obersten Welle des Hasses. Seine Tat ist nichts weiter als die Vollstreckung eines längst gesprochenen Todesurteils durch die Mitglieder jener Kreise, denen sich der Mörder zugehörig bzw. verpflichtet fühlt. Die Tat des Mörders ist nur eine Manifestation des Hasses. Der den Mord verübt, ist mitunter gar das schwächste Glied im Kreis der Gewalttätigen: der „Dumme", der öffentlich tut, was andere längst anonym getan haben. Die Gerüchte verbreiten, Haß säen und Verleumdungskampagnen durchführen, aber auch diejenigen, die sich die heimlichen oder offenen Gemeinheiten anhören, ohne heftigen Protest zu erheben, sind nicht weniger verantwortlich für die letzte Tat, den physischen Mord. Ohne ihre Vorarbeit gäbe es keinen Mord. Das ist auch die Erkenntnis, die uns im achten Gebot „Du sollst nicht Falsch gegen deinen Nächsten aussagen" (Ex 20,16; Dtn 5,20) überliefert ist.[303]

Ein oberflächlicher Beobachter blickt allein auf das schreckliche Ereignis, den Mord. Andere nehmen, wie Jesus, auch den Kontext in den Blick und decken so die Wurzel des Mordes auf. Folgendes Beispiel verdeutlicht dies: Am Gründonnerstag (11.4.) des Jahres 1968 wird Rudi Dutschke auf dem Kurfürstendamm beim Verlassen des SDS-Zentrums von dem 23-jährigen Josef Erwin Bachmann niedergeschossen und lebensgefährlich verletzt. Vorausgegangen ist eine breitangelegte Verunglimpfung des Studentenführers, die Bachmann nur ins Werk des Attentats umsetzt. Die Tageslektüre des Attentäters war die „Bild".[304] Im Untersuchungslazarett erhält Bachmann widerrechtlich Zeitungen zugesteckt; Bachmanns Erklärung auf die Frage des Vorsitzenden, wie er darangekommen sei: „Die

---

keit, übler Nachrede und sozialer Isolation verübte Selbstmord.

[303] Vgl. M. LIMBECK, Aus Liebe zum Leben. Die Zehn Gebote als Weisungen für heute, Stuttgart 2. Aufl. 1983, 59-67, der davor warnt, sich – und sei es nur aus Bequemlichkeit (um etwa einer Diskussion aus dem Weg zu gehen) – dem ungerechten Urteil der anderen (über Ausländer z. B.) anzuschließen (ebd. 62). Nach Limbeck verbietet uns das alttestamentliche Gebot nicht nur, „in Öffentlichkeit einem ungerechten Urteil zuzustimmen, es verbietet uns auch, andere durch unser Urteil in der Öffentlichkeit schlecht zu machen und herabzusetzen". (ebd.) Positiv gesprochen: „Im achten Gebot geht es Gott zunächst einmal darum, daß wir durch die Art, wie wir ‚im Tor', d. h. in der Öffentlichkeit, voneinander reden, eine Atmosphäre schaffen, in der jeder zu seinem Recht kommen kann – ob wir ihn mögen oder nicht." (ebd. 63)

[304] J. DENNERT, In den Fenstern der Großstadt. Beim Berliner Prozeß gegen Josef Bachmann, in: Deutsches Allgemeines Sonntagsblatt 23 (vom 16.3.1969, Nr. 11) 2 und 7; 2.

sind doch alle auf meiner Seite. Die Schwester im Lazarett und die Kriminalbeamten, auch die höheren, alle waren gegen Dutschke und für mich. Die haben mir alles zugesteckt, was ich wollte, alles."[305] „Stoppt Dutschke jetzt!, hatte die ‚National- Zeitung' ungestraft gefordert. Bachmann hatte Dutschke gestoppt."[306] In der Gehässigkeit und Hetze liegt schon der Mord. Das macht dann auch Bischof Kurt Scharf in seiner Osterpredigt zwei Tage nach dem Mordversuch an R. Dutschke deutlich, indem er an die Bergpredigt erinnert: „Mord beginnt beim bösen Wort über den Mitmenschen. Nicht der erst ist ein Mörder, der einen anderen totschlägt, sondern schon der, der ihn einen gefährlichen wertlosen Lumpen nennt, einen verlausten Nichtstuer, einen Zerstörer der gesellschaftlichen Ordnung ... Das verurteilende böse Wort über den anderen ist schon der Anschlag auf sein Leben."[307]

Dieser Zusammenhang dürfte sich auch bestätigen am Mord des Erzbischofs Oscar Romero aus El Salvador am 24.3.1980: Seine Mörder vollstreckten den Haß der Machthaber und Privilegierten im Land, repräsentiert durch Terrororganisationen wie „Ordnung", „Leuchtturm", „Union der weißen Krieger" oder „Antikommunistische Befreiungsfront". „Alle Variationen von Mißverständnis und Verleumdung hat Oscar Romero durchlitten. Die veröffentlichte Meinung in El Salvador machte aus dem bischöflichen Verfechter der Menschenrechte ‚einen Volksverräter', einen ‚Verrückten', einen Kommunisten, ja einen Mann, der seine Seele dem Teufel verkauft hat."[308] In diesem Klima geschah der Mord. Es tragen dafür in erster Linie jene die Verantwortung, die das Todesklima erzeugt haben.

---

[305] Ebd. 7.

[306] Ebd.

[307] Zit. nach K. HANSEN, „Terrorismus" – eine sprachliche Auseinandersetzung, in: liberal 20 (1978) 290-303; 291. – Bachmann übrigens wurde am Ende auch selbst ein Opfer der Hetze: er ist später erschüttert über seine Tat. Rudi Dutschke aber, „schwer krank, gezeichnet für sein Leben, schreibt Bachmann in das Gefängnis und tröstet ihn: ‚Laß dich nicht angreifen, greife die herrschenden Cliquen an ... warum wurdest du und wirst du und mit dir die abhängigen Massen unseres Volkes ausgebeutet, wird deine Phantasie, wird die Möglichkeit deiner Entwicklung zerstört ... Höre auf mit den Selbstmordversuchen, der antiautoritäre Sozialismus steht auch noch für dich da'." (DENNERT 7) Bachmann nahm sich schließlich doch das Leben.

[308] H. LÜNING, Sie mordeten ihn am Altar, in: Weltbild. H. 8 v. 4.4.1980. 8-11; 11.

Jesus, der den Mord und das böse Wort in eine Linie gestellt hat, wurde selbst ein Opfer öffentlicher Hetze und böser Worte: in einer Atmosphäre von Haß – „Kreuzige ihn!" (Mk 15,13f) – wurde Jesus der Prozeß gemacht. In ihrem Haß nahm die Aristokratie, d. h. die religiösen und politischen Machthaber seiner Zeit,[309] die Kreuzigung vorweg. Durch eine gezielte Kampagne zerstörten sie die Sympathien für Jesus im Volk: „Die Hohenpriester und Ältesten aber redeten auf die Volksmassen ein, Barrabas zu fordern, Jesus aber dem Tode preiszugeben." (Mt 27,20)[310] Was schon im Haß vorweggenommen, wurde durch das Todesurteil nur noch bestätigt und am Kreuz vollzogen. Die das Todesurteil am Ende vollstreckten, gehören zu den aufgehetzten „Dummen"; schon aus diesem Grunde ist Jesu Vergebungsbitte folgerichtig: „Vater, vergib ihnen, denn sie wissen nicht, was sie tun!" (Lk 23,34a)

1.3.7 *Indirekte Verwerfung militärischer Gewalt*

Jesu Beurteilung militärischer Gewalt muß aus seiner Gesamteinstellung zur Gewalt erschlossen werden. Denn das *Kriegsproblem hat sich für ihn nicht gestellt* und damit auch nicht die Notwendigkeit, es zu beurteilen.[311] Zwar hat es auch zu Jesu Zeit Kriege gegeben; doch

---

[309] Nach Lk 19,47f wurde Jesus auf Betreiben der Machthaber umgebracht: „Und er lehrte täglich im Tempel. Die Hohenpriester aber und die Schriftgelehrten und die Vornehmen des Volkes suchten, ihn zu vernichten, wußten aber nicht, was sie tun sollten, denn das ganze Volk, das ihn hörte, hing an ihm." (vgl. auch Lk 22,2.6)

[310] Genauere Untersuchungen legen die Vermutung nahe, daß die tempelkritischen Äußerungen des vom Land stammenden Jesus nicht nur den Ansprüchen der Aristokratie, sondern auch den ökonomischen Interessen der am Tempelbau in vielfältiger Weise partizipierenden städtischen Bevölkerung zuwiderliefen; vgl. G. THEISSEN, Die Tempelweissagung Jesu. Prophetie im Spannungsfeld von Stadt und Land, in: Theologische Zeitschrift 32 (1976) 144-158. Die über die Aussage von Mt 27,20 hinausgehenden Zusammenhänge können hier aber nicht in ihrer Komplexität diskutiert werden.

[311] Nach VÖGTLE, Frieden 37ff, wird der Fragenkreis Krieg und politischer Friede im NT aus verschiedenen Gründen nicht reflektiert und thematisiert: statt den Zuhörern einen weltpolitischen Leitfaden an die Hand zu geben, appelliert Jesus an die je persönliche und dringend gebotene Umkehrbereitschaft; die junge Kirche erspart sich eine Stellungnahme aus Gründen der „Naherwartung" (Jesus wird eh bald die Gottesherrschaft heraufführen!), der Unmöglichkeit einer politischen Einflußnahme (zu unbedeutende, mit sich selbst noch allzu sehr beschäftigte Minderheit!), der positiven Erfahrung mit der „pax romana" und der Möglichkeit faktischer Distanzierung vom Soldaten- und Kriegsdienst (keine allgemeine Wehrdienstpflicht, unvermeidliche

„die Kriege des Römischen Reiches spielen sich an den Grenzen ab und sind keine unmittelbar brennende Frage seiner Hörer".[312] Außerdem gab es auch deshalb „keine Soldatenfrage", weil „im römischen Kaiserreich keine allgemeine Wehrpflicht bestand".[313] Auf gar keinen Fall durften jüdische Bewohner Palästinas, einer Anordnung Caesars zufolge, zum Militärdienst verpflichtet werden.[314]

Es muß weiterhin berücksichtigt werden, daß sich der moderne Krieg ganz erheblich von jenem der Zeit Jesu unterscheidet. „Gegen den Krieg in unserem Sinne sich ausdrücklich auszusprechen, wäre auf Grund der politischen und kulturgeschichtlichen Entwicklung noch völlig undenkbar gewesen ..."[315] Bei der Frage, „ob das Neue Testament zu unserem heutigen Problem des Krieges etwas sagt", darf „nicht vergessen werden, daß der Krieg zu jener Zeit nicht ein moderner Krieg mit seiner schrecklichen Verwüstung und dem maschinellen Mord war wie heute".[316]

Doch darf Jesu Schweigen zum Problem der militärischen Gewalt nicht im Sinne einer Billigung gedeutet werden. Ein argumentum *e silentio* wäre hier ebenso fragwürdig wie z. B. im Problembe-

---

Glaubenskonflikte im Falle eines Militärdienstes, kritische Einstellung gegenüber der römischen Weltheilandsideologie). Die uns so bedrängende „Grundsatzfrage, ob Kriegführung als solche Sünde ist, wurde, soweit unsere Quellen erkennen lassen, weder Jesus vorgelegt noch von ihm selbst gestellt und beantwortet." (ebd. 74)

[312] TRÜMMER, Gewalt 509.

[313] Kard. Innitzer. zit. nach J. UDE, Du sollst nicht töten!, Dornbirn 1948, 108; vgl. auch A. V. HARNACK, Militia Christi. Die christliche Religion und der Soldatenstand in den ersten drei Jahrhunderten, Darmstadt 1963, 48: „Eine allgemeine Wehrpflicht bestand nicht im Kaiserreich und die Zahl der Truppen war im Vergleich mit der Bevölkerungszahl überhaupt nicht groß."

[314] Vgl. FLAVIUS JOSEPHUS, Jüdische Altertümer, Wiesbaden 1979, 240 (14. Buch, 10. Kap., 6. Abschn.): „Gajus Caesar, zum zweitenmal Imperator, verordnet wie folgt. ... Kein Beamter, Feldherr oder Legat darf im Gebiete der Juden Hilfstruppen ausheben, noch ..."

[315] TRUMMER, Gewalt 509f.

[316] K.H. SCHELKLE, Theologie des Neuen Testaments, Bd. 3 (Ethos), Düsseldorf 1970, 237. – Vgl. aber auch L. STEIGER, Krieg und Frieden. Herkunft und Vergangenheit einer Unterscheidung, in: Evangelische Kommentare 3 (1970) 642-647; 647: „Krieg spielt im Neuen Testament keine Rolle, und zwar nicht deshalb, weil das Neue Testament den Krieg nicht kennt, sondern weil es ihn nicht anerkennt."

reich der Abtreibung[317] oder der Sklaverei[318]. Auch aus der Erzählung vom Glauben des Hauptmanns von Kapernaum (Mt 8,5-13; Lk 7, 1-10) läßt sich keine Rechtfertigung kriegerischer Gewaltanwendung bei Jesus ableiten[319]: die Sinnspitze der Erzählung liegt nicht in der ethischen Beurteilung von Gewalt, sondern a) in der Erklärung dessen, „was Glauben ist", nämlich „ganzes, bedingungsloses Zutrauen zu Jesus, das sich nicht abweisen läßt, bis es erlangt, worauf es spannt", und b) im Aufweis des Versagens Israels, das „sich im Glauben von den Heiden (hat) übertreffen lassen".[320]

Wenn Jesus also zum speziellen Problem des Krieges und Kriegsdienstes geschwiegen hat – jedenfalls ist uns kein konkretes Wort dazu überliefert –, so hat er doch, wie Kardinal Innitzer einmal gesagt hat, „indirekt *jeden* Krieg ... abgelehnt".[321] Seine Aufforderungen, sich dem Bösen nicht zu widersetzen (Mt 5,39) und die Feinde zu lieben (Mt 5,44), sind nach Schelkle zwar auf „persönliche Verhältnisse des Jüngers" bezogen und „sprechen nicht unmittelbar vom Krieg"; „aber das Kriegshandwerk steht zu ihnen doch in einem unlöslichen Widerspruch".[322] Und wenn auch das Wort vom Schwert, durch das derjenige umkommen wird, der es ergreift (Mt 26,25), zunächst auf den „privaten Streit" und „nicht auf den Krieg zwischen Völkern bezogen" ist, so hat doch die Warnung einen

---

[317] Daß Jesus nirgends ausdrücklich auf die Frage der Abtreibung eingegangen ist, kann nicht bedeuten, daß er sie damit gerechtfertigt habe. Vgl. auch H. HOFFMANN, Die Kirche und der Friede, Wien/Leipzig 1933, 45 (zit. nach UDE, töten 110): „Es ist wahr, Christus hat nie den Krieg ausdrücklich verboten. Auch die Sklaverei hat er nicht ausdrücklich verboten, auch den Bodenwucher nicht, auch die Kolonialwirtschaft, bzw. Mißwirtschaft nicht, auch den Morphinismus nicht. Sind diese Dinge deshalb erlaubt? Muß man in diesen und allen Fragen nicht die Antwort aus dem Geiste des Herrn zu finden suchen?"
[318] Vgl. dazu S. SCHULZ, Hat Christus die Sklaven befreit? Sklaverei und Emanzipationsbewegungen im Abendland, in: Evangelische Kommentare 5 (1972) 13-17; P. STUHLMACHER, Historisch unangemessen, in: Evangelische Kommentare 5 (1972) 297-299; grundlegend: F. LAUB, Die Begegnung des frühen Christentums mit der antiken Sklaverei, Stuttgart 1982; vgl. auch R. PESCH, Ethos 40-43.
[319] Ausführlich dazu, wenn auch z. T. etwas konstruiert, MACGREGOR, Friede 23-26.
[320] Das Neue Testament, U. WILKENS 42 (zu Mt 8,5-13).
[321] Innitzer zit. nach UDE, töten 108 (Hervorhebung von E.S.).
[322] SCHELKLE, Theologie 327. – Vgl. auch H. Windisch, zit. nach MACGREGOR, Frieden 18: „Die Verurteilung des Krieges in allen seinen Gestalten ist die einzige Haltung, die mit dem Gebot der Bergpredigt übereinstimmt."

sprichwortartigen Klang. Sie resümiert allgemeine Erfahrung, die doch auch im Blick auf das Kriegführen gewonnen ist.[323]

Schon Paul Fiebig hat herausgearbeitet, daß Jesu Gebot der Feindesliebe auch die Liebe zum Nationalfeind einschließt.[324] Das werde mit der Erwähnung der Zöllner im Zusammenhang des Gebots der Feindesliebe deutlich; denn „‚Zöllner‘ und ‚Heiden‘ … waren doch die Nationalfeinde der Juden!"[325] Auch Paul Hoffmann versteht das Gebot der Feindesliebe zwischen-national: in den Zöllnern begegnen Kollaborateure der Besatzermacht und in den Heiden die das Land beherrschenden Römer.[326] Jesus ersetzt also „den Begriff des Nächsten durch den des Feindes und versteht darunter – das ist gegen die häufige privatisierende Auslegung zu betonen – nicht nur den persönlichen Gegner, sondern generell auch den nationalen und religiösen Feind, sowohl den Heiden als auch den abtrünnigen Juden."[327] Noch deutlicher wird Jesu Verhältnis zur kriegerischen Gewalt in seinem programmatischen Ritt auf einem Esel beim Einzug nach Jerusalem: Nicht das Pferd, das „Kriegsgeschichte" gemacht hat, sondern den Esel, mit dem wegen, nur schwer Krieg führen kann, wählt Jesus zu seinem Reittier (vgl. Mt 21,5 par).

Auch die Tatsache, „daß Johannes der Täufer den Soldaten, die an den Jordan kommen, nicht ihren Beruf untersagt (Lk 3,14)", stellt „keine Billigung des Krieges" dar.[328] Ebensowenig können die im NT verwendeten kriegerischen Bilder im Sinne einer Rechtfertigung des Krieges interpretiert werden: sie sind paränetisch gebraucht.[329]

---

[323] SCHELKLE, Theologie 237. – THEISSEN, Studien 179, sieht übrigens, wie P. Hoffmann in P. HOFFMANN/EID 152ff, „in den Mt-Formulierungen der Feindesliebetradition Erfahrungen des jüdischen Krieges und der Nachkriegszeit niedergeschlagen".

[324] P. FIEBIG, Jesu Worte über die Feindesliebe im Zusammenhang mit den wichtigsten rabbinischen Parallelen erläutert, in: Theologische Studien und Kritiken 91 (1918) 30-64; 37f.

[325] Ebd. 38; vgl. auch THEISSEN, Studien 179, der ihm darin beipflichtet.

[326] P. Hoffmann in P. HOFFMANN/EID 152 und 156.

[327] Ebd. 153.

[328] SCHELKLE, Theologie 237. – Nach E.-J. NAGEL/H. OBERHEM, Dem Frieden verpflichtet. Konzeptionen und Entwicklungen der katholischen Friedensethik seit dem Zweiten Weltkrieg, München und Mainz 1982, 10, soll Augustinus für bestimmte Fälle kriegerische Gewalt u. a. damit gerechtfertigt haben, daß Jesus (!) – hier liegt wohl eine Verwechslung vor – sich in der allein von Johannes d.T. erzählten Weise gegenüber Soldaten verhalten habe; es wird ausdrücklich auf Lk 3,14 verwiesen.

[329] SCHELKLE, Theologie 237.

„Paulus gebraucht oft Bilder vom Kriegsgeschehen (2 Kor 6,7; Eph 6,11-17; 1 Thess 5,8). Die Vergleiche mögen eine gewisse Anerkennung soldatischer Tugenden beinhalten. Man darf daraus sicherlich nicht folgern, Paulus habe am Kriegsgeschäft Freude gehabt."[330]

Eine ausführliche *Weiterverfolgung des Themas in die ersten christlichen Jahrhunderte* hinein würde hier zu weit führen. Einige Stichworte und Literaturhinweise müssen genügen. Nach dem amtlichen Protokoll über die Verhandlung mit Maximilian, der am 12. März 295 in Tebessa für seine Kriegsdienstverweigerung in den Tod ging, hat dieser unter anderem folgendes bekannt: „Ich bin Christ und kann kein Unrecht tun."[331] Zwar einer der bekanntesten, ist Maximilian nicht der einzige, der seine Treue zu Christus über alles stellt und deshalb auch keinen Kriegsdienst zu leisten bereit ist. Sein *„non possum mala facere"* (ich kann nichts Böses tun)[332] allein mit dem von Soldaten verlangten Götzendienst in Verbindung zu sehen, greift sicher zu kurz.[333]

Auch hinter der Anordnung Hippolyts darf neben einer ausgesprochen theologischen Motivation eine ethische angenommen werden. Im Gebot 27 heißt es dort „über das neue Volk, welche getauft werden wollen, und über die Beschäftigung, welche sie lassen müssen", u. a.: „Und wenn einer Jäger ist oder wer die Jagd lehrt oder wer lehrt das Töten oder den Krieg oder ein Pferde-Rennmeister, der soll (es) lassen oder abgewiesen werden. … Den Soldaten eines Präfekten soll man nicht annehmen, und wenn er mit einem Mord beauftragt ist, so soll er (ihn) nicht ausführen, und wenn er (es) nicht gelassen hat, dann soll er abgewiesen werden."[334] So lehnt auch Tertullian – nach Spanneut – „les jeux du cirque, non seulement pour leur caractère idolâtrique, mains à cause de la haine et de la violence appliquées aux victimes" ab.[335]

---

[330] Ebd.

[331] Zit. nach O. HAGEMEYER, Maximilian, in: P. Manns (Hg.), Reformer der Kirche, Mainz 1970, 136-138; 138.

[332] Vgl. den lateinischen Text des Protokolls bei v. HARNACK, Militia 116; vgl. ebd. 115: *„Non possum militare, non possum mala facere; Christianus sum."* (Ich kann nicht Kriegsdienst leisten, ich kann nicht Böses tun; denn ich bin Christ.)

[333] Vgl. dazu MACGREGOR, Friede 125-128; vgl. auch UDE, töten 146-148.

[334] HIPPOLYT, Der aethiopische Text der Kirchenordnung des Hippolyt, nach 8 Handschriften hrsg. und übersetzt von H. Duensing, Göttingen 1946, bes. 41-47.

[335] M. SPANNEUT, La non-violence chez les peres africains avant Constantin, in:

Nachdrücklich warnt Michael Spanneut davor, sich von dem vordergründigen „militärischen Vokabular" der Kirchenväter täuschen zu lassen : „Ils professent une doctrine de la non-violence qui contraste étrangement avec leur vocabulaire militaire."[336] Durchweg mahnen die christlichen Lehrer angesichts von Gewalt zur Geduld : „La patience est la vertu la plus vantée en ces siècles de persécutions."[337] Tertullian unterstreicht, „que les chrétiens pourraient facilement détruire leurs adversaires mais qu'ils se refusent à la violence, parce que 'leur discipline leur permet plutôt d'être tués que de tuer'."[338] Wie Tertullian, der gesagt hat : „Ta patience lassera la méchanceté", fordert Cyprian, „l'impatient par la patience" zu besiegen und die Gewalt sanftmütig zu ertragen. Ähnlich äußert sich Arnobius. Laktanz ist schließlich „le meilleur théoricien de la non-violence."[339] Natürlich erklärt sich, auch nach Spanneut, die Ablehnung des Militärdienstes durch z. B. Maximilian und Marcellus durch die heidnischen Riten : „le service militaire met 'un engagement humain au dessus d'un engagement divin et nous rend responsables devant un autre maître que le Christ'", wie Tertullian in *De corona* erklärt ; „mais il ajoute : l'armée nous fait renier tous ceux que l'Evangile nous commande d'aimer. Et il souligne l'incompatibilité'entre la doctrine évangé'ique et la violence inhérente au metier des armes."[340] „Saint Cyprien rapproche, au passage, la guerre de l'homicide. … Lactance confonf armée et guerre et condamne le service militaire, sans aucune concession, par respect pour la vie."[341] Beide verweisen auf jene doppelte Moral, die den Mord an einem Menschen verurteilt, das Töten im Krieg aber erlaubt.[342]

Granefield/Jungmann 36-39; 36.

[336] Ebd.

[337] Ebd.

[338] Ebd. 37.

[339] Ebd.

[340] Ebd. 38.

[341] Ebd. 38f.

[342] Vgl. ebd. – Zum Verhältnis der Christen in den ersten Jahrhunderten zum Krieg und Kriegsdienst vgl. neben dem bereits erwähnten grundlegenden Werk von V. HARNACK, Militia: C.J. CADOUX, The early Christian Attitude to War. A contribution to the history of Christian ethics, London 1919; R.H. BAINTON, Die frühe Kirche und der Krieg, in: R. Klein (Hg.), Das frühe Christentum und der römische Staat, Darmstadt 1971, 187-216; W. DIGNATH-DÜREN, Kirche, Krieg, Kriegsdienst. Die Wissenschaft zu dem aktuellen Problem in der ganzen Welt, Hamburg-Volksdorf 1955, 15-24; P.

1.4 | Zur sogenannten Tempelreinigung

Erstes und letztes Argument gegen die Behauptung eines radikalen Gewaltverzichts Jesu ist die sogenannte „Tempelreinigung"[343]: Jesus stürmt mit einer selbstgemachten Geißel in den Jerusalemer Tempel (richtig: den Tempelvorhof), schlägt dort auf die Verkäufer ein und treibt sie mit Gewalt hinaus. In der Verfilmung des Lebens Jesu durch Franco Zeffirelli ist dies eine der beherrschenden Szenen.[344] Eine Illustration von Horst Lemke in der auflagenstarken deutschen Bibelübersetzung „Die gute Nachricht" kommt ebenfalls der gängigen Vorstellung entgegen, daß Jesus im Tempel gewalttätig war: sie stellt einen mit einer Geißel gegen die Händler wütenden Jesus dar.[345] Die Beschreibung der Tempelszene im Johannes-Evangelium scheint dem völlig recht zu geben, heißt es doch, hier nach der deutschen Einheitsübersetzung[346]: „Er machte eine Geißel aus Stricken und trieb sie alle aus dem Tempel hinaus, dazu die Schafe und Rinder; das Geld der Wechsler schüttete er aus, und ihre Tische stieß er

LORSON, Wehrpflicht und christliches Gewissen, Frankfurt 1952; H. Frhr. v. CAMPENHAUSEN, Der Kriegsdienst der Christen in der Kirche des Altertums, in: DERS., Tradition und Leben. Kräfte der Kirchengeschichte, Aufsätze und Vorträge, Tübingen 1960, 203-215; P. MEINHOLD, Römer 13. Obrigkeit, Widerstand, Revolution, Krieg, Stuttgart 1960, 122-165 und 172-178; CAHIERS DE LA RÉCONCILIATION 44 (9/1977: Themenheft „L'Objection de Conscience au Troisième siècle"); T. GERHARDS (Hg.), Pazifismus und Kriegsdienstverweigerung in der frühen Kirche. Eine Quellensammlung, Uetersen (Versöhnungsbund, Kuhlenstraße) 4., überarbeitet Aufl. 1986; vgl. auch den bei PAX CHRISTI (Frankfurt) erhältlichen Reader zum Seminar „Gewaltfreiheit und Widerstand im frühen Christentum – eine Handlungsperspektive für uns heute?" (6.-8.9.1985) und die Hirtenbriefe der US-amerikanischen und deutschen Bischöfe zu Krieg und Frieden sowie G. LOHFINK, Jesus 171-208 (ebd. bes. 194-196), und J. BLANK, „Zieht die Waffenrüstung Gottes an …". Gewaltlosigkeit-Krieg-Militärdienst: Im frühen Christentum, in: Orientierung 46 (1982) 213-216.

[343] Ein Teil der nachfolgenden Ausführungen zur Tempelreinigung erschien bereits als Artikel; vgl. E. SPIEGEL, War Jesus gewalttätig? Bemerkungen zur Tempelreinigung, in: Theologie und Glaube 75 (1985) 239-247.

[344] Vgl. den Film „Jesus von Nazareth" von F. ZEFFIRELLI und eine Mitteilung der Laudate GmbH in einer Werbeschrift vom November 1980: „Nachdem das englische Fernsehen den Film ausgestrahlt hatte, ergab eine Umfrage: 62 % aller Befragten hatten ihr ganzes Wissen über Jesus aus diesem Film bezogen."

[345] DIE GUTE NACHRICHT. Das Neue Testament in heutigem Deutsch, hrsg. von den Bibelgesellschaften und Bibelwerken im deutschsprachigen Raum, Stuttgart 3., neuübersetzte Aufl. 1971, 117 (zu Mk 11,15-17).

[346] DIE BIBEL, Einheitsübersetzung.

um. Zu den Taubenhändlern sagte er: Schafft das hier weg, macht das Haus meines Vaters nicht zu einer Markthalle!" (Joh 2,15f) Diesem Text kann und darf nicht ausgewichen werden. Doch läßt sich sagen, daß die Vorstellung eines mit einer Geißel auf Menschen einschlagenden Jesus mehr als fragwürdig ist.

Schon der *synoptische Vergleich* (Mt 21,12-17; Mk 11,15-19; Lk 19,45-48; Joh 2,13-17) trägt zur Infragestellung des Klischees bei: nur bei Johannes ist neben Taubenverkäufern und Wechslern auch von Schafen und Rindern sowie deren Verkäufern und von einer Geißel in der Hand Jesu die Rede; Matthäus und Markus kennen nur Wechsler und Taubenverkäufer als Adressaten der Tempelaktion Jesu (nach Markus läßt Jesus außerdem nicht zu, daß jemand ein Gefäß durch den Tempel trägt). Eine Illustration wie die von H. Lemke ist, wenn überhaupt, im Mk-Text ganz sicher unangebracht. Wie imponierend muß doch das Auftreten Jesu im Tempel dem Joh-Bericht nach sein, wenn es in einen anderen Text (Mk) zum selben Ereignis einfach hineingelesen werden kann. In Wirklichkeit begnügen sich die drei ersten Evangelien mit der Feststellung, daß Jesus die Verkäufer und Käufer (Lk: nur die Verkäufer) hinausgetrieben habe,[347] ohne auch nur im Ansatz darüber zu informieren, ob er es mit oder ohne Gewalt und wie er es erfolgreich getan haben könnte; ihrer Aussage nach wäre nicht auszuschließen, daß es Jesus am Ende etwa durch Überzeugungskraft gelungen sein könnte, die Geschäftsleute aus dem Tempel zu weisen.[348] Kritisch bleibt allein Joh 2,15f:

---

[347] Da Jesus die nach Mt und Mk „im Tempel Verkaufenden und Kaufenden" (also nicht nur die Verkäufer) aus dem Tempel verjagt habe, könnte, so Karl Herbst, „,hinauswerfen' (*ekballo*) hier, wie so oft im Neuen Testament, ,aus seiner Gemeinschaft ausstoßen'" heißen, etwa in dem Sinn: „Wer von euch ,im Tempel verkauft und einkauft', wer also Gott weiterhin zum Kaufmann degradiert, statt vertrauend ihn zu bitten, der gehört nicht mehr zu mir!" K. HERBST, Was wollte Jesus selbst? Die vorkirchlichen Jesusworte in den Evangelien, Bd. 1, Düsseldorf 2., durchgesehene Auflage 1981,172.

[348] Vgl. z. B. A. RICHARDSON, The Gospel According to Saint John, London 2. Aufl. 1960, 65 (hier allerdings zu Joh 2,15): „,... it hardly proves that Jesus succeeded in driving out the marketers by physical violence rather than by moral force, ..." LASSERRE 47 macht darauf aufmerksam, „daß das Verb ,hinaustreiben' (*ekballein*) im NT häufig gebraucht wird, ohne daß es irgendwie diesen Gedanken der Gewaltanwendung nahelegt". Vgl. auch MACGREGOR, Friede 23, der dementsprechend übersetzen würde (hier Mk 11,15): „Und Jesus ging in den Tempel, fing an und *wies* die Verkäufer und Käufer zum Tempel hinaus." (Hervorhebung von E. S.)

„… kai poiesas phragellion ek schoinion pantas exebalen ek tou hierou, ta te probata kai tous boas, kai ton kollubiston execheen ta kermata kai tas trapezas anetrepsen, kai tois tas peristeras polousin eipen. Arate tanta enteuthen, me poieite ton oikon tou patros mou oikon emporiou."[349]

Schon der *griechische Text* läßt aufmerken: sind darin nicht jene „alle", die Jesus aus dem Tempel hinaustreibt, als „Schafe" und „Rinder" näher erklärt? Ist *ta te probata kai tous boas* (te … kai = sowohl … als auch) nicht deutlich Apposition zu *pantas*? Wenn dem so ist, dann ergäbe der Satz folgenden Sinn: Jesus treibt mit einer Geißel alle Schafe und Rinder aus dem Tempel hinaus.

Genau diese Aussage unterstreichen nicht wenige Übersetzungen. Um nur einige zu zitieren: In der Albrecht-Bibel heißt es: „Da flocht er aus Stricken eine Geißel und trieb alle – Schafe und Ochsen – zum Tempel hinaus."[350] Die Zürcher Bibel gibt den Text folgendermaßen wieder: „Und er machte eine Geissel aus Stricken und trieb alle aus dem Tempel hinaus, die Schafe wie die Ochsen, …";[351] nicht anders auch die Wilckens-Bibel: „Da machte er eine Peitsche aus Binsenstricken und trieb sie alle aus dem Tempel hinaus, die Schafe wie die Rinder, …"[352] Völlig unmißverständlich *„Die Gute Nachricht"*: „Da machte er sich aus Stricken eine Peitsche und trieb alle Ochsen und Schafe aus dem Tempel."[353] Im selben Sinn übersetzen schließlich noch zahlreiche Kommentatoren.[354]

---

[349] NOVUM TESTAMENTUM, Graece et Latine. Utrumque textum cum apparatu critico imprimendum curavit Eberhard Nestle novis curis elaboraverunt Erwin Nestle et Kurt Aland, Stuttgart (Editio vicesima secunda) 1963/1969.

[350] DAS NEUE TESTAMENT IN DIE SPRACHE DER GEGENWART ÜBERSETZT und kurz erläutert von L. Albrecht, Stuttgart 8. Aufl. 1957.

[351] DIE HEILIGE SCHRIFT DES ALTEN UND DES NEUEN TESTAMENTS, Zürich 1966 (Zürcher Bibel).

[352] DAS NEUE TESTAMENT, übersetzt und kommentiert von U. Wilkens.

[353] DIE GUTE NACHRICHT. In diesem Zusammenhang muß noch einmal auf die Illustration Lemkes, die diese Bibelausgabe schmückt, zurückgekommen werden: sie dürfte der Übersetzung nach selbst im Joh-Text nicht untergebracht werden. Vgl. auch FERGUSON 29: „Our picture of the Cleansing of the Temple is coloured by paintings by El Greco and others, which portray Jesus flailing a formidable whip and driving the men cowering before him. There is nothing of this in the gospel-narrative."

[354] Vgl. F. SPITTA, Das Johannes-Evangelium als Quelle der Geschichte Jesu, Göttingen 1910, XIII: „… und er machte eine Geißel aus Stricken und trieb alle zum Tempel hinaus, die Schafe und die Rinder, …"; A. LOISY, La Quatrième Evangile. Les Epitres Dites

de Jean, Paris (deuxième Edition refondue) 1921, 148: „... il les chassa tous du temple, et les moutons et les boeufs ...“; W. BAUER, Das Johannesevangelium, Tübingen 2., völlig neubearb. Aufl. 1925, 44: „... und trieb alle zum Tempel hinaus, die Schafe wie die Rinder, ...“; G.H.C. MACGREGOR, The Gospel of John, London 2. Auflage 1953 (1. Aufl. 1928), 56: „Making a scourge of cords, he drove them all, sheep and cattle together, out of the temple, ...“; W. TEMPLE, Readings in St. John's Gospel, London 1945, 38: „And having made a scourge of small cords he drove them all out of the temple, both the sheep and the oxen. ...“; E.C. HOSKYNS, The Fourth Gospel, London 1947, 194: „He ... cast all out of the temple, both the sheep and the oxen.“; S. MENDNER, Die Tempelreinigung, in: Zeitschrift für neutestamentliche Wissenschaft 47 (1956) 93-112, 95: „... und jagte alle aus dem Tempel, sowohl die Schafe wie die Ochsen, ...“; R. SCHNACKENBURG, Das Johannesevangelium. I. Teil, Freiburg/Basel/Wien 1965, 359: „Er machte eine Geißel aus Stricken und trieb alle aus dem Tempel(hof) hinaus, die Schafe und die Rinder, ...“; vgl. auch G.R. EDWARDS, Jesus and the Politics of Violence, New York/Evanston/San Francisco/London 1972, 64f; R.V.G. TASKER, The Gospel according to St. John, London 1960, 65; u.v.a. – Übersetzungen, nach denen Jesus mit Hilfe einer Geißel alle Händler „samt“ den Schafen und Ochsen aus dem Tempel hinausgetrieben haben soll, gründen u. a. in der zweifellos auffallenden Tatsache, daß *ta te probata kai tous boas* und *pantas* nicht im Genus übereinstimmen. Entgegen dem Vorschlag von F. BLASS, diese Schwierigkeit zu beheben, indem man *pantas* streicht, spricht sich J. WELL-HAUSEN, Das Evangelium Johannis, Berlin 1908, 15, für die Streichung von *ta te probata kai tous boas* aus, denn *pantas* umfasse die beiden „vorher genannten Menschenklassen, sowohl die Taubenhändler als die Wechsler“: „Auch die Wechsler waren also ausgetrieben und nicht bloß ihre Tische umgestürzt; ...“ Erst ein späterer Redaktor des Joh-Evangeliums habe die Peitsche aus Stricken nicht gegen die Menschen, sondern nur gegen das Vieh angewandt wissen wollen und dementsprechend interpoliert. Ursprünglich konnte der Text gelautet haben: „Und er fand im Heiligtum die Taubenhändler und die Wechsler sitzen. Und er machte eine Geißel aus Stricken und trieb alle zum Tempel hinaus und sagte: schafft das von hier weg usw.“ Vgl. auch R. BULTMANN, Das Evangelium des Johannes, Göttingen 1. durchgesehene Aufl. 1950, 86, der außerdem auf das im Joh-Evangelium singuläre *te-kai* aufmerksam macht: „Zu *pantas* ist *ta te probata kai tous boas* schlechte Apposition; es ist offenbar redaktioneller (vielleicht erst ganz sekundärer) Zusatz, zumal das korrel. *te-kai* im Evg und in den Briefen des Joh sonst fehlt (nur fortführendes te 4,42 6,18).“ Vgl. dagegen LASSERRE 48: „Das Wort ‚alle‘ (*pantas*) steht im Maskulinum; es kann sich auf die Händler, aber besser noch kann es sich auf die Schafe und Ochsen beziehen. Die Konstruktion des griechischen Satzes legt nahe, daß diese ‚alle‘, die Jesus mit der Geißel aus dem Tempel getrieben hat, die Tiere sind – ‚alle, nämlich die Schafe wie die Ochsen‘.“ Nach MACGREGOR, Friede 22, werden die Partikeln *te-kai* „oft so gebraucht, daß sie ein vorhergehendes Subjekt oder Objekt in seine Bestandteile zerlegen“, und stimmt ein Adjektiv, wenn es zwei Substantive verschiedenen Geschlechts bestimmt, „eher mit dem Substantivum im Maskulinum oder Femininum überein als mit dem Neutrum, ohne Rücksicht auf die Stellung“. Vgl. auch F. RAUHUT, Hat Jesus die Händler im Tempel geschlagen?, in: Der Christ in der Welt 15 (1965) 137f, der auf die von J.M. BRUGUERA besorgte und vom Kloster Montserrat herausgegebene katalanische Bibelübersetzung *Nou Testament*, versio del text original i notes pels monjos de Montserrat, Andorra 3. Auflage 1963, aufmerksam macht, in der es ebd. 347 heißt: „es va fer un fuet de cordes

Die von Jesus (nach Johannes) benutzte *Geißel* erklärt sich folglich gut als ein Tiertreibinstrument: „Gewöhnlich ist doch die Geißel für das Vieh da; vgl. z. B. Prv. 26,3. Nahum 3,2."[355] „Jesus wird sie zum Hinaustreiben der Tiere benutzt haben, …"[356] „Its use was necessary in order to drive them out."[357] „Die Entfernung der Tiere aus dem Tempel war jetzt das vor allem von Jesus Gewollte. Waren die Tiere fortgetrieben, so gingen die Krämer auch."[358] *Phragellion* (lat. Flagellum) „was also used to describe a whip for driving cattle, and this may be the sense here".[359] „There is no evidence at all that the Improvised whip was used against men. It was a herdmen's instrument to shepherd the animals away."[360]

Darüber hinaus findet die *Geißel* auch als ein *Autoritätssymbol* ihre Erklärung, als ein „emblem of authority"[361], „a symbol of autho-

---

i els forgità tots del temple, és a dir, les ovelles i els bous …"

[355] SPITTA 73.

[356] SCHNACKENBURG, Johannesevangelium 362.

[357] R.H. STRACHAN, The Fourth Gospel. Its Significance and Environment, London 3. Aufl. 1943,126.

[358] A. SCHLATTER, Der Evangelist Johannes. Wie er spricht, denkt und glaubt, Tübingen 1930, 76.

[359] C.K. BARRETT, The Gospel according to St. John. An Introduction with Commentary and Notes on the Greek Text, London 1956, 146.

[360] FERGUSON 29. Vgl. außerdem noch LASSERRE 48: „Es ist doch ganz natürlich, daß der Herr die Geißel für die Tiere genommen hat, die in diesem kurzen Text zweimal ausdrücklich erwähnt werden." Wenn Jesus die Händler durch die Autorität seines Wortes vertrieben haben sollte, dann wäre es doch „unvorstellbar, daß er die Schafe und Ochsen ohne Geißel oder Stock hätte hinaustreiben können". LASSERRE hält es für „höchst wahrscheinlich, daß die Händler – beeindruckt vom Zorn und von der Entrüstung des Herrn und erstarrt und verstört durch seine Worte – geflohen sind; die Tiere aber blieben, wo sie waren; denn sicherlich waren sie wie auf jedem Viehmarkt angebunden; Jesus hat sie dann losgebunden, um den Platz freizumachen; und da sie nun vermutlich nach allen Richtungen durcheinanderliefen, hat er den Strick eines der Tiere genommen und ihn dazu verwendet, alle Tiere aus dem Tempel zu jagen." Daß Jesus die Geißel gezielt und ausschließlich und folgerichtig zum Hinaustreiben der Schafe und Rinder benutzt haben könnte, wird auch unterstrichen durch sein entsprechend anderes Verhalten dort, wo es sich um in Käfige eingesperrte Tauben handelt: deren Besitzer fordert er zum Wegtransport auf. „But naturally it would be impossible to 'drive out' the birds in their cages, and therefore Jesus bids their owner 'Away with these'." (MACGREGOR, John 58) Vgl. auch J.H. BERNARD, A Critical and Exegetical Commentary on the Gospel According to St. John, Vol. I, Edinburgh 4. Aufl. 1953 (1. Aufl. 1928), 86f: „John adds that Jesus used a whip to drive out the beasts, while he ordered their owners to take the pigeons away, with the rebuke, 'Make not my Father's house a house of business'."

[361] MACGREGOR, John 58.

rity"[362], das seinen Platz in der jüdischen Messiasvorstellung hat:
„Jewish tradition held that the Messiah at his coming would bear a
lash for the chastisement of evil-doers, which suggests that the
scourge is to be regarded rather as en emblem of authority than as a
weapon of offence."[363]

Des weiteren lassen ganz *praktische Überlegungen* an einem Gewaltakt Jesu zweifeln. Hätten sich etwa die Händler eine gewaltsame Vertreibung überhaupt gefallen lassen? Hätte Jesus eine solche
überhaupt bewerkstelligen können? Warum bezieht sich die später
gegen Jesus erhobene Anklage nicht auf eine Gewaltaktion im Tempel? Mag nach den Synoptikern die Tempelreinigung zwar unmittelbar vor der Verhaftung stattgefunden haben, so ist doch nicht erwiesen, daß sie der Anlaß war.[364] Schalom Ben-Chorin bestreitet gar
die Historizität der Tempelreinigung und verweist ihre Erzählung
in den Bereich der *„Erfüllungssage"*, hier mit Bezug auf Sach 14,21:
„Und kein Händler wird an jenem Tag mehr im Haus des Herrn der
Heere sein."[365] Eine Tempelreinigung, so wie sie berichtet ist, hält er
für ausgeschlossen: „Die Vorstellung, daß Jesus, mit einer Geißel aus
Stricken bewaffnet, die Wechslertische umstößt und die Beamten
der Tempelbank zum Tempel hinausjagt, ist zu abenteuerlich, um
wahr zu sein. Daß auf eine solche Störung der öffentlichen Ordnung
(oder Unordnung) keine Verhaftung erfolgt sein sollte, ist kaum anzunehmen."[366] Andere halten den Text als reine Gemeindebildung
für schwer vorstellbar und vermuten zumindest einen historischen
Hintergrund, anerkennen dabei aber auch, daß das ursprüngliche

---

[362] B.F. WESTCOTT, The Gospel According to St. John. The Authorised Version. With a
new Introduction bei Adam Fox, London 1958, 41; ebenso Richardson 65: „... the whip
was doubtless a symbol of authority."

[363] MACGREGOR, John 57f.

[364] Vgl. BEN-CHORIN, Jesus 149, der sie nicht für entscheidend hält; doch dagegen R
PESCH, Markus II, 412, der in der „prophetischen Tempelaktion" und deren polemi-
scher Rechtfertigung den Hauptanlaß für das Vorgehen gegen Jesus sieht.

[365] BEN-CHORIN, Jesus 148.

[366] Ebd.; vgl. auch E. LOHMEYER, Das Evangelium des Markus, Göttingen 17. Aufl. 1967,
237: „Die Erzählung ist kaum ein historischer Bericht zu nennen, sondern ein paräne-
tisches Beispiel mit angefügter Lehre. Geschichtlich läßt sich der Vorfall kaum noch
ganz erkennen; denn es ist schwer vorstellbar, wie Jesus allein den weiten Tempelplatz
sollte gesäubert haben, weshalb die Tempelpolizei nicht eingegriffen hat (...) oder die
römische Wache auf der Burg Antonia, weshalb diese Tat in dem Prozeß Jesu keine
Rolle spielt." Vgl. auch BAUMBACH 21.

Ereignis von den Evangelisten in jeweils unterschiedlichem Maße gesteigert wurde.[367]

Es dürfte sicher sein, „daß es im Tempel zu einem Zusammenstoß kam (Mk 11,15ff par). Doch ist kaum mit einem revolutionären Akt, einer Besetzung des Tempelberges durch seine (Jesu; E.S.) Anhänger zu rechnen. Die Tempelreinigung ist aber eher als *prophetische Symbolhandlung* zu verstehen, die im Anschluß an die Erwartung des Alten Testaments (Jes 56,7; Jer 7,11) den Anbruch der eschatologischen Zeit, das Ende des alten und den Beginn eines neuen Tempels bedeutet."[368] Die Tempelreinigung „konnte jedenfalls nicht das Ausmaß eines Tumults erreicht haben, welcher sofort das Eingreifen der Tempelpolizei und der römischen Kohorte in der Burg Antonia an der Nordwestecke des Tempelvorhofes zur Folge gehabt hätte".[369] Bereits der markinische Bericht stellt „eher eine Übertreibung" dar als ein „apologetisches *understatement*"; nicht weniger der Mt- und Joh-Text.[370] „Bei der sogenannten Tempelreinigung handelt

---

[367] Vgl. M. HENGEL mit D. F. Strauß, R. Bultmann, E. Haenchen, E. Schweizer in HENGEL, Revolutionär 33; vgl. auch BAUMBACH 22. – In einer jüngeren Untersuchung kommt M. TRAUTMANN, Zeichenhafte Handlungen Jesu. Ein Beitrag zur Frage nach dem geschichtlichen Jesus, Würzburg 1980, bes. 79-131, zu dem Ergebnis, daß die in Mk 11,15 realistisch (vgl. 116) geschilderte Tempelreinigung „mit größter Wahrscheinlichkeit" eine „Tat des historischen Jesus" ist und nicht erklärt werden kann als das Produkt einer frühen christlichen Gemeinde (117f).

[368] W. KASPER, Jesus der Christus, Mainz 7. Aufl. 1978, 138 (Hervorhebung von E.S.). – Gegen die Unterstellung zelotischen Gewaltverhaltens bei Jesus durch beispielsweise BRANDON, CARMICHAEL, R. EISLER, *Iesous basileus ou basileusas*. Die messianische Unabhängigkeitsbewegung vom Auftreten Johannes des Täufers bis zum Untergang Jakobs des Gerechten nach der neuerschlossenen Eroberung von Jerusalem des Flavius Josephus und den christlichen Quellen, 2 Bde., Heidelberg 1929 u. 1930; vgl. P LUYTEN, Die Perikope der Tempelreinigung. Eine redaktionsgeschichtliche Untersuchung, Würzburg 1969 (masch. Diss.), 211-220.

[369] KÜNG, Christ sein 221. – Ausführlicher HENGEL, Revolutionär 15: „Der Vorhof des herodianischen Tempels, der zugleich die Stelle der Agora bzw. des Forums von Jerusalem vertrat, war über 450 m lang und rund 300 m breit. An der Nordwestecke befand sich die Burg Antonia, besetzt von mindestens einer römischen Kohorte mit 500 bis 600 Mann und durch eine breite Treppe mit dem Tempel verbunden, über die die Garnison, wie die Vorgänge bei der Verhaftung des Paulus im Tempel Apg 21,27ff zeigen, jederzeit eingreifen konnte. Nach Josephus waren bei den großen Festen noch zusätzlich Soldaten auf den Dächern der äußeren Säulenhallen postiert, die das Treiben auf dem großen Vorplatz zu beobachten hatten. Jeder größere Tumult hätte unweigerlich zum Eingreifen der Besatzung geführt, zumal Pilatus in diesem Punkt nicht zimperlich war."

[370] HENGEL, Revolutionär 15; vgl. auch TRAUTMANN 119, die im Bericht über die Tem-

es sich vermutlich um eine *prophetische Demonstration*, man könnte sagen: Provokation, bei der es nicht um die Vertreibung sämtlicher Händler und Geldwechsler ging – dies wäre ohne eine große Truppe und einen entsprechenden allgemeinen Aufruhr nicht möglich gewesen und hätte zum Eingreifen der Tempelwache und der Römer geführt –, sondern um eine demonstrative Verurteilung ihres Treibens, die sich zugleich gegen die herrschende Tempelaristokratie richtete, die daraus ihren Gewinn zog. Auch hier stand vermutlich nicht die Aktion – die wäre, auf sich selbst gestellt, sinnlos gewesen –, sondern das Wort im Mittelpunkt."[371]

Jesu Tempelaktion ist vorstellbar als eine „prophetische Zeichenhandlung", vergleichbar jener des Jeremia, der durch das Zerschmettern eines Kruges verdeutlichen will, wie es dem untreuen Volk ergehen wird: es wird zerbrechen wie Töpfergeschirr (vgl. Jer 19,1.10f, aber auch Ps 2,9). Zeichenhandlungen sind ein beliebtes Verkündigungsmittel der alttestamentlichen Propheten.[372] Hat Jesus

---

pelreinigung eine „Übertreibung" sieht und sich Jesu Auftreten im Tempelvorhof nur als „ein geringfügiges und unsensationelles Ereignis", als „eine wenig auffällige Handlung" vorstellen kann, deren provokatorischer und umfassender Sinn „sehr wohl auch von seiner Umgebung verstanden wurde".

[371] HENGEL, Revolutionär 15f (Hervorhebung von E.S.); vgl. auch KÜNG, Christ sein 221: Bei der Tempelreinigung ging es „nicht um einen typisch zelotischen Akt, nicht um einen reinen Gewaltakt oder gar offenen Aufruhr. Jesus beabsichtigte nicht die endgültige Vertreibung aller Händler, die Besitzergreifung des Tempels und eine neue Tempel- und Priesterorganisation im Sinne der Zeloten. Es ging freilich um eine bewußte Provokation, einen symbolischen Akt, eine individuelle prophetische Zeichentat, welche eine demonstrative Verurteilung dieses Treibens und der daraus Gewinn ziehenden Hierarchen darstellte: für die Heiligkeit des Ortes als eines Ortes des Gebetes." Vgl. auch MACGREGOR, Friede 23: „Hätte Jesus Gewalt angewandt, hätte er unfehlbar die Vergeltung auf den Plan gerufen und wäre von der Überzahl überwältigt worden. Viel wahrscheinlicher ist es, daß die bezwingende Gewalt seiner Worte seine Widersacher einschüchterte; ihr Gewissen verdammte sie, und verstört räumten sie das Feld. Sittliche Autorität, ohne Waffe, triumphierte, wo Gewalt wirkungslos gewesen wäre." Und vgl. auch LASSERRE 47, der sich das passive Verhalten der Tempelwache nur dadurch erklären kann, „daß Jesus die Verkäufer und Wechsler lediglich durch den Eindruck seiner Autorität vertrieben hat".

[372] In einer grundlegenden Arbeit verzeichnet G. FOHRER, Die symbolischen Handlungen der Propheten, Zürich (Zwingli-Verlag) 1953, für das Alte Testament 32 „symbolische Handlungen"; vgl. auch die bahnbrechenden Veröffentlichungen von H. W. ROBINSON, Prophetic Symbolism, in: D.C. Simpson (Ed.), Old Testament Essays, London 1927, 1-17; DERS., Hebrew Sacrifice and Prophetic Symbolism, in: Journal of Theological Studies 43 (1942) 129-139. B. LANG, Kein Aufstand in Jerusalem. Die Politik des Propheten Ezechiel, Stuttgart 2. Aufl. 1981, sieht in der auf Umkehr abzielenden Zei-

seiner Predigt eine solche Zeichenhandlung vorausgehen lassen? Hat er vorausgehende Worte durch eine Zeichenhandlung, unterstrichen? Dann hat er ein altbewährtes Mittel aus der prophetischen Verkündigungspraxis gewählt, für das, wie immer er es konkret eingesetzt haben mag, traditionellerweise Verständnis vorhanden gewesen sein muß, auch und umso mehr bei den Betroffenen, wenn dadurch ein bereits schlechtes Gewissen getroffen wurde. Zeichenhandlungen sprechen mitunter eine deutlichere Sprache als das gut formulierte Wort.[373]

„Indem Jesus die am Rande des Heidenhofs aufgeschlagenen Tische der für diesen Kultbetrieb unerläßlichen Geldwechsler und Kleintierhändler umstieß, setzte er ein augenfälliges Zeichen des Protestes gegen die im Tempelbetrieb institutionalisierte Unwahrhaftigkeit."[374] Denn „während das wahre religiöse Leben längst anderswo, nämlich in den Synagogen, seinen Schwerpunkt gefunden hatte, blühten die Wallfahrtsfeste weiter und funktionierte der von einer vielfach korrupten sadduzäischen Priesterschaft betriebene Opferkult weiter wie eh und je ... Aus dem Ort, an dem Gott dem ihn suchenden Menschen seine Gegenwart gewährte, war eine Ort

---

chenhandlung keine magische Zukunftsbannung (vgl. noch Robinson u. a.), sondern eine „auf Publikum berechnete und Publikum beeinflussende Agitation" (167), eine „Vorform des modernen politisch und sozial agitatorischen Straßentheaters" (168). So gesehen erinnert heute eine anläßlich der weltweit größten Militärelektronikausstellung IDEE (International Defence Electronic Exposition) 1983 in Hannover durchgeführte Protestaktion an den Versuch des Propheten Jesaja, seinerzeit das drohende Schicksal der Gefangenschaft dadurch zu demonstrieren, daß er nackt vor seinen Zuhörern auftrat (vgl. Jes 20,2-4): nackt und mit roter Farbe (= Blut) geschminkt, hatte sich eine kleine Gruppe von Frauen und Männern auf dem Boden oder dem Eingang des Messegeländes verstreut niedergelegt, um dadurch die Auswirkungen des Einsatzes militärischer Mittel vor Augen zu führen (vgl. das von E. BACHMANN und M. ZINT zusammengestellte Tonbild „Gewaltfreier Widerstand gegen Rüstungsgewalt").

[373] TRAUTMANN 122-128 sieht Jesu Tempelaktion a) verbunden mit dem verstreut und in verschiedenen Zusammenhängen begegnenden „Tempellogion", einem seinem Verhalten entsprechend scharfen tempelkritischen Wort (vgl. Mk 14,58/Mt 26,61; Mk 15,29/Mt 27,40; Apg 6,13f; Joh 2,19; u. a.), sowie b) im Horizont seiner Verkündigung und Erfahrbarmachung der Herrschaft Gottes mit der Konsequenz, daß der bestehende Tempel und der an ihn gebundene Kult „nicht mehr die unaufgebbare heilsnotwendige zentrale Instanz" darstellen (128). Zum Tempellogion Mk 14,58 vgl. auch THEISSEN, Tempelweissagung, bes. 145, wo Theissen die Zusammengehörigkeit der Tempelweissagung als prophetisches Wort und Tempelreinigung als prophetische Symbolhandlung in Erwägung zieht.

[374] ROLOFF 25.

der Selbstbestätigung des Menschen und der Abschirmung vor dem Anspruch Gottes geworden. Jesu Protest richtete sich gegen den entarteten Tempel als eine dem Kommen Gottes zu den Menschen im Wege stehende Struktur."[375] Jesu Tempelreinigung war „ein provokativer Akt, eine sinnfällige Demonstration gegen Israels Verständnis des Tempels und gegen jene Kreise, die ihn zu eigennützigen Zwecken mißbrauchten".[376] Doch genauso wenig wie Jesu Sabbatübertretungen war die Demonstration gegen den Tempel eine Handlung, „durch die andere Menschen entwürdigt und vergewaltigt worden wären".[377] „Für die Rechtfertigung von Gewalttätigkeit, die Mitmenschen demütigt und zerbricht, kann das Beispiel Jesu nicht in Anspruch genommen werden."[378]

Jesu Tempelaktion war eine *„revolutionäre, gewaltfreie Tat"*, eingebettet in seinen Versuch, in Liebe und Geduld mit der Kraft der Wahrheit das Gewissen des Volkes, der Händler und Priester für ihr gottwidriges Treiben aufzuschließen.[379] Durch seine Tempelaktion zeigt Jesus symbolisch auf, in welcher Weise auch „seine Jünger in der Welt Gewaltsystemen Widerstand leisten sollten: Zuerst die Gewissen aufschließen, das Unrecht aufdecken, die Wahrheit bezeugen (lange Periode der Vorbereitung). Dann durch einen ersten gewaltfreien Akt, den nach dieser Vorbereitung das ganze Volk, alle Betroffenen ganz klar verstehen und teilen können, die revolutionäre Veränderung einpflanzen, wobei die Autorität der Wahrheit – und nichts anderes – die tragende Kraft ist. Er jagt die Wechsler und

---

[375] Ebd.

[376] Ebd.; vgl. auch E. SCHILLEBEECKX, Jesus. Die Geschichte von einem Lebenden, Freiburg 7. Aufl. 1980, 215-220, der in Anlehnung an Roloff in der „prophetischen Aktion" Jesu eine Kritik an der Tempelpraxis sieht, eine Klage über „die Kluft zwischen Theorie und Praxis", über den „Bruch zwischen Orthodoxie und Orthopraxie" und damit eine Ursache für den zur Verhaftung führenden Konflikt mit den Vertretern des Sanhedrin. Zur „Tempelreinigung" als Zeichen der Kritik am Kultverständnis und an der Kultpraxis der sadduzäischen Tempelhierarchie vgl. auch TRAUTMANN 120f. Nach THEISSEN 153ff ist zu ergänzen, daß Jesus mit seiner Tempelkritik auch bei den über 10.000 (?) Tempelarbeitern und am Tempelbau in irgendeiner Weise Profitierenden auf Widerstand stoßen mußte, also auch die städtische Bevölkerung gegen sich aufgebracht haben könnte; vgl. dagegen SCHILLEBEECKX 218, der es noch für historisch möglich hält, daß Jesus durch die Tempelreinigung „zu einem Volkshelden bei dem schon lange frustrierten und über die Tempelherren" wie Römer „erbosten Volk" wurde.

[377] ROLOFF 26.

[378] Ebd.

[379] GOSS-MAYR, Mensch 64-68.

128

Händler hinaus aus dem Vorhof des Tempels. Die Wahrheit brennt in ihm, sie ist scharf wie ein Schwert, und er bezeugt sie mit Kraft. Die Händler wissen längst, daß sie Unrecht tun, und beugen sich der moralischen Autorität dieses Mannes Gottes. Und alle wissen, daß sein symbolischer Akt sich nicht nur gegen die Händler richtet, sondern die Priesterschaft trifft und mit ihr (der Hohepriester mußte in seinem Amt von den Römern bestätigt werden) die römische Besatzungsmacht. Die symbolische Austreibung dieses ungerechten Systems ist der erste Keim einer wachsenden gewaltfreien Revolution gegen Unterdrückung und ungerechte Machthaber, die seine Apostel und das ganze christliche Volk der Urkirche in Israel und im römischen Weltreich auslösen, dieses radikal von innen her verändern."[380]

So steht am Ende der Untersuchungen zur häufig angeführten Tempelreinigung ein Fazit, das auch Franz Kamphaus ziehen kann: „Im Leben Jesu hat die Liebe auch nicht für Augenblicke ,das finstere Antlitz der Gewalt' angenommen."[381]

1.5 | EXKURS: Zum „Verpflichtungsgrad" der Bergpredigt und des Beispiels Jesu

1.5.1 *Klassische Entschärfungsversuche*

„Mit der Bergpredigt – gemeint ist: die absolute Ethik des Evangeliums – ist es eine ernstere Sache, als die glauben, die diese Gebote heute gern zitieren. Mit ihr ist nicht zu spaßen. ... ganz oder gar nicht, das gerade ist ihr Sinn, wenn etwas anderes als Trivialitäten herauskommen soll."[382] Die Bergpredigt verlangt, „Heiliger" in „allem" zu sein, wenigstens sein zu wollen, bemerkt Max Weber.[383] Die-

---

[380] Ebd. 66f.

[381] F. KAMPHAUS, „Selig die Friedensstifter". Ein friedliches Streitgespräch über den Frieden, in: Die christliche Friedensbotschaft. Ansprachen, Reden und Vorträge zum Thema Frieden beim Katholikentag in Düsseldorf (1.-5. Sept. 1982). hrsg. vom Sekretariat der Deutschen Bischofskonferenz und dem Zentralkomitee der deutschen Katholiken, Bonn 1982, 48-55; 54.

[382] M. WEBER, Politik als Beruf, in: ders., Gesammelte politische Schriften, hrsg. von J. Winckelmann, Tübingen 2. Aufl. 1958, 493-548; 538.

[383] Ebd.

sem radikalen Verständnis stehen zahlreiche Versuche von Theologen entgegen, die Aussagespitzen der Bergpredigt zu entschärfen.[384] Den einen genügt es, wenn im Sinne der Bergpredigt „geglaubt" wird; andere sehen in der Bergpredigt eine Regel für die „Vollkommenen" und reservieren ihr Programm allein für das Mönchstum; wieder andere deuten sie rein individualistisch.[385]

Die Bergpredigt ist jedoch weder eine „Zwei-Klassen-Ethik" oder Mönchsregel: „die Räte (consilia evangelica) sind allen gesagt".[386] Noch ist sie eine „unerfüllbare Bußethik", „Bußruf und Beichtspiegel, durch den der Mensch seiner sündigen Ohnmacht zum Guten überführt werden soll" (vgl. Luther): sie fordert in einer neuen Situation durchaus ein neues Tun.[387] Noch ist sie eine „reine Gesinnungsethik": „es genügt nicht, das Gute gewollt zu haben. Die Bergpredigt dringt auf das Tun."[388] Sie ist keine „kurzfristige Interimsethik", eine „‚Ausnahmegesetzgebung' für die letzte Zeit": Jesu Forderungen, etwa die Nächstenliebe, „werden nicht einfach vom nahen Weltende, sondern grundsätzlich vom Willen und Wesen Gottes her motiviert."[389] Noch ist sie eine „neue Gesellschaftsethik", der „Entwurf einer wörtlich zu befolgenden neuen Gesellschaftsordnung der Liebe und des Friedens": „nirgendwo wird die Bergpredigt als das Grundgesetz einer neuen Gesellschaft vorgestellt, mit Hilfe dessen die Welt von allen Übeln befreit werden soll. Wie die Bergpredigt nicht auf die individuellen und familiären Verhältnisse beschränkt werden darf, so darf sie auch nicht einfach zu

---

[384] Konrad Hilpert, der die typischen Lesarten der Bergpredigt referiert (angefangen bei der Ansicht, daß sie wortwörtlich zu verstehen sei, über die Einstellung, daß ihre ethischen Anforderungen nicht praktizierbar seien, bis hin zu der Meinung, daß sie nur eingeschränkt verpflichtend sein könne), gibt zu bedenken, daß „der Kontext und die Bedingungen, unter denen unser je eigenes wie alles politische Handeln stattfindet, … nicht mehr der Zeit Jesu oder auch der matthäischen Gemeinde am Ende des ersten Jh." entsprächen, und hält es für möglich, „über personelle, bereichsmäßige, motivationale und zeitliche Beschränkungen hinaus" die Befolgung der Bergpredigt auch „nach dem Intensitätsgrad zu differenzieren". K. HILPERT, Zwischen Harmlosigkeit und Radikalität. Zur ethischen Rezeption der Bergpredigt, in: rhs (Religionsunterricht an höheren Schulen) 25 (1982) 69-80; 77 und 79.

[385] RAGAZ, Bergpredigt Jesu 7-10.

[386] KÜNG, Christ sein 290.

[387] Ebd.

[388] Ebd. 291.

[389] Ebd. 291f.

einem Sozialprogramm ausgeweitet werden."[390] Der „Generalnenner der Bergpredigt" lautet vielmehr: „Gottes Wille geschehe!"[391]

Im folgenden interessiert besonders die *Entschärfungspraxis hinsichtlich Jesu Forderung nach Gewaltverzicht*: so soll etwa der Gewaltverzicht nur Sache von dazu besonders Begabten sein. „Die Mehrzahl der Theologen", stellt Jean-Marie Muller fest, „will heute nur individuelle Berufungen zur Gewaltlosigkeit anerkennen, also Ausnahmen."[392] Genereller Gewaltverzicht gilt weitverbreitet als ein besonderes Charisma und darum auch nur als wenigen Einzelnen aufgetragen. Für den Jünger Christi kann die Gewaltlosigkeit, nach René Coste, „nicht zur absoluten Regel gemacht werden"[393]: „*Wir nehmen* lediglich persönliche Berufungen prophetischen Typs *aus*, deren Echtheit durch ihre heroische Hingabe, ihre Demut, ihre Geduld und ihre Uneigennützigkeit garantiert ist. Solche Männer und Frauen zeigen schweigend ihren Brüdern den Weg, auf dem sie sich im Einsatz bewähren müssen. Sie treffen sich in einem gemeinsamen Zeugnis der Liebe mit denen, die Gott berufen hat, in der vollkommenen Keuschheit zu leben."[394]

In seiner Erörterung des Machtproblems spricht Bernhard Welte ähnlich von der Ausnahme des reinen Machtverzichts, stellt aber zusätzlich heraus, daß sie nur möglich sei im Raum bereitwillig ausgeübter Macht. Allein wegen ihres Zeichencharakters plädiert Welte für die Ermöglichung von Machtverzicht als Ausnahme: „Im Rahmen des christlichen Gesamtlebens" müsse es „immer möglich sein", „daß sich ein einzelner als *Ausnahme* in diesem Weltdasein oder eine Gruppe von Einzelnen frei für die völlige auch äußere

---

[390] Ebd. 291.

[391] Ebd. 292. – Vgl. auch ZINK, Frieden 5: „Man hat die Worte Jesu immer wieder nach allen Seiten aus der Praxis des Lebens hinausgeschoben. Ein breites Sortiment von Ausreden steht seit alters zur Verfügung: Das gilt nicht für das äußere Leben, sondern für das innere. Oder: Das gilt nicht wörtlich, sondern nur ‚übertragen'. Oder: Das gilt nicht auf der Erde, sondern erst im Reich Gottes. Oder: Das gilt nicht in Europa, sondern nur im friedlichen Galiläa. Oder: Das gilt nicht für uns, sondern nur für Jesus selbst. Jahrhunderte währen schon die Ausflüchte. Kein Wunder, daß das Wort des Mannes von jenem Berg uns noch kaum je auf einen praktischen Weg geführt hat: Aber wer sagt, es müsse bei den Ausflüchten bleiben?"

[392] MULLER 15.

[393] R. COSTE. Gewalt und Frieden. Die Aktionen des Friedens gegen die Systeme der Gewalt, Trier 1970, 83.

[394] Ebd. 80 (Hervorhebung von E.S.).

Machtlosigkeit und damit die völlige Preisgabe ihres Daseins aus den eigenen Händen an Gott entschließen, und damit den Geist des Christentums wie in einem aufblitzenden Feuer auch nach außen sichtbar machen".[395] Wo es, wie bei Franziskus, solche Entschlüsse gäbe, so führt Welte weiter aus, und es „die aus ihnen erfließenden Lebensformen aus freier Wahl und also nicht aus Gesetz gibt, da erscheint dann *wie ein Zeichen* inmitten der Geschichte das, was für das Ganze des Daseins eines Christen bedeutsam ist, und was im Ganzen und gerade an den höchsten Stellen des Weltdaseins und Weltlebens des Ganzen als verborgener Geist, als Hoffnung und Antrieb und Bereitschaft leben sollte, aber nicht als äußere Gestalt leben kann".[396] Das „welthafte Dasein der genannten Ausnahmen zu gewährleisten", dazu bedarf es nach Welte freilich der Ausübung von Macht.[397] Darum könne schließlich auch der, der etwa aus Gründen des Glaubens keine Macht gebrauche, ebenso wenig „rein bleiben" wie der, der sie gebrauche: „Er wird – von anderem abgesehen – ja auch mitschuldig sein an der Unreinheit der Macht der Mächtigen, weil er diese Macht benutzt. Denn auch er lebt ja auf dieser Welt, weil dieser Mächtige ihm den Daseinsraum gewährleistet und sichert."[398] Machtverzicht in dieser Perspektive scheint gewissermaßen ein „Luxus" zu sein, der bestenfalls eine prophetische Funktion erfüllen kann. Nur seines „aufrüttelnden" Charakters wegen scheint

---

[395] B. WELTE, Über das Wesen und den rechten Gebrauch der Macht. Eine philosophische Untersuchung und eine theologische These dazu, Freiburg 1960, 57 (Hervorhebung von E.S.).

[396] Ebd. (Hervorhebung von E.S.); vgl. auch A. ZIEGLER, Hinweise zur moraltheologischen Frage der Gewaltanwendung. Prolegomena zu einem aktuellen Problem, in: J. Pfammatter/F. Furger (Hg.), Theologische Berichte I, Zürich/Einsiedeln/Köln 1972, 285-370; 358: Gewaltgebrauch sei zwar in dem Maße gerechtfertigt, als er den Forderungen einer fortschrittlichen Gerechtigkeit entspräche, da jedoch die Gerechtigkeit Gefahr laufe, „in Selbstgerechtigkeit zu erstarren und dergestalt zum größten Unrecht zu werden", täten, so A. Ziegler, „immer auch Zeichen des Rechtsverzichts not": „Insofern mag das persönliche und individuelle *Charisma* der Gewaltlosigkeit in unserer gewalttätigen Zeit zum *Zeichen* jener inneren Freiheit werden, die keine Gewalttat je zu erringen vermag, zu der sich jedoch der Christ von Christus befreit, berufen und beauftragt glaubt." (Hervorhebung von E.S.)

[397] WELTE, Wesen 59.

[398] Ebd. – Im konkreten Fall der Kriegsdienstverweigerung lautet die Argumentation dann so: Der Luxus der Kriegsdienstverweigerung ist nur möglich im Schatten der Waffen und der Bereitschaft der anderen, die Freiheit der Kriegsdienstverweigerung mit Gewalt zu verteidigen.

auch Richard Hauser den Machtverzicht zu schätzen; seiner Auffassung nach wird es „immer wieder den völligen Verzicht auf die Macht als aufrüttelndes persönliches Beispiel christlicher Nachfolge geben".[399]

Ob damit dem „Verpflichtungsgrad" der Bergpredigt entsprochen ist? Bernhard Häring betont, daß die Lehre von der Gewaltlosigkeit „ein wesentlicher Bestandteil der Bergpredigt" sei.[400] Jean-Marie Muller glaubt beweisen zu können, „daß die Gewaltlosigkeit im Herzen des Evangeliums liegt und daß infolgedessen *alle* Christen berufen sind, sich ihren Forderungen anzugleichen, und dies sowohl in ihrem privaten wie im öffentlichen Leben".[401] Leo Tolstoi ist zu nennen, von dem es heißt, daß er die Bergpredigt „wieder entdeckt" habe[402]; er gilt als exponierter Verfechter einer Ethik der Bergpredigt; wegen seiner diesbezüglich radikalen Auffassung wurde er jedoch auch oft kritisiert.[403] „Matth 5,38-39 wurde für ihn der ‚Schlüssel zum Ganzen', die Bergpredigt zum zentralen Glaubenserlebnis."[404] Gerade ihr pazifistischer Geist dürfte die Bergpredigt und damit die Friedensbotschaft Jesu über die Grenzen des Christentums hinaus bekannt gemacht haben (vgl. die Wertschätzung durch Gandhi); denn „die gesamte Ethik der Bergpredigt, wenn man ih-

---

[399] R. HAUSER, Was des Kaisers ist. Zehn Kapitel christlicher Ethik des Politischen, Frankfurt 1968, 101. Vgl. dagegen M.K. GANDHI, Sarvodaya (Wohlfahrt für alle), Gladenbach o.J., 18: „Es wäre ein tiefer Irrtum anzunehmen, daß das Gesetz (d. h. Gewaltfreiheit als Lebenshaltung; E.S.) nur den Einzelnen fromme, während es nicht für die menschliche Masse sei."

[400] B. HÄRING, Gewaltlosigkeit 111; vgl. auch DERS., Umrüsten, bes. 57-62, und nach Abschluß des Manuskripts DERS., Die Heilkraft der Gewaltfreiheit, Düsseldorf 1986. Im Pastoralbrief der Katholischen Bischofskonferenz der USA über Krieg und Frieden „DIE HERAUSFORDERUNG DES FRIEDENS-GOTTES VERHEISSUNG UND UNSERE ANTWORT" 42 heißt es: „Wir glauben, daß Bemühungen um die Entwicklung gewaltfreier Mittel zur Abwehr von Angriffen und zur Konfliktlösung am ehesten der Forderung Jesu nach Liebe und Gerechtigkeit entsprechen." (vgl. ebd. 52-64, 118) Vgl. auch das Wort der Deutschen Bischofskonferenz zum Frieden „GERECHTIGKEIT SCHAFFT FRIEDEN" 16ff sowie F. ALT, Frieden ist möglich. Die Politik der Bergpredigt. München/Zürich 1983.

[401] MULLER 15 (Hervorhebung von E.S.).

[402] RAGAZ, Bergpredigt Jesu 9.

[403] Vgl. z. B. H. THIELICKE, Theologische Ethik, Bd. 1 (Dogmatische, philosophische und kontroverstheologische Grundlegung), Tübingen 1951, 573-579 (Nr. 1754-1770); M. DIBELIUS, Die Bergpredigt, in: ders., Botschaft 79-174, 155-157; BORNKAMM, Jesus 202-204; vgl. neuerdings auch E. DREWERMANN, Krieg 219-222.

[404] C. BERGER, Leo Tolstoi und die Bergpredigt, in: Der Christ in der Welt 16 (1966) 71-76; 72.

rem wörtlichen Sinn nicht ausweicht, redet einem pazifistischen Rigorismus das Wort, wie er ähnlich kompakt kaum in irgendeinem
anderen Dokument der religiösen Weltliteratur zum Ausdruck gekommen ist".[405] Um so stärker stellt sich freilich demgegenüber die
Frage, „wie es kommen konnte, daß diese, eindeutig Gewaltlosigkeit predigenden Worte Jesu (‚Wer dich auf die eine Wange schlägt,
dem reiche auch die andere dar!') auf Haltung und Taten der Christenheit im allgemeinen stets nur so wenig Eindruck gemacht und
nur relativ geringe Beachtung und Nachfolge gefunden haben",[406]
abgesehen von der Kirche der ersten Jahrhunderte[407].

„Daß uns die Forderungen Jesu nur bis zu einem gewissen Punkt
annehmbar und bedenkenswert scheinen", daß sich angesichts ihrer
Radikalität die Vernunft des Menschen empört und falsche Ausflüchte sucht, führt Johannes Paul II. in einer Ansprache an die internationale Bewegung „Pax Romana" darauf zurück, daß wir uns
vielleicht zu sehr daran gewöhnt haben, „uns mit den moralischen
Normen zu begnügen, die rein menschliche Klugheit anrät, oder uns
mit einem Mittelmaß zu begnügen, das der Mehrheit statistisch er-
faßter Meinungen entspricht."[408] Der Papst hält jedoch dagegen, daß
die Forderungen der Bergpredigt „ihrerseits nicht das Ergebnis einer Art statistischen Durchschnitts" seien, sondern sich „vielmehr
als ein Protest gegen Gesetze, die das menschliche Leben mittelmä-
ßig und unbeweglich machen möchten", erweisen.[409] Ob die Gewaltlosigkeit als eine Lehre einzuschätzen ist, „die die Christen je nach
ihrer subjektiven Veranlagung annehmen können oder nicht", oder
ob sie „als grundlegende Forderung des Christentums zu betrachten" ist[410], wird offenbar zunehmend im Sinn der letzten Deutung

---

[405] K. Hammer, Christen, Krieg und Frieden. Eine historische Analyse, Olten und Freiburg i. Br. 1972, 36f.

[406] Ebd. 37.

[407] Vgl. J. Laboa, Die Gewalt in der Geschichte der Kirche, in: Internationale katholische Zeitschrift 9 (1980) 108-123; vgl. auch Pastoralbrief der Katholischen Bischofskonferenz der USA „Die Herausforderung des Friedens …" 52-54 sowie Wort der Deutschen Bischofskonferenz „Gerechtigkeit schafft Frieden" 20-23.

[408] Johannes Paul II., Begnügt euch nicht mit einem Mittelmaß! Ansprache des Papstes an die Teilnehmer des Europa-Kongresses der internationalen Bewegung „Pax Romana" vom 13. September 1982, in: L'Osservatore Romano (1.10.1982, Nr. 40) 4.

[409] Ebd.

[410] Müller 12.

beantwortet.[411] Heinrich Albertz steht, was seine Äußerung zum militärischen Gewaltverzicht betrifft, nicht allein: „Ich bin, je älter ich werde, desto mehr überzeugt, daß seine (Jesu; E.S.) Bergpredigt sehr viel nüchterner und praktischer und wahrhaftiger über diese Welt und uns Menschen Bescheid weiß als alle politischen und militärischen Programme. Sie will, daß wir ohne Waffen leben."[412] Albertz verlangt von den Christen, daß sie diesbezüglich in Zukunft „laut und deutlich" reden müssen.[413]

Der Versuch, den Geist der Bergpredigt auch in dieser unserer Zeit zu verwirklichen, setzt keinesfalls „sittliche Bergsteiger"[414] voraus. „Die Forderung Jesu ist zwar bloß für die Jünger gedacht, weil sie allein die Voraussetzung für ihre Erfüllung in sich tragen, aber alle sind zu Jüngern berufen. Die Forderung Jesu gilt für alle, die Gott, den Herrn und Vater, kennen und darum aus ihm leben sollen."[415] Doch ist sie „kein Gesetz, sondern eine Freiheit. Sie ist nicht ein Müssen, sondern ein Dürfen."[416] Jesu Forderung zu leben ist eine

---

[411] Vgl. auch Tendenzen in jüngeren Hirtenworten zum Thema „Krieg und Frieden" in: PAX CHRISTI (Hg.), Herausforderung Frieden; vgl. auch WILDMANN 66: „Daß inzwischen ein Umschwung in der Stimmungslage und des öffentlichen Bewußtseins eingetreten ist, bedarf keines weiteren Beweises."

[412] H. ALBERTZ, Ohne Waffen („Wort zum Sonntag" am 27. Oktober 1979), in: Deutsches Allgemeines Sonntagsblatt 33 (4.11.1979, Nr. 44) 10. Vgl. allerdings auch H. SCHMIDT, Politik und Geist, in: Aktion Sühnezeichen/Friedensdienste (Hg.) 55-57 (Auszug aus einem Gespräch), für den die Bergpredigt „in einer anderen Zeit für eine andere Gemeinde in einer anderen Lage gesprochen" worden sei. Wie Helmut Schmidt, der mit Max Weber zwischen Gesinnungs- und Verantwortungsethik unterscheidet, betont Karl Carstens, daß es etwas anderes sei, als Christ „für seine Person" Gewalt im Sinne der Bergpredigt („die eine uns tief bewegende Mahnung zur Gewaltlosigkeit" sei) hinzunehmen oder in Verantwortung für andere Gewalt (mit Gewalt) abzuwehren; K. CARSTENS, Zum Gebrauch der Bergpredigt, in: Aktion Sühnezeichen/Friedensdienste (Hg.), 58-59; 59. Vgl. darüber hinaus die Zusammenstellung (von R. MENSING): Das Ethos der Bergpredigt – Ferment der Politik? Äußerungen von Politikern und Theologen zur politischen Friedensdiskussion, in: rhs (Religionsunterricht an höheren Schulen) 25 (1982) 93-106.

[413] ALBERTZ. – Der MODERAMEN DES REFORMIERTEN BUNDES hat dies im Sinne von Albertz getan, wenn er die Friedensfrage zur Bekenntnisfrage erklärt. Vgl. Das Bekenntnis zu Jesus Christus und die Friedensverantwortung der Kirche. Eine Erklärung des Moderamens des Reformierten Bundes, Gütersloh 1982 (These I; dazu 6, 14, 38-40).

[414] RAGAZ. Bergpredigt Jesu 79.

[415] Ebd.

[416] Ebd. – Vgl. auch H. BÜCHELE. Bergpredigt und Gewaltfreiheit, in: Stimmen der Zeit 106 (1981, Bd. 199) 632-640.

Konsequenz aus dem, was der Christ in der Nachfolge Jesu glaubt. Daß der Verpflichtungsgrad der Bergpredigt, auch im Hinblick auf ein Leben ohne Gewalt, größer ist als gewöhnlich angenommen wird, soll im folgenden ausführlicher dargestellt werden.

1.5.2 *Eine auffällige Diskrepanz*

In mindestens einer Hinsicht ist der Verpflichtungsgrad der Bergpredigt in der katholischen Moraltheologie auffallend hoch angesetzt: bezüglich Jesu Wort zur Unauflöslichkeit der Ehe (Mt 5,27-32). Auf die Einhaltung dieses Gebotes wird streng geachtet. Der Gedanke, daß die Unauflöslichkeit der Ehe nur Sache von Charismatikern sei, eine Ausnahme etwa, ein besonderes Zeichen von wenigen, liegt völlig fern. Nach traditioneller kirchlicher Lehre gilt Jesu Forderung für jede Ehe.

Umso merkwürdiger nimmt sich daneben die gängige moraltheologische Gewichtung der Feindesliebe- und Gewaltverzichtsforderung Jesu aus, steht sie doch im selben Kontext der Bergpredigt, noch dazu in enger Nachbarschaft mit der der ehelichen Verantwortung. Diese Diskrepanz fällt auf. Tolstoi schon verweist auf sie: „Das Verbot der Unzucht erkennen sie wirklich an, und darum erkennen sie in keinem Falle an, daß Unzucht nicht ein Übel wäre. Nie kennen die kirchlichen Prediger Fälle, in welchen das Verbot der Unzucht angetastet werden dürfte, und stets lehren sie, man solle die Verführungen meiden, die zur Versuchung gegen das Verbot der Unzucht führen. Anders mit dem Gebot des Nicht-Widerstrebens. Alle kirchlichen Prediger kennen Fälle, in welchen es gestattet ist, dieses Gebot zu verletzen. ... In Bezug auf das Gebot des Nicht-Widerstrebens ... lehren sie geradezu, man dürfe dieses Verbot nicht allzu wörtlich nehmen, man brauche nicht nur nicht immer das Gebot zu erfüllen, es gebe sogar Verhältnisse, Lagen, in denen man das genau Entgegengesetzte tun müsse, nämlich richten, Krieg führen, hinrichten."[417] Jean Lasserre hält es für eine „gesunde Methode", „am 7. (6.) Gebot die Stichhaltigkeit der Auslegung zu prüfen, die man dem 6. (5.) gibt".[418]

---

[417] TOLSTOI, Reich 19f.
[418] LASSERRE 20; vgl. auch den Hinweis ebd. 217f. daß die Kirche seit Jahrhunderten (seit Konstantin) den Zehn Geboten (außer dem 6. bzw. 5.) eine erweiternde, allein

Auch Raymund Schwager hat auf die „inkonsequente Normfindung für Gewalt und Ehescheidung" aufmerksam gemacht.[419] Schwager kritisiert, daß man trotz des „eindrücklichen und eminent theologischen Kontextes ... in der Frage der Gewalt ... seit langem keine Argumentation mehr wie beim Verbot der Ehescheidung" wage.[420] Im Gegensatz zu einer rigoristischen Auslegung des Unauflöslichkeitsgebotes Jesu hat die Kirche „im Bereich der tötenden Gewalt ... nicht bloß sehr viel geduldet", sondern ist „mit der Zeit" sogar dazu übergegangen, „Taten, die im Widerspruch zum neutestamentlichen Buchstaben stehen, als gut, lebenswert, ja heilig zu bezeichnen".[421] Die *Inkonsequenz der Normfindung*[422] wird besonders deutlich, wenn man bedenkt, daß beide Weisungen Jesu demselben grundsätzlichen Verkündigungsanliegen entspringen: „Sowohl das Verbot der Ehescheidung wie die Aufforderung der Gewaltfreiheit stehen im Rahmen der Verkündigung Jesu vom kommenden Reich Gottes. In beiden Fällen geht es um eine grundsätzliche Umkehr des menschlichen Verhaltens ..."[423] Ohne das eine oder das andere legalistisch zu vertreten, sind beide Weisungen gleichermaßen ernst zu nehmen.[424]

---

dem 6. (5.) aber eine einschränkende Auslegung zukommen lasse.

[419] R. SCHWAGER, Inkonsequente Normfindung für Gewalt und Ehescheidung, in: Orientierung 44 (1980) 144-147.

[420] Ebd. 145.

[421] Ebd.

[422] Inkonsequente Normfindung wirft umgekehrt A. RAUSCHER, Bergpredigt und Gewaltlosigkeit (Reihe: Kirche und Gesellschaft, Nr. 92), Köln 1982, 7, jenen Pazifisten vor, die „nur diejenigen Teile der Bergpredigt und des Evangeliums ernst nehmen wollen, die sie besonders ansprechen." So sei es „nicht sehr überzeugend, wenn z. B. Einzelne oder Gruppen unter Berufung auf die Bergpredigt gegen Krieg und Aufrüstung zu Felde ziehen und sich für Frieden und Gewaltlosigkeit einsetzen, aber schon in der Frage der Tötung eines ungeborenen Menschen anders denken und nicht ebenso nachdrücklich dagegen protestieren, oder wenn sie bei Hausbesetzungen oder bei Demonstrationen mit Gewaltanwendung mit machen." Eine solche Art „Auswahlpazifismus" werde der Ethik der Bergpredigt nicht gerecht. Dies gelte erst recht „für den Versuch, die Weisungen Jesu zur Feindesliebe und zur Gewaltlosigkeit von den übrigen Forderungen loszulösen, etwa von dem ebenso unbedingt ausgesprochenen Verbot der Ehescheidung." Man kann, so schließt Rauscher, „die Bergpredigt nicht doppelzüngig auslegen, dort radikal und hier ,großzügig'."

[423] SCHWAGER, Normfindung 146.

[424] Ebd.

„Die Frage nach der Gewaltlosigkeit", so bemerkt auch Bernhard Häring, „ist für die Christenheit und die ganze Menschheit sicher nicht weniger wichtig als die Frage nach der Unauflöslichkeit der Ehe."[425] Bernhard Stoeckle schließt sich dem an: Theologische Ethik hat „gemessen an dem Stellenwert", den Jesus dem Gesetz der Gewaltlosigkeit einräumt, „alles daranzusetzen, daß im Bewußtsein der Gläubigen die Anweisung zum Gewaltverzicht eine ebenso zentrale Bedeutung erhält wie das Gesetz von der Unauflöslichkeit der Ehe".[426]

1.5.3 „Ich habe euch ein Beispiel gegeben ..."

Nach weitverbreiteter Auffassung setzt Jesu Forderung nach Gewaltverzicht eine bereits vollkommene, gewaltfreie Welt voraus: solange diese jedoch nicht verwirklicht sei, könne auch nicht Gewaltverzicht grundsätzlich praktiziert werden. „In einer vollkommenen Gesellschaft, wo es vermutlich kein Unrecht zu erdulden und keine Feinde zu lieben gäbe", wäre jedoch, so argumentiert MacGregor dagegen, „vieles von der Bergpredigt gegenstandslos".[427] „Wenn man die Feinde erst lieben soll, wenn es keine mehr gibt, wird Christi Gebot sinnlos."[428] Jesu ethische Weisungen erhalten ihren Sinn dadurch, daß sie auf Veränderung zielen. Ihre Notwendigkeit erhalten sie aus der Realität: weil die Welt eben nicht ideal ist, bedarf es eines sie verändernden ethischen Verhaltens. In der Absicht, Realität zu verändern, trägt Jesus seine Weisungen an die Jünger heran. „Das Evangelium vom Reich ist nicht nur ein Ideal, sondern eine Methode, dieses Ideal zu erreichen."[429] Das Reich Gottes fällt nicht in den Schoß, es will erkämpft und aufgebaut sein.

„An keiner Stelle der Evangelien" ist „davon die Rede, daß die Jünger mit der Nachfolge zuwarten sollen, bis diese Allgemeingut werden kann, sie werden vielmehr ganz bestimmt aufgefordert, mit

---

[425] B. HÄRING, zit. nach B. STOECKLE, Handeln aus dem Glauben. Moraltheologie konkret, Freiburg/Basel/Wien 1977,96.
[426] Ebd.; STOECKLE vertritt ebd. allerdings auch die Auffassung, „daß die Ausnahmefälle, in denen Gewaltanwendung als das geringere Übel gestattet wird, ähnlich eingegrenzt werden wie die Fälle von Wiederverheiratung Geschiedener".
[427] MACGREGOR, Friede 49.
[428] J.S. Whale, zit. nach MACGREGOR, Friede 94.
[429] MACGREGOR, Friede 50.

dem Handeln im Geiste Jesu der Allgemeinheit voranzugehen. Sie sollen die ‚Extra-Meile' gehen auf einer Straße, die die Welt unsinnig, undurchführbar, überspannt finden mag. Sonst heißt es: ‚Was tut ihr Sonderliches?'"[430] Jesu Forderung nach Gewaltverzicht ist in einem eminenten Maße gesellschaftsbezogen, sie ist als solche weder an den isolierten Einzelnen noch an die anonyme Menschheit als ganze gerichtet, ihr Adressat ist die Jüngergemeinde als Präfiguration Israels.[431]

Das umfassende zukünftige Reich Gottes ist erst noch zu schaffen. „Auch für Jesus war das Reich noch zukünftig. Aber das hat ihn nicht daran gehindert, eine ‚Wirklichkeit gewordene Eschatologie' zu predigen und seinen Jüngern zu befehlen, sie sollten ihr Leben jetzt und hier nach den Gesetzen des kommenden Reiches einrichten, indem er ihnen versprach, wenn sie das täten, werde das Reich unversehens kommen und sie überraschen." (vgl. Mt 12,28; Lk 11,20)[432] Daß die Urkirche noch Jesu Worte wörtlich sowie hier und jetzt zu befolgen suchte, geht aus vielen Textstellen des Neuen Testaments hervor; vgl. Röm 12,14ff; 1 Kor 4,12; 1 Thess 5,15; 1 Petr 3,8ff.[433]

Eine erklärte Absicht Jesu ist es, durch sein eigenes Verhalten ein Beispiel zu geben: „Ich habe euch ein Beispiel gegeben, damit auch ihr so handelt, wie ich an euch gehandelt habe." (Joh 13,15) Jesus verlangt nichts, was er nicht selbst bereit ist zu tun (vgl. dagegen Mt 23,3f). Was er den Jüngern abverlangt, hat er bereits selbst durchgestanden. Sein Ruf in die Nachfolge (vgl. Joh 12,26) ist nicht Ver-Führung. Sein vorausgegangenes Beispiel unterstreicht seine Glaubwürdigkeit, nimmt aber auch jene in Pflicht, die beanspruchen, ihm nachzufolgen: „Wer sagt, daß er in ihm bleibt, muß auch leben, wie

---

[430] Ebd.
[431] G. LOHFINK, Sitz 236-253.
[432] MACGREGOR, Friede 50.
[433] Ebd. – G. LOHFINK knüpft in dem oben (s. Anm. 431) erwähnten Artikel an urchristliche Praktiken an (vgl. etwa *Origens contra Celsum*) und kommt zu dem Ergebnis, daß die frühkirchlichen Formen der partiellen gesellschaftlichen Verweigerung wenigstens im Bereich der Kriegsdienstverweigerung eine Aktualisierung erfahren könnten, daß darüber hinaus eine Minimalisierung von Gewalt dadurch erreicht werden könne, daß der Geist der Bergpredigt in die gesellschaftlichen Strukturen, Institutionen und Entscheidungen eingebracht würde. (252) Doch erst der „Aufbau lebendiger Gemeinden, in denen die Bergpredigt gelebt und die Aufforderung Jesu zu Gewaltverzicht wörtlich genommen werde", wird nach LOHFINK (253) der Botschaft des NT gerecht.

er gelebt hat." (1 Joh 2,6) Statt Unrecht mit Gewalt zu beantworten, soll der Jünger zum Erleiden von Unrecht bereit sein: „... denn auch Christus hat für euch gelitten und euch ein Beispiel gegeben, damit ihr seinen Spuren folgt." (1 Petr 2,21)

Die Radikalität seines Beispiels verlangt Radikalität auch in der Nachfolge: „Und wer nicht sein Kreuz auf sich nimmt und mir nachfolgt, ist meiner nicht würdig. Wer das Leben gewinnen will, wird es verlieren; wer aber das Leben um meinetwillen verliert, wird es gewinnen." (Mt 10,38f) „Ein besonders hervortretender Zug an Jesu Predigt vom Gottesreich ist ... ihr *unerbittlicher Ernst*. Die Menschen, welche diese Botschaft hören, werden durch sie vor eine Entscheidung, ein Entweder–Oder gestellt, das weder einen Aufschub (Mt 8,21f = Lk 9,59f) noch einen Kompromiß, das Zeichen der Halbheit (Mt 6,24 = Lk 16,13), duldet, sondern die volle, ungeteilte Hingabe fordert."[434] Jesu Ruf führt in das „Entweder–Oder"[435] des „Niemand kann zwei Herren dienen; ..." (Mt 6,24) und des „Keiner, der die Hand an den Pflug gelegt hat und nochmals zurückblickt, taugt für das Reich Gottes." (Lk 9,62) Die christliche Gemeinde in Laodizea lebt nicht mehr das „Entweder – Oder" Jesu; sie hat den „Reich Gottes"-Weg verlassen; das Urteil Jesu in der Apokalypse klingt hart: „Ich kenne deine Werke. Du bist weder kalt noch heiß. Wärest du doch kalt oder heiß! Weil du aber lau bist, weder heiß noch kalt, will ich dich aus meinem Mund ausspeien." (Offb 3,15f)

---

[434] J. SCHMID, Das Evangelium nach Markus, Regensburg 5., durchgesehene Auflage 1963, 36f.
[435] Das Entweder–Oder der Bergpredigt unterstreichen z. B. auch F. ALT 28f; KÄSEMANN 82.

2 | Wurzeln des Gewaltverzichts Jesu

Jean Cardonnel hat sicher recht, wenn er sagt, daß Jesus Christus „nicht von vorneherein ein Gewaltloser ist."[1] Jesu Grundanliegen ist nicht die Gewaltfreiheit; Jesus ist nicht in erster Linie „Pazifist". Seine Sendung gilt der Verkündigung des Reiches Gottes: darin ruft er die Menschen zur Umkehr auf (Mk 1,15). Gewaltverzicht ist eine ihrer Konsequenzen.

„Jesus verkündet keine autonome Ethik, die der Mensch um seiner selbst willen zu erfüllen hätte. Auch das in zeitloser Gültigkeit wurzelnde Liebesgebot darf nicht in diesem Sinne verstanden werden."[2] Wie vieles andere hat auch Jesu Gewaltverzicht seinen Wurzelgrund in der „Reich Gottes"-Botschaft. „Wenn man schon von einer Ethik bei Jesus reden will, dann müßte sie Reichsethik genannt werden, da sie ihre Kraft und ihren Glanz nur von der frohen Botschaft über das nahe herbeigekommene Gottesreich empfängt. ... Die Seligpreisungen sind die ersten Sonnenstrahlen, die das am Horizont heraufsteigende Reich auf diese Erde wirft, und das unterscheidet sie prinzipiell von allem Moralismus."[3]

Jesu hohe ethische Forderungen dürfen nicht isoliert gesehen werden von seiner Ankündigung des Reiches Gottes; sonst verfällt man einem zerstörerischen *Moralismus*: „Der Buchstabe der Bergpredigt würde noch mehr töten als der Buchstabe es alttestament-

---

[1] J. CARDONNEL, War Christus für Gewalt?, in: J. Degen, Das Problem der Gewalt. Politische Strukturen und theologische Reflexionen, Hamburg 1970, 132-143; 134. Vgl. auch STUHLMACHER, Begriff 46: „Der Leitgedanke der Wirksamkeit Jesu ist nicht Friede selbst, sondern die Herrschaft Gottes."

[2] W. NIGG, Das ewige Reich. Geschichte einer Hoffnung, München und Hamburg (Taschenbuchausgabe) 1967, 42.

[3] Ebd. – Im Zentrum der Verkündigung Jesu steht das „Reich Gottes"-Thema. Vgl. R. SCHNACKENBURG, Gottes Herrschaft und Reich. Eine biblisch-theologische Studie, Freiburg/Basel/Wien 1965, 50f; R. BULTMANN, Theologie des Neuen Testaments, Tübingen 6. Aufl. 1968, 3; G. KLEIN, „Reich Gottes" als biblischer Zentralbegriff, in: Evangelische Theologie 30 (1970) 642-670; JEREMIAS, Theologie 99; H. WENZ, Theologie des Reiches Gottes. Hat Jesus sich geirrt?, Hamburg 1975, 16-31; F. BEISSER, Das Reich Gottes, Göttingen 1976, 11f; MERKLEIN, Gottesherrschaft.

lichen Gesetzes."[4] Die Bergpredigt darf „nicht moralisierend mißverstanden werden",[5] auch nicht dort, wo sie von Feindesliebe und
Gewaltverzicht handelt.

Ihr geht es „nicht um eine kurzschlüssige Unterdrückung einiger
Manifestationen der Feindschaft zwischen Menschen. Dadurch
würde kaum etwas gelöst."[6] Die Bergpredigt ist vielmehr „im Zusammenhang mit der biblischen Sozio- und Psychoanalyse der Lüge
und der Gewalt zu sehen. Sie bietet nicht isolierte rigoristische Forderungen, sondern weist den Weg zur Überwindung der verhäng-
nisvollen Mimesis" der Gewalt.[7]

Folgerichtig warnt Schwager davor, Jesus als Modell *nachahmen*
zu wollen; wer solches versuche, müsse „in eine ihm fremde Welt
hineinsteigen" und „unwillkürlich einem tödlichen Moralismus
verfallen".[8] Auch die „Nachahmung der Liebe" ende „in der Gewalt, wie die Geschichte nur zu oft zeigt".[9] Neben der gefährlichen
Nachahmung eines Modells oder dem Gegenteil, der Verherrli-
chung von Vorbildlosigkeit und Spontaneität, habe Jesus durch seinen Ruf in die *„Nachfolge"* eine dritte Möglichkeit der Orientierung
eröffnet. „Jesu Wollen war ganz auf das Reich Gottes ausgerichtet",
und sein innerstes Streben auf den, den er mit „Abba", Vater, anre-
dete. Durch seinen Ruf in die Nachfolge wies er auch dem Streben
der Jünger das gleiche Ziel, nämlich den Willen des Vaters zu erfüllen.[10] Nicht in die Nachahmung (*imitatio*) ist der Christ gerufen, sondern in die Nachfolge.[11]

*Der Unterschied zwischen Nachahmung und Nachfolge ist beacht-
lich.*[12] Wer einen anderen nachahmen will, braucht allein dessen Er-

---

[4] SCHWAGER, Sündenbock 176.
[5] Ebd. 180; vgl. auch DREWERMANN, Krieg 215ff.
[6] SCHWAGER, Sündenbock 180.
[7] Ebd.
[8] Ebd. 182.
[9] Ebd.
[10] Ebd.
[11] R. PESCH, Überwindung 77f.
[12] Vgl. dazu A. SCHULZ, Art. Nachfolge Christi (in der Schrift), in: Lexikon für Theologie und Kirche, hrsg. von J. Höfer und K. Rahner, Bd. 7, Freiburg 2., völlig neu bearbeitete Aufl. 1962, Sp. 758-759; DERS., Nachfolgen und Nachahmen. Studien über das
Verhältnis der neutestamentlichen Jüngerschaft zur urchristlichen Vorbildethik, München 1962, vgl. 332: „In den Evangelien als den einzigen neutestamentlichen Zeugen
für die Nachfolge Jesu nimmt die Nachahmungsvorstellung in der Gestalt der *Imitatio*

scheinungsbild zu erkennen; wer einem anderen nachfolgen will, muß dessen Anliegen kennen. Nachahmung beruht auf Gemeinsamkeiten im äußerlichen Verhalten, Nachfolge auf Gemeinsamkeiten in der inneren Ausrichtung.[13] Hinter der Nachahmung Jesu steht der Versuch, die sittlichen Forderungen Jesu so zu verwirklichen, wie sie vom Evangelium dargeboten werden; hinter der Nachfolge Jesu steht der Versuch, aus dem Geiste Jesu sowohl das eigene Leben als auch das der Umwelt phantasievoll zu gestalten.[14] Nachahmung sucht die konkrete Anweisung, Nachfolge eine überzeugende Ausrichtung. Nachahmung macht abhängig von der Person.[15] Nachfolge lebt aus der Einsicht in die Gründe und die Absichten eines bestimmten Verhaltens und aus der Überzeugung von der Richtigkeit und Wichtigkeit dieses Verhaltens.[16]

Nachfolge setzt voraus, in das „Warum" und „Wozu" einer Sache eingeweiht zu sein. Nachfolge basiert auf „Begründung". Weil Jesus nicht Nachahmung will, sondern Nachfolge, also Freiheit statt

---

Christi nur einen untergeordneten Platz ein. Zudem tragen die wenigen Vorbildtexte deutliche Spuren späterer Bildung an sich, die es nicht gestatten, sie uneingeschränkt den Worten des historischen Jesus zuzurechnen." Vgl. auch H. BETZ, Nachfolge und Nachahmung Jesu Christi im Neuen Testament, Tübingen 1967; M. HENGEL, Nachfolge und Charisma. Eine exegetische- religionsgeschichtliche Studie zu Mt 8,21f. und Jesu Ruf in die Nachfolge, Berlin 1968.

[13] Vgl. die Unterscheidung zwischen Imitation und Identifikation in der Psychologie: „Imitation ist die Nachahmung des äußeren Verhaltens, Identifikation ist aber nicht nur die Nachahmung des Verhaltens, sondern auch das Sichgleichsetzen mit den bewußten und unbewußten Motiven des anderen." W. J. SCHRAML, Einführung in die moderne Entwicklungspsychologie für Pädagogen und Sozialpädagogen, Stuttgart 1972, 117 (Hervorhebung von E.S.).

[14] Vgl. dazu M. MANZANERA, der der gewaltlosen Befreiungsbewegung in Lateinamerika zu einer „Vertiefung der theologischen Intuition" rät: Die Begeisterung, mit der in den Basisgemeinden das Evangelium gelesen und ausgelegt wird, „sollte nicht in eine fast materielle ‚Nachahmung' Jesu oder der Urgemeinde, sondern tiefer in eine ‚Nachfolge' des Herrn einmünden, die seine eigensten Absichten in unsere heutigen kulturellen und politischen Kategorien übersetzt". MANZANERA, Theologische Anmerkungen zur „revolutionären Gewalt" in Lateinamerika, in: K. Rahner u. a. (Hg.), Befreiende Theologie. Der Beitrag Lateinamerikas zur Theologie der Gegenwart, Stuttgart/Berlin/Köln/Mainz 1977, 106-122; 119.

[15] T. SARTORY, Mündigkeitsspruch 19, unterstreicht die Hilfe Jesu zur Selbsthilfe: Jesu Weisungen sind „ganz vom Geist der Freiheit durchatmet. Er macht dem Menschen nicht detaillierte Vorschriften, sondern gibt ihnen Entscheidungshilfen, damit sie in jeder Situation selbst herausfinden können, was hier und jetzt zu tun ist."

[16] Vgl. J. BLANK, Evangelium und Gesetz. Zur theologischen Relativierung und Begründung ethischer Normen, in: Diakonia 4 (1974) 363-375.

Abhängigkeit, Beteiligung statt Unterordnung, Partnerschaftlichkeit statt Herr-Knecht-Verhältnis, *begründet* er seine Sache. Von sich weg orientiert er ausdrücklich auf den Willen des Vaters. Die Grundlage seiner Ethik steht also selbst außerhalb seiner eigenen Verfügungsmacht. Sein Ruf in die Nachfolge ist eine Einladung, aus derselben Mitte zu leben. Nachfolge Jesu heißt, in dieselbe Richtung schauen, in die Jesus schaut.

Dabei ist zu sehen, daß Jesus aus einer Vielzahl konkurrierender, oft ineinander verwobener, sich teilweise überlagernder Theologien ausgewählt hat, daß er die geschichts-, situations- und verfasserbedingt unterschiedlichen Gottesbilder der biblischen Schriften auseinanderhielt und an ein bestimmtes (nämlich das des barmherzigen Gottes) ausdrücklich angeknüpft hat und unter allen dargebotenen, teilweise ineinanderfließenden, sich stückweit überlappenden Theologien die wohl herausforderndste und anspruchsvollste aufgegriffen, vertieft und – vor allem – gelebt hat. Über die Wurzeln seines Gewaltverzichts nachdenken setzt das Bemühen um den Nachvollzug seiner *Selektionsarbeit* voraus. Es geht darum, den von ihm aufgenommenen theologischen Faden von vielen anderen Fäden zu diskriminieren und an ihm entlang sich durch das alttestamentliche Textmaterial durchzuarbeiten und dabei auf jene Glaubenszeugnisse zu stoßen, die offensichtlich stark auf Jesus gewirkt haben müssen.[17]

---

[17] H.D. PREUß hält zu einem differenzierenden Schriftstudium an, indem er darauf hinweist, daß das AT „ein sehr komplexes Buch" sei, das beispielsweise Texte enthalte, die Aussagen machen zu Macht und Gewalt, und Texte, die dies überhaupt nicht thematisieren; H.D. PREUß, Alttestamentliche Aspekte zu Macht und Gewalt, in: Greifenstein (Hg.) 113-134; 122. Mehr noch: Israels Gottesglaube zeige „verschiedene Ausprägungen und Aspekte"; das Gottesbild „sei infolge seiner Geschichte wie seiner Mannigfaltigkeit ein differenziertes und mehrschichtiges" (vgl. die unterschiedlichen Gottesbilder der verschiedenen Bücher und darüber hinaus Differenzierungen innerhalb jener Bücher infolge literarkritischer Schichtungen oder redaktionsgeschichtlicher Entwicklungen); ebd. 123. Vgl. näherhin z. B. die Untersuchung des Pentateuch hinsichtlich unterschiedlicher Bewertungen von Krieg und Gewalt durch N. LOHFINK, Schichten; vgl. auch DERS., Wörter 24-43. Es ist dies geradezu das Faszinierende am AT, daß darin offensichtlich theologische Konkurrenz in einem relativ weiten Rahmen zugelassen und ausgehalten wird und damit dem Hörer und Leser ein weiter Spielraum theologischer Orientierung und religiöser Entscheidung (freilich verbunden mit der Zumutung einer anstrengenden Meinungs- und Willensbildung) zugestanden wird. Die biblischen Schriften bieten nicht Theologie in einem einzigen Guß. Wer ernsthaft in ihnen nach Orientierung sucht, wird um ein verantwortliches „Ausson-

2.1 | Orientierung am Gewaltverzicht Gottes

Bis in den Verzicht auf Gewalt hinein ist Jesus ein „lebendiges Gleichnis Gottes"[18]. Sein Gewaltverzicht gründet im Gewaltverzicht Gottes, auf den hin er auch seine Jünger orientiert. Das soll in den folgenden Abschnitten nachvollzogen werden.[19]

2.1.1 *Orientierung am liebenden Gott*

Daß Gott die Menschen liebt, ist ein Grundthema sowohl des Alten als auch des Neuen Testaments.[20] Schon die Schöpfung der Welt und die Erschaffung des Menschen werden im Alten Testament als Ausdruck der Liebe und Güte Gottes beschrieben (vgl. Gen 1.2), sodann seine Segensbünde mit Noah (Gen 9,1-17), Abraham (Gen 15,18), den Vätern (Gen 26,2-6; 28,13-15) und dem ganzen Volk Israel (Ex 24,8; 34,10). Die Propheten verkünden Gottes Liebe, Hosea verwendet als erster dazu das Bild von der Ehe.[21] Nicht weniger weiß das Neue Testament um die Liebe Gottes zu den Menschen. Jesus beschreibt die Liebe Gottes vor allem als die eines liebenden Vaters (Mt 5,45; 6,9). Durch Jesu Hinwendung zu den Armen, Kranken und Sündern wird Gottes Liebe offenbar. Die Jüngergemeinde erkennt in Jesu Sendung die Liebe Gottes: „Denn Gott hat die Welt so sehr geliebt, daß er seinen einzigen Sohn hingab, ..." (Joh 3,16; vgl. auch 1 Joh 4,9). „Gott ist die Liebe" (1 Joh 4,16) ist eine Grundaussage der ganzen Heiligen Schrift.

Nach biblischem Zeugnis motiviert die Liebe Gottes zur Nächstenliebe. Durch Gottes Liebe ist der Mensch „angerufen"[22]: „... wenn

---

dern" und „Aussortieren" (so EBACH 109 etwas krass, aber treffend; vgl. dazu auch N. LOHFINK, Gewalt 29) nicht umhin können. Wir dürfen solcherart Umgang mit den biblischen Büchern Jesus unterstellen und auch für uns in Anspruch nehmen. Diese Freiheit bedeutet keinen Angriff und kein Auseinandersprengen des biblischen Gesamterbes (vgl. dazu noch einmal EBACH 109).

[18] Vgl. SCHILLEBEECKX 141; MESTERS 87; BAUDLER, Jesus 243; MARTINI 131-142.

[19] Zur Frage, wie es möglich sein soll, Gott nachzuahmen, vgl. M. BUBER, Nachahmung Gottes, in: ders., Werke, Bd. 2 (Schriften zur Bibel), München und Heidelberg 1964. 1053-1065.

[20] Vgl. SCHELKLE, Theologie 117-124 (dort auch weitere Literatur).

[21] Vgl. A. DEISSLER, Zwölf Propheten. Hosea-Joël-Amos (Die Neue Echter Bibel), Würzburg 1981.

[22] Ebd. 120.

Gott uns so geliebt hat, müssen auch wir einander lieben." (1 Joh 4,11) Gott ist der „Anfang der Liebe"[23]: „Wir wollen lieben, weil er uns zuerst geliebt hat." (1 Joh 4,19) „Jesus stellt, nach dem größten Gebot befragt, Gottes- und Nächstenliebe gleich; ebenso hatte die Bergpredigt (Mt 5,7-10. 21-26; 6,12.14f; 7,1.2) und das Gleichnis vom bösen Knecht (Mt 18,35) unser Verhalten zum Nächsten und Gottes Verhalten zu uns aufs festeste verbunden."[24] Schon an allen Stellen des Alten Testaments „ist das Gebot der Nächsten- bzw. Fremden-liebe nicht einfach Ausdruck der Sippenmoral (...), sondern theolo-gisch mit der Liebe Jahwes zum Volk bzw. zum Fremdling motiviert und ruht, wie die übrigen Jahwegebote, auf dem Bundesverhältnis (...)."[25] Gottes Liebe verpflichtet zur Nächstenliebe.

2.1.2 *Orientierung am barmherzigen Gott*

Jesus diktiert nicht Feindesliebe; er ruft auf dazu und begründet sie. Er begründet sie ausdrücklich mit der Barmherzigkeit Gottes: „Seid barmherzig, wie euer Vater barmherzig ist." (Lk 6,36; vgl. auch Mt 5,48 und Lev 19,2)

Offensichtlich ist also die „von Jesus hervorgehobene ‚Seite' des alttestamentlich-jüdischen Gottesbildes ... die der Liebe, des Erbar-mens, der bedingungslosen zuvorkommenden Zuwendung".[26] „Der Gott Jesu ist ein Gott des Friedens und der Versöhnung".[27] Diese „Eigenart des Gottesbildes Jesu" tritt besonders am Punkt der Ge-walt hervor.[28] Seine völlig eindeutige Stellung zur Gewalt kann „der Ebene seines Gottesbildes" zufolge „überhaupt nicht anders ausfal-len".[29] Die Begründung der Feindesliebe ist „im Verhalten Gottes

---

[23] Ebd. 123.

[24] SCHNIEWIND, Matthäus 224.

[25] E. JENNI, Art. *ahb*, in: Theologisches Handwörterbuch zum Alten Testament, Bd. 1, hrsg. von E Jenni unter Mitarbeit von C. Westermann, München/Zürich 1971, Sp. 60-73; 68.

[26] P. FIEDLER, Jesus und die Sünder, Bern/Frankfurt 1976, 170.

[27] J. BLANK, Die Entscheidung für den Frieden, in: Eicher 13-26.

[28] H. WOLFF, Wein 216.

[29] Ebd. 217.

selbst zu finden"[30], in der „Barmherzigkeit des eschatologisch handelnden Gottes".[31]

Gott ist gütig, langmütig und barmherzig – das ist Jesu Gottes„bild". Unter den zahlreichen Gleichnissen, die er zur Verstärkung seiner Anrede den Zuhörern erzählt hat,[32] vermitteln dies vier Gleichnisse ganz besonders:

Das „Gleichnis vom barmherzigen Vater" oder, wie es J. Jeremias auch nennt,[33] das „Gleichnis von der Liebe des Vaters" (Lk 15,11-32) orientiert auf einen Gott, der mehr als nur ein gerechter, ein barmherziger ist.[34] Mit Freude nimmt ein Vater den eigensinnigen und untreuen Sohn wieder auf in sein Haus. Dem immer gehorsamen und treuen Sohn, der den Rechtsstandpunkt vertritt, bleibt die Barmherzigkeit des Vaters unbegreiflich; seine Empörung darüber unterstreicht die Größe der väterlichen Barmherzigkeit. Damit ist zum Ausdruck gebracht, daß Gott in seiner Liebe, die zum Erbarmen wird, „die – genaue und oft zu – enge Norm der Gerechtigkeit" überschreitet.[35]

---

[30] W. Trilling, Die Botschaft Jesu. Exegetische Orientierungen, Freiburg/Basel/Wien 1978, 31 und ebd. 29-31; vgl. auch Theissen, Studien, bes. 161-164 („Das Imitationsmotiv").

[31] Vgl. H. Merklein, Jesu Botschaft von der Gottesherrschaft. Eine Skizze, Stuttgart 1983; ders., Gottesherrschaft 236: „Die Barmherzigkeit des eschatologisch handelnden Gottes ist die sachliche Erklärung und materiale Begründung der radikalen Forderung der Feindesliebe." Jesu „eigentliche Begründung" seiner Forderung nach Feindesliebe ist die „Nachahmung der Barmherzigkeit Gottes"; sie ist als solche eine theologische: „Der ‚Ort' der Forderung der Feindesliebe ist die Theologie, aber eben die Theo-logie Jesu." (ebd.) Vgl. auch Weder 215, der speziell in Mt 18,23-30 die „zuvorkommende Barmherzigkeit Gottes" thematisiert sieht. Hier ist nicht zuletzt hinzuweisen auf das Kapitel „Das der Vaterliebe Gottes entsprechende Verhalten" in Fiedler, Jesus 155-215, wo Fiedler für Mt 20,1-15 den „Zusammenhang von Gottes Güte und entsprechendem Verhalten" als Sitz im Leben Jesu annimmt (184) und die Feindesliebe als im Verhalten Gottes begründet sieht (185-215). Völlig gradlinig schließt deshalb G. Borné, Bergpredigt und Frieden, Olten und Freiburg 1982, 47: „Unser barmherziges Handeln soll also Gottes Handeln entsprechen!"

[32] Vgl. Baudler, Jesus.

[33] J. Jeremias, Gleichnisse 86; vgl. auch J. Brantschen, Gott ist größer als unser Herz, Freiburg/Basel/Wien 1981.

[34] R. Hoppe, Gleichnis und Situation. Zu den Gleichnissen vom guten Vater (Lk 15,11-32) und gütigen Hausherrn (Mt 20,1-15), in: Biblische Zeitschrift, N.F. 28 (1984) 1-21.

[35] Johannes Paul II., Enzyklika „Dives in Misericordia" (Über das göttliche Erbarmen), veröffentlicht vom Pressedienst des Sekretariats der Deutschen Bischofskonferenz mit Datum vom 1.12.1980 (danach veröffentlicht in: Verlautbarungen des Aposto-

Auch das „Gleichnis vom gütigen Arbeitsherrn" (Mt 20,1-15), wie es Jeremias überschreibt, thematisiert die Barmherzigkeit Gottes.[36] Es will anregen, so zu handeln „wie jener Hausherr, der Mitleid hatte mit den Arbeitslosen und ihren Familien".[37]

Und auch im „Gleichnis der bösen Weinbergpächter" (Mk 12,1-11 par), das besser „Gleichnis vom gütigen Weinbergbesitzer" heißen sollte, bringt Jesus Gottes Barmherzigkeit und Geduld mit den Menschen zum Ausdruck.[38] Die mit der Pachtabrechnung beauftragten Knechte des Weinbergbesitzers werden von den Pächtern brutal zurückgewiesen; die einen werden verprügelt, andere blutig geschlagen, wieder andere ermordet; zuletzt ermorden die Pächter sogar den Sohn des Weinbergbesitzers. Doch der Weinbergbesitzer antwortet „auf die gewaltsamen Aktionen der Winzer nicht mit Gewalt, sondern – wie wir uns ausdrücken würden – mit ‚Eselsgeduld', mit langmütiger, stets erneuter Zuwendung, bis zur Erschöpfung seiner Möglichkeiten".[39] Die „gewaltlosen Aktionen des Weinbergbesitzers"[40] weisen auf Gottes Barmherzigkeit und Geduld.[41]

Wer Barmherzigkeit erfahren durfte, wird der sie nicht weitergeben? Das „Gleichnis vom unbarmherzigen Knecht" schildert das Gegenteil: Der soeben seine übergroße Schuld erlassen bekommen hat, geht hinaus und fordert von einem anderen unbarmherzig die Begleichung einer ungleich geringeren Schuld (Mt 18,23-35).

---

lischen Stuhls, Nr. 26, hrsg. vom Sekretariat der Deutschen Bischofskonferenz, Bonn 1980), 31; vgl. auch 25: „Der Vorrang und die Erhabenheit der Liebe gegenüber der Gerechtigkeit (das ist bezeichnend für die ganze Offenbarung) kommen gerade im Erbarmen zum Ausdruck." Vgl. auch 62: „Die Erfahrung der Vergangenheit und auch unserer Zeit lehrt, daß die Gerechtigkeit allein nicht genügt, ja, zur Verneinung und Vernichtung ihrer selbst führen kann, wenn nicht einer tieferen Kraft – der Liebe – die Möglichkeit geboten wird, das menschliche Leben in seinen verschiedenen Bereichen zu prägen."

[36] Vgl. JEREMIAS, Gleichnisse 22ff und 92ff; 92: „Der Arbeitsherr ist die Hauptperson; die übliche Bezeichnung des Gleichnisses (‚Die Arbeiter im Weinberg') verdeckt diesen Tatbestand." Vgl. auch F. MUSSNER, Die Botschaft der Gleichnisse Jesu, München 2. Aufl. 1964, 68.

[37] JEREMIAS, Gleichnisse 95.

[38] Vgl. auch Lk 13,6-9 und dazu L. BOROS, Der anwesende Gott. Wege zu einer existentiellen Begegnung, Olten und Freiburg 1964, 82.

[39] R. PESCH, Überwindung 69.

[40] Ebd.

[41] Vgl. auch MUSSNER, Botschaft 65, der das Gleichnis mit „der gütige Herr des Weinbergs" überschreibt.

Damit ist auch angezeigt, daß das Erbarmen Gottes weit größer als das von Menschen ist. „Ich habe große Angst", sagt David zu Gad. „Wir wollen lieber dem Herrn in die Hände fallen, denn seine Barmherzigkeit ist groß; dem Menschen aber möchte ich nicht in die Hände fallen." (2 Sam 24,14) Israels Herr ist „ein barmherziger und gnädiger Gott, langmütig, reich an Huld und Treue" (Ex 34,6; vgl. auch Ps 78,38). „Gottes Erbarmen gilt allen seinen Geschöpfen (Ps 145,9-16). Wenn auch weiterhin die Gerechtigkeit Gottes (im Alten Testament; E.S.) stärker betont wurde, hat Israel doch die Botschaft von Gottes Erbarmen nie vergessen (4 Esdr 7,132-139)."[42]

„Abbild des barmherzigen Vaters" ist Jesus von Nazareth.[43] „,Gott ..., der voll Erbarmen ist', wurde selbst von Jesus Christus als Vater geoffenbart: sein Sohn selbst hat ihn uns in sich kundgetan und kennengelehrt."[44] „Wer mich gesehen hat, hat den Vater gesehen" (Joh 14,9) antwortet Jesus dem Philippus, der ihn darum bittet, ihnen, den Jüngern, den Vater zu zeigen. Wer sich in das Geheimnis Christi versenkt, wird in ihm das „Antlitz des Vaters" entdecken, der der „Vater des Erbarmens und der Gott allen Trostes" ist (vgl. 2 Kor 1,3).[45] „Durch die ‚Kundmachung' Christi" erkennen wir Gott „vor allem in seiner liebenden Zuwendung zum Menschen, in seiner ‚Menschen-Freundlichkeit'."[46] In Christus und durch Christus „wird Gott auch in seinem Erbarmen besonders sichtbar, das heißt: jene göttliche Eigenschaft tritt hervor, die schon das Alte Testament – in verschiedenen Bildern und Ausdruckweisen – als ‚Erbarmen' beschrieben hat".[47] Jesus „spricht nicht nur vom Erbarmen und erklärt es mit Hilfe von Gleichnissen und Parabeln, er ist vor allem selbst eine Verkörperung des Erbarmens, stellt es in seiner Person dar. Er selbst ist in gewissem Sinne das Erbarmen."[48] „Den Vater als Liebe und Erbarmen gegenwärtig zu machen, ist für ihn die grundlegende Verwirklichung seiner Sendung als Messias; ... Im Rahmen dieser Bekundung der Gegenwart Gottes als Vater, Liebe und Erbarmen

---

[42] SCHELKLE, Theologie 119.

[43] Vgl. J. KENTENICH, Jesus von Nazareth – Abbild des barmherzigen Vaters, in: Regnum 15 (1980) 51-60.

[44] JOHANNES PAUL II., Dives in Misericordia 3.

[45] Ebd. 4.

[46] Ebd. 7.

[47] Ebd. 8.

[48] Ebd.

macht Jesus das Erbarmen zu einem der Hauptthemen seiner Lehr-tätigkeit."[49] Im Kreuz „erreicht die Offenbarung der erbarmenden Liebe ihren Höhepunkt".[50]

Die in Jesu Umgang mit den Menschen bezeugte[51] Barmherzig-keit Gottes verpflichtet aber auch den Jünger in der Nachfolge (vgl. Mt 18,32f und 5,7); so heißt es im Epheserbrief: „Seid gütig zueinan-der, seid barmherzig, vergebt einander, weil auch Gott euch durch Christus vergeben hat. Ahmt Gott nach als seine geliebten Kinder, und liebt einander, weil auch Christus uns geliebt und sich für uns hingegeben hat als Gabe und als Opfer, das Gott gefällt." (Eph 4,32-5,2) Es ist notwendig festzustellen, „daß Christus beim Offenbaren der erbarmenden Liebe Gottes gleichzeitig von den Menschen for-derte, sich in ihrem Leben ebenfalls von Liebe und Erbarmen leiten zu lassen. Diese Forderung gehört wesenhaft zur messianischen Botschaft und stellt den Kern des evangelischen Ethos dar."[52] Mehr noch als durch seine Worte verkündet Jesus durch seine Taten „den Aufruf zum Erbarmen, der eines der wesentlichsten Elemente des evangelischen Ethos ist".[53]

„… in der Zeitlichkeit, in der menschlichen Geschichte, einer Ge-schichte von Sünde und Tod, muß sich die Liebe vor allem als Er-barmen offenbaren und vollziehen. Das messianische Programm Christi, sein Programm des Erbarmens, wird zum Programm seines Volkes, der Kirche."[54] „Er erbarmt sich von Geschlecht zu Ge-schlecht …" (Lk 1,50) In Erinnerung an das Magnifikat Marias muß sich die Kirche unserer Zeit „der Notwendigkeit tiefer und einge-hender bewußt werden, in ihrer ganzen Sendung, auf den Spuren der Tradition des Neuen und des Alten Bundes und vor allem auf den Spuren Jesu Christi und seiner Apostel, für das Erbarmen

---

[49] Ebd. 14.
[50] Ebd. 15f; vgl. auch 37-46.
[51] Vgl. BOROS, Gott 78-88.
[52] JOHANNES PAUL II., *Dives in Misericordia* 15f.
[53] Ebd. 16; vgl. auch 71: „Obwohl alle Seligpreisungen der Bergpredigt den Weg der Bekehrung und der Lebensänderung weisen, ist die von den Barmherzigen hierin be-sonders sprechend." Vgl. auch 47: „Sind nicht die Worte der Bergpredigt: ‚Selig die Barmherzigen, denn sie werden Erbarmen finden', in gewissem Sinn eine Synthese der ganzen Frohbotschaft, des ganzen ‚wunderbaren Austausches' (*admirabile commer-cium*), den sie in sich schließt und der als einfaches, kraftvolles und zugleich ‚sanftes' Gesetz die Heilsordnung selber prägt?"
[54] Ebd. 45.

Gottes, das Christus in seiner gesamten messianischen Sendung offenbart hat, Zeugnis abzulegen. Die Kirche muß für das Erbarmen
Gottes, das Christus in seiner gesamten messianischen Sendung offenbart hat, Zeugnis ablegen, indem sie es zunächst als heilbrin-
gende Glaubenswahrheit bekennt, die zugleich für ein Leben notwendig ist, das mit dem Glauben übereinstimmen soll und dann
sucht, dieses Erbarmen sowohl in das Leben ihrer Gläubigen als
auch nach Möglichkeit in das aller Menschen guten Willens einzu-
führen und dort Fleisch werden zu lassen. Schließlich hat die Kirche,
indem sie dieses Erbarmen bekennt und ihm allzeit treu bleibt, das
Recht und die Pflicht, sich auf das Erbarmen Gottes zu berufen und
es angesichts aller Erscheinungsformen von physischem und moralischem Übel, angesichts aller Bedrohungen, die über dem gesamten
Horizont des Lebens der heutigen Menschheit lasten, zu erflehen."[55]

Eine „Kultur der Liebe" (Paul VI.) wird so lange unerreichbar
bleiben, „solange wir in den weiten und verflochtenen Bereichen des
menschlichen Zusammenlebens mit unseren Entwürfen und Maßnahmen haltmachen bei ‚Auge für Auge und Zahn für Zahn' und
nicht darum bestrebt sind, diesen Grundsatz umzuformen, zu ergänzen durch einen neuen Geist".[56] Zwischenmenschliche Achtung
und gegenseitige Brüderlichkeit wird es so lange nicht geben können, solange die Beziehungen der Menschen zueinander „keinen anderen Maßstab kennen als den der Gerechtigkeit. Diese muß in allen
Bereichen zwischenmenschlicher Beziehung sozusagen eine tief-
greifende ‚Korrektur' erfahren" und zwar „durch die Liebe", wie sie
das Hohe Lied des heiligen Paulus beschreibt.[57]

2.1.3 *Orientierung am mütterlichen Gott*

Daß Gott barmherzig ist, meint, daß Gott ein „Herz" hat. „‚Barmherzig' ist jener, der ‚ein Herz hat' für das Unglück, das Elend und
die Not des andern."[58] Mehr noch: daß Gott barmherzig ist, sagt, daß
er „mütterlich zum Menschen hin bewegt" ist[59]. Die Rede vom

---

[55] Ebd. 64f.
[56] Ebd. 75f.
[57] Ebd. 74f.
[58] BOROS, Gott 71.
[59] E. WURZ, Das Mütterliche in Gott, in: Una Sancta 32 (1977) 261-272; 262. Vgl. auch

„barmherzigen Vater" verdeckt „das Mütterliche in Gott"[60]. Nach hebräischem Sprachverständnis hängen Barmherzigkeit und Mütterlichkeit aufs engste zusammen: „Im Hebräischen wird für das Erbarmen nicht selten der Ausdruck ‚rahamim' gebraucht. Dieses Wort ist offenbar die Mehrzahl von ‚rehem', das Mutterschoß bedeutet. ‚Rahamim' besagt demnach jene Verbundenheit, die im Bereich der Mütterlichkeit gedeiht: eine Verbundenheit mit einem hilflosen Wesen, dessen Leben ganz von uns abhängt. Es deutet jenes Gefühl an, das eine Mutter ihrer Leibesfrucht gegenüber empfindet, eine Liebe also, die ihrem Wesen nach zärtlich ist. Wärme, Nähe, Vertraulickeit, Seinsgemeinschaft sind die Begriffe, die in diesem Wort mitschweben."[61] In der Prophetie des Jesaja vergleicht Jahwe seine Zu-

JOHANNES PAUL II., Dives in Misericordia 83: Gottes Liebe trägt „mütterliche Züge".

[60] Vgl. den gleichnamigen Zeitschriftenartikel von WURZ.

[61] BOROS 70. – Grundlegend die Artikel von: A. JEPSEN, Gnade und Barmherzigkeit im Alten Testament, in: Kerygma und Dogma 7 (1961) 261-271 (der vor allem auf die Bedeutung und Verbindung von *rächem* und *rachamim* eingeht), und H.J. STOEBE, Die Bedeutung des Wortes *häsäd* im Alten Testament, in: Vetus Testamentum 2 (1952) 244-254 (der Gemeinsamkeiten von *rahamim* und *häsäd* herausarbeitet und der *häsäd* Gottes die Aussage entnimmt, daß sich Gott den Menschen. „in bedingungsloser Freundlichkeit und Großherzigkeit" zuwendet [254]). Vgl. jetzt auch JOHANNES PAUL II., Dives in Misericordia 21-24, der darauf hinweist, daß sich die Bücher des Alten Testaments vor allem zweier Wörter mit verschiedenen semantischen Nuancen bedienen, um den Begriff „Erbarmen" auszudrücken, nämlich *hesed* und *rahamim*. Während *hesed* „die Treue zu sich selbst und die ‚Verantwortung der eigenen Liebe gegenüber' (in gewisser Hinsicht männliche Charakterzüge) hervorhebt, läßt *rahamim* schon von der Wortwurzel her die Mutterliebe anklingen (*rehem* = Mutterschoß). Der tiefsten und ursprünglichsten Verbundenheit, ja Einheit der Mutter mit dem Kind entspringt eine besondere Beziehung zu ihm, eine besondere Liebe. Diese Liebe kann man als völlig ungeschuldet bezeichnen, ist sie doch nicht Lohn für ein Verdienst; insofern stellt sie eine innere Notwendigkeit dar, einen ‚Zwang' des Herzens. Sie ist eine gleichsam ‚weibliche' Variante der männlichen Treue zu sich selbst, wie sie in *hesed* anklingt. Auf diesem psychologischen Hintergrund entfaltet sich *rahamim* in eine ganze Reihe von Gefühlen, so etwa Güte und Zärtlichkeit, Geduld und Verständnis, das heißt Bereitschaft zur Verzeihung. Das Alte Testament schreibt dem Herrn eben diese Charakterzüge zu, wenn es auf ihn den Ausdruck *rahamim* anwendet." (22f) – P. LAPIDE hat diese Ausführungen des Papstes aufs lebhafteste begrüßt, weil dadurch das bei Christen tief eingeprägte Bild von einem strengen Gott des Alten Testaments korrigiert würde; vgl. Bonifatiusbote 93 (Nr. 3 vom 8.2.1981: „Verschiedene Wege – ein Gott. Lapide zur neuen Enzyklika"). Vgl. auch P.N. LEVINSON, Einführungen in die rabbinische Theologie, Darmstadt 1982, 42. Vgl. allerdings auch Eugen DREWERMANN, Krieg 256, der in Bezug auf den Hinweis einer Verwandtschaft von „Barmherzigkeit" und „Mütterlichkeit" Gottes von einer „mittlerweile üblich gewordenen Entschuldigungsapologetik" spricht.

wendung zu den Menschen mit der einer Mutter zu ihrem Kind: „Kann denn eine Frau ihr Kindlein vergessen, eine Mutter ihren leiblichen Sohn? Und selbst wenn sie ihn vergessen würde: ich vergesse dich nicht." (Jes 49,15) „Wie eine Mutter ihren Sohn tröstet, so tröste ich euch", verheißt Jahwe seinem Volk für die Tage des Gerichts. (Jes 66,13) Jahwe ist ein barmherziger und „mütterlicher Gott"[62]. Jahwe ist Vater und Mutter zugleich.

Besonders der aufkommenden „feministischen Theologie"[63] ist es zu verdanken, daß gegenwärtig intensiver auch „über die weibliche Dimension Gottes"[64] nachgedacht wird. „Gottes Mütterlichkeit"[65] scheint selbst durch die streng patriarchalisch orientierten Gottesbekenntnisse der Bibel hindurch. Zwar vermittelt der Großteil der biblischen Texte das Verständnis eines Gottes als „souveräner Patriarch", als „extrem männliches Wesen", als Richter, König, Herr der Heerscharen, Krieger usw.; „gleichwohl gibt es in der Bibel einige, zum Teil sehr versteckte Stellen, die einen anderen Geist atmen".[66] Jes 49,15 wurde bereits zitiert. „Mütterlich klingen auch Jahwes Worte bei Jeremia: ‚Ist nicht Ephraim mein teurer Sohn und mein trautes Kind? Drum schlägt mein Herz ihm zu' (31,20). Jesus klagt über das verstockte Jerusalem: ‚Wie oft wollte ich deine Kinder sammeln, wie ein Henne ihre Küchlein unter ihre Flügel sammelt; aber ihr habt nicht gewollt' (Mt 23,37; Lk 13,34). Noch drastischer gibt sich Jesus am letzten Tag des Laubhüttenfestes als mütterliches Wesen, ja geradezu als Inkarnation der verdrängten ‚Großen Mut-

---

[62] Vgl. J. SCHLEICHER, Jahwe – ein mütterlicher Gott, in: Anzeiger für die Seelsorge 92 (H. 1, Jan. 1983) 8-10.

[63] Vgl. H.H. SCHREY, Ist Gott ein Mann? Zur Forderung einer feministischen Theologie, in: Theologische Rundschau, N.F. 44 (1979) 227-238; C.J.M. HALKES, Gott hat nicht nur starke Söhne. Grundzüge einer feministischen Theologie, Gütersloh 1980; DIES., Feministische Theologie. Eine Zwischenbilanz, in: Concilium 16 (1980) 293-300; H. PISSAREK-HUDELIST, Feministische Theologie – Eine Herausforderung?, in: Zeitschrift für Katholische Theologie 103 (1981) 289-308 u. 400-425.

[64] Vgl. A. GREELEY, Maria. Über die weibliche Dimension Gottes, Graz/Wien/Köln 1979; vgl. auch H. KÜNG, Existiert Gott? Antwort auf die Gottesfrage der Neuzeit, München 1981, 734-736.

[65] Vgl. J. BILL, Vom zärtlichen Menschen, Stuttgart 3. Aufl. 1978, 31-36 („Gottes Mütterlichkeit").

[66] G.-K. KALTENBRUNNER, Ist der Heilige Geist weiblich?, in: Una Sancta 32 (1977) 273-279; 273.

ter' zu erkennen: ‚Wenn einer dürstet, der komme zu mir, und es trinke, wer an mich glaubt!'"[67]

Nach Luther nahm die *Ruach Elohim*, der am Schöpfungsmorgen über den Wassern schwebende „Geist Gottes" (vgl. Gen 1,1f), die von Gott geschaffene Kreatur unter sich wie eine brütende Henne ein Ei.[68] So schwingt schon in der Schöpfungserzählung „ein heimliches Erinnern an die sonst aus dem dogmatischen Begriff Gottes unerbittlich getilgten weiblich-mütterlichen Züge mit".[69] Auch strahlt das Weibliche Gottes auf, wenn in den alt- und neutestamentlichen Schriften von der „Weisheit" und ihrer lebenspendenden Macht die Rede ist.[70] Die *weibliche Dimension des Heiligen Geistes* wird nicht allein von Thomas von Aquin unterstrichen.[71] Für Zinzendorf war, wie Kurt Marti bemerkt, der Heilige Geist die „Mama" in der Heiligen Familie der Trinität.[72]

Unter den Propheten des Alten Testaments ist es Hosea, der auf besondere Weise die *mütterliche Dimension Gottes* aufscheinen läßt. „Zum erstenmal in der biblischen Überlieferung wird durch Hosea die Zuwendung Jahwes zu Israel mit dem Wort ‚lieben' gekennzeichnet" (vgl. Hos 3,1 und 11,1ff).[73] Daß Jahwe „seinen Bund mit Israel als ‚Ehebund' verstanden wissen" will, ist ebenfalls „etwas ganz und gar Neues, das erst durch Hosea Israel vor Augen gestellt wurde" (vgl. Hos 1-3).[74] In Hos 11,3f wird Jahwes Zuwendung zu Efraim (= Israel) mit der von Eltern zu ihren Kindern verglichen; er war es, der Efraim gehen lehrte, es auf seine Arme nahm, mit Liebe an sich zog; wie Eltern, die den Säugling an ihre Wangen heben, war er zum Volk, ihm neigte er sich zu, ihm gab er zu essen.[75] „Dieses Vaterbild Jahwes trägt zugleich mütterliche Züge."[76] Alfons Deissler

---

[67] Ebd. 274.

[68] Ebd.

[69] Ebd.

[70] Ebd. 274f; vgl. auch WURZ 264f.

[71] KALTENBRUNNER 275.

[72] SCHREY 232.

[73] A. DEISSLER, „An mir findest du reiche Frucht" (Hos 14,9). Meditationshilfen zum Hosea-Buch, Freiburg/Basel/Wien 1977, 98. Vgl. auch DERS., Die Grundbotschaft des Alten Testaments. Ein theologischer Durchblick, Freiburg/Basel/Wien 1972,107.

[74] DEISSLER, Frucht 23.

[75] Ebd. 97.

[76] Ebd. 99.

spricht von einem „väterlich-mütterlichen Gott".[77] Eine solche Gottesvorstellung ist „im betont maskulinen ‚Männer-Volk' Israel ... erstaunlich".[78] Der männlichen Akzentuierung Gottes baut die biblische Offenbarung unter anderem dadurch vor, daß sie Jahwes Zuwendung „mit der Kategorie der Mütterlichkeit" umschreibt.[79] Vor einem Gottesspruch wie dem in Hos 11,1-9 wird darum „die unter Christen und selbst unter ihren Lehrern verbreitete Klischeevorstellung zuschanden, die oft so formuliert wird: ‚Der Gott des Alten Testaments ist der strafende Gott der Gerechtigkeit, der Gott des Neuen Testaments aber der gütige Gott der Liebe'."[80]

Schon in der biblischen Struktur des hebräischen Gottesnamens JHWH (Jahwe) deutet sich, nach Maria Bachiega, „die mann-weibliche Dialektik des Göttlichen an und damit die Zurückweisung der Alleingeltung des Männlichen"; denn „der Buchstabe J als 10. Buchstabe des hebräischen Alphabets repräsentiert das männliche Prinzip, HWH dagegen steht für das weibliche (vgl. Eva) Prinzip".[81] „Es wurden deshalb schon Stimmen laut, daß man Gott nicht nur als ‚Vater unser', sondern als ‚Mutter unser' anrufen dürfe."[82]

[77] Ebd. 97-103.
[78] Ebd. 101.
[79] Ebd.
[80] Ebd. 100.
[81] SCHREY 229 (M. BACHIEGA, Dio Padre o Dea Madre?, Florenz 1976).
[82] WURZ 271, wo diese Absicht allerdings kritisiert wird. C. MULACK, Die Weiblichkeit Gottes. Matriarchale Voraussetzungen des Gottesbildes, Stuttgart 1983, die im Schatten des männlich geprägten Gottesbildes der Bibel zu finden hofft, „was das über Gott reflektierende männliche Bewußtsein aus dem männlichen Gottesbild ausgesondert hat", nämlich das mit dem Bösen gleichsam identische Weibliche, will mit ihrer Arbeit noch nicht „für eine Integration des Weiblichen in das Bestehende", in also einen männlichen Gott plädieren; eine solche Integration setzt, ihrer Auffassung nach, voraus, daß der Wert des Weiblichen „voll ins Bewußtsein getreten ist" und „die Gefährlichkeit der Ideologie männlicher Höherwertigkeit durchschaut und anerkannt wurde". (16) „Theologisch gesprochen bedeutet eine solche Anerkennung des Wertes des Weiblichen, daß es genauso legitim und selbstverständlich sein muß, von der Gottheit als Mutter, Tochter und Heiligem Geist zu reden, wie man heute noch die Trinität von Vater, Sohn und Heiligem Geist lehrt ... Solange dies jedoch nicht möglich ist," so warnt MULACK, „läuft alles darauf hinaus, das Weibliche einem männlichen Gott einzuverleiben, wie dies bereits seit Jahrtausenden geschieht, ohne daß durch den Glauben an einen solchen Gott die Menschheit menschlicher geworden wäre." (17) Vgl. auch R. GUIST, Die religionspädagogische Vertretbarkeit der biblischen Vaterfigur. Zum Problem der Gottesdarstellung, Frankfurt/Bern 1981; J. LOH, Gott der Vater. Ein Beitrag zum Gespräch mit der Psychologie über den praktisch-theologischen Sinn der

2.1.4 *Orientierung am zärtlichen Gott*

Die Heilige Schrift gibt nicht nur Zeugnis von einem liebenden, barmherzigen und mütterlichen, sondern auch von einem zärtlichen Gott. „Die Spur der zärtlichen Liebe Gottes zieht sich durch alle biblischen Bücher des Alten und des Neuen Testaments."[83] Zärtliche Freundschaft spricht aus der Begegnung Jahwes und Mose: „Der Herr und Mose redeten miteinander Auge in Auge, wie Menschen miteinander reden." (Ex 33,11) „Eindringlich sprechen Israels Propheten von der zärtlichen Liebe Gottes."[84] Mit der Zärtlichkeit eines Gemahls wendet sich Gott den Menschen zu, selbst nach dem „Ehebruch" der Menschen noch (vgl. die Prophetie des Hosea). „Auch wenn der Herr, durch die Treulosigkeit seines Volkes erbittert, beschließt, es fallen zu lassen, ist seine Zärtlichkeit und seine großherzige Liebe zu den Seinen immer noch stark genug, um ihn seinen Zorn vergessen zu lassen. So ist es verständlich, daß dann die Psalmisten, sobald sie das höchste Loblied auf den Herrn anstimmen wollen, den Gott der Liebe besingen, den Gott der Zärtlichkeit, des Erbarmens und der Treue."[85] Eine „Theologie der Zärtlichkeit", wie sie zum Beispiel Heinrich Böll gefordert hat,[86] hat einen festen biblischen Grund.

„Weil Gott Liebe ist (1. Johannes 4,8 und 16), ist er zärtlich."[87] Was für die Beziehung der Menschen untereinander gilt, gilt auch für das Verhältnis zwischen Gott und Mensch: „Liebe wird erst wesentlich durch Zärtlichkeit. Ohne sie ist sie nicht ganz."[88] Gott läßt sich von den Menschen ins Herz schauen (vgl. Hos 11,8; Jer 31,20). „Zärtlichkeit ist eine Gelegenheit, bei der die Einheit verwirklicht

---

Vater-Symbolik, Frankfurt/Bern/Nancy/New York 1984. Zur „*abba*"-Anrede Gottes durch Jesus vgl. MERKLEIN, Jesu Botschaft 88-91.

[83] E. BECK, Gottes zärtliche Liebe. So zärtlich liebt Gott, in: Dienender Glaube 54 (1978) 114-118; 117f.

[84] Ebd. 116.

[85] JOHANNES PAUL II., Dives in Misericordia 21; vgl. auch 75.

[86] Vgl. R. HASKAMP, Der Zärtlichkeit Raum geben, in: Dienender Glaube 54 (1978) 118-128; 118f. Vgl. auch K. MARTI, Theologie der Zärtlichkeit. Notizen, in: Almanach 10 für Literatur und Theologie. Thema: Zärtlichkeit, hrsg. von A. WEYER, mit einer Anthologie lateinamerikanischer Gegenwartspoesie, Wuppertal 1976, 22-26; 22.

[87] MARTI, Theologie 24.

[88] HASKAMP 119.

wird."[89] „In der Zärtlichkeit leuchtet Versöhnung auf, ..."[90] Zärtlichkeit ist aber auch Wagnis, Zärtlichkeit liefert aus. Weil Gott „vollkommen zärtlich ist, bleibt er schwächer als wir Menschen, die wir nur gelegentlich, nur partiell, nur unvollkommen zärtlich sind."[91] „Zärtlichkeit verträgt sich mit keiner Form von ‚Gewalttätigkeit', mag diese auch noch so sublim sein."[92] „Herrschaftsansprüche zerstören die Zärtlichkeit. ... Zwischen Herrschendem und Beherrschtem, Sieger und Besiegten ist keine Zärtlichkeit möglich, höchstens sado-masochistische Angstlust."[93] Umgekehrt ist Zärtlichkeit „eine Exorzistin von Herrschaftsansprüchen, das ist ihre soziale Brisanz", sie ist „emanzipativ", indem sie „tendenziell auf Herrschaftsfreiheit, auf Akratie gerichtet ist".[94] Wie Lao-Tse, der davon überzeugt ist, daß das Weiche das Harte überwinden wird, glaubt der heilige Paulus, daß am Ende Gottes Schwäche stärker als die Menschen sein wird (vgl. 1 Kor 1,25).[95] Zärtlichkeit ist subversiv: „Zärtlichkeit weckt die Aufmerksamkeit für das Unscheinbare. ... Was sonst nichts gilt, wird wichtig – und was vor der Welt sonst als wichtig gilt, verblaßt zur Bedeutungslosigkeit ... Letztes wird Erstes, Erstes Letztes."[96]

Wenn es das alttestamentliche Gottesbild auch nur dürftig durchscheinen läßt: Gott ist zärtlich und schwach. Durch „undurchschaute Projektionen" ist diese Gotteserfahrung allerdings „weithin verdunkelt" geblieben und „zur Erfahrung des Gotteszorns" geworden.[97] Weil „Israels Kultur eine männliche war",[98] war auch Israels Gottesbild ein männliches: Wo „der siegreich kämpfende Mann als Ideal schlechthin gilt, braucht man sich nicht zu wundern, wenn

---

[89] Ebd. 119.

[90] MARTI, Theologie 25.

[91] Ebd. 24; vgl. auch D. MIETH, Die Kunst zärtlich zu sein. Wege zur Sensibilität, Freiburg/Basel/Wien 2. Aufl. 1983.

[92] HASKAMP 121.

[93] MARTI, Theologie 25.

[94] Ebd.

[95] Ebd.

[96] Ebd. 26; vgl. auch HASKAMP 122: Zärtliche Liebe geht „auf das Hilflose, Kleine, Bedrohte und Einsame".

[97] N. LOHFINK, Altes Testament – Die Entlarvung der Gewalt. Exegetische Anmerkungen zu einem aktuellen Thema, in: Herder-Korrespondenz 32 (1978) 187-193; 189 (dann auch veröffentlicht in: N. LOHFINK/R. PESCH 45-61).

[98] BECK, Liebe 114f.

auch Gott als Feldherr, als Heerführer gepriesen wird. Wenn der König, der Urteil spricht, als Ideal höchster menschlicher Autorität gilt,
braucht man sich nicht zu wundern, wenn auch Gott als Richter des
Volkes und der Völker, als der Gerechte, der belohnt und straft, geachtet und angerufen wird …"[99] Wenn auch wir heute „von Gott in
Begriffen und Bildern der Herrschaft und der Macht" reden, „proji-
zieren" wir nur „eigene Herrschaftsverhältnisse und Machtwünsche
in ihn hinein, der in Wahrheit als Liebender, als Zärtlicher schwach
ist".[100] „Die Herrschaftsfreiheit des Verhältnisses Gottes zum Menschen" ist nicht das „zentrale Thema des Christentums geworden".[101]

In Jesus scheint die Zärtlichkeit Gottes hell auf: ob er Kinder um-
armt, Kranke heilt, sich in gesellschaftlichen Randgruppen nieder-
läßt oder Frauen begegnet.[102] Jesus ist darüber hinaus „ein Mann,
der nicht nur Zärtlichkeit geben kann, sondern sie auch anzunehmen vermag"; mit großer Dankbarkeit läßt er sich von Maria
Magdalena seine Füße salben.[103] Am aufschlußreichsten für Jesu
Zärtlichkeit dürfte das biblische Zeugnis seines Verhältnisses zu den
Frauen sein.[104]

2.1.5 *Orientierung am verzeihenden Gott*

Eine Grundüberzeugung biblischen Glaubens ist: Gott verzeiht.
Gottes Vergebungsbereitschaft ist grenzenlos. So soll auch die des
Menschen dem Menschen gegenüber sein (vgl. Mt 18,21-34). Wenn
sich der Bruder „siebenmal am Tag gegen dich versündigt (also immer wieder; E.S.) und siebenmal wieder zu dir kommt und sagt: Ich

---

[99] EBD. 115.

[100] MARTI, Theologie 24f.

[101] M. VEITH, Die Gottesfrage in einer nachtheistischen Zeit, in: Schönberger Hefte 6
(1976) 3-8; 6.

[102] Vgl. HASKAMP 125f; vgl. auch zur Zärtlichkeit Jesu: Bill 46-50 („Die Zärtlichkeit des
Menschen Jesu").

[103] HASKAMP 127.

[104] Vgl. HASKAMP 126f; vgl. auch WURZ 267. Vgl. darüber hinaus: E. MOLTMANN-WEN-
DEL, Ein eigener Mensch. Frauen um Jesus, Gütersloh 2. Aufl. 1980; R. LAURETIN, Jesus
und die Frauen: Eine verkannte Revolution?, in: Concilium 16(1980) 275-283; vgl. dazu
aber auch B.J. BROOTEN, Jüdinnen zur Zeit Jesu, in: Theologische Quartalschrift 161
(1981) 281-285. Vgl. auch W. TRILLING, Die Stellung der Frau im Neuen Testament, in:
Theologisches Jahrbuch, Leipzig 1986, 76-100.

will mich ändern!, so sollst du ihm vergeben." (vgl. Eph 4,32) Aus der zwischenmenschlichen Vergebungsbereitschaft hat die Bibel sogar eine Bedingung für Gottes Vergebungshandeln gemacht[105]: „Denn wenn ihr den Menschen ihre Verfehlungen vergebt, dann wird euer himmlischer Vater auch euch vergeben." (Mt 6,14) Wer seinen Schuldnern die Schuld erlassen hat, darf auch um Vergebung seiner eigenen bitten (vgl. Mt 6,12). Fordert Jesus von seinen Jüngern, „grenzenlos zu vergeben", so „muß jener Vater, den er verkündet, noch bereitwilliger dazu sein".[106] Die Vergebungsbereitschaft der Menschen hat ihr verpflichtendes Vorbild in der des göttlichen Vaters. „Der Gott des Alten und des Neuen Testaments ist ein Gott der Langmut, der bereit ist zu vergeben, und immer wieder wird das vom Menschen geforderte sittliche Verhalten auf das Verhalten Gottes dem Menschen gegenüber zurückgeführt."[107]

Gottes Vergebungshandeln befreit: „Der Gott Jesu Christi ist genau das Gegenteil der Gewalt. Er vergilt nicht Gleiches mit Gleichem. Er fordert nicht Auge um Auge. Sein grenzenloses Verzeihen und seine grundlose Liebe heben sich in allem vom Mechanismus der Gewalt und vom Teufelskreis der zerstörerischen Gegenseitigkeit ab."[108] Gott verzichtet darauf, die Sünden anzurechnen (vgl. 2 Kor 5,19). „Gott verzeiht, ohne Gegenleistung und Genugtuung zu fordern".[109] „Die Vorstellung von einem Gott, der Genugtuung fordert, ist … heidnischen Ursprungs"; nur die Heiden tun Gutes bei Gegenleistung und lieben nur ihresgleichen, wie Mt 5,43-48 lehrt.[110] Selbst die Ermordung seines Sohnes vergilt Gott nicht; gerade sie vergibt er den Menschen: „Gott selbst hat den Teufelskreis der Mimesis durchbrochen und nicht mit dem Vernichtungsschlag des Gerichts auf die Ermordung seines Sohnes geantwortet."[111] Vielmehr hat Gott „im Tod Jesu durch Gewaltverzicht die Gewalt überwunden".[112]

---

[105] Vgl. SCHÜRMANN, Worte 70-75.
[106] SCHWAGER, Sündenbock 211.
[107] H. HAAG 269.
[108] SCHWAGER, Sündenbock 212.
[109] Ebd. 211.
[110] Ebd.
[111] R. PESCH, Überwindung 73.
[112] Ebd. 74.

Wo Gewalt auf Vergebung trifft, verschwindet sie aus der Welt. Die durch Vergebung absorbierte Gewalt gebiert sich nicht mehr fort. Die letzte Chance der Aufhebung von Gewalt liegt nicht in der Gerechtigkeit, sondern in der Vergebung. „Die Welt der Menschen kann nur dann ,immer menschlicher' werden, wenn wir in alle gegenseitigen Beziehungen, die ihr geistiges Antlitz prägen, das Element des Verzeihens einbringen, welches für das Evangelium so wesentlich ist. Das Verzeihen bezeugt, daß in der Welt eine Liebe gegenwärtig ist, die stärker ist als die Sünde. Es ist darüber hinaus die Grundbedingung für die Versöhnung, nicht nur in den Beziehungen zwischen Gott und dem Menschen, sondern auch in den gegenseitigen Beziehungen zwischen den Menschen. Eine Welt ohne Verzeihen wäre eine Welt kalter und ehrfurchtloser Gerechtigkeit, in deren Namen jeder dem anderen gegenüber nur seine Rechte einfordert …"[113]

In der „Kraft der Vergebung" liegt die „Revolution der Bergpredigt".[114] Nicht die Aufforderung zur Brüderlichkeit und gegenseitigen Hilfe ist nach Peter Kropotkin das Neue am Christentum – diese entstammt der Natur und ist weitverbreitete Sittenlehre –, sondern die Aufforderung zur „Vergebung der Beleidigungen".[115] In der „Forderung, das ihm angetane Böse vollständig zu vergeben", sieht

---

[113] JOHANNES PAUL II., Dives in Misericordia 76. – Vgl. auch R. v. DUYN, Die Botschaft eines weisen Heinzelmännchens. Das politische Konzept der Kabouter. Eine Betrachtung über das philosophische Werk von Peter Kropotkin in Verbindung mit der heutigen Wahl zwischen Katastrophe und Heinzelmännchenstadt, Wuppertal 1971, 42: „Wenn die Gesellschaft nur Gleichheit kennen würde, wenn jeder gerecht wie ein ehrlicher Händler wäre, sagt Kropotkin, und wenn man peinlich genau darauf achten würde, anderen nicht mehr zu geben, als man von ihnen empfängt, dann würde die Gesellschaft sterben." „Höhere Grundsätze – keine Rache üben für widerfahrenes Unrecht; freiwillig mehr schenken, als man von seinem Nachbarn zu empfangen hofft – werden (von Kropotkin; E.S.) als die wahren Grundlagen der Moral verkündet und höher geschätzt als Gleichheit, Gerechtigkeit und Recht, weil sie besser zum wahren Glück führen." (ebd. 43) Vgl. auch MULLER 80: „Das Geheimnis der Nächstenliebe ist die Nachlassung der Schuld und die Verzeihung der Beleidigungen. Die Gerechtigkeit aber kennt keine Verzeihung; diese ist in Wirklichkeit eine Ungerechtigkeit. Aber nur die Verzeihung kann die zwangsläufige Verkettung der Gewalttaten und Ungerechtigkeiten durchbrechen und die Aussöhnung ermöglichen. … Das Werk der Nächstenliebe korrigiert tatsächlich das der Gerechtigkeit, indem es die Versöhnung ermöglicht."
[114] L. RIDEZ, Die Bergpredigt. Mensch sein nach Jesus, Zürich/Köln 1979, 151.
[115] P. KROPOTKIN, Ethik. Ursprung und Entwicklung der Sitten, Berlin 1976, bes. 92-98.

Kropotkin einen „wirklich neuen Grundsatz", den das Christentum (neben dem Buddhismus) „ins Leben des Menschen hineintrug".[116]

2.1.6 *Orientierung am heilstiftenden Gott*

Gott will, daß der Mensch lebt: „Ich habe doch kein Gefallen am Tod dessen, der sterben muß – Spruch Gottes, des Herrn. Kehrt um, damit ihr am Leben bleibt!" (Ez 18,32) Der Gott der Bibel will eine heile Welt. In diesem Sinne hat er sich durch die ganze Geschichte dem Menschen offenbart: „Und als sie in Adam gefallen waren, verließ er sie nicht, sondern gewährte ihnen jederzeit Hilfe zum Heil ..."[117] Sein unterdrücktes Volk befreite er, der „Ich-bin-da" heißt (Ex 3,14), aus der Hand der Ägypter (vgl. Ex 3,7-10); im Exil verspricht er ihm Treue und Rettung: „Fürchte dich nicht, denn ich habe dich ausgelöst, ich habe dich beim Namen gerufen, du gehörst mir" (Jes 43,1). Gott verläßt sein Volk und seine Schöpfung nicht: was einmal „sehr gut" war (vgl. Gen 1,31), soll wieder „sehr gut" werden, Gottes Wei-

---

[116] Ebd. 97. In der Vergebungspredigt liegt nach Kropotkin der „Hauptunterschied des Christentums von allen Religionen" (mit Ausnahme des Buddhismus). (ebd. 96) Erst die Bereitschaft, sich selbst aufopfern zu wollen, auf Rache zu verzichten, mehr zu geben als man bekommt, macht nach Kropotkin Moral im engeren Sinne aus. (vgl. DUYN 42) Vgl. auch SCHWAGER, Sündenbock 180: „Da die Menschen bei allem Aufzeigen der verborgenen Mächte immer wieder fehlen, kommt dem Verzeihen aus christlicher Sicht eine höchste Bedeutung zu." Vgl. ebd. 181: „... Die Menschen sollen verzeihen, weil Gott verzeiht (vgl. Mt 6,14f)."

[117] VATICANUM II, *Lumen Gentium*. Dogmatische Konstitution über die Kirche, in: K. Rahner/H. Vorgrimler, Kleines Konzilskompendium. Sämtliche Texte des Zweiten Vatikanums, Freiburg/Basel/Wien 9. Aufl. 1974, 123-197; 123 (Nr. 2). Vgl. auch folgenden Abschnitt aus dem Vierten Hochgebet: „Als er (der Mensch; E.S.) im Ungehorsam deine Freundschaft verlor und der Macht des Todes verfiel, hast du ihn dennoch nicht verlassen, sondern voll Erbarmen allen geholfen, dich zu suchen und zu finden. Immer wieder hast du den Menschen deinen Bund angeboten und sie durch die Propheten gelehrt, das Heil zu erwarten." *Die Feier der Heiligen Messe. Meßbuch. Für die Bistümer des deutschen Sprachgebietes. Authentische Ausgabe für den liturgischen Gebrauch. Kleinausgabe. Das Meßbuch deutsch für alle Tage des Jahres*, Einsiedeln/Köln/Freiburg/Basel/Regensburg/Wien/Salzburg/Linz 1975, 504. Vgl. auch das Votivhochgebet „Versöhnung", in: *Vier Hochgebete bei besonderen Anlässen*. Votivhochgebet „Versöhnung". Drei Hochgebete für Eucharistiefeiern mit Kindern. Studienausgabe, Einsiedeln/Zürich/Freiburg/Wien 1975, 7: „Gott, unser Vater, als wir Menschen uns von dir abgewandt hatten, hast du uns durch deinen Sohn zurückgeholt. Du hast ihn in den Tod gegeben, damit wir zu dir und zueinander finden."

sungen zielen darauf. Gottes „Gebot gibt Leben".[118] Gott weist den „Pfad zum Leben" (Ps 16,11; vgl. auch Ps 119,144). Wer Gottes Weisungen erfüllt, „wird durch sie leben" (Lev 18,5). Die seine Weisungen dagegen „hassen, lieben den Tod" (Spr 8,36).

Gott will das Heil der Menschen.[119] Daß der Mensch und sein Lebensraum „heil" sein sollen, bezeugen die zahlreichen Totenerweckungen und Heilungswunder. Elischa holt einer Mutter ihren Knaben aus dem Tod ins Leben zurück (vgl. 2 Kön 4,32-35). Jesus weckt den Jüngling von Nain zu neuem Leben auf (vgl. Lk 7,11-17). Paulus heilt den gelähmten Mann aus Lykaonien (vgl. Apg 14,8-10). „Blinde sehen wieder, und Lahme gehen; Aussätzige werden rein, und Taube hören; Tote stehen auf, und den Armen wird das Evangelium verkündet." (Mt 11,5) Dichter können Heilswillen und Heilswirken Gottes nicht mehr gefaßt werden; dichter als in Jesus, dem „Wort des Lebens" (1 Joh 1,1), konnte sich der heilstiftende, lebenspendende Gott nicht offenbaren. Durch die Propheten spricht Gott seine Weisungen des Heils in die Welt; Jesus lebt sie mit letzter Konsequenz; die Apostel bezeugen Jesu Heilsweg ebenso wie die Heiligen, die bekannten und unbekannten, bis auf den heutigen Tag.

Gott will das Heil. Doch er zwingt es nicht auf. „Gott vergewaltigt den Menschen nicht zu seinem Heil."[120] Heilung kann nicht wider Willen geschehen. Wunder der Heilung setzen bereitwillige Öffnung, Glauben voraus.[121] „... geheilt werden nur die Kranken, die wissen, daß sie krank sind."[122] Gott will, daß der Mensch heil ist und lebt.

---

[118] A. DEISSLER, Das Gebot gibt Leben. Anregungen für Prediger und Seelsorger aus dem Alten Testament, in: Lebendige Seelsorge 30 (1979) 162-167.

[119] M. SCHMAUS, Der Glaube der Kirche. Handbuch katholischer Dogmatik, Bd. 1, München 1969, 111; vgl. auch 121f.

[120] A. DELP, Worte der Hoffnung, Freiburg/Basel/Wien 3. Aufl. 1974, 83.

[121] Vgl. A. KOLPING, Fundamentaltheologie, Bd. 2 (Die konkret-geschichtliche Offenbarung Gottes), Münster 1974, 438-467; vgl. auch KASPER, Jesus 104-116.

[122] R. SCHNEIDER, König aller Zeiten, in: M. v. Galli/M. Plate (Hg.), Kraft und Ohnmacht. Kirche und Glauben in der Erfahrung unserer Zeit, Frankfurt 1963, 294-301; 300.

2.1.7 *Orientierung am gewaltfreien Gott*

„Gott ist kein Zerstörer seiner Kreatur, sondern sein Wille zu ihr ist ein Heilswille."[123] Doch hat Gott „viele seiner Verheißungen an das Vertrauen gebunden, das Menschen ihm entgegenbringen."[124] Gott „vergewaltigt den Menschen nicht, auch nicht zu des Menschen Glück und zu seiner erfüllten Verwirklichung".[125] Der Vater im „Gleichnis vom verlorenen Sohn" hält den Sohn nicht mit Gewalt zurück (Vgl. Lk 15,11-13). Zwar leidet der Gott der Bibel zutiefst am heillosen Zustand der Menschen; aber er zwingt sie nicht auf den Weg des Heils. Durch Zwang käme er nicht an sein Ziel: Glauben, der Vertrauen ist, läßt sich nicht erzwingen.[126] Gott begegnet dem Menschen als „Freund", der nicht über ihn verfügt, sondern ihn „anredet, bittet und ruft".[127] „Das Urbild des Verhältnisses zwischen Gott und Mensch ist, biblisch, nicht das der Herrschaft, sondern der vollständigen Herrschaftsfreiheit: dieser Gott liefert sich selbst dem Menschen aus, so wie Liebe (solange sie Liebe bleibt) sich ausliefert und nicht beherrscht."[128] Gott „gebietet" zwar die „gläubige Annahme seines Wortes", „aber er erzwingt sie nicht".[129] „Das ist das Wesen Gottes. Alles an Ihm ist Angebot, Zusage, Einladung, freie Gabe, Frei-Gabe."[130] „Das Heilswirken Gottes vollzieht sich in der Weise des Heilsangebotes, also des Heilsdialoges mit den Menschen."[131] „Die Schrift bezeugt, daß Gott das Heil aller Geschöpfe will. Gott kann geradezu bestimmt werden als jenes welttranszen-

---

[123] DELP 105f.
[124] Ebd. 96.
[125] Ebd. 112; vgl. auch O. KEEL, Feinde und Gottesleugner. Studien zum Image des Widersachers in den Individualpsalmen, Stuttgart 1969, 219 (hier zit. nach SCHWAGER, Sündenbock 119): Der Gott Israels „ist ein Gott, der sich nicht so sehr durch seine evidente Macht, sondern durch seine Verheißungen, Forderungen und Drohungen, kurzum durch sein auf die Zukunft bezogenes Wort manifestiert. Dieses Wort aber drängt sich nicht auf. Seine Wahrheit erschließt sich erst im Laufe der Zeit. So besitzt der Israelit die Möglichkeit, es anzunehmen, zu glauben, zu propagieren, oder aber es mißtrauisch abzulehnen, zu mißachten, zu verwerfen und zu vergessen."
[126] Vgl. VEITH 5.
[127] Ebd.
[128] Ebd.
[129] A. KOLPING, Einführung in die katholische Theologie. Geschichtsbezogenheit, Begriff und Studium, Münster 2., vermehrte Aufl. 1963, 102.
[130] G. BRÖCKER, Ich liebe Dich!, in: Dienender Glaube 54 (1978) XVIII-XX; XVIII.
[131] SCHMAUS 113.

dente, in der Welt präsente Wesen, welches in absoluter schöpferischer Macht das Heil aller Geschöpfe wirkt, ohne freilich der menschlichen Freiheit Zwang anzutun."[132] Gottes Wort „zwingt nicht, sondern überzeugt".[133] Es „vergewaltigt nicht", „es ruft, aber es hebt die Freiheit nicht auf".[134] „Gott bietet das Heil an, ..."[135] Gott sucht das „Gespräch" mit den Menschen, will ihnen „Wandergefährte" sein.[136] „Gott drängt sich nicht auf."[137]

„Du hast Geduld mit uns", bekennt der Beter vor seinem Gott. „Immer aufs neue schenkst du uns dein Vertrauen. Und Gewalt ist nie deine Antwort auf unseren Widerwillen. Du bist es, der die Liebe entzündet und uns zur Freiheit ruft. Du bist Gott."[138] Das will Gott: den Menschen zur Freiheit führen. Gewalt will er nicht antun. Das ist die Erfahrung, die auch Carlo Carretto gemacht hat: „Wenn ich über das nachdenke, was du in mir vorgehen läßt, dann merke ich deutlich, du willst mich nie zwingen. ... Du bietest an, du schweigst, du wartest, um uns nicht Gewalt anzutun. Du willst, daß wir dir entgegengehen, du willst, daß wir frei sind. Denn das ist es: du willst uns zur Freiheit führen. Die einzige Versuchung für Gott, die wir uns vorstellen können, ist, daß er seine Macht spielen läßt. Aber gerade in diese Gefahr willst du dich nicht begeben."[139]

So hat schon Elija den „Gewaltverzicht Gottes"[140] erfahren. Das erste Buch der Könige erzählt davon – in wohl einer der beeindruckendsten Reden von Gott: „Da zog der Herr vorüber: Ein starker, heftiger Sturm, der die Berge zerriß und die Felsen zerbrach, ging dem Herrn voraus. Doch der Herr war nicht im Sturm. Nach dem Sturm kam ein Erdbeben. Doch der Herr war nicht im Erdbeben. Nach dem Beben kam ein Feuer. Doch der Herr war nicht im Feuer.

---

[132] Ebd.

[133] J. COMBLIN, Theologie des Friedens. Biblische Grundlagen, Graz/Wien/Köln 1963, 232.

[134] Ebd. 235.

[135] SCHMAUS 113.

[136] Ebd. 120.

[137] RAGAZ, Gleichnisse 11.

[138] F. CROMPHOUT, Eine Zeit des Redens. Gebete und liturgische Texte, Frankfurt 1971, 56.

[139] C. CARRETTO, Denn du bist mein Vater. Bekenntnis eines Lebens, Freiburg/Basel/Wien 2. Aufl. 1975,62f.

[140] Vgl. das gleichnamige Buch von A.V. BAUER, Gewaltverzicht Gottes. Anstoß zu einem Lernprozeß, Wuppertal 1972.

Nach dem Feuer kam ein sanftes, leises Säuseln. Als Elija es hörte, hüllte er sein Gesicht in den Mantel, trat hinaus und stellte sich an den Eingang der Höhle. Da vernahm er eine Stimme, die ihm zurief: Was willst du hier, Elija?" (1 Kön 19,11-13) Dann erhält Elija einen neuen Auftrag.

2.1.8 *GROßER EXKURS: Exemplarische Auseinandersetzung mit der Vorstellung eines gewalttätigen Gottes*

„Keine Deutung Jesu zweifelt daran, daß er Gottes Liebe und Erbarmen gepredigt und im Umgang mit den Menschen vorgelebt hat. Doch alle Deutungen nehmen diese Kunde vom Erbarmen und der Liebe Gottes nachher mehr oder minder zurück, indem sie Zorn und Gericht Gottes weiterhin als Möglichkeiten offenlassen."[141] Kann das aber verwundern? Da ist nun einmal das Alte Testament, in dem wie in einem Spiegel „die Gewalttätigkeit der ganzen Welt und aller Zeiten aufscheint", das „ständig von der Gewalt spricht", „an etwa 600 Stellen" davon handelt, „wie ein Volk, ein König oder ein einzelner über Menschen herfällt und sie vernichtet", und das göttliche Strafgericht voll von Blutvergießen sieht.[142] Die Gewalttätigkeit im Gottesbild des Alten Testaments kann nicht weggeleugnet werden. So sieht es fast aus, „als habe Israel seinen Gott vor allem in Blut- und Gewalttaten wahrgenommen. ... Es gibt Texte, die geradezu von einem Blutrausch Gottes sprechen. An ungefähr tausend Stellen des Alten Testaments ist davon die Rede, daß Jahwes Zorn entbrennt, daß er Gewalt androht, daß er Rache nehmen will. Daneben treten viele andere Texte, in denen er durch Menschen und Völker strafende Gewalt ausüben läßt, etwa hundert Stellen, in denen er ausdrücklich die Vernichtung von Menschen befiehlt, und etwa siebzig Stellen, an denen die böse Tat gewissermaßen selber ihre Nemesis nach sich zieht, wobei jedoch oft im Zusammenhang deutlich ist, daß zugleich Gott es ist, der diesen schicksalsmächtigen Tat-Folge-Zusammenhang in Bewegung setzt. Und nicht nur Gott ist zutiefst in die Gewebe der Gewalt verstrickt, auch sein Kult ist voller Blut. ..."[143] Diesem Faktum gilt es sich gerade vom Standpunkt des Ge-

---

[141] A.V. BAUER 52.
[142] N. LOHFINK, Entlarvung 188f.
[143] Ebd. 189.

waltverzichts zu stellen. Wird sich die oben versuchte Darstellung eines gewaltfreien Gottes aufrechterhalten lassen oder sich als überzeichnet, einseitig, ja völlig falsch erweisen?

Im folgenden sollen einige jener Argumente auf ihre Stichhaltigkeit hin überprüft werden, die – vor allem von alttestamentlichen Textstellen ausgehend – zur Behauptung eines gewalttätigen Gottes ins Feld geführt werden. Dazu zählen die Vorwürfe, daß Gott das Böse und das Leid zulasse, ja damit sogar strafe; daß er Abraham aufgefordert habe, seinen Sohn Isaak zu opfern; daß er die ägyptischen Soldaten heimtückisch im Meer habe ertrinken lassen; daß er eine kriegerische Landnahme der Israeliten und die ihr nachfolgenden „Heiligen Kriege" befürwortet und unterstützt habe; daß er, unzähligen Rachetexten des Alten Testaments zufolge, bereit war, Rache zu üben an seinen Feinden und den Feinden Israels. Aus dem weitaus breiteren Spektrum klassischer Vorhaltungen göttlichen Gewaltgebärdens sollen diese Vorwürfe exemplarisch herausgegriffen und erörtert werden. Andere, die nicht weniger oft in die Diskussion geworfen werden und zur Verwirrung der Geister beitragen, müssen unberücksichtigt bleiben: so z. B. jene merkwürdige Erzählung, nach der Jahwe in der Nacht des Pascha alle Erstgeborenem „bei Mensch und Vieh" erschlagen haben soll (vgl. Ex 12,1-13,16), nachdem er zuvor bereits schreckliche Plagen übers Land gebracht hat (vgl. Ex 7,1-11,10); oder jener Massenmord in Bethlehem, der, wie Matthäus erzählt, anläßlich der Geburt Jesu durch Herodes geschehen konnte, ohne daß Gott eingegriffen hätte (vgl. Mt 2,16-18). In den meisten Fällen würde wohl eine kurze exegetische Information oder theologische Deutung genügen, um die Haltlosigkeit des mit dem Texthinweis verbundenen Gewaltvorwurfes aufzuzeigen.[144]

---

[144] In Kenntnis etwa eines Aufsatzes von H. GIESEN, Der verdorrte Feigenbaum – Eine symbolische Aussage? Zu Mk 11,12-14.20f, in: Biblische Zeitschrift, N.F. 20 (1976) 95-111, würde beispielsweise Bertrand Russell heute höchstwahrscheinlich nicht mehr über die „seltsame Geschichte vom Feigenbaum" stolpern und ausführen: „Das ist eine sehr eigenartige Geschichte, weil man dem Feigenbaum wirklich keinen Vorwurf machen könnte, daß es nicht die rechte Jahreszeit für Feigen war. Ich meinerseits kann nicht finden, daß Christus an Weisheit und Tugend ganz so hoch steht wie einige andere geschichtliche Persönlichkeiten." B. RUSSELL, Warum ich kein Christ bin, Reinbek 7. Aufl. 1972, 31. So spricht vieles dafür, daß es sich bei der Verfluchung des Feigenbaumes um eine symbolische Aussage gehandelt hat; vgl. GIESEN und die Erörterung

Dieser Exkurs erreicht sein Ziel, wenn er vorsichtig werden läßt in der Verwendung von Textstellen, die auf den ersten Blick geeignet scheinen, Gott Gewalt anzulasten. Es genügt, wenn deutlich werden kann, daß mit zunehmender Problematisierung der betreffenden Texte die Schlußfolgerung, daß also selbst Gott Gewalt ausübe, wenigstens fragwürdig wird.

2.1.8.1 *Die Übermacht des Ereignishaften*
– kein Argument für eine Gewalttätigkeit Gottes

Gegen einen Gott, von dem es heißt, daß er gut sei und das Beste für den Menschen wolle, lautet einer der gravierendsten Vorwürfe, daß er das Leid zulasse, ja sogar damit strafe.[145] Die Realität scheint diesem Vorwurf recht zu geben: neben Krankheit und Hunger, Unterdrückung, Streit, Folter, Terror und Krieg ereignen sich tragische Unglücksfälle, breiten sich Seuchen aus, werden Kinder mit körperlicher, geistiger oder psychischer Behinderung geboren und überkommen Naturkatastrophen wie Wind- und Sandstürme, Gewitter, Erdbeben und Vulkanausbrüche, Dürreperioden und Überschwemmungen ganze Landstriche und Völker: Ereignisse, die auch in der christlichen Gedankenwelt häufig genug interpretiert werden als Strafgerichte Gottes, die die jeweils Betroffenen aus eigener oder fremder Schuld auf sich ziehen. Zumindest erscheint Gott als der in seiner Unbegreiflichkeit Erschreckende – eine Erfahrung, der Rein-

---

der Feigenbaumverfluchung als Zeichenhandlung Jesu durch TRAUTMANN 319-346, aber auch R. PESCH, Das Evangelium der Urgemeinde, Freiburg/Basel/Wien 1979, 131-133. Ebenso könnte „die Begebenheit mit den Gadarener Säuen, wo es den Schweinen gegenüber gewiß nicht sehr nett war, die Teufel in sie fahren zu lassen, so daß sie den Hügel hinab ins Meer stürmten", (RUSSELL 30) auch für Russell befriedigend erklärt werden. Für die meisten Fehlschlüsse dürfte die Bevorzugung eines völlig unangebrachten historischen Verständnisses vor der eigentlich naheliegenden adäquaten theologischen Deutung verantwortlich sein. Ein anderes Argument für die „Grausamkeit" Gottes, daß er nämlich seinen Sohn habe sterben lassen zur Sühne menschlicher Vergehen, greift G. BORNKAMM, Ist Gott grausam? – Über den Sühnetod Christi, in: W. Böhme (Hg.), Ist Gott grausam? Eine Stellungnahme zu Tilman Mosers „Gottesvergiftung", Stuttgart 1977, 55-74, auf. Im Falle schwieriger neutestamentlicher Texte versucht übrigens FERGUSON 28-40 Einzelerklärungen.

[145] „Eine sehr beliebte Deutung des Leidens im Alten Testament zielt darauf ab, Schmerz und Unglück als Zuchtmittel Gottes zu begreifen." G. GERSTENBERGER, Leiden im Alten Testament, in: G. Gerstenberger/W. Schrage, Leiden, Stuttgart/Berlin-Köln/Mainz 1977, 9-117; 95.

hold Schneider mit den Worten Ausdruck gibt: „Man muß beten, auch wenn man es nicht kann. Ich kann sehr wohl beten für andere ... Ich habe ein tiefes Bedürfnis danach; es ist das, was mich hält, was mich morgens in die Kirche ruft; für mich kann ich nicht beten; und des Vaters Antlitz hat sich ganz verdunkelt; es ist die schreckliche Maske des Zerschmeißenden, des Keltertreters; ich kann eigentlich nicht ‚Vater' sagen."[146] Eine solche Aussage muß stehenbleiben. Sie behält ihren Stellenwert auch angesichts des notwendigen Versuches, menschliche Leiderfahrungen nach ihren Ursachen zu befragen.

Dem gläubigen Verständnis erschließt sich – ungeachtet vieler hier nicht zu erörternder Einzelfragen – ein doppelter Zugang zum Problem. Einerseits: eine dem Menschen begegnende Übermacht des Ereignishaften, die als Leidzufügung erfahren wird, verweist auf eine einzelne und allgemeinmenschliche Sündhaftigkeit und Schwäche. Gerade im Blick auf die (noch zur Sprache kommende) „Solidarität Gottes mit dem leidenden Menschen" gilt es dabei mit dem Römerbrief zu verstehen, daß die Unheilslast der Menschen nicht einfach nur „die Ballung ihrer Tatsünden ist, sondern grundlegend ein Mangel an Gerechtigkeit vor Gott, der vom Ursprung der Menschheitsgeschichte her jedem einzelnen Menschenleben vorausliegt und deswegen nicht seinen Lebensanfang überschattet".[147] Andererseits: die Übermacht des Ereignishaften als des leidvoll Erfahrenen begegnet als ein solches, das „uns aus den vorgegebenen Strukturen der Wirklichkeit, theologisch gesprochen ‚von Schöpfung her', entgegentritt"[148].

Das selbstverschuldete nicht weniger als das durch die „Natur" zugefügte Leid sind Grundgegebenheiten dieser Welt. Was immer

---

[146] R. SCHNEIDER, Winter in Wien. Aus seinen Notizbüchern 1957/58, Freiburg 1958, 119.

[147] E. RUCKSTUHL, Die Unheilslast der unerlösten Menschheit im Blick des Neuen Testaments, in: R. Schmid/E. Ruckstuhl/H. Vorgrimler, Unheilslast und Erbschuld der Menschheit, Luzern/München 1969, 45-113; 92.

[148] G. GRESHAKE, Der Preis der Liebe. Besinnung über das Leid, Freiburg/Basel/Wien 1978, 27. – Vgl. auch Glaubensverkündigung für Erwachsene. Deutsche Ausgabe des Holländischen Katechismus, Freiburg 2. Aufl. 1971, 546: „Das Elend in dieser Welt hat also eine doppelte Wurzel: die Sünde und das Werden der Welt." Vgl. auch W. SPARN, Leiden-Erfahrung und Denken. Materialien zum Theodizeeproblem, München 1980; H. WIERSINGA, Leid: Herausforderung des Lebens. Auseinandersetzung mit einer Grundfrage, München 1982.

seine Ursache sein mag, Leid ist aus dieser Welt nicht wegzudenken, solange die Freiheit zur Entwicklung und zur Sünde in ihr sind. Leid ist so in dieser Welt präsent, als gehörte es dazu. Indem der Schöpfergott sein Werk in den Prozeß der Evolution hineingegeben und nicht auf einen Stand fixiert hat, ist auch so Leid aus Unglück und Versagen möglich geworden.[149] Das Werk, das sich nicht selbst genügt, vielmehr dynamisch offen ist, eben darum auch Liebe noch möglich sein läßt, verlangt dafür im Leid des Scheiterns auch seinen Preis.[150]

Daß Leid geschehen kann, wo Evolution im Gange ist, soll in gebotener Kürze im nächsten Abschnitt (a) ausgeführt werden; ein zweiter Abschnitt (b) handelt über jenes Leid, das Folge von Sünde und Versagen ist; mit drei Anmerkungen (c) schließen die Ausführungen ab.

(a)
Wie jedes Ding steht auch der Mensch, sich selbst zwar als Krönung verstehend, „im evolutiven Kontinuum" dieser von Gott geschaffenen Welt. Auch für ihn gelten die Gesetze der Evolution.[151] Was er als Unfixiertheit, genauer noch als Freiheit erfährt, das ist auch Merkmal vormenschlicher Evolution. Nimmt man den Menschen nicht heraus aus dieser Welt und konstruiert nicht zwischen ihm und der Welt einen „unüberbrückbaren Gegensatz", kann man in Anlehnung an Teilhard de Chardin „vormenschliche Evolution als Vorentwurf zum Menschsein" sehen oder m. a. W. „in der Zufälligkeit des evolutiven Spiels, im Durchprobieren der Möglichkeiten des Anorganischen und Organischen, … einen ersten zaghaften Vorschein dessen, …, was in der menschlichen Freiheit erst zu sich kommt".[152] Nach Greshake gibt es bereits einen Vorentwurf von Freiheitsstrukturen „in der vormenschlichen evolutiven Welt, und zwar gerade da, wo sie nicht als definiert und determiniert erscheint, sondern sich im freien Spiel der Kräfte erprobend entfaltet,

---

[149] Grundlegend zum Verhältnis von Freiheit und Determination: B. WELTE, Determination und Freiheit, Frankfurt 1969.
[150] Vgl. GRESHAKE, Preis.
[151] Ebd. 41f.
[152] Ebd. 43.

wo das Zufällige immer wieder das Notwendige durchbricht".[153] Damit deutet sich an, daß es auch Dunkles, Negatives gibt. Mit anderen Worten: Leiden ist ein notwendiges „Nebenprodukt" (de Chardin) der Evolution.[154] So wird freilich, wie Greshake betont, bereits im untermenschlichen Bereich Freiheit „teuer bezahlt":

> „Daß es so etwas wie Krebs gibt, Virenerkrankungen, Mißgeburten, Unglücksfälle, Flutkatastrophen und dergleichen, ist eine notwendige Folge dessen, daß Evolution sich als Vorentwurf von Freiheit vollzieht, nicht determiniert, nicht notwendig, nicht fixiert, sondern im Spiel, im Durchprobieren von Möglichkeiten, im Zufälligen. Schöpfung, deren Ziel geschöpfliche Freiheit ist, hat nicht die Gestalt einer gefügten und a priori verfügten statischen Ordnung, sondern ist etwas Dynamisches, nicht Festgelegtes, Spielerisches. Damit ist aber notwendig auch gegeben das Negative, das Desintegrierende, das Nichtgelungene, die Fülle von ‚Abfallprodukten', kurz all das, was Leid erzeugt."[155]

(b)

Was sich im Rahmen der Evolution, in deren Konsequenz, an freien Prozessen ereignet, spiegelt sich in dem, was im Rahmen menschlicher Freiheit an Gutem und Bösem, an Aufbauendem und Zerstörendem, an Gelingendem und Mißlingendem geschieht. Mit dem Geschenk der Freiheit riskiert Gott das Leid. Beides zu geben, Freiheit bei Leidfreiheit, wäre ein Widerspruch in sich, sinnlos wie ein dreieckiger Kreis.[156]

Frei, doch nach wie vor Geschöpf und damit auf Gott bezogen, kann der geschaffene Mensch sich gegen, doch in Liebe für den Schöpfergott entscheiden. Drängt er in Freiheit aus dem vom Schöpfer „vorgegebenen Sinnzusammenhang" heraus, beschwört er für sich und endlich auch für andere das Unheil herauf.[157] „Wenn der

---

[153] Ebd. 43f.

[154] Ebd. 44f.

[155] Ebd. 44; vgl. dazu aber auch die Kritik von I. MIETH, Katechese in der Küche. Kinderfragen verlangen Antwort, Mainz 1979, 74: „... angesichts eines Körperbehinderten von den Abfallprodukten der Evolution zu sprechen, ist eine Ungeheuerlichkeit."

[156] Vgl. GRESHAKE, Preis 28f.

[157] GRESHAKE, Preis 30; vgl. auch SCHMAUS 113: „Die Welt wird vom Heilswillen Gottes in einer alles umfassenden Weise beherrscht, nicht von bösen und zerstörerischen

Mensch sich kraft seiner Freiheit gegen Gott und das Angebot seiner Liebe entscheidet, wenn er sich weigert, Geschöpf zu sein und anzuerkennen, daß er nur von Gott her Vollendung seines Daseins findet, dann zerstört der Mensch kraft dieser seiner Freiheitsentscheidung sich selbst."[158] Unweigerlich schafft „seine negative Freiheitsentscheidung" Leid.[159] Seine „persönliche Fehlentscheidung verunstaltet das Gesicht der Welt, ruft Unordnung und Desintegration hervor, die der Mensch als leidvoll erfährt".[160] Jene das „Leid erzeugende Freiheitsentscheidung" wirkt über das Subjekt hinaus in die Welt. „Somit wird jemand dadurch, daß er seine Freiheit gegen Gott gebraucht, indem er sich selbst in unendlich variablen Möglichkeiten vergötzt, zur Ursache des Leidens für die andern, ob dieses Leiden nun entsteht durch unheilvolle physische Gewalt, durch Krieg, Ausbeutung, Verbrechen aller möglichen Arten oder durch psychische Gewalt, Haß, Lieblosigkeit, Neid und Eifersucht."[161] Für all dies Leid „ist der Mensch selbst verantwortlich, es entspringt der Sünde, der eigenen, der unserer Mitmenschen und der der ganzen Menschheit".[162] Das kann am Beispiel des Krieges verdeutlicht werden, mit

---

Mächten, soweit nicht der freie menschliche Wille das Unheil hervorruft. Das Heilswirken Gottes vollzieht sich in der Weise des Heilsangebotes, also des Heilsdialoges mit den Menschen. Der Heilswille kann gegen seine Absicht in Unheil umschlagen, wenn der Mensch das Heilsangebot abweist. In diesem Falle entsteht nicht eine Zone der Neutralität, in der Gott und Mensch gleichgültig aneinander vorbeigehen könnten, sondern eine Existenz des Unheils." Vgl. ebd. 120.

[158] GRESHAKE, Preis 30.

[159] Ebd. 30f.

[160] Ebd. 31f.

[161] Ebd. 32. – Vgl. Hos 4,2f: Weil im Volk keine Gotteserkenntnis, d. h. keine Anerkenntnis Gottes ist, „reiht sich Bluttat an Bluttat". Vgl. auch Röm 1,18-32: Weil sich die Menschen von Gott abgewandt haben, gerät ihre Welt in Heillosigkeit. Im Fehlverhalten der Menschen liegt Unglück, Unheil und Tod.

[162] GRESHAKE, Preis 39. – Vgl. auch Glaubensverkündigung 546: „Die Hauptquelle der Bosheit und des Leidens" ist „in der Freiheit des freien Geschöpfes, das seine eigene Güte verdirbt", zu suchen. Vgl. auch G. FRIEDRICH 31f: „Nach den Aussagen der Bibel hat der Mensch durch seinen Ungehorsam gegen Gott die Ordnung der Schöpfung zerstört. Das Schicksal der Welt ist an das Verhalten des Menschen gebunden. Der Mensch als Zentrum der Schöpfung gestaltet die Welt. Soll es auf der Erde anders werden, dann muß der Mensch ein anderer werden. Wie die Welt durch die Schuld der Menschen in Unordnung geraten ist, so daß sie unter den bestehenden Zuständen leidet, so kommt die Befreiung von den bedrückenden Zuständen durch die Hinwendung des Menschen zu Gott." Vgl. auch L. ZENETTI, Texte der Zuversicht. Für den einzelnen und die Gemeinde, München 1972, 264, der in einem anderen Zusammen-

Einschränkung auch im Falle von Erdbeben oder auch der Erkrankung an Krebs.

Beispiel Krieg: „Zum Teil bis in unsere Zeit hinein wird der Krieg als ein Schicksal verstanden, das von geheimnisvollen Mächten über die Menschen verhängt wird."[163] Bis in unser Jahrhundert hinein hat es Stimmen gegeben, „die den Krieg als direkte Fügung Gottes und die kriegsführenden Menschen als Werkzeuge in der Hand Gottes verkünden. Gott wird als Erklärungshypothese für das Kriegsgeschehen angegeben."[164] Doch Krieg ist „reine Menschensache"[165], wie uns die Kriegsursachenforschung bestätigen kann. Einer „mit den Methoden der Science arbeitenden Forschung" ist mittlerweile eine „weitgehende ‚Entmythologisierung' des Krieges gelungen": „Der Krieg stellt sich als ein zwar außerordentlich komplexes, aber doch zumindest in einer Mehrzahl von Aspekten erklärbares Geschehen heraus. Die Frage nach den Ursachen erweist sich auch hier als fruchtbar. Im Verlaufe der Erforschung der Kriegsursachen wird es immer unmöglicher, Gott als Ursache für Kriege in Anspruch zu nehmen."[166] Durch die mit dem Aufkommen der Science verbundenen ‚„Entgötterung' bzw. ‚Entdämonisierung' des Krieges wird die Verantwortung des Menschen für seine Geschichte unverkürzt deutlich".[167] Kriege sind keine furchtbar über die Menschen hereinbrechenden Naturkatastrophen; Kriege werden von Menschen gemacht. Bevor mit dem Überfall auf Polen der Zweite Weltkrieg begann, hatte „Hitler seine Politik und seine Absichten zur Genüge öffentlich bekanntgegeben".[168] Mit Recht fragt darum auch Franz

---

hang sagt: „Wie man / nach Auschwitz / noch loben könne / Gott, der alles regieret/ dies fragt sich und uns / und mit Recht / Frau Dorothee Sölle. / Doch wie man / noch loben könne / nach Auschwitz/ den Menschen und reden / von Mitmenschlichkeit und / hoffen als Mensch auf den Menschen: dies, warum fragt sie dies nicht? …" Vgl. auch F.W. MARQUARDT/A. FRIEDLANDER, Das Schweigen der Christen und die Menschlichkeit Gottes. Gläubige Existenz nach Auschwitz, München 1980.

[163] D. EMEIS, Wegzeichen des Glaubens. Über die Aufgabe der Katechese angesichts einer von Science und Technik geprägten Mentalität. Mit didaktischen Skizzen zu den Themen „Liebe und Geschlecht" und „Friede", Freiburg/Basel/Wien 1972, 217.

[164] Ebd. 218; vgl. ebd.: „Diese Sicht fordert dann eine passive und aktive Ergebenheit in den Krieg."

[165] In Abwandlung des Buchtitels „Der Staat ist reine Menschensache" von K. KRÜGER.

[166] EMEIS 218.

[167] Ebd. 219.

[168] G.C. ZAHN, Er folgte seinem Gewissen. Das einsame Zeugnis des Franz Jägerstätter,

Jägerstätter angesichts dieses Krieges: „Ist denn aber dieser Krieg, den wir Deutschen schon fast gegen alle Völker der Erde führen, so auf einmal hereingebrochen wie vielleicht ein furchtbares Hagel-wetter, dem man machtlos zusehen muß und höchstens noch beten kann, daß es, ohne allzu argen Schaden anzurichten, bald wieder aufhören möge?"[169] „Wenn der Winter kommt und wenn Krieg kommt, dann ist das eben zweierlei."[170] Der Winter ist ein Naturer-eignis, gegen das der Mensch machtlos ist, der Krieg aber entstammt seinem Herzen, seiner Schuld. „Mit anderen Worten: wenn der Win-ter kommt, dann liegt das in Gottes Entscheid und Verantwortung; aber wenn Krieg kommt, dann sind wir verantwortlich dafür, und alles Hadern mit Gott über den Krieg ist letztlich doch nur ein un-anständiger Versuch, die Frage der Schuld an den Kriegen von uns auf Gott abzuwälzen. Gott will nicht den Krieg, Krieg ist nicht Schicksal, sondern Schuld. Wir haben es schwarz auf weiß; es steht in den Zehn Geboten: Du sollst nicht töten. Gott will, daß wir le-ben."[171] „Krieg soll nach Gottes Willen nicht sein."[172]

Beispiel Erdbeben: Auch Erdbeben werden zum Teil gemacht. „Über jeden Zweifel erhaben" ist der Zusammenhang zwischen dem Auffüllen des Koyna-Staubeckens und einem schweren Erdbe-ben, das am 10. Dezember 1967 ganz Indien heimsuchte und in der Stadt Koynanager, 150 Kilometer südöstlich von Bombay, mehr als 200 Menschenleben forderte.[173] „Der Koyna-Damm ist 103 Meter hoch, und das Wasserbecken kann 80 Millionen Kubikmeter Wasser

---

Graz/Wien/Köln 1979 (unveränderter Nachdruck der im Jahre 1967 erschienenen Aus-gabe), 140.

[169] Ebd.

[170] W. LÜTHI, Die Zehn Gebote. Ausgelegt für die Gemeinde, Basel 1950, 124.

[171] Ebd. 124f. – Dem widerspricht nicht die Existenz psychischer Mechanismen, die ei-nerseits zwar Bedingung für kollektives Blutvergießen sind, die andererseits aber als solche erkannt und kultiviert werden können; vgl. z. B. R. GIRARD, Das Ende der Ge-walt. Analyse des Menschheitsverhängnisses, Freiburg/Basel/Wien 1983; ALAIN (Emi-le Auguste CHARTIER), Mars oder die Psychologie des Krieges, Frankfurt 1985; W. LEVI, Über die Ursachen des Krieges und die Voraussetzungen des Friedens, in: E. KRIPPEN-DORFF (Hg.), Friedensforschung, Köln 1974, 181-194.

[172] So die Gründungsversammlung des Ökumenischen Rates der Kirchen 1948 in Ams-terdam; vgl. *Frieden wahren, fördern und erneuern*. Eine Denkschrift der Evangelischen Kirche in Deutschland, Gütersloh 1981, 56.

[173] G.R. TAYLOR, Das Selbstmordprogramm. Zukunft oder Untergang der Menschheit, Frankfurt 1973, 32.

speichern. Bereits nach dem Einfüllen von 25 Millionen Kubikmeter bemerkte man Stöße. 1965 erfolgte dann ein stärkerer Stoß. 1967 gab ein Erdbebenexperte vor dem Kongreß einen Bericht und meinte, daß die Serie von Erdstößen eine Folge des Zurechtrückens der Erdkruste sei, doch würden sie wahrscheinlich im Laufe der Jahre abnehmen und schließlich ganz verschwinden. Diese Hoffnung war trügerisch. Das Dezemberbeben hatte eine Stärke von 6,4 nach der internationalen Erdbebenskala (…). Vor dem Bau des Koyna-Dammes war das Gebiet um Bombay und Koyna frei von Erdbeben gewesen."[174] Auch in Kariba/Rhodesien entstanden mit dem Anstauen von 175.000 Millionen Kubikmeter Wasser erstmals Erdbeben. „Im Mai 1960 hatte man mit dem Füllen begonnen, und schon im Januar und Februar 1962 registrierte man die ersten Beben, die nachweislich ihren Ausgangspunkt in Kariba hatten. Im März gab es innerhalb von nur fünf Tagen 30 Erdstöße. Im September 1963 erreichten dann die Stöße ihr Maximum mit 5,8, 5,5 und 6,0. Mit diesen Beben hatten zum ersten Mal künstliche Erdbeben eine Stärke von 6 erreicht."[175] Zusammenhänge zwischen dem Anlegen eines Stausees und Erdbeben können in vielen weiteren Fällen nachgewiesen werden. „Um ein Erdbeben zu produzieren", braucht man „gar keine Milliarden Tonnen Wassermassen, … dazu reichen sehr viel kleinere Massen"; selbst „sehr kleine Wasserreservoire können beachtliche Erdbeben auslösen, wenn sie in einer ohnedies instabilen Gegend angelegt sind. So faßt der Staudamm bei Monteynard in den französischen Alpen ganz bescheidene 275 Millionen Kubikmeter. Aber fünf Tage, nachdem man ihn gefüllt hatte, kam es zu einer ganzen Reihe von Beben, von denen eines die Stärke 5 erreichte. Seither kam es immer wieder zu Erdstößen."[176] Auch infolge der immer beliebter werdenden Beseitigung gefährlicher Abfälle in tiefen Bohrlöchern sind schon Erdbeben festgestellt worden.[177] Auch Zusammenhänge mit unterirdischen Atombombenversuchen sind denkbar.[178] Schließlich „beeinflussen die Erdbeben ohne Zweifel die Spannungsfelder unseres gesamten Planeten. Beispielsweise führte das

[174] Ebd.
[175] Ebd. 32f.
[176] Ebd. 33.
[177] Ebd. 35.
[178] Ebd.

Beben in Alaska zu dauernden Verspannungen in der Gegend um Hawaii, gute 4.000 Kilometer entfernt."[179] Darüber hinaus sind größere Erdbebenkatastrophen mit einer Reihe vorhergehender, kleinerer, sozusagen „selbstgemachter" Erdbeben in Verbindung zu bringen.[180] Die Entdämonisierung des Erdbebens ist im Gange und damit übrigens auch die Beherrschung natürlicher Erdbeben in Sicht. Die verheerenden Folgen der „selbstgemachten" Beben gehen ganz sicher auf Menschenkonto; sie setzen Eingriffe in die natürliche Umwelt voraus, deren Umfang und Motive unter religiös-ethischen Aspekten sicherlich fragwürdig sind. Der „Turmbau von Babel" einerseits und die „Sintflut" andererseits haben heute nur ein anderes Gesicht (vgl. die moderne ökologische Krise und ihre Ursachen).[181]

Beispiel Krebs: So wie viele Erkrankungen können auch verschiedene Krebsbildungen auf Ursachen zurückgeführt werden, die nicht selten selbstverschuldet sind. Zu den am meisten bekannten und gesicherten Zusammenhängen zählt der zwischen Bronchialkarzinom und Zigarettenkonsum[182] und der zwischen Leberzirrhose und Alkoholkonsum.[183] „Ihr Ende ist das Verderben, ihr Gott der Bauch …" (Phil 3,19). An der konkreten prophetischen Warnung fehlt es nicht. Gott will, daß der Mensch lebt. Neben diversen Genußmitteln sind auch bestimmte Arbeitsstoffe als gesundheitsgefährdend bekannt. Sie sind von einer „Kommission zur Prüfung gesundheitsschädlicher Arbeitsstoffe" der Deutschen Forschungsgemeinschaft im Auftrag des Bundesministeriums für Arbeit und Sozialordnung in einer Liste, die alljährlich ergänzt wird, aufgeführt. Dabei ist für jeden dieser Arbeitsstoffe eine „maximale Arbeitsplatz-Konzentration" (MAK-Wert) festgelegt.[184] Wer mit diesen Stoffen arbeitet, sollte wissen, daß er auch dann, wenn der jeweilige MAK-Wert unterschritten bleibt, ein gesundheitliches Risiko eingeht. Einige Arbeitsstoffe sind

---

[179] Ebd. 36.
[180] Ebd.
[181] Vgl. etwa GLOBAL 2000. Der Bericht an den Präsidenten, Frankfurt (Verlag Zweitausendeins) 52. Aufl. Juli 1986.
[182] Vgl. H. SCHAEFER/M. BLOHMKE, Sozialmedizin und Einführung in die Ergebnisse und Probleme der Medizin-Soziologie und Sozialmedizin, Stuttgart 1978, 209.
[183] Vgl. ebd. 216.
[184] Vgl. dazu: H. VALENTIN u. a., Arbeitsmedizin. Ein kurzgefaßtes Lehrbuch für Ärzte und Studenten in 2 Bänden, Bd. 1 (Grundlagen für Prävention und Begutachtung), Stuttgart 1979, 362-390.

eindeutig krebsfördernd bzw. erbgutverändernd; dazu zählen u. a. Asbest, Benzol, Nickel, Vinylchlorid,[185] nach neuesten Untersuchungen auch Peche, Teere und Teeröle in Bitumen[186].

Im Falle des Formaldehyd, das zum Teil auch in Babypuder und in Kosmetika enthalten ist, wird ein nennenswertes krebserzeugendes Potential vermutet; möglicherweise kann auch Holzstaub kancerogen sein.[187] Da für die kancerogenen Stoffe aus verschiedenen Gründen keine unbedenklichen Toleranzwerte festgelegt werden können,[188] diese aber als „technisch unvermeidlich" gelten,[189] soll über die Berücksichtigung sogenannter „technischer Richtkonzentrationen" (TRK-Werte), die von einem „Ausschuß für gefährliche Arbeitsstoffe" beim oben genannten Ministerium erarbeitet werden, das Risiko einer gesundheitlichen Beeinträchtigung der mit dem Stoff Beschäftigten wenigstens vermindert werden; ausgeschlossen werden kann das Krebsrisiko dadurch jedenfalls nicht.[190] Wer ungeachtet seines Wissens um die Gefährlichkeit der in der TRK-Liste aufgeführten Stoffe ihre Herstellung und Verarbeitung durch die spezielle Nachfrage fördert (Konsument), wer sie produzieren läßt und damit sein Geld verdient (Arbeitgeber) und sie produziert und damit sein Geld verdient (Arbeitnehmer), der kann und darf angesichts ihrer schrecklichen Folgeerscheinungen (Krebs usw.) jedenfalls nicht von „gottgewollt" sprechen. In der Perspektive des Glaubens liegt das „einfache Leben", das ein Umgehen mit den erwähnten Arbeitsstoffen eigentlich überflüssig machen sollte. Um ein letztes Krebsrisiko noch zu nennen: „Neuerdings wird vermutet, daß auch psychische und soziale Risikofaktoren bei der Krebsentstehung eine Rolle spielen. In der Tat gibt uns die moderne Theorie der Kanzerogenese zusammen mit einer Soziophysiologie (…) ein wohldurchdachtes Konzept für die mögliche Risikonatur des psychosozialen Stresses an die Hand. Emotionen beeinflussen hormonal die

---

[185] Ebd. 382-386.
[186] Vgl. BUNDESARBEITSBLATT (1980) H. 10, 74f.
[187] OBERHESSISCHE PRESSE vom 31.10.1980.
[188] Vgl. VALENTIN 384.
[189] Ebd.
[190] Ebd. 385. – Vgl. auch die amtliche Bekanntmachung der neuesten TRK-Liste im Bundesarbeitsblatt. – Vgl. darüber hinaus: C. LEVINSON, PVC zum Beispiel. Krebserkrankungen bei der Kunststoffherstellung, Reinbek 1975, E.R. KOCH, Krebswelt. Krankheit als Industrieprodukt, Köln 1981.

Immunität. Diese wiederum greifen in die durch Immunfaktoren verhinderte Einnistung von Krebszellen in gesundes Gewebe ein. Die Hypothese, daß über diesen Weg eine Beeinflussung der Krebserkrankung möglich wäre, ist also naturwissenschaftlich wohl vertretbar. Daß es tatsächlich eine enge Korrelation psychosozialer Faktoren und der Erkrankung an Krebs gibt, ist durch eine große Zahl sorgfältiger epidemiologischer Studien erwiesen …"[191] Auch im Falle eines psychosozial bedingten Krebses führt die Schuld- und Verursacherfrage zum Menschen: sei es auf jene, die durch erzieherische Fehler die Entstehung einer günstigen emotionalen Grundstruktur verhindert haben (Vorfahren); sei es auf jene, die andere oder sich selbst in den psychosozialen Stress hineinmanövriert haben. Auch diesbezüglich ist jedoch der Mensch nicht allein gelassen: die Aufforderung zur Sorglosigkeit (Mt 6,19-34), wie sie in der Bergpredigt begegnet, erweist sich als eine konkrete Hilfe und Prävention zur Abwehr von Stress und Krebs.

(c)

1. Weil Gott die Freiheit des Menschen als Grundbedingung dafür will, „daß zwischen ihm und dem Geschöpf Liebe sein kann" (aber auch, so dürfen wir ergänzen, unter den Menschen selbst), und die geschaffenen Menschen eingebunden sind in eine ihnen entsprechende Welt, ist auch die „negative Folie für die Freiheit mitgegeben: dann gibt es notwendig strukturelles Leid."[192] Das aber heißt, so Greshake, „für unsere Fragestellung nach der Vereinbarkeit von Leiden und christlichem Gottesbild, daß die Tatsache von Leiden nicht gegen den guten Schöpfergott und gegen die Güte der Schöpfung spricht".[193] Vielmehr ist Leid „der Preis der Freiheit, der Preis der Liebe".[194] Liebe ohne Leid kann es nicht geben; eine Schöpfung ohne Leid wäre auch eine ohne Liebe.

Nur dann Gott als den Guten gelten zu lassen, wenn Leidfreiheit die Schöpfung kennzeichnete, hieße „gut" zu nennen, was statisch und steril und eben nicht mehr menschlich ist. „Gut" ist Gott vielmehr, indem er uns und seine Welt nicht alleine läßt, sondern den

---

[191] SCHAEFER/BLOHMKE 209; vgl. auch 41-44.
[192] GRESHAKE, Preis 46.
[193] Ebd.
[194] Ebd.

Menschen offenbart, was ihnen zum Heile dient. Weniger als im Strukturellen erweist sich Gottes Güte im Personalen, Dialogischen, in der Begegnung mit dem Menschen: durch sein geduldiges Angebot des rechten Weges.

2. Daß Menschen Leid als *Leid* erfahren, ist noch einmal Konsequenz von Sünde: „Leicht" könnte Leid als Preis der Freiheit und Liebe gezahlt werden, „wenn unsere Art und Weise, Leid zu erfahren, nicht durch und durch von Sünde qualifiziert wäre".[195] Erst durch die Sünde „ist die Erfahrung der Gottunmittelbarkeit und die Transparenz der Liebe Gottes zu uns zerstört und damit die Integrationsmöglichkeit des Leids in das Ganze der Person genommen oder erschwert. Darum wird erst durch die Sünde Leiden zu jenem Leiden, wie wir es konkret erfahren als das Desintegrierende, Dunkle, Unfreimachende."[196] In diesem Sinne dürfte auch noch mit Paradies Leid und Tod zusammen gedacht werden, freilich als ins Leben integrierte und nicht verdrängte[197] Widerfahrnisse.

3. Davon, daß Gott das Leiden wolle, kann keine Rede sein. „Nein, Gott will das Leiden absolut nicht: er will nicht die Sünde, den eigentlichen Ursprung des Leids, das wir uns selbst und anderen ständig antun und das sich den Strukturen der Geschichte durch und durch einprägt. Er will auch nicht, daß der Mensch durch die Sünde, das heißt durch das Herausfallen aus dem sinngebenden Gottesbezug, den einzigen Bezugspunkt verliert, von dem her das Bedrohliche und Desintegrierende der Schöpfung in der Erfahrung der Geborgenheit in der Liebe Gottes überwunden wird und ohne den das Leid erst eigentlich zum Leid wird."[198]

Gott trägt das Leid der Menschen mit, er leidet mit[199], zahlt mit der Menschheit jenen Preis der Liebe und will, daß Leiden überwunden wird. Durch „Leiden aus Liebe" wird Leiden überwunden werden. In Jesus Christus leidet Gott mit uns, „um Leid von innen her

---

[195] Ebd.

[196] Ebd. 46f.

[197] Heute werden kranke Menschen oft ins Krankenhaus, alte ins Altersheim und behinderte in Anstalten abgeschoben; vgl. auch die Tabuisierung des Todes, dazu: A. v. JÜCHEN, Das Tabu des Todes und der Sinn des Sterbens, Stuttgart 1984.

[198] Ebd. 51.

[199] Ebd. 52ff. – Vgl. auch GERSTENBERGER 17 und B. LANGER, Vom Leiden Gottes nach Jeremia, in: Bibel und Liturgie 58 (1985) 3-8, die gerade im leidenden Gott, den „gemeinsamen Gott" des Alten und Neuen Testaments erkennt.

zu überwinden".[200] Das Kreuz ist „Konsequenz seiner Anstrengung und seines Einsatzes gegen das Leid. Darum besagt das Kreuz ‚keine Anerkennung des Leidens mehr, sondern Auflehnung gegen das Leid'" (Ch. Duquoc).[201] „Am Kreuz zeigt sich, daß da, wo Leiden aus Liebe übernommen wird, um es zu überwinden, das Leiden von der Verheißung des Lebens umfangen ist: Die Auferstehung, Antwort des Vaters auf das Kreuz des Sohnes, ist der Beginn der Aufhebung allen Leidens."[202]

2.1.8.2 „Wer andern eine Grube gräbt ..." – Die Erklärung von Unheil nach dem Tun-Ergehen-Schema

In einer vieldiskutierten Untersuchung hat Klaus Koch darauf hingewiesen, daß hinter der biblischen Vorstellung eines vergeltenden Gottes die Einsicht steht, daß Guttat Heil und Sünde Unheil bewirkt.[203] Ein Großteil der Exegeten hat sich diesem Verständnis kritisch angeschlossen.[204] Im Rahmen einer Auseinandersetzung mit

---

[200] GRESHAKE, Preis 55.

[201] Ebd. 56.

[202] Ebd. 57; vgl. auch 63: Nur dieses Leid ist „produktiv", das sich „nicht im Zurückschlagen fortgebiert" (A.M.K. MÜLLER). Das aber setzt voraus, daß es im Betroffenen eine Verwandlung erfährt. Die Chance dazu liegt im Gebet: „Indem der Mensch seine Not in der Form des verzweifelten Schreies, der Klage oder der Bitte aus sich entläßt und sie vor Gott stellt, ist ihr der tiefste Stachel, ihre Auswegslosigkeit und Dunkelheit, bereits entzogen. Das Leiden, Gott vorgetragen, steht in einem neuen Raum, in einem neuen Kontext." (63f).

[203] K. KOCH, Gibt es ein Vergeltungsdogma im Alten Testament?, in: ders, (Hg.), Um das Prinzip der Vergeltung in Religion und Recht des Alten Testaments, Darmstadt 1972, 130-180.

[204] Ob in dem von Koch herausgearbeiteten Tun-Ergehen-Zusammenhang eine „Besonderheit israelitischen Denkens" vorliegt (wie E. WÜRTHWEIN, Gott und Mensch in Dialog und Gottesreden des Buches Hiob, Tübingen 1938 [masch. Habil.], 41 – vgl. auch D.E. SKWERES, Das Motiv der Strafgrunderfahrung in biblischen und neuassyrischen Texten, in: Biblische Zeitschrift, N.F. 14 [1970] 181-197; bes. 196f – behauptet) oder nicht (vgl. H. GESE, Lehre und Wirklichkeit in der alten Weisheit, in: KOCH [Hg.], Prinzip 213-235; 226); oder ob das Denken in Tun und Ergehen primitivem prälogischem Denken entspringt (vgl. H. Graf REVENTLOW, „Sein Blut komme über sein Haupt", in: KOCH [Hg.], Prinzip 412-431; 414) oder nicht (vgl. ebd. 431 und GESE, Lehre 227); ob damit das „Bibelverständnis in empfindlichem Maße geändert" wird (vgl. REVENTLOW, Blut 413) oder eine theologische Konzeption zum Ausdruck kommt, die jener eines Gottes als willkürlichen Richters weit überlegen ist (vgl. K. KOCH, Die israelitische Auffassung vom vergossenen Blut, in: ders. [Hg.], Prinzip 432-456; 455f); ob

der Behauptung, daß vor allem der Gott des Alten Testaments ein recht gewalttätiger sei, dürfen die Untersuchungen Kochs zum sogenannten Tun-Ergehen-Zusammenhang nicht unerwähnt bleiben.

Die Erkenntnis, daß böses Tun auch böse Folgen nach sich zieht, hat in der Bibel eine lange Tradition: sie kann nach Koch (a) in den Sprüchen der altisraelitischen Weisheit ebenso nachgewiesen werden wie (b) bei den vor- und nachexilischen Propheten (hier ganz besonders deutlich im Hoseabuch), erst recht im Psalter (c), doch auch in alten Sagen- und Geschichtsüberlieferungen (d).[205] Selbst in der Gegenwart zeugt ein bekanntes Sprichwort noch – in Anlehnung an Spr 26,27 – vom Wissen um die Folge bösen Tuns: „Wer andern eine Grube gräbt, fällt selbst hinein."[206] Mit dem Schicksal einer Biene versuchte Johannes Chrysostomus den Zusammenhang von Tun und Ergehen zu erklären: „Wisset ihr nicht, daß die Biene sterben muß, wenn sie andere mit ihrem Stachel verwundet? Durch dieses Tier belehrt uns Gott, daß wir den Nebenmenschen nicht

---

die Tatsphäre als „Ding" gedacht werden kann; wo der Ursprung jenes Denkens in Tun und Ergehen liegt und wie es in Vergessenheit geraten konnte (vgl. KOCH, Vergeltungsdogma 174-176); wie Böses, das nicht Folge, sondern Anfangstat ist, überhaupt zustandekommen kann, ob Gott nicht dafür wenigstens Verantwortung trägt (vgl. K.H. FAHLGREN, Die Gegensätze von *sedaka* im Alten Testament, in: KOCH [Hg.], Prinzip 87-129; 128f); und was geschieht, wenn der Böse, wie es Ijob erfährt, straffrei ausgeht, das Gerechte aber leiden muß, und ähnliche Fragen mehr müssen hier unbehandelt bleiben (vgl. auch KOCH im Vorwort von DERS. [Hg.], Prinzip XI f).

[205] Vgl. KOCH, Vergeltungsdogma 131-160. – „Die Nichtexistenz eines Zusammenhangs von Verhalten und Ergehen der Menschen" wie sie von Kohelet (vgl. Koh 8,14; 9,2f; 9,11 und 3,11) in konsequenter Fortführung der Gedanken Ijobs vorausgesetzt wird, führt F. CRÜSEMANN, Die unveränderbare Welt. Überlegungen zur „Krisis der Weisheit" beim Prediger (Kohelet), in: W. SCHOTTROFF/W. STEGEMANN (Hg.), Der Gott der kleinen Leute. Sozialgeschichtliche Bibelauslegung, Bd. 1 (Altes Testament), München und Gelnhausen/Berlin/Stein 2. unveränderte Aufl. 1979. 80-104, bes. 83-88, auf die Tatsache zurück, daß mit dem Untergang Israels und seiner Einverleibung in Riesenreiche mit grundlegenden wirtschaftlichen Veränderungen die in den abgelösten segmentären, d. h. verwandtschaftlichen Strukturen verankerte Ethik der Solidarität und also auch die Erfahrung des Tun-Ergehen-Zusammenhanges verloren gegangen ist. „Die Welt und ihre Ordnung ist in der Tat vom kleinen Judäa, einer fremdbestimmten Provinz am Rand der Geschichte, nicht mehr durchschaubar, so wenig wie die Gründe für das wirtschaftliche Ergehen der Einzelnen", wobei die zunehmende Geldwirtschaft, die Abnahme der bäuerlichen Autarkie und damit der Bedeutung des Grundbesitzes sowie die hohe und unbeeinflußbare Steuer- und Abgabenlast „entscheidend" gewesen sein dürfte. (88)

[206] Vgl. L. RÖHRICH, Lexikon der sprichwörtlichen Redensarten, Bd. 1, Freiburg/Basel/Wien 3. Aufl. 1974; Stichwort „*Grube*", 350f.

kränken sollen, weil wir uns dadurch selbst den Tod zuziehen würden."[207]

(a)

Daß Gott Vergeltung übt, d. h. menschliche Taten registriert und nach kasuistischer Beurteilung auf je besondere Weise selbst bestraft, „scheint" in den Sprüchen der altisraelitischen Weisheit am deutlichsten zutage zu treten. Doch bei genauer Durchsicht der in Frage kommenden Texte zeigt sich, daß zwar der bösen Tat Verderben für den Täter folgt, doch dieses nicht von Gott hervorgerufen ist. „Wer eine Grube gräbt, fällt selbst hinein, wer einen Stein hochwälzt, auf den rollt er zurück. Eine verlogene Zunge führt zum Zusammenbruch, ein heuchlerischer Mensch verursacht den Sturz." (Spr 26,27f) „Wer Rechtschaffene irreführt auf einen bösen Weg, der fällt in seine eigene Grube; die Schuldlosen aber erlangen Gutes." (Spr 28,10) „In der Sünde verstrickt sich der Böse, doch der Gerechte jubelt und freut sich." (Spr 29,6) Tun und Ergehen hängen nach diesen Sprüchen innerlich zusammen und müssen nicht erst nachträglich, wie es abendländischem Rechts- und Vergeltungsdenken entspricht, nach kasuistischer Betrachtung aufeinander bezogen werden.[208] Wo nach herkömmlicher Übersetzung von einer Vergeltung Gottes die Rede ist, ist nach Klaus Koch gemeint, daß Gott – im „Hebammendienst" sozusagen – „das vom Menschen angelegte zur völligen Entfaltung bringt", so wie in diesem Fall der guten Tat:

---

[207] J. CHRYSOSTOMUS, Homilien zum 1. Thessalonicherbrief 10,3, zit. in: *Texte der Kirchenväter*. Eine Auswahl nach Themen geordnet, zusammengestellt und herausgegeben von A. HEILMANN unter wissenschaftlicher Mitarbeit von H. Kraft, Bd. 3, München 1964, 337. – Vgl. übrigens auch D. BONHOEFFER, Widerstand und Ergebung. Briefe und Aufzeichnungen aus der Haft, hrsg. von E. Bethge, Hamburg 8. Aufl. 1974, 17: „Es gehört zu den erstaunlichsten, aber zugleich unwiderleglichsten Erfahrungen, daß das Böse sich – oft in einer überraschend kurzen Frist – als dumm und unzweckmäßig erweist. Damit ist nicht gemeint, daß jeder einzelnen bösen Tat die Strafe auf dem Fuße folgt, aber daß die prinzipielle Aufhebung der göttlichen Gebote im vermeintlichen Interesse der irdischen Selbsterhaltung gerade dem eigenen Interesse dieser Selbsterhaltung entgegenwirkt. Man kann diese uns zugefallene Erfahrung verschieden deuten. Als gewiß scheint jedenfalls dies aus ihr hervorzugehen, daß es im Zusammenleben der Menschen Gesetze gibt, die stärker sind als alles, was sich über sie erheben zu können glaubt, und daß es daher nicht nur unrecht, sondern unklug ist, diese Gesetze zu mißachten." Bonhoeffer spricht in diesem Zusammenhang von einer „immanenten Gerechtigkeit". (ebd.)
[208] KOCH, Vergeltungsdogma 133f.

„Hat dein Feind Hunger, gib ihm zu essen, hat er Durst, gib ihm zu trinken; so sammelst du glühende Kohlen auf sein Haupt, und der Herr wird es dir vergelten." (Spr 25,21f) „Daß das Schicksal des Menschen durch seine Tat entschieden wird", sagen zahlreiche Sprüche auch jüngerer Zeit: „Wer in der Gerechtigkeit feststeht, erlangt das Leben, wer dem Bösen nachjagt, den Tod." (Spr 11,19) „Wer Gutes erstrebt, sucht das Gefallen Gottes; wer nach dem Bösen trachtet, den trifft es." (Spr 11,27) „Die Furcht der Gerechtigkeit ist ein Lebensbaum, Gewalttat raubt die Lebenskraft. Wird dem Gerechten vergolten auf Erden, dann erst recht dem Frevler und Sünder." (Spr 11,30f) Daß dabei Jahwe auf menschliche Taten achtet, widerspricht keineswegs der Vorstellung einer „schicksalsentscheidenden menschlichen Tat".[209] Jahwes Handeln ist zu verstehen als ein „In-Kraft-Setzen und Vollenden des Sünde-Unheil-Zusammenhangs bzw. des Guttat-Heil-Zusammenhangs".[210] „… die Folge der Tat und das ihr antwortende Handeln Jahwes sind … eins. … Jahwe setzt in Kraft, was der Mensch angelegt hat … Jahwe wendet dem Menschen zurück, was seiner Tat entspricht."[211] Nichts anderes meint Spr 24,12 b, den Klaus Koch folgendermaßen übersetzt: „Der deine Seele (*näpas*) bewacht, er weiß es, er wendet dem Menschen zurück (*hesîb*) die Entsprechnis seiner Tat."[212]

(b)
Weniger mit dem Blick auf den Einzelnen als auf das Geschick des Volkes und mit besonderer Betonung eines Eingreifens Gottes legen auch die vor- und nachexilischen Propheten „allen Nachdruck darauf, daß zwischen menschlichem Tun und menschlichem Ergehen eine enge Beziehung besteht". „Denn sie säen Wind, und sie ernten Sturm" (Hos 8,7 a) wendet dasselbe Schema an, hier wie auch in Spr 11,18.30 im Bild von Ernte und Saat.[213] Auch nach Hosea[214] überläßt

---

[209] Ebd. 137.
[210] Ebd. 137f.
[211] Ebd. 139.
[212] Ebd.

[213] Ebd. 141. – Im (hinduistischen) Karman-Gesetz heißt es übrigens ähnlich: „Was ein Mensch sät, das wird er ernten." Vgl. GANDHI 210. Dazu näher: M. VERENO, Karman. Betrachtungen zu einem Schlüsselbegriff des indischen Denkens, in: Kairos 23 (1981) 189-205.

[214] Vgl. auch H.W. WOLFF, Dodekapropheton. 1. Hosea, Neukirchen-Vluyn 3., verbes-

Jahwe die Menschen den Auswirkungen ihrer Tat. Am Täter sucht er die Tat heim; von einer Strafe ist jedoch auch hier nicht die Rede.[215] Vor Ephraims Verstrickung ist Jahwe selbst sogar ratlos (vgl. Hos 7,1f); „unentrinnbar umgeben die dingähnlichen, raumhaften Taten das Volk, so daß selbst Jahwe hilflos zusehen muß".[216] Nicht vom Gedanken an einen vergeltenden Gott, „sondern von der Auffassung schicksalwirkender Tat wird Hosea zu seiner Unheilsverkündigung gedrängt".[217] Doch scheint bei ihm auch ein Zweck des Unheils auf: Züchtigung, die in den Bund zurückführen soll.[218] Wie bei Hosea ist auch bei sämtlichen anderen Propheten kein „rechtlich bestimmtes Vergeltungsdenken" auszumachen.[219]

(c)

Deutlicher als im Psalter ist nirgends im Alten Testament die Auffassung von „schicksalsentscheidender Tat" vorausgesetzt. „Er gräbt ein Loch, er schaufelt es aus, doch er stürzt in die Grube, die er selber gemacht hat. Seine Untat kommt auf sein eigenes Haupt, seine Gewalttat fällt auf seinen Scheitel zurück." (Ps 7,16f; vgl. auch 9,16; 35,8; 57,7; 141,10 u.v.a.m.). Die Taten umgeben die Menschen wie ein Kleid: „Er zog den Fluch an wie ein Gewand ... Er werde für ihn wie das Kleid, in das er sich hüllt, wie der Gürtel, der ihn allzeit umschließt ..." (Ps 109,18f) Die Tat wird „zur machthaltigen Sphäre, die der Täter geschaffen hat und in der er nun gefangen ist".[220]

Die Mächtigkeit seiner eigenen Tat läßt Jahwe den Menschen spüren. „Bisweilen erscheint im ersten Glied eines parallelismus membrorum eine Aussage bloß über schicksalwirkende Tat, im zweiten Glied eine über Jahwes Mitwirkung 7,10; 38,4 vgl. Prov 13,21. Der Israelit kann ebensogut sagen, daß Jahwes Grimm einen Menschen ins Unglück stürzt wie dieses Menschen eigene Tat 38,4f."[221] Durch Jahwes Eingreifen kommt die Tat ans Licht (vgl. 37,6); seine Mitwirkung im Tat-Ergehen-Prozeß ist für den Psalmisten entschei-

---

serte Aufl. 1976: 86, 103, 117f, 127, 130, 158, 182, 201, 261f, 281.
[215] KOCH, Vergeltungsdogma 142.
[216] Ebd. 143.
[217] Ebd. 144.
[218] Ebd. 146.
[219] Ebd. 148.
[220] Ebd. 152.
[221] Ebd.

dend.[222] Wenn Jahwe vergibt, dann kann allerdings die „innerweltlich dingähnliche Tatsphäre" auch vernichtet werden.[223] Daß Jahwe
angerufen ist als Richter (vgl. 94,2) meint, daß er über die Entfaltung
einer vom Menschen angelegten Geschichte wachen soll.[224] Auch für
die Psalmen gilt: „Von einer Vergeltungstheorie, nach der Jahwe
dem Menschen für seine Tat gemäß einer Norm Strafe oder Lohn
berechnet und als etwas Fremdes von außen an den Täter heran-
trägt, ist keine Spur zu bemerken."[225]

(d)
Auch für die alten Sagen- und Geschichtsüberlieferungen meint
Koch, das Wissen um den Tat-Ergehen-Zusammenhang nachweisen
zu können; z. B. Ri 9,23f; 1 Kön 2; 2 Sam 21 usw.[226] Auch in diesen
Schrifttexten sind die Aussagen über Guttat-Heil-Verhaftung selte-
ner als jene über Sünde-Unheil-Verhaftung, „weil man das Gute
sehr oft von Jahwes alleinigem, voraussetzungslosem Handeln ab-
leitete".[227]

---

[222] Ebd. 152-154.

[223] Ebd. 154f.

[224] Ebd. 155.

[225] Ebd. 156. – Hinter einer Gruppe von Vergeltungstexten in den Psalmen steht nach
Westermann, Vergleiche 85, zwar das magische Tat-Folge-Denken; seiner Auffassung
nach ist dies aber dem Denken und der Sprache der Psalmen fern.

[226] KOCH, Vergeltungsdogma 156-160.

[227] Ebd. 160. – Für das, was Koch „Auffassung von schicksalhafter Tatsphäre" nennt,
prägte vor ihm K.H. FAHLGREN (1932) den Begriff „synthetische Lebensauffassung";
vgl. FAHLGREN. Fahlgrens Forschungen übrigens gaben erst Anstoß für die Untersuchung von Koch; vgl. KOCH, Vergeltungsdogma 161. Ob ein Verhalten gut und ein
anderes schlecht ist, so glaubte Fahlgren herausgefunden zu haben, entscheide sich für
den Israeliten zunächst allein an der Frage, ob es Gemeinschaft aufrechterhalte und
fördere oder verderbe, ob mit, ob ohne Absicht. (FAHLGREN 127) Jedes Vergehen straft
sich selbst, so führt Fahlgren aus, „indem es die Verbindung mit der Gemeinschaft
abschneidet, und Unglück und Leiden sind ein sicherer Beweis dafür, daß das Gemeinschaftsverhältnis gestört ist". (127f) Weil Tat und Folge sich dermaßen entsprechen, kann ein einziges Wort beides zugleich bedeuten, wie beispielsweise *hamas* „Gewalttat", aber auch die „(eigene) Zerstörung". Eine solche Doppeldeutigkeit im Sinne
von Tun und Ergehen kann an einer Reihe von Begriffen festgestellt werden. Dieser
lexikalische Befund führte Fahlgren zur Entdeckung jener „synthetischen Lebensauffassung" (vgl. Zusammenfassung bei KOCH, Vergeltungsdogma 161). Erst mit dem
Jahweglauben werden in immer größerem Umfang „die dem Gemeinschaftsverhältnis
entspringenden Vorschriften auch im Verhältnis der Menschen zueinander auf Gottes
Willen zurückgeführt, der schließlich der Grund und die Quelle aller auf Gemein-

Ob Israel durch alle Zeit, nicht nur in früher Schicht, eine „synthetische Lebensauffassung" (Fahlgren) bzw. „Auffassung schicksalwirkender Tatsphäre" (Koch) vertrat, ist unter den Exegeten zwar umstritten,[228] doch an der alten Position vom alles tragenden Vergeltungsprinzip halten selbst die Kritiker nicht mehr fest. 1957 schließt sich Gerhard von Rad der Neuorientierung an: „Hier wird das engstmögliche Korrespondenzverhältnis von Tat und Ergehen vorausgesetzt; es handelt sich um einen Prozeß, der Kraft einer allem Bösen ebenso wie allem Guten eigenen Mächtigkeit bis zu einem guten oder bösen Ende abläuft. Das hat Israel für eine Grundordnung seines ganzen Daseins gehalten, die Jahwe in Kraft gesetzt hatte und über deren Funktionieren er wachte."[229] Unter juridischer Fragestellung kommt Wolfgang Preiser zu ähnlichem Ergebnis: der

schaft beruhenden Forderungen wird. Gleichzeitig wird damit Jahwe auch zum Wächter über die Erfüllung dieser Forderungen und zum Rächer jedes Ungehorsams gegen dieselben." (128) Erst damit „sind das Vergehen und seine Folgen zwei verschiedene Erscheinungen geworden, nämlich Sünde und Strafe". (ebd.) „Wohl gehen noch beide Hand in Hand; aber ihre Identität ist aufgehoben." (ebd.) Nun schreibt der Gläubige es Jahwes Barmherzigkeit zu, daß er die Sünde nicht ins Unendliche wirken, d. h. das Gift, das – beispielsweise – in die Familie gekommen ist, nicht alle nachkommenden Generationen spüren läßt (vgl. Ex 20,5f; Num 14,18; Deut 5,9); Jahwes Urteil berücksichtigt den Umstand, unter dem die Sünde geschah. (129) – Vor Fahlgren wies J. PEDERSEN auf den Zusammenhang von Tat und Folge hin: Wenn „eine Bluttat in die Welt" gekommen ist, „dann bleibt die Tat bestehen wie ein böses Gift, das an der Seele des Mannes, der die Bluttat beging, zehrt" (J. PEDERSEN, Seelenleben und Gemeinschaftsleben, in: KOCH [Hg.], Prinzip 8-86; 54). Nach Israels Auffassung vom „Seelenleben und Gemeinschaftsleben" muß die Schuld des Täters „sich von ihm her ausbreiten und von seiner ganzen Sippe getragen werden. Das Gift folgt dem Blut. Stirbt der Täter, dann bleibt es doch in den Brüdern, geht weiter zu den Söhnen und von ihnen zu den Enkeln über, bis es eines schönen Tages plötzlich ausschlägt und seine Opfer vernichtet. Die unrechtleidende Sippe kann geduldig sein; sie wartet, bis ihre Zeit kommt. Ihre Beute stirbt ihr nicht so leicht weg. Wird es nicht der Täter, dann kann es dessen Sohn oder Bruder sein oder vielleicht ein noch entfernterer Verwandter des Täters; das Leben, die Seele sind aus demselben Stoff." (ebd.) Die Tat des Täters ist „nicht nur etwas, was ihn und den Gegner betrifft. Der Untergang erwartet ihn, da er dessen Keime in sich trägt. Selbst wenn kein Gegner vorhanden ist, seinen Tod zu fordern, muß das Unglück ihn doch treffen. ... die unbedingt böse Tat kann von einer verderbten Seele ausgehen und muß ihrerseits weiterwirken in Richtung auf die vollkommene Zerstörung der betreffenden Seele." (ebd.)

[228] Vgl. F. HORST, Recht und Religion im Bereich des Alten Testaments, in: KOCH (Hg.), Prinzip 181-212; GESE, Lehre; J. SCHARBERT, SLM im Alten Testament, in: KOCH (Hg.), Prinzip 300-324; REVENTLOW, Blut.

[229] G. v. RAD, Theologie des Alten Testaments, Bd. 1, München 4. Aufl. 1962, 278; zit. nach KOCH, in: ders. (Hg.), Prinzip XI (Vorwort).

Gedanke der Vergeltung liegt dem Alten Testament fern;[230] wenn von göttlicher Vergeltung die Rede ist, ist die Vergeltung des „lebenslangen Wandels" gemeint.[231]

„Der Griff nach dem Guten ist Ausgriff ins Glück, der Griff nach dem Bösen bringt Unheil und Tod." So lautet auch nach Auffassung von Alfons Deissler ein im Alten Testament wie „übrigens im ganzen Alten Orient" verbreitetes Prinzip bzw. Schema (vgl. Dtn 30,15-19).[232] Dort wird es nicht nur angewandt im Blick auf das Ergehen des gesamten Volkes, sondern auch dem einzelnen Menschen gegenüber. Und auch trotz vieler rätselhafter Ausnahmen, wie sie Jeremia und Ijob beispielsweise erfahren mußten (vgl. Jer 12,1: „Warum haben die Frevler Erfolg?"), wird das Prinzip nicht grundsätzlich verabschiedet.[233]

„Nicht Gott bestraft die Sünde, sondern die Sünde bestraft sich selbst", urteilt auch Herbert Haag und unterstreicht die „Tun-Ergehen-Lehre".[234] In seine Erklärung des alttestamentlichen Gottesbildes nimmt auch Raymund Schwager das Schema auf: „Wo immer von göttlichem Zorn und von der göttlichen Rache die Rede ist, sind konkret Taten unter Menschen gemeint, durch die sich die Gewalttäter gegenseitig bestrafen."[235] Auf ihr eigenes Haupt fallen, so ist auch Schwager überzeugt, die Taten der Menschen zurück, und bestätigt damit, was Fahlgren und Koch bahnbrechend herausgearbeitet haben.[236] Die „Theorie vom Bumerangeffekt des bösen Tuns", dem „Fluch der bösen Tat" greift auch Gerhard Gerstenberger auf, schränkt aber ein, daß „alles Leid" so kaum erklärt werden könne.[237] Wenn auch nicht jedes Unglück eine Folge von Sünde sei (vgl. Lk 13,4ff; Joh 9,2ff), so ist doch, was als Zorn und Strafe Gottes ausgelegt wird, auch nach MacGregors Auffassung (aus dem Jahre 1935), in der Regel Folge des eigenen sündigen Verhaltens.[238]

---

[230] W. PREISER, Vergeltung und Sühne im altisraelitischen Strafrecht, in: KOCH (Hg.), Prinzip 236-277; 273-277.

[231] Ebd. 274f.

[232] DEISSLER, Gebot 166.

[233] Ebd. 166f.

[234] H. HAAG 108; vgl. auch 108-125.

[235] SCHWAGER, Sündenbock 76.

[236] Vgl. ebd. 70ff; SCHWAGER führt dazu über 70 Textstellen auf.

[237] GERSTENBERGER 91f.

[238] MACGREGOR, Friede 70-90.

Selbst Krankheit wird im Alten Testament als Ergebnis einer „Eigenverschuldung" angesehen: „Im Laufe der Geschichte Israels wurde mehr und mehr das geschriebene Gesetz Jahwes die Norm, deren Übertretung Krankheit hervorrief (2 Chr 21,12-20)."[239] Dem steht nicht entgegen, daß sich später Jesus veranlaßt sah, sich vehement gegen die davon ausgehende allgemeine Praxis, Mitmenschen ihrer Krankheit wegen als Sünder zu verurteilen, auszusprechen (vgl. Joh 9,1-3), ohne den „allgemeinen Zusammenhang" damit in Abrede zu stellen (vgl. Lk 13,2-5).[240]

---

[239] GERSTENBERGER 31.

[240] Vgl. P. TOURNIER, Vom Sinn unserer Krankheit, Freiburg/Basel/Wien 1979,189; vgl. ebd. 182-191. – Nach TOURNIER 183f bestätigt die Bibel, „daß zwischen Krankheit, Tod und Sünde ein Zusammenhang besteht. Aber sie spricht von einem solchen Zusammenhang im allgemeinen – der nur aus der Perspektive menschlicher Solidarität erfaßt werden kann – und nicht von einem strengen und isolierten Zusammenhang zwischen einer bestimmten Sünde und einer bestimmten Krankheit oder einem bestimmten Tod, mindestens nicht von einem Zusammenhang in jedem Fall." So sehr sich Tournier gegen die Annahme einer „direkten Kausalität" wendet, so unterstreicht er doch den „allgemeinen Zusammenhang". Selbst im Falle eines Autounfalls, der auf keine konkrete Schuld (in diesem Falle eher auf einen Platzregen und vielleicht noch einen Ölflecken auf der Straße) zurückgeführt werden kann, sieht sich TOURNIER, ebd. 184f, als Opfer wie Schuldigen: sei es nur, daß er den Hinweis auf „Schleudergefahr" mißachtet hat; sei es, daß er sich als Autofahrer solidarisch erklärt mit einer Welt, die den Autounfall einkalkuliert; sei es aber auch, daß er sich in einem Zustand der Eile, einer nur scheinbaren Sammlung befunden, mit anderen Worten, den Kontakt mit Gott verloren und nicht mehr unter seiner Führung gestanden hat. „Und eben dies, das Gefühl, den Kontakt mit Gott verloren zu haben, zu fern von ihm und seiner Führung zu sein, von ihm getrennt zu sein, eben dies ist die Sünde." (ebd. 185) Vgl. übrigens auch SCHWAGER, Sündenbock 174: Um Jesu Krankenheilung verstehen zu können, muß man sich von dem üblichen Krankheitsverständnis freimachen, wonach Krankheit nur ein Defekt in einem maschinenartig verstandenen Organismus ist. „Gewiß gibt es rein organische Störungen. Doch sehr viele Krankheiten dürften, wie auch die moderne Medizin im wachsenden Maße einzusehen beginnt, mit dem ganzen Menschen etwas zu tun habe. Das biblische Krankheitsverständnis geht auf alle Fälle ganz in diese Richtung. Es sieht in der Krankheit eine Störung des gesamten Verhaltens, der Beziehungen zu sich selbst, zu den Mitmenschen und zu Gott." Aufhorchen läßt in diesem Zusammenhang eine Bemerkung von Johann Christoph HAMPE über die Integrierte Gemeinde: „Der Krankenstand der Gemeinde selbst geht immer weiter zurück. Sie hat schon die Behauptung gewagt: unter uns darf es keine Kranken geben." (J.C. HAMPE, Die Gemeinde als die neue Gesellschaft. Bericht von der integrierten Gemeinde, in: H. v. GIZYCKI/R. HABICHT [Hg.], Oasen der Freiheit. Von der Schwierigkeit der Selbstbestimmung. Berichte, Erfahrungen, Modelle, Frankfurt 2. Aufl. 1979, 175-180; 179. – Vgl. auch G. LOHFINK, Jesus 23: „Dort, wo das Reich Gottes hereinbricht, muß die Krankheit einfach aufhören.") Aber auch folgender Hinweis von J. BODAMER, Vertrauen zu sich selbst. Menschsein im technischen Zeitalter, Freiburg/Basel/Wien 2. Aufl. 1977, führt

Schon die biblische Urgeschichte beschreibt nach Schwager „das Verhältnis Gottes zur Gewalt auf recht eindeutige Weise. Den mündigen Menschen wird von Gott der Tod angedroht. Gott wird deshalb aber keineswegs selbst gewalttätig. Er vertreibt nur die Schuldigen aus seiner Nähe. In einer Welt aber, über der nicht mehr sein Antlitz leuchtet, werden die Arbeit und die Schwangerschaft mühsam und einer tendiert dazu, den anderen umzubringen. Die Strafe besteht darin, daß Gott die Menschen der Neigung ihrer Herzen überläßt. Diese bestrafen sich gegenseitig selber, und sie verstecken

---

durchaus auf der Linie des eben Ausgeführten in den Sinn der Krankheit ein und ebenfalls weg von dem platten Vorwurf, daß Gott das Leid wolle, ja, mit ihm strafe. BODAMER unterstreicht damit „das Recht des Menschen auf seine eigene Krankheit" gegen einen technischen und naturwissenschaftlichen Fortschritt der Medizin, der zu der Frauge Anlaß gibt, ob die Krankheit nicht „in einem unerträglichen Maße ... ,entpersönlicht'" worden ist. (Vgl. ebd. 35ff und 37) So deutet, nach BODAMER 38f, „Krankheit wie die Gesundheit auf etwas anderes hin als sie selbst ist, etwa auf einen Bruch in der Biographie, auf eine Reifungs- und Entfaltungsstörung, auf einen schweren beruflichen Konflikt, auf einen chronischen Liebesverlust oder auf eine nie menschlich gewesene Eltern-Kind-Beziehung. Seelische Überanstrengung (nie die körperliche), Fruchtlosigkeit der eigenen Existenz, Unerfülltheit durch sich selbst, alle diese Vergeblichkeiten können sich, obwohl es geistig-seelische Prozesse sind, in leiblichen Krankheiten der verschiedensten Genese und Ausprägung gleichsam ,inkarnieren' ... Zuweilen enthebt sich der Mensch einer für ihn unerträglich gewordenen Situation durch die Flucht in die Krankheit, sein Leib kommt ihm mit diesem Krankwerden geradezu liebevoll und verständnisinnig entgegen, als sei er der einzige Helfer, der noch zur Verfügung steht, und es ist, wenn dieser Kranke durch seine Krankheit wieder zu sich selbst kommt, nicht von vorneherein ausgemacht, daß eine solche Flucht in die Krankheit als moralisch oder sozial verwerflich beurteilt werden darf. Die Krankheit kann also mehr als nur Krankheit sein, sie kann den Ausdruck für einen Widerspruch darstellen, sei es, daß ein Mensch sich in sich selbst oder daß seine Umgebung ihm konstant widerspricht." Vgl. auch K. RAHNER, Heilsmacht und Heilungskraft des Glaubens, in: DERS., Schriften zur Theologie, Bd. 5, Einsiedeln 1962, 518-526; R. NISSEN, Heilung und Glaube, in: Theologische Zeitschrift 24 (1968) 102-110; H.J. STOEBBE, Heilung und Glaube, in: Theologische Zeitschrift 24 (1968) 111-122; E. BISER, Das Heil als Heilung. Aspekte einer therapeutischen Theologie, in: J. SUDBRACK u. a., Heilkraft des Heiligen, Wien 1975, 102-139; H. WOLFF, Jesus; B.J. TYRELL, Christotherapie. Selbsterfahrung und Heilung, Graz/Wien/Köln 1978; F. MACNUTT, Heilung für Leib und Seele. Erfahrungen aus dem Glauben, Graz/Wien/Köln 1980; N. LOHFINK, „Ich bin Jahwe, dein Arzt" (Ex 15,26). Gott, Gesellschaft und menschliche Gesundheit in einer nachexilischen Pentateuchbearbeitung (Ex 15,25b.26), in: H. MERKLEIN/E. ZENGER (Hg.), „Ich will euer Gott werden". Beispiele biblischen Redens von Gott, Stuttgart 1981, 11-73; P. DESELAERS, Jahwe – Der Arzt seines Volkes. Das Buch Tobit als Beispiel biblischer Heilslehre (Promotionsvortrag im Fachbereich Katholische Theologie der Westfälischen Wilhelms-Universität Münster am 17.7.1981, unveröffentlichtes Manuskript); G. KREPPOLD, Die Bibel als Heilungsbuch, Münsterschwarzach 1985.

sich vor dem Antlitz Gottes. Er ist verborgen, weil die gewalttätigen Menschen sich vor ihm verkriechen."[241] Auch die Erzählung von der Sintflut sagt die Selbstbestrafung der Menschen aus, wenn es darin heißt: „... das Ende aller Wesen aus Fleisch ist da; denn durch sie ist die Erde voller Gewalttat. Nun will ich sie zugleich mit der Erde verderben." (Gen 6,13) „Gott tut", so kommentiert Norbert Lohfink diesen Vers, „in seinem Strafhandeln also nur, was die Menschheit schon selbst getan hat: Er überläßt die Erde ihrer Verdorbenheit."[242] Ein Blick auf die gegenwärtige Umweltkatastrophe lehrt das heute besser deuten denn je: „Die Flut kommt ja letztlich nicht von außen. Sie ist das, was die Gewalttat, die Essenz all unserer Sünden, selbst mit der Welt anrichtet."[243] „Daß Ethik und Sprache des frühen Israel nicht nach menschlicher Schuld und Strafe Gottes fragt, sondern nach der Tat und ihren Folgen, wobei Tat und Folge, das Tun des Menschen und sein Ergehen, als Einheit gesehen werden", zeigt sich nach Jürgen Ebach am Beispiel des mit Kain und Abel dargestellten Brudermords: „Was für Kain als sein eigenes Ergehen folgt, ist nicht eine von der Tat isolierte Strafe, die Gott ihm auferlegt, sondern die doppelte der Tat inhärente Folge. Der Ackerboden, der das Blut des Erschlagenen aufnahm, wird dem Täter keinen Ertrag mehr bringen. Das ist die erste Folge der Tat, in der Auffassung des Altertums eine ‚logische' Folge. Der zweite Fluch, der Kain betrifft, hat seine Gültigkeit bis heute. Es ist der schlichte Satz: Wer seinen Bruder umbringt, wird ohne Bruder leben müssen. Daß Kain fortan ‚unstet und flüchtig' leben muß, ist mithin wieder keine von seiner Tat isolierte Strafe, sondern die unmittelbare Folge seiner Tat."[244] Damit erscheint der Gott des Alten Testament nicht als Straf- und Vergeltungsinstanz, wie er „seit Jahrhunderten gerade von der christlichen Theologie verzeichnet wird", sondern als Gott, „der den Zusammenhang von Tat und Tatfolge garantiert".[245] Hinter dem Tun-Ergehen-Schema steckt allerdings „kein magisches Welt- und Gottesver-

---

[241] SCHWAGER, Sündenbock 80.

[242] N. LOHFINK, Wörter 216.

[243] Ebd. 217. – Die Essenz unserer Versündigung gegen die Umwelt dokumentiert keine Veröffentlichung der jüngsten Zeit besser als der vieldiskutierte Bericht an den amerikanischen Präsidenten: GLOBAL 2000 (s. oben Anm. 181).

[244] EBACH 45.

[245] Ebd.

ständnis, erst recht kein Automatismus ..., sondern die Erfahrung, daß Gewalt Folgen hat, die auf den Täter zurückschlagen, zugleich die Hoffnung, daß der Mörder nicht über das Opfer triumphieren werde".[246]

Doch Jahwe, der darüber wacht, daß eine Tat nicht ohne Folge bleibt, vermag nach biblischem Verständnis die Schicksalhaftigkeit der Tat auch abzuwenden, „um den Menschen vor den tödlichen Folgen seiner Tat zu retten": Kain wird kein Unmensch unter Gott; der Mörder bleibt noch Mensch unter Gottes besonderem Schutz.[247] Die Tat-Ergehen-Folge wird von Gott endlich im Opfer seines Sohnes so durchbrochen, daß das verübte Unheil nicht mehr zurückschlägt auf die Täter, sondern ins Grab hinab- und in die Auferstehung hineingenommen wird: „Die Sünden der ganzen Welt ballten sich gegen den ‚geliebten Sohn' zusammen und entluden sich auf ihn. Von ihm her fiel aber nicht ein universales Unheil auf das Haupt der vielen Väter zurück."[248] Das Gericht des Vaters zeigte sich darin, „daß er zwar die Sünde sich voll auswirken ließ, in seiner grundlosen Güte aber darauf verzichtete, sie den Menschen anzurechnen (2 Kor 5,19)".[249] Gott „erlöste die Menschen dadurch, daß er ihre bösen Taten sich bis zu ihrem perversen Höhepunkt entwickeln, aber nicht mehr auf die Täter zurückfallen ließ".[250]

Im Neuen Testament ist das Tun-Ergehen-Denken nicht verabschiedet. Die dargestellte Auffassung einer schicksalwirkenden Tatsphäre ist auch zur Zeit Jesu (vgl. nur Lk 23,41) „aller Wahrscheinlichkeit nach ziemlich verbreitet" gewesen.[251] Wenn ihr nicht umkehrt, so warnt Jesus, folgt der Tod (vgl. Lk 13,2-5).[252] Auch bei Paulus besteht Gottes Zorn darin, „daß Gott die Menschen sich selbst, ihren Begierden, Leidenschaften und ihrem verkehrten Denken

---

[246] Ebd.

[247] Vgl. ebd. 46.

[248] SCHWAGER, Sündenbock 217.

[249] Ebd.

[250] Ebd. 219.

[251] Ebd. 217.

[252] Zum historischen Hintergrund vgl. J. BLINZLER, Die Niedermetzelung von Galiläern durch Pilatus, in: Novum Testamentum 2 (1958) 24-49; vgl. auch J. BECKER, Johannes der Täufer und Jesus von Nazareth, Neukirchen-Vluyn 1972, 87f. Während sich das drohende Gericht bei Johannes d. T. verselbständigt hat und eigendynamisch auf den Menschen zukommt, ist es bei Jesus Folge des menschlichen Verhaltens; MERKLEIN, Gottesherrschaft 142-166.

ausliefert" (vgl. Röm 1,18-32; Gal 6,7: „Täuscht euch nicht: Gott läßt keinen Spott mit sich treiben: was der Mensch sät, wird er ernten.")[253] Nirgends kommt das Erklärungsschema von Tun-Ergehen deutlicher zum Ausdruck als in diesem Wort: „Steck dein Schwert in die Scheide; denn alle, die zum Schwert greifen, werden durch das Schwert umkommen." (Mt 26,52)[254] Im neutestamentlichen „Ausblick auf das endzeitliche gottgeschenkte Glück" finden die alttestamentlichen Zeugnisse über den „Tat-Folge"-Zusammenhang eine Bestätigung in neuer Dimension.[255]

2.1.8.3 *Das Problem der Fluch- und Rachepsalmen*

Wo in religiösen Gesprächen und theologischen Diskussionen dem Gewaltverzicht das Wort geredet wird, ist der Hinweis auf die Fülle jener biblischer Texte, in denen vom Zorn und der Vergeltung Gottes die Rede ist, eines der häufigsten und beliebtesten Gegenargumente. In nicht wenigen Psalmen des Alten Testaments wird Gott unverblümt zur Bestrafung der Ungläubigen und zur Rache an seinen und den Feinden Israels aufgefordert.

Von Gott wird mehrfach ein brutales Vergeltungshandeln erwartet: „… er zerschmettert Könige am Tage seines Zornes. Er hält Gericht unter den Völkern, er häuft die Toten, die Häupter zerschmettert er weithin auf Erden." (Ps 110,5b-6) Gepriesen wird Gott, der Israel Vergeltung verschafft und feindliche Völker verfolgen und unterwerfen hilft: „Ich verfolge meine Feinde und

---

[253] SCHWAGER, Sündenbock 220; vgl. auch 221ff und 224.

[254] Aktualisiert: „Wer mit der Bombe hantiert, wird durch die Bombe umkommen." Jean CARDONNEL zitiert nach A. PEREIRA, Jugend mit Gott, Gedanken und Gebete, Kevelaer 1971, 322.

[255] DEISSLER, Gebot 167. – Ohne auf die Arbeit von Koch einzugehen, stellt A. SCHENKER. Der strafende Gott. Zum Gottesbild im Alten Testament, in: Katechetische Blätter 110 (1985) 843-850, gegen die landläufige Annahme eines grausamen und unbarmherzig strafenden Gottes im AT fest, daß (a) der biblische Gott „straft", um zu versöhnen (nicht zu vergelten), (b) über „Plagen" auf sich aufmerksam macht, um schließlich als Helfer erkannt zu werden, aber auch (c) dort Vergebung verweigert, wo diese als Schwäche ausgelegt wird, um nicht zur Komplizenschaft mit dem Bösen beizutragen. R. OBERTHÜR, Angst vor Gott? Über die Vorstellung eines strafenden Gottes in der religiösen Entwicklung und Erziehung, Essen 1986, klärt in einer pädagogischen Arbeit mit Recht über den Tun-Ergehen-Zusammenhang auf.

hole sie ein, ich kehre nicht um, bis sie vernichtet sind. Ich schlage sie nieder; sie können sich nicht mehr erholen, sie fallen und liegen unter meinen Füßen. ... Ich zermalme sie zu Staub vor dem Wind, schütte sie auf die Straße wie Unrat." (Ps 18,38f.43) „... all meinen Feinden", so dankt der Psalmenbeter in Ps 3,8b, „hast du den Kiefer zerschmettert, hast den Frevlern die Zähne zerbrochen." „Du wirst sie zerschlagen mit eiserner Keule, wie Krüge aus Ton wirst du sie zertrümmern", verspricht Jahwe seinem Volk im Kampf gegen die Feinde. (Ps 2,9) Im Babylonischen Exil lernt Israel Rache singen: „Tochter Babal, du Zerstörerin! Wohl dem, der dir heimzahlt, was du uns getan hast! Wohl dem, der deine Kinder packt und sie am Felsen zerschmettert!" (Ps 137,8f)

Es kann eine lange Reihe anstößig-brutaler Rachepsalmen genannt werden. Die schlimmsten, nämlich Ps 58,83 und 109, sowie einige Verse anderer Psalmen sind im Psalterium des neuen Stundenbuches bereits ausgelassen.[256] Durch die Vergebungs- und Versöhnungspredigt Jesu sensibilisiert, treten „professionelle" Psalmenbeter für weitere Streichungen und Auslassungen ein; die Befürchtung kontemplativer Orden, daß ihr Stundengebet anstößig wirken könnte, wenn darin Gott um Rache an den Feinden angegangen wird, ist sicherlich berechtigt, erst recht, wenn das Stundengebet in aller Öffentlichkeit auf einem Gelände wie dem des ehemaligen Konzentrationslagers Dachau, hier von Karmelitinnen, verrichtet wird.[257]

---

[256] Vgl. G. HINRICHER, Die Fluch- und Vergeltungspsalmen im Stundengebet. Überlegungen zu 15 Jahren Erfahrungen mit dem gemeinsamen Chorgebet im Karmel Dachau, in: Bibel und Kirche 35 (1980) 55-59; 56. – Vgl. auch die älteren Untersuchungen von: R. SCHMIDT, Die Fluchpsalmen im christlichen Gebet, in: J. RATZINGER / J. NEUMANN (Schriftleitung), Theologie im Wandel. Festschrift zum 150jährigen Bestehen der Katholisch-Theologischen Fakultät an der Universität Tübingen 1817-1967, Bd. 1, München/Freiburg 1967, 377-393; H. JUNKER, Das theologische Problem der Fluchpsalmen, in: Pastor bonus 51 (1940) 65-74. H. RINGGREN, Einige Schilderungen des göttlichen Zorns, in: E. WÜRTHWEIN/O. KAISER (Hg.), Tradition und Situation. Studien zur alttestamentlichen Prophetie. Festschrift A. Weiser, Göttingen 1963, 107-113, der in unserer Problemstellung ein „vernachlässigtes Thema der alttestamentlichen Theologie" sieht und eine Reihe der anstößigsten Texte nennt, wie etwa: Ps 50,3; 77,18f; 18,19ff; Jer 23,19f; 30,23f; Jes 13,3ff; 30,27-33; 34,1ff; 63,1-6; Nah 1,2ff; Klgl 2,21f.
[257] Vgl. HINRICHER.

Ungefähr 130 mal ist im Alten Testament von Rache die Rede,[258] nicht nur in Psalmen. Jeremia erbittet von Jahwe Rache an seinen Feinden: „Meine Verfolger sollen zuschanden werden ... Bring über sie den Tag des Unheils, zerbrich sie im verdienten Zusammenbruch!" (Jer 17,18) Auf jene, die seinem guten Rat nicht gefolgt sind und ihm statt dessen eine Grube gegraben haben, ruft der Prophet die Rache Gottes herab: „Darum gib ihre Kinder dem Hunger preis, und liefere sie der Gewalt des Schwertes aus! Ihre Frauen sollen der Kinder beraubt und zu Witwen werden, ihre Männer töte die Pest, ihre jungen Männer erschlage das Schwert in der Schlacht." (Jer 18,21) Doch nicht allein das Alte Testament kennt Geist und Sprache der Rache. In der Vision von Offb 6,10 schreien die um des Wortes Gottes und ihres Zeugnisses willen Getöteten: „Wie lange zögerst du noch, Herr, du Heiliger und Wahrhaftiger, Gericht zu halten und unser Blut an den Bewohnern der Erde zu rächen?"

Von den Rachegebeten zu trennen sind Texte, die Flüche beinhalten wie z. B. in den „Fluchritualien" Dtn 27,15-26; 28,16-19. Dem Fluch begegnen wir auch im Neuen Testament. In der Ankündigung des Jüngsten Gerichts sieht die Gemeinde den Ungerechten „ewige Pein" prophezeit: „Weg von mir, ihr Verfluchten, in das ewige Feuer ..." (Mt 25,41). Paulus grüßt die Gemeinde in Korinth mit der Warnung vor einem Anathema: „Wer den Herrn nicht liebt, sei verflucht!" (1 Kor 16,22)

Neben der von Klaus Koch vorgeschlagenen Deutung biblischer Vergeltungstexte gibt es, gerade im Hinblick auf die erwähnten Rachepsalmen, eine ganze Reihe weiterer Erklärungen:

Daß die Fluch- und Rachetexte bisweilen so leidenschaftlich und kräftig ausfallen, wird von Exegeten u. a. auf *orientalische Mentalität* zurückgeführt: „Die temperamentvolle Art, die überschwängliche Phantasie und der Sprachreichtum der Orientalen erklären die leidenschaftlichen Ausdrücke, mit denen gewöhnlich die Bosheit und Ungerechtigkeit der Feinde gezeichnet wird."[259] Daß die „Flüche" beispielsweise in Ps 109, dem „anstößigsten Beispiel der sogenannten ‚Fluchpsalmen'", „so kräftig ausfallen, liegt", so auch Alfons

---

[258] Vgl. W. DIETRICH, Rache. Erwägungen zu einem alttestamentlichen Thema, in: Evangelische Theologie 36 (1976) 450-472.

[259] P. van IMSCHOOT, Art. Fluchpsalmen, in: Bibel-Lexikon, hrsg. von H. HAAG, Einsiedeln/Zürich/Köln 2., neubearbeitete und vermehrte Aufl. 1968, Sp. 488f; 489.

Deissler, „an der orientalischen Mentalität und Emotionalität".[260] „Daß die Israeliten Orientalen waren und eine leidenschaftlich-dramatische Rhetorik liebten", spielt auch nach Auffassung Walter Dietrichs „bei so mancher für uns erschreckenden Verwünschung eine Rolle".[261]

Sodann findet sich der Hinweis, daß die Heilige Schrift *nicht frei von Schwächen* sei.[262] Die Schwäche, in den Bahnen der Vergeltung und Rache zu denken, wird dabei meistens dem Gläubigen des Alten Testaments allein angelastet. Übersehen wird, daß auch das Neue Testament Reden der Rache[263] und des Fluches[264] kennt. Hier von einer Kluft zwischen Altem und Neuem Testament zu sprechen, dürfte nicht ganz unproblematisch sein.[265] „Der Wunsch nach Rache, der Haß gegen die Widersacher" erscheint übrigens auch im Alten Testament „nicht als Verhaltens*norm*, sondern als Verhaltens*weise*"; er „soll von der in der Bibel stärkeren Linie auf Solidarität und Liebe hin überwunden werden".[266]

---

[260] A. DEISSLER, Die Psalmen, III. Teil (Ps 90-159), Düsseldorf 2. Aufl. 1969, 89.

[261] DIETRICH 465.

[262] Ebd. 564f.

[263] Vgl. A. DEISSLER, Die Psalmen, II. Teil (Ps 42-89), Düsseldorf 2. Aufl. 1967, 72.

[264] N. FÜGLISTER, Vom Mut zur ganzen Schrift. Zur vorgesehenen Eliminierung der sogenannten Fluchpsalmen aus dem neuen Römischen Brevier, in: Stimmen der Zeit 94 (1969) 186-200; 187f.

[265] Vgl. IMSCHOOT, Sp. 488, der „um diese von der Lehre und dem Beispiel Christi sehr entfernten Gebete zu verstehen" u. a. zu bedenken gibt, daß „die Offenbarung des AT eine Vorbereitung auf das NT darstellt und daher unvollkommen ist": Zu diesen Unvollkommenheiten habe Jesus das Gesetz der Wiedervergeltung und den Feindeshaß gerechnet; sein Gebot der Feindesliebe sei „tatsächlich ein neues Gesetz (Jo 13,34; 15,12), das das alte Gesetz korrigierte". „Die Haltung des Israeliten, auch der frommen Jahweverehrer, ihren Feinden gegenüber ist daher nicht nach den Normen der evangelischen Frömmigkeit zu beurteilen." (ebd.) Im Wort Jesu „Vater, vergib ihnen, denn sie wissen nicht, was sie tun!" sieht auch HINRICHER 57 den Vergeltungsruf alttestamentlicher Gebete zurückgewiesen. Vgl. dagegen DIETRICH 467-469, der u. a. auf die Parallele von Röm 12,19 und Dtn 32,35 hinweist; vgl. auch ebd. 472. Vgl. auch EBACH 52, der die Grausamkeit orientalischer Kriege in beispielsweise Lk 19,44 und Offb 18,20 nicht weniger beschworen sieht als in Ps 137,7-9; Hos 10,14; 2 Kön 8,12 und dazu anmerkt: „Bereits die neutestamentlichen Textstellen zeigen an, daß eine Unterscheidung alttestamentlich-jüdischer Grausamkeit und neutestamentlich-christlicher Friedensliebe fehl ginge!"

[266] EBACH 52.

Ein weiterer, wenn auch ebenfalls umstrittener Erklärungs- und Entschärfungsversuch des Rachegebetes legt nahe, im Feind[267] und Bösen der Gebete nicht einen persönlichen Gegner zu vermuten, sondern eine *Personifizierung des Bösen bzw. des Mythischen* zu sehen. Der in den Psalmen jeweils erwähnte Widersacher wird, „wiewohl es sich im allgemeinen stets um Menschen handelt, … mit Begriffen benannt, die im Neuen Testament den Satan oder Teufel als den ‚Bösen‘ und den ‚Feind‘ schlechthin bezeichnen".[268] Die „Bösen" der Welt werden als Werkzeuge „dämonischer Mächte" gesehen.[269] Ab und zu wird der Widersacher auch „mit dem personifizierten Tod oder Hades assoziiert".[270] „Damit aber tritt das Böse und Feindliche deutlich in den Bereich des Mythischen, …"[271] Im gegen Israel gerichteten Völkersturm von Ps 83 sind die „Nationen Inbegriff chaotischer Kräfte, die sich gegen die Ordnung erheben. In der alttestamentlichen Rezeption dieses Mythos handelt es sich um mehr: Israel ist ein Zeuge der Herrschaft Jahwes. Dieser Gottesherrschaft, die sich Israel zugewandt hat, gilt der Vernichtungsplan der Völker."[272] Bei ähnlicher Symbolik anderer Psalmen geht es stets „um einen anscheinend zeitlosüberzeitlichen Kampf kosmisch-universalen Ausmaßes".[273]

Ähnlich endgeschichtlich-eschatologisch sind Gerichtsaussagen der König-Jahwe-Hymnen zu sehen.[274] Für Füglister steht fest, „daß

---

[267] Die Frage, wer in den Klagepsalmen die Feinde sind, stellt die Exegese bis heute vor Schwierigkeiten. Nach C. WESTERMANN, Lob und Klage in den Psalmen, Göttingen 5., erweiterte Auflage 1977, 149, läßt das Gegenüber der Feinde zu den Klagenden nicht einen Gegensatz zweier Völker erkennen, auch nicht das Gegenüber zweier Gruppen oder Parteien innerhalb eines Volkes. „Es fehlt jeder politische Zug." (ebd.) In der Regel dürfte es sich um eine Mehrzahl von Menschen handeln, unter der der Einzelne zu leiden hat. Vgl. weiterhin H.-K. KRAUS, Theologie der Psalmen, Neukirchen-Vluyn 1979, 161-167; L. RUPPERT, Klagelieder in Israel und Babylonien – verschiedene Deutungen der Gewalt, in: N. LOHFINK (Hg.), Gewalt 111-158 (bes. 136ff). – In den „Feinden" eines großen Teils der individuellen Klagepsalmen sieht H. VORLÄNDER, Mein Gott. Die Vorstellungen vom persönlichen Gott im Alten Orient und im Alten Testament, Neukirchen-Vluyn 1975, 248-292 (gegen z. B. O. Keel) Zauberer und Dämonen.
[268] FÜGLISTER, Mut 192.
[269] Ebd. 193.
[270] Ebd.
[271] Ebd.
[272] Hans-Joachim KRAUS zit. von FÜGLISTER, Mut 194.
[273] FÜGLISTER, Mut 194.
[274] Ebd.

die Feinde, deren Überwindung in den Psalmen erhofft und erfleht, beschrieben und bejubelt wird, mehr und anderes sind als Gegner, mit denen wir es in unserem persönlich-privaten oder politisch-nationalen Lebensbereich für gewöhnlich zu tun bekommen: es geht um die Auseinandersetzung zwischen Kosmos und Chaos, Leben und Tod ..."[275] Soweit dieser Erklärungsversuch.[276]

---

[275] Ebd.

[276] Die kritische Erwiderung soll nicht verschwiegen werden. Gemma HINRICHER setzt ein dickes Fragezeichen hinter die Erklärung Füglisters. Ihrer Auffassung nach ist die Anregung, anstößige Psalmenverse „im übertragenen Sinn zu beten, in ihnen ein Nein zu sagen zu Satan und Dämonen, ein Nein zum Bösen schlechthin", „nichts als eine Hilfskonstruktion, die nicht zu einem wahren, echten und ehrlichen Beten beiträgt". (57) Die Feinde des alttestamentlichen Beters könnten kaum reduziert werden „auf Satan, Dämonen und mythische Mächte. Die Feinde der Psalmen sind kein Mythos." (57f) Ebenfalls Kraus bemühend, betont Hinricher, daß mit den Feinden der Psalmen konkrete Feinde des Volkes, des Königs und Jahwes gemeint seien. (58) Wenn zwar an manchen Stellen der Psalmen die Feinde „alles Menschliche und Irdische transzendierende Züge" (Kraus), die das menschliche Bild vom Feind sprengen, trügen, so müsse doch davor gewarnt werden, „‚die geschichtlich-menschlichen Konturen der gegnerischen Völker und der Verfolger des einzelnen' durch eine schnelle Interpretation der Feinde als mythische Mächte aufzuweichen". (ebd.) „Die form- und institutionsgeschichtlichen Zusammenhänge, die in der Nachforschung aufgetan wurden, verbieten", so Kraus, „jegliche frühzeitige Mythisierung der in den Psalmen in Erscheinung tretenden feindlichen Mächte. Es wird zuerst und vor allem zu erklären sein: Die Feinde des einzelnen sind Menschen." (Hans-Joachim KRAUS zit. von HINRICHER 58) Zwar sind nach Hinricher immer „dunkle Mächte mit am Werk, wenn Haß, Rache, Feindschaft geschieht, aber sie sind am Werk zusammen mit Menschen, die sich in unterschiedlichen Formen zu dem, was Feindschaft ist, bekennen". (ebd.) Daß es immer Menschen sind, die bereit sind, Unrecht zu tuh und Grausamkeit zu üben, „davon kann nicht abstrahiert werden"; das „sogenannte Beten im übertragenen Sinn" ist darum „keine echte Möglichkeit, auch dann nicht, wenn man Christus diese anstößigen Verse in den Mund legt und dabei seinen Kampf mit Satan und Dämonen im Auge hat." (ebd.) Mit diesen Feststellungen hat Hinricher gleichzeitig Gegenposition bezogen zur Auffassung von Alfons Deissler, der betont, daß zwar Jesus im Falle der Verwünschung von Feinden „durch Wort und Beispiel die alttestamentliche Ebene weit überstiegen" habe und daß wegen der „Begrenztheit der atl. Offenbarungsstufe" „nicht jedes Wort, auch nicht jeder Vers ... im ursprünglichen Sinn voll übernommen werden" könne, daß aber die Maßnahme, Fluchteile der Psalmen aus dem offiziellen Gebet der Kirche verschwinden zu lassen, nicht unbedingt notwendig sei: „denn Jesus hat zwar die Unterscheidung von Sünde und Sünder den Seinen als Pflicht vorgeschrieben, aber ihnen zugleich die Möglichkeit gegeben, den Horizont der psalmistischen Fluchworte auf jene Gegenmächte Gottes hin zu öffnen, die in den menschlichen Gegnern Macht gewinnt. Damit wird jene Blickverschiebung möglich, die vom Geist des Christentums her notwendig ist, um auch die Verwünschungen, die sich hier und da im Psalter finden, in den Mund nehmen zu können." (A. DEISSLER, Die Psalmen,

Weil die poetische Sprache, so auch im Fall der sogenannten „Fluchpsalmen"[277], keine „begriffliche", sondern „bildliche" ist, sind die einzelnen Aussagen nicht „nach Art dogmatischer Begriffe und Lehrsätze zu pressen und buchstäblich zu verstehen (und mißzuverstehen!), sondern spielend-elastisch als *Bilder* aufzunehmen und auf sich wirken zu lassen ..."[278] Darüber hinaus darf „die einzelne Aussage (d. h. der einzelne Vers) nicht verabsolutiert und aus seinem *Zusammenhang* herausgelöst werden, von dem her er seinen Sinn und Tenor erhält und nicht selten modifiziert und relativiert wird".[279] So sind nach Füglister „die Vergeltungsbitten als Teil der Klagelieder Ausdruck des Schmerzes, der Hilflosigkeit, des Nichtmehr-weiter-Wissens, das schließlich, wie die gattungsspezifische Struktur der Klagelieder zeigt, immer wieder überwunden und aufgehoben wird in zuversichtliches Vertrauen und triumphierendes Loben".[280] Außerdem ist zu berücksichtigen, daß es in der Poesie „zumindest primär, nicht um das Mitteilen von Sachverhalten, sondern um den Ausdruck von *Stimmungen*" geht.[281] „Was da zur Sprache kommt, ist Freude und Hoffnung, Angst und Furcht, Wut und Zorn – der ganze Mensch mit allem, was ihn bewegt."[282] So findet in den Psalmen „(warum sollte es nicht?) auch das wesentlich zum Menschen – auch zum neutestamentlich-christlichen Menschen – gehörende Iraszible seinen legitimen Ausdruck".[283] Schließlich hält Füglister dazu an, „vor allem das fundamentale hermeneutische Prinzip zu beachten, daß die einzelnen Aussagen der Schrift – also auch die Vergeltungsaussagen und -wünsche – aus dem Gesamtzu-

---

Erster Teil [Ps 1-41], Düsseldorf 4. Aufl. 1971, 23f; vgl. auch DEISSLER, Psalmen II, 157f) Im Falle des Ps 109 spricht sich dann aber auch Deissler für eine Streichung aus (vgl. DEISSLER, Psalmen III, 90).

[277] FÜGLISTER, Mut 187f: „Genau genommen ist das sogenannte Fluchpsalmen-Problem eine Schimäre; denn, literarisch gesehen, gibt es gar keine Fluchpsalmen. ... Was hier landläufig als ‚Flüche' bezeichnet zu werden pflegt, sind, morphologisch betrachtet, Wünsche, die die Bestrafung der Feinde – die ‚Rache' – zum Inhalt haben und die, direkt oder indirekt, Gott als Bitten vorgetragen werden." Die sog. Fluchpsalmen zählen zu den Bitt- und Klagepsalmen, (ebd. 197)

[278] Ebd. 197 (Hervorhebung von E.S.).

[279] Ebd. (Hervorhebung von E.S.).

[280] Ebd.

[281] Ebd. (Hervorhebung von E.S.).

[282] Ebd.

[283] Ebd.

sammenhang der ganzen, das Alte und das Neue Testament umfassenden Schrift zu *interpretieren* und zu aktualisieren sind. Die ganze Schrift ist der Kontext, der die einzelne Aussage determiniert, modifiziert, relativiert, in und aus dem sie Stellenwert und Sinn, Bedeutung und Funktion erhält."[284] Dem sich zur Feindesliebe bekennenden Christen kann es nach Füglister *„kaum* je auch nur in den Sinn kommen, beim Beten der ‚Fluchpsalmen' an etwaige *persönliche Gegner* zu denken".[285] Exegetisch gut fundieren ließe sich überdies, daß das in den Psalmen betende Subjekt „kein kleines, rein individuelles Ich" ist, „sondern etwas, was man, provisorisch, ein *überindividuelles Groß-Ich* nennen könnte",[286] sei es, daß es sich dabei um ein „ganz Israel verkörperndes Ich" bzw. ein dem davidischen König gehörendes und deshalb „‚potentialisiertes' Ich" handelt.[287]

Immer noch bleibt jedoch, auch nach den bisher gegebenen Interpretationshilfen, die Tatsache, „daß das Alte Testament von Rache offensichtlich eine weitere, auch positive Gehalte einschließende Vorstellung hat als wir".[288] Von Mord bis hin zu religiösen Verfehlungen kennt Israel den Ruf nach Rache.[289] Allerdings fällt dabei auf, daß das alttestamentliche Israel *„von der Rache viel häufiger gesprochen als sie wirklich ausgeübt* zu haben scheint".[290] Wo „der Drang nach Genugtuung als Motiv für bestimmte Gedanken oder Taten erkannt und namhaft gemacht ist, da überwiegen bei weitem die Fälle, in denen die Gedanken nicht zur Tat werden. In der Regel wird Vergeltung angedroht, angekündigt, herbeigesehnt, erfleht; relativ selten zeigt jemand Furcht vor ihr oder äußert gar grundsätzliche Bedenken gegen sie."[291]

Bemerkenswert ist darüber hinaus das *Verhältnis von menschlicher und göttlicher Rache*: „Auf einen Beleg, in dem Menschen Subjekt der Rache sind, kommen drei, in denen Gott es ist."[292] Mehr als Israel selbst scheint Jahwe darauf zu bestehen, daß Böses mit Bösem ver-

---

[284] Ebd. (Hervorhebung von E.S.).
[285] Ebd. 198 (Hervorhebung von E.S.).
[286] Ebd. (Hervorhebung von E.S.).
[287] Ebd. 99.
[288] DIETRICH 457.
[289] Ebd. 456f.
[290] Ebd. 457 (Hervorhebung von E.S.).
[291] Ebd. 458.
[292] Ebd. (Hervorhebung von E.S.).

golten wird. Selbst im Mordfall wird Jahwe bisweilen als Rächer angerufen. Letztlich erscheint „Gott als der einzige absolut zuverlässige Garant dafür, daß Unrecht nicht ungesühnt bleibt"; darum wird Jahwe mehrfach als „ein Gott der Rache gefeiert …, ohne daß deutlich würde, an wem und wofür er Rache nehmen sollte".[293]

Israel erfleht Rache von Jahwe vor allem aus dem Unvermögen, selbst Rache zu üben. Wenn die Menschen des Alten Testaments „auf ihre Widersacher die Rache Gottes herabrufen, dann offensichtlich nicht, weil sie besonders selbstgerechte und rachsüchtige Naturen wären, sondern weil sie befürchten müssen, auf andere Weise nicht zu ihrem Recht zu kommen".[294] Gerade während seines Exils wäre Israel nicht in der Lage gewesen, sich für das ihm zugefügte Unrecht und Leid Genugtuung zu verschaffen; so wendet es sich an Jahwe, der sozusagen „als Freund und Verwandter" fungiert (vgl. Blutrache) und „für das an eigener Rache verhinderte Israel eintritt".[295]

Israels Rachesinnen ist gewiß brutal: „Die Gottlosen sind verkehrt von Mutterschoß an; die Lügner irren von Mutterleib an. … Gott, zerbrich ihre Zähne im Maul, zerstoße, Jahwe, das Gebiß der jungen Löwen! … Der Gerechte wird sich freuen, wenn er solche Rache sieht, und wird seine Füße baden in des Gottlosen Blut." (Ps 58,4.7.11) Aus diesem Gesang spricht ohne Zweifel „destruktive Lust". Doch steht an seinem Ende nicht die „Vorstellung vom blutigen Triumph über die Gottlosen", sondern der Satz: „Und die Leute werden sagen: Ja, der Gerechte empfängt seine Frucht, ja, Gott ist noch Richter auf Erden." (Ps 58,12) Darin zeigt sich, wie Dietrich betont, daß hier wie „noch viel mehr" in „den allermeisten anderen Äußerungen des Alten Testaments über Rache" das destruktive Element „nicht Selbstzweck, sondern Mittel zum Zweck" ist.[296] Und selbst dort, wo der Rachevorgang bereits ausgemalt ist, kann man

---

[293] Ebd. – Hier läßt sich nach DIETRICH 459 eine geschichtliche Entwicklung erkennen: Während sich in älterer Zeit noch relativ oft die geschädigten Menschen selbst Genugtuung verschaffen, setzt die staatliche Organisation der freien Rache des Bürgers Grenzen und „leitet sie großenteils in das Gebiet der religiösen Vorstellungen um". Vgl. auch R. KOCH, Art. Rache, in: H. HAAG (Hg.), Bibel-Lexikon, Einsiedeln/Zürich/Köln 2., neubearb. u. vermehrte Aufl. 1968, Sp. 1442f.
[294] DIETRICH 461.
[295] Ebd. 462; vgl. auch RUPPERT, Klagelieder 146ff.
[296] DIETRICH 463.

noch fragen, „ob es sich nicht eher um drastische Methaphern als um prägnante Vorstellungen vom Wie des göttlichen Eingreifens handelt".[297] Entscheidender als das *Wie* scheint das *Daß* der Vergeltung, die „Herstellung eines von ihrer (der Feinde; E.S.) Schuld bereinigten Zustands" zu sein.[298] Nach Dietrich haben wir es in vielen Fällen des Racherufes „offensichtlich weniger mit Ausflüssen einer ungehemmten Destruktionslust als vielmehr mit dem grundsätzlichen Postulat von Gerechtigkeit in einer Welt voll Ungerechtigkeit zu tun": „Das ist keine Rache, kalt vollstreckt an dem endlich einmal unterlegenen Widersacher, das ist weit eher Hoffnung auf den Umsturz unerträglicher Verhältnisse. Hier wird die aggressive Haltung durch die Bedrohung der eigenen Identität und Existenz verursacht, nicht durch den Wunsch nach Vernichtung des Gegners."[299]

Für eine „sachgerechte psychologische Beurteilung des alttestamentlichen Rachedenkens" führt Dietrich außerdem an, „daß die Vergeltung weit häufiger von Gott als von Menschen erwartet wird".[300] Aus diesem Umstand darf positiv geschlossen werden: „Wer seine Aggressionen, statt ihnen freien Lauf zu lassen, einem Anderen, und zwar einem ungleich Mächtigeren und darum nicht zu Lenkenden, überträgt, der ist – ob nun aus freiem Entschluß oder notgedrungen – *faktisch viel friedfertiger*, als man seinem Reden anhört. Gott um Rache zu bitten, bedeutet in der Regel Verzicht auf eigene Rache."[301] „Darüber hinaus verliert die Rache, indem sie Gott überantwortet wird, ihren Charakter als selbstverantwortete Privatstrafe."[302] Indem Gott „entscheidet, was Recht ist und wann und wie es durchzusetzen ist", wird das subjektive Verfahren der Rache „objektiviert", scheidet „blindwütige Selbstjustiz" ebenso aus wie „unbillige Verschonung von Übeltätern" aus Unvermögen.[303] Schließlich hat sich der, der nach Rache ruft, vor derselben Instanz und unter denselben Beurteilungskriterien für sein eigenes Tun zu verantworten.[304]

---

[297] Ebd.
[298] Ebd. 464.
[299] Ebd.
[300] Ebd.
[301] Ebd. 465 (Hervorhebung von E.S.).
[302] Ebd. 469.
[303] Ebd.
[304] Vgl. ebd. 471; vgl. auch FÜGLISTER, Mut 195: „Gott allein ist Richter und Rächer. Der

Freilich besteht die Gefahr, daß der Ruf nach Rache eher als eine Katharsis „eine schleichende Vergiftung des gesamtgesellschaftlichen Zusammenlebens durch eine sich fortzeugende und ausbreitende allgemeine Aggressivität" heraufbeschwört; hier liegt eine Schwäche des Redens von Rache in einigen Teilen der Heiligen Schrift. Der Freimut, „mit dem die alttestamentlichen Zeugen auch ihre düstersten Gefühle artikulieren", soll dennoch in wenigstens einer Hinsicht positiv beurteilt werden: indem *Rachewünsche nicht einfach unterdrückt* werden, wird den unerwünschten Nebenwirkungen eben dieser Unterdrückung vorgebeugt.[305] Ohne einer Rehabilitierung des Rachegedankens das Wort reden zu wollen, warnt Walter Dietrich deshalb „vor einer realitätsfern eifernden Verdammung aller Vergeltungswünsche"; in ihnen komme ein Protest zur Sprache, der sorgfältig gehört sein wolle. Wenn dagegen „das Bedürfnis nach privater Vergeltung pauschal und rigoros als psychische Deformation und als Unfähigkeit zur Konfliktbewältigung disqualifiziert wird, dann droht das entweder zur Abstumpfung gegen ethische Normen zu führen oder dazu, daß aufsteigende Rachegelüste nicht mehr verbalisiert, sondern als schuldhaft empfunden und sofort verdrängt werden. Damit sind sie aber nicht neutralisiert, sondern nur transformiert – sei es zu Selbstanklagen und Schuldkomplexen, sei es, bei entsprechender Steuerung von außen, zu Aggressionswünschen gegen andere, dafür sozusagen freigegebene Objekte wie rassische Minderheiten oder innere und äußere politische Feinde."[306] Mit dem Aussprechen des Rachewunsches gegenüber Gott ist zwar das Problem des Bösen noch nicht gelöst, jedoch auch dadurch nicht, „daß man es verdrängt und nicht wahrhaben will. Verdrän-

---

Gott um Hilfe gegen den Feind bittende Psalmist rächt sich nicht selbst; er verzichtet, gerade als Beter, im Bewußtsein seiner eigenen Armut und Ohnmacht, aber auch im Vertrauen auf Gottes Gerechtigkeit und Liebesmacht auf die eigene Vergeltung. Indem er Gott um das Gericht bittet (Ps 43 [42], 1 u. ö.: ‚Richte mich ...'), übergibt und überläßt er seine Rache Gott. Damit aber liefert er nicht nur seine Feinde, sondern auch sich selbst dem aus, der ins Verborgene schaut und Herz und Nieren prüft ..." Vgl. auch J. HERMANN, Art. Rache, rächen, in: Calwer Bibellexikon, hrsg. von T. Schlatter, Stuttgart 2. Aufl. 1967, Sp. 1100f; H. BARDTKE, Art. Rachepsalmen, in: T. Schlatter (Hg.), Calwer Bibellexikon, Sp. 1101f.
[305] DIETRICH 466.
[306] Ebd.

gen ist gefährlich, seinen Zorn und seine Angst vor Gott aussprechen heilsam und gesund."[307]

Damit ein *Wunsch nach Rache* überwunden werden kann, muß er
ehrlich eingestanden sein: „Haß, der verdrängt wird, kann nicht be-
wältigt werden. So erfüllt noch der härteste Rachepsalm des Alten
Testaments *eine* Bedingung der letztlichen Überwindung von Haß
und Rache, indem er ihr Vorhandensein eingesteht."[308] Darüber hinaus ist der Haß der Rachepsalmen „nicht blinder Haß", sondern eine
„Form des Protests", ein „Haß auf die schlechten Verhältnisse", eine
„Form des Sich-nicht-Abfinden-Wollens mit dem Unrecht, eine
Form des Einforderns der Verheißung".[309] Zwar kann die alttestamentliche Rede von Haß und Rache „nicht das letzte Wort sein";
doch wo „an die Stelle der eingestandenen Aggression die versteckte tritt und an die Stelle des Hasses auf das Unrecht der Haß auf die,
die das Unrecht aufdecken (Ebach denkt an unsere Gesellschaft;
E.S.), da sind auch die Möglichkeiten verspielt, die alttestamentliche
Rede von Haß und Rache hat – nicht als letztes Wort, aber als ehrliches erstes, dem weitere folgen".[310]

2.1.8.4 *Vier weitere klassische Argumente für die Gewalttätigkeit Gottes
und Versuche ihrer Entkräftung*

2.1.8.4.1 *Das Isaak-Opfer*

Eines der beliebtesten Argumente für eine Gewalttätigkeit Gottes
stützt sich auf die in Gen 22,1-19 erzählte Forderung Gottes an Abraham, seinen einzigen Sohn Isaak zu opfern.[311] Ihm dürfte vor allem

---

[307] N. FÜGLISTER, Gott der Rache?, in: T. Sartory (Hg.), Entdeckungen im Alten Testament, Göttingen 1970, 117-133; 133.

[308] EBACH 52f.

[309] Ebd. 53.

[310] Ebd. – Daß durchaus auch Christen innerlich zu Fluchworten bewegt sein können,
betont KEEL 226-231.

[311] L. KOLAKOWSKI, Der Himmelsschlüssel. Erbauliche Geschichten, München 1965, 26-
30; vgl. auch T. MOSER, Gottesvergiftung, Frankfurt 1976, 20, und dazu U. RANKE-HEI-
NEMANN, Ein Gott mit blutigen Händen, in: Der Spiegel 30 (20.12.1976, Nr. 52) 144-146;
145: „Wenn Abraham heute lebte und die Absicht hätte, seinen Sohn Isaak auf Gottes
Befehl hin auf dem Scheiterhaufen zu opfern, dann gehörte Abraham in eine geschlossene Anstalt."

eine völlig unangebrachte historisierende Fragestellung zugrundeliegen.[312] Mit der Herausarbeitung der eigentlichen theologischen (!)
Aussageabsicht des Textes muß die Auffassung, daß hier ein Gott
der Gewalt zur Darstellung komme, als ein grobes Mißverständnis
zurückgewiesen werden. Obgleich sich die Exegeten aufgrund der
komplizierten Redaktions- und Traditionsgeschichte über die ursprüngliche Gestalt und Aussagespitze der Erzählung nicht völlig
einig sind,[313] nimmt doch heute unter ihnen niemand mehr auch nur
im entferntesten an, daß die Erzählung jemals einen gewalttätigen
Gott habe bezeugen wollen. „Wie unberührt, wie wenig bedrängt"
die Verfasser neuerer Untersuchungen „von der Gewalt der Aussage, die frühere Ausleger zugleich fasziniert und abgestoßen hat",
sind,[314] mag andeuten, daß die Erzählung über alle Streitfragen hin-

---

[312] Wie die gesamte Patriarchengeschichte will auch die Erzählung vom Isaak-Opfer
keine historische, sondern eine theologische Wahrheit vermitteln. Vgl. dazu H. Graf
REVENTLOW, Opfere deinen Sohn. Eine Auslegung von Genesis 22, Neukirchen-Vluyn
1968, 21-31; vgl. auch R. KILIAN, Isaaks Opferung. Zur Überlieferungsgeschichte von
Gen 22, Stuttgart 1970.

[313] Vgl. REVENTLOW, Sohn 52-77, der eine nicht einmal „religiöse" Familiengeschichte
mit dem Thema der „Rettung des zum Opfer gestimmten Sohnes" als ursprüngliche
Gestalt annimmt, die „Erprobung Abrahams" (siehe V 1a) der theologischen Umdeu-
tung durch einen späteren Verfasser zuweist und erst für die letzte Fassung die Gestalt
einer Kultätiologie nicht feststellen zu können (52-77). Vgl. dagegen KILIAN, Opferung, der zwischen zwei (bzw. drei) verschiedenen Motiven, Schichten und Traditionen für Gen 22 ausgeht: dem Wallfahrts- und Auslösemotiv (sowie einer etymologi-
schen Namengebung) (bes. 113-120), am kultätiologischen Charakter der ursprünglichen Erzählung festhält (121-124) und erst eine spätere Verknüpfung mit der Abra-
hamsgestalt annimmt (124f). Nach einer Untersuchung von D. MICHEL, Überlieferung
und Deutung in der Erzählung von Isaaks Opferung (Gen. 22), in: P. v.d. OSTENSACKEN
(Hg.), Treue zur Thora. Festschrift Günther Harder, Berlin 1977, 13-15, ist die Erzählung von Isaaks Opferung in der Überlieferung unter jeweils recht unterschiedlichen
Aspekten nacherzählt worden; in einer ersten Fassung habe der Erzähler die Ersetzung des Menschenopfers durch ein Tieropfer thematisiert, in einer späteren Fassung
das Recht Gottes auf Gehorsamsforderung gegenüber Abraham und in einer noch späteren die Treue Abrahams zu Gott nach erfüllter Verheißung. Zur Auslegungsgeschichte von Gen 22 vgl. auch D. LERCH, Isaaks Opferung christlich gedeutet. Eine auslegungsgeschichtliche Untersuchung, Tübingen 1950.

[314] G. v. RAD, Das Opfer des Abraham. Mit Texten von Luther, Kierkegaard, Kolakow-
ski und Bildern von Rembrandt, München 1971, 11. Vgl. insbesondere S. KIERKE-
GAARD, Gesammelte Werke, 4. Abt., Düsseldorf/Köln 1962. Vgl. auch darüber hinaus:
H. ROSENAU, Die Erzählung von Abrahams Opfer (Gen 22) und ihre Deutung bei Kant,
Kierkegaard und Schelling, in: Neue Zeitschrift für systematische Theologie und Reli-
gionsphilosophie 27 (1985) 251-261.

weg nicht mehr als Aufforderung zur Gewalt mißverstanden wird und dementsprechend wenig empört.

Entgegen einer recht oberflächlichen Annahme verfolgt die Erzählung der Isaak-Opferung das Anliegen, einen das menschliche Leben absolut bejahenden Gott Abrahams vorzustellen. Zwar ist zu Beginn von der Forderung Gottes die Rede, Isaak zu opfern, am Ende aber auch und gerade davon, daß Gott die Schlachtung und Opferung des Sohnes zurückweist und einen Widder als Ersatz verlangt. Was der Verfasser mit der Erzählung dieser Wende zum Ausdruck bringen will, kann jedoch nur unter Berücksichtigung einer zur Abfassungszeit sowohl im außerbiblischen als auch biblischen Raum bekannten religiösen Praxis verstanden werden: durch Kinderopfer wurde in Notsituationen (z. B. Krieg) versucht, die Götter bzw. Gott freundlich zu stimmen (vgl. 2 Kön 3,27).[315] Mit dem, was Abraham als Forderung Gottes meint vernehmen zu müssen, greift der Erzähler die abergläubische Praxis der sog. „Molochopfer" seiner Zeit auf,[316] weist sie aber im weiteren Verlauf der Erzählung als

---

[315] Wie *Ahas* (742-726) so brachte auch *Manasse* (696-642), beide Könige von Juda, in Kriegsgefahr einen Sohn als Molochopfer dar in der Hoffnung, dadurch Gott beeinflussen zu können: vgl. 2 Kön 16,3 und 2 Kön 21,6. Ausführlich zum Molochopfer: R. de VAUX, das Alte Testament und seine Lebensordnungen, Bd. 2 (Heer und Kriegswesen. Die religiösen Lebensordnungen), Freiburg/Basel/Wien 2. Aufl. 1966, 294-296; vgl. auch C. WESTERMANN/G. GLOEGE, Tausend Jahre und ein Tag. Einführung in die Bibel, Stuttgart/Berlin (Sonderausgabe) 1977, 3-270; 30: „Hinter der Erzählung steht ein geschichtlicher Vorgang von tiefer Bedeutung, nicht nur für das Volk Israel, sondern für viele Völker: die Ablösung des Menschenopfers durch das Tieropfer. In dem Land, in dem Abraham wanderte, hat es das Menschenopfer gegeben. Das ist durch eine Fülle von Funden im Land nachgewiesen, besonders in der Form des Bauopfers: Beim Bau eines Hauses wurde – offenbar eine lange Zeit hindurch – ein Kind in das Fundament eingemauert ..."
[316] Wie weitverbreitet Kinderopfer in Israel waren, ist strittig. Vgl. O. KAISER, Den Erstgeborenen deiner Söhne sollst du mir geben. Erwägungen zum Kinderopfer im Alten Testament, in: DERS. (Hg.), Denkender Glaube. Festschrift für Carl Heinz Ratschow, Berlin/New York 1976, 24-48, der davon ausgeht, daß Kinderopfer selten waren; dagegen SCHWAGER, Sündenbock 98. Vgl. auch R. GOLLING, Zeugnisse von Menschenopfern im Alten Testament, Berlin 1975 (masch. Diss.); H. GESE, Ezechiel 20,25f. und die Erstgeburtsopfer, in: H. DONNER/R. HANHART/R. SMEND (Hg.), Beiträge zur Alttestamentlichen Theologie. Festschrift für Walther Zimmerli, Göttingen 1977, 140-151. – Zur Verbreitung der Menschenopferpraxis vgl. auch die Textsammlung bei H. HALBFAS, Das Welthaus. Ein religionsgeschichtliches Lesebuch, Stuttgart/Düsseldorf 2. Auflage 1984, 268-273. Nach W. DAUM, Ursemitische Religion, Stuttgart/Berlin/Köln/Mainz 1985, 101-107, ist es historisch erwiesen, daß die in altarabischen Mythen und

nicht gottgewollt zurück: *Gott will das Menschenopfer* entgegen Eurer Annahme *nicht!* „Gott will nicht, daß du für ihn stirbst. Gott will, daß du für ihn lebst." Und für das Opfer sorgt er selbst (vgl. Widder im Gestrüpp).[317] Der Erzähler holt, pädagogisch geschickt, den Hörer bei seiner Auffassung ab, Molochopfer könnten unter Umständen Not-wenig sein. Damit verfolgt er die Absicht, unter Berufung auf Gott von der brutalen Praxis der Menschenopferung wegzuführen. Gegen einen ersten, doch recht oberflächlichen Anschein ist die Geschichte der Isaak-Opferung „eine gegen das Menschenopfer sich aussprechende Tendenzerzählung"[318].

Märchen erzählten Mädchenopfer tatsächlich auch veranstaltet worden sind. Vgl. etwa auch persische Märchen, die davon erzählen, daß aus dem blutenden Rumpf eines enthaupteten Mädchens Bäume und Pflanzen wachsen. Daß nicht nur in alttestamentlichen Texten die Praxis des Menschenopfers begegnet (vgl. etwa auch Ri 11,30f und 2 Kön 3,27), sondern auch in althinduistischer, vedischer Literatur – und ebendort auch eine Auseinandersetzung i. S. einer Ablehnung –, wird deutlich in R. PANIKKAR, Rückkehr zum Mythos, Frankfurt 1985, bes. 169f und 235f (mit Hinweisen auf Arbeiten u. a. von H. Lommel und J. Eggeling, die in unserer Frage auf Gemeinsamkeiten zwischen alttestamentlichen und vedischen Texten aufmerksam machen); zum Menschenopfer im Veda vgl. auch J. GONDA, Die Religionen Indiens, Bd. 1: Veda und älterer Hinduismus, Stuttgart 1960, 173. Grundlegend zum (Menschen)Opfer: LEEUW 400-402; W. BURKERT, Anthropologie des religiösen Opfers (Vortrag vor der C.F. v. Siemens Stiftung v. 21. Nov. 1983 in München), München (v. Siemens-Stiftung) 1985.

[317] Dies arbeitet beispielsweise folgende Kinderbibel heraus: S. v.d. LAND (deutsche Bearbeitung von E. Beck), Meine Bilderbibel. Das große Buch von Gott und den Menschen, Konstanz und Kevelaer 1976; auch in anderen Kinderbibeln wird bisweilen geschickt und behutsam in die Praxis der Menschenopfer eingeführt und die Handlung Abrahams eher wie ein von daher verständliches, doch durch Gott selbst korrigiertes Mißverständnis erzählt.

[318] H. HOLZINGER, Kurzer Hand-Commentar zum Alten Testament, Freiburg/Leipzig/Tübingen 1898, 165; vgl. auch D. ARENHOEVEL, Erinnerung an die Väter. Genesis 12-50, Stuttgart 1976, 88-94; vgl. auch O.H. STECK, Ist Gott grausam? Über Isaaks Opferung aus der Sicht des Alten Testaments, in: BÖHME (Hg.) 75-95; 798: „In ihrer ältesten Gestalt ist diese Erzählung eine Ermächtigung. Eine Ermächtigung, die Gott dem Menschen Abraham gibt, ein Heiligtum im Lande mit dem Brauch von Kinderopfern als sein Heiligtum zu verehren, die unvereinbaren Kinderopfer aber durch Widderopfer zu ersetzen." – WESTERMANN, Altes Testament 32, aktualisiert die Erzählung: „Wenn auch die Menschen heute meinen, niemandem mehr Opfer bringen zu brauchen," so habe sich doch gezeigt, „daß die Opferforderung menschlicher Organisationen furchtbarer werden kann als jemals Opfer, die Göttern gegeben wurden. Das Menschenopfer, das der totale Staat fordert, ist das verzerrte Gegenbild des Menschenopfers aus der grauen Vorzeit, das Opfer, das Abraham nicht mehr zu bringen, brauchte." Vgl. auch GIRARD, Ende 133.

„Daß eine ferne Frühform unserer Erzählung die Erinnerung an eine von der Gottheit angeordnete Auslösung eines Kinderopfers durch ein Tieropfer aufbewahrt hat," darüber besteht auch nach Auffassung Gerhard von Rads kein Zweifel.[319] Fraglich bleibt nach von Rad jedoch, was hier allerdings nicht näher zu interessieren braucht, ob die Erzählung ursprünglich (!) bzw. primär (!) Gottes Ablehnung des Kinderopfers veranschaulichen wollte. „Kein Mensch" würde „den Ersatz eines Kinderopfers durch ein Tieropfer als das (primäre; E.S.) Anliegen unserer jetzigen Erzählung bezeichnen wollen".[320] Auch nach Ansicht Walther Zimmerlis ist der Hauptgrund der Ersetzung von Menschen- durch Tieropfer, „wenn er überhaupt je bestanden haben sollte, ganz verblaßt" und trägt „zum Verständnis des vorliegenden Textes nichts bei"; die Erzählung will „nicht von einer allgemeinen Regel der Auslösung des Menschen durch ein Tieropfer reden, sondern sehr konkret ein einmaliges Geschehen der Geschichte Abrahams erzählen".[321]

Auch diese Erklärung trifft eine Hauptaussage der mehrfach bearbeiteten und dabei verschieden akzentuierten Abraham-Isaak-Erzählung. Auch darin wird deutlich, daß es ihr nicht um die Behauptung einer Gewalttätigkeit Gottes geht. Gleich am Anfang (V 1: „Nach diesen Ereignissen stellte Gott Abraham auf die Probe.") läßt der Erzähler wissen, „worum es in der ganzen Erzählung gehen wird"[322]: um die Glaubenserprobung Abrahams. „Noch bevor die Geschichte überhaupt begonnen hat", erfährt der Leser, „daß es sich um eine Versuchung handelte", und „wird von vornherein daran gehindert, sich auf eine grässliche Sensation einzustellen. Insofern zerstört der erste Satz eine Spannung, noch ehe sie entstehen konnte, denn man weiß nun, daß Gott die Tötung des Kindes nicht wirklich gewollt hat."[323] Vom ersten Satz der Erzählung an weiß der Leser,

---

[319] v. RAD, Opfer 26.
[320] Ebd.
[321] W. ZIMMERLI, 1. Mose 12-25: Abraham, Zürich 1976, 110; vgl. auch WESTERMANN, Altes Testament 30: Die Geschichte sei zwar ein ferner Nachhall der Geschichte von der Ablösung des Menschenopfers, polemisiere aber nicht mehr gegen diese Praxis. „Sie will etwas anderes sagen."
[322] Ebd.
[323] v. RAD, Opfer 23. – Bezeichnenderweise stachelt im Jubiläenbuch der Anführer der bösen Geister, Fürst Mastema, Jahwe dazu auf, Abraham zu prüfen und von diesem die Opferung seines Sohnes zu fordern. H. HAAG 88 schließt daraus, daß mit der Ge-

im Gegensatz zu Abraham, worum es geht.[324] Erst später enthüllt sich auch Abraham, daß Gott ihn auf die Probe gestellt hat.[325]

Weil Abraham in seiner größten Not „die Bindung an Gott nicht abgeworfen" hat, empfängt er dafür „aus dem Munde Gottes selbst das Ehrenprädikat eines Gottesfürchtigen, d. h. eines Gehorsamen", und Gottes Segen.[326] Der Erzähler hat nach von Rad die Erfahrung zum Ausdruck gebracht, daß auch dort, wo „Gott in seinen Führungen gegen sein eigenes Heilsversprechen aufzustehen scheint, wenn er gleichsam als sein eigener Feind sein Werk zu zerstören scheint", er sich nicht von Israel „abgekehrt" hat.[327] Abraham hält voller Vertrauen auch dann noch an Gott fest, wenn er keinen Ausweg aus der Not zu erkennen vermag.[328]

Bemerkenswert ist auch die Deutung der Abraham-Isaak-Erzählung, die Odil Hannes Steck gegeben hat. Steck sieht vor allem die Erzählung von der Isaak- Opferung im Kontext zeitgenössischer Daseinsdeutung und Gotteserfahrung.[329] Das Israel der Königszeit, aus der die Erzählung in ihrer jetzigen Form stammt, hat nicht nur eine Zeit erfüllter Verheißung durchlebt, es hat „auch schon Erfahrungen seltsamer Rückschläge in Bedrohungen von innen und außen gemacht".[330] Die Grunderfahrung, daß Gott im Glück genauso wie im

stalt des Mastema Gott von den Taten entlastet werden soll, „die man in der Spätzeit für seiner unwürdig erachtete".

[324] ZIMMERLI, Abraham 110f.

[325] Ebd. 112.

[326] v. RAD, Opfer 33.

[327] Ebd. 37; vgl. auch WESTERMANN, Altes Testament 31: Das ist der Sinn der Erzählung: Abraham gehorcht einem Gott, „den er nicht mehr verstehen kann. … Abraham hält sich an Gott gegen alle menschlichen Möglichkeiten und gegen Gottes früheres Wort."

[328] Zur Isaak-Opferung vgl. auch die populärwissenschaftliche, doch theologisch fundierte Erörterung von W. HINKER/K. SEIDEL, Wenn die Bibel recht hätte. … Stuttgart 1970, 32-39; vgl. auch die theologische Auswertung der Abraham-Isaak-Erzählung durch A. DENECKE, Variationen zu Abraham, in: H. NITSCHKE (Hg. in Zusammenarbeit mit H.W. Dannowski und H.D. Knigge), Erzählende Predigten, Gütersloh 2. Auflage 1977, 28-32. – Eine zusammenfassende exegetische Auslegung vergleichbar der hier kurz referierten findet sich auch in: M. MÜLLER (Hg.), Senfkorn. Handbuch für den Katholischen Religionsunterricht Klassen 5-10, Bd. I/1: Klassen 5 und 6. Stuttgart 1985, bes. 129-132.

[329] STECK, Gott 81: „Isaaks Opferung ist nur ein Glied in einem großen Erzählungszusammenhang, der Israel sein Dasein verstehen läßt als den langen Weg stetiger Führung und Segnung Gottes."

[330] Ebd. 80.

Leiden für sein Volk da ist, spiegelt der Genesistext.[331] Ob Gott für Israel immer der Einzige ist im Sinne des ersten Gebotes, weist sich aus, wenn sein Volk auch noch in unbegreiflichen Schicksalen an ihm hängt; Abraham geht auch in schwerster Zeit mit Gott. Auch durch das Dunkelste hindurch folgt er noch seinem Gott. Genauso ist auch Israel aufgefordert, in der „Gottesnacht seiner Erfahrung bei Gott zu bleiben, mit ihm zu gehen, sich dem Tun Gottes unbedingt zu überlassen, im Vertrauen nicht auf einen deus ex machina, nein, im Vertrauen auf diesen Gott und nichts sonst".[332] Damit ist die konsequente Befolgung des ersten Gebotes expliziert: „Vom ersten Gebot und nicht anderem handelt diese Geschichte!"[333] Die Abraham-Isaak-Erzählung ist eine Ausführung zum ersten Gebot.

Die Prüfung Abrahams versteht Israel darüber hinaus im großen Kontext eines allzeit „gütigen Geleites Gottes": die „Erfahrungen des Daseins als Tun des gütig geleitenden Gottes, elementare, heute selbstvergessen entglittene Erfahrung, setzt Israel auch in Genesis 22 voraus".[334] Das Grundlegende seines Daseins erfährt Israel als von Gott gegeben; daneben erfährt es aber auch seine Grenze. Gottes Gebote erfährt es als dankenswerte Hilfe. Gott ist für Israel ein gütig leitender Gott. Wer darum „heute von Gott reden und auf dem Boden dieser Geschichte (der Isaak-Opferung; E.S.) bleiben will, wer sie predigen will, wer Kindern davon erzählen will, wer also einfach mit ihr leben will, der darf nicht übersehen, wie sie das erzählende Israel selbst uns darreicht als einen besonderen, als einen gewiß befremdlichen Hinweis auf Gott, als ein Eingehen auf den rätselhaften und unbegreiflichen Gott, aber ganz unlöslich eingebettet in Zeugnis und selbstbetroffene Erfahrung des gütig geleitenden Gottes. Von diesem gütigen Gott muß zuvor und danach geredet werden, wie es Israel getan hat. Wer davon absähe, wer das aus seinem Leben streichen würde, der hätte nicht die Geschichte von Isaaks Opferung, sondern er hätte nur mehr ihre Scherben in der Hand!"[335]

---

[331] Ebd. 85: „Mit dem exponierenden Hinweis auf die Gottesprüfung Abrahams, die bevorsteht, spricht der Erzähler ein Wissen und Erfahren an, das Israel lange vertraut ist: daß Gott nämlich nicht nur in Segen und Geleit da ist, sondern daß er auch im Leiden bei Israel da ist ..." Vgl. auch 88.
[332] Ebd. 88.
[333] Ebd. 91.
[334] Ebd. 82.
[335] Ebd. 83.

2.1.8.4.2 *Der Untergang der Ägypter im Schilfmeer*

Zur Vorstellung eines bisweilen recht gewalttätigen Gottes hat auch nicht wenig jene Exodus-Erzählung beigetragen, nach der Israel nur deshalb aus ägyptischer Sklaverei befreit werden konnte, weil der Gott Israels in eindeutiger Parteinahme für sein Volk die ägyptischen Verfolger allesamt im Meer ertrinken ließ.[336] Daß jedoch auch diese Erzählung nicht die Behauptung einer Gewalttätigkeit Gottes belegt, sollen folgende Ausführungen verdeutlichen.

Die Freude über das Gelingen ihres Fluchtversuchs aus der ägyptischen Sklaverei und ihre Dankbarkeit dafür hat in der sogenannten „Exodus-Gruppe" lange nachgewirkt. Sie hat sich darüber hinaus auf jene Stämme übertragen, mit denen sich die aus Ägypten geflohene Gruppe später zum Volk Israel zusammenschloß.[337] Die Flucht, zu deren Gelingen – der Erinnerung nach – ein Ereignis am Meer entscheidend beigetragen haben muß, wurde zunächst in den Gottesdiensten in einem vermutlich nur sehr kurzen Hymnus als ein großartiges Befreiungshandeln Jahwes besungen: „Singt dem Herrn ein Lied, denn er ist hoch und erhaben; Rosse und Wagen warf er ins Meer." (Ex 15,21)[338]

Je länger jedoch das Ereignis in die Vergangenheit hineinreichte, umso stärker stellte sich in Israel die Frage nach Einzelheiten der Rettung. Infolgedessen entstanden neben- und nacheinander Erzählungen, die den Auszug aus Ägypten beschrieben und deuten sollten. Verständlicherweise differierten sie, den unterschiedlichen

---

[336] Vgl. KOLAKOWSKI, Himmelsschlüssel 36: „Was denken Ägypten und der Pharao über die Barmherzigkeit Gottes?"

[337] Vgl. EBACH 20: Die „Erfahrung der Rettung war so tiefgreifend, daß sie zu einem Überlieferungsgut ganz Israels wurde". – Zum Exodus-Geschehen vgl. M. GÖRG, Ausweisung oder Befreiung? Neue Perspektiven zum sogenannten Exodus, in: Zeitschrift für Religionswissenschaft und Theologie 20 (1978) 272-286 (hier ein interessanter Interpretationsversuch von der möglichen politischen Situation des Erzählers aus und seiner denkbaren Absicht, durch die Exodus- Erzählung gegen die ägyptenfreundliche Außenpolitik Salomos zu opponieren).

[338] Vgl. M. NOTH, Das zweite Buch Mose. Exodus, Göttingen 2. Aufl. 1961, 96-98; 96f: „… man kann mit der Möglichkeit rechnen, daß wir in ihm (dem Hymnus; E.S.) die älteste uns im Alten Testament erhaltene Formulierung der Aussage vom Gotteswunder am Meer vor uns haben …" Zum Schilfmeerlied vgl. N. LOHFINK, Das Siegeslied am Schilfmeer. Christliche Auseinandersetzung mit dem Alten Testament, Frankfurt 2. Aufl. 1966, 102-128.

Standpunkten ihrer Verfasser entsprechend. Am Ende faßte sie ein Redakteur zu einer einzigen Erzählung zusammen, ohne jedoch das Widersprüchliche der verschiedenen Auszugsversionen zu beseitigen: nach der einen Version hatte der Pharao das Volk entlassen, nach einer anderen war es geflohen; nach der einen Erzählung wurde das Wasser durch einen starken Ostwind aus der Bucht gedrückt, nach der anderen spaltete sich auf das Ausstrecken der Hand Mose hin das Meer, und die Israeliten konnten mitten hindurchgehen, „während rechts und links von ihnen das Wasser wie eine Mauer stand" (Ex 14,22); daneben existieren unterschiedliche Angaben über den Fluchtweg.[339]

Wie so oft in der Bibel wollen aber auch die Exodus-Erzählungen keine historische Detailbeschreibung geben, sondern eine Heilserfahrung theologisch deuten.[340] Wenn demnach einer der biblischen Erzähler „‚sein' Meerwunder als Spaltung des Meeres erzählt, die ‚im Angesicht von Baal Zafon' auf das Wort Jahwes hin sich ereignet, wobei die als Anhänger dieses Kultes gedachten Ägypter vom Meer verschlungen werden, während die Jahwe-Verehrer gerettet werden, wird die religionspolemische und theologische-Absicht dieser Ortsangabe voll verständlich: Das Meerwunder dokumentiert, wer die schöpferisch-gebieterische Macht über die chaotischen Wasser des Todes hat. Nicht Baal oder welche Götter auch immer haben die Macht zu retten und zu richten, sondern Jahwe allein."[341]

---

[339] Vgl. P. WEIMAR/E. ZENGER, Exodus. Geschichte und Geschichten der Befreiung Israels, Stuttgart 1975, 129-134; E. ZENGER, Das Buch Exodus, Düsseldorf 1977, 146; vgl. auch R. GRADWOHL, Israels Zug durchs Schilfmeer. Hypothesen und archäologische Ausgrabungen, in: Israelitisches Wochenblatt 20 (1969) 40f; W. KREBS, Die Santorin-Katastrophe und der Exodus, in: Das Altertum 13 (1966) 135-144: J. NELIS/H. HAAG, Art. *Auszug*, in: H. HAAG (Hg.), Bibel-Lexikon, Einsiedeln/Zürich/Köln 2., neubearbeitete und vermehrte Aufl. 1968, Sp. 142-154; bes. Sp. 151f. R. Schmid, Meerwunder- und Landnahme-Traditionen, in: Theologische Zeitschrift 21 (1965) 260-268, sieht neben zwei Exodusrouten zwei Landnahmeaktionen, von Westen her eine und vom Süden her eine. – Übrigens ist der Zusammenhang von Exodus und Meerwunder nicht unbestritten; vgl. A.H.J. GUNNEWEG, Geschichte Israels bis Bar Kochba, Stuttgart/Berlin/Köln/Mainz 1972, 22.

[340] Zur „Erlebnistiefe" der erfahrenen Rettung und zum Prozeß theologischer Reflexion des Exodus vgl. S. HERRMANN, Israels Aufenthalt in Ägypten, Stuttgart 1970, bes. 83ff.

[341] ZENGER, Exodus 104; vgl. auch WEIMAR/ZENGER 132: Die eigentliche Funktion der geographischen Notiz ergebe sich „aus der theologischen Sicht, die hinter der priesterschriftlichen Darstellung des Meerwunders" liege: „Wie in den Plagen geht es auch im Meerwunder um den Machterweis Jahwes gegenüber den Göttern."

Und wenn ein anderer Erzähler die Israeliten zum Roten Meer ziehen läßt, zum Golf von Akaba, der mit dem „Schilfmeer" gemeint ist, und in der Nacht des Meerwunders Blitze und Feuer eine Rolle spielen läßt, dann „fügt sich dies gut mit einer aus Ex 19 herauslösbaren Erzählschicht zusammen, die sich ihren Sinaiberg als in Nordwestarabien gelegenen Vulkan vorstellt. Diese Erzählschicht denkt sich das Geschehen des Meerwunders so, daß dabei der Sinaigott von seinem Vulkan aus die Ägypter am Golf von Akaba vernichtete."[342] Noch einmal nehmen darüber hinaus die griechischen und aramäischen Bibelübersetzer nach je eigenem Gutdünken Veränderungen der Ortsangaben vor.[343]

Letztlich haben wir jedoch in allen Erzählschichten „nur Varianten des einen Themas der Vernichtung der Ägypter im ‚Meer‘"[344] der „Rettung Israels in scheinbar ausweglose Lage"[345]: „Die aus der Zwangsarbeit in Ägypten entflohene Schar wird von einer ägyptischen Streitmacht verfolgt und fast eingeholt. Da kommt den Fliehenden etwas ganz Unerwartetes zu Hilfe. Sie können einen Meeresarm durchschreiten, den Verfolgern werden plötzlich Fluten zum Verhängnis."[346] „Diese Tatsache der Israel rettenden Vernichtung einer ägyptischen Streitwagenmacht im ‚Meer‘ bildete die geschichtliche Grundlage der Überlieferung."[347] „In der frühesten Fassung der Schilderung des Ereignisses ist von Mirakeln nicht die Rede. Die Rettung wird einem starken Wind zugeschrieben, der die jähe Veränderung des Meeres bewirkt. Erst spätere Übermalungen steigern das Ereignis zum rätselhaften Wunder.[348] Doch von Anfang an sah Israel das Geschehen nicht als Zufall an, sondern erfuhr es als Rettungstat Gottes, der durch die Naturereignisse bewahrend eingriff."[349]

---

[342] ZENGER, Exodus 104f; vgl. WEIMAR/ZENGER 132f.

[343] ZENGER, Exodus 105f.

[344] NOTH, Exodus 95.

[345] EBACH 19.

[346] Ebd., vgl. auch S. HERRMANN, Aufenthalt 90f.

[347] NOTH, Exodus 95.

[348] Erst in späteren Erinnerungen wie Ps 136 ist im Zusammenhang des Meerwunders von Gewalt die Rede: jetzt wird Jahwe „zum Retter Israels, indem er die Verfolger gewaltsam vernichtet"; EBACH 20.

[349] Ebd. 19; vgl. auch WESTERMANN, Altes Testament 81f: „Wenn wir von der Rettung der Israeliten am Schilfmeer als von einem Wunder sprechen, dürfen wir das nicht nach unserem modernen Wunderbegriff verstehen. Die Israeliten haben damals ihren

Wenn auch die verschiedenen Varianten der „Erzählung von dem Gotteswunder am Meer" in der Darstellung der Einzelheiten des Vorganges deutlich auseinandergehen, so sind doch, wie Martin Noth zusammenfaßt, „die wesentlichen Elemente des Inhalts" „in allen Erzählungsformen gleich; und diese Gleichheit hebt sich auf dem Hintergrund der Differenzen in der Einzelausführung nur um so deutlicher ab. Übereinstimmend wird von einer Gottestat gesprochen, bei der Gott allein das handelnde Subjekt war ..."[350] Die in Ex 14 entscheidende Aussage über die Vernichtung der Ägypter ist bemerkenswert unkriegerisch. „Um die Vernichtung der Ägypter zu schildern, benötigt der Erzähler nicht mehr als einen Satz, in dem in aller Kürze ausgesagt ist, Jahwe habe die Ägypter mitten ins Meer geschüttelt (14,27b) ..." Es wird dabei der „Eindruck der Leichtigkeit aber auch Endgültigkeit des Sieges Jahwes" vermittelt.[351] „Bezeichnenderweise verrät der Bericht von der Vernichtung der Ägypter keinerlei kriegerisches Kolorit, obgleich ein solches, wenn überhaupt, an dieser Stelle am ehesten zu erwarten gewesen wäre. Damit zeigt sich erneut, daß hier ein eigentlicher Krieg nicht statthat."[352] In

---

Durchzug durch das Bett des Meeresarmes und die Vernichtung der sie Verfolgenden an der gleichen Stelle, wo sie durchgezogen waren, nicht als ein Geschehen gegen die Naturgesetze verstanden, weil sie Begriff und Vorstellung eines Naturgesetzes nicht hatten. Für sie war entscheidend, daß das Meer in dem Augenblick zurücktrat, in dem sie in höchster Lebensgefahr waren, daß es die Ägypter wegriß in dem Augenblick, als sie die fliehenden Israeliten fast errreicht hatten ..."
[350] NOTH 94; vgl. auch C. BRAVO, El milagro en los relatos del Exodo, in: Estudios Biblicos 27 (1968) 5-26, zusammengefaßt von W. KOHLHAMMER, in: Internationale Zeitschriftenschau für Bibelwissenschaft und Grenzgebiete 16 (1969/70) 41: „Ex 14 will nicht ein Wunder konkret beschreiben, sondern verschiedene Berichte zusammenfassen ... Die Verfasser jener Berichte hatten kein philosophisches oder wissenschaftliches Interesse an Naturerscheinungen; sie zeigen vielmehr theologisch vertiefend, wie Jahwe seine Macht offenbart in der Befreiung seines Volkes trotz übermenschlicher Hindernisse; sie verdeutlichen das für die später Lebenden durch lebendige Schilderung (Transposition) und Symbole: Wolke, Feuer, Sturm, Meer (...)."
[351] WEIMAR/ZENGER 68.
[352] Ebd. – Vgl. auch N. LOHFINK, Schichten 76f, und sein Hinweis auf eine Arbeit von J.-L. Ska, nach der Ex 14 keinen Kampf zwischen Israel und Ägypten, sondern eine Selbstopferung Jahwes vor den Augen der Ägypter wiedergeben will. – Vgl. dagegen R. SMEND, Jahwekrieg und Stämmebund. Erwägungen zur ältesten Geschichte Israels, Göttingen 2., durchgesehene und ergänzte Auflage 1966, 79, der im Ereignis am Schilfmeer ein „Jahwe-Krieg" erzählt sieht. Doch G. FOHRER, Geschichte der israelitischen Religion, Berlin 1969, 109: „Die Exodus-Ereignisse sind selbst kaum schon ‚Jahwe-Kriege', sondern später in Formelementen des Jahwe-Kriegs erzählt worden."

Ex 14 wird „der Sieg als ausschließliche Tat Jahwes hingestellt".[353]
Auf ihrer Flucht hat die Exodus-Gruppe die Erfahrung machen dürfen, daß Gott „nicht mit den stärkeren Bataillonen" ist.[354] In aufrichtiger Partikularität, doch „weder heuchlerisch, noch schadenfroh" dankt Israel für seine Rettung vor der Übermacht. Das Unglück der anderen bejubelt es nicht. Israels „Dank gilt nicht der Gewalt, nicht dem Unglück der anderen".[355]

2.1.8.4.3 *Die Landnahme*

Während William F. Albright und G. Ernest Wright aufgrund archäologischer Studien zu dem Ergebnis kommen, daß die *Besitznahme des Landes Kanaans durch gewaltsame Eroberung* erfolgt sei, vertreten Albrecht Alt und Martin Noth unter territorial- und traditionsgeschichtlichen Gesichtspunkten die Auffassung, daß die *Landnahme im großen und ganzen Folge eines langen Prozesses gewesen sein muß*, Folge der Transhumanz (Weidewechsel).[356] Nach Rudolf Smend wurde Palästina nicht, „wie es das Buch Josua darstellt, in einem Zuge von einer Heeresmacht unter dem Befehl des Josua erobert, sondern nacheinander von einzelnen Gruppen und Stämmen und ohne daß dabei militärische Gewalt zu Anfang im größeren Umfange auch nur einigermaßen regelmäßig angewendet worden

---

[353] WEIMAR/ZENGER 70. Vgl. jetzt auch P. WEIMAR, Die Meerwundererzählung. Eine redaktionskritische Analyse von Ex 13,17-14,31, Wiesbaden 1985; demnach ist die älteste Meerwundererzählung in königskritischen Prophetenkreisen mit antikriegerischer Akzentuierung entstanden.

[354] EBACH 21 und 29.

[355] Ebd. 21. – Weitere Literatur zum Meerwunder: K. v. RABENAU, Die beiden Erzählungen vom Schilfmeerwunder in Ex. 13,17-14,31 in: G. SCHILLE/P. WÄTZEL, Theologische Versuche, Berlin 1966, 7-29; G.J. BOTTERWECK, Israels Errettung im Wunder am Meer, in: Bibel und Leben 8 (1967) 8-33; HINKER/SPEIDEL 70-81; M. SCHAKER, La foi qui ouvre la mer, in: Bible et Vie Chrétienne 103 (1972) 37-41; J. EAKIN/E. FRANK, The Plaques and the Crossing of the Sea, in: The Review and Expositor 74 (1977) 473-482.

[356] Vgl. M. WEIPPERT, Die Landnahme der israelitischen Stämme in der neueren wissenschaftlichen Diskussion. Ein kritischer Bericht, Göttingen 1967; M. METZGER, Grundriß der Geschichte Israels, Neukirchen-Vluyn 3. Aufl. 1972, 33. Vgl. vor allem die Darstellung von A. ALT, Kleine Schriften zur Geschichte des Volkes Israel, Bd. 1, München 1953, 89ff und 126ff. Zum Verständnis des zeitgeschichtlichen Hintergrundes vgl. H. KLENGEL, Zwischen Zelt und Palast. Die Begegnung von Nomaden und Seßhaften im alten Vorderasien, Wien 1972.

wäre".[357] Aufgrund einer früh einsetzenden Theologisierung des Landnahmevorgangs hatte sich, wie Gerhard von Rad ausführt, „eine deutliche Erinnerung daran, daß sich die Einwanderung der Stämme in Wirklichkeit weithin unkriegerisch, nämlich auf dem Weg des Weidewechsels vollzogen hat", nicht mehr erhalten; bereits Ri 1 gibt die Landnahme „als ein generell kriegerisches Geschehen wieder".[358] Nach Claus Westermann ist die Forschung der letzten Jahrzehnte zu dem „fast einmütigen Schluß gekommen", daß die Darstellung der Landahme im Josuabuch „aus dem Ergebnis erwachsen ist und dabei die Linien des Geschehens so vereinfacht und abkürzt, daß wir den wirklichen Hergang darin nicht mehr erkennen können".[359] Otto Bauernfeind weist darauf hin, daß erst bei der späteren Überarbeitung der Geschichtsquellen „auf das überlieferte Bild von der Landnahme die Farben des heiligen Krieges aufgetragen" worden sind.[360] Wenn die Texte namentlich des Josuabuches „aus einer sukzessiven friedlichen Einwanderung eine machtvolle kriegerische Aktion machen, so geht es ihnen", wie Jürgen Ebach herausstellt, „um etwas ganz anderes als um die Herstellung militärischer Stärke. Sie wollen zeigen, daß sich Jahwes Landverheißung an die Väter erfüllt auch gegen eine Übermacht." Jahwe ist also nicht bei den stärkeren Bataillonen.[361] Die Landnahme, so auch Norbert Lohfink, ist „durchaus friedlich zu denken".[362]

---

[357] SMEND, Jahwekrieg 17. – Nach PERLITT 20 sind sowohl Landnahme als auch Landausbau und Landsicherung „ohne ein bestimmtes Maß an kriegerischer Aktion nicht vorstellbar". PERLITT hat dabei das Stämmemodell vor Augen. Vgl. auch ebd. 42ff.

[358] v. RAD, Theologie 297.

[359] WESTERMANN, Altes Testament 90.

[360] O. BAUERNFEIND, Art. polemos, polemeo, in: Theologisches Wörterbuch zum Neuen Testament, Bd. 6, hrsg. von G. KITTEL, Stuttgart 1959, 501-515; 508. – Vgl. auch das Jahwe-Bekenntnis in Ps 44,4: „Denn sie gewannen das Land nicht mit ihrem Schwert, noch verschaffte ihr Arm ihnen den Sieg: nein, deine Rechte war es …"

[361] EBACH 29.

[362] N. LOHFINK, Der Schöpfergott und der Bestand von Himmel und Erde, in: G. ALTNER u. a., Sind wir noch zu retten?, Regensburg 1978, 15-39; 29. Vgl. aber auch W.T. IN DER SMITTEN, Einführung in die alttestamentliche Geschichte Israels, Bern/Frankfurt/München 1976, 15f: „Die Landnahme war weder eine nur militärische Unternehmung, noch darf man sie sich bloß als eine zugweise Unterwanderung und friedliche Infiltration vorstellen. Auf jeden Fall aber war sie ein allmählicher Prozeß, der bis zur vollständigen Konsolidierung des Landes unter David andauerte." Inzwischen äußert auch N. LOHFINK, Schichten 56, „Zweifel am friedlichen Charakter dieser Vorgänge".

Daß die „*Landnahme eher eine friedliche* gewesen sein muß, will auch ein Rekonstruktionsversuch von Erich Zenger unterstreichen".[363] Diesem zufolge müßte endgültig jene traditionelle Vorstellung verabschiedet werden, nach der Gott seinem auserwählten Volk das Gelobte Land auf dem Wege des Krieges gegeben habe. Zengers Untersuchung macht deutlich, wie alte, scheinbar unbezweifelbare Positionen (wie z. B. die aus einer relativ oberflächlichen Lektüre des Josua-Buches gewonnene) unter den modernen Forschungsergebnissen ins Wanken geraten. Die Korrektur der althergebrachten Landnahmevorstellung ist beispielhaft; sie sollte insgesamt vorsichtiger werden lassen im leichtfertigen argumentativen Gebrauch liebgewonnener, aber fragwürdiger Gewaltvorstellungen im Alten Testament.

Schauplatz der Landnahme Israels ist jenes fruchtbare Gebiet, das sich wie eine Brücke zwischen dem Nildelta und dem Zweistromland erstreckt und als solches nachhaltig die Geschichte Palästinas bestimmt hat. Zwischen den landwirtschaftlich nutzbaren Gebieten dieses sog. „Fruchtbaren Halbmondes" und der Wüste erstreckt sich südlich, teilweise auch nördlich ein „ausgedehnter Steppengürtel", „der halbnomadischen und vollnomadischen Gruppen, zumindest im Winter, genügend Lebens- und Weideraum bietet. Aus diesem Steppengürtel, aber sogar aus der syrisch-arabischen Wüste selbst, sind über Jahrtausende hinweg immer wieder nomadische Sippen und Stämme in das Kulturland des Fruchtbaren Halbmondes eingedrungen ..."; denn da „der Steppengürtel seine Bewohner und ihre Herden nicht das ganze Jahr ernährt", sind die Kleinviehnomaden gezwungen, „mit ihren Herden im trockenen Sommer ins Kulturland" zu ziehen, um dort zu „übersommern", bis sie mit Beginn der Regenzeit, dem Winter, wieder in die Wüste zurückziehen können.[364] Dabei arrangieren sie sich mit den Kulturlandbauern in der Regel auf friedliche Weise, so daß „im allgemeinen" ein „durchaus schiedlich-friedliches Miteinander von seßhaften Ackerbauern und nomadisierenden Kleinviehhirten" festzustellen ist, wie es sich „im geregelten *Weidewechsel* (sogenannte Trans-

---

[363] E. Zenger, Der Gott der Bibel. Sachbuch zu den Anfängen des alttestamentlichen Gottesglaubens, Stuttgart 1979, 113-138. Vgl. auch Metzger 33-44.
[364] Zenger, Gott 115 (Zenger zit. in diesem Zusammenhang H. Donner, Einführung in die Biblische Landes- und Altertumskunde, Darmstadt 1976, 72f).

humanz) der Nomaden niedergeschlagen hat".[365] Im Zuge dieser Transhumanz kann es freilich „nicht ausbleiben", daß Nomaden „langsam seßhaft" werden und „stufenweise den Übergang von der extensiven Weidewirtschaft zum Ackerbau (sogenannte Sedentarisation)" vollziehen.[366]

Wenn sich das Eindringen der Wüstenbewohner ins Kulturland gelegentlich zu Wellen verdichtete, so mußte das seine Ursache nicht allein in dem Reiz haben, den das Kulturland „mit seinen Annehmlichkeiten und seinen größeren Sicherheiten" auf die Halbnomaden ausübte. Ganze Einwanderungswellen können vor allem in Notsituationen ihren Ursprung haben (wie z. B. Dürre, Unwetter, Viehseuchen, Bevölkerungsüberschuß, Stammesstreitigkeiten). Bei solchen Wellen ist allerdings „weniger an die Einwanderung ganzer Stämme zu denken als an Teile eines Stammes, an kleinere Gruppen".[367] Neben diesen Wellen, „die als ein Prozeß zu verstehen sind, der sich über einen längeren Zeitraum hinziehen könnte", gab es aber auch „eine ständige Infiltration. Nomaden … wanderten als Saisonarbeiter ins Kulturland ein. Sie waren hier vor allem als Schnitter, Schafscherer, Hirten und Söldner im Dienst der Seßhaften tätig. Ein Teil von ihnen blieb dann dort wohnen, ein anderer Teil kehrte zur Stammesgruppe und zur Herde zurück. Diejenigen, die im Kulturland blieben, lösten sich allmählich aus dem einstigen Verband und assimilierten sich".[368]

Nach diesen „Modellen der langsamen oder wellenartigen Infiltrationen nomadisierender Familien und Stammesgruppen" wird man „die historischen Vorgänge, die hinter den biblischen Erzählungen von den Patriarchen und von der Landnahme der zwölf Stämme Israels stehen", verstehen müssen.[369] Siedlungsgeschicht-

---

[365] ZENGER, Gott 115; vgl. auch METZGER 34, der von einer Landnahme im Zuge des Weidewechsels ausgeht. (Hervorhebung von E.S.)
[366] ZENGER, Gott 115.
[367] Ebd. 117.
[368] Ebd.; ZENGER zit. hier KLENGEL 37f. – Wir verstehen diesen, hier kurz beschriebenen Prozeß gut, wenn wir uns das zeitgenössische Phänomen der Ansiedlung von Gastarbeitern und ihrer Familien bei uns vor Augen führen: die Arbeiter, die zunächst noch periodisch, während ihres Urlaubs, zurück in ihr Heimatland fuhren, blieben mit der Zeit häufiger auch über einen längeren Zeitraum im Gastland, holten bald schon ihre Familien nach in der Absicht, für immer in dem Land wohnen zu bleiben, wo sie ihren Arbeitsplatz gefunden haben.
[369] ZENGER, Gott 117.

lich ist das mit der Landnahme beschriebene Eindringen halbnoma-
discher Sippen nach Palästina also kein „außergewöhnlicher Vor-
gang‚ sondern hängt mit dem für den gesamten Fruchtbaren Halb-
mond bekannten Phänomen der Transhumanz zusammen, das vom
13. Jahrhundert an mit einer neuen Wanderwelle besonders nachhaltig Palästina, Syrien und Mesopotamien veränderte."[370] Diese
Wanderwelle wird meist „aramäische Wanderwelle" genannt, weil
in den mesopotamischen Texten die Aramäer als Hauptbeteiligte
dieses Bevölkerungsschubes genannt werden.[371] Unmittelbar mit
dieser aramäischen Landnahme, die in Nordsyrien ihren Höhepunkt in der Errichtung des aramäischen Großreiches (9. Jh.) fand,
hängen Veränderungen im Ost- und Westjordanland zusammen:
während sich Ammoniter, Moabiter und Edomiter im Ostjordan-
land breitmachten, wählten die „zu dieser Wanderwelle gehörenden Nomadengruppen des späteren biblischen Israel" als „neuen
Lebensraum im Kulturland das Westjordanland, wo sie als Fami-
lienverbände am Rande der Stadtfluren lebten oder als Sippenverbände in die freien Gebiete des Berglandes eindrangen."[372]

Für ein durchaus friedliches Eindringen der israelitischen Wüstenbewohner in das Kulturland spricht nach Zenger auch dies: „Für
zahlenmäßig stärkere Sippenverbände seßhaft werdender Nomaden boten die von den Philistern, Zekern und Phönikern beherrschten Städte im Küstengebiet eine ebenso unüberwindbare Barriere
wie die beiden Querriegel der stark befestigten kanaanäischen
Städte. Überdies waren die dazwischenliegenden Bergländer viel
weniger dicht besiedelt, so daß sich diese freien Räume eher und
leichter besetzen ließen. So hat sich die Landnahme der Stämme Israels zuerst im westjordanischen Gebirge vollzogen, ,langsam und
in Stufen, zu Anfang anscheinend ohne ernsthafte Berührung mit
den Kanaanäern in den Ebenen'. Die Stämme wichen den Einheimi-

---

[370] Ebd. 125. – Neben den Bewegungen durch die Transhumanz der Nomaden verzeichnet die Zeit reichhaltige politische Bewegungen: wie innerkanaanäische Fehden
unter ägyptischer Oberherrschaft; das Herauskommen neuer Herrschermächte im
Zuge der indogermanischen Seevölkerwanderung (Philister, Phöniker, …); Aktionen
der sog. Habiru-Leute, unter denen wir unterdrückte Menschengruppen vermuten
können, Angehörige der Unterschicht, Halbnomaden, aber auch innerkanaanäische
Rebellen, aufständische Randgruppen usw., vgl. ebd. 117-124.
[371] Ebd. 125; vgl. auch METZGER 42f.
[372] ZENGER, Gott 127.

schen aus, gingen in die Gebirgsgegenden, rodeten den Wald und gründeten nach und nach Ortschaften. Da sie keinerlei unmittelbare Interessen der Kanaanäer oder Philister störten, wird es dabei kaum zu größeren Auseinandersetzungen gekommen sein. Jedenfalls bedeutete dieses langsame Seßhaftwerden zunächst keine machtpolitische Verschiebung in Palästina, wie sich aus biblischen Texten selbst noch erkennen läßt."[373]

Für eine friedliche Landnahme sprechen aber nicht nur siedlungsgeschichtliche Überlegungen. „Daß die israelitische Landnahme ein eher friedlicher Prozeß war, haben neuerdings vor allem auch die archäologischen Untersuchungen in Südpalästina in der

---

[373] Ebd. 128; vgl. auch METZGER 34: „Zahlreiche Anzeichen sprechen nun dafür, daß sich die einwandernden Stämme Israels zunächst in den gebirgigen Teilen des Landes niederließen, während sie in den von Kanaanäern bewohnten und durch Festungen gesicherten Ebenen zunächst nicht Fuß fassen konnten." (Vgl. auch 35) Vgl. auch S. HERRMANN, Geschichte Israels in alttestamentlicher Zeit, München 1973, 116: „Stellenweise mag es zu kriegerischen Auseinandersetzungen gekommen sein, meist aber faßte man in schwächer besiedelten Gebieten *widerstandslos* Fuß …" Zur Landnahme vgl. ebd. 116-146. Vgl. auch O. KAISER, Einleitung in das Alte Testament. Eine Einführung in ihre Ergebnisse und Probleme, Gütersloh 2., verbesserte Aufl. 1970, 27: „Friedlich werden die aus der Wüste und Steppe in der sommerlichen Dürrezeit Weiden suchenden Sippenverbände zunächst gekommen sein und im Winter wieder gegangen sein, bis ihnen nachdrängende Gruppen den Weg verlegten. So blieben sie, teils geduldet, teils von den alten Landesbewohnern in ein Vasallenverhältnis genommen, teils in die Waldgebirge ausweichend und so zunächst den Zusammenstoß mit den dank ihrer Streitwagen überlegen gerüsteten Kanaanäern vermeidend, deren Lebensraum sie doch Schritt um Schritt bis zur Gewinnung der Vorherrschaft über die Gebirge und kleineren Ebenen einschränkten, ein lockerer Stämmeverband, der durch den Glauben an den einen Jahwe zusammengehalten und vor der Auflösung in kanaanäischem Wesen bewahrt wurde." Ebenso macht WESTERMANN, Altes Testament 91f, der gängige Deutungen des Josuabuches korrigiert, auf die überlegene Waffentechnik der kanaanäischen Städte aufmerksam, die allein schon es den Israeliten unmöglich gemacht hätten, ganz Kanaan in einem großen Ansturm zu überwinden. Mit A. ALT nimmt auch Westermann an, „daß das Hineinkommen der Israeliten nach Kanaan langsamer und auch *friedlicher* vor sich gegangen ist, als es nach dem Buch Josua aussieht. Die Stämme werden sich von ganz verschiedenen Stellen aus ganz allmählich in das Land vorgeschoben haben, und zwar nicht in den Niederungen mit ihren schwer zu erobernden Städten, sondern auf den teilweise unbewohnten Höhen. Die Kämpfe werden dann – das entspricht dem Buch Josua gar nicht – in der ersten Zeit mehr Verteidigung als Angriff gewesen sein. Die einzelnen Stämme und Stammesgruppen, die zunächst friedlich den noch freien Raum in den unbebauten Gegenden einnahmen, gerieten dann in den Konflikt mit den Ansässigen, und daraus entwickelten sich die Kämpfe." (Alle Hervorhebungen von E.S.)

Bucht Beerscheba und im Negev ergeben".[374] Dabei hat sich herausgestellt, daß Stämme Israels in Ortslagen der Negev-Wüste, in Ruinenfeldern, die seit Jahrhunderten unbewohnt waren, ansiedelten.[375] Außerdem ergibt der archäologische Befund, daß der durch das Seßhaftwerden bedingte soziale als auch architektonische Umschwung in langen Zeiträumen vor sich ging.[376] „Die Besiedlung ist hier also ein allmählicher friedlicher Prozeß, der alles andere war als eine geschlossene Eroberungsaktion mit Waffengewalt."[377] Außerdem kann aus der Tatsache, „daß diese Gruppen anders als die mittelpalästinischen Stämme nicht von Osten, über den Jordan, sondern von Süden her nach Palästina gekommen sind", geschlossen werden, „daß die israelitische Landnahme ein sehr differenzierter Vorgang unterschiedlicher Gruppen zu möglicherweise recht verschiedenen Zeiten war".[378] Es ist wahrscheinlich, „daß jeder Stamm seine eigene Landnahmegeschichte hat, die jeweils sehr unterschiedlich verlaufen sein wird".[379] Dabei haben sich die landsuchenden Sippen sehr wahrscheinlich jeweils erst im Kulturland als Stamm stabilisiert.[380] Daß es sich letztendlich um zwölf Stämme gehandelt haben soll, ist keine historische, sondern eine theologische Aussage, die „Einheit

---

[374] ZENGER, Gott 130; vgl. auch WESTERMANN, Altes Testament 91: „Bei der Eroberung der Stadt Ai, über die in Josua 8 berichtet wird, ist es nach den Ausgrabungsergebnissen gewiß, daß zur Zeit der Landnahme dort keine bewohnte Stadt war. Der Name Ai (hebr. Haaj) bedeutet: die Trümmerstätte, und alles weist darauf hin, daß damals dort nur eine Trümmerstätte war."

[375] ZENGER, Gott 130f.

[376] Ebd. 131.

[377] Ebd.

[378] Ebd.; vgl. auch METZGER 35: „Die Landnahme der Stämme war ein Prozeß, der sich wohl über längere Zeit hinzog, verschiedene Stadien durchlief und auf mannigfaltige Weise vonstatten ging." Vgl. auch ebd. 40, wo METZGER am Beispiel des Stammes Dan deutlich gemacht sieht, „daß der Landnahmevorgang sich über eine längere Zeit erstreckte, daß die Landnahme kein geschlossenes Unternehmen des Zwölfstämmeverbandes war, sondern selbst in ihrem letzten Stadium durch den jeweils einzelnen Stamm erfolgte, ferner, daß die Stämme in der Regel eine kriegerische Auseinandersetzung mit den kanaanäischen Stadtstaaten nicht wagen konnten."

[379] ZENGER, Gott 134. Zenger erwähnt die unterschiedlichen Landnahmeversuche der Stämme Simeon, Levi, Dan, Issachar und Ascher. Vgl. auch WESTERMANN, Altes Testament 91.

[380] ZENGER, Gott 136.

der Fülle und des Lebens" symbolisiert. Eine Einheit der Stämme gab es noch im 11. Jh. wahrscheinlich nicht.[381]

Erst mit der durch die Bindung an ein bestimmtes Stück Kulturland und seiner Verteidigung bedingten Konsolidierung der Sippen zu Stämmen mußte es „auch zu Spannungen mit den kanaanäischen Stadtstaaten, mit den Machtzentren der Seevölker, aber auch der verschiedenen Sippenverbände dieser aramäischen Wanderwelle untereinander führen".[382] Kriegerische Auseinandersetzungen sind aber erst zum Abschluß der Landnahme zu verzeichnen.[383] Sie endeten vorläufig mit der Schaffung eines Großreichs um 1000 v.Chr. unter der Königsherrschaft Davids.[384] „Was im biblischen Buch Josua also als Eroberung Kanaans durch Israel erzählt wird, beschreibt nicht den ganzen und zunächst schiedlich-friedlich verlaufenden Vorgang der Landnahme, sondern gibt nur Momentaufnahmen von der letzten, abschließenden Phase der Konsolidierung der Sippenverbände, vorwiegend in Auseinandersetzung mit einzelnen kanaanäischen Machtzentren."[385] Außer in den Erzählungen von den Patriarchen hat sich allerdings nach Zenger die Tatsache der friedlichen Infiltration kaum in den alttestamentlichen Texten niedergeschlagen.[386]

---

[381] Ebd. 132; ebenso auch METZGER 42: „Aus diesen Erwägungen und aus dem Gesamtvorgang der Landnahme ist ferner zu folgern, daß der Zwölfstämmeverband nicht gut in der Zeit vor dem Seßhaftwerden existiert haben kann, sondern sich erst nach der Landnahme konstituierte."

[382] ZENGER, Gott 136.

[383] Ebd. 136f.

[384] Ebd.; vgl. auch METZGER 42. – Als „treibende Kräfte dieser auf militärischem Wege entschiedenen Konsolidierung der aramäischen Stämme" und Beseitigung der kanaanäischen Vormacht kommen nach Zenger zwei Gruppen in Frage: die wohl am spätesten in Mittelpalästina eingewanderten Nachfahren der Exodusgruppen unter ihrem Anführer Josua mit ihrer religiös anziehenden Tradition von Jahwe; und jene militärisch erfahrenen kanaanäischen *Habiru*-Gruppen, „die in den Neuankömmlingen Wegbereiter der neuen, freien Gesellschaft sahen". (ZENGER, Gott 137) Die „zweite Phase der Landnahme, durch die die Stämme Israels auch in die Ebenen und stärker besiedelten Gebiete Palästinas eindrangen, ist damit eigentlich ein mehrschichtiges Ereignis." (Ebd.)

[385] Ebd. 138.

[386] Ebd. – Nach ZENGER, Gott 139, spricht nichts dafür, daß die „Landnahme" der Patriarchen von der „Landnahme" der Stämme abgesetzt werden kann. In den Erzählungen der Patriarchen sieht ZENGER „Beispiele der friedlichen Infiltration einzelner aramäischer Familien ins Kulturland" wiedergegeben. Vgl. dagegen M. ROSE, „Entmilitarisierung des Krieges"? (Erwägungen zu den Patriarchen-Erzählungen der Genesis),

Ein weiterer interessanter Rekonstruktionsversuch zur Landnahme, den *George Mendenhall*[387] schon vor längerer Zeit in die Diskussion gebracht hatte, wurde von den meisten Exegeten zunächst zurückgewiesen.[388] Mendenhall geht davon aus, daß Israel nicht durch einen Zusammenschluß von Stämmen, sondern durch die Vereinigung von Flüchtlingen und Aufständischen rund um den Bundesgott entstand. „Die Schilderung der Eroberung Kanaans, wie wir sie in der Bibel finden, ist", so referiert McCarthy den von ihm kritisierten Mendenhall, „eine Konstruktion, an der die spätere Stammesorganisation entsprechend der damaligen Mentalität in die Vergangenheit retrojiziert wird. Die Wirklichkeit hatte anders ausgesehen. Der Bundesgott Israels wirkte als sammelnder Magnet für die Armen und Bedrückten jener Zeit. Diese Armen und Bedrückten waren aber weniger ägyptische Sklaven als die unterdrückte Bauernbevölkerung in Palästina selbst. Wir wissen, daß die kanaanitische Gesellschaft der späten Bronzezeit eine anmaßende Aristokratie besaß, die die arbeitende Landbevölkerung aussaugte. Als die Prediger des Jahwismus in Kanaan auftraten, wirkten sie in dieser geknechteten Bevölkerung als Katalysator, der die lange anstehende

---

in: Biblische Zeitschrift, N.F. 20 (1976) 197-211, der davon ausgeht, daß die jetzige Gestalt der Patriarchenerzählungen Ergebnis einer späteren redaktionellen Pazifizierung sei. Vgl. bes. ROSE 211: „Nun zeigt allerdings die hier in den Patriarchen-Erzählungen geschilderte ‚Landnahme', daß der Jahwist die Chance einer nationalen Erneuerung und weiterer Existenz gerade nicht im Krieg sieht: das Kriegsmodell wird ‚pazifiziert'." (Vgl. aber auch die Auseinandersetzung mit Rose bei N. LOHFINK, Schichten 61-64, auf die hier nicht weiter eingegangen werden kann.) Vgl. auch N. LOHFINK, Schöpfergott 29, der zu Num 13/14 vermerkt: „In der pazifistischen Priesterschrift sind es keine kriegerischen Spähtrupps, sondern gewissermaßen sakrale Landesinspizienten, die im Namen ihres Volkes die vor ihnen liegende Gabe Gottes in Augenschein nehmen sollen." Ebd. macht Lohfink auf eine Studie von S.E. MCEVENUE, The Narrative Style of the Priestly Writer, Rom 1971, 117-123, aufmerksam, wo dieser nachweise, wie eine ursprünglich militärische Kundschaftserzählung von P entmilitarisiert wurde. Ähnliches ließe sich nach Lohfink auch für die Schilfmeererzählung (Ex 14) zeigen. Der Priesterschrift nach, die keinen einzigen Krieg oder Kampf erzähle, gäbe es auch keine kriegerische Landnahme.
[387] G.E. MENDENHALL, The Hebrew Conquest of Palestine, in: The Biblical Archaeologist 25 (1962) 66-87.
[388] Vgl. beispielsweise D.J. MCCARTHY, Der Gottesbund im Alten Testament, Stuttgart 2. Aufl. 1967, 41ff. Auch G. FOHRER, Geschichte Israels. Von den Anfängen bis zur Gegenwart, Heidelberg 3., durchgesehene und ergänzte Auflage 1982, 53, lehnt die Annahme, daß die „Landnahme" eine „innerkanaanäische Erscheinung" sei, als „ganz unwahrscheinlich" ab.

Revolution auslöste. Die Landnahme war also im wesentlichen nicht eine Eroberung des Landes durch geordnete Stammesverbände aus der Wüste. Israel hatte keine nomadischen und halbnomadischen Vorfahren. Israel ging aus der rebellierenden Bauernbevölkerung von Kanaan selbst hervor."[389]

Dieser zuerst heftig umstrittene und abgelehnte Rekonstruktionsversuch scheint mittlerweile doch mehr und mehr in seiner Grundaussage zu überzeugen. Dafür sprechen mehrere Beiträge in einer jüngeren Ausgabe von „Bibel und Kirche", die die Hypothese von Mendenhall sowie die weiterführenden Überlegungen N. K. Gottwalds[390] kritisch-modifizierend stützen: daß nämlich unter der Decke des kanaanäischen Herrschaftssystems sich aus unterdrückten und ausgebeuteten Gruppen eine Kontrastgesellschaft bildete, der es mit der Zeit gelingt, das alte, vom Baalskult getragene System zu verdrängen und an seiner Stelle eine jahweorientierte Form des Zusammenlebens zu etablieren.[391] Das oben vorgestellte *Infiltrationsmodell* als das im Vergleich mit dem älteren *Invasionsmodell* einsichtigere müßte demnach dem in Außenseiterkreisen bereits seit Jahrzehnten diskutierten *Revolutionsmodell* (sagt nichts darüber aus, ob sich der Aufstand gewaltsam oder gewaltfrei vollzog!) weichen.[392]

---

[389] McCarthy 42. – Zur Kritik an diesem Rekonstruktionsmodell vgl. ebd. 42f. darüber hinaus: Weippert 59-66; W. Thiel, Die soziale Entwicklung Israels in vorstaatlicher Zeit, Neukirchen-Vluyn 2., durchgesehene und ergänzte Auflage 1985, 88-92 (der mit K.-H. Bernhardt, Revolutionäre Volksbewegungen im vorhellenistischen Syrien und Palästina, in: Die Rolle der Volksmassen in der Geschichte der vorkapitalistischen Gesellschaftsformationen, Berlin 1975, 65-78, bes. 66-70, das Konzept als „phantastisch" beurteilt, ihm aber auch beachtenswerte, die Landnahme mit zu erklären helfende Gesichtspunkte abzugewinnen vermag). Positiv bewertet dagegen N. Lohfink den Erklärungsversuch Mendenhalls; vgl. N. Lohfink, Versuchung 81: „Es gibt einige gute Gründe, die diese neue Hypothese empfehlen, wenn es auch nicht an Gegengründen fehlt."

[390] N.K. Gottwald, The Tribes of Yahweh. A Sociology of the Religion of Liberated Israel 1250-1050 B.C.E., Maryknoll, New York (Orbis Books) 1979.

[391] Nicht nur der Einfachheit halber werden die dort erschienenen Beiträge hier nur anhangweise berücksichtigt und nicht korrigierend in den vorhergehenden Text über die Landnahme eingearbeitet. Die nachträglich vorgenommene Ergänzung (meine Dissertation legte ich 1982 vor) unterstreicht die starken Bewegungen in der alttestamentlichen Exegese innerhalb eines relativ kurzen Zeitraums. Einmal mehr wird gerade auch an diesem Punkt deutlich, wie „aufregend" eine auf die Bibel und ihre Umwelt bezogene Forschung sein kann.

[392] Nicht jeder mag diesen, scheinbar nicht unbegründeten Hypothesenfortschritt gleich mit- bzw. nachvollziehen wollen; der Herausgeber der „Bibel und Kirche"-

Die Nomaden- und Amphiktyoniehypothesen werden immer frag-würdiger.[393] An ihrer Stelle setzt sich zusehends die Annahme durch, daß sich die stammesmäßig organisierte ländliche Gesell-schaft gegen die städtische Gesellschaft zu etablieren vermochte,[394] wobei „wohl die Jahwe-Verehrung eine entscheidende Rolle ge-spielt" hat[395]. Wie die „Social Anthropology"[396] gezeigt hat, dürfte es dabei durchaus zu einem nichtstaatlichen und dennoch stabilen ge-sellschaftlichen Zusammenleben, einer zunächst königsfreien, theo-kratisch-anarchischen Existenz gekommen sein.[397] Bei dieser Ent-wicklung „von einem staatlichen Modell zu einem antistaatlichen" wird wohl die Hapiru-Gruppe eine führende Rolle gespielt haben.[398] Der Aufstand der freien und egalitären „Bauerngesellschaft ‚Israel' ... gegen die von bestimmten ethnisch definierbaren Herrschafts-schichten geleitete(n) Kleinstaaten" dürfte religiös getragen worden sein von einem Jahweglauben, wie ihn Ex 34,10-26 – von der deute-ronomistischen Bewegung aufgegriffener Leittext des antikönigli-chen Widerstands oder zumindest Untergrunds – bewahrt.[399] In

---

Nummer scheint damit zu rechnen, wenn er im Vorwort vorbeugend zu bedenken gibt: „Die eigentlichen Wissenschaftler regt" die Verabschiedung einer unhaltbaren Hypothese zugunsten einer erklärungskräftigeren neuen Konkurrenzhypothese „nicht weiter auf, wohl aber vielleicht diejenigen, die inzwischen als Multiplikatoren und Lehrer diese Hypothesen weitergereicht haben und dann leicht das Gefühl be-kommen, im Stich gelassen worden zu sein." P.G. MÜLLER, Zum Thema des Heftes: Die Anfänge Israels, in: Bibel und Kirche 38 (1983) 41f; vgl. auch N. LOHFINK, Warum brauchen wir überhaupt Hypothesen über die Frühzeit Israels?, in: Bibel und Kirche 38 (1983) 47-50.

[393] Vgl. H. ENGEL, Abschied von den frühisraelitischen Nomaden und der Jahweam-phiktyonie. Bericht über den Zusammenbruch eines wissenschaftlichen Konsensus, in: Bibel und Kirche 38 (1983) 43-46.

[394] Vgl. ebd. und DERS., Grundlinien neuerer Hypothesen über die Entstehung und Ge-stalt der vorstaatlichen israelitischen Stämmegesellschaft, in: Bibel und Kirche 38 (1983) 50-53.

[395] ENGEL, Grundlinien 52.

[396] Für den deutschsprachigen Forschungsbereich vgl. insbesondere die Arbeit von C. SIGRIST, Regulierte Anarchie. Untersuchungen zum Fehlen und zur Entstehung politi-scher Herrschaft in segmentären Gesellschaften Afrikas, Olten und Freiburg 1967; vgl. auch N. LOHFINK, Die segmentären Gesellschaften Afrikas als neue Analogie für das vorstaatliche Israel, in: Bibel und Kirche 38 (1983) 55-58.

[397] Vgl. ENGEL, Grundlinien; N. LOHFINK, Gesellschaften.

[398] Vgl. H.-W. JÜNGLING, Die egalitäre Gesellschaft der Stämme Jahwes. Bericht über eine Hypothese zum vorstaatlichen Israel, in: Bibel und Kirche 38 (1983) 59-64.

[399] Vgl. N. LOHFINK, Die Verbindung des gesellschaftlichen Willens mit dem Jahwe-

seiner die jüngsten archäologischen Befunde auswertenden Untersuchung wendet sich auch Lawrence Stager („Highland Villages
and Early Israel") gegen die Annahme einer kulturellen Entwicklung der frühen Israeliten von halbnomadischen Hirten zu Landwirtschaft treibenden Siedlern zugunsten der Annahme Gottwalds,
daß die Menschen im Land seßhaft waren und dort lange Zeit als
Landwirte gelebt hatten.[400] Gegen Gottwalds „Aufstandsmodell"
bevorzugt Stager allerdings „die These vom Rückzug der haupt-
sächlich Landwirtschaft treibenden Bevölkerung von den zerfallen-
den Stadt-Staat-Systemen ... und der Neuansiedlung im Hochland-
Grenzgebiet in Dörfern mit einer auf dem Sippenverband ruhenden
Struktur (kin-based) und Stammesgebieten".[401]

2.1.8.4.4 *Der sog. Heilige Krieg*

Auszug aus Ägypten, Landnahme, Jahwekrieg – die mit diesen
Stichworten angedeuteten Fragestellungen sind komplex, befriedi-
gende Antworten (wie z. B. ein Klärungsversuch von N. Lohfink
zeigt)[402] vielschichtig. Hier können lediglich einige Ergebnisse aus
Untersuchungen zum oft ins Gespräch gebrachten sog. „Heiligen
Krieg" referiert werden.

Daß die Kriege der vorstaatlichen Zeit von den „Söhnen Israels"
unter religiösen Vorzeichen geführt worden sind, versteht sich aus
dem zu dieser Zeit noch ungeschiedenen *Ineinander von Profanität
und Sakralität*. Alle Lebensbezüge und Handlungen wurden im Zeichen des Jahweglaubens verstanden und galten insofern als heilig –
das Führen eines Krieges ganz selbstverständlich nicht ausgenommen. Der sogenannte „Heilige Krieg" ist eine „Erscheinung, die uns
dort begegnet, wo das profane Leben der menschlichen Selbstbehauptung und die gläubige Sicht des menschlichen Daseins noch
eine undiskutierbare Einheit und zwar im Sinne mythischen Welter-
lebens darstellen".[403] „Wie alles und jedes im Leben", so betont

---

glauben im frühen Israel, in: Bibel und Kirche 38 (1983) 69-72.
[400] Vgl. P.J. KING, Die Archäologische Forschung zur Ansiedlung der Israeliten in Palästina, in: Bibel und Kirche 38 (1983) 72-76.
[401] Ebd. 76.
[402] N. LOHFINK, Schichten.
[403] A. KOLPING, Fundamentaltheologie 127; vgl. auch TRUMMER, Gewalt 506: „In der

Georg Fohrer, „war die Kriegführung von religiösen Vorstellungen umwoben und von religiösen Riten begleitet."[404] Wie alles andere ist auch der Krieg „nach der Auffassung des Alten Testaments in die eine, von Jahwä her bestimmte Wirklichkeit" einbezogen.[405] „Im Leben der Israeliten wie seiner Nachbarn gehört der Krieg zu den Realitäten des Lebens".[406] Einen Anlaß, ihn aus dem Spektrum sakral verstandener Alltagsereignisse als besonders „heilig" herauszuheben, gab es nicht. Durch seine religiöse Fundierung wurde das Kriegführen „ebensowenig zu einem ‚heiligen' Krieg und zu einer sakralen Institution wie Geburt, Entwöhnung, Hochzeit, Tod oder Schafschur, die mit religiösen Vorstellungen, Riten und Formeln umgeben waren".[407]

Dem *mythischen Welterleben* entsprechend waren in der Antike alle Kriege heilig im weiteren Sinn.[408] „Bei allen Völkern der Antike war der Krieg an religiöse Handlungen gebunden: er wurde unternommen auf Befehl der Götter, wenigstens mit ihrer Zustimmung, die durch Vorzeichen angekündigt wurde, er war von Opfern begleitet, er wurde mit Hilfe der Götter geführt, die den Sieg sicherten und denen man durch das Opfer eines Teils der Beute dankte."[409] Zu diesem heiligen Krieg im weiteren Sinn gehörte auch der „*Jahwe-*

---

frühen Zeit der ‚primitiven Pansakralität', in der die uns so selbstverständliche Scheidung von ‚heilig' und ‚profan' noch undenkbar ist, wird auch der Krieg als ‚heilig' betrachtet ..."

[404] FOHRER, Geschichte der israelitischen Religion 109.

[405] EBACH 25; vgl. N. LOHFINK, Siegeslied 113f.

[406] Ebd.

[407] FOHRER, Geschichte der israelitischen Religion 109, vor allem gegen von RAD, der den „Heiligen Krieg" als eine Institution feststellen zu können glaubt, aber auch gegen SMEND. Vgl. auch EBACH 25: „Von einer besonderen Heiligung oder gar von einer besonderen ethischen Hochschätzung des Krieges kann im Blick auf das Alte Testament nicht die Rede sein." Manfred Weippert, der dafür eintritt, zwischen einer Kriegspraxis und -ideologie streng zu unterscheiden, ist gegen von Rad der Auffassung, daß „der ‚Heilige Krieg' als eine von ‚profanen' Kriegen unterschiedene Institution ... weder im Alten Testament noch in außerbiblischen altorientalischen Texten nachweisbar" sei. M. WEIPPERT, „Heiliger Krieg" in Israel und Assyrien. Kritische Anmerkungen zu Gerhard von Rads Konzept des „Heiligen Krieges im alten Israel", in: Zeitschrift für die alttestamentliche Wissenschaft 84 (1972) 460-493; 490.

[408] Vgl. N. LOHFINK, Schichten 59: „Die Theologisierung von Kriegen und Siegen ist keine Erfindung Israels ... Sie ist ein gemeinaltorientalisches Erbstück."

[409] DE VAUX II, 69.

krieg",[410] von einigen Exegeten auch „Heiliger Krieg" genannt; von den anderen unterschied er sich aber auch, wenn auch weniger auf der Ebene des Rituellen.[411] Zentrales und unterscheidendes Merkmal des Jahwekrieges ist: daß *Jahwe der Kriegführende* ist.[412] Mit der Einführung des Königtums und der Tatsache, daß von nun an Kriege unter der konkreten Führung der Könige stattfanden, verschwindet darum auch schon das Phänomen des Jahwekrieges.[413] Jahwekriege (Heilige Kriege) hat es in Israel *vorwiegend* in jener vorstaatlichen Richter-Zeit zwischen Abschluß der „Landnahme" (um 1300/1200) und ersten Königswahl (um 1000) gegeben.[414] Alle Kriege danach waren, wie immer sie auch deklariert und rituell an Jahwe rückgebunden wurden, keine von Jahwe allein geführten Kriege und also keine Jahwekriege.

„Heilige Kriege", „Jahwekriege" gehören in eine Zeit, in der der sog. „Zwölfstämmeverband"[415] als Ganzer weder politisch noch kriegerisch in Aktion trat. „Wenn allerdings die Existenz eines Stammes entscheidend gefährdet war, konnte es geschehen, daß sich mehrere benachbarte Stämme zu gemeinsamem Handeln zusammenschlossen. Dann wurde ein ‚heiliger Krieg' ausgerufen. Führer in heiligen Kriegen waren Charismatiker, die je und dann spontan ‚vom Geiste Jahwes ergriffen' und dadurch zu außerordentlichen Taten befähigt wurden. Ihre Legitimation und Autorität gründete in der Tatsache, daß sie von Jahwe berufen und ausgerüstet waren."[416] Diese *Charismatiker* wurden „große Richter" genannt.[417] „Berufsmäßige Heerführer und Krieger waren dem alten Israel genau so fremd

---

[410] Weil das Geschehen „zunächst und in erster Linie ‚Krieg Jahwes'" und „erst danach auch ‚heiliger Krieg'" sei, plädiert SMEND, Jahwekrieg 28, für die Bezeichnung „Jahwekrieg"; vgl. dagegen F. STOLZ, Jahwes und Israels Kriege. Kriegstheorien und Kriegserfahrungen im Glauben des alten Israel, Zürich 1972, 198. Vgl. auch G.H. JONES, „Holy War" or „Yahweh War"?, in: Vetus Testamentum 25 (1975) 642-658.

[411] Vgl. dagegen WEIPPERT, Krieg.

[412] Vgl. PERLITT 40f.

[413] So handelt es sich etwa bei den Kriegen Davids nicht mehr um „Heilige Kriege"; vgl. M. NOTH, Geschichte Israels, Göttingen 7. Aufl. 1969, 182.

[414] SMEND, Jahwekrieg 79, schließt den Jahwekrieg „in der einen oder anderen Form" schon vor der Landnahme nicht aus; seinen Ursprung sieht er gar im Exodus.

[415] Die Frage, ob überhaupt jemals eine Amphiktyonie bestanden hat, kann hier nicht behandelt werden.

[416] METZGER 62.

[417] Ebd.

wie ein stehendes Heer. Aus den wehrfähigen, freien Bauern der Stämme rekrutierte sich der Heerbann, der jeweils durch Posaunenruf aufgeboten wurde."[418] Die später von Saul und David geführten Kriege weisen demgegenüber zwar auch noch einige Merkmale des Jahwekrieges auf, wurden aber, spätestens unter Salomo, vor allem nach persönlichen Gesichtspunkten durchgeführt.[419]

Aber auch die *Kriege der Stämme waren nicht alle Jahwekriege*: sowohl die Könige als auch vor ihnen die Stämme haben sich „nicht damit begnügt, die Kriege Jahwes zu führen".[420] Die biblischen Texte bezeugen neben echten Jahwekriegen auch solche, „die von den *Königen* auf eigene Rechnung, im Geist der Könige ihrer Zeit geführt wurden", und solche, „die von den *Stämmen* unter dem Druck geschichtlicher, nicht göttlicher Faktoren geführt wurden. Und dies alles, indem man sich der authentischen Religion bediente, indem man unter dem Deckmantel religiöser Themen weltliche Strebungen verfolgte."[421] Comblin hält darum mit Recht zu einer differenzierten Beurteilung an: „Das, was die Bibel als im Namen Jahwes geführte Kriege berichtet, ist nicht notwendig immer der heilige Krieg."[422] Es muß im Alten Testament zwischen religiös verstandenen und im Namen Jahwes geführten Kriegen unterschieden werden.[423]

Des weiteren muß unterschieden werden zwischen tatsächlich geführten Jahwekriegen und Ereignissen, *die als Jahwekriege erzählt werden*, wobei im einen Fall einem bestimmten historischen Ereignis ein Jahwekriegsgeschehen ex post aufgesetzt[424] und im anderen Fall das gesamte Ereignis mitsamt der Jahwekriegsausschmückung erfunden ist, freilich, um damit jeweils eine bestimmte theologische Aussage zu machen.[425] Den Jahwekriegserfahrungen der vorstaatli-

---

[418] Ebd.

[419] Vgl. ebd. 71 und 79; BLANK, Entscheidung 18, spricht für diese Zeit von einer „Entsakralisierung" des Krieges.

[420] COMBLIN 92.

[421] Ebd. 93 (Hervorhebungen von E.S.).

[422] Ebd.

[423] Ebd.

[424] So sind etwa die Exodus-Ereignisse „selbst kaum schon ‚Jahwe-Kriege', sondern später in Formelementen des Jahwekrieges erzählt worden". KOLPING, Fundamentaltheologie 127.

[425] Vgl. ebd., 129: „Wir müssen bei den biblischen Äußerungen über den Jahwe-Krieg zunächst unterscheiden, ob sie Verhältnisse wiedergeben, in denen der Jahwe-Krieg ein völkisches Mittel der Selbstbehauptung war, oder ob sie ihn im aktualisierenden

chen Zeit folgen Jahwekriegstheorien einer Zeit, die Jahwekriege nicht gekannt hat. Dabei fällt der *Jahwekrieg in der Theorie idealer aus als der vormals tatsächlich geführte.* Vieles, was wir im Alten Testament über den Jahwekrieg erfahren und Gerhard von Rad zur Rekonstruktion des „Heiligen Krieges" als ein nach bestimmten Gesetzen ablaufendes stereotypes Geschehen veranlaßt hat,[426] geht auf eine Stereotypisierung deuteronomistischer Autoren zurück, die selbst den Jahwekrieg nur aus der Überlieferung gekannt haben konnten.[427]

Seien nun die im Alten Testament beschriebenen Jahwekriege im jeweiligen Fall geschehen oder konstruiert, – die Aussage, daß *Jahwe* in erster Linie den Krieg führt und sein Eingreifen das entscheidende ist, ist allen Jahwekriegserzählungen gemeinsam. Jahwe „ist es, der für Israel kämpft, und nicht das Volk, das für seinen Gott kämpft"; der „Heilige Krieg" ist kein Religionskrieg wie der dschihad der Moslems, er dient weder der Verbreitung noch der Verteidigung des Glaubens; „Israel kämpft um seine Existenz als Volk, niemals direkt um seine religiöse Freiheit".[428] Bemerkenswert ist

---

Rückblick späterer Zeit (deuteronomische Schule) als archaisierenden Ausdruck für die Selbstbehauptung des monotheistischen Glaubens benutzen." Vgl. auch EBACH 23f: Wir können uns nicht mit dem historischen Zweifel begnügen, „daß jene Kriege schwerlich so stattfanden, wie die späteren Darstellungen es glauben machen. Wir werden fragen müssen, welche programmatischen Konzeptionen dazu veranlaßten, sie so darzustellen." Der Glaube, „daß Jahwä Person ist, *ein* Gott, mit Israel besonders verbunden, der eine Gott, den Israel mit ganzer kognitiver und affektiver Kraft lieben soll, daß dieser Gott Israel in seiner Geschichte rettend begleitet, daß er treu ist in seinen Bewahrungen und seinen Verheißungen", derselbe Glaube ist „Hintergrund und Rahmen auch der Kriegsvorstellungen und -schilderungen".

[426] G. von RAD, Der Heilige Krieg im alten Israel, Göttingen 5. Aufl. 1969.

[427] Vor allem ist es fragwürdig, ob die Vorschriften des Bannes, auf den weiter unten noch eingegangen werden soll (s. u. Anm. 498), so ausgeführt wurden, wie sie schriftlich fixiert sind. *„Sie sind – dies ist bemerkenswert – im Deuteronomium formuliert, das zu einer Zeit herausgegeben wurde, da der heilige Krieg kaum mehr als eine Erinnerung war, und die konkreten Beispiele finden sich vor allem im Buch Josua, dessen Endredaktion gleichfalls spät ist; im Gegensatz dazu erscheinen weder Wort noch Sache in den Geschichten der Richter, die echte heilige Krieg geführt haben."* DE VAUX II, 72.

[428] DE VAUX II, 74. Vgl. auch EBACH 28: „Die Kriege Israels waren weder in der Frühzeit noch sonst irgendwann dem Selbstverständnis nach imperialistische oder missionarische Kriege. Sie wurden geführt, wenn Israels Bestand, Israels Identität, Israels Glaube verlorenzugehen drohte." – Die Frage, ob die Jahwekriege Israels ausschließlich Verteidigungskriege waren oder auch Angriffskriege, ist strittig; vgl. DE VAUX II, 74 und EBACH 28.

dabei die in den Texten beschriebene Art und Weise des Eingreifens Jahwes: „Gott setzt im eigentlichen Sinn keinen kriegerischen Akt. Aber er ist gegenwärtig, und seine bloße Gegenwart verbreitet Panik und Entsetzen unter den Gegnern. Der Krieg Jahwes ist kein wirklicher Kampf.“[429] In Ri 4,15 heißt es schlicht, daß Jahwe Verwirrung ins Heer des Sisera brachte, woraufhin dieser floh. Ri 5,4 stellt Jahwe vor als einen Gott, der mit Erdbeben, Donner und Wolkenbruch einschreitet; nach Ri 5,20 kämpfen die Sterne für ihn. Ein Gewitter mit gewaltigem Donner versetzt in 1 Sam 7,10 die feindlichen Philister in Verwirrung, so daß sie den Israeliten unterliegen. In Ex 23,27f stiftet Jahwe Verwirrung durch einen Hornissenschwarm (vgl. auch Jos 24,12). In Jos 10,11 wirft Jahwe Hagelsteine auf die Feinde herab; dann läßt er in Jos 10,13 Sonne und Mond stillstehen, fast einen Tag lang verzögert die Sonne ihren Untergang. In 2 Kön 19,35 geht des Nachts ein Engel Jahwes im Lager der Assyrer um und erschlägt hundertfünfundachtzigtausend Mann. In Ri 7,19-22 läßt Jahwe Gideon über die Feinde siegen, indem er Lärm schlagen läßt und dadurch Verwirrung im Lager der Feinde hervorruft; in ihrer Aufregung gehen die Feinde in den eigenen Reihen aufeinander los. Ein andermal gibt Jahwe dem Jonathan, der im Vertrauen auf seinen Gott allein das feindliche Lager betritt, den Sieg über ein ganzes Philisterlager in die Hand. Durch ein Erdbeben ruft Jahwe einen Gottesschrecken hervor; in der Verwirrung gehen die Philister aufeinander los (vgl. 1 Sam 14,1-23).

Menschliches Kriegshandeln tritt gegenüber Jahwes Handeln weit in den Hintergrund. „Der Sieg bleibt Jahwes Gabe. Das ‚Siegen‘ der Menschen wird nicht nur zufällig auch mit einer passiven Form als ‚Hilfe erfahren‘ (…) ausgedrückt.“[430] Die Jahwekriegserzählungen zeigen die „Tendenz, den menschlichen Träger des Sieges möglichst gering erscheinen zu lassen“.[431] *Auffallende Erscheinung der Jahwekriege ist die entscheidende Einbeziehung und Funktion von Naturerscheinungen.*

In der „Konzeption der Schilderung und Beurteilung der Kriege Israels“ sieht Jürgen Ebach die Tendenz, „den Krieg geradezu aus

---

[429] COMBLIN 91.
[430] W. ZIMMERLI, Grundriß der alttestamentlichen Theologie, Stuttgart/Berlin/Köln/Mainz 3., neu durchgesehene Aufl. 1978, 51.
[431] Ebd.

dem Verfügungsbereich des Menschen" herauszunehmen.[432] Denn alles Gewicht läge darauf, daß Jahwe die Kriege führt, in denen es um die Rettung Israels geht. „Es obliegt nicht", so führt Ebach aus, „Israel und seinen politischen Führern, über die Nützlichkeit eines Krieges zu entscheiden, ja, in den alten Schilderungen wird auch der Ablauf der Kriegshandlungen, die anzuwendende List, die Art des Angriffs, die Zahl und Art der Truppen usw. nicht politisch-militärischem Kalkül überlassen. Auch hier entscheidet Jahwä."[433] Dabei stellt Ebach in Rechnung, daß zwar „aus unserer heutigen Sicht die Vorstellung des selbst kriegführenden Gottes befremdlich, ja abstoßend wirken mag", daß aber „eine *entscheidende Intention der Texte* gerade die" sei, „zu betonen, daß der *Krieg kein Mittel der Politik* ist".[434] Gerade die deuteronomisch-deuteronomistisch geprägten Darstellungen der Kriege Israels der Frühzeit legten „auf eine klare Grenzziehung alles Gewicht": „Es sind Jahwäs Kriege, Jahwäs ist auch der Sieg, auf Israels politische und militärische Stärke kommt es nicht an!"[435]

Hinter den Jahwekriegserzählungen steht eine *Theologie des „Deus solus"*, deren Funktion es ist, Kriegführen aus der Kompetenz des Menschen herauszunehmen. Das wird besonders in der Vorschrift deutlich, am Feind den Bann zu vollziehen. Die Grausamkeit, die daraus spricht, nach dem Sieg alle Feinde umzubringen, mag einer „kultischen Situationsenge" zuzuschreiben sein.[436] Tatsache ist, daß die eigentlich erst in deuteronomistischer Zeit mit aller Konse-

---

[432] EBACH 25. – Vgl. auch PERLITT 40: „Die Idealstruktur des Jahwekrieges besagt also: Jahwe kämpft, Israel sieht zu …" Ebd. 41: „Zu preisen ist Jahwe, nicht Israel! Hier werden also keine Krieger, hier wird nicht einmal der Krieg gepriesen, wohl aber der kriegerische Gott: Jahwe ist ein Kriegsmann." Vor allem stellt LIEDKE, Israel 72f, die kritische Funktion der Jahwekriegstheologie heraus, nach der Jahwe der Handelnde ist und die Israeliten die waffenlosen Zuschauer sind.

[433] EBACH 25.

[434] Ebd. (Hervorhebung von E.S.).

[435] Ebd. 26. – Vgl. auch TRUMMER, Gewalt 509: „Bei allen gewalttätigen Einflüssen der altorientalischen Umwelt … zeigt gerade die Idee des Heiligen Krieges recht unkriegerische Elemente …" – Zwar sind in Ex 14 Elemente des Jahwekrieges enthalten, doch ist hier, nach ZENGER, Exodus 147, „der kriegerische Aspekt gerade in antikriegerischer Absicht eingetragen"; in der Rede des Mose (Ex 14,13) sieht Zenger sogar eine „Anti-Kriegsansprache". Vgl. jetzt auch WEIMAR, Meerwundererzählung (s.o. Anm. 353).

[436] Vgl. KOLPING, Fundamentaltheologie 130.

quenz entworfene Bann-Theorie niemals in der vorgegebenen Stringenz realisiert worden ist.[437] Das Motiv der Bann-Theorie (vgl. Dtn 7,2; 20,17; Jos 8,2) war letztlich sogar in gewissem Sinne ein „ethisches"; die menschliche Eigenmächtigkeit sollte durch den Vollzug des Bannes zurückgedrängt werden; indem das Gut des Feindes restlos zerstört wurde, sollte der eigenen Profitsucht vorgebeugt werden. Das mit dem Bann belegte Eigentum gehörte Gott allein.[438]

Wenn nun zwar „von einer Ächtung des Krieges, von Pazifismus … in weiten Teilen des Alten Testaments nicht die Rede sein" kann, so gilt doch „für jene Schichten des Alten Testaments, die positiv von Jahwäs Kriegen sprechen", daß der *Krieg aus der Verfügungsmacht des Menschen genommen* und „kein Mittel menschlicher Politik" ist.[439]

2.1.8.5 Die „Entlarvung" der Gewalt im Alten Testament (nach einer Theorie von R. Girard)

Die Verfasser der alttestamentlichen Schriften verleugnen ihre Geschichte nicht: sie beschreiben Israels „Teilhabe an der Welt der Gewalt", ohne etwas zu beschönigen. Auch die prophetische Kritik an der Gewaltausübung teilen sie mit. Gewalt gilt im Alten Testament als Sünde schlechthin (vgl. Gen 6,11; Hos 4,1f; Mich 7,2); sie ist Anlaß für Katastrophen aller Art, aber auch – Folge von Projektion – Komponente des alttestamentlichen Gottesbildes.[440] „Kein Thema, weder Arbeit noch Liebe, noch Sex, noch Familie, noch Naturerfahrung, noch Bildung erscheint im Alten Testament so häufig und ist so drastisch ausgemalt" wie das der Gewalt.[441] Eine „fast instinktive Abneigung der meisten Christen gegen das Alte Testament", die so weit geht, „daß bei den liturgischen Reformen von höchster kirchlicher Stelle viele alttestamentliche Texte gekürzt worden sind" (wie z. B. die sog. Fluchpsalmen), führt Lohfink auf jene Gewalttätigkeit

---

[437] Vgl. DE VAUX II, 71f. Vgl. auch WESTERMANN, Altes Testament 82; PERLITT 44f.

[438] Vgl. W. EICHRODT, Theologie des Alten Testaments, Bd. 1, Stuttgart 6. Auflage 1959, 82f.

[439] EBACH 27; vgl. auch H. SCHMIDT, Frieden, Stuttgart/Berlin 1969, 105.

[440] N. LOHFINK, Altes Testament – Die Entlarvung der Gewalt, in: N. LOHFINK/R. PESCH 45-61; 50. Vgl. auch ebd. 52: „… die Gotteserfahrung selbst bleibt durch undurchschaute Projektionen weithin verdunkelt und wird zur Erfahrung des Gotteszornes."

[441] Ebd. 50.

zurück, wie sie im Alten Testament hervortritt.[442] Solches Zurück-
schrecken vor dem ehrlichen Sprechen von Gewalt in den Texten
des Alten Testaments läßt auf einen unbewußten Verschleierungs-
versuch von auch gegenwärtig erfahrener Gewalt schließen; das
aber hieße Rückfall hinter die alttestamentliche freimütige „Entlarvung der Gewalt".[443]

Mit dem Hinweis darauf, daß Israel zwar auch in *der* Hinsicht
Repräsentant der Menschheit sei, daß es kräftig an der Welt der Gewalt partizipiere, darüber hinaus aber die Gewalt als Sünde „ent-
larve" und schließlich gar die messianische Verheißung der Gewaltfreiheit kenne (vgl. Jes 53), bietet Raymund Schwager – ausgehend
von einer Arbeit René Girards – zusammen mit Norbert Lohfink
eine Erklärung des alttestamentlichen Redens von Gewalt, die hinsichtlich eines rechten Verstehens alttestamentlicher Gewaltaussagen die Erklärungsversuche einzelner Textstellen, wie sie oben
exemplarisch durchgeführt wurden, zu ergänzen vermag.[444]

Mit Girard gehen Schwager und Lohfink von der Annahme aus,
daß der Hang zur Gewalttätigkeit „etwas sehr zentral im menschlichen Triebsystem Sitzendes" sei.[445] Dadurch, daß der Mensch in der
Absicht nach tieferer Verwirklichung einen anderen nachzuahmen
versucht, strebt er mit ihm dasselbe an; darüber entsteht Rivalität
und daraus ein Konflikt, der in blinde Gewalt führen kann; damit
jedoch jene Gewalt nicht unter den Rivalen selbst zum Ausbruch
kommt, wird sie über einen Sündenbock abgeleitet (das kann im

---

[442] Ebd. 53.

[443] Vgl. ebd.; vgl. auch EBACH 54: „Gewalt, Haß, Rache, Krieg als Elemente menschlichen Verhaltens kommen ... in der hebräischen Bibel in ungeheurer Offenheit zur
Sprache. Darin, daß diese Bereiche menschlicher Empfindungen und menschlicher
Praxis nicht verdrängt werden, kann eine Gemeinsamkeit, vielleicht die einzige Gemeinsamkeit der verschiedenen alttestamentlichen Linien im Problemfeld von Krieg
und Gewalt gefunden werden."

[444] Vgl. R. GIRARD, La violence et le sacré, Paris 1972; DERS., Das Evangelium legt die
Gewalt bloß, in: Orientierung 38 (1974) 53-56; jetzt auch DERS., Ende; SCHWAGER, Sün-
denbock; N. LOHFINK, Altes Testament – Entlarvung, in: N. LOHFINK/R. PESCH. Vgl.
auch J. NIEWIADOMSKI, Entsakralisierung des atomaren Sicherheitsdenkens, in: A.
BATTKE (Hg.), Atomrüstung – christlich zu verantworten?, Düsseldorf 1982, 61-69, und
DERS., Gewaltanwendung oder Gewaltverzicht? Zur Logik der Praxis christlichen
Glaubens, in: TRUMMER (Hg.), Gedanken 133-163.

[445] N. LOHFINK, Altes Testament – Entlarvung, in: N. LOHFINK/R. PESCH 47.

besonderen Fall auch ein Tieropfer sein)[446]: „Plötzlich, mitten im allgemeinen Tumult der Krise, versammelt sich die Aggression aller auf einen, zufällig in diese Rolle geratenen einzelnen. Alle Schuld wird auf ihn projiziert. Indem er ausgestoßen, ja vernichtet wird, entsteht über seinem Kadaver die neue Einmütigkeit der Überlebenden."[447] Dieser „Sündenbockmechanismus" stellt jedoch „eine täuschende und deshalb letztlich vergebliche gesellschaftliche Lösung" dar;[448] denn „der zufällige Sündenbock war faktisch nicht schuldiger als irgendeiner der Überlebenden".[449]

Das Typische des Alten Testaments scheint nach Lohfink nun darin zu liegen, „daß die gesellschaftlich festgemachte Gewalt der Menschen, die als solche aber lügnerisch verhüllt ist, offengelegt, entlarvt", wenn auch „vor Jesus noch nicht wirklich überwunden" wird.[450] Gerade weil das Alte Testament „so offen und so bewußt von der Gewalt" spricht, wie es in keiner anderen Literatur geschieht, trägt es zur Bloßlegung des Gewaltmechanismus bei. Gewalt funktioniert nur solange im Sinne der Erzeugung eines relativen Friedens durch die Schaffung eines Sündenbockes, als ihr wahres Wesen verschleiert ist. *Das Alte Testament legt das Wesen der Gewalt frei.* Die Erzählung von Kain und Abel (Gen 4,1-16) läßt wissen, daß der alttestamentliche Schriftsteller den Zusammenhang von „blutigem Opfer und Bändigung der Gewalt" erkannt hat: Das Tieropfer Abels wird angenommen; Kains Opfer dagegen vermag den Ausbruch der Gewalt nicht zu verhindern.[451] „Einsicht in die wirklichen Sachverhalte" setzt auch die Priesterschrift oder das deuteronomistische Geschichtswerk voraus, wenn sie „die Gewalt oder das Blutvergießen als die eigentliche menschliche Sünde bezeichnen, die dann auch die großen Katastrophen über die Menschheit herbeiführt".[452] Die Kritik der Propheten an der Opferpraxis ist eindeutig: „Liebe will ich, nicht Schlachtopfer, Gotteserkenntnis statt Brandopfer." (Hos 6,6; vgl. auch Am 5,22-24; Jes 1,11-15).[453] Als *Wurzel der*

---

[446] Ebd. 45-49.

[447] Ebd. 46.

[448] Ebd. 47f.

[449] Ebd. 46.

[450] Ebd. 48.

[451] Ebd. 54-56.

[452] Ebd. 53.

[453] Dazu ebd. 53f. Vgl. dazu G. WINDENGREN, Religionsphänomenologie, Berlin 1969,

Gewalt deckt das Alte Testament die Mimesis[454] und Rivalität auf, und zwar nicht nur die zwischenmenschliche, sondern auch die Rivalität zwischen Mensch und Gott am Beispiel Evas, die sein will wie Gott.[455] Der von der „Rotte der Gewalttäter" verfolgte Sündenbock des Alten Testaments erkennt die Lüge, die im Lösungsversuch des Sündenbocks liegt; in seiner Not wendet er sich an Gott (vgl. Klagelieder) und erkennt „auch auf einmal den wahren Gott, ohne die Projektionen, die sonst auf ihn geworfen sind"[456], ohne die Lüge, die über das sakrale Opferritual immer nur auf ihn abgedrängt worden ist.[457] Diejenigen, die der Gesellschaft Ausübung und Verschleierung von Gewalt vorhalten und „durch ihre besondere Erkenntnis des wahren Gottes und seiner wahren, gewaltfreien Intentionen die Erregung der Gewalttäter auf sich konzentrieren", die Propheten, geraten selbst zusehends in die nun nicht mehr zufällige Sündenbockrolle.[458] Mit ihrer Botschaft leuchten bereits die Prinzipien von Recht und Gerechtigkeit, Barmherzigkeit und Liebe auf, die eine „neue Gesellschaft Gottes" werden erbauen helfen, „ohne daß dabei Menschen durch Gewalt zugrundegehen müssen".[459] Neben die Vorstellung, daß ein letzter Gewaltakt (eine große Völkerschlacht am Ende der Zeit) nötig sei, damit die Gewaltfreiheit komme, tritt eine andere: danach geschieht der Umschwung „nicht auf die Weise der Vernichtung anderer, sondern im Punkt des Aus-

---

321ff; R. SCHWAGER, Der Tod Christi und die Opferkritik, in: Theologie der Gegenwart 29 (1986) 11-20.

[454] Vor Girard hat bereits R.B. GREGG, Die Macht der Gewaltlosigkeit, Gladenbach/Hessen 3. Aufl. 1975, auf das Problem der Mimesis aufmerksam gemacht: „Gesetzt A greift B an und B antwortet mit Gewaltanwendung. Während die Reaktion von B zum Teil instinktiv ist, ist sie zum anderen Teil auch eine unbewußte Nachahmung von A. So steigern sich Wut, Empörung, Haß und Rachegefühl im Verlauf der sich gegenseitig nachahmenden Gewalttätigkeiten und teilen sich dem Wesen der Streitenden in steigendem Maße mit ..." (50) Gregg hält es allerdings für „weniger wahrscheinlich, daß der friedfertige Streiter sich durch Beeinflussung und Nachahmung der Gewalt zuwendet, als daß vielmehr die gewalttätige Person sich der Gewaltlosigkeit zuneigen dürfte". (ebd.)

[455] N. LOHFINK, Altes Testament – Entlarvung, in: N. LOHFINK/R. PESCH 56.

[456] Ebd. 56f.

[457] Ebd. 46.

[458] Ebd. 57; vgl. auch N. LOHFINK, Wörter 241-251 („Charisma. Von der Last der Propheten").

[459] N. LOHFINK, Altes Testament – Entlarvung, in: N. LOHFINK/R. PESCH 57.

gestoßenen, des Sündenbocks".[460] Durch den „Knecht Jahwes" wird Gottes Plan gelingen; der Gottesknecht hat die Gewalt auf sich genommen, und Gott hat ihn angenommen. Das gibt „den bekennenden Völkern nun die Kraft, selbst auch den neuen Weg zu gehen und sich dem Weg des Ausgestoßenen, aber von Gott Angenommenen anzuschließen".[461] Damit ist „ein gewissermaßen normaler, innerweltlicher Weg aufgezeigt, wie die Welt des gewaltsam hergestellten Friedens von ihrem Zentrum her aufgebrochen werden kann. Ihr Zentrum war das Geschick des ausgestoßenen Sündenbocks. Von einem Sündenbock her, der doch keiner ist, weil er alles durchschaut, kann das ganze System verändert werden. An ihm und seinem Geschick kann allen aufleuchten, daß der Frieden von den Herzen aus hergestellt werden kann und daß man die Gewalt gar nicht braucht."[462] Nicht von den Institutionen her, sondern aus den von Gott am Ende der Zeit neu geschaffenen Herzen (vgl. Jer 31,33f; Ez 36,26) erwartet das Alte Testament eine Welt der Brüderlichkeit, in der Schwerter zu Pflugscharen und Lanzen zu Winzermessern geschmiedet werden (vgl. Mich 4,2f; Jes 2,1-5).[463]

Mit diesem Erklärungsversuch haben Schwager und Lohfink eine ganzheitliche Exegese biblischer Gewaltaussagen gewagt. Die hermeneutische Funktion ihrer Theorie ist evident, die Theorie in sich stimmig. „Nur – ob die Sündenbocktheorie hier so exklusiv wertvoll ist, ist zu bezweifeln. Immerhin gibt es ja noch andere Gewalttheorien der Verhaltensforschung, der Tiefenpsychologie, der Sozialpsychologie, der Lerntheorie usw., mit deren Hilfe sich die Tiefenstruktur biblischer Texte zum Thema Gewalt mindestens genausogut erheben läßt."[464] Der Ansatz der von Schwager vorgestellten Theorie ist damit in Frage gestellt. In der Tat ist der „Sündenbockmechanismus" in der Psychologie um-

---

[460] Ebd. 59.

[461] Ebd. 60.

[462] Ebd.

[463] Ebd. 58. – Wenn auch rudimentär, so ist auch im späteren Israel das Sündenbockdenken lebendig; das zeigt der weithin mit ugaritischer Praxis übereinstimmende Sündenbockritus (vgl. Lev 16,5-10.20-22) am großen Versöhnungstag; vgl. dazu O. LORETZ, Leberschau, Sündenbock, Asasel in Ugarit und Israel, Altenberge 1985, bes. 40-49.

[464] ZENGER, Schwager-Rezension 50.

stritten.[465] Erich Zenger bezweifelt darüber hinaus, daß der biblische Nachweis der Sündenbockthese gelungen sei.[466] Das kann hier nicht diskutiert werden. Die Zusammenfassung der Theorie muß genügen.[467]

2.1.8.6 *Zur These vom Gegensatz zwischen Altem und Neuem Testament*

Die These vom Gegensatz zwischen Altem und Neuem Testament spielt nach wie vor eine wichtige Rolle in der ethischen Beurteilung der Gewalt.[468] Den einen dient sie dazu, die Exklusivität des neutestamentlichen Ethos hervorzuheben: erst im Neuen Testament sei der Gewalt mit aller Radikalität widersprochen worden. Andere benutzen die Gegensatzthese, um mit ihrer Hilfe den Anspruch des neutestamentlichen Ethos zu relativieren: man müsse neben der radikalen Gewaltverzichtsforderung im Neuen Testament die Gewaltpraxis des Alten Testament berücksichtigen und vor allem die Tatsache, daß derselbe Gott dort Gewalt nicht nur zugelassen, sondern bisweilen sogar ausdrücklich geboten habe.

---

[465] Vgl. H. SELG, Die Frustrations-Aggressions- Theorie, in: DERS. (Hg.), Zur Aggression verdammt? Ein Überblick über die Psychologie der Aggression, Stuttgart/Berlin/Köln/Mainz 4., überarbeitete und erweiterte Aufl. 1975, 11-36; 28. – Vgl. aber auch die Ausführungen von H. WOLFF, Jesus 58ff, über Schattenprojektion, den Prügelknaben, die Schatten- bzw. Projektionsfigur.

[466] ZENGER, Besprechung 50.

[467] Vgl. auch die positive Einschätzung durch F.J. STENDEBACH, Besprechung des Buches von Schwager, Sündenbock, in: Bibel und Kirche 35 (1980) 76; darüber hinaus jetzt auch N. LOHFINK (Hg.), Gewalt (bes. 41-50: zur hermeneutischen Implikation der Theorie Girards; 245-247: Literatur um R. Girard; sowie den gesamten Sammelband).

[468] Sie wird nicht nur „unter Theologen häufig vertreten. Sie entspricht auch … in großen Teilen der Christenheit dem ‚gesunden Volksempfinden'." (N. LOHFINK, Ethos 9) Vgl. darüber hinaus L. KLEIN, Jerusalem. Einheit in Gegensätzen, Freising 1979, 29: Wir müssen „mit dem immer noch weit verbreiteten Vorurteil aufräumen, das Judentum sei die Religion des Gesetzes, das Christentum die Religion der Liebe. Dem immer wieder angeführten Argument, daß 613 Gebote und Verbote das Leben des gläubigen Juden in allen Einzelheiten regeln, muß man entgegenhalten, daß auf katholischer Seite über zweitausend Gesetze des kirchlichen Gesetzbuches das Leben des Katholiken regeln. Die mannigfachen evangelischen Rechtsordnungen erreichen wahrscheinlich keine viel kleinere Zahl." Gegen die These von der Ablösung des AT durch das NT vgl. auch A. OHLER, Grundwissen Altes Testament. Ein Werkbuch, Bd. 1, Stuttgart 1986, 11f.

Die Geschichte der Gegensatzthese reicht weit zurück. Bereits in der frühen Kirche wurde die „Spannung zwischen dem Alten Testament und dem, was in Christus geschehen war, allmählich als so stark empfunden, daß Markion sich gezwungen sah, das Alte Testament und seinen Gott, der ‚Kriege liebt‘, zu verwerfen und nur Jesus und den gütigen Gott, den dieser predigte, anzuerkennen".[469] Gegen Markion kanonisierte die junge Kirche aber auch alttestamentliche Schriften, die sie, festhaltend an der Einheit des Heilsgeschehens, nach dem Schema von Verheißung und Erfüllung als mit Jesus Christus vollendet interpretierte; die alttestamentlichen Kriegserzählungen deutete sie dann „entweder allegorisch um, oder das breite Glaubensbewußtsein nahm und nimmt vom kanonisch dem Neuen Testament gleich zu bewertenden Alten Testament nur sehr wenig Notiz und entschärfte auf diese Art die Frage nach dem Krieg in den alttestamentlichen Schriften".[470]

Noch vor wenigen Jahrzehnten wurden, ausgehend von der Annahme eines Spannungsverhältnisses zwischen alt- und neutestamentlichen Schriften, unter anderen folgende Erklärungsversuche angeboten:

1. Auf die Frage, wie es möglich sein konnte, „daß das Evangelium, dessen Wurzeln so tief im Alten Testament liegen, plötzlich eine ganz andere Atmosphäre" habe, findet Jean Lasserre (1953) nur „eine befriedigende Antwort": Die „systematische Verwerfung von Gewaltanwendung war eben gerade der *persönliche Beitrag Jesu* von Nazareth, seine eigenste Entdeckung."[471] Das „tiefe Mißverständnis zwischen Jesus und seinem Volk" führt Lasserre „wenigstens zum Teil" darauf zurück, „daß Jesus einen Weg gewählt hatte, der im Verhältnis zum

---

[469] TRUMMER, Gewalt 505: vgl. auch B. ALTANER/A. STUIBER, Patrologie. Leben. Schriften und Lehre der Kirchenväter, Freiburg/Basel/Wien 7., völlig neubearbeitete Aufl. 1966; 106f: In seinen „Antithesen" (Gegensätze zwischen AT und NT) verwirft Markion „das gesamte AT mit seinem zürnenden und gerechten Schöpfergott (Demiurgos) und stellt ihm den bisher unbekannten Gott der Liebe entgegen, der sich in Jesus Christus geoffenbart hat". Vgl. auch A. von HARNACK, Das Evangelium vom fremden Gott. Eine Monographie zur Geschichte der Grundlegung der katholischen Kirche. Neue Studien zu Markion. Texte und Untersuchungen, Darmstadt 1960.
[470] TRUMMER, Gewalt 505.
[471] LASSERRE 68 (Hervorhebungen von E.S.).

Alten Testament ganz und gar ungewöhnlich war und einer Methode der politischen und militärischen Gewaltlosigkeit folgte, die seine Zeitgenossen bestürzte und auch seine Freunde und Jünger enttäuschte".[472]

2. Außerdem insistiert Lasserre darauf, daß *mehrere alttestamentliche Vorschriften „durch das Evangelium außer Kraft gesetzt"* seien.[473] Ähnlich sieht George H.C. MacGregor (1936) in den Antithesen der Bergpredigt eine entscheidende Korrektur der alttestamentlichen „Irrtümer".[474] Das *Alte Testament* sei im *Licht des Neuen Testamentes* zu deuten und nicht umgekehrt, wie es Isaac Jolly offensichtlich tut, wenn er argumentiert: „Im Alten Testament ist immer wieder ganz deutlich gezeigt, daß der Kriegsdienst dem Willen Gottes entspricht. Wenn wir das bedenken, so müssen wir die pazifistische Lehre vom Verzicht auf Widerstand in ihrer Anwendung auf den Krieg ohne weiteres ablehnen."[475] Lasserre spricht sich für eine *christologische Deutung des Alten Testaments* aus: „Für uns Christen ist das AT nur in dem Maße normativ, wie es einer christologischen Auslegung offen ist; unmittelbar, ohne das Evangelium vom Kreuz, kann es für uns nicht normgebend sein."[476]

3. MacGregor pflichtet G.J. Heering (1930) bei, der *„eine fortschreitende und stets vollkommenere Offenbarung"* Gottes und damit auch eine „steigende Linie" in Bezug auf das Problem der Gewalt, „die ihren Höhe- und Endpunkt in Jesus Christus findet", für die Heilige Schrift meint konstatieren zu können.[477] MacGregor schätzt zwar das Alte Testament als „hochstehenden Versuch, den Weg zu einer richtigen Einstellung zu Gott und zum Nebenmenschen zu weisen", geht aber davon aus, daß uns im

---

[472] Ebd. 69.

[473] Ebd. 71.

[474] MacGregor, Friede 21.

[475] Vgl. I. Jolly, Pacifism at the Bar of Holy Scripture and History, 15-17; zit. nach MacGregor, Friede 20f.

[476] Lasserre 16; ebenso Preuß, bes. 114-118.

[477] MacGregor, Friede 21 (Hervorhebung von E.S.); vgl. auch Heering 1, weiterhin etwa auch H. Junker, Der alttestamentliche Bann gegen heidnische Völker als moraltheologisches und offenbarungsgeschichtliches Problem, in: Trierer Theologische Zeitschrift 56 (1947) 74-89; dazu und weitere Literatur vgl. auch N. Lohfink (Hg.), Gewalt 35-37.

Neuen Testament ein „köstlicherer Weg" (1 Kor 12,51) geoffenbart sei.[478]

4. Beide, MacGregor wie Lasserre, sehen Altes und Neues Testament nicht nur als Gegensatz. MacGregor betont, daß sich *im Alten Testament schon eine „Ader des Evangeliums"* finden lasse.[479] Für Lasserre ist das *Evangelium „gewissermaßen schon im AT als Keim* enthalten".[480] Für das Zustandekommen der „neuen Überzeugung" Jesu vermutet Lasserre, daß Jesus „tief beeindruckt und beeinflußt von solchen Berichten, wie dem vom sanften und leisen Wehen vor Elia (1. Kön 19) oder von Jes 53" usw. war.[481] Allerdings führt er die Leistung, aus diesen verstreuten Elementen eine Synthese geschaffen zu haben, auf Jesu „Genie" zurück,[482] nicht etwa auf die Tatsache, daß Jesus als Glaubender des Alten Testaments einfach konsequent war[483].

Stärker als MacGregor und Lasserre hebt die moderne Bibelforschung das *Gemeinsame der alt- und neutestamentlichen Schriften hervor.* So kann Karl Hammer der frühen Kirche in der Ablehnung des markonistischen Separatismus einfach deshalb auch nachträglich noch recht geben, „weil sich ohne gewaltsame Eingriffe in die Texte keine so konsequente Gegensätzlichkeit und Zweiteilung der Bibel vornehmen läßt";[484] denn allein die „neutestamentlichen Texte reden zu vielfältig, unter sich z. T. sogar gegensätzlich von dem glei-

---

[478] Vgl. MacGregor, Friede 91 (1 Kor 12,51 nach MacGregor).

[479] Ebd. 91.

[480] Lasserre 69.

[481] Ebd.

[482] Ebd.

[483] 483 Vgl. E. Zenger, Jesus von Nazareth und die messianischen Hoffnungen des alttestamentlichen Israel, in: W. Kasper (Hg.), Christologische Schwerpunkte, Düsseldorf 1980, 37-67; 38: „Je tiefer sich mir Jahr für Jahr das Alte Testament aufschließt, desto stärker wird meine Neigung, *Jesus voll im Horizont des Alten Testaments zu sehen.* Daß er zuallererst *eine durch und durch alttestamentliche Gestalt ist,* daß seine Bedeutsamkeit auch uns heute nur voll aufgeht, wenn wir ihn nicht nur mit den Augen der sogenannten neutestamentlichen Schriften, sondern zugleich mit denen der alttestamentlichen Tradition sehen – dies ist für mich, irritierend und stimulierend zugleich, eingefangen in dem Bekenntnis: Jesus ist der Messias Jahwes, er ist der Christus für uns. Sich als Christ in den Bann des Alten Testaments ziehen zu lassen meint deshalb mehr, als nur die Vorgeschichte Jesu oder des Christentums zu respektieren. Es meint: eine konstitutive Dimension Jesu selbst zu erfassen." (Hervorhebungen von E.S.)

[484] K. Hammer 25.

chen Gott in Christo, als daß sich ein heller, lichter Gott des Evangeliums einem nur finsteren egoistischen, nationalistischen ,Demiurgen' im Alten Testament gegenüberstellen ließe".[485]

Ohne die Tatsache zu leugnen, daß in der Bibel nicht nur in negativer Beurteilung von Krieg und Gewalt die Rede ist, wäre es nach Jürgen Ebach verfehlt, „das Alte Testament auf die Tendenz zur Gewalt festzulegen und darin vom Neuen abzugrenzen. Die *Vielfältigkeit der alt- und neutestamentlichen Texte*, der Reichtum der in ihnen festgehaltenen Erfahrungen lassen keine Pauschalurteile zu."[486] J. Ebach wendet sich gegen jede Verkürzung, nach der „die Tendenz zur Rache dem Alten, die Tendenz zur Liebe dem Neuen Testament" zukomme.[487] „Beide Testamente enthalten, wenn auch in unterschiedlicher Gewichtung beide Linien."[488] Nur zu „bestimmten Zeiten" hätten sich möglicherweise „jene Linien biblischer Texte, die vom Ausrotten des Bösen, von Gewalt und Rache, vom Schwert reden, als stärker als die *gewichtigere* Linie der Bibel, die auf Liebe, Versöhnung, Solidarität, Frieden zielt", erwiesen.[489] Handlungsanweisungen gar „unmittelbar aus einzelnen biblischen Zitaten" gewinnen zu wollen, davor warnt Ebach eindringlich; denn „auf der Ebene einzelner Verse wird man in der Bibel ebenso viele Sätze in Richtung auf Gewalt und Unterdrückung finden wie solche, die Liebe und Freiheit intendieren".[490] Dagegen ziele die Bibel „als Ganze aber auch auf die Liebe und Solidarität, wie sie im Zeugnis Jesu exemplarisch zum Ausdruck kommen".[491] Daß die Gewalt-Linie innerhalb der Bibel nicht „zugunsten eines klaren und eindeutigen Aufrufs zu Gewaltlosigkeit und Frieden" beseitigt worden sei, spricht seines Erachtens für die Größe der Bibel, die ein realistisches, ehrliches Bild vom Menschen und seiner eben nicht gewaltlosen Welt zeichne.[492] Wer in der Bibel ein Lehrbuch mit eindeutigen Anweisungen erwarte, müsse freilich über das Nebeneinander von Gewalt und Gewaltlosigkeit enttäuscht sein, meint Ebach. „In einem

---

[485] Ebd.
[486] EBACH 15 (Hervorhebung von E.S.).
[487] Ebd. 10.
[488] Ebd. 11.
[489] Ebd. 10 (Hervorhebung von E.S.).
[490] Ebd. 11.
[491] Ebd.
[492] Ebd. 12.

Buch aber, in dem Menschen vieler Jahrhunderte ihre Erfahrungen niedergeschrieben haben, religiöse, ethische, politische, individuelle Erfahrungen, einem Buch, das Texte verschiedenster Art enthält, historische, juristische, poetische Texte, einem Buch, das aus Reden, Geschichten, Listen, wissenschaftlichen Spekulationen, Gleichnissen, Gebeten besteht, kann Einlinigkeit nicht erwartet werden."[493] Doch zeige sich nicht „logische Widersprüchlichkeit" in der Vielfältigkeit biblischer Aussagen, sondern „Reichtum des Lebens".[494]

Entschieden tritt Norbert Lohfink der These entgegen, daß das neutestamentliche Ethos erhabener sei als das alttestamentliche.[495]

---

[493] Ebd. 11.

[494] Ebd. – Vgl. auch TRUMMER, Gewalt 505: Wollen wir die Bibel und besonders das Alte Testament „sachgemäß" verstehen, so müssen wir „zur Kenntnis nehmen, daß die Bibel ein geschichtliches Buch ist und keine Sammlung von zeitlos abstrakten und abstrahierbaren Lehrsätzen", daß die Offenbarung Gottes „nicht ins ungeschichtlich Absolute" ergeht, sondern „unter den jeweiligen geschichtlichen Bedingungen die bestmögliche ‚übernatürliche' Erkenntnis auf dem Boden der natürlichen menschlichen Möglichkeiten" ist, „daß wir auch in der Schrift mit einer Entwicklung des Gottesbildes, der Kultur und der Ethik zu rechnen haben". Diese Unterscheidung sei für uns heute freilich schwer durchführbar, „da wir ja die ‚archäologischen' Schichten in der Bibel nicht mehr übereinander, sondern nebeneinander vorfinden und daher geneigt sein könnten, die einzelnen Schichten statisch zu betrachten und bei augenscheinlicher Differenz gegeneinander auszuspielen." Auch für die Frage der Gewalt bzw. Gewaltlosigkeit sei zu berücksichtigen, daß die Bibel „kein starres Gebilde, sondern Leben" sei und daß als solches auch die „Offenbarung in Bewegung" sei, „obwohl vielfach die älteren Schichten der Schrift neben den jüngeren stehengeblieben sind, wobei die jüngeren Schichten den Anspruch auf verbindliche Neuinterpretation des älteren Materials stellen."

[495] Vgl. N. LOHFINK, Ethos 10: „Als ich begann, biblische Exegese zu treiben, hatte ich das übliche Verständnis, das in der Ethik Jesu oder der ‚Ethik der Bergpredigt', wie man zu sagen pflegte, etwas Neues und Höheres gegenüber der Ethik des Alten Testaments sah. Doch je mehr ich als Student und dann in Forschung und Lehre mit dem Alten Testament vertraut geworden bin, desto mehr Schwierigkeiten bekam ich mit meinem Ausgangsverständnis. Einerseits ging mir immer mehr auf, wieviel Übersetzungsarbeit geleistet werden muß, will man überhaupt ethische Aussagen aus so verschiedenen Perioden und literarischen Gattungen sachgemäß miteinander vergleichen, und daß dann viele zuerst vermutete Differenzen sich auflösen. Sie sind nur noch Sprachunterschiede. Andererseits verloren die üblichen Formeln, mit denen man den Unterschied zwischen der Ethik des Alten und der des Neuen Testaments einzufangen versucht, immer mehr an Überzeugungskraft. – Es ist zum Beispiel einfach falsch, eine alttestamentliche Ethik der Furcht einer neutestamentlichen Ethik der Liebe gegenüberzustellen. Die Gottes- und Nächstenliebe sind wichtige Gebote des Alten Testaments (Dtn 6,5; Lev 19,18), und sie werden von Jesus einfach aus dem Alten Testament übernommen. Noch falscher ist es, im Alten Testament nur Legalismus und erst im

Mit seinen Antithesen habe Jesus „nicht neutestamentliches gegen alttestamentliches Ethos gestellt, sondern wirkliches Ethos gegen ein nur vom Gesetz her lebendes Scheinethos wieder zur Geltung gebracht"; ihm sei es um die Erfüllung des Gesetzes gegangen (Mt 5,17).[496] Lohfink vermag keinen „Unterschied in den obersten Prinzipien" zwischen alttestamentlichem und neutestamentlichem Ethos festzustellen.[497] Was sich nach seiner Auffassung geändert hat, ist

---

Neuen Testament wirkliche Ethik zu sehen. Die einzige Formel, die etwas länger standhielt und mir erst vor kurzem ebenfalls zusammenbrach, ist die, daß das Alte Testament nur die Liebe zum Nächsten, das heißt zum Nachbarn und Volksgenossen, kenne, Jesus diese Nächstenliebe aber zur universalen Liebe zu allen Menschen, selbst zu den Feinden, ausdehne."

[496] N. LOHFINK vergleicht das Liebesethos des Alten und Neuen Testaments und kommt zu der Überzeugung, daß hier wie dort das Postulat der Liebe zunächst eng auf den Bereich der Gemeinde, der eigenen Volksgruppe bezogen ist, also nicht primär universalistisch ausgerichtet ist. Die Entgrenzung des Postulats bis hin zum Feind gestalte sich in den alt- und neutestamentlichen Schriften zwar jeweils sprachlich anders, sei aber der Sache nach im AT ebenso festzustellen wie im NT. Vgl. N. LOHFINK, Wörter 225-240.

[497] N. LOHFINK warnt eindringlich davor, aus Neuformulierungen konkreter Sollenssätze sittlichen Verhaltens auf inhaltlich neue Normen zu schließen: Im Alten Testament spiegele sich die Geschichte von mindestens eineinhalb Jahrtausenden wider und ein enormer gesellschaftlicher Wandel während dieses Zeitraums. Dabei sei selbstverständlich, „daß die Sittlichkeit, sobald sie sich in konkreten Sollenssätzen formulierte, gerade um die gleiche zu bleiben, im gesellschaftlichen Wandel selbst dauernder Neuformulierungen bedurfte". (N. LOHFINK, Wörter 226) Lohfink an anderer Stelle: „Natürlich ändern sich bei Änderungen der allgemeinen Lebensverhältnisse dann auch von der veränderten Sache her die konkreten Sollenssätze. Aber die letzten Prinzipien bleiben sich immer gleich. Daher kann es letztlich gar keine Differenz zwischen der Ethik des Alten und des Neuen Testaments geben." (N. LOHFINK, Ethos 9f) Im Neuen Testament wurde lediglich gebrochen mit einem alten, den gesellschaftlichen Wandel kaum wahrnehmenden, ja zu vertuschen suchenden Sprachgebrauch der Antike vorhellenistischer Zeit. (N. LOHFINK, Wörter 226f) „Das Neue Testament und die Urkirche, getragen vom Pathos der Neuheit und in der Heidenmission explosiv den Rahmen der jüdischen Gesellschaft sprengend, waren in der Lage, das allmählich entstandene hochkomplizierte Sprachsystem des überkommenen Ethos weithin abzuwerfen … Aber diese christliche Diskontinuität im ethischen Sprachsystem wäre völlig falsch interpretiert, wenn sie als solche schon als Diskontinuität der sittlichen Forderung verstanden würde." (ebd. 227) – Vgl. dagegen DIETRICH, Rache 467, der durch die Antithese Mt 5,38f einen „scharfen Bruch zwischen Altem und Neuem Testament" herbeigeführt sieht. „Der Streit, ob zwischen den beiden Testamenten die Kontinuität überwiege oder die Diskontinuität, wirkt, was das Thema Rache angeht, leicht entscheidbar: Hier jedenfalls *scheinen* die im Recht zu sein, die das Alte Testament wenn nicht mit Markion verwerfen, dann doch nur als Beschreibung des Menschen *hypo nomon* und *kata sarka* anerkennen." (Hervorhebung von E.S.) Auch die „alttestamentliche

das ethische Sprachsystem.[498] Lohfink resümiert: „In der Sache läßt sich – von dem, was durch die veränderte änderte Zeit und Situation bedingt ist, abgesehen – *praktisch kein Unterschied zwischen Altem und Neuem Testament* feststellen. So werden auch die leitenden Prinzipien die gleichen sein. Ein Unterschied liegt nur im Sprachgebrauch vor ..."[499] All das besage freilich nicht, „daß das Neue Testament hinsichtlich der Sittlichkeit des Menschen gar nichts Neues bringe. Nur macht es ziemlich unwahrscheinlich, daß dieses Neue auf der Ebene der inhaltlichen Normen zu suchen ist."[500] Ein höheres Maß

Spitzenaussage" in Lev 19,18a reicht nach Dietrich nicht über die „Kluft" hinweg. (ebd.) Gemeinsam sei allerdings den Testamenten, daß jeweils Gott als Rächer angerufen werde. (467f) Nach Dietrich hat E. HIRSCH, Das Alte Testament und die Predigt des Evangeliums, Tübingen 1936, „gerade an dem ,schrecklichen Thema' Rache den ,eigenartigen religiösen Glauben' des Alten Testaments scheiden gelernt von der evangelischen Botschaft des Neuen Testaments". (453)

[498] Um zu zeigen, wie schwierig allerdings „der Erkenntniszugang zu den wirklichen sittlichen Inhalten des Alten Testaments, erst recht zum leitenden Prinzip seines Ethos" ist, gibt N. LOHFINK zu bedenken, daß im Alten Testament nicht in jedem Fall von der sprachlichen Aussage auf die sittliche Norm geschlossen werden kann. Wie leicht man aus alttestamentlichen Texten falsche Schlüsse ziehen kann, wenn man z. B. nicht gattungsspezifische Besonderheiten berücksichtigt, verdeutlicht Lohfink am Beispiel des Rechtssatzes: es sei fraglich, „ob denn der konkrete überlieferte Rechtssatz uns wirklich vollen Einblick in die hinter ihm stehende sittliche Norm gewährt". (N. LOHFINK, Wörter 228) Es komme hinzu, daß „Texte, die als Rechtssammlung auftreten, unter Umständen gar kein Recht sind, sondern etwas ganz anderes bezwecken. Manche mesopotamischen Rechtsansammlungen waren mehr Propagandaschriften als Rechtskodifizierungen, wenn sie sich auch bewußt als solche geben." (ebd. 228f) So müsse man beispielsweise auch wissen, daß Teile des deuteronomistischen Gesetzes die Funktion haben, in der assyrischen Krise das nationale und religiöse Bewußtsein neu zu erwecken. Das impliziere z. B., „daß das Gesetz, die gesamte Bevölkerung der kanaanäischen Städte bei der Eroberung des Landes umzubringen (Dtn 20,15-18), zur Zeit der Landnahme gar nicht existiert hat, als es dagegen ein halbes Jahrtausend später zu literarischen Zwecken formuliert wurde, nur eine große propagandistische Imponiergeste war. Dabei wurden Modelle assyrischer Propaganda imitiert, denen die Adressaten des Geschichtswerkes ständig ausgesetzt waren. Natürlich kann man nach dem ethischen Niveau einer solchen Propaganda fragen. Immerhin wurde dabei im israelitischen Geschichtswerk die Darstellung der eigenen Grausamkeit weit in die Vergangenheit zurückverlegt. Für die jetzt in Frage kommende Kriegführung wurden gleichzeitig andere, humanere Regeln aufgestellt. Niemand konnte also auf den Gedanken kommen, er müsse auf solche Weise Krieg führen. Man wird daher sehr vorsichtig sein mit der Behauptung, hier sei eine Ethik des totalen Vernichtungskriegs gepredigt." (ebd. 229)

[499] Ebd. 237 (Hervorhebung von E.S.).

[500] Ebd. 240; vgl. ebenso M. BURROWS, Old Testament Ethics and the Ethics of Jesus, in: J.L. CRENSHAW/J.T. WILLIS (Eds.), Essays in Old Testament Ethics. J. Philip Hyatt in

an theoretischer Reflexion über die Sittlichkeit, wie es im Neuen Testament begegnet, darf nicht schon für eine höhere Sittlichkeit selbst gehalten werden.[501]

Unter dem Gesichtspunkt von Gottesherrschaft und Gottesgemeinschaft – darüber wird im folgenden noch eingehender zu sprechen sein – hält Georg Fohrer eine biblische Theologie (d. i. eine für das Alte wie Neue Testament gemeinsame Theologie) für durchaus möglich: „Altes und Neues Testament stehen zueinander also nicht im Verhältnis von Verheißung und Erfüllung oder von Scheitern und Verwirklichung, sondern im *Verhältnis von Beginn und Fortsetzung.*"[502]

---

memoriam, New York 1974, 225-243.

[501] Ebd. 227; vgl. auch F. Mussner, Traktat über die Juden, München 1979, 194-198; 197f: Die Zusammenfassung der Thora im Doppelgebot der Liebe kann nicht als eine spezifische Tat Jesu betrachtet werden; sie ist vor ihm bereits von anderen Juden geleistet worden. Erst die nachösterliche Überlieferung und die Redaktoren der Evangelien münzten – im Bestreben, sich von Israel allmählich abzulösen und ein neues, nämlich christliches Selbstverständnis zu gewinnen und Jesus als einzigen normativen Lehrer gelten zu lassen – das Doppelgebot der Liebe z. T. antijüdisch aus. In der christlichen Exegese wurde die antijüdische Akzentsetzung „häufig noch verstärkt". „Das Judentum wurde weithin nur noch als der Widerpart Jesu und des Evangeliums gesehen. Es entstand so ein Zerrbild des Judentums, das bis heute nachwirkt. Jesus ist in Wirklichkeit mit dem Doppelgebot der Liebe, sollte es auf ihn selbst zurückgehen, nicht aus dem Rahmen des Judentums gefallen." Vgl. auch G. Baumbach, Antijudaismus im Neuen Testament – Fragestellung und Lösungsmöglichkeit, in: Kairos 25 (1983) 68-85.

[502] G. Fohrer, Der Mittelpunkt einer Theologie des Alten Testaments, in: Theologische Zeitschrift 24 (1968) 161-171f (Hervorhebung von E.S.). Zum Streit über Kontinuität bzw. Diskontinuität des Alten und Neuen Testaments vgl. auch W. Kreck, Grundfragen der Dogmatik, München 1970, 257-260; H. Gese, Erwägungen zur Einheit der biblischen Theologie, in: Zeitschrift für Theologie und Kirche 67 (1970) 417-436, und jetzt auch M. Oeming, Gesamtbiblische Theologien der Gegenwart. Das Verhältnis von AT und NT in der hermeneutischen Diskussion seit Gerhard von Rad, Stuttgart 1985; darüber hinaus vgl. auch G. Eichholz, Auslegung der Bergpredigt, Neukirchen-Vluyn 4. Aufl. 1978, 9f; H. Seebass, Biblische Hermeneutik, Stuttgart/Berlin/Köln/ Mainz 1974; A. Deissler, Wozu brauchen wir das Alte Testament? Ein Gespräch mit Prof. Alfons Deißler, in: Herder-Korrespondenz 35 (1981) 618-624; ders., Grundbotschaft, bes. 15-20. Im Hinblick auf eine Minderbewertung des Alten Testaments gegenüber dem Neuen Testament im katholischen Raum führt S. Siedl, Das Alte und das Neue Testament. Ihre Verschiedenheit und Einheit, in: Theologisch-praktische Quartalschrift 119 (1971) 314-325, an, daß für die Apostel und Schriftsteller des Neuen Testaments, nicht zuletzt für Jesus das Alte Testament die Heilige Schrift schlechthin gewesen sei, daß alttestamentliche Gebetstexte (vgl. nur das Brevier) eine auffallende Vorrangstellung im kirchlichen Beten und daß das kirchliche Lehramt unterschiedslos das Alte wie

2.2 | Gewaltverzicht im Vertrauen auf Gott

Jesu Gewaltverzicht spiegelt den Gewaltverzicht Gottes wider. Jesu Gewaltverzicht ist der Gewaltverzicht Gottes. *Imitatio Dei* ist ein erstes Motiv zum Gewaltverzicht. Ein anderes, das kaum von ihm getrennt werden kann, ist das des Vertrauens auf Gott. Jesu Gewaltverzicht spiegelt Vertrauen auf Gott. Über *Gewaltverzicht,* der *aus Gottvertrauen* kommt, handeln folgende Abschnitte.

Neue Testament tradiere. Letzteres wird nachdrücklich bestätigt durch die Enzyklika *„Dives in misericordia"* von Johannes Paul II., zu der Pinchas LAPIDE, ausgehend von der Feststellung, daß viele Christen zu dem „strengen" Gott des Alten Bundes eine scheue Distanz hielten, bemerkt: „Um so wichtiger erscheint mir … in dieser Enzyklika die endgültige Widerlegung der Irrlehre, die da behauptet, es gebe zwei verschiedene Götter: den alttestamentlichen Gott der Rache und den neutestamentlichen der Liebe. Über zehn Seiten und rund vierzig Zitate aus der hebräischen Bibel machen es dem Leser dieses päpstlichen Rundschreibens eindeutig klar, daß der Gott der Zärtlichkeit, der Langmut und der Schuldvergebung nicht erst mit Jesus sein Heilswerk begonnen hat, sondern schon in den ältesten Gotteserfahrungen der Erzväter Israels zu finden ist." (Verschiedene Wege) „Nicht, um die hebräische Bibel auf Kosten des Neuen Testaments zu verherrlichen, sondern um endlich die primitive Kontrastierung der beiden Gottesvorstellungen zu widerlegen", konfrontiert P. LAPIDE an anderer Stelle (DERS., Wie liebt man seine Feinde? Mit einer Neuübersetzung der Bergpredigt [Mt 5-7] unter Berücksichtigung der rabbinischen Lehrmethoden und der jüdischen Muttersprache Jesu, Mainz 1984, vgl. 52ff) seine Leser mit einer Reihe anstößiger Zitate aus dem NT, wobei er herausstellt, daß „beide" (!) Testamente Scheltreden, Verfluchungen, Weherufe, Gebete um Vergeltung und Feindschaft für das Böse kennen, daß „beide" (!) aber auch einstimmig die Vorherrschaft der Liebe betonen (55f). Vgl. auch H. SEEBASS, Der Gott der ganzen Bibel. Biblische Theologie zur Orientierung im Glauben, Freiburg 1982, der nach dem „Zusammenklang" der Testamente fragt (12) und ebd. ff auf die häufig erhobenen Vorwürfe gegen das AT eingeht (beispielsweise, daß es ein Buch großer Rachsucht sei) und dabei sich auch speziell gegen R. Bultmann wendet, dessen Meinung nach das AT nicht „Wort Gottes" genannt werden könne (20). Zu Seebass vgl. die Besprechung von J. SCHARBERT in: Theologische Revue 80 (1984) Sp. 455-458. – Vgl. außerdem Hinweise und Veröffentlichungen in: „Journal of Jewish Studies", „Christian Jewish Relations" und weiteren Zeitschriften des jüdisch-christlichen Dialogs (wie beispielsweise der 1986 gegründeten „Kirche und Israel"). Vgl. darüber hinaus: JEWISH PEACE FELLOWSHIP (Hg.), Roots of Jewish Nonviolence, New York o.J.; H. MAÒR, Gewalt und Gewaltfreiheit im Judentum, in: W. MAECHLER (Hg.), Gewaltfreie Aktion. Das Problem der Gewalt bei Christen, Juden und Moslems, Stuttgart 1969, 51-57.

2.2.0 *Gewalt im Widerspruch zum Vertrauen auf Gott* (eine These)

Gottvertrauen und Gewaltgebrauch schließen einander aus: Wer der Gewalt vertraut, vertraut nicht Gott. Wer auf dem Weg der Gewalt Konflikte lösen und Ordnung schaffen will, nimmt die Dinge auf eine Weise in die Hand, die dem Wirken Gottes keinen Raum mehr läßt.[503] „Gewalt übt man nur, wenn man Gott nicht kennt, den Herrn, sondern meint, alles selber machen zu müssen und zu können. Wer Gott kennt, der kennt eine andere Macht und vertraut auf sie. Gewalt kann nur üben, wer Gott nicht ehrt, den Herrn, der auch der Vater ist."[504] Mit Thomas Merton: „Der Hauptunterschied zwischen Gewaltlosigkeit und Gewalt besteht darin, daß die letztere sich ganz auf ihre eigene Berechnung verläßt. Die erstere verläßt sich ganz auf Gott und sein Wort."[505]

Neben mangelndem Vertrauen auf Gott steht hinter der Gewaltanwendung Überheblichkeit und Anmaßung. „Es ist" nach Jean Lasserre „die charakteristische Sünde des Menschen, daß er sich das Recht anmaßt, das von Gott gegebene Leben zu vernichten und mit ihm die Möglichkeit, die Gott gesetzt hat. Damit nimmt der Mensch den Platz Gottes ein. Und es liegt genau auf der Ebene des 6. (5.) Gebotes, daß der Mensch in seinen Beziehungen zu seinem Nächsten in höchst vermessener Weise danach trachtet, sich zu Gott zu machen."[506] Dem Vertrauensbruch gegen Gott, wie er oben ange-

---

[503] Mit dieser Gegenüberstellung ist der Mensch nicht zur reinen Passivität verurteilt, ist nicht Quietismus gemeint, nicht jedes Handeln ad absurdum geführt. Daß es vielmehr ein sich selbst weitgehend zurücknehmendes, mit der Wirksamkeit Gottes rechnendes, ja sie freisetzendes Handeln gibt, zeigt die „gewaltfreie Aktion", wie sie etwa Mohandas Karamchand Gandhi praktizierte; vgl. M.K. GANDHI, Eine Autobiographie oder die Geschichte meiner Experimente mit der Wahrheit, Gladenbach 1977. Vgl. auch meine Überlegungen in: E. SPIEGEL, „Assur kann uns nicht retten ..." Theo-anthropologische Voraussetzungen der gewaltfreien sozialen Verteidigung, in: gewaltfreie aktion 18 (2./3./4. Quartal 1986) 18-22.
[504] RAGAZ, Bergpredigt 19.
[505] T. MERTON, Selig sind die Sanftmütigen. Die Wurzeln der christlichen Gewaltlosigkeit, in: Der Christ in der Welt 6 (1966) 47-57; 56. – Vgl. auch E. HAAG, Botschaft 200, der der Ebed-Jahwe-Dichtung in Jes 42-63 entnimmt, daß sich in der Gewalttat der Sünde Abfall von Gott ausdrückt, daß die Gewalt „in der *Eigenmächtigkeit* des von Jahwe abgefallenen und in der Gottesferne sich selbst behaupteten Sünders wurzelt"; vgl. auch ebd. 204 (Hervorhebung von E.S.).
[506] LASSERRE 22; vgl. auch RAGAZ, Bergpredigt 85: „Kein Mensch, der Gott, den Herrn

deutet worden ist, korrespondiert Selbstvergöttlichung im Akt der Gewalt. Dem Opfer wird der Täter durch die Gewalt zu einem fürchterlichen „Gott", zu einer Instanz, die über Leben und Tod zu verfügen beansprucht. Die Irreversibilität der Gewalt, die dort am deutlichsten ist, wo Gewalt zum Tod führt, unterstreicht das Faktum des Atheistischen, die Beanspruchung unrechtmäßiger Verfügungsmacht. *Gewaltanwendung ist atheistisch.*

2.2.1 *Glauben als totales Gottvertrauen*

2.2.1.1 *Forderungen ungeteilten Gottvertrauens im Alten Testament*

„Du sollst neben mir keine anderen Götter haben." (Ex 20,3 und Dtn 5,7) Nicht grundlos steht diese Weisung am Anfang des Dekalogs. Sie überschreibt die übrigen, faßt sie zusammen und beinhaltet sie. *Das erste Gebot ist Brennpunkt des gesamten israelitischen und dann auch christlichen Glaubens.* In ihm spricht sich gebündelt aus, was in der übrigen Schrift nur noch variiert und detailliert zur Sprache kommt: „Jahwe ist der Gott, kein anderer ist außer ihm." (Dtn 4,35; vgl. auch 4,39) „Ich bin der Erste, ich bin der Letzte, außer mir gibt es keinen Gott." (Jes 44,6) „Gibt es einen Gott außer mir? Es gibt keinen Fels außer mir, ich kenne keinen." (Jes 44,8) „Wendet euch mir zu, und laßt euch erretten, ihr Menschen aus den fernsten Ländern der Erde; denn ich bin Gott, und sonst niemand." (Jes 45,22)

Ins Nichts dagegen fallen jene, die sich an Götzen halten (vgl. Jes 44,9-28). Das Heil des Jahwegläubigen einerseits und Unheil des Götzendieners andererseits kommen nirgends deutlicher und nachdrücklicher zum Ausdruck als in den Psalmen. „Wohl dem der dir vertraut!", bekennt der Beter in Ps 84,13; ein anderer in 31,7: „Dir

---

und Vater, ehrt, kann Gewalt (im Sinne von Vergewaltigung) üben. Damit greift er in das Amt Gottes, des Herrn und Vaters, ein. Damit verletzt er Gottes heiliges Recht, das auf seinen Geschöpfen liegt. Auch auf Tier und Pflanze. ... Wo der Zügel Gottes wegfällt, da bricht des Herzens Gier hervor, welche ausbeuten, herrschen und vergewaltigen will. Gott allein schützt vor dem Chaos der Gewalt." Und ebd. 48: Wo „Gott und die Seele Wirklichkeiten, herrschende Wirklichkeiten, ja die Wirklichkeit selbst sind, da kann nicht die Gewalt herrschen".

sind alle verhaßt, die nichtige Götzen verehren, ich aber verlasse mich auf den Herrn." Nichtige Götzen? Das können Menschen sein, die beanspruchen, anderen allein durch sich selbst Orientierung und Schutz zu sein. An die Nichtigkeit ihrer Angebote denkt jener Psalmist, der singt: „Besser, sich zu bergen beim Herrn, als auf Menschen zu bauen. Besser, sich zu bergen beim Herrn, als auf Fürsten zu bauen." (Ps 118,8f) Reiche Erfahrung fundiert jene Mahnung, sich nicht auf Fürsten zu verlassen, „auf Menschen, bei denen es doch keine Hilfe gibt" (Ps 146,5), sondern seinen Halt allein bei Gott zu suchen.

Um des Heils der Menschen willen betonen die Propheten den Alleinherrschaftsanspruch Gottes und die Notwendigkeit *ungeteilten* Vertrauens auf Gott. „Lange leben", so verspricht die Schrift, wird ganz alleine der, der Gott, den Herrn, fürchtet und seine Weisungen befolgt (vgl. Dtn 6,2). „Denn bei dir ist die Quelle des Lebens" (Ps 36,10), weiß der Psalmist Gott zu preisen. An der Art des Verhältnisses zu Gott entscheiden sich Qualität und Ausgang des Lebens; das stellt kein Text eindringlicher vor Augen als der folgende:

> „Hiermit lege ich dir heute das Leben und das Glück, den Tod und das Unglück vor. Wenn du auf die Gebote des Herrn, deines Gottes, auf die ich dich heute verpflichte, hörst, indem du den Herrn, deinen Gott, liebst, auf seinen Wegen gehst und auf seine Gebote, Gesetze und Rechtsvorschriften achtest, dann wirst du leben und zahlreich werden, und der Herr, dein Gott, wird dich … segnen. Wenn du aber dein Herz abwendest und nicht hörst, wenn du dich verführen läßt, dich vor anderen Göttern niederwirfst und ihnen dienst – heute erkläre ich euch: Dann werdet ihr ausgetilgt werden; … Leben und Tod lege ich dir vor, Segen und Fluch. Wähle also das Leben, damit du lebst, du und deine Nachkommen." (Dtn 30,15-20 in Auszügen)

„Damit es dir gut geht", darum soll Israel halten, was Gott geboten hat. „Geht in allem den Weg, den ich euch befehle, damit es euch gut geht", läßt Jahwe sein Volk durch den Propheten wissen (Jer 7,23). Die Erfüllung göttlicher Verheißung setzt ungeteiltes Vertrauen in die göttliche Weisung und Macht voraus und absolute, ganzheitliche Bindung an Gott: „Höre, Israel! Jahwe, unser Gott, Jahwe ist einzig. Darum sollst du den Herrn, deinen Gott, lieben mit ganzem Herzen, mit *ganzer* Seele und mit *ganzer* Kraft." (Dtn 6,4)

2.2.1.2 *Jesu Warnung vor dem Mammon-Dienst*

Das Gebot, Gott „ganz" zu lieben, wird auch von Jesus als das wichtigste zitiert. Auch Jesus fordert Ganzhingabe, eine die gesamte Existenz erfassende Hinwendung zu Gott: „Niemand kann zwei Herren dienen; er wird entweder den einen hassen und den andern lieben, oder er wird zu dem einen halten und den anderen verachten. Ihr könnt nicht beiden dienen, Gott und dem Mammon." (Mt 6,24; Lk 16,13)

Dabei meint *„Mammon"* (hebr.: *mamon*, griech.: *mamonas*) jede „Macht, die wie Gott den ganzen Menschen für sich beansprucht und daher in unausgleichbarem Gegensatz zu Gott steht, weshalb sich der Mensch nur für eine von beiden entscheiden kann".[507] Ist „Mammon" von hebr. *aman* abzuleiten,[508] wäre mit dem Wort das gemeint, „was einem Sicherheit gibt, weil es Bestand hat, ... woran wir unser Herz hängen können"[509]. Kurzschlüssig wird *mamonas* dann freilich nur mit Reichtum bzw. Geldbesitz in Verbindung gebracht. Hört man in *mamonas* ein ähnlich klingendes hebräisches Wort mit, das für „Glauben" steht und ganz konkret Vertrauen, Treue, Festigkeit meint, nämlich *emunah*, bietet sich eine weitaus umfassendere Wortbedeutung an: dann meint „Mammon" alles, worauf der Mensch vertraut, worauf er baut, worauf er steht, worauf er sich verläßt. Wenn das nicht Gott-Jahwe ist, können das andere Götter sein (Baal, Astarte usw.), Götzenbilder (Goldenes Kalb

---

[507] G. RICHTER, Deutsches Wörterbuch zum Neuen Testament, Regensburg 1962. 623.

[508] Zur Herkunft und Geschichte des Wortes vgl. F. HAUCK, Art. *mamonas*, in: Theologisches Wörterbuch zum Neuen Testament, Bd. 4, hrsg. von G. KITTEL, Stuttgart 1942, 390-392; W. NAUCK, Art. *Mammon* in: Biblisch-historisches Wörterbuch, hrsg. von B. REICKE und L. ROST, Bd. 2, Göttingen 1964, Sp. 1135; H.P. RÜGER, *mamonas*, in: Zeitschrift für neutestamentliche Wissenschaft 64 (1973) 127-131; weitere Literaturangaben in: W. BAUER. Griechisch-deutsches Wörterbuch zu den Schriften des Neuen Testaments und der übrigen urchristlichen Literatur, Berlin durchgesehener Nachdruck der 5., verbesserten und stark vermehrten Aufl. 1963, Sp. 968, und in: Theologisches Wörterbuch zum Neuen Testament, Bd. 10, 2. Teil (Literaturnachträge) begründet von G. KITTEL, hrsg. von G. FRIEDRICH, Stuttgart/Berlin/Köln/Mainz 1979, 1168.

[509] NAUCK 1135.

usw.), doch auch Reichtum, Geldbesitz und Wohlstand sowie Akte, Institute und Strukturen der Gewalt.[510] Mit dem von Jesus gebrauchten Mammon-Wort ist die Pervertierung der *emunah*, jener „Grundhaltung" des Gläubigen[511] gemeint, die allein Gott zu gelten hat. „Mammon" ist fehlgeleitete *emunah*.

2.2.1.3 *Zur Bedeutung von he'emin und emunah*

Als von dem Stamm *amn* abgeleitetes Substantiv bezeichnet *emunah* ebenso wie sein Verb *he'emin* eine Gottzugewandtheit, wie sie intensiver nicht mehr ausgedrückt werden kann.[512] Das sei am Beispiel von *he'emin* aufgezeigt: Wo dieses „Verbum zur Beschreibung der Haltung des Menschen vor Gott dient, gewinnt es die Bedeutung ‚Glauben haben, bzw. halten' im Sinne von ‚Festigkeit, Ruhe, Zuversicht in sich tragen', nämlich in der Gewißheit, von Jahwe geschützt und gehalten zu sein".[513] Die Tragweite dessen, was *he'emin* zum Ausdruck bringen will, scheint deutlicher noch an jenen Stellen auf, wo dieses Verb mit b^e zusammen steht und, „profan verwendet, ‚sich fest machen in, sein Vertrauen setzen auf' o. ä." meint; wo es darüber hinaus „mit Bezug auf Jahwe oder seinen Offenbarungsvermittler bzw. ein Offenbarungswort verwendet ist, gewinnt es die Bedeutung ‚glauben an', aber" – das ist hier ganz besonders hervorzuheben – „nicht im Sinn von ‚für existent, wahr, zuverlässig erachten', sondern in der Bedeutung ‚sein Vertrauen setzen auf', wobei Zuver-

---

[510] So vgl. auch KAMPHAUS, Frieden 23: „Mammon hat viele Namen. Man kann das mit ‚Besitz' übersetzen oder mit ‚Kapital' – oder mit ‚Rüstung', die sich mit innerer Logik daraus ergibt. …" Entweder – oder, Kamphaus sieht die Frage heute zugespitzt: „Worauf bauen wir unsere Zukunft? Bauen wir auf die Rüstung, oder bauen wir auf Gott?" (ebd.)

[511] MUSSNER. Traktat 103 und 110-113.

[512] Zum Begriffsfeld und seiner theologischen Relevanz vgl. R. SMEND, Zur Geschichte von *hamin*, in: B. HARTMANN u. a. (Hg.), Hebräische Wortforschung. Festschrift Walter Baumgartner, Leiden 1967, 284-290; H. WILDBERGER, „Glauben". Erwägungen zu *hamin*, in: Hartmann u. a. (Hg.), Wortforschung 372-386; DERS., „Glauben" im Alten Testament, in: Zeitschrift für Theologie und Kirche 65 (1968) 129-159; DERS., Art. *amn* in: Theologisches Handwörterbuch zum Alten Testament, hrsg. von E. JENNI unter Mitarbeit von C. Westermann, Bd. 1, München/Zürich 1971, Sp. 177-209; A. JEPSEN, Art. *amn* in: Theologisches Wörterbuch zum Alten Testament, hrsg. von G.J. Botterweck und H. Ringgren, Bd. 1, Stuttgart/Berlin/Köln/Mainz 1973, Sp. 313-348.

[513] WILDBERGER, „Glauben". Erwägungen 385.

sicht und Gehorsam mit eingeschlossen sind".[514] Die übliche Übersetzung mit „glauben" nimmt sich dagegen abschwächend aus, zumindest dann, wenn „glauben", unbiblisch verkürzt, nicht mehr als
ein bloßes „Fürwahrhalten" meint.

„Glauben", das – biblisch verstanden – existentielles Vertrauen
meint, drückt sich übrigens auch im liturgischen „Amen" aus; amen,
das im oben erwähnten Wortzusammenhang steht, „will sagen, daß
etwas Ausgesprochenes feststeht, ,wahr' ist. Aber zugleich wird dieses Wahre als ,gültig' und darum auch für den Sprecher des Amen
als verpflichtend anerkannt".[515]

Als theologischer Terminus ist das Wort, das im Hebräischen für
„glauben" steht, allein „für die Begegnung mit dem Gott Israels reserviert. Das bedeutet: Wer an andere Götter ,glaubt', glaubt eben
nicht."[516] Biblisch gibt es nur diese Alternative: entweder zu glauben
– und das dann „richtig" –, oder eben gar nicht, was auch der Fall
bei halbherzigem Glauben ist. „Glauben" meint einen „solch totalen
Akt des Einsetzens der persönlichen Existenz", daß jede Mahnung
zur Intensivierung des Glaubens (die da etwa lauten könnte: ganz
[!] an Gott zu glauben) überflüssig wäre.[517]

Mehr als ein „Fürwahrhalten von …" verpflichtet Glauben zum Vertrauen mit der letzten Faser der Existenz; das dürfte der sprachliche
Befund verdeutlicht haben. „Israel wird nicht aufgerufen, sich ein
bestimmtes Dogma anzueignen, aber glauben soll es, glauben in jenem umfassenden Totalitätsakt, wie er bei Jesaja oder in der Abra-
hamsperikope sichtbar wird".[518] Der Verfasser des Hebräerbriefes

---

[514] Ebd.
[515] WILDBERGER, *amn*, Sp. 194.
[516] WILDBERGER, „Glauben" im Alten Testament 159.
[517] Vgl. ebd.
[518] WILDBERGER, „Glauben" im Alten Testament 158. – Als im beschriebenen Sinn gläubige Menschen verdienen hier die *Rekabiter* besonders erwähnt zu werden: an ihrem
Verhalten hatte schon Jeremia das Verhalten der übrigen Juden gemessen (vgl. Jer 35,1-
19). Der Aufforderung, Wein zu trinken, begegneten sie mit den Worten: „Wir trinken
keinen Wein; denn unser Ahnherr Jonadab, der Sohn Rechabs, hat uns geboten: Ihr
sollt niemals Wein trinken, weder ihr selbst noch eure Söhne. Auch sollt ihr kein Haus
bauen, keine Saat bestellen, keinen Weinberg pflanzen oder besitzen. Vielmehr sollt
ihr euer Leben lang in Zelten wohnen, damit ihr lange lebt in dem Land, in dem ihr
euch als Fremde aufhaltet." (Jer 35,6f) So kann Jeremia dem Volk zeigen, daß die Rekabiter (vgl. auch 2 Kön 10,15ff; 1 Chr 2,55 und 4,12) „noch nach 250 Jahren ihren alten

knüpft später an dieses Glaubensverständnis an (vgl. Hebr 11).[519]

2.2.1.4 *Gottvertrauen in der Haltung der Armut*

Ein zentrales theologisches Modell für totales Gottvertrauen ist das Leben in Armut. Bar eigener materieller Existenzsicherung sieht sich der Arme auf fremde Hilfe angewiesen; unaufhörlich schaut er

---

Lebensgewohnheiten treu geblieben sind"; vgl. R. DE VAUX, Das Alte Testament und seine Lebensordnungen, Bd. 1 (Fortleben des Nomadentums. Gestalt des Familienlebens. Einrichtungen und Gesetze des Volkes). Freiburg/Basel/Wien 2., durchgesehene Aufl. 1964, 41: „Was die Propheten als Ideal priesen, ohne es aber je zu praktizieren, hat eine extremistische Gruppe, die Rekabiter, verwirklicht." (DE VAUX I, 40) „Sie hielten die nomadische Lebensführung für die dem Jahweglauben allein angemessene ..." (METZGER 105). Mit Hieronymus von Cardia stellt de Vaux die Nabatäer in die Tradition rekabitischer Frömmigkeit. Die Jahwetreue der Rakabiter ist bestechend, doch enden, nach S. HERRMANN, Israels Aufenthalt 105, „alle Versuche, in einem der Stämme (Keniter und Rekabiter; E.S.) den ältesten Wurzelgrund der Jahweverehrung entdecken zu wollen, in Hypothesen"; vgl. auch DE VAUX I, 41. Jer 35, so bemerkt H. PEUKER, Art. *Jonadab*, in: Calwer Bibellexikon, Sp. 681, „lobt den Gehorsam der Rechabiter, obgleich diese in Abkehr von ihrem nomadischen Ideal – eine Ironie des Schicksals – vor den Truppen des Babyloniers hinter den Mauern der Hauptstadt Jerusalem Schutz suchten." Wie konsequent die Rekabiter auch gewesen sein mögen, die weitaus interessantere, doch scheinbar noch nicht geklärte Frage zielt darauf, ob ihr Nomadensein ein bewußt gelobtes oder ein nur unreflektiert fortgesetztes war. Nach de Vaux hielten sich die Rekabiter „*mit Absicht*" weit entfernt von der Zivilisation der Städte" (DE VAUX I, 40; Hervorhebung von E.S.), handelt es „sich um keine Bewegung, die aus der Nomadenzeit lebendig geblieben ist, sondern um eine Reaktionserscheinung" (ebd. 41), würde man heute sagen: um eine Gegenkultur, eine Art Alternativbewegung? Auch nach Auskunft der *Jerusalemer Bibel* verkörpert die Gruppe der Rekabiter mit ihrem Festhalten an der nomadischen Lebensweise „eine bewußte Reaktion gegen die Kultur der seßhaften Bauern und der Stadtbewohner ..."; vgl. *Jerusalemer Bibel* zu Jer 35,6-7. M.S. ABRAMSKY, The House of Rechab (hebr.), in: Eretz Israel 8 (1967) 255-264 (english summary, ebd. Anhang, 76) erkennt in der Lebensweise der Rekabiter die der Nasiräer und kein bewußtes Aufrechterhalten des Nomadenideals. M.Y. BEN-GAVRIÊL, Das nomadische Ideal in der Bibel, in: Stimmen der Zeit 88 (1962/63) 253-263, führt das Überleben des jüdischen Volkes wesentlich auf die rechabitische Bewegung zurück; sein Beitrag dient der Würdigung der Rechabiter, die er mit dem Stamm der Keniter identifiziert.

[519] Hier kann kein detaillierter Vergleich zwischen jüdischem und christlichem Glaubensverständnis angestellt werden; vgl. dazu M. BUBER, Zwei Glaubensweisen, in: ders., Werke, Bd. 1 (Schriften zur Philosophie), München/Heidelberg 1962, 651-782 (kritisch dazu MUSSNER, Traktat 112f); E. LOHSE, *Emuna* und *Pistis* – Jüdisches und urchristliches Verständnis des Glaubens, in: Zeitschrift für neutestamentliche Wissenschaft 68 (1977) 147-163; G. BARTH, *Pistis* in hellenistischer Religiosität, in: Zeitschrift für neutestamentliche Wissenschaft 73 (1982) 110-126.

danach aus und ist bereit, jede sich bietende Unterstützung in Anspruch zu nehmen. Ein vergleichbares Modell ist das des Kindseins. Wie der Arme ist das Kind darauf angewiesen, sich anderen Menschen und ihrer Hilfsbereitschaft anzuvertrauen.

Arme und Kinder sind Vorbilder gläubiger Existenz. Vorrangig Arme und Kinder nehmen Gottes Wort und Willen wahr. Kinder drängen sich an Jesus heran (vgl. Mt 18,15-17). Arme empfangen die Frohbotschaft (vgl. Jes 61,1; Mt 11,5 und Lk 4,18). Am Verhalten der Kinder demonstriert Jesus, was Glauben heißt: „Laßt die Kinder zu mir kommen; hindert sie nicht daran! Denn Menschen wie ihnen gehört das Reich Gottes. Amen, das sage ich euch: Wer das Reich Gottes nicht so annimmt wie ein Kind, der wird nicht hineinkommen." (Mk 10,14f)[520] Die Reichen schlagen die Einladung des Hausherrn aus; da läßt dieser auf den Straßen und Gassen die Armen und die Krüppel, die Blinden und die Lahmen rufen. (Lk 14,21; Mt 22,9) „Die Armen und Elenden sind die, die von der Welt nichts zu erwarten haben, aber von Gott alles erwarten, die auf Gott Angewiesenen, aber auch auf Gott Sich-Werfenden, in ihrem Sein und Verhalten die Bettler vor Gott".[521] Die ersten, die von der Geburt des Messias erfahren, sind einfache Menschen, arme Hirten auf dem Feld (vgl. Lk 2,8-12). Einer Frau (Maria von Magdala), in damaliger Enge gesprochen: einer Frau „nur", gibt sich Jesus zuerst als der Auferweckte zu erkennen (vgl. Joh 20,11-18).

Es sind die wirklich Armen (*anawim*), in deren Kreis schon die Propheten „aufmerksamstes Gehör" gefunden haben. Sie sind es, die die Botschaft der Propheten aufgegriffen und jene Haltung entwickelt haben, die Gott erwartet.[522] Sie verhelfen der Armut zum Frömmigkeitsideal.[523] In der Zusammenfassung von J. Comblin:

---

[520] Vgl. dazu A. LINDEMANN, Die Kinder und die Gottesherrschaft. Markus 10,13-16 und die Stellung der Kinder in der späthellenistischen Gesellschaft und im Urchristentum, in: Wort und Dienst, N.F. 17 (1983) 77-104.

[521] BORNKAMM, Jesus 69; ähnlich BRAUN 113.

[522] COMBLIN 239.

[523] Vgl. besonders A. GELIN, Die Armen – sein Volk, Mainz 1957, 24: „Nach und nach" sei der Wortschatz der Bibel um den Begriff der Armut „in ein religiöses Licht gerückt. Die Wörter sind auf die geistliche Ebene übergegangen. Galten sie zunächst soziologischen Gegebenheiten, so wurden sie bald zu Ausdrücken für eine Seelenhaltung." Vgl. auch W. TRILLING, Art. Armut, in: Handbuch theologischer Grundbegriffe, hrsg. von H. FRIES, Bd. 1, München durchgesehene und ergänzte Ausgabe 1970, 126-130 (biblischer Teil), bes. 127; W. STEGEMANN, Das Evangelium und die Armen. Über den Ur-

„Die Armen sind die Demütigen, die der göttlichen Botschaft Aufmerksamkeit schenken, die sich für die Unterweisung des Herrn bereit halten, die die Vorschriften der Frömmigkeit, der Liebe, der Güte praktizieren. Es sind demütige, schlichte Menschen, die keinen persönlichen Ehrgeiz haben, die sich vom Machtwillen nicht fortreißen lassen. Sie werden im allgemeinen geringgeschätzt, vergessen, für nichts gehalten. Sie werden von den Mächtigen ausgebeutet, wie es bei allen Armen immer der Fall war. Sie sind die ersten Opfer aller sozialen Ungerechtigkeiten, nicht nur wegen ihrer geringen Herkunft, sondern auch wegen ihres sittlichen Feingefühls, das sie daran hindert, die Ellenbogen zu gebrauchen, in dem zunächst das Recht des Stärkeren und Skrupelloseren herrscht."[524]

Am Verhalten der Armen und Kinder orientiert Jesus das seiner Zuhörer.[525] Sorglos wie diese, der eigenen leeren Hände bewußt, sollen sie sich Gott anvertrauen: „Macht euch also keine Sorgen und fragt nicht: Was sollen wir essen? Was sollen wir trinken? Was sollen wir anziehen? Denn um all das geht es den Heiden (sprich: denen, die nicht auf Gott bauen; E.S.). Euer himmlischer Vater weiß, daß ihr das alles braucht. Euch aber muß es zuerst um sein Reich und um seine Gerechtigkeit gehen; dann wird euch alles andere dazugegeben." (Mt 6,31-33) Sorgen ist „Ausdruck des Unglaubens".[526] „Das Kind ist sorglos. Es hat weder die Furcht, daß man ihm etwas nehme, noch die Sorge, daß ihm morgen nicht mehr gegeben werde. Es sichert sich nicht. Es reserviert sich nichts."[527]

Weil sich die Armen alles von Gott erhoffen, gehört ihnen das Reich. Gott befreit, die auf ihn bauen; die seiner Führung vertrauten, führte er aus ägyptischer Sklaverei in ein reiches Land. So verheißt auch Jesus denen Glück, die das Heil allein von Gott erwarten:

---

sprung der Theologie der Armen im Neuen Testament, München 1981.

[524] COMBLIN 239f; vgl. auch GELIN 25: „‚Armut' ist eine Fähigkeit, sich für Gott offenzuhalten und meint ein ‚Gott-zur-Verfügung-Stehen'. Sie ist ‚Demut vor Gott'." Vgl. auch KASPER. Jesus 99f.

[525] Es ist schon behauptet worden, daß Jesus aus dem Kreis der *anawim* hervorgegangen sei; vgl. W. SATTLER, Die Anawim im Zeitalter Jesu Christi, in: R. BULTMANN / H. VON SODEN (Hg.), Festgabe für Adolf Jülicher, Tübingen 1927, 1-15.

[526] R. PESCH, Neues Testament 38.

[527] H. SPAEMANN, Orientierung am Kind, Düsseldorf 1973, 104.

„Selig, die arm sind vor Gott; denn ihnen gehört das Himmelreich."
(Mt 5,3) Dagegen warnt er die, die Heil durch Reichtum zu erlangen
suchen. Leichter, so prophezeit er ihnen, käme ein Kamel durch ein
Nadelöhr, „als daß ein Reicher in das Reich Gottes gelangt" (Mt
10,25). Reichtum ist trügerisch, er trägt nicht ins Ziel: „Sammelt euch
nicht Schätze hier auf der Erde, wo Motte und Wurm sie zerstören
und wo Diebe einbrechen und sie stehlen, sondern sammelt euch
Schätze im Himmel, wo weder Motte noch Wurm sie zerstören und
keine Diebe einbrechen und sie stehlen." (Mt 6,19f) Reichtum fesselt
das Herz: „Nur wer von seiner Habe lassen kann" – von dem, auf
das er sich verläßt, – kann den Weg des Heils in der Nachfolge Jesu
gehen: „Darum kann keiner von euch mein Jünger sein, wenn er
nicht auf seinen ganzen Besitz verzichtet." (Lk 14,33) Wer meint, alle
Weisungen erfüllt zu haben, um zum Heil zu gelangen, aber noch
einen „Mammon" hat, bleibt vom Heil des Reiches Gottes ausgeschlossen[528]: „Eines fehlt dir noch", spricht Jesus darum zu dem engagierten, doch vermögenden Mann: „Geh, verkaufe, was du hast,
gib das Geld den Armen, und du wirst einen bleibenden Schatz im
Himmel haben; dann komm und folge mir nach!" (Mk 10,21) Lieber
baut jedoch auch hier der Reiche auf sich selbst und sein Vermögen
(vgl. Mk 10,22). Sein Horizont bleibt egozentrisch eng. In Selbstge-
nügsamkeit, Selbstbezogenheit und Selbstgerechtigkeit verfehlt er
das verheißene Glück.[529] „Die von ihrer eigenen Gerechtigkeit über-

---

[528] Vgl. RAGAZ, Gleichnisse 48: „Die Forderung der Armut steht am Anfang der Bergpredigt. … Sie steht im Mittelpunkt des Evangeliums. Aber man muß natürlich recht
verstehen, was Jesus meint. Er meint keine Nachahmung des Franziskus, er meint
eben: Gott, statt Mammon. Gott soll herrschen, damit nicht mehr der Mammon herr-
sche. Wo Gott herrscht, da kann der Mammon nicht herrschen. … Das ist die Revolution, … die Wendung vom Mammon zu Gott."
[529] Vgl. Y. DE MONTCHEUIL, Das Reich Gottes und seine Forderungen, Mainz 1961, 64,
auf die Frage, was den Reichtum so „gefährlich" mache: „Als erstes der Schutz und
die Sicherheit, die er bietet; man fühlt sich bestens installiert im Leben. Deshalb bleiben
in dem Gleichnis vom Hochzeitsmahl, zu dem der König einlädt, die Geladenen unin-
teressiert, weil sie von ihren irdischen Gütern in Anspruch genommen sind. Die Dinge,
die man besitzt, besitzen einen …" – Vgl. auch P. GAUTHIER, Die Armen, Jesus und die
Kirche, Graz/Wien/Köln 1964; P. HENRICI, Die christliche Armut. Aus der Zeitschrift
„Christus", Paris, übertragen und herausgegeben von P. Henrici, Frankfurt 1966; F.
MARXER, Christliche Armut heute, Aschaffenburg 1970; G. THEISSEN, „Wir haben alles
verlassen" (Mc. X. 28). Nachfolge und soziale Entwurzelung in der jüdisch-palästini-
schen Gesellschaft des 1. Jahrhunderts n. Chr., in: DERS., Studien 106-141; W. EGGER.
Nachfolge Jesu und Verzicht auf Besitz. Mk 10,17-31 aus der Sicht der neuesten exege-

zeugt" sind (Lk 18,9), werden scheitern müssen, wie im Evangelium zu lesen steht: „Denn wer sich selbst erhöht, wird erniedrigt, wer sich aber selbst erniedrigt, wird erhöht werden." (Lk 18,14) Der Arme jedoch schaut auf Gott und hört sein Evangelium und stößt dabei in Dimensionen vor, die vorher außerhalb seines Blickfeldes waren.

Alles lassen und auf Gott den Vater bauen, das heißt „Gottvertrauen". Wer darin Gott um Hilfe bittet, wird es nach dem Zeugnis Jesu nicht vergebens tun: „Oder ist einer unter euch", fragt Jesus seine Zuhörer, „der seinem Sohn einen Stein gibt, wenn er um Brot bittet, oder eine Schlange, wenn er um einen Fisch bittet?" (Mt 7,9f) Gottvertrauen kann auf Gottes Güte bauen, die größer ist als die der Menschen: „Wenn nun schon ihr, die ihr böse seid, euren Kindern gebt, was gut ist, wieviel mehr wird euer Vater im Himmel denen Gutes geben, die ihn bitten." (Mt 7,11)

Armut in der Perspektive Jesu ist Chance und Modell. Jesus ist es zuallererst am „Geist der Armut" gelegen, am freiwilligen Zurücktreten vor Gott, das sich dort, wo es radikal vollzogen wird, unter anderem auch im Verzicht auf materielle Absicherung realisiert. Jesus liegt es fern, ein Leben aufgezwungener Armut[530]

---

tischen Methoden, in: Theologisch-praktische Quartalschrift 128 (1980) 127-136; M. MOLLAT, Die Armut des Franziskus: Eine christliche und gesellschaftliche Grundentscheidung, in: Concilium 17 (1981) 706-712. Vgl. auch P. SCHMITZ, Die Armut in der Welt als Frage an die Christliche Sozialethik, Frankfurt 1973.

[530] Hier ist mit P.S. HENRIQUEZ, Die Armut mit Armut überwinden, in: J.C. HAMPE (Hg.). Die Autorität der Freiheit. Gegenwart des Konzils und Zukunft der Kirche im ökumenischen Disput, Band 3, München 1967, 382-384; 383, zwischen „Armut aus Gnade, das heißt evangelische Armut, und Armut aus der Sünde, das heißt menschenunwürdige Armut (*paupertas subhumana*)" zu unterscheiden. „Die evangelische Armut geht von einem freien Entschluß des Geistes aus. Sie ist ein Zeichen der Vollkommenheit des Menschen, der in Wahrheit nach dem Besitz der endzeitlichen Güter strebt und das Haftenbleiben an irdischen Reichtümern meidet ... Die andere Armut rührt von der Verknechtung durch die Situationen und die Unvollkommenheiten des Menschen her; sie ist das Zeichen des Mangels an Brüderlichkeit und Klugheit; sie unterdrückt die volle Freiheit des Menschen und erniedrigt das Herz des Menschen. Diese menschenunwürdige Armut ist keinesfalls ein empfehlenswerter Stand, sondern ein soziales Übel, das völlig beseitigt werden muß, weil es den Menschen in den Materialismus niederdrückt." (ebd.) Vgl. auch L. BOFF, Pueblas Herausforderung an die Franziskaner (Berichte, Dokumente, Kommentare, Nr. 1, hrsg. von der Missionszentrale der Franziskaner), Bonn 1979.

zu idealisieren. Armut spiegelt nicht an sich schon Gottvertrauen wider. Es ist Jesus nur insofern an Armut gelegen, als sie Ausdruck und Konsequenz von Vertrauen auf Gott, „Konsequenz der eschatologischen Heilssituation"[531] ist. Deshalb gilt sein Ruf nach Armut in Gott dem Armen nicht weniger als dem Reichen: Materielle Armut schützt nicht vor der Mentalität des Reichen.[532] Wenn Jesus Heil dem Armen zu verheißen wagt, dann spricht sich darin nicht, wie schon unterstellt wurde, billige Vertröstung aus, erst recht nicht eine auf das Jenseits. Jesus ist vom Erfolg gelebten Gottvertrauens überzeugt. Über das Unrecht aufgezwungener Armut sieht er ebensowenig hinweg wie die Propheten vor ihm (vgl. Am 2,6f; Jes 10,1f; Hiob 24,2-12 u.v.a.m.).[533] In der Erzählung vom reichen Mann und vom armen Lazarus (Lk 16,19-31) hält Jesus dem Reichen seine Zukunft vor Augen, in der jener hart wird büßen müssen für das Elend, das er verursacht hat (vgl. auch die Wehe-Rufe über die Reichen; Lk 6,24f). An einer anderen Stelle fordert Jesus einen Reichen auf, zu verkaufen, was er besitzt, und das Geld an die Armen zu verteilen (Lk 18,22).[534] Was Armut heißt, ist Jesus aus dem Umgang mit den Betroffenen bekannt.[535] Es darf auch angenommen werden, daß Jesus selbst arm war; so heißt es von ihm in der Schrift: „Die

---

[531] K. RAHNER, Theologie der Armut, in: DERS., Schriften zur Theologie, Bd. 7, Einsiedeln/Zürich/Köln 1966, 435-478; 450.

[532] Vgl. KÜNG, Christ sein 321: Jesus unterläuft mit seinen radikalen Forderungen „jede soziale Schichtung und trifft einen jeden, die Raffgier des Reichen ebenso wie den Neid der Armen". Vgl. auch ein Gespräch in E. CARDENAL, Das Evangelium der Bauern von Solentiname. Gespräche über das Leben Jesu in Lateinamerika, Bd. 1, Wuppertal 1976, 117: „*Olivia:* – Die geistlich Armen oder die Armen Gottes sind ganz einfach die Armen, aber nur, wenn sie den Geist der Unterdrückten und nicht den der Unterdrücker haben, also wenn sie keine Unterdrücker im Geiste sind. *Thomás Pena:* – Ja, denn wir Armen können genauso hochmütig sein wie die Reichen ... *Angel:* – Auch die Armen können Ausbeuter sein."

[533] Vgl. G. GUITERREZ. Theologie der Befreiung. München/Mainz 1973, 273: „Armut ist für die Bibel etwas Skandalöses, das die Würde des Menschen ruiniert und folglich dem Willen Gottes widerspricht." Vgl. nur Dtn 15,4: „Doch eigentlich sollte es bei dir gar keine Armen geben; ..." Vgl. auch J. DE SANTA ANA, Gute Nachricht für die Armen. Die Herausforderung der Armen in der Geschichte der Kirche, Wuppertal 1979, bes. 23-33; und STEGEMANN.

[534] Vgl. K. RAHNER, Theologie der Armut 450: „Der arme Nächste ist deutlich als Ziel dieser Weggabe des eigenen Reichtums gesehen und gewollt."

[535] Vgl. A. HOLL, Jesus in schlechter Gesellschaft, Stuttgart 1971.

Füchse haben ihre Höhlen und die Vögel ihre Nester; der Menschensohn aber hat keinen Ort, wo er sein Haupt hinlegen kann." (Mt 8,20; Lk 9,58; vgl. auch 2 Kor 8,9) Eine Glorifizierung der Armut kann von Jesus nicht erwartet werden. Doch streckt sich Jesus nicht nach Reichtum aus, noch empfiehlt er dies den Armen. Reichtum hält keine Lösung, vielmehr nur neue Formen des Elends bereit.[536]

Jesus orientiert den Armen an Gott, von dem es heißt, daß er „den Schwachen aus dem Staub emporhebt und den Armen erhöht, der im Schmutz liegt" (Ps 113,7). Der Arme sieht sich von Gott angenommen: „Da ist ein Armer; er rief, und der Herr erhörte ihn. Er half ihm aus all seinen Nöten." (Ps 34,7) In dieser Erfahrung des von Gott-angenommen-Seins entsteht ein Selbstwertgefühl, das das alte Minderwertigkeitsgefühl ablöst. Die Freundschaft Gottes, die durch die Solidarität gottverbundener Mitmenschen für den Armen Wirklichkeit wird, schenkt jene Würde, die die Welt dem Armen versagt. Jesus verhilft dem Armen zuallererst zu seiner Würde, die Basis ist für seine Auflehnung. Jesu Verheißung einer besseren Welt des Gottesreiches gibt Spannkraft für den Kampf. Wo Gottestreue und -verbundenheit ist, erbarmt sich Gott, entsteht eine neue Welt: „Er zerstreut, die im Herzen voll Hochmut sind; er stürzt die Mächtigen vom Thron und erhöht die Niedrigen. Die Hungernden beschenkt er mit seinen Gaben und läßt die Reichen leer ausgehen." (Lk 1,51b-53)

Das Ende des politischen Israel im Jahre 587 v.Chr. hatte bereits vor Augen geführt: „Die Hochmütigen wurden gestürzt. Die Armen blieben."[537] Die Erfahrung scheint bis heute der These recht zu geben, daß Eigenmächtigkeit, Reichtum, Herrschaft und Gewalt das Glück nicht herbeizuführen vermögen. Im Weg der Armen, der ein radikal auf Gott vertrauender gewaltfreier Weg ist, scheint die

---

[536] Vgl. MONTCHEUIL 70: „Die Befreiung der Arbeiter besteht nicht darin, daß auch sie die Torheiten mondäner Badeorte mitmachen." Vgl. auch C. FUCHS, Reichtum der Armen, in: Communion (Taizé). (Mai 1975, Nr. 7) 5-10: 7: Jesus „kämpft für die Armen, aber nicht mit den Waffen der Reichen, sondern indem er mit den Armen solidarisch wird."
[537] COMBLIN 240.

Alternative auf. Die allein bei Gott ihre Zuflucht suchen, werden bereits von Zefanja (7. Jh. v.Chr.) als das Volk der Zukunft ausgewiesen:

„… dann entferne ich aus deiner Mitte die überheblichen Prahler, und du wirst nicht mehr hochmütig sein auf meinem heiligen Berg. Und ich lasse in deiner Mitte übrig ein demütiges und armes Volk, das seine Zuflucht sucht beim Namen des Herrn. Der Rest von Israel wird kein Unrecht mehr tun und wird nicht mehr lügen, in ihrem Mund findet man kein unwahres Wort mehr." (Zef 3,11-13)

Armut gebiert Gewaltverzicht[538] und damit, wenn es sein muß, das Martyrium. Wie in der Armut spiegelt sich Vertrauen auf Gott im Martyrium. Im Martyrium verzichtet der Mensch darauf, „seine Sache selbst zu verteidigen; er verzichtet nicht auf den Sieg, sondern er glaubt mit unerschütterlichem Vertrauen, daß Gott Gerechtigkeit schaffen wird. Er überläßt sich der Macht Gottes. Gerade dann, wenn der Mensch völlig auf sein eigenes Können verzichtet, setzt er sein Vertrauen nur mehr auf die Macht Gottes und darauf, daß sie sich offenbare."[539] Martyrium heißt „alles von der Macht Gottes erwarten"; im Martyrium ist der Mensch ein „Ruf an die Macht Gottes".[540] Dann tritt „die Kraft Gottes an die Stelle der menschlichen Kraft", und das Volk der Armen „hat dann den Zustand erreicht, zu dem Gott es führen wollte, um es zum Mittler seines Heils und seines Friedens zu machen."[541] *Das „Geschenk der Armen an die Reichen" ist vorgelebte Gewaltfreiheit im Vertrauen auf Gott.*[542]

---

[538] Vgl. H. SPAEMANN, Armut – Gewaltlosigkeit – Friede (eine mir zufällig in die Hände gekommene Kopie einer Ausarbeitung für einen Vortrag oder eine Zeitschrift; möglicherweise mittlerweile veröffentlicht).

[539] Ebd. 244.

[540] Ebd. 244f.

[541] Ebd. 245; vgl. auch B. WELTE, Vom Sinn und Segen der Armut, in: v. GALLI/PLATE 227-243; 237f.

[542] Vgl. H. GOSS-MAYR, Geschenk der Armen an die Reichen. Zeugnisse aus dem gewaltfreien Kampf der erneuerten Kirche in Lateinamerika. Wien/München/Zürich 1979: vgl. auch R. SCHUTZ. Dynamik des Vorläufigen. Hat die Ökumene erst begonnen?, Freiburg/Basel/Wien 1967, 58.

2.2.2 Im Vertrauen auf Gott „ohne Rüstung leben"

2.2.2.1 Der Zusammenhang von ptochos und prays

Armut im Vertrauen auf Gott konkretisiert sich u. a. im Verzicht auf
Gewalt. Mit der Seligpreisung der Gewaltfreien (Mt 5,5) spezifiziert
Jesus nur, was er in der Seligpreisung der Armen (Mt 5,3) bereits
zum Ausdruck gebracht hat:

> „Selig, die arm sind vor Gott;
> (*makarioi oi ptochoi to pneumati*)
> denn ihnen gehört das Himmelreich." (Mt 5,3)

> „Selig, die keine Gewalt anwenden;
> (*makarioi oi praeis*)
> denn sie werden das Land erben." (Mt 5,5)

Auf eine enge Verwandtschaft der beiden Makarismen verweist die
sprachliche Untersuchung: „Den Lobpreis der *ptochoi to pneumati*
stellt Matthäus an den Anfang seiner Bergrede (5,3). Noch in der
griechischen Übersetzung ist eine nahe Verwandtschaft zu V 5 gegeben, die bei einer aramäischen Rückübersetzung – doch wohl in
beiden Fällen *anajim* bzw. *anije-ruah* – noch deutlicher wird."[543]
Ptochos (das in unserem Text mit „arm sein" übersetzt wird) wie
auch *prays* (das ebd. mit „keine Gewalt anwenden" wiedergegeben
wird) sind beides Gegenworte zu *ani* bzw. *anaw*, die zum Verbum
anah (sich in einem verkümmerten, niedrigen Zustand befinden) gehören.[544] Wahlweise werden in der Septuagintaübersetzung das alttestamentliche *ani* und seine aramäisch-neuhebräische Nebenform
anaw, die ursprünglich denselben Sinn wie *ani* gehabt haben dürfte,
mit *ptochos* oder *prays* (aber auch noch anderen Begriffen) wiedergegeben, wobei für *ani* allerdings die Verwendung *ptochos* und für

---

[543] F. HAUCK/E. BAMMEL, Art. *ptochos, ptocheia, ptocheuo*, in: Theologisches Wörterbuch
zum Neuen Testament, Bd. 6, hrsg. von G. Kittel, Stuttgart 1959, 885-915; 903f.

[544] Dazu und zum folgenden vgl. ebd. und F. HAUCK/S. SCHULZ, Art. *prays, praytes*, in:
Theologisches Wörterbuch zum Neuen Testament, Bd. 6, 645-551. Nach BLANK, Gewaltlosigkeit 159, geht die Seligpreisung der Sanftmütigen wahrscheinlich auf Mt
selbst zurück; vgl. dort zu „*prays*". Vgl. auch SCHNACKENBURG, Seligpreisung 171.

anaw prays überwiegt. Das hebräische Begriffsfeld um *anah* bezeichnet primär ein Verhältnis der Abhängigkeit, weniger eine soziale Notlage. Dementsprechend ist das gegensätzliche Wort zu *ani* (in unserem Text: arm) nicht etwa *aschir* (reich), sondern *roscha, paria, oschek* (gewalttätig). Auf unseren ersten Makarismus übertragen hieße das: der Gewalttäter handelt im Gegensatz zu dem, der als vor Gott arm von Jesus selig gepriesen wird. Fazit des sprachlichen Vergleichs: *der Haltung der Armut widerspricht Gewaltausübung.*

2.2.2.2 *Die prophetische Mahnung zum Verzicht auf militärische Gewalt im Vertrauen auf Gott*

Im Vertrauen auf Gott hat der Verzicht auf Gewalt ein zentrales Motiv. *Wer auf Gott baut, baut nicht auf Gewalt. Wer auf Gewalt baut, baut nicht mehr auf Gott.*

Gottes Verbot des Götzendienstes (vgl. Dtn 7,5 als ein drastisches Beispiel) zielt auch auf den *Mammon der Gewalt.*[545] Wenn Gott „seinem auserwählten Volk verbot, Kanaans Götter zu verehren, dann verlangte er damit praktisch von seinem Volk, daß es von niemandem anderen, von keiner anderen Macht und keiner anderen Gewalt, sondern nur von ihm sein Leben bestimmen ließ; daß es sich an niemandem anderen orientiere und sich allein auf ihn stütze, allein mit ihm rechne und allein mit ihm die Welt gestalte".[546] Götzendienst erfüllt sich nie im Akt bloßer Verehrung; er beinhaltet die Erwartung, daß der Götze hilft. Wenn also „die Israeliten die Götter Kanaans verehren wollten, dann geschah dies nicht einfach, weil sie

---

[545] Zu den immer noch seltenen Versuchen, die Forderung nach Verzicht auf militärisches Gewaltpotential aus dem ersten der Zehn Gebote abzuleiten, zählt eine Veröffentlichung von I. BALDERMANN, Der Gott des Friedens und die Götter der Macht. Biblische Alternativen, Neukirchen-Vluyn 1983, bes. 77ff, der zwischen dem Verhalten Israels in der Wüste und dem des modernen, dreitausend Jahre später lebenden Menschen eine deutliche Parallele erkennt: dort die Hinwendung zum Stierbild (vgl. Ex 32), dem Bild der alles zerstampfenden Stärke, und darin die Anbetung der Gewalt, hier die Faszination durch Bilder unwiderstehlicher Stärke, wie Raketen, die ganze Städte zu zerstören vermögen. – Man ist (so gesehen) stark versucht, das Gebot, sich nicht anderen Göttern zuzuwenden und Götterbilder aus Metall zu gießen (Ex 34,17; Lev 19,4), als unmittelbar gegen die moderne militärische Rüstung gerichtet zu verstehen.
[546] M. LIMBECK, Auserwählt – doch nicht für den Himmel, in: Bibel und Kirche 35 (1980) 17-22; 18f.

nun – neben Jahwe – eben auch noch an die Götter glaubten, sondern weil sie von ihnen Hilfe, Heil und Segen erwarteten (vgl. nur 1 Kön 17,18!)".[547]

Ein Götze steht für ein Programm und einen Weg, die mit dem Heilsanliegen und Heilswirken Jahwes nichts gemeinsam haben. Ein Götze wird verehrt, indem Programm und Weg, die er vertritt, zur Orientierung werden. Was einen Götzen so anziehend macht, ist das, was er wirkt. Zwischen dem militärischen, politischen und wirtschaftlichen Erfolg eines Volkes und seinen Götterkulturen wird ein „unmittelbarer Zusammenhang" gesehen.[548] Aus dem Gedeihen bzw. Verderben eines Volkes wird auf die Macht bzw. Ohnmacht seiner Götter geschlossen. „Die Götter sind so bedeutend wie die Staaten, die sie repräsentieren. Mit ihnen gedeihen sie und gehen mit ihnen zugrunde."[549] Weil es die Erfolge begehrte, die die fremden Götter repräsentierten, ließ sich Israel immer wieder dazu hinreißen, die entsprechenden Kulte nachzuahmen. Um ein Beispiel zu nennen: „Die militärische Stärke und der politische Glanz der Assyrer waren der eigentliche Grund, weshalb sich Israel verführen ließ, ihre Kulte nachzuahmen."[550] Durch sein Eingehen militärischer und machtpolitischer Bündnisse mit den „heidnischen" Mächten seiner Umwelt brachte Israel zugleich den fremden Göttern Anerkennung, dem eigenen Gott Jahwe aber Mißtrauen entgegen: Lieber als auf Jahwes unberechenbares Eingreifen vertraut man in der Bedrängnis Einrichtungen der Gewalt und der Diplomatie und damit jenen Göttern, die dahinterstehen. „Fremden Göttern nachlaufen und Militärbündnisse eingehen war vielfach ein und dasselbe."[551]

Als Juda 734/733 v.Chr. mit Gewalt zum Beitritt in ein antiassyrisches Bündnis gezwungen werden sollte (vgl. syrisch-ephraimitischer Krieg), ist sein König Ahas versucht, seinen Kopf durch gesteigerte Rüstungs- und Verteidigungsvorbereitungen, aber auch durch ein Militärbündnis mit Assur aus der Schlinge zu ziehen.[552] Ein sol-

---

[547] Ebd. 18.

[548] SCHWAGER, Sündenbock 88.

[549] KEEL 219; zit. nach SCHWAGER, Sündenbock 88.

[550] SCHWAGER, Sündenbock 88.

[551] Ebd. 122.

[552] Vgl. O. KAISER, Der Prophet Jesaja. Kapitel 1-12, Göttingen 3. Aufl. 1970, 70. Zum geschichtlichen Hintergrund vgl. auch H. WILDBERGER, Jesaja. I. Teilband: Jes. 1-12. Neukirchen-Vluyn 1972, 274-276; H.W. WOLFF, Frieden ohne Ende. Jesaja 7,1-17 und

ches Bündnis ist jedoch ein Schritt, „der in jener Zeit zugleich religiöse Folgen hatte, der die Anerkennung der Staatsgottheiten der Schutzmacht bedeutete".[553] Die Unruhe bereits, die Jerusalem beim Bekanntwerden eines bevorstehenden Angriffs der alliierten Könige befällt, ist ein Zeichen mangelnden Vertrauens darauf, daß Gott seine Verheißungen am davidischen Königshaus, nämlich Bestand zu geben, erfüllt.[554]

In dieser Situation tritt Jesaja auf und warnt König Ahas davor, sich auf militärische Vorbereitungen statt auf Jahwe allein zu ver-

---

9,1-6 ausgelegt, Neukirchen 1962, 14-16; NOTH; grundlegend: W. DIETRICH, Jesaja und die Politik, München 1976. – Nach G. FOHRER, Geschichte Israels. Von den Anfängen bis zur Gegenwart, Heidelberg 3., durchgesehene und ergänzte Aufl. 1982, stellen sich die damaligen Vorgänge in einem kurzen Überblick folgendermaßen dar: Mit der Thronbesteigung Tiglatpilesers III. (744-727) beginnt für Assyrien eine Zeit erfolgreicher Großmachtpolitik. Ein rein militärisch aufgebautes Staatssystem, ein auffallend systematisches brutales Vorgehen gegen die Feinde und die Strategie großangelegter Deportationen von Teilen der unterworfenen Bevölkerung verhelfen Assyrien zu einer weiträumigen Ausdehnung, der nacheinander auch Israel und Juda zum Opfer fallen sollen. Pekach, der nach seiner blutigen Machtergreifung in Israel mit der erfolglosen assurfreundlichen Politik seiner Vorgänger bricht, versucht zusammen mit Razon von Damaskus, in Erwartung einer Beteiligung Judas und „vielleicht mit Ägypten im Hintergrund", gegen das scheinbar unaufhaltsam vordringende Assyrien Front zu machen. Im sog. syrisch-ephraimitischen Krieg soll Juda, das unter Jotam, dann unter seinem Nachfolger Ahas die Einbeziehung in ein solches Unternehmen ablehnt, in die antiassyrische Front gezwungen werden. In seiner äußersten Not, angesichts der in Juda bereits eingefallenen Truppen, ersucht Ahas Assyrien gegen Razon und Pekach um militärische Hilfe – freilich um den Preis zukünftiger Vasallenschaft. Tiglatpileser nimmt daraufhin Damaskus ein, tötet Razon, deportiert die Einwohner und teilt das eroberte Gebiet in mehrere Provinzen (733-732). Bis auf das Gebirge Ephraim, das auf die Stufe eines Vasallen herabfällt, annektiert Tiglatpileser schließlich das gesamte Nordisrael. Wenige Zeit später (722) soll Israel gänzlich unter die Herrschaft der Assyrer geraten. Hosea, der sich durch die Ermordung Pekachs dessen Nachfolge sichert und zunächst eine assyrerfreundliche Politik vertritt, wird von Tiglatpileser als Vasallenkönig anerkannt. Hilfszusagen des ägyptischen Pharao für den Fall einer Auflehnung gegen Assyrien ermutigen Hosea jedoch, mit dem Tod Tiglatpilesers und der Thronbesteigung Salmanassars V. die Tributzahlung einzustellen – mit der Folge, daß Salmanassar nach einer dreijährigen Belagerung Samaria einnimmt und von dort nun auch die Landschaft des Gebirges Ephraim beherrscht. Eine Massendeportation und die Ansiedlung fremder Bevölkerungsgruppen kann allerdings nicht verhindern, daß sich die neue assyrische Provinz nochmals mit Damaskus und anderen sowie der Unterstützung Ägyptens – allerdings vergeblich – gegen Assyrien auflehnt, wobei sich Juda anscheinend gänzlich heraushält.

[553] KAISER, Prophet 70.
[554] Ebd.

lassen: „Bewahre die Ruhe, fürchte dich nicht! Dein Herz soll nicht verzagen wegen dieser beiden Holzscheite, dieser rauchenden Stummel, wegen des glühenden Zorns Rezins von Aram und des Sohnes Remaljas (die die antiassyrische Front anführen; E.S.) ... *Glaubt ihr nicht, so überlebt ihr nicht.*" (Jes 7,4.9)[555] „,Glauben' aber heißt ,vertrauen'", führt Georg Fohrer dazu aus. „Anstatt auf seine politischen und militärischen Maßnahmen soll Ahas auf den Gott vertrauen, der als Herrscher der Welt deren Geschehnisse lenkt. Anstatt sich auf menschliche Kraft als das Sichtbare und vermeintlich Sichere zu verlassen – und daran zu scheitern –, gilt es, auf Sicherung zu verzichten, in der Spannung und Ungewißheit im Vertrauen auf die größere Kraft Gottes auszuharren und aus der Gewißheit zu leben, daß er die Weltgeschichte bestimmt. Das ist Bewältigung der Lage aus dem vertrauenden Glauben an die Herrschaft Gottes."[556] H.-J. Kraus sieht diese bei Jesaja ausgeführte Theologie

---

[555] In einer Ansprache bei der Arbeitstagung des Versöhnungsbundes vom 12.-15. Mai 1983 in Bonn hat Hans-Winfried JÜNGLING die Begegnung zwischen Jesaja und Ahas in romanartig spannender Weise erzählt; H.-W. JÜNGLING, Plädoyer für das Glauben. Tagebuchnotizen aus der Zeit des Propheten Jesaja (Jes 7,1-9), in: VB-Materialen (Intern. Versöhnungsbund, Kuhlenstr. 5a-7, 2082 Uetersen), Uetersen 1983, 16-19.

[556] G. FOHRER, Glaube und Hoffnung. Weltbewältigung und Weltgestaltung in alttestamentlicher Sicht, in: Theologische Zeitschrift 26 (1970) 1-21; 4f; vgl. auch L.H. GROLLENBERG, Zwischen Gott und Politik. Der Prophet Jesaja, Stuttgart 1971. bes. 44ff. – Mit seiner Prophetie muß sich Jesaja bittere Anfeindung vor allem am königlichen Hof eingehandelt haben. Wie C. HARDMEIER, Verkündigung und Schrift bei Jesaja. Zur Entstehung der Schriftprophetie als Oppositionsliteratur im alten Israel, in: Theologie und Glaube 73 (1983) 119-134, nachzuweisen versucht, ist die schriftliche Wiedergabe dieses und weiterer politischer Vorgänge Konsequenz aus dem Unverständnis, auf das der Prophet mit seiner Mahnung gestoßen ist. Auf die Frage, wie und warum es in Israel zur Ausbildung der Schriftprophetie gekommen ist, ergibt sich nicht nur aus der Untersuchung von Jes 7 im Kontext von Jes 6-8 als Antwort, daß dazu weder die mündliche Verkündigung noch das Ausbleiben angekündigter Einzelereignisse gedrängt hätten, „sondern die Ablehnung dieser Verkündigung durch jene, an die sie sich richtete und die gemeint waren, – diese Ablehnung drängte zur Reflexion und zum Nachdenken, weil sie unerwartet die schuldaufklärende Verkündigungsabsicht des Propheten radikal in Frage gestellt hat." (131) Bei diesem „rückblickenden Nachdenken", dieser „Selbstverständigung unter den in Widerspruch und in Opposition Geratenen", die sich „genuin der Schrift" bediente, „geht es um Festhalten und Dokumentation bestrittener Wahrheit, aber auch um eine Komplexität der Erfahrung, die sich als Zusammenhang nur im Medium der Schrift bleibend und aufs neue Klarheit schaffend aufbewahren und erinnern läßt", (ebd.; vgl. auch ebd. 120f die der Untersuchung vorangestellte These sowie H.W. WOLFF, „So sprach Jahwe zu mir, als die Hand mich packte". Was haben die Propheten erfahren?, in: Theologie der Gegenwart 28

des absoluten, stillhaltenden Vertrauens auf Gott im Neuen Testament aufgegriffen und fortgesetzt.[557] Das in Jes 7 zum Ausdruck gebrachte Vertrauen ist im AT keineswegs singulär.

In einer ähnlichen Situation aktualisiert *Jesaja* sein vor militärischen Anstrengungen warnendes Wort: Israel sucht im ausgehenden 8. vorchristlichen Jahrhundert gegen Assyrien eine Bündnispolitik mit Ägypten zu betreiben; Jesaja warnt davor, sich nach Ägypten zu wenden und sich auf den Pharao und seine militärische Macht zu verlassen; statt dessen verlangt Jesaja Gottvertrauen – vergeblich allerdings: „Nur in Umkehr und Ruhe liegt eure Rettung, nur Stille und Vertrauen verleihen euch Kraft. Doch ihr habt nicht gewollt, sondern gesagt: Nein, auf Rossen wollen wir dahinfliegen. Darum sollt ihr jetzt fliehen. Ihr habt gesagt: Auf Rennpferden wollen wir reiten. Darum rennen die Verfolger euch nach." (Jes 30,15f) Sich auf die Macht Ägyptens zu verlassen, heißt für Jesaja, verlassen zu sein: „Weh denen, die nach Ägypten ziehen, um Hilfe zu finden, und sich auf Pferde verlassen, die auf die Menge ihrer Wagen vertrauen und auf ihre zahlreichen Reiter. Doch auf den Heiligen Israels blicken sie nicht und fragen nicht nach dem Herrn. … Auch der Ägypter ist nur ein Mensch und kein Gott, seine Pferde sind nur Fleisch, nicht Geist." (Jes 31,1.3) Am Ende, so bleibt Jesaja nur zu prophezeien, wird sich die abtrünnige Hinwendung zum Pharao rächen (vgl. Jes 30,3). „Das Vertrauen auf Ägypten und auf die Kriegswagen steht im krassen Gegensatz zum Vertrauen auf Jahwe. Wer auf den Pharao baut, kann nicht zugleich auf Jahwe hoffen. Er kommt deshalb zuschanden."[558]

Hosea, den wie Jesaja die Untreue Israels schmerzt, läßt nicht weniger als dieser keinen Zweifel daran, was die Folge des Vertrauens auf militärische Macht ist: „Du hast auf deine Macht vertraut und auf die Menge deiner Krieger; darum erhebt sich Kriegslärm

---

[1985] 77-86.) Demnach dürfte auch der Versuch einer Aktualisierung von Jes 7, ja der Übertragung in die gegenwärtige Debatte um Krieg und Frieden, um Rüstung und Abrüstung durchaus in der Intention des Propheten liegen.
[557] H.J. Kraus, Vom Kampf des Glaubens. Eine biblisch-theologische Studie, in: Donner/Hanart/Smend 239-256.
[558] Schwager, Sündenbock 122.

gegen dein Volk, und alle deine Festungen werden zerstört, ..."
(Hos 10,13c-14a) Die Verheerung, so gibt Hosea zu verstehen, ist
die Frucht des Krieges, der die Ernte jener „Saat falschen Vertrauens auf militärische Stärke" ist.[559] „Aus dem Vertrauen auf
militärische Macht folgt, daß der Kriegslärm aufsteht. ... Das
verkehrte Vertrauen erntet nur die große Verwüstung ..."[560] Israels Gefühl der Sicherheit „gründet sich auf militärische Macht-
faktoren";[561] Israel vertraut auf die eigene militärische Stärke –
der Prophet verwendet hier ein Wort, das „vertrauen" im Sinne
des „Sich-sicher-Fühlens", den Zustand der Sicherheit also,
meint[562]. Dieses Gefühl jedoch entlarvt er als trügerisch; als eine
Frucht falschen Vertrauens prophezeit er Krieg.[563] „Das Vertrauen auf die Machtpolitik wird zur Saat des Todes."[564] Weil
sich Israel „von seinen Weisungen und Zusagen abgewandt und
statt dessen nach der Weise der Völker seine Sicherheit in eigener
politischer Machtentfaltung gesucht" hat, „muß es in der Katastrophe seiner Politik auf ganz neue Weise erfahren, daß nur in
Jahwe Heil ist".[565]

Die Rettung heißt Gewaltverzicht. So fordert *Jeremia* in einem anderen Fall „das eigene Volk zum Gewaltverzicht auf und stellt es
im Namen Gottes vor eine Entscheidung auf Leben und Tod"[566]:
„Seht, den Weg des Lebens und den Weg des Todes stelle ich
euch zur Wahl. Wer in dieser Stadt bleibt, der stirbt durch
Schwert, Hunger und Pest. Wer aber hinausgeht und sich den
Chaldäern, die euch belagern, ergibt, der wird überleben und
sein Leben wie ein Beutestück gewinnen." (Jer 21,8f) Schwager
dazu: „Den Weg des Todes und des Abfalls von Jahwe wählen
heißt konkret, in der belagerten Stadt bleiben und sie militärisch
zu verteidigen suchen. Demgegenüber besteht der Weg des

---

[559] H.W. WOLFF, Dodekapropheton 242.
[560] Ebd. 243.
[561] Ebd. vgl. auch 238.
[562] Vgl. ebd. 242.
[563] Bezeichnenderweise überschreibt H.W. WOLFF in seinem Hosea-Kommentar das
Kapitel Hos 10,9-15 mit „Krieg – Frucht falschen Vertrauens" (232).
[564] Ebd. 245.
[565] Ebd. 244.
[566] SCHWAGER, Sündenbock 123.

Lebens und der Treue gegen Jahwe darin, sich dem feindlichen Heer freiwillig zu unterwerfen. Die Entscheidung für den wahren Glauben ist identisch mit dem Verzicht auf militärische Verteidigung."[567]

Daß die vorliegenden Texte unterschiedlich interpretiert werden, darf nicht verschwiegen werden. Die *Uneinigkeit* der Exegeten *in der Auslegung* des vorangestellten Prophetenwortes *Jes 7* ist dafür beispielhaft.[568] Die Positionen sollen hier kurz wiedergegeben werden. Die Streitfrage lautet: Ist Ahas durch den Propheten Furchtlosigkeit im militärischen Vorgehen angeraten oder vielmehr eine „Passivität", die militärische und machtpolitische Aktivitäten jeder Art ausschließt?

---

[567] Ebd.; vgl. auch L. SCHOTTROFF, Der Sieg des Lebens. Biblische Traditionen einer Friedenspraxis, München 1982, 22: „Gottesfurcht und Gottvertrauen heißt, nicht in den Kategorien militärischer Logik denken. Wer an Gott glaubt, der glaubt nicht, daß es der Sicherheit dient, das Land mit atomaren Mittelstreckenraketen vollzustellen. Weil das der Glaube des Militärs ist, und er folgt einer anderen Logik als der Glaube an Gott. Beides ist *unvereinbar*." (Hervorhebung von E.S.) – Für die Reformierte Kirche in den Niederlanden ist die Ablehnung atomarer Militärpolitik ganz im Sinne von Jeremia, der beklagt, daß sich sein Volk von der Quelle lebendigen Wassers zu rissigen Zisternen hingewandt habe (vgl. Jer 2,13), ein Gebot des Glaubens an Gott; vgl. *Kirche und Kernbewaffnung*. Materialien für ein neues Gespräch über die christliche Friedensverantwortung, als Handreichung vorgelegt von der Generalsynode der Nederlandse Hervormde Kerk, hrsg. von H.-U. KIRCHHOFF, Neukirchen-Vluyn 1981, 136f: „Jeder von uns wird, für sich persönlich und für die Gesellschaft als ganze, die Frage ernstnehmen müssen, ob dieses System der Sicherheit durch Abschreckung mit seinen unvorstellbaren Möglichkeiten und seinem weitgehenden Ausgreifen auf zahllose Lebensgebiete, nicht eine moderne Form von Götzendienst ist."
[568] Im Wort der DEUTSCHEN BISCHOFSKONFERENZ zum Frieden *„Gerechtigkeit und Frieden"* wird Jes 7,9 eher im Sinne des vertrauensvollen (?) „Gott mit uns" (vgl. die Aufschrift auf den Koppelschlössern der Soldaten im Ersten und Zweiten Weltkrieg), also in jenem Sinne interpretiert, daß Israel zwar zu den Waffen hätte greifen dürfen, aber von ihnen im Vergleich mit Gott *zu viel* erwartet habe, daß es nicht der „Versuchung" entgangen sei, „seine Sicherheit *mehr* von den politischen Bündnissen mit den Weltmächten als von der Hilfe Gottes zu erwarten" (ebd. 12; Hervorhebung von E.S.). Auch die folgenden Ausführungen unterstreichen dieses Verständnis von Jes 7,9: „Mit dem eindringlichen Mahnwort: ‚Glaubt ihr nicht, so bleibt ihr nicht' (Jes 7,9) erinnert der Prophet Jesaja an die unverbrüchliche Zusage Gottes, die ein *größeres* Vertrauen verdient als alle diplomatische Kunst und militärische Stärke. Gottes Hilfe ist kein Ersatz für die notwendige sicherheitspolitische Vorsorge. Dem Gottesvolk wird es jedoch zum Verhängnis, daß es *mehr* von der Menge der Streitwagen und Reiter erwartet als von ‚dem Heiligen Israels', auf den es blicken sollte (Jes 31,1)." (ebd. 12f; Hervorhebung von E.S.)

Die Annahme, daß in Jes 7,4 eine völlige Passivität gefordert sei, hält beispielsweise Rudolf Kilian für „keineswegs … gesichert"[569]; die Textstelle habe wie alle Kriegsansprachen im Rahmen der Institution der Jahwekriege „nicht die Funktion, einen völlig unangebrachten Quietismus zu predigen, sondern das Kriegsvolk zu ermuntern und seinen Glauben an das hilf- und siegreiche Mitstreiten Jahwes zu erwecken und zu stärken, damit die Leute innerlich ruhig, furchtlos und sicher in die Schlacht ziehen".[570] Die Aufforderung zum Stillesein in Jes 7,4 habe den Sinn, „in Ruhe und Vertrauen furchtlos den aufgezwungenen Krieg anzunehmen und sich innerlich und äußerlich in Jahwe geborgen zu wissen".[571] Die These, daß im bewahrenden Handeln Jahwes „jeglicher menschliche Synergismus ausgeschlossen" sei, bedürfe dagegen einer Nachprüfung.[572] In der Warnung Jesajas sieht Kilian *kein Verbot militärischer Verteidigungsmaßnahmen*, sondern eine Ablehnung des beabsichtigten Pakts mit Assur: „Denn eine solche Verbindung ist Verrat an Jahwe, weil der König darin zum Ausdruck bringt, daß er der Macht Assurs mehr Vertrauen entgegenbringt als der Macht Jahwes, daß er dem Bund mit Tiglatpileser mehr vertraut als dem Bund Jahwes."[573] Dem entspräche, daß Ahas dem assyrischen Hauptgott einen Altar habe aufstellen und weihen lassen (vgl. 2 Kön 16,10-18).[574] Überdies habe Jesaja deshalb zur Beruhigung anhalten können, weil er die gesamtpolitische Lage realistischer eingeschätzt habe, nach der Assur von selbst schon eingegriffen hätte.[575] Daß Jesaja zwar vor einer Hinwendung nach Assur, aber nicht vor eigenen militärischen Verteidi-

---

[569] R. KILIAN, Die Verheißung Immanuels. Jes 7,14, Stuttgart 1968, 18.

[570] Ebd.19.

[571] Ebd. 20.

[572] Ebd. 19.

[573] Ebd. 21. – Genauso interpretiert R. KILIAN Jes 31,1-3: „Jesaja polemisiert gegen das Bündnis mit Ägypten, weil Jerusalem nur auf ägyptische Wagen und Pferde vertraut, nicht aber auf Jahwe, um den man sich überhaupt nicht kümmert. So nimmt Ägypten für Jerusalem praktisch die Stelle Jahwes ein." (27) Nach G. BRUNET, Essai sur l'Isaï de l'histoire, Paris 1975, hat Jesaja die Anlage des hiskijanischen Wassertunnels als Verteidigungsmaßnahme unterstützt, wenn nicht sogar angeregt; vgl. B. LANG, Prophetie, prophetische Zeichenhandlung und Politik in Israel, in: Theologische Quartalschrift 161 (1981) 275-280; 276.

[574] KILIAN 21.

[575] Ebd. 23.

gungsmaßnahmen gewarnt habe, meinen auch Hans Wildberger[576] und Ernst Würthwein[577] dem Prophetenwort entnehmen zu können.

Einer anderen Interpretation nach zielt das Jesajawort jedoch auf eine völlige militärische Passivität.[578] Gerhard von Rad vertritt sie im Rahmen seiner Theorie des Heiligen Krieges, gemäß derer der Handelnde „allein Jahwe" ist.[579] Nach v. Rad hat Jesaja den Krieg als einen Heiligen Krieg ausgerufen. „In diesem Fall gelten für die, die auf Jahwes Seite stehen, besondere Regeln, und die wichtigste, aber auch schwerste ist die jener Passivität."[580] Von der alten Glaubenstradition des Heiligen Krieges her habe Jesaja „die Ablehnung von Rüstung und Bündnissen, von da her das Motiv des Schauens auf Jahwe und des Stillehaltens".[581] Dabei stünde er „der Auffassung jener humanisierten und theologisierten Erzählung" des Heiligen Krieges besonders nahe, der wir beispielsweise in der Erzählung von Ex 14 begegnen[582]: dort wird die Befreiung allein auf Jahwes Handeln zurückgeführt. „Auch Jesaia lehnt militärisches Handeln im Heiligen Krieg überhaupt ab; ja er radikalisiert die Tendenz, die schon in jenen Novellen den menschlichen Synergismus so offenkundig zurückgedrängt hatte."[583] Gleichfalls sieht Hans Walter Wolff das Wort des Propheten im Zusammenhang mit Ex 14,13f, wo eine Befreiung durch Jahwe ohne menschliches Dazutun besungen wird.[584] Israel soll dem „Schutzwillen seines Gottes trauen", d. h. „in Ruhe glauben, allem Synergismus absagen, sowohl dem Verteidigungsaktivismus wie der Hoffnung auf ein Militärbündnis mit Tiglatpileser."[585] Wolffs Auffassung steht damit in einer Interpretationslinie, zu der auch eine Arbeit von Carl A. Keller zählt.[586] Keller unter-

---

WILDBERGER, Jesaja 280.

[577] E. WÜRTHWEIN, Wort und Existenz. Studien zum Alten Testament, Göttingen 1970, 134f.

[578] Ohne zwischen den beiden Auffassungen für eine „richtige" entscheiden zu wollen, soll diese als für den Argumentationsstrang der vorliegenden Arbeit besonders bemerkenswert unterstrichen werden.

[579] v. RAD, Krieg 9.

[580] Ebd. 57.

[581] Ebd. 61.

[582] Ebd. 62.

[583] Ebd.

[584] H.W. WOLFF, Frieden 24.

[585] Ebd. 25.

[586] C.A. KELLER, Das quietistische Element in der Botschaft des Jesaja, in: Theologische

streicht, daß Jesaja den König und das Volk zur „Ruhe" auffordert, die „in absolutem Gegensatz zum Treiben und zu den Erscheinungen des militärisch-politischen Lebens" stehe.[587] Jesajas Forderung, sich angesichts der beängstigenden politischen Lage auf das „rein Religiöse" zu beschränken, sei „nicht nur extrem pazifistisch – indem sie den Krieg ablehnt – sondern ausgesprochen quietistisch".[588] Für Jesaja bestehe „ein Aspekt der Sünde … in einer Betriebsamkeit, die an Gott vorbeilebt".[589] Jesaja lehne neben vielen anderen Aktivitäten – wie komplizierten Ausbau der Verwaltung (3,2f), überreiche Produktion an Verordnungen (10,1ff), aber auch jene, „Haus an Haus und Feld an Feld" zu reihen (5,8), Trinkgelage zu halten, ohne auf das Werk Jahwes zu schauen, (5,11f) und für reiche Toilette zu sorgen (3,16ff)[590] – „auch die vielseitigen, umfassenden, militärischen Vorbereitungen ab, weil man dabei das Wichtigste unterläßt: auf Jahwe zu schauen (22,8-11)".[591]

Am Ende einer kleinen Studie zu Jes 7,3-9 kommt Odil Hannes Steck zu dem Ergebnis, daß Jes 7 zwar primär eine Aussage über das Wirksamwerden der Verstockung Jahwes machen wolle, daß aber diejenigen Forscher im Recht seien, „die bereits für Jes 7 konstatieren, daß ‚Gauben' hier konkret totale Passivität bedeutet gegenüber jeder Verteidigungsanstrengung, die faktisch Jahwes Zusage in Zweifel zieht und Jahwes Schutzmacht für Zion zu ersetzen sucht".[592] Auch Norbert Lohfink bemerkt nebenbei, daß „glauben" in Jes 7,9 „den Verzicht auf nationale Notwehr bedeutet".[593] „Offensichtlich erwartet Gott von seinen Auserwählten", so stellt auch Meinrad Limbeck in der Verbindung von Jes 7 und Ps 27 heraus, „daß sie auch durch den Verzicht auf ‚fremde Waffen' bezeugen, wer ihr Leben trägt und schützt"[594], und plädiert für die Bereitschaft, auch heute *ohne den Schutz von Waffen zu leben*" (vgl. die Aufforde-

Zeitschrift 11 (1955) 81-97.
[587] Ebd. 85.
[588] Ebd. 87.
[589] Ebd. 90.
[590] Ebd. 90f.
[591] Ebd. 90.
[592] O.H. STECK, Rettung und Verstockung. Exegetische Bemerkungen zu Jesaja 7,3-9, in: Evangelische Theologie 33 (1973) 77-90; 90.
[593] 593 N. LOHFINK, Jesus 42.
[594] LIMBECK, Auserwählt 21.

rung des Ökumenischen Rats der Kirchen auf seiner V. Vollversammlung 1975 in Nairobi)⁵⁹⁵ .⁵⁹⁶

⁵⁹⁵ Vgl. „*Offizielle Erklärungen der V. Vollversammlung des Ökumenischen Rates der Kirchen*
vom 23. November 1975 in Nairobi (Kenia)", in: Beiheft zu Nr. 4/1976 der Zeitschrift
„Junge Kirche", 15f (aus dem Appell an die Kirchen): „Die Kirche sollte ihre Bereitschaft betonen, ohne den Schutz von Waffen zu leben." Vgl. auch VI. VOLLVERSAMM-
LUNG DES ÖRK IN VANCOUVER 1983 und die dort gefaßte Erklärung zu Frieden und
Gerchtigkeit (Nr. 26), in: Vorabdruck aus der Zeitschrift „der überblick" 19 (1983, H.
3). Vgl. nicht zuletzt: Die ERKLÄRUNG DES MODERAMENS DES REFORMIERTEN BUNDES
„*Das Bekenntnis zu Jesus Christus und die Friedensverantwortung der Kirche*".
⁵⁹⁶ LIMBECK, Auserwählt 20. – Vgl. auch H. GOLLWITZER, Ohne Waffen leben, in: Zeichen 3/1977, 9-11; 11: „Wenn das Evangelium des Friedens uns erzählt vom Gott des
Friedens, der sich aufgemacht hat, um seine Menschheit zu retten vor dem Selbstver-
derben, der Selbstzerstörung durch gegenseitigen Haß und Krieg, der dazu gesammelt
hat eine Friedensgemeinde, dann wird mir als Glied dieser Friedensgemeinde zuge-
mutet, wie es die Juden in der Vergangenheit unter den christlichen Völkern ohne jede
politische Macht haben tun müssen, und wie es die historischen Friedenskirchen, die
Quäker und Mennoniten, und die anderen, schon seit langer Zeit tun, mir wird zuge-
mutet, mit der Entschlossenheit des christlichen Glaubens zu sagen, ich jedenfalls und
wir jedenfalls, *wir Christen in diesem Land wollen von diesen Waffen und Massenvernich-
tungsmitteln nicht geschützt werden. Unter Gottes Schutz*, ohne dessen Willen kein Haar
von unserem Haupte fallen kann, *verzichten wir auf diesen mörderischen Schutz*." (Hervorhebung von E.S.) Vgl. auch D. BONHOEFFER, Gesammelte Schriften, Bd. 1 (Ökumene, Briefe, Aufsätze, Dokumente, 1928-1942), hrsg. von E. BETHGE, München 1958;
218: „Wie wird Friede? Durch ein System von politischen Verträgen? Durch Investie-
rung internationalen Kapitals in den verschiedenen Ländern, d. h. durch die Großban-
ken, durch das Geld? Oder gar durch eine allseitige friedliche Aufrüstung zum Zwecke der Sicherstellung des Friedens? Nein, durch dieses alles aus dem einen Grunde
nicht, weil hier überall Friede und Sicherheit verwechselt wird. Es gibt keinen Weg
zum Frieden auf dem Weg der Sicherheit. Denn Friede muß gewagt werden, ist das
eine große Wagnis, und läßt sich nie und nimmer sichern. Frieden ist das Gegenteil
von Sicherung. Sicherheiten fordern heißt Mißtrauen haben, und dieses Mißtrauen gebiert wiederum Krieg. Sicherheiten suchen heißt sich selbst schützen wollen. Friede
heißt sich gänzlich ausliefern dem Gebot Gottes, keine Sicherung wollen, sondern in
Glaube und Gehorsam dem allmächtigen Gott die Geschichte der Völker in die Hand
legen und nicht selbstsüchtig über sie verfügen wollen. Kämpfe wurden nicht mit Waffen gewonnen, sondern mit Gott. Sie werden auch dort noch gewonnen, wo der Weg
zum Kreuz führt. Wer von uns darf denn sagen, daß er wüßte, was es für die Welt
bedeuten könnte, wenn ein Volk – statt mit der Waffe in der Hand – betend und wehrlos und darum gerade bewaffnet mit der allein guten Wehr und Waffe den Angreifer
empfinge? (Gideon: ... des Volkes ist zuviel, das mit dir ist ... Gott vollzieht hier selbst
die Abrüstung!)"

2.2.2.3 *Status confessionis: Pferd oder Gott*

Daß den Propheten nicht allein die Macht- und Militärbündnisse mit heidnischen Völkern der Umwelt ein Ärgernis waren, weil eben diese Völker heidnisch waren, sondern auch die bloße Existenz militärischer Streitkraft im eigenen Land, daß sie also militärische Anstrengungen generell und nicht nur dort, wo sie im engen Zusammenhang mit fremden Völkern und deren Götterglauben standen, der Kritik unterzogen, das wird in ihrer Einschätzung des Pferdes deutlich.[597] Jesaja, so wurde bereits bemerkt, warnt davor, sich im Vertrauen auf Pferde auf einen Krieg einzulassen (vgl. Jes 31,1.3).[598] Hosea kündigt dem Haus Juda Jahwes Hilfe an, doch schließt er darin aus, daß Jahwe „mit Rossen und Reitern" helfen wird (Hos 1,7). Das Pferd scheint, den biblischen Texten nach zu urteilen, in Israel „keinen besonders guten Ruf" zu haben.[599]

---

[597] Vgl. T. SCHLATTER, Art. *Pferd,* in: ders. (Hg.), Calwer Bibellexikon, Sp. 1045f; Sp. 1045: „Die Propheten kämpften gegen das Vertrauen auf Wagen und Reiterei, z. B. Jes 31,1: Hos 14,4; Ps 33,17, und hofften auf die Zeit, in der all das Kriegsgerät abgetan wird Sach 9,10."

[598] „Nur in Umkehr und Ruhe liegt eure Rettung", mahnt Jesaja, „nur Stille und Vertrauen verleihen euch Kraft." (Jes 30,15) Die Verfolgungssituation Judas erklärt sich Jesaja aus der Zuflucht zum „Pferd": „Doch ihr habt nicht gewollt, sondern gesagt: Nein, auf Rossen wollen wir dahinfliegen. Darum sollt ihr jetzt fliehen. Ihr habt gesagt: Auf Rennpferden wollen wir reiten. Darum rennen die Verfolger euch nach." (Jes 30,16) Weil die Menschen des Südreiches „nicht die Rüstungspolitik einstellen und stillhalten", weil sie ihr Vertrauen auf Waffen, Rosse und Streitwagen, nicht aber auf die Macht ihres Gottes gesetzt haben, „darum werden sie fliegen, verfolgt und vernichtet"; vgl. M. HUTHMANN, Ich bin nicht gekommen, den Frieden zu bringen, sondern das Schwert (Mt 10,34). Überlegungen zu einer biblischen Friedenstheologie, Bonn (Oscar-Romero-Haus, Heerstr. 205, 5300 Bonn 1) 1982, 20. Vgl. ebd. 22: „Rüstung bringt nicht Sicherheit, sondern Untergang. Allein das Vertrauen auf Jahwe gewährt Frieden." Vgl. auch H. FALCKE: „Die alttestamentlichen Propheten sahen ihrem Volk Unheil drohen, weil es sein Vertrauen auf Rüstung, ,auf Rosse und Wagen' setzte und die Armen und Rechtlosen, ,Witwen und Waisen', unterdrückte. Beide Warnungen treffen heute die Industrienationen mit schockierender Direktheit. Den Bedrohungen des Überlebens begegnen heißt also vor allem: umkehren vom Vertrauen auf Gewalt zur Gerechtigkeit gegenüber Mitmenschen und Mitkreatur." H. FALCKE, Die Zukunft des Lebens offenhalten, in: der überblick 19 (1983, H. 3) 26-29; 29.

[599] Vgl. M. PRAGER/G. STEMBERGER (Hg.), Die Bibel. Altes und Neues Testament in neuer Einheitsübersetzung, Bd. 1 (Kommentarteil), Salzburg 1975, 507f („Das Pferd ist kriegerisch, der Esel friedlich"); 507. – Folgendes unterstreicht den schlechten Ruf des Pferdes: In Dtn 17,16 wird der König davor gewarnt, sich „zu viele Pferde" zu halten. Stark ist die Erinnerung, daß die Ägypter zur Verfolgung der geflohenen Israeliten

Pferd oder Gott? In zahlreichen Texten der Schrift begegnet das Pferd ausdrücklich als Jahwes Konkurrent.[600] *Wer auf Pferde baut, vertraut nicht auf Gott*, so lautet die einhellige Kritik. „Die einen sind stark durch Wagen", heißt es in Ps 20,8f, „die andern durch Rosse, wir aber sind stark im Namen des Herrn, unseres Gottes. Sie sind gestürzt und gefallen, wir bleiben aufrecht und stehen." Jahwe mißfällt, so hören wir in einem anderen Psalm, daß Menschen auf Pferde bauen statt auf ihn: „Er hat keine Freude an der Kraft des Pferdes, kein Gefallen am schnellen Lauf des Mannes. Gefallen hat der Herr an denen, die ihn fürchten und ehren, die voll Vertrauen warten auf seine Huld." (Ps 147,10f) Ungläubige, wie jene Assyrer, sind es, die auf Pferde setzen, aber umsonst: „Sieh doch auf die Assyrer! Sie verfügen über ein gewaltiges Heer, brüsten sich mit ihren Rossen und Reitern, sind stolz auf die Schlagkraft ihres Fußvolkes, vertrauen auf ihre Schilde und Speere, ihre Bogen und Schleudern und wollen nicht einsehen, daß du der Herr bist, der den Kriegen ein Ende setzt." (Jdt 9,7; vgl. auch Spr 21,31 und Dtn 20,1)

Immer ist das Pferd in der Bibel ein Symbol „der rohen und stolzen Gewalt …, die nur auf sich selbst vertraut". „Seine Heilshoffnung in die Stärke seiner Kavallerie zu setzen bedeutet daher, die einzige Quelle des Heils, das Wirken Gottes zugunsten der Menschen, zu verkennen und zu verachten …"[601] Dementsprechend drücken die Maßnahmen Salomos „ein übermäßiges Vertrauen in die militärische Macht und in das Ansehen des Hofes aus".[602] „Dem

---

Pferde einsetzten (Ex 14,9), ebenso Israels Feinde in Kanaan. Josua und noch David lähmten die Pferde nach einem Sieg, anstatt sie in die eigene Streitmacht zu integrieren (vgl. Jos 11,9; 2 Sam 8,4). Doch schon Salomo importierte Pferde und Streitwagen (vgl. 1 Kön 10,26-29; 2 Chr 1,15-17) und richtete eigene Garnisonsstädte für seine Kavallerie und seine Wagen ein (1 Kön 9,19; 2 Chr 9,29); bezeichnenderweise erzählt davon die Bibel im Zusammenhang von Salomos Götzenverehrung (1 Kön 11,1-8). Vgl. dazu PRAGER/STEMBERGER 507. – Zur militärischen Bedeutung der Reiterei vgl. H.A. MERTENS, Handbuch der Bibelkunde. Literarische, historische, archäologische, religionsgeschichtliche, kulturkundliche, geographische Aspekte des Alten und Neuen Testaments, Düsseldorf 2., neu bearbeitete Aufl. 1984, 231; vgl. auch A. RÜSTOW, Ortbestimmung der Gegenwart. Eine universalgeschichtliche Kulturkritik, Bd. 1 (Ursprung der Herrschaft), Erlenbach-Zürich 1950, 66-73.

[600] Das habe ich bereits in verschiedenen Zeitschriftenartikeln thematisiert: E. SPIEGEL, Pferd oder Gott. Anmerkungen zu den Begriffen Gewaltverzicht, Gewaltlosigkeit. Gewaltfreiheit, in: Bruder Franz 36 (1983) 70f, sowie DERS., Assur 19-21.

[601] PRAGER/STEMBERGER 507.

[602] Ebd.

König hilft nicht sein starkes Heer," bekennt dagegen der Psalmen-beter, „der Held rettet sich nicht durch große Stärke. Nichts nützen die Rosse zum Sieg, mit all ihrer Kraft können sie niemand retten. Doch das Auge des Herrn ruht auf allen, die ihn fürchten und ehren, die nach seiner Güte ausschauen …" (Ps 33,16-18) Auf Pferde bauen ist ebenso verwerflich wie mit fremden Mächten machtpolitische Bündnisse eingehen und sich Götzenbilder herstellen; Heil, so pro-phezeit Hosea, kann am Ende nur Jahwe schaffen, und er mahnt da-rum zur Umkehr: „Assur kann uns nicht retten. Wir wollen nicht mehr auf Pferden reiten, und zum Machwerk unserer Hände sagen wir nie mehr: Unser Gott. Denn nur bei dir findet der Verwaiste Er-barmen." (Hos 14,4) *Auf Pferden zum Krieg ausreiten und in den Mach-werken der Hände Gott anbeten ist für Hosea in gleicher Weise Götzen-dienst; Hosea nennt beides im selben Atemzug und Zusammenhang* (vgl. auch 8,4, wo Hosea die Einsetzung eines Königs und die Herstellung von Götzen aus Silber und Gold auf eine und dieselbe Stufe stellt). In der Beurteilung durch Hosea manifestiert sich Atheismus in dem politisch-praktischen Vertrauen auf Kriegsrosse (vgl. dagegen das gängige Götzenverständnis, das oft allein an Geschnitztem festge-macht ist). Götzendienst und Kriegsmaterial sind auch in Jes 2,7bf „auf eine Stufe gestellt"[603], heißt es doch dort: „Sein Land ist voll von Pferden, zahllos sind seine Wagen. Sein Land ist voll von Götzen." Vgl. auch Mi 5,9ff, wo Jahwe in einem Atemzug die Vernichtung der Pferde und Kriegswagen wie der Zaubermittel und Götterbilder an-kündigt.

Vom Friedenskönig erwartet Sacharja, daß er auf einem Esel reitet, auf einem Fohlen sogar, „dem Jungen einer Eselin", und die Rosse wie die Streitwagen und den Kriegsbogen im Land vernichtet (Sach 9,10; vgl. auch Mich 5,9). Bei seinem programmatischen Einzug in Jerusa-lem erfüllt sich diese Hoffnung: Jesus reitet auf einem Esel ein (Mt 21,5; vgl. auch Joh 12,14).[604] Im Gegensatz zum Pferd, das seinem

---

[603] R. BACH, „…, der Bogen zerbricht, Spieße zerschlägt und Wagen mit Feuer ver-brennt", in: H.W. WOLFF (Hg.), Probleme biblischer Theologie. Festschrift Gerhard von Rad, München 1971, 13-26; 20.
[604] Vgl. PRAGER/STEMBERGER 508, näherhin: H. PATSCH, Der Einzug in Jerusalem. Ein historischer Versuch, in: Zeitschrift für Theologie und Kirche 68 (1971) 1-26; H.-W. KUHN, Das Reittier Jesu in der Einzugsgeschichte des Markusevangeliums, in: Zeit-schrift für neutestamentliche Wissenschaft 50 (1959) 82-91; TRAUTMANN 347-378 (ur-sprünglich sei Jesu Einzug nach Jerusalem zwar ein Aufmerksamkeit erregendes,

Reiter eine „gewisse Überheblichkeit" gibt, „symbolisiert der Esel im biblischen Text Bescheidenheit und Frieden".[605] Für Eigenmächtigkeit und Krieg steht das Pferd, der Esel für Gottvertrauen und Frieden.[606] Im *Vertrauen auf Jahwe* und im *Vertrauen auf militärisches Potential* sieht prophetische Kritik eine *absolute Alternative*.[607]

---

jedoch nicht zeichenhaftes oder gar direkt messianisches Handeln gewesen); für JEREMIAS, Gleichnisse 151, ist die Wahl des Esels als Reittier beim Einzug in Jerusalem Ausdruck der „Friedenssendung" Jesu; Jeremias reiht den Ritt auf dem Esel in die Gleichnishandlungen Jesu ein. – Anders als W. BAUER, Der Palmesel (1953), in: DERS., Aufsätze und kleine Schriften (hrsg. von G. Strecker), Tübingen 1967, 109-121, der bei unbestimmt gebrauchten *polos* in der ältesten synoptischen Überlieferung (Mk 11,2ff und Lk 19,30ff) an ein „junges Pferd" denkt, vertritt O. MICHEL, Eine philologische Frage zur Einzugsgeschichte, in: New Testament Studies 6 (1959/60) 81f, die Überzeugung, daß *polos* seinen hebräischen und aramäischen Äquivalenten nach „ganz eindeutig den jungen, starken Esel meint" (82).

[605] PRAGER/STEMBERGER 508. – Vgl. auch JOHANNES PAUL I., Die Lektion des Weihnachtsesels, in: J. RATZINGER, Licht, das uns leuchtet. Besinnungen zu Advent und Weihnachten, Freiburg/Basel/Wien 6. Auflage 1980, 51-64: „Der Esel war auch seit je der Freund der Armen."

[606] Vgl. PRAGER/STEMBERGER 508: „Mit einem Esel kann man schwer Krieg führen."

[607] Vgl. auch BACH 22, der die überlieferungsgeschichtliche Wurzel der Aussage „Jahwe zerbricht Waffen" (gemeint sind die Waffen Israels!) in der „prophetischen Erkenntnis des unversöhnlichen Gegensatzes zwischen Jahwe und militärischer Rüstung" vermutet. R. BACH, der in Jes 30,15f u. 31,1.3 (wie oben ausgeführt) Judas *Rüstungspolitik* „als *widergöttlich* gebrandmarkt" sieht und der Formulierung entnimmt, „daß das Vertrauen auf Pferd und Wagen als *absoluter Gegensatz* gegen das Vertrauen auf Jahwe erscheint" (vgl. auch die in Sach 4,6 zum Ausdruck gebrachte „Unversöhnlichkeit Jahwes mit Waffen und Kriegsrüstung"), kommt zu dem Ergebnis, daß nach prophetischer Erkenntnis Waffen vielmehr als nur unnütz *„dem Willen Jahwes zuwider* sind": Jahwe (und das Vertrauen auf ihn) und militärisches Machtpotential (und das Vertrauen darauf) sind zu einer *absoluten Alternative* geworden. „Jahwes ‚Eiferheiligkeit' kann das Vertrauen auf militärische Machtmittel ebensowenig vertragen wie das Vertrauen auf andere Götter. Dementsprechend richtet sich Jahwes Eifer nicht nur gegen den Götzendienst, sondern auch gegen die Waffen, vorab Israels." (alle Zitate 21-23; alle Hervorhebungen von E.S.) In eben dieser Perspektive (und nicht etwa der des alttestamentlichen „Schalom"-Begriffs; vgl. meine Kritik in der Einleitung) sieht auch Franz Josef STENDEBACH militärisches Gewaltpotential verworfen: aus seiner Sicht ist „der Aspekt der Ablehnung militärischer Machtmittel … nicht mit dem Begriff schalom verknüpft, sondern entstammt paradoxerweise einer späten Theorie des heiligen Krieges, in der das Vertrauen auf Jahwes Hilfe die Zuflucht zu militärischer Rüstung verbietet"; F.J. STENDEBACH, Friede – was ist das? Überlegungen zu einem zentralen biblischen Begriff, in: Erwachsenenbildung, H. 3/1982, 181-189; 188. Wenn die Forderung nach Gewaltverzicht sich auch nicht auf das Alte Testament beziehen könne, so wisse doch das Alte Testament „darum, daß die Zukunft Israels und der Menschheit nicht im Vertrauen auf militärische Machtmittel gesichert werden kann, sondern nur im Vertrauen auf Jahwe". (ebd. 185f) Vgl. auch Formulierungen wie die in 1 Sam 17,47,

2.2.3 *Herrschaftsfreiheit unter Gottes Alleinherrschaft*

Bei Propheten des Alten Testaments stoßen nicht nur militärisches Sicherheitsdenken, entsprechende Bestrebungen und Unternehmungen auf Kritik. Auch in der Einrichtung einer politischen Herrschafts- und Zentralgewalt erkennen sie Abkehr von Gott. Wer auf militärische Gewalt oder auf Herrschaftsgewalt setzt, der baut nicht mehr auf Gott, jene geheimnisvolle Macht[608], die zu ihrer Durchsetzung nicht einer irgendwie gearteten Gewalt bedarf, die im Gegenteil sich immer dort und dann zurückzieht, wo und wenn Menschen Gewalt zur Anwendung bringen und durch dieses eigenmächtige Verhalten demonstrieren, daß sie den Lauf der Dinge doch lieber selbst und aus eigener Kraft zu beeinflussen wünschen – mit der jeder Gewalt eigenen letzten Konsequenz: denn Gewalt ist immer endgültig, einmal geschehen nicht mehr rückgängig zu machen. So zeigt bereits alttestamentliche Prophetie, daß den unterschiedlichsten Einrichtungen der Gewalt, in der Herrschaftsausübung von Menschen über Menschen[609] ebenso wie in der Anwendung militäri-

---

„in denen Jahwe und die Benutzung von Waffen als unüberbrückbarer Gegensatz erscheinen"; LIEDKE, Israel 72.

[608] So spricht beispielsweise das II. Vatikanische Konzil in seiner Erklärung über das Verhältnis der Kirche zu den nichtchristlichen Religionen, in Nr. 2, in dialogfördernder Weise von Gott; vgl. K. RAHNER / H. VORGRIMLER, Kleines Konzilskompendium. Sämtliche Texte des Zweiten Vatikanums, Freiburg/Basel/Wien 9. Aufl. 1974, 355-359; 356f. – Für die Propheten des AT ist die Macht Gottes konkret: „Die Propheten sind überzeugt von der Totalkompetenz, Souveränität und Geschichtsmächtigkeit Gottes", weshalb für sie auch der Bereich des Politischen nicht neutral bleibt; so F.-L. HOSSFELD, Glaube und Politik bei den Propheten, in: Lebendige Seelsorge 35 (1984) 106-112; 111.

[609] Zur hier vorausgesetzten Verhältnisbestimmung von Macht, Herrschaft und Gewalt kann ich nur auf den zweiten, noch unveröffentlichten Band meiner Dissertation (insbesondere die Seiten 425-567 sowie 588ff) verweisen. – Bereits biblisches Gewaltverständnis ist sehr differenziert: es gibt danach nicht nur eine physische, von einem Individuum gegen ein anderes direkt verübte Gewalt. Die Erzählung von Kain, der nach seinem Mord an Abel (Gen 4,8) „Gründer einer Stadt" wurde (Gen 4,17), kann „unter dem Aspekt des Übergangs von individueller zu struktureller Gewalt interpretiert werden", wie EBACH 47 bemerkt. Ohne zu bestreiten, daß zivilisatorische Entwicklungen auch lebensfördernd sein können, teilt – so EBACH ebd. weiter – der Erzähler von Gen 4 die Erfahrung mit, „daß sich der Fortschritt in der Regel letztlich lebensmindernd ausgewirkt hat". „Die Geschichte der menschlichen Kultur und Zivilisation erscheint" ihm „als Fortsetzung eines Aktes direkter individueller Gewalt." Israel wußte, „daß es Strukturen gibt, deren Gewalt nicht auf einzelne dingfest zu machende Schuldige zurückgeführt werden kann, sondern eigengesetzlich abläuft". Eine solche

scher oder anderer Gewalt, die – in der Regel wohl uneingestandene, nicht einmal bewußte – Annahme zugrundeliegt, daß die göttliche Macht doch in der Hinsicht begrenzt ist, daß sie nicht ohne die Vermittlung von einer von Menschen ausgehender Gewalt zwischenmenschliches Heil zu wirken vermag. Gewaltanwendung, in welcher Form auch immer, geht von einem Defizit göttlicher Macht aus, ist ein Indiz für mangelndes Gott-Vertrauen. Umgekehrt kann gesagt werden, daß erst im konsequenten Gewaltverzicht – im besonderen Fall: Herrschaftsverzicht – mit dem Credo der Allmacht Gottes[610], der Anerkenntnis der Alleinherrschaft Gottes in einer Weise ernstgemacht wird, wie es das erste Gebot intendiert.

Struktur bildete beispielsweise auch das Königtum (vgl. 1 Sam 8,10ff). (Alle Zitate in: EBACH 47) Daß Gewalt viele Erscheinungsformen – eben nicht nur die der direkten, zwischenmenschlichen, physischen – kennt, weiß schon das Alte Testament; *hamas* (Gewalttat) „ist oft, wenn auch nicht notwendig" in den alttestamentlichen Schriften „mit Blutvergießen verbunden … Indes kann *hamas* auch ohne physische Gewaltanwendung durch ungerechte Behandlung, falsche Anklage, Ausbeutung der sozial Schwachen verübt werden. Als sich Abrahams Magd Hagar in ihren Mutterfreuden über dessen unfruchtbare Ehefrau Sarai erhebt, beklagt sich diese bei Abraham, sie erfahre von seiten Hagars *hamas* (Gen 16,5). Jeremia (22,3) warnt davor, Fremde, Witwen und Waisen zu bedrängen und ihnen *hamas* anzutun. Die ganze Perversität der in Sünde verstrickten Menschheit, die das Strafgericht der Sintflut provoziert, ist Gen 6,11-13 im Begriff *hamas* eingefangen." (H. HAAG 34) „Die Erde war in Gottes Augen verdorben, sie war voller Gewalttat". (Gen 6,11) Mit *hamas*, die nach der Priesterschaft die Sünde kennzeichnet, „war die willkürliche Bedrückung und die rücksichtslose Vergewaltigung des Nebenmenschen durch die, die Macht haben", gemeint; d. h. „die Unmenschlichkeit, die bis zur Vernichtung des Nebenmenschen gehen konnte". (N. LOHFINK, Wörter 215) *hamas* im Sinne von „vergewaltigen" bezeichnet „jene Form von gewaltsamer Verletzung der persönlichen Rechte des Mitmenschen". (H. HAAG 34) Hier dürfte auch Jesu umfassendes Gewaltverständnis (vgl. oben, Kap. 1) mit vorgebildet sein.

[610] In diesem seinem Credo bekennt der Christ zwar Gott als den Schöpfer der Welt sowie Garant ewigen Lebens nach dem Tod und damit eine eigentlich nicht mehr zu überbietende Potentialität, nimmt diese Anerkenntnis göttlicher Allmacht nicht selten aber wieder zurück, wenn es gilt, mit dieser auch im Alltag, speziell im politischen Geschäft, zu rechnen: ist er doch hier lieber selbst sein eigener und der Ereignisse Herr, man darf dann auch i.S. von „*alter deus*" sagen: Gott.

2.2.3.1 *Der Anspruch Gottes auf Alleinherrschaft*

Im Zentrum der Heiligen Schrift steht die Theologie der Herrschaft Gottes.[611] Mit der Herausführung aus der ägyptischen Sklaverei (vgl. Dtn 6,20-23) beansprucht Gott Alleinherrschaft über Israel.[612] Die Texte, aus denen dieser Anspruch hervorgeht, sind bereits erwähnt worden; es sind solche, die den Inhalt des ersten Gebotes thematisieren. Des weiteren gehören dazu Texte, die von der *„Gottesfurcht"*[613], dem *„Eifer" Gottes*[614] und der Erfüllung seiner Gebote sprechen. Alle stellen den Totalitätsanspruch Gottes heraus, was sie für viele Leser und Hörer so anstößig macht – steht doch die totalitäre Herrschaftsausübung von Menschen über Menschen bei der Vorstellung göttlicher Herrschaftsausübung Modell. Erst unter der Berücksichtigung ihrer besonderen Erscheinungsform und Funktion beginnt sich göttliche Herrschaft positiv von der Herrschaft von Menschen über Menschen abzusetzen.

Über ihre Erscheinungsform ist bereits einiges gesagt worden; hier soll nur noch einmal daran erinnert werden: Gott wirkt ohne Zwang, Gott bietet an. In seiner „Allmacht" nimmt sich Gott selbst zurück und läßt auf diese Weise den Menschen – gegen alle Erfahrungen mit menschlicher Macht – unabhängig und frei. Das unterstreicht Sören Kierkegaard, wenn er zur Allmacht Gottes ausführt: „Das Höchste, das überhaupt für ein Wesen getan werden kann, ist, es frei zu machen. Eben dazu gehört Allmacht, um das tun zu können. Das scheint sonderbar, da gerade die Allmacht abhängig machen sollte. Aber wenn man die Allmacht denken will, wird man

---

[611] Vgl. FOHRER, Mittelpunkt; sodann M. BUBER, Königtum Gottes, Heidelberg 3., neu vermehrte Aufl. 1956, und SCHNACKENBURG, Gottes Herrschaft. Vgl. insbesondere: E. HAAG, Gottes Herrschaft und Reich im Alten Testament, in: Internationale katholische Zeitschrift „Communio" 15 (1986) 97-109.

[612] Vgl. auch N. LOHFINK, Wörter 52.

[613] Vgl. S. PLATH, Furcht Gottes. Der Begriff *jare* im Alten Testament, Stuttgart 1963; H.A. BRONGERS, Der Eifer des Herrn Zebaoth, in: Vetus Testamentum 13 (1963) 269-284; einer Untersuchung von J. BECKER, Gottesfurcht im Alten Testament, Rom 1965. zufolge, kann nur sehr differenziert von Gottesfurcht gesprochen werden (so ist z. B. zwischen „Gottesschrecken" und „numinoser Furcht" zu unterscheiden, vgl. ebd. 283).

[614] Vgl. W. BERG, Die Eifersucht Gottes – ein problematischer Zug des alttestamentlichen Gottesbildes?, in: Biblische Zeitschrift 23 (1979) 197-211, für den sich im „Charakterzug" der Eifersucht Gottes das besondere Verhältnis Jahwes zu Israel widerspiegelt.

sehen, daß gerade in ihr die Bestimmung liegen muß, sich selbst so wieder zurücknehmen zu können in der Äußerung der Allmacht, daß gerade deshalb das durch die Allmacht Gewordene unabhängig sein kann. ... Nur die Allmacht kann sich selber zurücknehmen, während sie hingibt, und dieses Verhältnis ist gerade die Unabhängigkeit des Empfängers. Gottes Allmacht ist darum seine Güte. Denn Güte ist, ganz hinzugeben, aber so, daß man dadurch, daß man allmählich sich zurücknimmt, den Empfänger unabhängig macht. Alle endliche Macht macht abhängig, nur die Allmacht kann unabhängig machen ..."[615] Gott herrscht ohne Zwang, Gott duldet den Widerspruch und die Abkehr. *Gott herrscht herrschaftsfrei.*[616]

Die Funktion seines Anspruches auf Alleinherrschaft ist die „Aufhebung menschlicher Herrschaft"[617]. Gottes Herrschaft „unterdrückt nicht, sondern macht frei. Sie preßt nicht zum Tod hin, sondern belebt" (vgl. Dtn 6,24), wie die Geschichte Israels zeigt: „Immer dann, wenn Israel sich dem Königtum Gottes entzog, kam das Dunkel. Wenn es sich bekehrte, kam neue Befreiung und Leben in Sicherheit. Urbild der Herrschaftsübernahme Gottes ist die Befreiung aus der ägyptischen Herrschaft und die Hineinführung in ‚dieses Land'."[618] Die Herrschaft Gottes befreit, die der Menschen dagegen führt in Ausbeutung, Militärdienst, Aufrüstung, Enteignung, Steuerlast und Versklavung, wie 1 Sam 8 entnommen werden kann.[619] Gottesherr-

---

[615] S. KIERKEGAARD, Tagebücher, München 1949, 216f; zit. nach GRESHAKE, Preis 34f.

[616] Zur Königsherrschaft Gottes als einer „repressionsfreien Herrschaft" (= hölzernes Eisen?) vgl. A. V. JÜCHEN, Die Kampfgleichnisse Jesu, München 1981, 103 u. a.

[617] Vgl. F. HAMMER 75: „Wenn Gottes Allmacht herrschaftslos als Liebe wirkt, dann kann der Mensch, geschaffen nach dem Bild desselben Gottes, nicht unumschränkt herrschen. Zerbricht das Bild vom Herr-Gott am biblischen Befund, werden menschliche Herrschaftsansprüche zur eigentlichen und wirksamen Gottesleugnung." Vgl. ebd. 77: „Verzicht auf Herrschaft müßte als spezifisch christliches Ideal erkannt werden. Ist Gott allein Herr und gerade deshalb lautere Liebe, dann gibt es überhaupt keinen Herrn."

[618] N. LOHFINK, Wörter 52 und 46. – So bezeichnet dann auch der Begriff der Gottesherrschaft, wie ihn Jesus gebrauchte, „nicht den gewaltsamen, unterdrückenden Zugriff eines göttlichen Despoten, sondern die letztlich unverfügbare Macht, die den Menschen befreit, ihn erlöst und freimacht; die ihn von der Herrschaft fremder Mächte befreit. ... Wir müssen also präziser von der befreienden und beglückenden Herrschaft Gottes sprechen." (J. BLANK, Jesus von Nazareth, Freiburg 1972, 105).

[619] N. LOHFINK, Wörter 46.

schaft und Menschenherrschaft werden vor allem in der deuteronomistischen Theologie als Gegensätze gesehen.[620]

In der Tradition dieser Theologie ist das in Est 3,8f berichtete, für
das Volk des Alten Testaments typische Widerstandsverhalten zu
sehen.[621] Ausdruck dieser Theologie ist auch die Rechtfertigung des
Apostels Petrus vor Gericht: *„Man muß Gott mehr gehorchen als den
Menschen."* (Apg 5,29) wie auch die Weigerung des Franz von Assisi,
einer Vorladung der Konsuln und den Anordnungen seines Vaters
zu folgen, was von den Konsuln richtig gedeutet wird: „Seitdem er
in den Dienst Gottes getreten ist, steht er außerhalb unserer Befug-
nisse."[622] Nicht zuletzt ist auch „das einsame Zeugnis" eines Franz
Jägerstätters, seine Kriegsdienstverweigerung im Zweiten Weltkrieg mit der Begründung „Niemand kann zwei Herren dienen …"
als ein Bekenntnis zur Theologie der Alleinherrschaft Gottes zu verstehen.[623] Die exklusive Bindung an Gott befreit: „Im Vertrauen auf
den Vater Jesu Christi verläßt der Glaubende die vergötterte Wirklichkeit und wird ein freier Mensch, der die Dinge haben und lassen
kann. … Er wird über die kleinen und die politisch aufgebauschten
Götzen lachen. Sie haben keine Macht über ihn."[624] Im Vertrauen auf
Gott, unter seiner Alleinherrschaft, verliert sich auch die Furcht vor
den Menschen; der im Glauben furchtlos geworden ist, ist „für die
Ansprüche des Gesetzes und der Angst tot. Im Tode hat auch der
Kaiser sein Recht verloren. Wer keine Furcht mehr hat, ist nicht
mehr gut beherrschbar. … Die Freiheit von Todesangst und Men-
schenfurcht ist das größte Geschenk des Glaubens."[625] „Die Fürsten
und Gewalten", so schreibt Paulus (oder einer seiner Schüler) an die
Gemeinde von Kolossä, hat Gott „entwaffnet und öffentlich zur
Schau gestellt; durch Christus hat er über sie triumphiert." (Kol 2,15)

---

[620] Vgl. ebd. 47. – Erinnert sei hier auch an den in 2 Sam 24 und 1 Chr 21,1-17 berichteten
Vorgang: die Volkszählung und Musterung durch David, die im Namen Jahwes von
dem Propheten Gad streng verworfen wird.

[621] Vgl. F. CRÜSEMANN, „… und die Gesetze des Königs halten sie nicht" (Est 3,8). Widerstand und Recht im Alten Testament, in: Wort und Dienst, N.F. Bd. 17 (1983) 9-25.

[622] DEMPF 23.

[623] ZAHN, bes. 137 und 142.

[624] J. MOLTMANN, Umkehr zur Zukunft, München/Hamburg 1970, 111.

[625] Ebd. 111 und 112; vgl. auch D.A. SEEBER, Ist Revolution eine christliche Alternative?,
in: E. FEIL/R. WETH (Hg.), Diskussion zur „Theologie der Revolution", München/
Mainz 1969, 1-16; 15: „Gottes Souveränität unterminiert in der Tat alle Autoritätsstruk-
turen …"

Das Wort vom „Gottesfürchten" verliert seine negative Konnotation, wenn man Inhalt und Funktion der Gottesfurcht kennt: Gott fürchten meint „die gefühls- und bewußtseinsmäßige Anerkennung des Totalitätsanspruches Gottes, die … sich in der Erfüllung seiner sittlichen Ansprüche äußert und die Machtansprüche aller anderen mit ihm rivalisierenden Mächte ablehnt."[626] Gottes Herrschaft drängt menschliche zurück und macht die Menschen dadurch frei: „Wo Menschen mit der Herrschaft Gottes rechnen, muß die Furcht vor der Herrschaft der Menschen weichen. Die Gottesfurcht treibt die Menschenfurcht aus. … Wo das Wort Gottes gehört wird, weiß man: ‚Fürsten sind Menschen, vom Weibe geboren, und sinken wieder in den Staub.' Diese Grunderkenntnis hat vielen Christen zu allen Zeiten eine eigenartige Freiheit im Umgang mit den Machthabern gegeben."[627]

2.2.3.2 *Anmaßung und Unheil menschlicher Herrschaft –*
Kritik am Königtum

Zentrale Aussagen der Schrift beschreiben die Verwerflichkeit menschlicher Herrschaft. Andererseits: spricht nicht gerade biblisch einiges für die Bedeutsamkeit und Notwendigkeit menschlicher Herrschaft, hier besonders in Form des Königtums? Lehrt nicht der „flüchtige Blick" in die Heilige Schrift, daß das Königtum eine „eminente, ja beherrschende Bedeutung" gehabt haben muß? Steht nicht im Alten wie im Neuen Testament die Gestalt des Königs im Mittelpunkt: Jesus, der beim Einzug nach Jerusalem wie ein König begrüßt wurde, sich vor Pilatus als König bekennt und durch die Kreuzesaufschrift als solcher ausgewiesen wird? Sind nicht der König David, aber auch Saul und Salomo beherrschende Gestalten des Alten Testaments? Hier stocken wir aber auch schon in der Aufzählung: denn was wissen wir über die übrigen Könige Israels? In der Tat darf „mit dieser Art menschlicher Autorität im Alten Testament nicht zu allen Zeiten in gleich starker Weise gerechnet werden".[628]

---

[626] PLATH 127.

[627] W. SCHLENKER, Glaubwürdig Christ sein. Bibel und Bekenntnis heute, Stuttgart/Berlin 1977, 164.

[628] G. SAUER, Die Bedeutung des Königtums für den Glauben Israels dargestellt als Grundlage für die Erörterung der Frage nach menschlicher Autorität im Alten Testa-

Die kürzeste Zeit seiner Existenz, nicht viel mehr als nur 400 Jahre (von ca. 1000 bis 587 v.Chr.), verbrachte Israel unter der Führung eines Königs und als „Staat".[629] Doch existierte es nicht minder ohne Königsherrschaft in den ca. 200 Jahren davor (von der sog. „Landnahme" an)[630] und in der Zeit danach (vom Babylonischen Exil an), in der es sich allein Jahwe verpflichtet wußte.[631] Das Intermezzo menschlicher Königsherrschaft in Israel war alles andere als ein glückliches: nicht nur, daß die Königsherrschaft am Ende die Deportation verschuldete, sie war gekennzeichnet durch Intrigen und Mord, durch Reichsteilung und Bruderkriege, durch Unterdrückung und Ausbeutung, Militärdienst und Volkszählung (vgl. 2 Sam 24). Weitsichtige Zeitgenossen hatten darum vor der Einführung des Königtums in Israel zu Recht gewarnt.

Neben einer prinzipiellen Kritik mußte sich das Königtum von Anfang an eine immanente gefallen lassen. Grundlage dieser Kritik war die Überzeugung, daß der König nicht weniger als die übrigen

---

ment, in: Theologische Zeitschrift 27 (1971) 1-15; 1f.

[629] Vgl. N. LOHFINK, Ethos 21: Israel steht nur kurz unter königlicher Herrschaft. Als Staat existierte Israel „eigentlich gar nicht so lange". „Schon nach drei Königen bricht er auseinander, und daß es jetzt im Gottesvolk zwei Staaten nebeneinander gibt, wird zunächst gar nicht als ungehörig empfunden. Das Nordreich lebt noch keine 300 Jahre, das Südreich gerade etwa 400, dann ist es mit der Monarchie und mit selbständigen Staaten ganz zu Ende."

[630] SAUER 2f: „Israel hatte eine lange und zwar äußerst entscheidende Zeit bereits hinter sich, als die ersten Könige in seiner Mitte gesalbt und inthronisiert wurden. Es gab also lange Zeit hindurch keine königliche Autorität. Selbst wenn man von der Patriarchenzeit absieht … bleiben immer noch etwas mehr als 200 Jahre, in denen das Volk keinen König hatte." – Daß man für diese Zeit nicht einfachhin eine Art theokratische Verfaßtheit des Landes, also ein Leben „unter einer unmittelbaren Gottesherrschaft" annehmen darf, gibt W. SCHWEITZER, Freiheit zum Leben. Grundfragen der Ethik, Stuttgart/Gelnhausen 2. Aufl. 1959, 186, zu bedenken. SCHWEITZER 187 hält dazu an, nicht von einer „staatslosen Zeit", sondern genauer „von verschiedenen Formen des politischen Lebens zu sprechen", und sieht in idealisierenden Vorstellungen der Propheten Versuche, das enge Verhältnis von Glaube und Politik zu betonen. Hier ist freilich an die sog. Richter, charismatisch begabte Führergestalten, zu denken, die in der vorstaatlichen Zeit Israels mit der Rechtsprechung und sicherlich auch mit regional begrenzten Führungsaufgaben betraut waren, aus ihren Vollmachten jedoch in der Regel keinen Anspruch auf Dauerherrschaft ableiteten. Vgl. dazu die Ausführungen bei S. HERRMANN, Geschichte Israels in alttestamentlicher Zeit, München 2., überarbeitete und erweiterte Aufl. 1980, 147-166.

[631] Daß das Königtum schon bald wieder wegfallen konnte, ohne eine Lücke zu hinterlassen, zeigt, daß es nur ein Accidens für den genuin israelitischen Glauben darstellte (vgl. SAUER 9).

Glieder des Volkes unter dem Recht Gottes stehe, auf Gottes Hilfe angewiesen und ihm in allem verantwortlich sei.[632] Die Propheten haben es nicht versäumt, die Könige daran zu erinnern und nach diesem Maßstab zu kritisieren.[633] Hier ist auf die Fülle *königskritischer* Texte zu verweisen, die Königspsalmen nicht ausgenommen.[634]

Weit darüber hinaus hat es in Israel, vermutlich von Anfang an, eine grundsätzliche Kritik am Königtum gegeben, die hier – im Zusammenhang der Rede vom Vertrauen auf Gott – ganz besonders interessieren soll. „Das Königtum galt in Israel als etwas Heidnisches, dem Wesen Israels Fremdes. ... Die Einrichtung eines Königtums nach heidnischem Muster widerspricht dem Herrschaftsanspruch Jahwes über Israel. Die Selbstsicherung Israels durch politischen Zusammenschluß der Stämme unter politischem Oberhaupt steht im Gegensatz zu der Forderung, daß es von seinem Gott abhängig sein und auf sein jeweiliges Eingreifen vertrauen sollte."[635] In der Einrichtung einer politischen Zentralgewalt sahen die Königsgegner einen Vertrauensbruch gegenüber Gott. Der von ihnen ausgehende Widerstand hat sich in einer Reihe antiköniglicher Texte niedergeschlagen. Diese Texte verbinden negative Erfahrungen der ersten Königszeit (oder sind sie Schilderungen *ex eventu*?)

---

[632] Das Königtum wurde in den Jahweglauben unter der Voraussetzung einbezogen, daß der König „mit seinem Volk Jahwe zu fürchten und auf seine Stimme zu hören" hatte; so W.H. SCHMIDT, Kritik am Königtum, in: H.W. WOLFF (Hg.), Probleme biblischer Theologie. Festschrift Gerhard von Rad, München 1971, 440-461; 443. Vgl. auch L. SCHMIDT, König und Charisma im Alten Testament. Beobachtungen zur Struktur des Königtums im alten Israel, in: Kerygma und Dogma 28 (1982) 73-87.

[633] Vgl. H. SCHMIDT, Kritik 443ff.

[634] Zu den Versuchen, die königliche Macht in Schranken zu halten, vgl. N. LOHFINK, Wörter 57-75.

[635] METZGER 67; vgl. auch schon A. OEPKE, Das neue Gottesvolk, Gütersloh 1950, bes. 338-404, 339: „Einen menschlichen König hat das Gottesvolk zunächst nicht. Der qehali tritt als Kultgemeinschaft und nötigenfalls als Heerbann, aber nicht als von einem Menschen dauernd beherrschte Masse in Erscheinung. Die politische Organisation als Dauererscheinung verstößt gegen die Sonderqualität des Gottesvolkes, ist heidnisch. So die allerdings jungen Texte 1 Sam 8 und 12." Zur Opposition gegen das Königtum vgl. auch N.A. DAHL, Das Volk Gottes. Eine Untersuchung zum Kirchenbewußtsein des Urchristentums, Oslo 1941, 21. – E. HAAG, Gottes Herrschaft 101, unterstreicht ebenfalls die prophetische Opposition „gegen die mit der Einführung der Monarchie in Israel drohende Gefahr einer Pervertierung des theokratischen Ideals, gegen die Bemühungen der Könige, den politischen Machtanspruch ihres Staates mit dem Königtum Jahwes ideologisch zu verbrämen".

mit den überlieferten Auseinandersetzungen, die möglicherweise vor der Einführung des Königtums zwischen seinen Betreibern und seinen Gegnern stattgefunden haben.[636]

Gideon, erfolgreich aus dem Feldzug gegen die Midianiter zurückgekehrt, lehnt noch die Aufforderung, „Herrscher" über das Volk zu werden, entschieden ab:

> „Ich will nicht über euch herrschen, und auch mein Sohn soll nicht über euch herrschen; der Herr (Jahwe; E.S.) soll über euch herrschen." (Ri 8,23)

„Nur einer kann herrschen", so überschreibt Frank Crüsemann diesen Spruch.[637] Kultische Kreise führen mit der gläubigen Herrschaftsverweigerung Gideons der salomonischen Zeit „das positive Gegenbild zu David" vor Augen: anders als Gideon hatte David seine mit Jahwes Hilfe errungenen militärischen Erfolge dazu benutzt, sich zum König zu machen.[638]

---

[636] Es ist in diesem Rahmen nicht möglich, auf die besonderen exegetischen Probleme einzugehen, die diese Texte aufwerfen. Dazu gehört in erster Linie die Frage nach der Entstehungszeit. Einer ausgesprochenen Spätdatierung durch Wellhausen und Budde wird von F. CRÜSEMANN, Der Widerstand gegen das Königtum. Die antiköniglichen Texte des Alten Testaments und der Kampf um den frühen israelitischen Staat, Neukirchen-Vluyn 1978, bes. 1-17, entschieden widersprochen. Als Entstehungsort der königsfeindlichen Texte weist Crüsemann die Widerstandsbewegung gegen das frühe Königtum nach; vgl. 85-127. Zu den antiköniglichen und königskritischen Bewegungen in Israel vgl. auch H. SCHÜNGEL-STRAUMANN, Kritik am Königtum im Alten Testament, in: Bibel und Kirche 36 (1981) 194-201. – Hier sei auch hingewiesen auf eine fast zeitgleich mit Crüsemann erschienene Arbeit von T. VEIJOLA, Das Königtum in der Beurteilung der deuteronomistischen Historiographie. Eine redaktionsgeschichtliche Untersuchung, Helsinki (Suomalinen Tiedeakatemia) 1977, in der die uneinheitliche Beurteilung des Königtums in der deuteronomistischen Historiographie herausgearbeitet wird: das noch „durchaus positive" Verhältnis des eigentlichen Geschichtsschreibers DtrG und das ablehnende polemische seines späteren Schülers DtrN, dessen königtumskritische Betrachtungsweise an ältere Vorbilder denken läßt und in der Einsicht wurzelt, „daß Jahwe der eigentliche König Israels ist und keinen Konkurrenten von menschlicher Seite neben sich duldet"; er dürfte nach VEIJOLA 122 „als erster aus der Erkenntnis von Jahwes Königtum die theokratische Konsequenz gezogen (haben), daß es gar kein menschliches Königtum geben dürfe" (Hervorhebung von VEIJOLA). Nach VEIJOLA (ebd.) gehört übrigens „diese Einsicht zu dem Wertvollsten in der Theologie des DtrN": ein Ethos, das gewiß auch im ersten Gebot begegne, freilich eine Überzeugung, die unvermeidlich in Konflikt mit den damit kritisierten Herrschaftsstrukturen geraten mußte.

[637] Vgl. CRÜSEMANN, Widerstand 42-54.

[638] Vgl. ebd. 52f.

Historisch ist die Rede Gideons vermutlich nicht.[639] Sie dürfte vielmehr (!) eine „religiöse Grundanschauung" sein.[640] „Der Spruch wagt es", so kommentiert ihn Martin Buber, „mit der Gottesherrschaft Ernst zu machen".[641] Das sei, „da es nicht eschatologisch, sondern historisch, nicht als Weissagung, sondern als politische Kundgebung" geschehe, „insofern ein geradezu geschichtswidrig anmutendes Wagnis", als die der Geschichtswissenschaft bekannten „Theokratien" hierokratische Machtgebilde seien, deren Träger sich als göttlich legitimiert verstehen.[642] Die Aussage Gideons jedoch kann dagegen nach Buber nicht in dem Sinn verstanden werden, daß er regieren wolle, aber unter Jahwes Anleitung.[643]

Auch der folgende Text unterstreicht das ursprüngliche Wissen um die Konkurrenz menschlicher und göttlicher Herrschaft. In der „inneren Krise einer persönlichen Orientierungs- und Verantwortungslosigkeit", der Auseinandersetzung mit kanaanäischer Religiosität, Kultur, Wirtschafts- und Gesellschaftsordnung,[644] sowie der „äußeren Krise" einer permanenten militärischen Bedrohung durch die Philister verlangen die „Ältesten" Israels von Samuel, daß er einen König einsetze, „der uns regieren soll, wie es bei allen Völkern der Fall ist" (1 Sam 8,5).[645] „Ein König soll über uns herrschen", fordert das Volk. (1 Sam 8,19) „Auch wir wollen wie alle anderen Völ-

---

[639] BUBER, Königtum 9. Zwar ist nach Buber die Historizität des Spruches unbedeutend, doch könne seine „geschichtliche Möglichkeit" nachgewiesen werden, wäre seine „geschichtliche Wahrheit" erwiesen. Ausführlicher zu Gideon: J.A. SOGGIN, Das Königtum in Israel. Ursprünge, Spannungen, Entwicklung, Berlin 1967, 15-20.
[640] Ebd. 8.
[641] Ebd. 3.
[642] Ebd. 3f.
[643] Ebd. 4.
[644] Vgl. W. DIETRICH, Israel und Kanaan. Vom Ringen zweier Gesellschaftssysteme, Stuttgart 1979, bes. 21-31.
[645] Vgl. H. SCHMIDT 98. Auf die exegetische Streitfrage, ob außenpolitische und/oder innenpolitische Probleme Ursache für den Ruf nach dem „starken Mann" waren, kann hier nicht näher eingegangen werden. Vgl. dazu H.J. BOECKER, Die Beurteilung der Anfänge des Königtums in den deuteronomistischen Abschnitten des 1. Samuelbuches. Ein Beitrag zum Problem des „deuteronomistischen Geschichtswerks", Neukirchen-Vluyn 1969, 24ff. In Anlehnung an eine Arbeit von C. Sigrist glaubt CRÜSEMANN, Widerstand 208-215, für Israel feststellen zu können, daß die philistäische Bedrohung, also äußerer Druck, für die Entstehung einer königlichen Zentralinstanz verantwortlich gewesen sei. Fragen über Fragen wirft auch die Redaktionsgeschichte des Samueltextes auf; vgl. dazu CRÜSEMANN, Widerstand 54-84.

ker sein. Unser König soll uns Recht sprechen, er soll vor uns herziehen und soll unsere Kriege führen." (1 Sam 8,20) Eine starke
Zentralgewalt verspricht außen- und innenpolitische Effizienz:
durch Musterungen und Kriegsverpflichtungen schafft sie die Voraussetzung für ein optimales militärisches Vorgehen, durch
Zwangsmaßnahmen verschiedenster Art führt sie eine gewisse in-
nerstaatliche Ordnung herauf. Die alte Theologie, daß allein Jahwe
seinem Volk Schutz bieten kann und im Kriege vor ihm herzieht, ist
damit freilich preisgegeben.[646]

Menschliche Herrschaft schließt also göttliche aus: „Ich soll nicht
mehr ihr König sein" (1 Sam 8,7), folgert Jahwe aus dem Königsbegehren seines Volkes (vgl. auch 1 Sam 12,12: „Als ihr aber saht, daß
Nahasch, der König der Ammoniter, gegen euch ausrückt, sagtet ihr
zu mir: Nein, ein König soll über uns herrschen!, obwohl doch der
Herr, euer Gott, euer König ist."). Das Königsbegehren Israels liegt
ganz in der Linie seines übrigen Götzendienstes: „Das entspricht
ganz ihren Taten, die sie (immer wieder) getan haben, seitdem ich
sie aus Ägypten heraufgeführt habe, bis zum heutigen Tag; sie haben mich verlassen und anderen Göttern gedient." (1 Sam 8,8)[647] Die
Installierung eines Königtums kommt der Entthronung Gottes
gleich. Das ist im Kern der Vorwurf in 1 Sam 8 und 12: „Die Errichtung eines Königtums und damit die Gründung eines Staates bedeutet *praktizierten Atheismus.*"[648]

---

[646] Vgl. M.M. TEUBNER, Soziale Gesetzgebung in Israel und die kapitalistischen Auswüchse der Königszeit, in: Bibel und Kirche 36 (1981) 206-212; 209: „Der Ruf nach dem
König entsprach also einerseits einem elementaren Wunsch des Volkes nach Lebens-
sicherung, andererseits zeigt er die Erschlaffung der ersten Liebe und des Glaubens an
den einzigen Gott." – Nach einer Auffassung von BOECKER entzündet sich der Widerstand gegen das Königtum daran, daß es der alten Jahwekriegstheologie widerspricht:
Einen König „vor sich herziehen" lassen, bedeutet, nicht mehr Jahwe „vor sich herziehen" lassen; vgl. 19-24. Dem entspräche die Feststellung E. ZENGERS, Exodus 147, daß
„die zugespitzte Darstellung der Befreiung Israels am Meer als ‚Jahwekrieg eigener
Prägung' … eine Auseinandersetzung mit der Königszeit" bedeute.
[647] Vgl. dazu CRÜSEMANN, Widerstand 73-84.
[648] Ebd. 84 (Hervorhebung von E.S.); vgl. auch BERDIAJEW 86: „Der Staat wurde durch
einen Gewaltakt in der sündigen Welt geschaffen und war von Gott nur geduldet. Die
biblische Idee von dem Ursprung der königlichen Macht entstand gegen den Willen
Gottes. Wenn man alles bis zum Ende durchdenkt, so muß man erkennen, daß von
Gott nur Freiheit stammt, nicht aber Macht." – Vgl. auch H. WILDBERGER, Samuel und
die Entstehung des israelitischen Königtums, in: Theologische Zeitschrift 12 (1957)
442-469.

Samuel, dem es nicht gelingt, den Abfall von Gott zu verhindern, kann am Ende nur noch vor ihren Folgen warnen; seine eindringliche Warnung hat an Aktualität nichts eingebüßt:

„Das werden die Rechte des Königs sein, der über euch herrschen wird: Er wird eure Söhne holen und sie für sich bei seinen Wagen und seinen Pferden verwenden, und sie werden vor seinem Wagen herlaufen. Er wird sie zu Obersten über (Abteilungen von) Tausend und zu Führern über (Abteilungen von) fünfzig machen. Sie müssen sein Ackerland pflügen und seine Ernte einbringen. Sie müssen seine Kriegsgeräte und die Ausrüstung seiner Streitwagen anfertigen. Eure Töchter wird er holen, damit sie ihm Salben zubereiten und kochen und backen. Eure besten Felder, Weinberge und Ölbäume wird er euch wegnehmen und seinen Beamten geben. Von euren Äckern und euren Weinbergen wird er den Zehnten erheben und ihn seinen Höflingen und Beamten geben. Eure Knechte und Mägde, eure besten jungen Leute und eure Esel wird er holen und für sich arbeiten lassen. Von euren Schafherden wird er den Zehnten erheben. Ihr selber werdet seine Sklaven sein. An jenem Tag werdet ihr wegen des Königs, den ihr euch erwählt habt, um Hilfe schreien, aber der Herr wird euch an jenem Tag nicht antworten." (1 Sam 8,11-18)[649]

Die „Unproduktivität" des Königtums unterstreicht noch ein anderer Text, die sog. Jotamfabel (Ri 9,7-15), von der Martin Buber sagt, daß sie die „stärkste antimonarchische Dichtung der Weltliteratur" sei[650]:

Als man Jotam meldete, daß man Abimelech[651] zum König gemacht hat, „stellte er sich auf den Gipfel des Berges Garizim und

---

[649] Zur nachhaltigen Wirkung dieses Textes vgl. A. WEBER-MÖCKL, „Das Recht des Königs, der über euch herrschen soll". Studien zu 1 Sam 8,11ff. in der Literatur der frühen Neuzeit, Berlin/München 1986.

[650] BUBER, Königtum 24 (vgl. auch CRÜSEMANN, Widerstand 29f). „Unabhängig" vom Gideonspruch könnte die Jotamfabel, so Buber, „anarchistisch verstanden werden; in den straffen Zusammenhang eingefügt, wirkt sie wie eine realitätseifrige Erläuterung zu jenem grundsätzlichen Manifest" des Gideonspruches, zu dem sie das Gegenstück ist. (BUBER, Königtum 24)

[651] Vgl. BUBER, Königtum 22: „In Abimelek ersteht dem Gedanken des ausschließlichen

rief ihnen mit erhobener Stimme zu: Hört auf mich, ihr Bürger von Sichem, damit Gott auf euch hört. Einst machten sich die Bäume auf, um sich einen König zu salben, und sie sagten zum Ölbaum: Sei du unser König! Der Ölbaum sagte zu ihnen: Soll ich mein Fett aufgeben, mit dem man Götter und Menschen ehrt, und hingehen, um über den anderen Bäumen zu schwanken? Da sagten die Bäume zum Feigenbaum: Komm, sei du unser König! Der Feigenbaum sagte zu ihnen: Soll ich meine Süßigkeit aufgeben und meine guten Früchte und hingehen, um über den anderen Bäumen zu schwanken? Da sagten die Bäume zum Weinstock: Komm, sei du unser König! Der Weinstock sagte zu ihnen: Soll ich meinen Most aufgeben, der Götter und Menschen erfreut, und hingehen, um über den anderen Bäumen zu schwanken? Da sagten alle Bäume zum Dornenstrauch: Komm, sei du unser König! Der Dornenstrauch sagte zu den Bäumen: Wollt ihr mich wirklich zu eurem König salben? Kommt, findet Schutz in meinem Schatten! Wenn aber nicht, dann soll vom Dornenstrauch Feuer ausgehen und die Zedern des Libanon fressen."

Auch dieser Text setzt bereits Erfahrungen mit der königlichen Regierungsform voraus.[652] Der Vergleich des Königs mit dem Dornbusch, „bei dem von Schatten zu sprechen, purer Hohn ist, und der dennoch diesen offeriert", will sagen, daß im Schatten des Königs keine wirkliche Sicherheit herrscht.[653] Der Fabeldichter will zum Ausdruck bringen: „Das Königtum ist unproduktiv, bringt keine Frucht und kann auch die Schutzfunktion, die es sich anmaßt, nicht ausfüllen."[654] Darüber hinaus warnt Ri 9, so Crüsemann, deshalb vor

Gottkönigtums der dämonisch gemeinte Widersacher."
[652] CRÜSEMANN, Widerstand 41.
[653] Ebd. 22. – Vgl. schon H. GRESSMANN, Die Anfänge Israels, Göttingen 1914, 219.
[654] CRÜSEMANN, Widerstand 29. – Zur Unproduktivität des Königtums vgl. auch BUBER, Königtum 24: „Das Königtum, so lehrt das … Gedicht, ist kein produktiver Beruf; es ist müßig, aber auch verwirrend und zersetzend, daß Menschen über Menschen herrschen; jeder soll seinem ihm eigentümlichen Geschäft nachgehen, und die mannigfaltigen Fruchtbarkeiten werden zu einer Gemeinschaft zusammenwirken, über der, damit sie daure, niemand zu walten braucht – niemand, so deutet der Gideonspruch der ohne ihn primitiv-freiheitsgläubig anmutenden Doktrin voraus, als Gott allein." – Einblick in die politische Struktur Israels zu jener Zeit und Informationen über den königlichen Beamtenapparat gibt U. RÜTERSWÖRDEN, Die Beamten der israe-

dem Königtum, weil es auf Blut gegründet sei, das Bild vom verzeh-
renden Feuer deute an, daß sich diese Tatsache, entsprechend dem
Tun-Ergehen-Zusammenhang, auch für jene katastrophal auswirken werde, die ihn „freiwillig und unter Duldung seiner Taten zum
König gemacht haben": das beherrschte und mit der Herrschaft ein-
verstandene Volk partizipiert am Unrecht und wird darum auch
den Untergang mit dem König teilen.[655] Bemerkenswert ist auch
dies: während in den Fabeln der außerbiblischen Umwelt jeder König werden will, zieht es in der Jotamfabel „nur der Unwürdige
überhaupt in Betracht".[656]

Der Schein trügt. Das Königtum ist in Israel von Anfang an eine
umstrittene Einrichtung gewesen.[657] Zu keiner Zeit ist es kritiklos

---

litischen Königszeit. Eine Studie zu *sr* und vergleichbaren Begriffen, Stuttgart/Berlin/
Köln/Mainz 1985.

[655] CRÜSEMANN, Widerstand 40.

[656] Ebd. 27. – Daß dem antimonarchistischen Richterbuch in den Kapiteln 17-21 ein
monarchistisches folgt, weist nicht auf einen Widerspruch innerhalb des Richterbu-
ches hin. Es ist „offenbar, daß das monarchistische Buch dem antimonarchistischen
nachgefolgt ist, wie eine Bestreitung der bestrittenen These folgt". (BUBER, Königtum
28) Während die antimonarchischen Aussagen in einer Zeit, „in der das Für und Wider
zum Königtum unmittelbar-politisches Gewicht hatte", in der „samuelischen Krisis"
also, entstanden sind, könnte der monarchistische Text in höfischen Kreisen zur „Ab-
weisung eines ,romantischen' Vorstosses" als erste Reaktion darauf abgefaßt worden
sein. (ebd. 33) Daß beide Aussagen später nebeneinandergestellt werden konnten,
ohne daß die eine durch die andere als unwahr erwiesen würde, erklärt Martin Buber
folgendermaßen: „Es ist etwas versucht worden – wovon der erste Teil berichtet; aber
es ist mißglückt – wie der letzte Teil zeigt." (ebd. 34) Dieses Etwas nennt Buber „die
primitive Theokratie". (ebd.) Vgl. auch H.-W. JÜNGLING, Propaganda für das Königtum.
tum. Die Tendenzgeschichte in Ri 19, in: Bibel und Kirche 38 (1983) 64f, der herausarbeitet, daß die Erzählung in Ri 19 mit der Logik „Hätte es damals das Königtum gegeben, so wäre es nicht zu so furchtbaren Geschehnissen gekommen" die „Funktion"
hat, „skeptische Kreise von der Wohltätigkeit der eben eingeführten Institution des
Königtums, und zwar in seiner davidischen Ausprägung, zu überzeugen und mit der
Wahl Jerusalems als Regierungssitz zu versöhnen", daß sie ein Schlaglicht auf die reale
Situation im 10. Jh. v.Chr. wirft und als ein Teil jener Propaganda verstanden werden
muß, „mit der das davidische Königtum jener Haltung begegnete, die es von vorneherein mit seinem kanaanäischen Wesen als eine den Grundanschauungen Israels wi-
dersprechende Institution ansah".

[657] Vgl. auch A.H.J. GUNNEWEG/W. SCHMITHALS, Herrschaft. Stuttgart/Berlin/Köln/
Mainz 1980, 46-75. – Eine fragwürdige, bis in unsere Zeit hineinreichende Rolle im
Legitimationsprozeß des Königtums hat Melchisedek, der König von Salem (vgl. Gen
14,18-20) gespielt. „Um den religiösen und sogar priesterlichen Charakter des Königtums zu betonen, verbindet es die jüdische Tradition mit Melchisedek." Josephus versteht ihn als Prototyp der Könige Israels. „Ob er nun eine geschichtliche oder eine

hingenommen worden. Einmal eingeführt, wurde es zwar in den Jahweglauben integriert, aber mit der besonderen Betonung, daß Jahwe der eigentliche Herr und König ist.[658] Die Sehnsucht nach der vergangenen königlosen Zeit verschwand in Israel nie. „Ich will dir wieder Richter geben wie am Anfang und Ratsherrn wie zu Beginn. Dann wird man dich die Burg der Gerechtigkeit nennen, die treue Stadt." (Jes 1,26) So hört Jesaja den Gott Israels in seinem Gerichtswort über Jerusalem. Hosea, der unter allen Propheten als der königskritischste gilt, scheint sich noch an jene alte königsfreie Zeit erinnern zu können und an das Aufbegehren gegen Gott: „Sie setzen Könige ein, aber gegen meinen Willen, sie wählen Fürsten, doch ich erkenne sie nicht an. Sie machen sich Götzen aus ihrem Silber und Gold – wohl damit es vernichtet wird." (Hos 8,4) Herrschertum und Götzenkult sind demnach eins; *Hosea spricht von ihnen in einem Atemzug.* Beim König, so mahnt derselbe Prophet sein Volk, wird es vergeblich nach Sicherheit suchen; nur in seinem Zorn hat Gott ihn zugelassen: „Ich vernichte dich, Israel. Wer kommt dir zu Hilfe? Wo ist denn dein König, der dich retten könnte, dich und all deine Städte? Wo sind deine Regenten, von denen du sagtest: Gib mir einen König und Fürsten! In meinem Zorn gab ich dir einen König in meinem Groll nahm ich ihn weg." (Hos 13,9-11) Alle Schuld Israels

---

Gestalt der Legende ist, jedenfalls ist das Andenken an ihn im Land lebendig genug, daß die jüdischen Herrscher es gelegentlich für gut gehalten haben, es auch auszunützen. In einem Vorgehen, für das es noch andere Beispiele gibt, und wohl um ihre Autorität bei der bodenständigen Bevölkerung zu stärken, nennen sie sich gern seine rechtmäßigen Nachfolger. ... Es ist gewiß nicht unmöglich, daß diese Erzählung mit Rücksicht auf die konservativen Kreise der judäischen Bevölkerung gestaltet wurde. Sehr auf ihre Unabhängigkeit bedacht, fanden sie es ziemlich schwer, sich dem König zu unterwerfen, der in der alten heidnischen Stadt von Jerusalem herrschte, weil sie die Gliederung in patriachalisch geführte Sippen als göttliches und unveränderliches Recht betrachteten. Es könnte sehr wohl sein, daß die Erzählung von Gen 14 sich gegen eine solche Auffassung wendet: Abraham verneigt sich vor Melchisedek und gibt ihm ‚den Zehnten von allem'." Damit sich die Israeliten leichter dem König unterwerfen, stellte man ihn in die Nachfolge Melchisedeks. PRAGER/STEMBERGER, Bd. 1, 448f („Melchisedek, König von Salem"); 448.

[658] Israel ist immer eine Art Theokratie geblieben. Seine Führer bleiben Gott unterstellt. „So betrachtet, erscheint der Staat, d. h. praktisch die Monarchie, als etwas Nebensächliches, und tatsächlich hat Israel während der längsten Zeit seiner Geschichte darauf verzichtet. So ist es ratsam – im Gegensatz zu einer gewissen neueren Schule –, beim Studium der Religion Israels dem nicht zuviel Bedeutung beizumessen, was man ‚Königs-Ideologie' nennt." (DE VAUX I, 162)

hat nach Hosea ihren Anfang in Gilgal genommen, wo Saul zum König gekrönt wurde (vgl. Hos 9,15).[659]

Herrschaft von Menschen über Menschen, so zeigen die königskritischen und antiköniglichen Texte der Bibel auf, ist *keine überzeitliche Größe,* sondern eine geschichtliche; sie ist weder naturgegeben noch notwendig. Menschliche Herrschaft ist der göttlichen abgerungen; sie steht in Konkurrenz zu ihr. Sie bricht in den herrschaftsfreien Raum der Alleinherrschaft Gottes ein und bringt Gewalt in die Welt.

Ein „kritisch-utopisches Gegenbild zu den Erfahrungen, die Israel mit seinen historischen Königen, aber auch mit den politischen Institutionen seiner Besatzungsmächte von der Exilszeit an machen mußte", ist die „messianische Idee".[660] Während die vorexilische Königstheologie noch von der Voraussetzung ausging, daß Israel durch feindliche Völker bedroht sei und „Krieg und Gewalt zu der unbestrittenen Prärogative des Jerusalemer Königs" zählte, wurde durch die Katastrophe von 586 Israel schmerzlich bewußt, „daß Macht und Gewalt nicht selbstverständliches Medium sind, durch das Jahwe in dieser Welt herrschen will".[661] Daraus wuchs die „Hoffnung auf ein anderes, neues – eben messianisches – Königtum, das der Geschichte fortwährender Gewalt und aggressiven Machtmißbrauchs ein Ende setzen könnte, ohne selbst gewalttätig sein zu müssen".[662] Gegenüber der vorexilischen Königsideologie fällt auf, daß dem messianischen Königtum (so in Jes 7,14-17; 9,1-6; 11,1-9) „jeder gewalttätige und kriegerische Zug fehlt".[663] „Die Mächtigkeit dieses Königtums muß sich nicht mehr im Niederschlagen feind-

---

[659] Vgl. R. BULTMANN, Das Urchristentum im Rahmen der antiken Religionen, Reinbek 1962, 39. – K. GUTBROD, Das Buch vom König. Das erste Buch Samuel, Stuttgart 4. Aufl. 1975, kommt zu dem Schluß, daß Israel einen König haben mußte, um nicht verloren zu gehen, aber keinen König haben konnte, ohne an diesem zu Grunde zu gehen, und löst diese Schwierigkeit am Ende christologisch: der gekreuzigte und auferweckte Jesus ist der dem Volk von Gott gegebene, durch den Israel zu seinem Recht und Heil findet.

[660] ZENGER, Jesus 39; vgl. bes. auch 49-51.

[661] Ebd. 48.

[662] Ebd.

[663] Ebd. 58.

licher Völker erweisen, sondern in der vom messianischen Königtum geleisteten Entfaltung des brüderlichen Zusammenlebens."[664] Möglich aber wird das Idealkönigtum erst, weil Jahwe selbst der Gewalt und der Ausbeutung ein Ende setzt: nicht allerdings durch die Vernichtung und Versklavung der bisherigen Machthaber, nicht durch „Ablösung der bisherigen Gewalt durch eine neue, gar religiös verbrämte Gewalt", sondern durch die Vernichtung der Gewaltinstrumente, der Folterwerkzeuge der Sklavenhalter und der Blutwerkzeuge der Militärs.[665] Im Bild von Löwen, die friedlich neben Lämmern grasen, drückt sich schließlich die Hoffnung aus, „daß die Jahweherrschaft diese unsere reale Welt verwandelt in eine Welt umfassenden Glücks."[666] Die Hoffnung Israels geht auf ein messianisches Königtum, „das ohne Macht und Gewalt eine weltverändernde Friedensherrschaft ausüben wird", „ein scheinbar ohnmächtiges Königtum, das aber gerade so zum Instrument jahwegeschenkten Friedens werden kann".[667] Am großen Kämpfer David orientiert sich dieses Königtum nicht.[668]

2.2.3.3 *Die Aktualisierung des Alleinherrschaftsanspruches Gottes bei den Sikariern* (Zeloten)

Eine beeindruckende Aktualisierung des Alleinherrschaftsanspruches Gottes versuchte die von Judas Galiläus ausgehende Bewegung der Sikarier (entstanden während des Census unter Cyrenius 6/7 n. Chr.), auch „4. Philosophensekte" genannt.[669] Von ihr schreibt Josephus, daß sie weitgehend mit den Pharisäern übereinstimmt, „ihre Freiheitsliebe ist jedoch unüberwindlich und als Herrscher und Herrn kennt sie Gott allein an".[670] Merkmal war „die unbedingte Forderung nach der Alleinherrschaft Gottes".[671] Nach einem Wort, das Josephus dem Eleazar S. d. Ari, dem Befehlshaber von

---

[664] Ebd. 59.
[665] Ebd.
[666] Ebd. 59f.
[667] Ebd. 61.
[668] Ebd. 61 und 39; vgl. auch N. LOHFINK, Versuchung.
[669] Vgl. HENGEL, Zeloten 79-150.
[670] Zit. nach HENGEL, Zeloten 80.
[671] Ebd. 149.

Masada, in den Mund legt, ist die Bewegung der Sikarier vom Vorsatz geleitet, „weder den Römern noch irgend einem andern Untertan zu sein, sondern allein Gott, denn er allein ist der wahre und rechtmäßige Herr der Menschen".[672] Für Judas Galiläus und seine Anhänger war Gott nicht nur Herr und Herrscher des Alls. „Unter dem Eindruck der zunehmenden Vergöttlichung des irdischen Beherrschers der Welt proklamierten Judas und seine Nachfolger die uneingeschränkte Herrschaft Gottes auch innerhalb des politischen Bereichs."[673] Sie verschärften damit im Grunde das erste Gebot im Sinne von: „Ich bin Jahwe, Dein Herr ... Du sollst keine anderen Herren neben mir haben!"[674] Dies Auffassung wurzelt durchaus in einer allgemeinjüdischen Anschauung.[675]

Bei aller Radikalität dürften aber auch die Sikarier in *zweierlei Hinsicht Inkonsequenz* bewiesen haben: sie verzichteten weder auf Gewalt noch auf Herrschaft im Vertrauen auf Gott. Ihre gewaltsamen Aktionen gegen die römischen Besatzer sind hinlänglich bekannt. Bemerkenswert darüber hinaus ist die Tatsache, daß die Sekte der Sikarier, die, nach Josephus, nur Gott als „Hegemon" anerkennen wollte, Judas Galiläus als „Hegemon" akzeptiert hat, also keine anarchistische Bewegung war.[676] Die letzte Konsequenz des Gewalt- und Herrschaftsverzichts im Vertrauen auf Gott zog erst *Jesus von Nazareth.*

2.2.3.4 *Die Bedeutung der Anrede Jesu als „Herr"*

Die eher zurückhaltend[677] gebrauchte Bezeichnung Jahwes als „König" hatte (auch) die Funktion, Herrschaftsansprüche menschlicher

---

[672] Ebd. 93f.
[673] Ebd. 102.
[674] Ebd.
[675] Ebd.
[676] Ebd. 108.
[677] In einem älteren Beitrag, der in seinen Aussagen teilweise überholt sein mag, führt V. MAAG, Malkût Jahwe, in: Supplements to Vetus Testamentum. Congress Volume (Oxford 1959), Leiden 1960, 129-153 (141) aus, daß der Transmigrationsgott der israelitischen Nomaden noch nicht als König bezeichnet wurde (dementsprechend konsequent der Gott der Väter „nie unter dem Bilde oder unter dem Titel des Königs erscheint" und „der Pentateuch bis hinab in seinen jüngsten Schichten darauf verzichtet hat, seinen Gott als mäläk [= König; E.S.] zu bezeichnen"). So kann MAAG auf Reserven gegen die aus der Begegnung mit dem kanaanäischen El hervorgegangene (142) und

Könige als mit dem Alleinherrschaftsanspruch Jahwes konkurrierend zurückzuweisen.[678] Die gleiche Funktion dürfte unter anderem auch die Herr-Anrede Jesu erfüllt haben. Der Titel „Herr" wurde von der frühen christlichen Gemeinde, wie die übrigen christologischen Hoheitstitel, aus der Umwelt aufgenommen und auf Jesus übertragen, um dadurch zum Ausdruck zu bringen, daß allein Jesus Christus „Kyrios" ist, „er und nur er".[679]

Die Anerkennung der Herrschaft Jesu, die wie die des alttestamentlichen Gottes in Wirklichkeit eine herrschaftsfreie ist, hat eine befreiende Funktion: „Seit Christus der Herr ist, können die Herrschermächte der Welt mit dem Christen nicht mehr machen, was sie wollen. ... Wer ein Knecht Christi ist, ist keines anderen Menschen Knecht."[680] In der Nachfolge Christi ist der Christ, wie Paulus betont, „zur Freiheit berufen" (Gal 5,13). Entscheidender als die negative Assoziation der „Herr-Anrede" ist im Falle Jesu der damit verbundene Inhalt: Die Anerkennung Jesu als des einzigen Herrn (vgl. die bei Paulus mehrfach wiedergegebene Formel: „Jesus ist Herr" bzw. „Herr ist Jesus Christus", wie z. B. in Phil 2,11) schließt Ansprüche anderer aus und befreit aus ihrer Hand. In seiner Offenbarung bekennt Johannes den Christus als *kyrios kyrion*", als „Herrn der Herren" (Offb 19,16).

„unablösbar mit kosmogonischem Mythos und kosmostatischer Magie verbunden(e)" (144) formelhafte Prädikation Gottes als König verweisen und darauf, daß die Königsvorstellung allgemein „nur ein Stückweit" aufgenommen worden ist (143). Vgl. ähnlich auch W.H. SCHMIDT, Königtum Gottes in Ugarit und Israel. Zur Herkunft der Königsprädikation Jahwes, Berlin 2., neu bearbeitete Aufl. 1966. Vgl. darüber hinaus die Streitschrift von G. WEILER, Ich verwerfe im Lande die Kriege. Das verborgene Matriarchat im Alten Testament, München 1984, und dazu die Rezension von K. v. KELLENBACH, Antisemitismus in biblischer Matriarchatsforschung?, in: Berliner Theologische Zeitschrift 2 (1986) 144-147.

[678] Vgl. CRÜSEMANN, Widerstand 83f und 217.

[679] Vgl. GUNNEWEG/SCHMITHALS 99; vgl. auch FRANKEMÖLLE, Friede 92-94. – Der kultisch gebrauchte Kyrios-Titel fehlt in den ursprünglichen Christusbekenntnissen. Er wurde erst später aufgenommen. Vgl. H. Frhr. v. CAMPENHAUSEN, Der Herrentitel Jesu und das urchristliche Bekenntnis, in: Zeitschrift für neutestamentliche Wissenschaft 66 (1975) 127-129.

[680] G. FRIEDRICH 51. – Vgl. dagegen allerdings die Kritik von BLOCH 151: „Aber der Kyriosgott Christos kam denen zupaß, die auch die Christengemeinde in eine Art Militärdienst vor ihrem Kultheros brachten und dadurch am Ende zur Treue gegen die mehr weltlichen Herrscher und schließlich gegen die Obrigkeit …"

Der Forderung, im kirchlichen Sprachgebrauch auf die *Herr*-Anrede Jesu zu verzichten, weil sie heute nicht mehr verstanden würde bzw. „nur Antiaffekte" wecke[681], könnte, wenn man vorhergehendes bedenkt, zum Verlust einer Formel führen, die menschliche Herrschaftsansprüche zu nivellieren geeignet ist. Die Befürwortung der Herr-Anrede setzt freilich voraus, daß mit dem „Herr"- wie „König"-Titel über deren Konsequenzen, auch und gerade für den politischen Bereich, nachgedacht wird. Das von Papst Pius XI. 1925 eingeführte „Christkönigsfest" bietet dazu eine Gelegenheit.[682]

---

[681] Vgl. D. v. OPPEN, Wir können nicht mehr „Herr" sagen. Eine Bemerkung zum kirchlichen Sprachgebrauch, in: E. STAMMLER (Hg.), Herausforderung durch die Zeit, Stuttgart 1970, 84-91.

[682] Vgl. H.B. MEYER, Was bedeutet die Königsherrschaft Christi für die Welt?, in: das zeichen (1979) 334. – Vgl. auch J. RATZINGER, Gottes Angesicht suchen. Betrachtungen im Kirchenjahr, Meitingen/Freising 1978, und E. UTTERS, Fixpunkte. Betrachtungen zum Kirchenjahr, Düsseldorf 1981, 143-147, der das Christkönigsfest versteht „als Demonstration, daß es christlich nur eine Hierarchie des Dienens gibt, keine der Macht, des Besitzes oder der Stellung" (147). – Nur gestreift werden kann hier die Problematik des Treueeides, nicht zu verwechseln mit dem Wahrheitseid, den etwa RAGAZ, Bergpredigt 66ff, als mit dem Anspruch Jesu unvereinbar zurückweist, dessen Verbot allerdings G. DAUTZENBERG, Ist das Schwurverbot Mt 5,33-37; Jak 5,12 ein Beispiel für die Torakritik Jesu?, in: Biblische Zeitschrift. N.F. 25 (1981) 47-66, nicht bei Jesus, sondern ursprünglich in strengeren (hellenistisch?)-judenchristlichen Kreisen feststellen zu können meint (65). Zu beachten ist die Unterscheidung des Eides in „Aussage-Eid" und „Versprechens-Eid" bei T. TSATSOS, Zur Begründung des Widerstandsrechts, in: A. KAUFMANN (Hg. in Verbindung mit L.E. Backmann), Widerstandsrecht, Darmstadt 1972, 505-524 (522); in „assertorischen Eid" (Gerichtseid) und „promissorischen Eid" (Treueeid) bei W. FÜRST, Der Eid – eine metaphysische Daumenschraube? (Mt 5,33-37), in: MÜSSLE 128-140; in „Zeugeneid" und „Versprechenseid" bei W. SCHLENKER, Christsein 176f. Die Überlegung, daß mit der Abverlangung eines Treueeides eine Stabilisierung des jeweiligen Herrschaftssystems erreicht werden soll, dürfte nur schwer von der Hand zu weisen sein. Davon abgesehen, daß mit der Eidesablegung unter dem Versuch einer Einbeziehung Gottes über den Höchsten zu verfügen versucht wird – vgl. dazu FÜRST 131 und 134; vgl. auch die Vorgänge um den Antrag des Rechtsanwaltes U. HAHN, von der Verpflichtung zur Leistung des Eides befreit zu werden, und die Nichtannahme seiner Verfassungsbeschwerde, dazu den Beschluß des Bundesverfassungsgerichts vom 26. Jan. 1978, in: *Europäische Grundrechte Zeitschrift* 5 (1978) 99 – kann dem Christ der Treueeid vor allem unter dem Gesichtspunkt des „Niemand kann zwei Herren zugleich dienen …" ein Problem sein. Die durch einen Versprechens- bzw. Verpflichtungseid (auch Treue- oder Gehorsamseid) eingegangene Bindung kann möglicherweise jener Freiheit und Flexibilität entgegenstehen, die Voraussetzung sind für die Erfüllung des Willens Gottes. Selbst dort, wo – wie im germanischen Recht – der Treueeid auf dem Prinzip der Gegenseitigkeit beruht, d. h. dort für den

Untertan seine Verpflichtungsgrenze hat, wo der Herrscher von seinen Untertanen Unsittliches verlangt (vgl. L. DELFOS, Alte Rechtsformen des Widerstandes gegen Willkürherrschaft, in: KAUFMANN [Hg.], Widerstandsrecht 59-86; 73), muß sich der Versuch einer Loyalitätsfixierung gefallen lassen, als ein gegen den Alleinherrschaftsanspruch Gottes gerichtetes Unternehmen in Frage gestellt zu werden: drängt sich doch die Vermutung auf, daß mit dem Abnehmen eines Treueeides verhindert werden soll, daß der Eidablegende durch sein Gewissen in eine andere als die vom Eidabverlangenden gewünschte Richtung gelenkt werden könnte; zielt doch der Treueeid offensichtlich auf jene Grenzsituationen, in denen der Mensch in den Ungehorsam gerufen ist, also gegen die persönliche Verantwortung vor Gott. Die Einrichtung des Treueeides beugt, so gesehen, der Möglichkeit von Dissens und Weigerung vor; für die Fälle der Übereinstimmung erübrigt sie sich. In diesem Sinn hat schon W. Godwin das gegenseitige Versprechen abgelehnt; „denn entweder ist das, was ich versprochen habe, gut, dann muss ich es auch ohne Versprechen thun; oder es ist böse, dann kann mich auch das Versprechen nicht dazu verpflichten" (P. ELTZBACHER, Der Anarchismus, Berlin 1977 [1900], 42). So liegt es auch nicht fern, in der Abverlangung eines Treueeides einen Angriff auf jene Macht zu vermuten, die zum Ungehorsam anhalten könnte, für Christen also eine Verpflichtung zum Ungehorsam gegen Gott. Diese Überlegungen wären wert, an jenem Beispiel studiert zu werden, das I. FLAMM im Zusammenhang ihrer Bewerbung für den Vorbereitungsdienst für das Lehramt an Realschulen gab (vgl. *Badische Zeitung* vom 30.9.1981, 21: „Auch ein Extremistenfall? Zu religiös für das Lehramt. Aufsehenerregendes Urteil des Verwaltungsgerichtes"). Mit der Berufung auf ihre Verpflichtung gegenüber Gott hatte sie sich geweigert, sich auf die Verfassung verpflichten zu lassen, und wurde deshalb vom baden-württembergischen Kultusministerium unter Billigung durch das Verwaltungsgericht Freiburg nicht zum Referendariat zugelassen; vgl. dazu auch P. EICHER, Dem Staat mehr gehorchen als Gott? „Ich schwöre beim Staat, dem Allmächtigen". Zur Staatsideologie eines deutschen Verwaltungsgerichts, in: Publik Forum 10 (30. Okt. 1981, Nr. 22) 16f. – Daß Jesus seinen Jüngern keinen Eid abgenommen hat, wie H. BRAUN 89ff herausstellt, für die Kirche eine immer wieder neu anzunehmende Herausforderung sein kann, wird in verschiedenen Veröffentlichungen deutlich: vgl. etwa G. DENZLER, Im Namen Gottes ... Belastendes Material aus der Kirchengeschichte, in: G. DENZLER/E. BECK/J. BLANK/ H. LANG/F.J. KUHNLE, Zum Thema: Wille Gottes, Stuttgart 1973, 9-49; 37-39. B. SMITHMANS, Der Eid im alten und neuen Bund, in: W. BIRKENMAIER/O. HÄBERLE/B. SMITHMANS/W. KRAMNY, Zum Thema: Eid und Repression, Stuttgart 1970, 35-50; 49: „Eine Gemeinschaft von Christen soll es nicht nötig haben, sich ihre Schwestern und Brüder durch Eid bzw. Gelübde an sich zu binden. Jesus selbst braucht seine Freunde nicht durch Gelübde an sich zu binden, bestünde doch darin die Gefahr einer Erstarrung in der Begegnung mit Gott und dem Menschen, die Gefahr einer religiösen, wenn nicht gar sektenhaften Aussonderung, wie sie in Jesu Umwelt die Essener kennzeichnen. ... Jesus selbst hat keine Angst, die Konsequenz seiner den Jüngern geschenkten Freiheit zu tragen bis in das Alleinsein des Todes, als ihn die meisten der Seinen verließen." Zur Treueeidproblematik vgl. über die bereits angeführte Literatur hinaus: O. BAUERNFEIND, Eid und Friede. Fragen zur Anwendung und zum Wesen des Eides, Stuttgart 1956; W. BIRKENMAIER, Das bürgerliche Erpressungsmittel, in: BIRKENMAIER u. a., Thema 9-17; O. HÄBERLE, Der Eid im staatlichen Recht, in: BIRKENMAIER u. a., Thema 19-36; vgl. auch J. FLEISCHER, Christ und Staatsgewalt. „Christlicher" Staatsbürger oder

Es ist dabei zu beachten, daß „kyrios" im Gegensatz zu „despotes" nicht den Gebieter, Sklavenhalter oder Befehlshaber meint und auch „Christkönig" nur insofern eine „höchstens halb richtige" Übersetzung des z. B. in Apg 4,33 und 7,59 begegnenden Kyrios-Titels darstellt, als damit im Gegensatz zu „basileus" („König"), das eine Rangbezeichnung ist, zum Ausdruck gebracht wird, bei wem *to kyros*, also Macht, Ansehen, Entscheidung, Gültigkeit, ist; nach Apg 2,33-36 ist Jesus zum Kyrios erhöht, „weil und insofern das durch ihn und in ihm aufgebrochene Neue Gültigkeit hat mehr als alles und für alles".[683] Nicht zuletzt drückt auch der *maranatha*-Ruf der späteren Gemeinde (vgl. 1 Kor 16,22) und die frühe (vorösterliche) aramäische Anrede „*mar*" (in der überlieferten Form: *marana* oder *maran* = unser Herr) wie *rabuni* (vgl. Mk 10,51 und Job 20,16) Hochachtung und Verehrung aus, ja mehr noch: „daß Jesus von Freundschaft nicht nur geredet hat, sondern Freund gewesen ist (vgl. Lk 7,34)".[684]

2.2.4 *Gottes konkretes Heilswirken im Klima der Gewaltfreiheit*

Die Vorstellung einer „heiligen Herrschaft", einer Herrschaft „von Gottes Gnaden", einer Regierung in Verantwortung vor Gott, oder wie immer man auch sagen will, hat in einer Weise Platz gegriffen,

---

„staatenloser" Christ?, Freiburg 1964.
[683] KELLNER 195. Vgl. dagegen aber auch A. MAYER, Der zensierte Jesus. Soziologie des Neuen Testaments, Olten und Freiburg i.Br. 1983: Nach MAYER 65 haben die Herren der offiziellen Gottesdienste – „unfähig, auf einen Kultheros zu verzichten" – „die Niedrigkeit des Menschensohnes durch die Hoheit des Kyrios" ersetzt; seiner Ansicht nach grenzt es an Augenwischerei, ist dies eine ausweichende Taktik, „wenn Theologen den Kyrios, von dem der Verdacht der Unreinheit nicht weichen will, als ‚rechtmäßigen' Herrscher gegen die Willkür des ‚Despoten' abheben". Der Kyrios-Titel entstamme eben „der Sprache mit dem höheren Sozialprestige" im Gegensatz zur Menschensohn-Bezeichnung, die aus dem verachteten Aramäischen komme. (65) Ihm habe schließlich „der Akademiker Paulus" zum Sieg verholfen. (ebd.) Er verrate die Tendenz zum Führer- und Starkult, dem die ersten Christengemeinden unterlegen seien. (68) Kritisch zu diesen Einschätzungen: F.W. KANTZENBACH, Häresie oder Methodenzwang?, in: Zeitschrift für Religions- und Geistesgeschichte 38 (1986) 49-57; 51.
[684] KELLNER 196. Nach KELLNER 238 war Kyrios „bezeichnenderweise selbst für römische Kaiser kein gebräuchlicher Titel"; wo er ausnahmsweise auf einer Münze begegnet, dürfte er das besondere Vertrauen der entsprechenden Stadt belegen. „In Analogie dazu konnten Menschen Jesus ihren Kyrios nennen, die ihm und seiner Botschaft volles Vertrauen schenkten."

daß ihre Fragwürdigkeit kaum noch erkannt wird. Eine grundsätzlich andere Möglichkeit, nämlich ein allein und direkt Gott unterstelltes *„Gemeinwesen ohne Obrigkeit"*, wird so gut wie nicht mehr in Betracht gezogen und, wo es dennoch geschieht, als *anarchistisches Schwärmertum* abgetan.[685] Zwar ist von der Macht Gottes, sogar von seiner *Voll- und All-macht*, die Rede; in concreto wird diese aber oft sehr gering geschätzt, als gerade nur so stark, daß sie den Regenten erreicht, der dann alles übrige zu besorgen hat. Offensichtlich versagt dieser Anschauung nach Gottes Macht, der zwar die Schöpfung zu verdanken ist, im politischen Bereich aber waltet der Mensch doch lieber in eigener Regie unter Zuhilfenahme von Gewalt als in Erwartung göttlichen Wirkens ohne Gewalt.[686] Erst eingerichtet in Gewaltsysteme, ist wieder vom Vertrauen auf Gott die Rede, dann im Sinne von „Gott mit uns" und „Gott wird uns schon beschützen", „Gott wird uns schon zum Sieg verhelfen" usw. Nur als willkommener Zuschauer bleibt Gott nicht ganz aus dem „Spiel"; das eigentliche aber leistet der Mensch durch seine Unternehmungen der Gewalt.

Auch in der Bibel findet sich eine Theologie, die Herrschaft von Menschen über Menschen legitimiert. Stellenweise wird solche Theologie dort aber auch überboten – vor allem in der Erwartung einer institutionslosen, im Herzen jedes Menschen festgeschriebenen Gottesherrschaft: „Ich lege mein Gesetz in sie hinein und schreibe es auf ihr Herz. Ich werde ihr Gott sein, und sie werden mein Volk sein. Keiner wird mehr den andern belehren, man wird nicht zueinander sagen: Erkennt den Herrn!, sondern sie alle, klein und groß, werden mich erkennen – Spruch des Herrn." (Jer 31,33f) In diesem „neuen Bund" werden alle „den gleichen Anteil an dem gleichen Geist Gottes" haben, mit der unmittelbaren Folge für das menschliche Zusammenleben, „daß die Teilhabe am Geiste Gottes jede gegenseitige Bevormundung ausschließt"; Gottes *auctoritas* hat die menschliche

---

[685] Vgl. auch dazu meine Ausführungen im bislang unveröffentlichten zweiten Band meiner Dissertation.

[686] Vgl. SPIEGEL, Pferd 71. Vgl. auch N. GREINACHER, Im Angesicht meiner Feinde – Mahl des Friedens. Zur politischen Dimension des Herrenmahls, Gütersloh 1982, 22, mit eschatologischer Blickrichtung: „Im Gottesdienst kann ... nicht von einem Gott gesprochen werden, der später einmal alles neu machen wird, wenn aus dem gläubigen Tun derer, die auf den Kommenden hoffen, nirgends hervorgeht, daß dieser Gott nicht jetzt schon alles neu zu machen beginnt." Vgl. auch G. LOHFINK, Gottes Taten.

Autorität aufgehoben.[687] „Der Wille Gottes ist dem Menschen ins Herz geschrieben. Aus dieser Einsicht seines Herzens weiß er, was Gottes Wille ist. Er ist darum in seinem Glauben keiner menschlichen Herrschaft (*arché*) unterworfen. Er existiert an-archisch, ohne Fremdbestimmung, d. h. ohne Gängelband oder Longe."[688] Dort, „wo bei Jeremia der neue Bund verheißen wird, werden sogar die Institutionen der Weitergabe des Gottesgesetzes in Frage gestellt"; die „Welt der Brüderlichkeit kann nicht von Institutionen her existieren", vermerkt Norbert Lohfink zu unserem Jeremia-Text.[689] „Ich schenke euch ein neues Herz", vernimmt Ezechiel Gottes Wort, „und lege einen neuen Geist in euch. Ich nehme das Herz von Stein aus eurer Brust und gebe euch ein Herz von Fleisch. Ich lege meinen Geist in euch und bewirke, daß ihr meinen Gesetzen folgt und auf meine Gebote achtet und sie erfüllt. Dann werdet ihr in dem Land wohnen, das ich euren Vätern gab. Ihr werdet mein Volk sein, und ich werde euer Gott sein." (Ez 36,26-28) Im neuen Zion tritt Gott selbst an die Stelle kosmischen Glanzes: „Bei Tag wird nicht mehr die Sonne dein Licht sein, und um die Nacht zu erhellen, scheint dir nicht mehr der Mond, sondern der Herr ist dein ewiges Licht, dein Gott, dein strahlender Glanz." (Jes 60,19) Stärker kann Gottes direkte Alleinherrschaft nicht mehr zum Ausdruck gebracht werden. Durch Gerechtigkeit und Frieden ersetzt Gott dann auch menschliche Herrschaft: „Ich setze den Frieden als Aufsicht über dich ein und die Gerechtigkeit als deinen Vogt." (Jes 60,17b) Nicht einmal mehr einen Tempel (sprich: religiös-kultisches Zentrum) wird es nach der Vision des „Knechtes Johannes" in der „heiligen Stadt" geben; Gott ist überall: „Einen Tempel sah ich nicht in der Stadt. Denn der Herr, ihr Gott, der Herrscher über die ganze Schöpfung, ist ihr Tempel, er und das Lamm." (Offb 21,22)

Hoffnung auf Herrschaftsfreiheit hat in Israel eine lange und reiche Tradition. Im frühnachexilischen Jahwevolk rivalisiert mit der Hoffnung auf messianische Amtsträger „die Sehnsucht nach einer

---

[687] HELMER 18.

[688] Ebd.

[689] N. LOHFINK, Entlarvung, in: N. LOHFINK/R. PESCH 58; vgl. auch O.H. STECK, Friedensvorstellungen im alten Jerusalem, Zürich 1972, 32: Der Friede Jerusalems beruht auf der „Macht, die in Dasein und Kraft des Lebensfördernlichen beschlossen ist und empfangen wird".

Zeit, in der das messianische Charisma grundsätzlich herrschaftsfrei wirken könnte – dadurch, daß es nicht auf eine Institution oder eine Einzelgestalt, sondern auf das ganze Volk ausgegossen wird".[690] Über „eine bloß bleibende Teilhabe des Volkes an der Institution eines messianischen Königamtes", über „ein allgemeines Königtum der Gläubigen" hinaus, ist im „geradezu revolutionären" Text Jes 55,1-3 „die Vision einer Gemeinschaft angezielt, in der niemand einen anderen belehren oder gar unterdrücken kann – mit dem Anspruch eines gottgegebenen Amtes".[691] Diese Hoffnungen des alttestamentlichen Israel auf „eine messianische Zeit ohne irgendwelche besonderen Messiasämter" scheint, einer Studie Erich Zengers zufolge, „besonders jener Strom alttestamentlicher Überlieferung zu bezeugen, der dezidiert am alleinigen Königtum Jahwes festhält".[692] Aufgrund der gemachten Erfahrungen zweifelten ihre „faszinierenden Texte" wohl verständlicherweise daran, „daß es einer wie immer gearteten menschlichen Institution gelingen könne, Israel zu einem Volk des Heils und diese Welt zu einem Ort umfassenden Friedens zu machen".[693] Eine bestimmte Schicht von Ez 34 bringt diese Tendenz am massivsten zum Ausdruck, wenn dort „Jahwe die Hirten seines Volkes ihres Amtes enthebt und sich selbst wieder zum Hirten macht":

„So spricht der Herr Jahwe:
Ich packe die Hirten und fordere
meine Schafe von ihnen zurück.
Ich setze sie ab, sie sollen nicht mehr die Hirten meiner Herde sein.
Die Hirten sollen nicht länger nur für sich selbst sorgen.
Fürwahr:
Ich reiße meine Schafe aus ihrem Rachen,
sie sollen nicht länger meine Schafe fressen.

---

[690] ZENGER, Jesus 62.
[691] Ebd. 63. – Vgl. auch SCHWAGER, Sündenbock 132: „Gott verheißt, das Gesetz jedem unmittelbar ins Herz zu schreiben. Im allerletzten braucht deshalb keiner mehr den anderen zu belehren. ... Solange Menschen durch andere belehrt werden müssen, brauchen sie Vorbilder. Die Nachahmung (Mimesis) der Lehrer und Meister führt aber unwillkürlich zu Rivalitäten. Die Tendenz zur Gewalt kann nur dort an ihrer Wurzel überwunden werden, wo wenigstens in bezug auf das Allertiefste und Persönlichste kein Mensch mehr einen anderen zu belehren braucht." Vgl. ebd. 135.
[692] ZENGER, Jesus 64.
[693] Ebd.

Denn, so spricht der Herr Jahwe:
Jetzt will ich meine Schafe selber suchen
und mich selber um sie kümmern.
Ich selber will ihnen der Hirte sein
und für sie sorgen, wie es recht ist."
(Ez 34,10.11.16b)[694]

In der „Aufhebung jeder Art von menschlicher Herrschaft und Bevormundung durch die alleinige Herrschaft Gottes", wie sie hier erwartet wird, scheint so etwas auf, was „säkularisiert als die Utopie
einer klassenlosen Gesellschaft" bezeichnet wird.[695] Ihre Verdichtung fanden später die messianischen Hoffnungen Israels „in ‚dem
Messias' als einer eschatologischen Einzelgestalt".[696] Im Gegensatz
zu den Vorstellungen eines Menschensohn-Messias, „der mit apo-
kalyptischem Terror und einem gewaltigen göttlichen Blutbad der
neuen Gerechtigkeit gewaltsam zum Durchbruch verhilft", und den
Vorstellungen eines Königs, „der mit dem Stab seines Mundes die
Menschen diszipliniert und niederzwingt", begegnet in Jesus allerdings „ein Messias der bedingungslosen Gewaltlosigkeit, der sein
Regierungsprogramm der gewaltlosen Bruderliebe nicht verkündet,
sondern konsequent gelebt hat".[697] Mehr als ein „individuelles Vorbild" will Jesus als der Messias Jahwes jedoch „die Mitte einer messianischen Gegengesellschaft zu den überlieferten Formen staatlich-
institutionellen Zusammenlebens sein".[698] „Mit Dingen wie Herrschaft, Zwang, Macht und Gewalt" hat das messianische Reich
nichts mehr zu tun; es ist eine „offene Gesellschaft, die in freiwilliger
Nachfolge und überzeugender brüderlicher Liebe gründet".[699] Das
Modell der messianischen Gemeinschaft Jesu ist die „Gemeinde", deren
Menschen „sich von Jesus als dem Messias Jahwes bewegen lassen,

---

[694] Ebd. zit.

[695] Ebd.

[696] Ebd. 65.

[697] Ebd. 75; vgl. auch KÜNG, Christ sein 220.

[698] ZENGER, Jesus 75f.

[699] Ebd. 76. – Jesu messianisches Reich orientiert sich „nicht mehr am davidischen Na-
tionalstaat" und „hat auch kaum etwas zu tun mit der Struktur des weströmischen
oder oströmischen Kaiserreichs, auch nichts mit dem Modell der *societas perfecta* eines
hierarchisch organisierten Kirchenstaates (…), nicht einmal mit der bundesrepubli-
kanischen Kirche als staatlich anerkanntem Gesellschaftsfaktor oder als staatstragender
Organisation." (ebd. 76)

sich gegenseitig und gemeinsam Lebensraum, Lebenskraft und Lebenssinn zu schenken – dadurch, daß sie die Liebe zur absoluten (!) Priorität allen Tuns machen, um so den ewigen Kreislauf von Unterdrückung, Entfremdung und Gewalt zu durchbrechen."[700] Die ersten Gemeinden der Jesusjünger haben sich als „solche neue messianische Gesellschaft" verstanden.[701] Daß es weiterhin „messianische Gemeinden" gibt, die den „messianischen Weg" Jesu gehen, läßt darauf hoffen, daß Jesu Reich kommen wird.[702] Jesus selbst ist nicht schon die „Erfüllung der messianischen Verheißungen", sondern „ihre kritisch-utopische und ihre kosmisch-apokalyptische Präzisierung: Er ist selber eine neue messianische Verheißung."[703]

Genährt wird Israels Hoffnung auf ein herrschaftsfreies messianisches Reich aus einer zwar weit zurückliegenden, doch gut in Erinnerung behaltenen *Erfahrung* aus der Richterzeit: das relative Gelingen gesellschaftlichen Zusammenlebens unter Verzicht auf eine politische Zentralgewalt.[704] Darüber hinaus war „eine der konstitutiven Ur-Erfahrungen" Israels „die von Jahwe geschenkte Befreiung aus dem Zwangssystem des Königs von Ägypten. Hier ist Israel als Grund-Erfahrung in die Wiege gelegt worden, daß Jahwe alle Formen der Herrschaft von Menschen über Menschen zutiefst verabscheut und immer auf der Seite derer steht, die sich um den Abbau versklavender menschlicher Herrschaft bemühen."[705]

Israels Hoffnung wurzelt in einer heiligen Erfahrung: Hat seit der Herausführung aus Ägypten der Gott Israels nicht erfahrbar heilsam durch die Herzen der Menschen zu regieren vermocht? Mußte demgegenüber der Wunsch nach einem menschlichen Regenten nicht folgerichtig als ein Ausdruck gesellschaftsgefährdenden Glaubensabfalls und Götzendienstes verurteilt werden? Gott

---

[700] Ebd.
[701] Ebd.; vgl. auch N. LOHFINK, Versuchung.
[702] ZENGER, Jesus 74.
[703] Ebd.
[704] Ohne die oft nur schwer nachprüfbaren Modelle der „guten alten Zeit" überstrapazieren zu wollen, darf gesagt werden, daß es immer wieder gelungene Gemeinschaften gegeben hat (und auch geben wird); vgl. Vortrag von N. LOHFINK auf dem Girard-Symposium vom 25.-27. Sept. 1986 in der Akademie der Diözese Rottenburg-Stuttgart, Stuttgart-Hohenheim. Wie oben schon betont, gilt auch für die Richterzeit der eschatologische Vorbehalt: daß es mit Sicherheit noch weitaus humanere und gesellschaftlich weiterentwickelte Formen menschlichen Zusammenlebens gibt.
[705] Ebd. 39.

scheint, nach biblischen Zeugnissen jedenfalls, schon einmal mächtiger gewesen zu sein, als man es später wahrhaben wollte: in jener vorstaatlichen Zeit Israels nämlich, in der er allein Mitte der Menschen und Stämme war.[706]

Sitzen wir hier prophetischem, retrospektivischem Idealismus auf? In der Rückschau stellt sich – so durchaus vielleicht zu einfach und ideal, andererseits aber tendenziell richtig – das politische Leben als relativ jahwegesichert dar. Gottes Wirken wurde noch als ein *unvermittelt direktes*[707], als ein durchaus politisch relevantes konkret erfahren. Indem Gottes Herrschaft vor dem Aufbau eines politischen Herrschaftssystems bewahrte, schuf sie die Grundlage für ein weithin geglücktes politisches Leben. Weil den Stämmen ihre unsichtbare Mitte nicht genommen werden konnte, waren sie unschlagbar. Weil es – da Gott allein der Herr – keine politischen Führer gab und kein hierarchisches System, weil Israel nicht unter einer Zentralgewalt stand, die man nur hätte zu okkupieren und eigenen

---

[706] Die Behauptung Max SCHELERS, „daß für den Gang der Menschheitsgeschichte niemals bloß Ideen und sittliche Werte allein … irgendwelche Bedeutung haben", kann genauso in Frage gestellt werden wie die Skepsis Sigmund FREUDS, „daß der Versuch, reale Macht durch die Macht der Ideen zu ersetzen, heute noch zum Fehlschlagen verurteilt ist" und Recht, so wie es „ursprünglich rohe Gewalt" gewesen sein soll, „noch heute der Stützung durch die Gewalt nicht entbehren kann". (Vgl. M. SCHELER, Die Idee des Friedens und der Pazifismus, Berlin 1931, 9, und S. FREUD, Warum Krieg?, in: E. KRIPPENDORFF 115-123; 119) SCHELER (46f) wie FREUD (vgl. 121) verweisen gleichermaßen auf das Versagen der Vernunft – mit einigem Recht. Andererseits kann aber auch festgestellt werden, daß im Gewaltverzicht aus reiner Vernunft bzw. Gottverbundenheit Großes für die Menschheit geleistet werden konnte. Dagegen scheinen Menschen überall dort einen Scherbenhaufen zurückgelassen zu haben, wo sie, widersinnig wie die Schildbürger, die das Sonnenlicht in Behältern einfangen wollten, das Recht, die Wahrheit, den Willen Gottes mit Gewalt und über Einrichtungen der Gewalt zu verwirklichen suchten. – Der biblischen Alternative recht nahe scheint eine Auffassung zu sein, wie sie Gustav LANDAUER vertreten hat: daß nämlich nur da eine Stufe großer Kultur zustande kommen könne und, wie im Mittelalter, zustande gekommen sei, „wo die Einheit in der Mannigfaltigkeit der Organisationsformen und überindividuellen Gebilde nicht ein äußeres Band der Gewalt ist, sondern ein in den Individuen wohnender, über die irdisch-materiellen Interessen hinaus weisender Geist", ein Geist, der „als eine Selbständigkeit und wie etwas Selbstverständliches" über den Gebilden waltet. (Zitiert nach M. BUBER, Der utopische Sozialismus, Köln 1967, 93) Ich verweise hier noch einmal auf Band 2 meiner Dissertation.

[707] Vgl. die „Idee göttlicher Alleinwirksamkeit" in der Priesterschrift; N. LOHFINK, Schichten 83: „Gott setzt", der Priesterschrift zufolge, „in der Welt seine Ordnung durch. … Nur – für all dies braucht Gott keine menschliche Armee als sein Werkzeug. Das kann er allein."

Interessen dienstbar zu machen brauchen, war das Volk dem Zugriff seiner Feinde entzogen. Die Theokratie bot dem Volk realen
Schutz. Diese Bedeutung einer dezentralen, anarchisch-theokrati-
schen Gesellschaftsorganisation hinsichtlich der Überlebenschance
bei Angriffen von außen kann an einem *außerbiblischen Kontrastbei-
spiel* erläutert werden: Mit der Ermordung des Inka-Königs Ata-
hualpa am 29. August 1533 bezwang Francisco Pizarro, unterstützt
durch lediglich 110 Fußsoldaten und 67 Reiter unter der Standarte
Karls V. von Spanien, ein Reich von der Größe halb Europas. „So
paradox es klingt, möglich war diese Eroberung nur wegen der
planvollen Organisation des Inkareiches. Alle Autorität konzen-
trierte sich in der Person des Königs. Die Spanier brauchten ihn nur
durch eine Marionette zu ersetzen, und alles funktionierte weiter
wie bisher."[708]

Die Erfahrung des Bestandhabens im Israel der vorstaatlichen
Zeit dagegen, wie sie sich in der uns überlieferten Jahwekriegstheologie mitteilt, dürfte auf die Tatsache zurückgehen, daß es als anarchische Lebensgemeinschaft unter Gottes „Alleinherrschaft" keinen
politischen und militärischen Angriffspunkt wie der einer alle
Stämme beherrschenden Zentralgewalt bot. Dank seiner dezentralen, theokratisch-anarchischen Gesellschaftsstruktur war Israel für
seine Feinde nicht als ganzes angreifbar.[709]

Später hat Israel mit der Einführung des Königtums diese Chance verspielt. Das zeigt einmal mehr, daß der Mensch in seiner Freiheit göttliches Heilshandeln durch bestimmte Aktivitäten einlassen
und fördern, aber auch verhindern kann. Mit der Forderung nach
einem Leben „im Vertrauen auf Gott" ist nicht dem Verzicht auf jeg-
liches Engagement das Wort geredet. Das Heil fällt nicht in den
Schoß; Gott wirkt es nicht am Menschen vorbei und nicht ohne Zusammenarbeit mit ihm. Eingeladen, gelockt und getrieben durch die
göttliche *dynamis* ist der Mensch angehalten, durch den eigenen Verzicht auf Gewalt dem Wirken des Geistes Gottes (vgl. Jes 31,1; Sach
4,6) Raum zu schaffen, d. h. an einer Atmosphäre zu arbeiten, in der

---

[708] G. KRONE, Tod auf dem Scheiterhaufen. Die Ermordung des Inka-Königs Atahuallpa, in: Deutsches Allgemeines Sonntagsblatt 32 (3.2.1978, Nr. 36) 24.

[709] Diese Erfahrung sollte eingehen in die konkreten politischen Überlegungen zur Um-
rüstung von einer auf militärische und politische Gewalt bauenden Verteidigung auf
eine gewaltfreie soziale Verteidigung; vgl. dazu meinen Beitrag: SPIEGEL, Assur.

über eine zunehmende Dialogbereitschaft und die Weckung der natürlichen Fähigkeit zur gegenseitigen Hilfe Heilsfortschritte möglich sind.[710] *Wo dagegen mit Gewalt vollendete Tatsachen geschaffen werden, sind auch Gott „die Hände gebunden".* Das Korsett der Gewalt ist zu eng für den göttlichen Geist. Raumschaffend ist allein der Gewaltverzicht.[711] Im Klima der Gewaltfreiheit wirkt der Geist und Atem Gottes (Röm 8,14), setzt sich die Macht der Wahrheit durch und gestaltet sich heile Welt. Für dieses Klima sorgen und auf die Macht der Wahrheit bauen, das heißt auf Gott vertrauen.[712]

Exkurs: *Die „small-is-beautiful"-Alternative des alttestamentlichen Schalomverständnisses*

Die These, daß die in Form von Herrschaft bisweilen sehr verschleiert ausgeübte Gewalt nicht weniger als eine nicht zu übersehende direkte Gewalttat der Verwirklichung von Frieden entgegensteht, findet zusätzliche Unterstützung durch die Aussage des alttestamentlichen Schalombegriffs: daß Frieden ursprünglich mit Gemeinschaft, dem Zusammenleben also in kleinen, überschaubaren Einheiten, zusammenhängt. „Frieden ist ein ländliches Wort. Sein Sitz im Leben, sein sozialer Kontext ist nicht die Stadt, sondern das Land. Frieden ist zu Hause nicht in der bürgerlich-städtischen, sondern in der bäuerlich-dörflichen Gemeinschaft. Die Unterscheidung zwischen Stadt und Land tut selber schon dem Wort und dem Phänomen Frieden Abbruch oder drückt einen geschichtlichen Bruch und Konflikt aus. Denn Frieden bezieht sich ursprünglich auf ein Ganzes, meint das Intaktsein und Auskommen des Menschen in allen Lebensbezügen und schließt die Natur in die menschliche Gemeinschaft mit ein. Frieden ist deshalb als Wort für Gemeinschaft Urphänomen, geht auf urbar gemachtes Land, nicht aber auf *urbs*, auf *polis*, auf Stadt, deren Gemeinschaft durch gesetztes Recht, durch Technik

---

[710] Vgl. ebd.

[711] Vgl. W. JANZEN, God as Warrior and Lord. A Conversation with G.E. Wright, in: BASOR 220 (1975) 73-75 (Den Hinweis auf diesen wichtigen Beitrag entnehme ich N. LOHFINK [Hg.], Gewalt 38).

[712] In diesem Sinne hat Mahatma Gandhi gezeigt, wie sich Gottvertrauen auf der Ebene politischer Auseinandersetzungen realisiert; vgl. GANDHI.

und Sicherheit, wenn nicht hergestellt, so doch bestimmt ist."[713] Das heißt: „wo die Gemeinschaft ihr selbst reguliertes Rechtshandeln an allgemeines und formalisiertes Gesetz abtritt, ist Frieden nicht mehr im Lande", was, nach Lothar Steiger, noch aus der ursprünglichen Bedeutung des Wortes Landfrieden geschlossen werden könne, als dieser nämlich gegen ritterliche Fehde und Gewalt, ja noch sogar über Burgfrieden gestanden habe.[714]

Nach Steiger hat das Wort Frieden „seinen eigentlichen Sitz" in der Amphiktyonie, heute[715] wird man treffender sagen: im Zusammenschluß sog. *„segmentärer Gesellschaften"*[716], wie er im ganzen Mittelmeerraum (vgl. etwa Griechenland) und dort oft um eine gemeinsame Kultstätte begegnet.[717] Das Charakteristikum eines solchen, Art religiös motivierten föderativen Verbandes sieht Steiger darin, daß er kein staatlicher (mit politischer Zentralgewalt ausgestatteter) ist, daß es nicht so etwas wie Außenpolitik gibt und die Stämme und Sippen ihre kriegerischen Auseinandersetzungen jeweils auf sich selbst gestellt regeln.[718] Daß die so zusammengeschlossenen israelitischen und beispielsweise griechischen Stämme ihre nachfolgende Staatlichkeit doch z. T. schon sehr bald verloren und ihre Geschichte nicht mit den Kriegen zu Ende ging, führt Steiger darauf zurück, daß „ihre Idee vom Frieden alle Staatlichkeit transzendierte".[719]

Untersuchungen des alttestamentlichen Schalom-Begriffs drängen geradezu die Annahme eines *engen Zusammenhanges von Frieden und Gemeinschaft* auf und geben *von daher* der *Kritik an der Einführung des Königtums* und damit einhergehend der Vergesellschaftung, der Politisierung des Zusammenlebens in einer ursprünglich föderativen Vereinzelung neue Nahrung. „Im Anfang", so bemerkt Hans Schmidt, „wurden die Erfahrungen des Schalom in den kleinen, überschaubaren und erlebbaren Gruppen gewonnen, in denen Men-

---

[713] STEIGER 642.

[714] Ebd. 643.

[715] Daß es die Amphiktyonie in der oft dargestellten idealen Form (vgl. z. B. die Vorstellung eines Zwölf-Stämme-Verbands) so nicht gegeben hat, ist heute allgemein anerkannt. Hier kann darauf nicht weiter eingegangen werden.

[716] Zum Begriff der „segmentären Gesellschaft" vgl. E. DURKHEIM, Über die Teilung der sozialen Arbeit, Frankfurt 1977, 22ff; SIGRIST 21ff.

[717] STEIGER 643.

[718] Ebd.

[719] Ebd. 647.

schen miteinander unterwegs waren. In ihnen ging es bei allem Streit stets um den ,Frieden' als die Vollzugsweise des gemeinsamen Lebens und Wirkens."[720] Während „sich die verantwortungsbereite Erkundigung nach dem Ergehen des anderen, das zuvorkommende Angebot der Gastfreundschaft und die begleitende und weitergehende Anteilnahme am Weg des anderen sowie die Leidens- und Vergebungsbereitschaft" in diesen Gruppen „als die Lebenselemente des Schalom" erwiesen, ließen spätere Entwicklungen fragen, wie „diese Verhaltensweise in den größeren, unübersichtlichen, kaum noch mitzuerlebenden, gesellschaftlichen Gebilden und sozialen Prozessen verwirklicht werden" sollten.[721]

„Verloren sie unter den Bedingungen der Grußgruppen-Verhältnisse nicht ihre Lebenswirksamkeit? Empfahl sich in diesen nicht anstelle des zuvorkommenden Vertrauens eher schon das vorsichtige und stets wache Mißtrauen? Und war in ihnen nicht jeder vollauf damit beschäftigt, auf seinen eigenen Weg zu achten, um voranzukommen? Wie konnte der Großverband eines Volkes im Schalom seines Wegen ziehen (2. Mose 18,23b)? Ließ sich ein größeres gesellschaftliches Gebilde überhaupt schalomgemäß organisieren, oder blieb die Tragweite des Schalom nicht auf die Kleingruppenbezüge der elementaren Lebensgemeinschaften eingeschränkt, während die Belange der großräumigen und vielschichtigen politischen und sozialen Prozesse einer anderen Strategie bedurften?"[722]

Nach Claus Westermann liegt die „Hauptbedeutung" des Wortes Shalom im „Heilsein oder Ganzsein oder Intaktsein einer Gemeinschaft".[723] „Die bei weitem größte Stellengruppe des Gebrauchs von shalom im Alten Testament meint ein Heilsein oder Ganzsein oder Wohlergehen, wie es in der Begegnung von Personen erfahren und ausgesagt werden kann. Hier hat shalom seinen eigentlichen, seinen wichtigsten Bereich: im Zusammenleben der Menschen, wie es sich dort abspielt, wo man einander grüßt, wo man kommt und geht, in Ankunft und Abschied, Aufnahme und Entlassung."[724] „,Shalom' hat seinen Ort in dem Lebenskreis, in dem man sich grüßt, also in klei-

---

[720] H. Schmidt, Frieden 95.
[721] Ebd.
[722] Ebd. 96.
[723] Westermann, Frieden (Shalom) 148.
[724] Ebd. 154.

nen überschaubaren Kreisen. Es ist weder ein ursprünglich politischer, noch ursprünglich religiöser Begriff. Er ist das Lebenselement einer kleinen Gemeinschaft."[725] „Shalom kommt weder zustande durch einen Friedensschluß (das gibt es auch, aber nur in einer besonderen Ausnahmesituation), noch kommt er dadurch zustande, daß Gott in einem besonderen Akt den Frieden gibt oder spendet; dieser shalom ist vielmehr der Gemeinschaft der Menschen in den kleinen Kreisen eingestiftet, er ist da, wo eine solche kleine Gemeinschaft existiert, er ist das Heilsein dieser Gemeinschaft."[726] „Dieses Intaktsein oder Heilsein einer Menschengemeinschaft funktioniert im Gruß. Der Gruß hat eine lebenswichtige Funktion für das Intaktsein einer Gemeinschaft. Eben deshalb ist es dieses Heilsein, das im Gruß entboten oder dem Anderen gewünscht wird."[727] Shalom als „etwas zum Leben Gehörendes", als so „etwas wie ein Existential der Gemeinschaft",[728] als „das In-Ordnung-Sein des normalen Daseins in allen seinen Bezügen, mit allen seinen Spannungen"[729] hat

---

[725] C. WESTERMANN, Was ist Frieden – eine Anfrage an die Bibel, in: Mitteilungen, Nr. 10, Okt. 1980, 4-8; 5.

[726] WESTERMANN, Frieden (Shalom) 154; vgl. ebd. 155: „Wo in einer Gemeinschaft kein Krieg ist, wo sich alles friedlich abspielt und keinerlei Streit herrscht, ist doch nicht *shalom* realisiert, wenn in ihr gehungert werden muß oder wenn schwere Krankheiten herrschen. Andererseits: wenn es am Wohlergehen nirgends fehlt, wenn alle herrlich und in Freuden leben, aber eine schwere Schuld auf dieser Gemeinschaft liegt, ist das kein *shalom*. *Shalom* als das Heilsein einer Gemeinschaft bezieht immer alle Kreise, alle Bereiche des Daseins ein, und die Bedeutung des Wortes liegt gerade darin, daß es alle Gebiete und Bereiche des Lebens zu umfassen imstande ist. Das zeigt besonders der Gebrauch des *shalom* beim Gruß, einer der wichtigsten, wenn nicht die wichtigste Gruppe des Gebrauchs." Vgl. damit übrigens den ähnlich lautenden Friedensbegriff bei J. GALTUNG, Strukturelle Gewalt. Beiträge zur Friedens- und Konfliktforschung, Reinbek bei Hamburg 1975.

[727] WESTERMANN, Frieden Anfrage 5.

[728] WESTERMANN, Frieden (Shalom) 152.

[729] Ebd. 160f; vgl. auch WESTERMANN, Frieden Anfrage 5: „‚Shalom' bedeutet das Heilsein der Gemeinschaft in allen nur denkbaren Aspekten, ... Es schließt die Spannungen in jedem Bereich ein, dem familiären, körperlichen, wirtschaftlichen und sozialen. Und das heißt: Dieses Wort Friede bezeichnet niemals einen Idealzustand, sondern es bezeichnet durchweg das normale Leben, es schließt ausdrücklich den Streit als ein Lebenselement in der Gemeinschaft ein." „Dem entspricht es", so WESTERMANN, Frieden (Shalom) 161, „daß es hier irgendein besonderes Hervorheben des Friedens, etwa ein emphatisches Proklamieren des Friedens, ein Bekenntnis zum Frieden oder etwas ähnliches nicht gibt und geben kann. Jede Überbetonung des Friedens auf irgendeinem Gebiet, etwa dem sozialen oder politischen, ist dann gefährlich. Wo man unablässig vom Frieden redet, Friedenspropaganda treibt oder den Frieden zum Programm

seinen „Schwerpunkt in der kleinen, übersehbaren Gemeinschaft".[730] „Es kommt dort zur Sprache, wo ein begrenzter Personen-
oder Geschehenskreis gemeint ist, wo die an diesem Geschehen be-
teiligten Personen sich kennen. Das Wort kommt am häufigsten dort
vor, wo Personen einander begegnen, in der Erkundigung nach dem
Ergehen, im Entbieten des Friedens, im Geleiten oder Entlassen in
Frieden."[731] Westermann kann nicht genug unterstreichen: „Das
Wort shalom hat seine eigenste Wirkweise und Wirkkraft dort, wo
das Wort im persönlichen Miteinander gesprochen und gehört wird,
wo also der Menschenkreis so klein ist, daß man einander grüßt. Es
ist dann fraglich, ob von shalom zu reden überhaupt sinnvoll ist, wo
man einander nicht mehr grüßt. In einer Masse kann es shalom im
strengen Sinn nicht geben."[732]

2.3 | Gewaltverzicht aus Liebe

Nächstenliebe in der Perspektive Jesu schließt Feindesliebe ein.
Diese konkretisiert sich im Gewaltverzicht. Ziel des folgenden Ab-
schnitts ist die Betonung des Zusammenklangs von Nächstenliebe
(a), Feindesliebe (b) und Gewaltverzicht (c) in der Botschaft Jesu.

(a)
Die horizontale Dimension der Theologie Jesu verdichtet sich im Gebot der Nächstenliebe: „Du sollst deinen Nächsten lieben wie dich
selbst." (Mt 22,39 und 19,19) Mit dieser Aufforderung stellen sich
zwei Fragen: 1. Wer ist mein Nächster? 2. In welchem Ausmaß ist
Nächstenliebe verlangt? Auf die erste Frage antwortet klassisch das
Gleichnis vom barmherzigen Samariter (Lk 10,29-37): Mein Nächster ist der, der mir als nächster „über den Weg läuft" und mich

---

macht, wäre nach alttestamentlicher Auffassung der Friede gestört oder gefährdet.
Denn jede solche Überbetonung weist auf den Verlust der unauffälligen Selbstverständlichkeit und Natürlichkeit, die dem Reden von *shalom* eignet."
[730] WESTERMANN, Frieden (Shalom) 161.
[731] Ebd.
[732] Ebd.; vgl. ebd. 162: „Verantwortung, Vertrauen, Geborgenheit sind die Lebenselemente des shalom; er ist da, indem einer dem anderen den shalom anbietet, indem
einer sich dem angebotenen *shalom* anvertraut, indem einer allein sich in shalom geborgen weiß." „Auch das ist nur in kleinem Kreis möglich."

braucht – im Fall des Gleichnisses: der von Räubern zusammenge-
schlagene Mann.[733] Auf die zweite Frage antwortet neben dem Gebot selbst, das die Selbsthilfe zum Maßstab für die Nächstenliebe erhebt,[734] die von Jesus positiv formulierte „Goldene Regel": „Alles,
was ihr also von anderen erwartet, das tut auch ihnen!" (Mt 7,12; Lk
6,31)[735]

b)
Mein Nächster ist der, der mir – erwartet oder unerwartet – als
nächster begegnet und mich braucht. Das kann ein Verletzter sein
(wie im vorangegangenen Gleichnis), ein Kranker oder Gefangener,
aber auch – man denke etwa an lateinamerikanische Verhältnisse –
ein reichgewordener Nutznießer fremder Arbeitskraft, der zwar anders, aber nicht minder als der Ausgebeutete Opfer seiner Lebensweise ist und der Zu-Neigung bedarf, einer fairen und die Menschenwürde respektierenden Aufklärung und Konfrontation[736]. Sodann ist mein Nächster jener der mir in böser Absicht zu Leibe rückt
(mir nahekommt!), der mir Gehässigkeit entgegenschleudert und

---

[733] Das Samaritergleichnis macht deutlich, „daß der Nächste nicht aussuchbar ist, sondern daß immer dort, wo es eine konkrete Situation erfordert, die Frage an mich gestellt ist, ob ich die Aufgabe, Nächster zu sein, wahrnehmen will oder nicht. In diesem
Sinne Nächster zu sein und sich als Nächster zu bewähren, heißt, dem Mitmenschen
zur Verfügung zu stehen, wie ihn und wann ihn das Leben mit mir zusammenführt
…" (EID in P. HOFFMANN/EID 167) Vgl. auch B. HÄRING, Das Gesetz Christi. Moraltheologie, Bd. 2, Freiburg 6., erweiterte und gründlich bearbeitete Aufl. 1961, 339: „Der
Nächste ist jeweils derjenige, der gerade jetzt und hier meine Liebe und Hilfe braucht."
Vgl. auch STOECKLE, Glauben 47-50; 47: Durch seine Parabel vom barmherzigen Samariter wolle Jesus „den Titel des Nächsten unzweideutig jedem zuerkennen, der einem
anderen in einer bestimmten Situation zum Helfer und Erbarmer geworden ist. Der
Nächste ist demnach der Mensch, der einem Mitmenschen Gutes getan hat …" Vgl.
ebd. 50 unter einer anderen Perspektive: Der Nächste „ist stets Überraschung, unverfügbare Ankunft". Vgl. auch I. MEIDINGER-GEISE (Hg.), Wer ist mein Nächster? 70 Autoren antworten auf eine zeitgemäße Frage, Freiburg/Basel/Wien 1977.
[734] Vgl. BLOCH 130.: „Es macht den Egoismus zum Maß und beschneidet ihn zugleich,
indem es den Nächsten in die Sorgfalt einschließt, die man für sich selber hat."
[735] Sowohl P. HOFFMANN in P. HOFFMANN/EID 147-150 als auch G. THEISSEN, Studien
166, unterstreichen eine von Mt wie Lk beabsichtigte Kombination von Goldener Regel, Feindesliebe und Gewaltverzicht. Zur sog. „Goldenen Regel" vgl. L.J. PHILIPPIDIS,
Die „Goldene Regel" religionsgeschichtlich untersucht, Leipzig 1929.
[736] Vgl. den noch unveröffentlichten Band 3 meiner Dissertation, wo der revolutionären Gewalt, nicht zuletzt aufgrund dieses Menschenbildes, die gewaltfreie Aktion als
eine Alternative gegenübergestellt wird; vgl. ebd. etwa die Seiten 1085ff und 1105ff.

mich mit Gewalt bedroht. Sein Anspruch auf Nächstenliebe ergibt sich aus seiner Nähe zu mir und daraus, daß er meine Liebe braucht, um aus der Verstrickung seiner Gehässigkeit und Feindschaft herauszufinden. Nächstenliebe meint auch und gerade *Feindesliebe*.[737]

Das gibt bereits alttestamentliche Ethik zu verstehen. Den klassischen Beleg für das Gebot der Nächstenliebe im Alten Testament gibt Lev 19,18: „Du sollst deinen Nächsten lieben wie dich selbst." In diesem Gebot verdichtet sich das gesamte alttestamentliche Gesetz. Das kommt nirgends treffender zum Ausdruck als in der folgenden kleinen Erzählung über Rabbi Hillel: Auf die Frage, ob es ihm möglich sei, in der kurzen Zeit, in der man auf einem Fuß stehen bleiben kann, das Gesetz zu erklären und auszulegen, soll er folgendermaßen geantwortet haben: „Stell dich auf einen Fuß! Bist du soweit? Dann höre zu: Du sollst deinen Nächsten lieben wie dich selbst. Das ist das Gesetz und die Auslegung."[738]
Freilich, „sosehr das Gebot der Nächstenliebe" in Lev 19,15-18 „Gipfel und Zusammenfassung ist, so sehr ist auch deutlich, daß das Wort *rea*[c] ‚Nächster' hier ein Synonym ist für [c]*amit* ‚Stammesgenosse', *ah* ‚Bruder' und *ben* [c]*ammeka* ‚dein Volksgenosse'."[739] Doch macht die im Alten Testament gebotene Nächstenliebe auch vor den ansässigen Fremden nicht halt; so heißt es in Erinnerung an die Zeit der ägyptischen Sklaverei in Lev 19,33f: „Wenn sich ein Fremder in eurem Land aufhält, sollt ihr ihn nicht unterdrücken. Er soll bei euch wie ein Einheimischer sein und ‚du sollst ihn lieben wie dich selbst'. Denn ihr seid selbst Fremde in Ägypten gewesen. Ich bin Jahwe, euer Gott." (vgl. auch Ex

---

[737] Vgl. EID in P. HOFFMANN/EID 167: Nächstenliebe „duldet keine Ausnahme: Auch mein Feind ist mein Nächster." Vgl. auch W. WOLPERT, Die Liebe zum Nächsten, zum Feind und zum Sünder, in: Theologie und Glaube 74 (1984) 262-282; 269. Vgl. auch weiter unten 3.1. – Für eine Entgrenzung der Nächstenliebe tritt auch T. WESTOW, Wer ist mein Bruder? Trier o.J., ein: Weil Bruderschaft keine Grenzen kenne, könne politisches und christliches Gewissen nicht getrennt werden, heiße Nächstenliebe also auch Fernstenliebe. Vgl. allerdings auch WOLF 65: „Wer Alle umfassen will, hält keinen mehr, der ‚totale Philanthrop' wär eine Art von ethischem Roboter."
[738] Zit. nach R. ARON, Das Liebesgesetz und die Rache, in: PRAGER/STEMBERGER 506.
[739] N. LOHFINK, Wörter 233f.

23,9; 22,20; Lev 19,33f; Dtn 10,18) Den Ausländern (*nokir*) gegenüber waltet das „sehr hohe Ethos der Gastfreundschaft".[740] Aber auch die Sache, die später Feindesliebe genannt wird, fehlt im Alten Testament nicht: „Was den ‚Feind' angeht, wobei in den Gesetzen wohl vor allem an den persönlichen Feind aus der Reihe der eigenen Volksgenossen gedacht ist, so ist er ja im Gesetz von Lev 19 mitgemeint, wenn dort auch das Wort nicht fällt und er als ‚Bruder' bezeichnet wird. In anderen Fällen, wo auch das Wort fällt, wird das Wort ‚Liebe' nicht gebraucht. Doch wird genau gesagt, wie man dem Feind zu helfen hat, wenn er Hilfe braucht, etwa in Ex 23,4-5: ‚Wenn du dem verirrten Rind oder Esel deines Feindes begegnest, sollst du ihm das Tier zurückbringen. Wenn du siehst, wie der Esel deines Gegners unter seiner Last zusammenbricht, dann laß ihn nicht im Stich, sondern leiste ihm Hilfe.'"[741]

Die Forderung der Feindesliebe, wie sie uns in den neutestamentlichen Schriften begegnet (Mt 5,43-48; Lk 6,27-36), *war ursprünglich nicht „gegensätzlich" formuliert.* Der sowohl der Mt- als auch der Lk-Fassung zugrundeliegende Spruch aus der Logienquelle beinhaltete allein das Gebot der Feindesliebe ohne Feststellung einer gegenteiligen jüdischen Praxis. „Erst Matthäus hat anläßlich der Komposition der Bergpredigt den Spruch in die bei ihm vorliegende antithetische Form gebracht (vgl. aber Lk 6,27a). Er versteht die Sprüche als Kritik an einer den Feind ausschließenden Deutung des Gebotes der Nächstenliebe (Lev 19,18). Midraschartig führt er das alttestamentliche Zitat mit dem Zusatz ‚und deinen Feind hassen' weiter und legt so das alttestamentliche Gebot polemisch im Sinne eines engen, den Feind ausschlie-

---

[740] Ebd. 234.
[741] Ebd. Nicht zuletzt ist an die Josefsgeschichte (Gen 37-50) zu erinnern, die ein anschauliches Beispiel für Feindesliebe im AT gibt; dazu vgl. SCHENKER 15-40. – Zur jüdischen Feindesliebe vgl. auch A. NISSEN, Gott und der Nächste im antiken Judentum. Untersuchungen zum Doppelgebot der Liebe, Tübingen 1974, 293 und 304ff; K. BERGER, Die Gesetzesauslegung Jesu. Ihr historischer Hintergrund im Judentum und im Alten Testament, Neukirchen 1972; H.-W. JÜNGLING, Ich bin Gott – keiner sonst. Annäherung an das Alte Testament, Würzburg 1981, bes. 9-24 („Deinem Feind laß Gerechtigkeit widerfahren". Das Alte Testament und die „Feindesliebe"); SCHENKER; L. RUPPERT, Der Umgang mit dem Volksangehörigen und mit dem Fremden im alttestamentlichen Gottesvolk, in: J. Horstmann (Hg.), Und wer ist mein Nächster? Reflexionen über Nächsten-, Bruder- und Feindesliebe, Schwerte 1982, 1-36; vgl. auch FIEBIG.

ßenden Verständnisses des Nächsten aus. Das Gebot, seinen Feind zu hassen, läßt sich im Alten Testament und auch in jüdischen Zeugnissen nicht belegen. Doch dürfte es im Rückblick auf den römisch-jüdischen Krieg die Einstellung weiter Kreise charakterisieren ...“[742] Mt könnte sich bei der Formulierung „und deinen Feind hassen" auf die Regel der Qumrangemeinde bezogen haben, in der geboten ist, Gott zu suchen und zu tun, was gut und recht vor ihm ist, „und alles zu lieben, was er erwählt hat, und alles zu hassen, was er verworfen hat".[743] „Gegen eine den Feind ausschließende Deutung des Gebots der Nächstenliebe stellt Matthäus Jesu Gebot der Feindesliebe."[744] Es entspricht der Intention Jesu, wenn er ausdrücklich die Verfolger der christlichen Gemeinde, für die gebetet werden soll, in das Gebot der Feindesliebe eingeschlossen wissen will: „Eine christliche Variation des ‚jüdischen' Mißverständnisses des Gebots der Nächstenliebe soll dadurch ausgeschlossen werden: auch der Feind der christlichen Gemeinde soll für diese der Nächste bleiben."[745]

Das Gebot der Feindesliebe muß als „selbständiges Logion" Jesu interpretiert werden, das bereits in Q in eine Spruchsammlung integriert wurde. „Das Wort Jesu setzt in der Sache das schon alttestamentliche Gebot der Nächstenliebe Lev 19,18 voraus (vgl. Mk 12,28-34)", das „vor allem im hellenistischen Judentum bereits eine universale Auslegung erfahren hat", in der palästinisch-rabbinischen Auslegung allerdings „kennzeichnend auf den Nächsten als Volks- und Glaubensgenossen eingeengt wurde".[746] Jesus dagegen weitet den Begriff des Nächsten ins Unendliche aus, ersetzt ihn durch den des Feindes und „versteht darunter – das ist gegen die häufige privatisierende Auslegung zu betonen – nicht nur den persönlichen Gegner, sondern generell

---

[742] P. HOFFMANN in P. HOFFMANN/EID 151.

[743] Ebd.

[744] Ebd. 151f. – Die von Mt vorgenommene Abhebung von der jüdischen Praxis der Nächstenliebe ist unter dem Gesichtspunkt der Feindesliebe nicht ohne Probleme; vgl. THEISSEN, Studien 165. – Zur außerbiblischen Tradition der Feindesliebe vgl. M. WALDMANN, Die Feindesliebe in der antiken Welt und im Christentum, Wien 1902; EID in P. HOFFMANN/EID 168 (dort: Anmerkung 37); THEISSEN, Studien 175-163.

[745] P. HOFFMANN in P. HOFFMANN/EID 152.

[746] Ebd. 153.

auch den nationalen und religiösen Feind, sowohl den Heiden als auch den abtrünnigen Juden".[747]

(c)

Jesu „Herausforderung" (N. Perrin) zur Feindesliebe[748] zielt nicht auf bloßen Gesinnungswandel. „Sein Anspruch läßt sich nicht etwa schon durch die Evokation von Gefühlen erfüllen; ..."[749] Feindesliebe wird dort erst echt, wo sie ausgeführt wird durch einen radikalen *Verzicht auf Gewalt* und ein gewaltfreies „Entgegenkommen"[750]:

> „Ihr habt gehört, daß gesagt worden ist: Auge für Auge und Zahn für Zahn. Ich aber sage euch: Leistet dem, der euch etwas Böses antut, keinen Widerstand, sondern wenn dich einer auf die rechte Wange schlägt, dann halte ihm auch die andere hin. Und wenn dich einer vor Gericht bringen will, um dir das Hemd wegzunehmen, dann laß ihm auch den Mantel. Und wenn dich einer zwingen will, eine Meile mit ihm zu gehen, dann geh zwei mit ihm. Wer dich bittet, dem gib, und wer von dir borgen will, den weise nicht ab." (Mt 5,38-42)

Daß bei Matthäus Gewaltverzicht und Feindesliebe als zwei getrennte, selbständige Forderungen nebeneinandergestellt sind (vgl. Mt 5,38-42 und 5,43-48), darf nicht zu der Auffassung führen, daß sie nicht inhaltlich zusammengehören.[751] Schon in der Logienquelle standen die Sprüche vom „Schlag auf die Backe" usw. (Mt 5,39-42; Lk 6,29f) „in Verbindung mit dem Gebot der Feindesliebe".[752] „Auch

---

[747] Ebd.

[748] Zur Überlieferungsgeschichte der Forderung nach Feindesliebe vgl. den Beitrag von LÜHRMANN. – Hier ist nicht der Ort, um die komplizierte Frage nach der Historizität zu behandeln.

[749] EID in P. HOFFMANN/EID 167; vgl. auch EBACH 66: „Nicht darum geht es, den Feind zu lieben, indem er weiter Feind bleibt, sondern den Feind zu lieben und ihn damit nicht länger als Feind zu behandeln. Feindesliebe als Gesinnung, als moralische Gemütsverpflichtung (etwa: er ist mein Feind, aber ich muß ihn lieben) treffen nicht den Kern des Gebots. ..." Vgl. auch P.G. SCHOENBORN, Dem gewaltfreien Jesus nachfolgen. Erfahrungen mit der Bergpredigt, Offenbach 1986, 95. Vgl. auch unten 3.1.

[750] THEISSEN, Studien 177.

[751] Vgl. ebd. 176.

[752] P. HOFFMANN in P. HOFFMANN/EID 157. Vgl. auch BLANK, Gewaltlosigkeit 160.

wenn sich nicht mehr feststellen läßt, in welcher Reihenfolge Q die Sprüche vom Gewaltverzicht mit denen über die Feindesliebe zusammenbrachte, soviel ist deutlich, daß auf allen Traditionsstufen beide Komplexe nebeneinander standen und als sachlich zusammengehörig betrachtet wurden. Bei Lukas werden die Gewaltverzichtsbeispiele durch die Anordnung sogar zu Feindesliebebeispielen. Aber auch bei Matthäus, bei dem aus dem Stoff zwei selbständige Antithesen geworden sind, ist der Sachzusammenhang nicht zu bestreiten."[753]

In der ursprünglichen Fassung des Gewaltverzichtspostulates (bei Lk) fehlt sowohl der Hinweis auf das jüdische *ius talionis*[754] als

---

[753] L. SCHOTTROFF, Gewaltverzicht und Feindesliebe in der urchristlichen Jesustradition. Mt 5,38-48; Lk 6,27-36, in: G. STRECKER (Hg.), Jesus Christus in Historie und Theologie. Festschrift Hans Conzelmann, Tübingen 1975, 197-221; 218. Vgl. auch EBACH 63, der davon ausgeht, daß die Forderung des Gewaltverzichts „dem Gebot der Feindesliebe zu- und untergeordnet ist". I. BROER, Plädierte Jesus für Gewaltlosigkeit? Eine kritische Frage und ihre Bedeutung für die Gegenwart, in: Bibel und Kirche 37 (1982) 61-69; 62, geht davon aus, daß „das Feindesliebegebot ursprünglich einmal unabhängig von den es erläuternden Sprüchen vom Gewaltverzicht überliefert sein dürfte", und folgert von daher, daß es legitim sei, „beide unabhängig voneinander zu betrachten". Aber auch Broer will damit nicht in Abrede stellen, daß „im Feindesliebegebot Elemente des Gewaltverzichts enthalten sind". Vgl. auch ebd. 66.

[754] Fälschlicherweise wird das alttestamentliche Talionsgesetz immer noch gerne verstanden als Aufforderung zu Rache und Gewalt. „Auge für Auge, Zahn für Zahn" (Ex 21,24) repräsentiert für weite Kreise eine minderwertige alttestamentliche Ethik. In der akademischen Diskussion dagegen hat sich schon seit einigen Jahrzehnten eine differenzierte Beurteilung des ius talionis durchgesetzt. Erwähnt seien nur die beiden klassischen Aufsätze von J. WEISMANN, Talion und öffentliche Strafe im Mosaischen Rechte (1913), und A. ALT, Zur Talionsformel (1934/1953), beide veröffentlicht in: KOCH, Prinzip 325-406 und 407-411. Auf keinen Fall kann mehr hinter die gesicherte Auffassung zurückgegangen werden, daß das *ius talionis* „nicht ein Gebot der Rache, sondern der Mäßigung in der Vergeltung" sei: „Für einen Leibesschaden darf man den Täter nicht erschlagen." (SCHELKLE, Theologie 126) So brutal uns heute ein solches Gesetz vorkommen mag, „so stellt es gegenüber einem hemmungslosen Racherecht doch einen gewaltigen Fortschritt dar": „Die Talion entzieht das Recht der Willkür eines einzelnen und überträgt es dem Sippenverband. … Trotz seiner augenscheinlichen Härte manifestiert sich darin ein ausgeprägter Sinn für eine totale, wenn auch in unseren Augen vordergründige Gerechtigkeit." (H. HAAG 110) Gegen das bis heute wirkende „antijüdische Vorurteil", daß die Grundlage der jüdischen Moral die Vergeltung sei, wendet sich entschieden ARON, Liebesgesetz 506f: „Das Talionsgesetz (das Gesetz der gleichwertigen Vergeltung) ist nämlich kein Sittengesetz, sondern eine Regelung der Rechtspraxis oder des polizeilichen Vorgehens in der konkreten Form, die vor drei Jahrtausenden den Gewohnheiten des semitischen Geistes entsprach." (507) Weil dem Semitischen das Abstrakte zuwider ist, kann es so etwas wie die Verhältnis-

auch die Aufforderung, dem Bösen keinen Widerstand zu leisten. *Erst* Mt faßt mit dem Leitwort „Ich aber sage euch, widersteht nicht dem Bösen!" (V 39a) die in Q überlieferte Spruchreihe (angefangen mit: „Wer dich auf die rechte Backe schlägt, …") zusammen. Dabei wird deutlich, daß die Forderung, dem Bösen nicht zu widerstehen, „der Aufforderung zum Tun in den Sprüchen nicht gerecht" wird: „Auffallend ist der Widerspruch vor allem in den letzten beiden Sprüchen der Reihe, in denen der Hörer aufgefordert wird, dem Bittenden zu geben. Das hat mit Verzicht auf Widerstand gegenüber dem Bösen nichts zu tun."[755] Der „matthäische Leitgedanke", der „die verbreitete Mißdeutung der Sprüche im Sinne der Forderung totaler Passivität" veranlaßt hat, verstellt die ursprüngliche Aussageintention der Sprüche.[756]

---

mäßigkeit von Strafe und Verfehlung nur bildlich ausdrücken: „‚Auge für Auge, Zahn für Zahn' ist also eine Art auszudrücken, daß eine schwere Mißhandlung oder ein schweres Vergehen eine schwere Strafe nach sich zieht, während man sich bei einem leichten Vergehen mit einer geringen Strafe begnügen muß. Das Talionsgesetz ist somit kein moralisches Gesetz. Es ist eine praktische Regelung, die aus der Rechtsprechung oder den Polizeivorschriften stammt und in der Sprache formuliert ist, die allein eine Welt zu verstehen vermag, die Strafgesetz und -mandat nicht kennt (Ex 21,24-25)." (ebd.) Mit „viel Humor und Hausverstand" lehnt der Talmud den Irrtum hinsichtlich des Talions ab: „Auge für Auge, das bedeutet einen finanziellen Einsatz, die Zahlung einer der zugefügten Verletzung entsprechenden Geldstrafe. Und warum ist es keine wirkliche Vergeltung, die verpflichten würde, eine gleichwertige Verletzung zuzufügen? Weil daraus ständig Ungerechtigkeiten entstehen würden. Wenn ein Einäugiger jemandem ein Auge zerstört, müßte man ihm das einzige Auge nehmen, das ihm bleibt. Und was sollte man mit einem Blinden tun, der seinem Nächsten ein Auge oder gar beide ausgestochen hat?" Dieser Humor, so schließt ARON, möge „über zwei Jahrtausende hinweg den Menschen unserer Zeit davon überzeugen, daß das Talion nicht das Gesetz ist und daß die jüdische Moral, Quelle der christlichen Moral, wie diese nicht auf Grausamkeit, sondern auf Nächstenliebe beruht". (507) Vgl. auch R. ARON, Die verborgenen Jahre Jesu, München 1973, 41-43.

[755] P. HOFFMANN in P. HOFFMANN/EID 157f.

[756] Ebd. 158. – „Die ursprüngliche Fassung der Sprüche in Q, die auf Jesus selbst zurückgeht, läßt sich eher aus der Lukasfassung gewinnen: Es ist die Situation erfahrener Gewalttat." (158) Spiegelt sich im mt Text „stärker die gesamtgesellschaftliche Notsituation", so im lk eher die „alltägliche Lebenssituation im palästinensischen Dorf- und Landmilieu" wider. (159) „Die Sprüche selbst setzen bei Lukas und Matthäus je verschiedene Situationen voraus. Bei Lukas ist es die Situation erfahrener Gewalttat: Wenn dich einer schlägt …, wenn dir einer deinen Mantel rauben will …; bei Matthäus handelt es sich – nach der mit Lukas gemeinsamen Erwähnung des Schlages auf die nun rechte (!) Backe – um einen Schuldprozeß, in dem jemandem sein Hemd gepfändet werden soll, sowie – zusätzlich – etwa um einen Bauern, der von durchreisenden römischen Beamten oder Militärs zu Gespanndiensten gezwungen wird. Mit Q fügen

Im Gegensatz zur mt Überschrift sprechen die Sprüche „eigentlich nicht … vom Verzicht auf Widerstand"; müßte es sonst nicht „in der zweiten Spruchhälfte jeweils heißen: ‚Nimm den Schlag hin', ‚überlaß ihm den Mantel', ‚geh mit ihm die verlangte Meile' u. a. Die Sprüche fordern jedoch nicht zur Hinnahme auf, sondern … zu einer paradoxen Aktivität: ‚Halte ihm auch die andere Backe hin' …"[757] Die Beispiele, die Mt bringt, meinen „mehr als einen Verzicht auf Widerstand". „Sie verlangen, daß man dem Gegner jeweils freiwillig mehr zugesteht, als dieser verlangt. Sie fordern ein paradoxes Entgegenkommen. Der Mt-Text deutet dieses ‚Mehr' an: Nach dem Gebot, auf Widerstand zu verzichten, werden nämlich die folgenden Beispiele durch ‚aber' (griech.: *alla*) eingeleitet. Die negative Forderung, nicht Widerstand zu leisten, wird durch eine positive ergänzt und übertroffen."[758] „Es geht in diesen Sätzen der Jesustradition nicht um die grundsätzliche Ablehnung jeder Art von Widerstand, sondern um die Art des Widerstandes."[759] Es wird zum Aus-

---

beide diesen Sprüchen den ursprünglich wahrscheinlich isolierten Doppelspruch von dem an, der ‚bittet' und ‚borgen' will". (158) HOFFMANN schließt nicht aus, daß Matthäus „zusammen mit seinem Leitwort des Widerstandsverzichts auch die Situation des Schuldprozesses und des Gespanndienstes in die Spruchreihe hineingebracht haben" könnte. (158) Die Aufforderung zur Hinnahme des Unrechts könnte aus der Erkenntnis geboren sein, sich in Zeiten der Unterdrückung den Herrschenden anzupassen, um überleben zu können. (ebd.) Die beliebte Fehlinterpretation der Sprüche als Aufforderung zum Widerstandsverzicht im Sinne von „passiver Hinnahme ungerechter Verhältnisse" und „Rückzug aus der gesellschaftlichen Verantwortung" lastet HOFFMANN auch Mt an, „denn erst er stellte den Sprüchen das programmatische, aber die ursprüngliche Intention der Sprüche verzeichnende Leitwort voran". (163) Mt habe „offenbar unter dem Eindruck des katastrophalen Scheiterns des messianischen Aufstands gegen Rom" gestanden und Jesus in seinem Evangelium durchgängig „in bewußtem Kontrast zum zelotischen Messiasideal" „als den Messias der Demut und Sanftmut, der Gewaltlosigkeit und Friedfertigkeit, der Selbsterniedrigung und Bravheit, der sich der ‚geschundenen' und ‚verlorenen' Volksmenge erbarmt und ‚in aller Stille' wirkt (…) und nur den religiösen Konflikt herausfordert", geschildert. Dies sei aber „ein Messiasbild, das zwar zu Recht Züge des humanen Ethos Jesu herausstellt, aber doch zugleich auch in Gefahr steht, den historischen Jesus darin zu verzeichnen, daß es ihn im Sinne einer Moral der Unterlegenen interpretiert und damit – wahrscheinlich ungewollt – ganz im Interesse der jeweils Mächtigen die Passivität und den Verzicht auf Widerstand zu einem christlichen Ideal macht". (ebd.)

[757] P. HOFFMANN in P. HOFFMANN/EID 159.

[758] THEISSEN, Studien 177; auch THEISSEN denkt an eine Unterlegenheitssituation als Hintergrund der mt Aufforderung. (Hervorhebung von E.S.)

[759] L. SCHOTTROFF, Feindesliebe. Überlegungen zu Kriterien für ethische Entscheidungen, in: Theologia Practica 11 (1976) 279-290; 287.

druck gebracht, daß man sich nicht die Mittel zum Widerstand gegen das Unrecht von jenen diktieren zu lassen bereit ist, die Unrecht tun.[760]

Man wird also „das Wort vom Nicht-Widerstehen nicht mißdeuten" dürfen: „Es hat nichts damit zu tun, daß wir das Böse sollen ungehemmt und unwidersprochen walten lassen: wir sollen es bekämpfen bis aufs Blut, bis auf den Einsatz unseres Lebens. Es ist alles Andere als falsche, weiche Nachgiebigkeit gegen das Unrecht. ... Es bedeutet nicht Nachgiebigkeit gegen das Böse, sondern den vollkommenen Sieg über das Böse. Es bedeutet: Du sollst das Böse nicht mit seinen eigenen Mitteln bekämpfen. Du sollst ihm nicht auf seinem eigenen Boden entgegentreten. Du sollst nicht Unrecht mit Unrecht, Lüge mit Lüge, Gewalt mit Gewalt bekriegen."[761]

Statt sich vom Bösen besiegen zu lassen, ist der Christ aufgerufen, durchaus „klügelnden Sinnes" das Böse durch das Gute zu überwinden (vgl. Röm 12,21). Nur mit dem „Schwert des Guten" und dem „Schwert der Wahrheit" ist dem Bösen erfolgreich beizukommen: „Nur von Gott her, dem Herrn und Vater. Nur in der Wahrheit und in der Liebe. ... Denn Unrecht erzeugt wieder Unrecht, Lüge Lüge, Gewalt Gewalt."[762] Das Böse wird daran gehindert, sich weiter auszubreiten, indem der Geschlagene nicht zurückschlägt: „Dann bleibt es bei der einen bösen Tat und kommt nicht zu der fatalen Kettenreaktion."[763] Das ist Jesu Weg.[764] Wenn zwar der Mensch nicht die Macht hat, das Böse aus der Welt zu schaffen, so steht es doch „in seiner Macht, aus Liebe das Gute zu tun, und diese Fähigkeit ist unbegrenzt. Auch wenn ihm die Hände gebunden sind, das Böse zu verhindern, so sind sie ihm nicht gebunden, das Gute zu mehren und damit die Übermacht des Bösen zu brechen."[765]

---

[760] Vgl. ebd.
[761] RAGAZ, Bergpredigt 82f.
[762] Ebd. 83.
[763] H. HAAG 262.
[764] Ebd.
[765] Ebd. 265.

3 | Ziel des Gewaltverzichts Jesu

„Gewaltverzicht, so wie ihn Jesus versteht," ist „streng bezogen auf Gewaltüberwindung. Er hat den Rang eines Mittels, nicht aber den eines Selbstzweckes."[1] Es ist der bestimmte Zweck, der den Verzicht auf Gewalt nahelegt. Über diesen Zusammenhang soll hier nachgedacht werden. Dabei zeichnet sich ab, daß Gewaltverzicht nicht nur – wie oben zu zeigen versucht wurde – eine Konsequenz der Imitatio Dei, des Vertrauens auf Gott und der Liebe zu den Mitmenschen ist, sondern auch eine Konsequenz der *Mittel-Ziel-Relation*.

3.1 | Feindesliebe und Gewaltverzicht als Strategie

Mehr als eine sich selbst genügende Haltung sind Feindesliebe und der in ihrer Konsequenz liegende Gewaltverzicht eine Strategie. „Inhaltsbestimmungen von Feindesliebe", die sich „im Vorstellungsbereich von allgemeiner Menschenliebe ‚immer und gegen jedermann'" bewegen, werden, wie Luise Schottroff herausgearbeitet hat, dem, was die urchristliche Jesustradition unter Gewaltverzicht und Feindesliebe versteht, nicht gerecht.[2] Der Schwerpunkt des Interesses bei der Forderung nach Feindesliebe liegt weniger auf dem Liebenden und seiner *Selbstüberwindung*[3] zu einer uneingeschränkten Nächstenliebe, als vielmehr beim Objekt der Liebe, dem Feind.[4] Die Forderung des Evangeliums nach Feindesliebe wird „nicht als jederzeit und von jedem anwendbare ethische Regel verstanden, sondern als von Christen in Widerstandssituationen geforderte

---

[1] STOECKLE, Glauben 95.
[2] L. SCHOTTROFF, Gewaltverzicht 197-201.
[3] Vgl. oben 2.3 (b) und (c).
[4] So liegt auch hier der Schwerpunkt des Interesses beim Gegenüber: „Wenn du deine Opfergabe zum Altar bringst und dir dabei einfällt, daß dein Bruder etwas gegen dich hat, so laß deine Gabe dort vor dem Altar liegen: geh und versöhne dich zuerst mit deinem Bruder, dann komm und opfere deine Gabe." (Mt 5,23f) Nicht die eigene Versöhnungsbereitschaft ist das Thema dieser Weisung, sondern die Aufforderung, alles daranzusetzen, daß der andere nichts mehr gegen mich hat.

Haltung".[5] Gewaltverzicht und Feindesliebe zielen auf die *Überwin-dung des Feindes als eines Feindes*: „die Feinde sollen ihre Feindschaft aufgeben, sie sollen also verändert werden";[6] „der Feind soll gewonnen werden, er soll überzeugt werden, ein anderes Leben zu führen und an der christlichen Hoffnung Anteil zu haben"[7] – ganz im Sinne von Röm 12, 21.[8] Feindesliebe ist nicht nur ein „zentraler Gegenstand christlicher Verkündigung", sondern auch ein „missionarisches Mittel";[9] der Feind, der vor allem als Verfolger charakterisiert

---

[5] L. SCHOTTROFF, Gewaltverzicht 201.

[6] Ebd. 215; vgl. auch F. NEUGEBAUER, Die dargebotene Wange und Jesu Gebot der Feindesliebe. Erwägungen zu Lk 6,27-36 / Mt 5,38-48, in: Theologische Literaturzeitung 110 (1985) 865-876; 867: „Der Sinn der zeichenhaften Handlung ist es, den Feind zu überwinden. Deswegen ist Feindesliebe zuerst nicht Selbstüberwindung oder Selbstbeherrschung, sondern Überwindung des anderen." Auf jüdischer Seite führt P. LAPIDE, Feinde 21ff, aus, daß Jesu Aufforderung zur Feindesliebe eine mit dem *Dativus Ethicus* zum Ausdruck kommende „Tatenliebe" meint: „Nicht eine Herzensregung oder emotionelles Empfinden werden befohlen. ... schon gar nicht fadenscheinige Liebeserklärungen, denen kein Gegner Gehör, geschweige denn Glauben schenken würde, sondern um praktische Liebeserweise geht es hier ..." (22). Nicht zur „platonischen Feindesliebe" fordert Jesus auf, „sondern zum versöhnlichen Umgang mit dem Gegner, der einzig und allein seine Entfeindung bezweckt." (23) „Jesu Angebot zielt also darauf, daß der Feind aufhört, ein Feind zu sein ...". (24) Lapide spricht hier von einer „Entfeindungsmethode" (vgl. 30), von einer „Entfeindungsliebe" (31 u. 33ff). Ähnlich auch P. SILLER, Ohne Feindschaft leben lernen. Zur Rolle christlicher Basisgemeinden in der Friedensbewegung, in: BasTa 3/1981, 6: Die Sätze Jesu, die andere Wange hinzuhalten, die Jacke dazuzugeben usw., fordern dazu heraus, „die Handlungsmöglichkeiten des Partners verantwortlich mitzugestalten, ... dem Feind von seiner feindlichen Position herunterzuhelfen, etwas dazu beizutragen, daß er ein Mitarbeiter am Frieden werde, ... die Situation des Gegners so zu gestalten, daß er mich nicht als seinen ‚Feind' wahrnehmen muß". Vgl. auch METTE 179.

[7] L. SCHOTTROFF, Gewaltverzicht 216. – Vgl. dagegen allerdings E. KLOSTERMANN, Das Matthäusevangelium, Tübingen 4. Aufl. 1971, 48: „Es sind bei Mt gewiß keine Klugheitsregeln, etwa daß man den Angreifer durch Sanftmut entwaffnen solle, statt ihn weiter zu reizen ...".

[8] Vgl. JOHANNES PAUL II., Über das Verhältnis von Gewalt und Recht, Ansprache des Papstes an die Vereinigung Katholischer Juristen Italiens am 6. Dezember 1980, in: L'Osservatore Romano 9 (Nr. 3 vom 16. Jan. 1981) 9, Sp. 3: „... im christlichen Denksystem hat das Prinzip der Gewaltlosigkeit nicht nur negative Bedeutung (nicht der Gewalt mit Gewalt begegnen), sondern auch positive, und das in weitaus größerem Maße. Man kann in der Tat sagen, daß die christlichste der Maximen, die uns vom Erlöser durch sein Beispiel und sein ausdrückliches Gebot eingeprägt wurden, folgende ist: ‚Laß dich nicht vom Bösen bewegen, sondern besiege das Böse durch das Gute!' (Röm 12,21), das heißt durch ein noch größeres Gut (das sich konkret als die Liebe herausstellt)".

[9] L. SCHOTTROFF, Gewaltverzicht 215.

ist, soll auf dem Weg der Feindesliebe und des Gewaltverzichts „in die eigene Gemeinschaft, die Gemeinschaft des Miteinander-Lebens und die Gemeinschaft des erwarteten Heils" einbezogen werden.[10]

„Den verfluchten Christen sagt Jesus, sie sollten auf den Fluch mit Segen und Gebet reagieren. Sie sollen also die gesellschaftliche Ächtung nicht akzeptieren, sondern die Gemeinschaft, die ihnen verweigert wird, wieder herzustellen versuchen."[11] Der Verfasser des 1. Petrusbriefes legt den Christen nahe, der Verleumdung und Kriminalisierung durch Wohlverhalten zu begegnen und so ihre Feinde zu gewinnen. „Christliche Sklaven, die zu Unrecht geschlagen und mißhandelt werden, sollen sich dieses Unrecht ohne Gegenwehr gefallen lassen. Der unschuldig leidende Sklave soll dem ungerechten Herrn sichtbar demonstrieren, daß Unrecht geschieht, und ihn dazu bringen, sein Verhalten zu ändern. Mit einem Sklaven, der Unrecht bewußt und demonstrativ hinnimmt, wird ein böser Herr schwer fertig, solange er noch einen Rest von Gewissen hat."[12] Ebenso zielt das den Christen in Röm 13 anempfohlene „staatsbürgerliche" Wohlverhalten auf die Überwindung der feindlich gesinnten „Obrigkeit".[13] „Feindesliebe ist im frühen Christentum eine offensive missionarische Praxis, man will damit etwas erreichen. Man will nicht nur geduldet werden, sondern die Gegner gewinnen, sie locken, den Weg Christi auch zu beschreiten."[14]

Feindesliebe in der urchristlichen Praxis ist *„eine Art gewaltloser Strategie* von Unterlegenen gegen Überlegene gewesen, der Versuch, die Feinde zu verändern, sie zu gewinnen und zu überreden".[15] Das

---

[10] KLOSTERMANN, Matthäusevangelium 215. – Vgl. auch AUGUSTINUS in seinen Predigten zum 1. Johannesbrief X, 7: Man solle seine Feinde lieben, *„non quia sunt fratres, sed ut fratres"* (nicht, weil sie schon Brüder wären, sondern damit sie Brüder werden); vgl. J. BLANK, Im Dienst der Versöhnung. Friedenspraxis aus christlicher Sicht, München 1984, 24.

[11] L. SCHOTTROFF, Feindesliebe 284f.

[12] Ebd. 285.

[13] L. SCHOTTROFF, Gewaltverzicht 219.

[14] L. SCHOTTROFF, Feindesliebe 285.

[15] Ebd. (Hervorhebung von E.S.). – Ganz im Sinne Schottroffs spricht H. REUTER, Bergpredigt und politische Vernunft, in: R. Schnackenburg (Hg.), Die Bergpredigt. Utopische Vision oder Handlungsanweisung?, Düsseldorf 2. Aufl. 1984, 60-80, von einer „Strategie der produktiven Feindesliebe" (70) und deutet Jesu Weisungen: „Der Gewaltverzicht, den Jesus meint, ist provokatives Einwirken auf den Gegner. Dieses hofft, beim Gegner eine Verhaltensänderung auszulösen." (69)

Ziel, auf das es bei der Feindesliebe ankommt, ist „die Ausbreitung des Christenglaubens, die Ausbreitung der Erwartung des Reiches Gottes, die Ausbreitung der neuen Ethik, der Erneuerung des Lebens", das universale Reich Gottes.[16] Die Feinde, Reichen und Mächtigen, sollen durch Liebe und Gewaltverzicht für die „Gemeinschaft des gemeinsamen Zieles" gewonnen werden. Ohne Parteinahme für die Schwachen aber braucht das Heil aller Menschen gar nicht erst angezielt zu werden.[17] Eine „Analyse der Machtverhältnisse ist unerläßlich";[18] es muß herausgefunden werden, „wer die Feinde sind und mit welchen Methoden sie Christus Brot, Kleidung und Leben verweigern"[19]. Die „Strategie der Feindesliebe" ergibt sich aus dem Ziel: „Sie besagt nicht, daß man den Feind gewähren lassen soll, sondern den schöpferischen Versuch, ihm seine Unrechtstaten unmöglich zu machen, ohne ihm sein Leben und seine Zukunft als ein neuer Mensch und Bruder aller Menschen zu nehmen."[20] Im Gewaltverzicht aus Feindesliebe leuchtet das Ziel bereits auf. „Liebe, Segen und Gebet für die Feinde ist eine Strategie, die das Ziel bereits spiegelt: den Anspruch, auf dem Wege zu einem Heil für alle Menschen zu sein."[21]

Diese Deutung der Feindesliebe unter dem Ziel-Mittel-Aspekt hat offensichtlich Tradition. Bereits in der Didaché wird Feindesliebe strategisch verstanden, wenn es heißt: „Ihr aber sollt lieben, die euch hassen, und ihr werdet keinen Feind haben."[22] Dem kann, so räumt Ludwig A. Winterswyl ein, der Sinn zugrundeliegen: „Man wird einen Feind durch christliches Verhalten umstimmen können".[23] Im Testamentum Benjamin, darauf weist Gerd Theissen

[16] Ebd.
[17] Ebd. 286.
[18] Ebd. 289.
[19] Ebd. 290. – Vgl. auch EBACH 66, der festhält, daß mit dem Verschwinden der Freund-Feind-Kategorien „nicht das Sich-Abfinden mit dem Unrecht gemeint ist, daß nicht Gegensätze verdrängt sind, daß es weiter und nun erst recht um Gerechtigkeit, Freiheit, Liebe und Mitmenschlichkeit geht".
[20] L. SCHOTTROFF, Feindesliebe 289f.
[21] Ebd. 285.
[22] DIE ZWÖLFAPOSTELLEHRE. Eine urchristliche Gemeindeordnung, aus dem Griechischen übertragen, eingeleitet und erklärt von L.A. Winterswyl, Freiburg 2. Aufl. 1954, 17 (I, 3).
[23] Ebd. 42. – Vgl. dazu auch THEISSEN, Studien 168: „Feindesliebe zielt auf Gegenseitigkeit, oder vorsichtiger formuliert: darauf, daß der Feind aufhört, ein Feind zu sein."

hin[24], schlägt derselbe Gedanke durch, wenn es heißt: „Seid gut gesinnt, ihr meine Kinder! Dann halten auch die schlechten Menschen mit euch Frieden."[25] Vor allem Lukas unterstreicht nach Theissen das Motiv der Gegenseitigkeit[26], ohne allerdings damit ein berechnendes Verhalten fördern zu wollen[27].

Nicht minder als Theissen und Schottroff betont Jürgen Ebach die Zielgerichtetheit des in Feindesliebe geübten Gewaltverzichts: Der Feind „soll durch die Unterbrechung der Gewaltkette zur Überprüfung, letztlich zur Veränderung seines Tuns gebracht werden".[28] Der Gewaltverzicht habe „den Gewalttäter als Gegenüber im Blick".[29] Auf „das Gegenüber, das in der Verstrickung der Gewaltstrukturen gefangen ist", sei der Gewaltverzicht bezogen.[30] „Ihm, nicht der eigenen Unbeflecktheit" gelte „die Maxime, Böses mit Gutem zu vergelten";[31] nicht, um „in gewalttätiger Umgebung selbst mit reinen Händen dazustehen", könne es dem Christen gehen[32]. Die Forderung des Gewaltverzichts, „die dem Gebot der Feindesliebe zu- und untergeordnet ist", ziele nicht auf die Diskriminierung des Feindes, sondern darauf, „ihn, der Feind nicht länger ist, in die alternative Praxis der Gemeinde mit hineinzunehmen, in die Praxis einer Gruppe, die die Gewaltgesetze der Gesellschaft zu überwinden trachtet".[33] Weil es um die „gewaltlose, auf Liebe gegründete Gemeinschaft aller Menschen" gehe, müsse sich die „alternative Praxis" auch auf alle Menschen beziehen.[34]

Der in Feindesliebe praktizierte Gewaltverzicht ist nach Ebach bereits ein „Vorschein auf die Herrschaft Gottes"[35], Hinweis „auf ein Ziel, dessen Bestandteil gewaltlose Verhältnisse sind"[36], eine Vor-

---

Vgl. auch VÖLKL 47.

[24] THEISSEN, Studien 168.

[25] TESTAMENTUM BENJAMIN V, 1.

[26] THEISSEN, Studien 165ff.

[27] Ebd. 169.

[28] EBACH 62.

[29] Ebd.

[30] Ebd. 63.

[31] Ebd.

[32] Ebd. 62.

[33] Ebd. 63.

[34] Ebd. 63f.

[35] Ebd. 63.

[36] Ebd. 59.

wegnahme dieses Zieles: „Während Gewalt, auch wo sie um eines noch so gerechten Zieles willen angewandt wird, eben indem sie angewandt wird, eine Entfernung von einem gerechten Ziel bedeutet und bewirkt, enthält der Verzicht auf Gewalt etwas von dem Ziel, um dessentwillen Gewaltverzicht angewandt wird.“[37] Jener Gewaltverzicht, den die urchristliche Gemeinde gegen die Gewaltstrukturen der Gesellschaft gesetzt habe, sei „nicht Mittel zu einem noch zu erreichenden Ziel, sondern Bestandteil des Ziels selbst“.[38] „Indem die vorscheinende Wirklichkeit des Reiches Gottes den Gewaltverzicht bestimmt, verschwindet die Differenz von Ziel und Mittel, die als unüberbrückbarer Widerspruch jeder mit Gewalt zu errichtender oder errichteter idealer Gesellschaft anhaften muß.“[39] „Gewaltverzicht und Nähe des Reiches Gottes haben also etwas miteinander zu tun.“[40]

3.2 | Gewaltverzicht unter dem Leitbild des Reiches Gottes

Wo zur Lebensorientierung das „Leitbild des Reiches Gottes“[41] gewählt wird, ist der *Verzicht auf Gewalt eine zwingende Konsequenz* aus zweierlei Gründen: Durch seinen Gewaltverzicht entspricht der Christ nicht nur der Tatsache der Undefinierbarkeit und Unverfügbarkeit des Gottesreiches, sondern auch den pazifistischen Teilinhalten dieses seines Leitbildes. Im zieladäquaten Verhalten liegt die Chance zur Mithilfe bei der Verwirklichung des Reiches Gottes: „Die Zeit ist erfüllt, das Reich Gottes ist nahe. *Kehrt um*, und glaubt an das Evangelium!“ (Mk 1,15) Das Reich Gottes dagegen mit Gewalt an sich zu reißen (Mt 11,12 und Lk 16,16 „*in malam partem*“ interpretiert), ist ein zum sicheren Scheitern verurteilter Versuch. Nachfolgend soll die Logik des in der „Reich Gottes“-Perspektive geübten Gewaltverzichts aufgezeigt werden.

---

[37] Ebd. 58.
[38] Ebd. 63.
[39] Ebd. 64
[40] Ebd. 58.
[41] Vgl. W. KNÖRZER, Reich Gottes. Traum – Hoffnung – Wirklichkeit, Stuttgart 1970, 74.

3.2.1 *Die Offenheit der „Reich Gottes"-Zukunft*

Im Gegensatz zur Utopie, aber auch zur Apokalyptik, vermeidet die christliche Eschatologie „jede fixierende Konkretisierung".[42] „Im Neuen Testament wird nirgendwo eine klare Beschreibung gegeben, was das Reich Gottes ist."[43] Jesus sagt zwar, daß die Herrschaft Gottes nahe ist, doch „nirgends ausdrücklich, was diese Gottesherrschaft ist".[44] „Sein Sprechen von der Gottesherrschaft ist merkwürdig offen."[45]

Diese Offenheit ist eine Voraussetzung dafür, daß die kühnsten Vorstellungen des Menschen von Leben und Heil in dem überboten werden können, was Jesus als Reich Gottes verheißt. Mit dem, „was kein Auge gesehen und kein Ohr gehört hat, was keinem Menschen in den Sinn gekommen ist: das Große, das Gott denen bereitet hat, die ihn lieben" (1 Kor 2,9), übertrumpft der Gott der christlichen Hoffnung die Sehnsucht des Menschen derart, „daß die wildesten und vermessensten Träume der Menschheit als Kleinglaube und

---

[42] Vgl. G. FRIEDRICH 34; vgl. ebd. 34-39. – Die Anhänger einer konkreten gesellschaftlichen Utopie, ihre Verfasser wie ihre Leser, stehen in der Gefahr, ihre liebgewonnene Vorstellung von einer besseren Gesellschaft gegen jederart Widerstand – mit aller Gewalt – verwirklichen zu wollen. Hinter jeder Utopie steht ein massiver Wille zur Durchsetzung, der in den Totalitarismus führen kann. Es ist insbesondere die Verbindung von gesellschaftskritischem Engagement mit der Fixierung auf eine festumrissene Alternative, die die Gefahr eines gewaltsamen Realisierungsversuches bedingen. Hier muß die Kontrastierung von konkreter Utopie einerseits und offener „Reich Gottes"-Perspektive andererseits genügen, womit die Bedeutung des utopischen Denkens als eines von der katholischen Soziallehre (vgl. PAUL VI. in *„Octogesima adveniens"*) hoch geschätzten Lebenselexiers nicht gemindert werden soll.

[43] G. FRIEDRICH 6; vgl. auch KNÖRZER 23: „So mannigfaltig die Aussagen Jesu sind, nie sagt er klar und eindeutig, was das Reich Gottes ist. Nirgends findet sich eine Definition oder genaue Bestimmung."

[44] KASPER, Jesus 83.

[45] Ebd.; vgl. auch MERKLEIN, Gottesherrschaft 120: „Vergeblich sucht man bei Jesus nach einer näheren Beschreibung des Heilsgutes bzw. -zustandes. Die konkrete Qualität des künftigen Heils überläßt Jesus ausschließlich Gott." – Zur „Reich Gottes"-Thematik vgl. die exegetischen Aufsätze in: P. FIEDLER/D. ZELLER (Hg.), Gegenwart und kommendes Reich. Schülergabe Anton Vögtle, Stuttgart 1975, insbesondere darin: I. MAISCH, Die Botschaft Jesu von der Gottesherrschaft, 27-41; P. FIEDLER, Der Sohn Gottes über unseren Weg in die Gottesherrschaft, ebd. 91-100. Vgl. auch R. NORDSIECK, Das Reich Gottes – Hoffnung der Welt. Das Zentrum der Verkündigung Jesu, Neukirchen 1979; MERKLEIN, Jesu Botschaft.

fast tierische Stumpfheit erscheinen".[46] „Der Gedanke des Himmels ist das Vermächtnis radikalster Hoffnung, die als solche eben die zentralste ist. Himmel ist der intensivste Sinnmittelpunkt von allem, was sich die Menschheit je erhofft hat".[47]

Jeder Versuch, die Basileia zu beschreiben, bleibt notgedrungen unzureichend. Der „Himmel" widersetzt sich jedem Definitionsversuch wie jeder menschlichen Planung. „Der in seine Geschichtlichkeit gebundene Mensch kann einen endgültigen Zustand des Glücks weder planen noch realisieren; er kennt nicht die endgültig erfüllenden Möglichkeiten des Glücks. Und jede Festlegung eines scheinbar endgültigen Zustandes würde eine verzerrende und repressive Eingrenzung auf bestehende Zustände, Bedürfnisse oder illusorische Wunschträume bedeuten."[48] Das hat Jesus im Auge, wenn er „die Realisierung der Basileia nicht als das Ergebnis menschlicher Anstrengungen, sondern als Tat Gottes darstellt".[49]

Dem entspricht, „daß die Basileia nicht mit Wunschträumen, aber auch nicht mit menschlichen Weltverbesserungsplänen identifiziert werden kann, daß gerade dies einer ihrer heilvollen Wesenszüge ist, die immer neue Möglichkeiten von Freiheit und Selbstverwirklichung des Menschen eröffnen".[50] Darum ist auch eine Ethik des Reiches Gottes nicht systematisch herstellbar. „Es gibt nicht das endgültige moraltheologische System, das angeben könnte, wie und wann das Reich Gottes ‚auferbaut' werden kann."[51]

Im Blick auf die „absolute Zukunft", die ein anderer Name für das ist, was mit „Gott" gemeint ist,[52] verwirft das Christentum eine „utopisch-ideologische Verabsolutierung einer innerweltlichen Zukunft"; es verwirft „jede ideologische Zukunftsutopie, in der die absolute Zukunft mit einer innerweltlich-kategorialen Zukunft ver-

---

[46] BOROS 160. – Vgl. auch J. MOLTMANN, Theologie der Hoffnung. Untersuchungen zur Begründung und zu den Konsequenzen einer christlichen Eschatologie, München 1973, 28: „Durch die von der Verheißung Gottes immer weiter gezogene Hoffnung wird die eschatologische Ausrichtung und die eschatologische Vorläufigkeit alles Denkens in der Geschichte aufgedeckt." Vgl. ebd. 28f.

[47] BOROS 161.

[48] Eid in P. HOFFMANN/EID 62.

[49] Ebd. 61.

[50] Ebd. 67.

[51] Ebd. 68.

[52] K. RAHNER, Marxistische Utopie und christliche Zukunft des Menschen, in: ders., Schriften zur Theologie, Bd. 6, Einsiedeln/Zürich/Köln 1965, 77–88; 80.

wechselt wird."[53] Das, was der Christ als Reich Gottes erhofft, bietet sich nicht als ein definierbares statisches Ziel, das mit allen Mitteln während eines bestimmten Zeitraums erreicht werden kann. Die Offenheit des Endziels verbietet ein Vorgehen mit aller Gewalt: „Das Christentum schützt durch seine absolute Zukunftshoffnung den Menschen vor der Versuchung, die berechtigten innerweltlichen Zukunftsbestrebungen mit solcher Gewalt zu betreiben, daß jede Generation brutal zugunsten der nächsten und so fort geopfert wird und so die Zukunft zum Moloch wird, vor dem der reale Mensch für den nie wirklichen, immer ausständigen geschlachtet wird."[54] Weil der Christ „die wirkliche, die vollendete Zukunft von Gottes Tat, vom Kommen seines Reiches, von seiner Gnade, nicht als bloße Frucht der innerweltlichen Geschichte, die der Mensch selbst macht und steuert", erwartet, „kann er nicht der Fanatiker seiner eigenen Zielsetzungen in der Welt sein" wie der „unchristliche Mensch der innerweltlichen Utopie".[55] „Denn dieser will die innerweltlich erlösende Zukunft der Vollendung noch erleben, er muß sie darum herbeizwingen, er muß die Menschen, die diese Zukunft hindern, hassen, er ist notwendig ungeduldig, er kann die Gegenwart nicht genießen: sie ist ihm immer nur das Rohmaterial der Zukunft; er ist der Fanatiker der Pläne und der Programme, er muß ihnen die Gegenwart und ihre Menschen opfern."[56]

---

[53] Ebd. 83.

[54] Ebd. 84; vgl. ebenso W. KASPER, Politische Utopie und christliche Hoffnung, in: Hirschberg 25 (1972) 200-207; 206: „Der Versuch, das Ganze und Endgültige innergeschichtlich zu verwirklichen, trägt notwendig den Charakter des Totalitären und Gewalttätigen. Der Friede im universalen und endgültigen Sinn kann und darf deshalb niemals Gegenstand des wesentlich nur partikularen menschlichen Tuns werden. Der eschatologische Vorbehalt, wonach der endgültige und universale Friede nur Gottes eigene Tat sein kann, bedeutet deshalb den stärksten inneren Widerstand gegen jede Form des Totalitarismus. …"

[55] K. RAHNER, Der Advent als Mittel gegen die Utopie, in: ders., Chancen 33-36; 34.

[56] Ebd. – Vgl. auch H. ZAHRNT, Stammt Gott vom Menschen ab?, Zürich/Einsiedeln/Köln 2. Aufl. 1980, 51: „Als gnadenlose Menschlichkeit bezeichne ich es, wenn man die ‚reine' Menschlichkeit zum Planziel einer idealen Gesellschaftsordnung macht und solchen Entwurf dann gnadenlos, auf Kosten der Menschen, durchsetzt, aus Liebe zur ganzen Menschheit jeden hassend, womöglich tötend, der dieses Ideal einer vollkommenen Gesellschaft nicht teilt. … Wo man sich selbst für gerecht und seine eigene Sache für die einzig gute hält, dort werden alle, die eine andere Sache oder auch nur dieselbe Sache anders vertreten, aus politischen Gegnern zu Sündern – und Sünder müssen bestraft werden, früher von Gott, heute von der Gesellschaft."

Über die Problematik dieser „radikalen Transzendenz" – daß durch das „Pathos der Transzendenz" innerweltliche Ziele und Bewegungen gefährlich abgewertet werden können – wird noch zu sprechen sein.[57] Die „viel weiter vorangetriebene Zielsetzung" hat aber auch die „innerweltlichen und innergeschichtlichen Ziele über sich selber hinaus in Bewegung gebracht": diese „hätten nicht ihre Spannung und ihre stets neue Offenheit, würden sie nicht durch dieses letzte Ziel immer neu über sich hinaus überschritten".[58] Nicht nur um Gottes willen, sondern auch um des Menschen willen hilft das „Pathos der Transzendenz" eine „zur Selbstverschließung versuchte Zukunftsvision aufzubrechen" und die „Unerfüllbarkeit des Menschen" zur Geltung zu bringen: „Der Mensch geht nun einmal nicht in der Summe seiner elementaren Bedürfnisse auf; so dringend und wichtig die Besserung seiner materiellen und seelischen Not auch ist, der Mensch darf nicht unter seinem intentionalen Niveau gehalten werden."[59]

Darum sind auch die eschatologischen Verheißungen der biblischen Tradition wie Freiheit, Friede, Gerechtigkeit und Versöhnung „mit keinem gesellschaftlichen Zustand einfach identifizierbar, wie immer wir ihn von uns aus bestimmen und beschreiben mögen".[60] Wo immer dagegen in der Geschichte des Christentums „solche direkte Identifikationen und direkte Politisierungen der christlichen Verheißungen" vorgenommen wurden, wurde „jener ‚eschatologische Vorbehalt' preisgegeben, durch den jeder geschichtlich erreichte Status der Geschichte in seiner Vorläufigkeit erscheint".[61]

---

[57] Vgl. D. WIEDERKEHR, Perspektiven der Eschatologie, Zürich/Einsiedeln/Köln 1974, etwa 83-85 und 302.

[58] Ebd. 84.

[59] Ebd.; vgl. ebd. 102: „Es war immer wieder die transzendente Eschatologie", die die Gleichsetzung von Reich Gottes mit geschichtlichen Zielen, Zuständen und Interessen gesprengt hat. „Nur dann kann ja die absolute Zukunft ihre kritische Wirkung auf die bestehenden, erreichten oder noch erstrebten Ziele ausüben, wenn sie nicht damit gleichgesetzt wird. Die Wirklichkeit Gottes liegt immer jenseits unserer religiösen, aber auch unserer soteriologischen Vorstellungen und Erwartungen; zugleich wird aber auch die Wirklichkeit des Menschen immer neu ins Geheimnis entrückt. Weder Gott noch der Mensch lassen sich auf eine feste gefundene Gestalt festlegen."

[60] J.B. METZ, Zur Theologie der Welt, Mainz 1973, 105.

[61] Ebd. 105f.

Vorläufigkeit aber meint nicht Beliebigkeit.[62] Die Verheißungen, auf die sich jener „eschatologische Vorbehalt" bezieht, „sind nicht ein leerer Horizont religiöser Erwartung, sie sind nicht bloß eine regulative Idee, sondern ein kritisch befreiender Imperativ für unsere Gegenwart, sie sind Ansporn und Auftrag, sie unter den geschichtlichen Bedingungen der Gegenwart wirksam zu machen und sie so zu ‚bewahrheiten'; denn ihre Wahrheit muß ‚getan' werden. Die neutestamentliche Gemeinde weiß sich von Anfang an aufgerufen, die kommende Verheißung schon unter den Bedingungen des Jetzt zu leben und so Welt zu überwinden."[63] Der „‚eschatologische Vorbehalt' bringt uns nicht in ein verneinendes, sondern in ein kritisch-dialektisches Verhältnis zur gesellschaftlichen Gegenwart": „Die Orientierung an den Verheißungen des Friedens und der Gerechtigkeit verändert je neu unser gegenwärtiges geschichtliches Dasein. Sie bringt und zwingt uns immer wieder in eine neue kritisch-befreiende Position gegenüber den bestehenden und uns umgebenden gesellschaftlichen Verhältnissen."[64] In diesem Sinne muß jede eschatologische Theologie „zu einer politischen Theologie als einer (gesellschafts-)kritischen Theologie werden".[65]

Nicht in die Haltung der Hinnahme, sondern in die Bereitschaft der Überwindung gegenwärtiger gesellschaftlicher Zustände, nicht

---

[62] Ebd.

[63] Ebd.

[64] Ebd. – Aufschlußreich sind auch die Ausführungen von Metz zur „kritisch-befreiende(n) Funktion der Kirche im Hinblick auf unsere Gesellschaft und ihren gesellschaftlichen Prozeß": „Durch ihren eschatologischen Vorbehalt gegenüber jeder abstrakten Fortschritts- und Humanitätskonzeption schützt sie den einzelnen augenblicklich lebenden Menschen davor, nur als Material und Mittel für den Aufbau einer technologisch durchrationalisierten Zukunft betrachtet zu werden." (110) Außerdem müsse die Kirche gerade heute angesichts der politischen Systeme immer neu kritisch-befreiend betonen, daß die Geschichte als ganze unter dem eschatologischen Vorbehalt Gottes steht. „Sie muß zur Geltung bringen, daß die Geschichte als ganze niemals ein politischer Begriff im engeren Sinne des Wortes werden kann, daß deshalb Geschichte als ganze niemals zum Inhalt eines partikularen politischen Handelns werden kann. Denn es gibt kein innerweltlich angebbares Subjekt der Gesamtgeschichte, und wo immer eine Partei, eine Gruppe, eine Nation oder eine Klasse sich als dieses Subjekt zu verstehen sucht und damit das Ganze der Geschichte zum Horizont ihres politischen Handelns machen will, muß sie zwangsläufig ideologisch totalitär werden." (ebd.) Vgl. auch K. RAHNER, Die gesellschaftskritische Funktion der Kirche, in: ders., Schriften zur Theologie, Bd. 9, Einsiedeln/Zürich/Köln 1970, 569-590.

[65] METZ 106.

in Passivität, sondern in Aktivität, will der „eschatologische Vorbehalt" führen. „Der Christ wird zwar jedem entworfenen und ver-
wirklichten Friedensplan gegenüber das ‚Noch-nicht' seiner immer
steiler gerichteten Hoffnung entgegenhalten müssen. … Doch erlaubt dieses ‚Noch-nicht' keineswegs die Verachtung der Versuche,
sich, so gut es geht, auf das Ziel des Friedens hin auf den Weg zu
machen und sich dadurch in einen in der Geschichte grundsätzlich
unvollendeten Prozeß einzulassen. Der sogenannte eschatologische
Vorbehalt der christlichen Hoffnung soll nicht lähmen, sondern in
der Gefahr falscher Zufriedenheit zu weiteren Schritten stimulie-
ren."[66]

Si comprehendis, non est Deus! „Wenn wir meinen, die endgültige
und ideale Zukunft als Ziel anzusteuern oder gar sie erreicht zu haben, gerade dann sind Aufbruch und Transzendierung nötig; es ist
geradezu ein Kriterium für die Göttlichkeit Gottes und für die
Menschlichkeit des Menschen, daß dieser immer der offene und sich
selbst entzogene bleibt."[67] Die transzendente Eschatologie bietet ein
befreiendes Korrektiv, eine heilsame kritische Instanz: „So inhalts-
arm diese negative Kritik, dieser eschatologische Vorbehalt der
christlichen Zukunftsutopie sein mag, er wirkt sich gegenüber allen
bestehenden Zuständen und Verhältnissen immer wieder kritisch
und aufbrechend aus."[68] Mag „solche prinzipielle Transzendierung"
zunächst „ärgerlich und unwillkommen" sein, wird sie sich doch
bald durch ihre „befreiende Wirkung" als richtig herausstellen.
„Denn auf die Dauer und oft schon nach kurzer Zeit erweist sich
eine geschlossene Zukunft, und wäre sie auch durch Heilsverwirk-
lichung geschlossen, als eng und bewegungshindernd, als anma-
ßend und totalitär."[69] „So erweist sich die transzendente Eschatologie wider Erwarten nicht als menschenfeindlich und weltflüchtig,
sondern sie dient letztlich auch dem Menschen, sie schützt seine
bleibende Offenheit gegenüber allen Versuchen, sie vorzeitig und
unzureichend zu verbauen und zu verschließen; sie wahrt seine
bleibende intentionale Unendlichkeit und läßt die Unruhe des Menschen auch in aller innerweltlichen Sättigung und auch in aller zwi-

---

[66] EMEIS 223f.
[67] WIEDERKEHR 103.
[68] Ebd.
[69] Ebd.

schenmenschlichen und gesellschaftlichen Beruhigung nicht ruhig werden."[70]

3.2.2 *Der pazifistische Teilinhalt des Gottesreiches*

Das von Jesus verkündete „Reich Gottes" widersetzt sich jeder Definition. Dem widerspricht allerdings nicht der *Versuch einer Besinnung auf mögliche Teilinhalte.* Jesus vertritt zwar keinen „Zukunftsentwurf mit in sich geschlossenem unhinterfragbarem Zukunftsbild", aber auch kein „völlig offenes, zu Agnostizismus oder Skeptizismus hin tendierendes Zukunftsbild"; er hält „die Mitte zwischen menschlichem Verfügen über die Zukunft und völliger Unbestimmtheit der Zukunft" und schafft dadurch die Voraussetzung „eines offenen, kommunikativen Handelns aus der Zukunft".[71] Vergleiche mit der prophetischen (innergeschichtlichen) Zukunftserwartung und der spätjüdischen (endgeschichtlichen) Apokalyptik lassen erkennen, daß bei Jesus „zum ersten Mal eine inhaltliche Beziehung zwischen Eschatologie und Friedenshandeln deutlich" wird, daß die „Antithese zwischen Geschichte und Eschaton" bei ihm nicht ein Handeln in der Geschichte verunmöglicht,[72] „daß er durch seine Sendung das noch ausstehende Reich Gottes in bestimmter Weise inhaltlich bestimmt hat" (nämlich als schrankenlose Güte Gottes gegenüber jedermann)[73] und im Blick auf ihn die Möglichkeit besteht, „dem Eschaton in menschlichem Friedenshandeln inhaltlich zu entsprechen"[74].

Zwar ist ein menschliches Heil, wie immer es beschrieben werden mag, nicht Gesamtinhalt dessen, was uns Jesus unter Gottes Herrschaft verheißt; doch ist es darin inkludiert. Das ist im „Pathos der Transzendenz" über weite Strecken der Geschichte des Christentums mit bösen Folgen unterschlagen worden.[75] Horizonte, „die in einem vorreflexen Gesamtentwurf beisammen waren", sind „kri-

---

[70] Ebd. 103f.

[71] U. LUZ, Die Bedeutung der biblischen Zeugnisse für kirchliches Friedenshandeln, in: ders. u. a., Eschatologie und Friedenshandeln. Exegetische Beiträge zur Frage christlicher Friedensverantwortung, Stuttgart 1981, 195-214; 210f.

[72] Ebd. 210.

[73] Ebd. 208.

[74] Ebd. 209.

[75] Vgl. WIEDERKEHR 85.

tisch auseinandergerückt"; heute stehen wir vor der Aufgabe, die „auseinandergeratenen Horizonte" der innerweltlichen und absoluten Zukunft „wieder einander anzunähern".[76]

Noch im „*Schalom*"[77] des Alten Testaments wurde zusammengeschaut, was später getrennt erschien: zu seiner unverminderten und unverkürzten Inhaltlichkeit zählen alle menschlichen Gefährdungen und deren Überwindungen wie Gesundheit, soziale Geborgenheit, mitmenschliche Verständigung und politischer Friede und dazu das theologische Bewußtsein, „daß diese Güter nicht nur durch menschliche Anstrengungen oder naturhafte Fruchtbarkeit zu haben waren, sondern zugleich Segensgüter Jahwes und Verheißungen seiner geschichtlichen Führung sind".[78] Gottesherrschaft erwartet der Gläubige des Alten Testaments „als Befreiung von ungerechter Herrschaft und als Durchsetzung der Gerechtigkeit Gottes in der Welt".[79] „Die Gottesherrschaft ist der Inbegriff der Heilshoffnung."[80] Mit ihr verbunden ist die Verwirklichung des eschatologischen Schalom, der Friede unter den Völkern, im Menschen und gesamten Kosmos.[81] Nicht anders muß auch Jesu Botschaft vom Kommen der Herrschaft Gottes „verstanden werden im Horizont der

---

[76] Ebd.

[77] Vgl. WESTERMANN, Frieden (Shalom); L.M. PAKOZDY, Der Begriff „Frieden" im Alten Testament und sein Verhältnis zum Kampf, in: Communio Viatorum 14 (1971) 253-266; L. ROST, Erwägungen zum Begriff salom, in: K.H. BERNHARDT (Hg.), Schalom. Studien zu Glaube und Geschichte Israels. Festschrift Alfred Jepsen, Stuttgart 1971, 41-44; H.-H. SCHMID, Frieden; G. LIEDKE, Theologie; G.B. GINZEL, „...suche den Frieden und jage ihm nach!" Zum Schalom in der Hebräischen Bibel, in: V. Deile (Hg.), Zumutungen des Friedens. Festschrift Kurt Scharf, Reinbek 1982, 136-150. Zum neutestamentlichen Friedensbegriff vgl. neben der in der Einleitung (Anm. 8-10) erwähnten Lit. E. BRANDENBURGER, Frieden im Neuen Testament, Gütersloh 1973, und die Artikel „*Friede*"/„*eirene*" in diversen Bibellexika.

[78] WIEDERKEHR 303.

[79] KASPER, Jesus 84.

[80] Ebd.

[81] Ebd. – Bezeichnend für die Diesseitsorientierung der Endzeithoffnung ist die Vision des Propheten Jesaja: „Dann schmieden sie Pflugscharen aus ihren Schwertern und Winzermesser aus ihren Lanzen. Man zieht nicht mehr das Schwert, Volk gegen Volk, und übt nicht für den Krieg." (Jes 2,4; vgl. auch Mi 4,3) und Jes 9,4: „Jeder Stiefel, der dröhnend daherstampft, jeder Mantel, der mit Blut befleckt ist, wird verbrannt, wird ein Fraß des Feuers." – Vgl. auch N. LOHFINK, Altes Testament – Ethos 19: „Nicht ein Ziel, das jenseits der Todesgrenze liegt, determiniert das Handeln (im Alten Testament; E.S.), sondern ein Ziel im Diesseits."

Menschheitsfrage nach Frieden, Freiheit, Gerechtigkeit und Leben".[82]

Die politische Relevanz der Botschaft Jesu von der Gottesherrschaft weist Paul Hoffmann ausdrücklich auf: „Mit der Rede von der Herrschaft Gottes nimmt Jesus auf eine politische, ja weltpolitische Größe Bezug, die nach damaliger Erwartung die radikale Änderung der bestehenden Verhältnisse bedeutete."[83] Die Tatsache, daß sich Jesus „auf das seiner Meinung nach nur eine Notwendige, nämlich ‚Gott und seine Herrschaft'" konzentriert und, damit verbunden, auf ein politisch-sozialreformatorisches Engagement verzichtet hat, kann nach Hoffmann nicht, wie so häufig, „als Argument für ein rein religiöses Verständnis des Wirkens Jesu und gegen seine politisch-revolutionäre Mißdeutung" verwendet werden.[84] Nicht nur, daß dabei die gerade für antik-jüdisches Denken „enge Verbindung von Religion und Politik"[85] übersehen, sondern auch die politisch-gesellschaftliche Relevanz rein religiösen Verhaltens außer acht gelassen würde: „Die Relativierung menschlicher Macht durch die Konfrontation mit dem bevorstehenden Anbruch der Herrschaft Gottes ist schließlich nicht ein rein religiöser Vorgang, sondern ein Politikum ersten Ranges, insofern dadurch jede irdische Macht konkret in Frage gestellt wird."[86] Genauso betont Gerhard Friedrich, daß das Evangelium zwar kein politisches oder soziales Programm proklamiere, daß aber seine „gläubige und gehorsame Annahme … Konsequenzen für das Zusammenleben der Menschen untereinander und damit sowohl eine politische wie eine soziale Ausstrahlung" habe.[87]

„Die Gottesherrschaft, die das Leben der Menschen heil werden läßt, schließt", so Wolfhart Pannenberg, „den politischen Frieden mit ein."[88] Dem entspricht die Warnung Walter Niggs, „den ‚politi-

[82] KASPER, Jesus 85.
[83] P. Hoffmann in P. HOFFMANN/EID 57.
[84] Ebd. 56.
[85] Ebd.
[86] Ebd. 57.
[87] G. FRIEDRICH 81.
[88] W. PANNENBERG, Der Friede Gottes und der Weltfriede, in: DEUTSCHER EVANGELISCHER KIRCHENTAG, Hannover 1967, 730-747; vgl. 731: „Soll der Mensch im Angesicht des göttlichen Geheimnisses ganz werden, also sein Heil gewinnen und also Frieden im Vollsinn des Wortes erlagen, dann kann dabei die politische Dimension der

schen' Klang, der dem Reich anhaftet, gänzlich ausschließen zu wollen": unter Reich Gottes habe Jesus *„ein von Gottes Herrschaft erfülltes Gebiet* und nicht eine abstrakte Idee oder ein sittliches Gut" verstanden.[89] Wer die Zukunftshoffnung eines Martin Luther King, der das Reich Gottes „in Georgia und anderswo" erwartete, für dogmatisch bedenklich hält, der macht sich, so Luise Schottroff, „bei solchen Einwänden nicht klar, wie konkret die Hoffnung des frühen Christentums war. Man erwartete das Reich Gottes in Palästina und anderswo (und zwar in nächster Zukunft)."[90]

Theologisches Heil und menschliche Heilserwartung sind nicht zwei völlig verschiedene Dinge.[91] Vielmehr schließt das eine das andere ein. Weil der „ganze Mensch in und mit seinen vielfältigen Beziehungen in die bleibende und absolute Zukunft" hineingenommen ist,[92] muß die Eschatologie nach Dietrich Wiederkehr deutlich „sagen und zeigen, daß die übergeschichtliche Heilsverheißung den geschichtlichen Frieden als menschliche Aufgabe in sich schließt".[93] „Gottes Selbstmitteilung würde sinnlos, wenn sie nicht mehr auf das personale, leibhafte, geschichtlich und gesellschaftlich verfaßte Gegenüber des Menschen stieße, wenn die Gemeinschaft mit Gott den Menschen aus allen übrigen zwischenmenschlichen Beziehungen herausrisse und wenn in diesem Gegenüber Leibhaftigkeit und Weltlichkeit des Menschen wie störende Schlacke von Gott weggebrannt würden."[94]

Daß zum Wesen des Reiches Gottes das Heil des Menschen durchaus als diesseitiges gehört, unterstreichen in erster Linie *Jesu Heilungswunder;* sie ganz besonders sind Zeichen, an denen das We-

---

Bestimmung des Menschen nicht außer Betracht bleiben."

[89] NIGG 38 (Hervorhebung von E.S.).

[90] L. SCHOTTROFF, Feindesliebe 289.

[91] Vgl. Auch das Wort der DEUTSCHEN BISCHOFSKONFERENZ „Gerechtigkeit schafft Frieden" 5: „Der Friede, den Christus bringt und verheißt, ist größer und anders als jener, den die Welt geben und nehmen, verlieren und gewinnen kann. Aber Gottes größerer Friede hat doch mit der Friedenssehnsucht der Menschen zu tun …"

[92] WIEDERKEHR 99.

[93] Ebd. 303.

[94] Ebd. 99. – Vgl. auch ZAHRNT 52: „Als unmenschliche Gnade bezeichne ich es, wenn man Jesu Botschaft von der Gnade Gottes für alle Menschen rein im Abstrakten, Privaten beläßt und daraus keinerlei Konsequenzen für das Zusammenleben der Menschen, mithin für die Ordnung der Gesellschaft zieht oder doch nur geringfügige, mehr als Alibi denn aus Liebe."

sen des Reiches Gottes abgelesen werden kann. „Da werden alle jene Dinge von Gott beseitigt, die das Leben schwer machen: Leid und Not und Krankheit und Tod."[95] „Blinde sehen wieder, Lahme gehen, und Aussätzige werden rein; Taube hören, Tote stehen auf, und den Armen wird das Evangelium verkündet." (Lk 7,22; Mt 11,5) Konkreter, wirklicher, hautnäher kann der Einbruch des Reiches Gottes in diese Welt nicht sein. „Es wäre eine lohnende Aufgabe, das Neue Testament, besonders die Evangelien, daraufhin einmal zu durchsuchen, was nach der Verkündigung Jesu und der Apostel zum Wesen des Reiches Gottes gehört."[96] Jesu Heilungen jedenfalls lassen keinen Zweifel daran, wie konkret und diesseitig Reich Gottes ist: „Weltlichkeit und Menschlichkeit der Gottesherrschaft zeigen sich vor allem in den Heilungen Jesu. Die Gottesherrschaft ist gerade nicht in diesem Sinn jenseitig und transzendent, als ob sie erst jenseits oder in einer Transzendenz begänne; ... Kranke werden geheilt, Besessene befreit, Aussätzige werden rein usw. In all diesen Einzelbefreiungen greift die universale Befreiung um sich; in den Einzel-heilungen bricht die universale Heilung der Welt an."[97]

Eine „lange Zeit hat die christliche Theologie nur noch die weltlose Wirklichkeit Gottes als Inhalt des Reiches Gottes gesehen, dafür aber die Weltlichkeit der Zukunft und der geschichtlichen Vollendung vernachlässigt".[98] Doch wenn auch Jesus keine „unmittelbare politische Befreiung und wunderbare soziale Besserstellung bringt, gehören diese Dimensionen doch unaufgebbar auch zum Inhalt und Umfang seiner Verkündigung und seines Handelns, darum auch seiner eigenen eschatologischen Erwartung und Vergegenwärtigung. Insofern ist die als ‚materialistisch' diffamierte jüdische Hoff-

---

[95] MUSSNER, Botschaft 24.
[96] Ebd.
[97] WIEDERKEHR 47. – Vgl. auch SCHNACKENBURG, Gottes Herrschaft 82: Jesu Wunderheilungen und Verkündigung sind aufeinander hingeordnet: „Die Heilungen demonstrieren nur, was er kündigt, nämlich den allumfassenden Heilswillen Gottes; sie sind Zeichen für das eschatologische Heil, das in Jesus gekommen ist. *Es ist da*, insofern tatsächlich Blinde sehen, Taube hören ...; *es ist noch nicht vollkommen da*, insofern noch nicht alle Krankheiten geheilt und noch nicht die ganze fluchbeladene Erde umgewandelt wird." (Hervorhebung von E.S.)
[98] WIEDERKEHR 50; vgl. auch H.-D. WENDLAND, Einführung in die Sozialethik, Berlin/ New York 1971, 25: „... lange Zeit ist es die Schwäche der christlichen Ethik gewesen, daß sie dem Marxismus gegenüber nicht in der Lage war, aus der eschatologischen Erwartung Folgerung zu ziehen für die Beurteilung und Gestaltung der Gesellschaft."

nung der Intention Jesu näher als eine sich fromm mißverstehende Abschwächung und Partialisierung: Jesu Eschatologie ist weltlich, menschlich, universal, geschichtlich."[99] Jesu theo-logische Eschatologie ist auch eine politische[100], insofern sie „eine offenbare und unmittelbare Präsenz Gottes in einer erlösten, befreiten Welt und in einer versöhnten und lebendiggemachten Menschheit"[101] beinhaltet. Aurel von Jüchen spricht von der „*Leiblichkeit*" des Reiches Gottes.[102]

3.2.3 *Die Aufgabe des Menschen: das Potentielle verwirklichen*

Jesus konzentriert die vielfältigen Heilserwartungen der Menschen auf die Teilhabe an der Gottesherrschaft, die ihm „identisch mit dem Leben" ist.[103] „Doch man würde diese Konzentration falsch verstehen, würde man darin eine Spiritualisierung oder gar eine Vertröstung auf eine unbestimmte Zukunft oder auf ein fernes Jenseits sehen."[104] Schon mit Jesus realisiert sich die Zeit des Heils, und seine Wunderheilungen zeigen an, „daß das Heil der Gottesherrschaft das Heilsein des einen und ganzen Menschen nach Leib und Seele ist".[105] Wo sich Gottes Liebe „neu durchsetzt und zur Herrschaft gelangt, kommt die Welt wieder in Ordnung und ins Heil".[106] Gottes Herrschaft „durchbricht den Teufelskreis von Gewalt und Gegengewalt, von Schuld und Rache. Die Liebe ist der neue Anfang und die Konkretisierung des Heils."[107]

Daß dieses Heil geschieht, ist zentral Gottes Werk. Der Mensch, der in das Reich Gottes eingehen will, muß „durch eine neue Geburt, ‚von oben‘, neu geschaffen werden (Joh 3,3ff)".[108] Das ganz Neue, das Andere, die Alternative kann nur „von außerhalb" kommen, von Gott. Um die Enge des Dagewesenen und Vorstellbaren zu überwinden, bedarf es der Initiative und Vorgabe Gottes. „Die Situ-

---

[99] WIEDERKEHR 48.
[100] Ebd. 51.
[101] Ebd. 50.
[102] VON JÜCHEN 78f.
[103] KASPER, Jesus 101.
[104] Ebd.
[105] Ebd.
[106] Ebd. 102f.
[107] Ebd. 101f.
[108] G. FRIEDRICH 31.

ation der Menschen läßt deutlich werden, daß ein neuer, völlig un-ableitbarer Anfang notwendig ist, den allein Gott als der Herr des Lebens und der Geschichte geben kann".[109] Das entspricht der Ein-sicht, „daß der Mensch die erhoffte Veränderung nie herbeiführen kann, weil alles Neue, das der Mensch schafft, im Grunde gar nichts Neues ist, sondern genauso alt und veränderungsbedürftig wie das Alte ist".[110] Der Mensch muß sich also Heil schenken lassen, d. h. „sich einer Tat öffnen", „die nicht die seine ist".[111]

Gottesherrschaft hat „Geschenkcharakter", d. h.: „selbst die von Jesus dringlich geforderte Umkehr ist nicht eine gesetzliche Leis-tung, sondern die Annahme des freien Kommens Gottes und die Of-fenheit für das Geschenk seines Heils und seiner Vergebung."[112] Die tragende Mitte des Heilsvorganges ist Gott. Das meint die Aussage, daß derjenige, der den Heilszustand herbeiführt, „Gott allein" ist.[113] Ohne seine vorausgehende Initiative bleibt jeder menschlichen Ak-tivität Heilsfortschritt versagt. Herkömmlich wurde jenes göttliche und menschliche Zusammenwirken so oder ähnlich erklärt: „Wohl ist mit Jesu Predigt vom Gottesreich die Forderung sittlichen Han-delns an die Menschen verbunden. Das heißt aber nicht, daß die Menschen dadurch das Gottesreich herbeiführen, ‚bauen', sondern

---

[109] KASPER, Jesus 85. – „Von oben" bzw. „von außerhalb" soll hier im Sinne einer Aus-führung von ZAHRNT 48f verstanden werden: „‚Offenbarung Gottes' bedeutet nicht, daß ein räumlich überweltlicher, bislang unbekannter, abwesender Gott von außen oder oben her in die Welt ‚einbricht', wie eine pompöse theologische Sprache es gern ausdrückt, sondern daß der in dieser Welt schon immer anwesende Gott sich zu er-kennen gibt. Für die Gotteserfahrung des Menschen folgt daraus, daß er Gott der Welt nicht erst von außen ‚beibringen', sondern daß er ihn in ihr entdecken muß. Es findet keine Addition zweier Welten, sondern eine Definition dieser Welt statt: Gotteserfah-rung heißt nicht, daß zu der sichtbar erfahrenen Wirklichkeit der Welt noch eine an-dere, zusätzliche Wirklichkeit hinzugefügt, sondern daß nur eine andere tiefere Di-mension der allgemein erfahrenen Weltwirklichkeit erschlossen wird. Der Glaube deckt die Wirklichkeit der Welt nicht mit Gott wie einem religiösen Schaumteppich zu, sondern er legt sie als Wirklichkeit Gottes offen: daß sie Gottes Welt ist und immer mehr werden soll."
[110] G. FRIEDRICH 30.
[111] U. HOMMES, Die Frage nach dem Heil in: DERS. J. RATZINGER, Das Heil des Men-schen. Innerweltlich – christlich, München 1975, 11-30,20.
[112] WIEDERKEHR 45f.
[113] J. SCHMID, Markus (5. Aufl. 1963) 34. Vgl. aber auch oben den zu den Anm. 46 und 47 gehörenden Text.

nennt nur die Bedingung, unter der sie ‚in das Reich eingehen' dürfen".[114]

Mit anderen Worten: Der Mensch ist „niemals der eigentliche Schöpfer des Guten; er ist *Mitarbeiter*, Diener des rettenden Handelns Gottes".[115] „Gottes Verheißung eröffnet dem Menschen eine neue Möglichkeit; …"[116] Am Menschen liegt es, diese zu ergreifen. Gottes Befreiungshandeln besteht darin, den Menschen eine „Perspektive"[117] zu eröffnen, innerhalb derer sie ein sinnvolles, heilsorientiertes Leben führen können. Jesu Rede von der Basileia hat „antreibende Wirkung"[118]; durch seine Botschaft vom Reich Gottes bietet er einen „Sinn-" bzw. „Motivationszusammenhang"[119], aus dem heraus kritische Stellungnahme zum Bestehenden, Verbesserungen, Änderungen und Neukonzeptionen besserer Menschlichkeit, kurz: Nachfolge, möglich ist.[120] „Die die besseren Möglichkeiten, glücklich zu sein, aufdeckende und zur realisierenden Annahme ermunternde *Rede vom Reich Gottes dynamisiert also menschliches Tun*, sie präzisiert es auf eine noch nicht als ganze faßbare, aber eben doch schon wirkende Zielwirklichkeit hin, die durch die Auseinandersetzung mit Jesus stets neu, nämlich in Bezug auf gegebene Wirklichkeit, erfaßt werden kann."[121]

---

[114] Ebd. 34f. – Vgl. auch SCHELKLE, Theologie 43: „Zwar ist es nicht so, als ob der Mensch durch seine Tugend das Reich verdienen würde. Es ist immer Geschenk. Aber Glaube und Erfüllung des Willens Gottes sind Bedingungen des Eingangs."

[115] G.C. van NIFTRIK, Menschheit im Fortschritt, Neukirchen-Vluyn 1969, 49 (Hervorhebung von E.S.).

[116] KASPER, Jesus 91.

[117] Vgl. dazu P. HOFFMANN/EID 15 und 21-26.

[118] Eid in P. HOFFMANN/EID 62.

[119] Ebd. 59-65.

[120] Ebd. 64. – Vgl. auch KÜNG, Christ sein 264: „Diese Zukunft ist etwas qualitativ Neues, das zugleich zur grundsätzlichen Veränderung der gegenwärtigen Verhältnisse anregt." Gegen O. CULLMANN, der auch von gerechteren Strukturen einen positiven Einfluß auf die von Jesus geforderte Sinnesänderung erwartet, sieht sich G. KLEIN 668 zu der Bemerkung veranlaßt, daß Christen nicht auf Strukturen einzuschwören seien, weil sie sich in Anerkennung der Herrschaft Christi allein der Liebe verpflichtet wüßten. Im selben Beitrag beklagt Klein die „Beziehungsarmut" zwischen weltlicher Gegenwart und göttlicher Zukunft in der Bibelauslegung (643f) und betont die „geschichtssprengende Macht" der Gottheit Jesu, die noch Zukunft sei und doch in seinem Wirken „schon voll gegenwärtig" (659).

[121] Eid in P. HOFFMANN/EID 64. Ohne den Unterschied zwischen der innergeschichtlichen Gegenwart des Reiches Gottes und seiner geschichtstranszendenten Vollendungsgestalt verwischen zu wollen, geht es nach M. KEHL, Gemeinde und politisches

„Nahe gekommen", besser noch: im Anbrechen[122], ist das von Jesus verkündete Reich Gottes, insofern es nur noch von den Menschen ins Werk gesetzt werden braucht. Als *Potentialität*[123] ist es da, als Angebot, als Möglichkeit, die Wirklichkeit werden soll. Die konkrete Weise seiner Verwirklichung „hängt jedoch von der Entscheidung des Menschen, von seinem Glauben oder Unglauben ab. Gottes Herrschaft kommt also nicht am Glauben des Menschen vorbei, sondern sie kommt dort, wo Gott tatsächlich im Glauben als Herr anerkannt wird."[124] „Jesu Botschaft von der nahe gekommenen Herrschaft Gottes ist Gottes verpflichtendes, zur Entscheidung herausforderndes endgültiges Angebot. ... Doch dieses Angebot richtet sich an die freie Entscheidung des Menschen; es qualifiziert die gegenwärtige Situation als die eschatologische Entscheidungssituation."[125] Zwar ist die „neue Sammlung" „ganz das Werk Jahwes", doch wird dadurch menschliches Tun nicht überflüssig; denn „Jahwe handelt nie über die Köpfe der Menschen hinweg. Er will die Bekehrung der Herzen. Das verheißene Friedensreich schließt ein, daß sich die Menschen von der Gewalt abkehren und die Eintracht suchen."[126] Insofern sind Christen durchaus „‚Mitarbeiter' an diesem verheißenen Reich des universalen Friedens und der Gerechtigkeit (vgl. 1 Petr 3,13)"[127].

„Da" ist das Reich Gottes, wo immer seine Potentialität aktualisiert ist, zuerst im Heilshandeln Jesu: „Wenn ich aber die Dämonen durch den Finger Gottes austreibe, dann ist doch das Reich Gottes

---

Handeln, in: Stimmen der Zeit 108 (Bd. 201, 1983) 770-778 (774), „darum, die Hoffnung auf das Reich Gottes auch innergeschichtlich im politischen Bereich handlungsfähig werden zu lassen".

[122] Nach F. HAHN, Heil und Heilung aus der Sicht des Neuen Testaments, in: M. Scheel/W. Erk, Ärztlicher Dienst weltweit, Stuttgart 1974, 175-185; bes. 183, muß Mk 1,15 dem griechischen und hebräischen Wortlaut zufolge immer mit „das Reich Gottes ist im Anbrechen" (vgl. dagegen: *ist nahe* oder *ist nahe herbeigekommen*) übersetzt werden.

[123] Vgl. dagegen allerdings SCHNACKENBURG, Gottes Herrschaft 87.

[124] KASPER, Jesus 91.

[125] Ebd.

[126] SCHWAGER, Sündenbock 129. Vgl. nicht zuletzt VÖGTLE, Frieden 63: „Daß die noch ausstehende Heraufführung vollendeten Friedens menschlicher Machbarkeit entzogen ist, bedeutet aber keineswegs Dispensierung vom eigenen aktiven Einsatz zur Heilserlangung."

[127] METZ 86.

schon zu euch gekommen." (Lk 11,20) In Jesu „Tat der Heilung, in seiner Zuwendung zu den Armen tritt Gottes Basileia in Erscheinung".[128] Mit Jesus hat sich bereits das Reich Gottes „auf der Erde angesiedelt".[129] „Die Wirklichkeit der neuen Welt ist nicht etwas, das nur zu erwarten und zu erstreben ist, sondern hat mit Christus bereits ihren Anfang genommen."[130] Jesus ist der „Anfang vom Ende".[131] Mag dieser Anfang auch unscheinbar sein; die Gleichnisse vom Senfkorn und Sauerteig (vgl. Lk 13,18-21 par) künden vom großartigen Ende. Steht die „endgültige Manifestation" der eschatologischen Gottesherrschaft auch noch aus, „mit dem Auftreten des messianischen Sämanns in Galiläa" ist sie aber „schon mächtig angebrochen".[132] „Gottes Herrschaft ist in Jesus ... angekommen und ausständig zugleich."[133]

Was im Großen noch unvollendet ist, ist im Kleinen bereits vielfältig Wirklichkeit. Wenn der Christ die endgültige Gestalt des Reiches Gottes auch nicht herbeibeschleunigen kann, so kann er ihre vorläufige, anfanghafte doch verwirklichen. Denn wo immer ein Kreis der Liebe ist, ist ein „kleines Reich Gottes".[134] „Reich Gottes ist nicht eine noch ausstehende ideelle Gemeinschaftsform menschlichen Zusammenlebens, sondern es ist überall bereits da präsent, wo Gottes Herrschaft zum Durchbruch kommt."[135] Wo immer Heil geschieht, ist das Reich Gottes da, ist Gottes Herrschaft angebrochen. Umgekehrt: Die „Königsherrschaft Gottes" „bricht dann und in dem

---

[128] P. Hoffmann in P. HOFFMANN/EID 37.

[129] Leonhard RAGAZ zit. nach M.J. STÄHLI, Reich Gottes und Revolution. Christliche Theorie und Praxis für die Armen dieser Welt. Die Theologie des Religiösen Sozialismus bei Leonhard Ragaz und die Theologie der Revolution in Lateinamerika, Hamburg-Bergstedt 1976, 62.

[130] G. FRIEDRICH 18.

[131] KÜNG, Christ sein 260.

[132] MUSSNER, Botschaft 99.

[133] P. HÜNERMANN, Art. Reich Gottes, in: Herder Theologisches Taschenlexikon, hrsg. von K. Rahner, Bd. 6, Freiburg/Basel/Wien 1973, 185-197; 189.

[134] Vgl. HOLL 149; vgl. auch H. JONAS, Das Prinzip Verantwortung. Versuch einer Ethik für die technologische Zivilisation, Frankfurt 1979, 44 (über die Gegenwartsethik chiliastischer Bewegungen und ihre Nähe zur modernen politischen Utopie): „Der eigentliche Mensch ist schon da, und in der kleinen ‚Gemeinde der Heiligen' auch schon das Gottesreich von dem Augenblick, da sie es, wie verlangt und für möglich gehalten, in ihrer eigenen Mitte schon verwirklichen."

[135] G. FRIEDRICH 37.

Maße an, wann und indem Satans Herrschaft auf Erden gebrochen wird".[136]

Wenn auch nicht endgültig und universal, so verwirklicht sich doch Gottes Reich augenblicklich und partiell, wo immer Menschen unter die Herrschaft Gottes treten und darin eine neue Schöpfung werden: „Wenn die autonomen Menschen, die sich von Gott abgewendet haben, durch die Botschaft Jesu Christi ‚Söhne Gottes' werden, dann vollzieht sich zwar nicht total – die Glaubenden warten ja auch noch auf die Durchsetzung des Heils –, aber doch real eine Veränderung in dieser Welt. Diese kann nicht so bleiben, wie sie ist, wenn sich Menschen in ihr anders verhalten, als es sonst üblich ist. Wo der Ruf des Evangeliums vom gekreuzigten und auferweckten Christus erschallt und Menschen diesem Ruf in gläubigem Gehorsam folgen, da entsteht eine neue Schöpfung (2 Kor 5,17). ... Ein durch Christus neu gewordener Mensch ... repräsentiert in dieser Welt die neue Schöpfung, er verkörpert im Kleinen zeichenhaft die erhoffte neue Welt."[137]

„Wo das Zeugnis ist, da ist das Gottesreich".[138] Das Gottesreich hat einen „Doppelcharakter"[139]: neben einer Verwirklichung in der Endzeit kennt es eine Verwirklichung in der Gegenwart: so überall dort, wo Leben in Gemeinschaft gelingt. Selbst wenn Versuche, in Eintracht zusammenzuleben (in welcher Gemeinschaftsform auch immer) am Ende mißlangen: das, was mit göttlicher Hilfe geschehen konnte, ist nicht vergeblich gewesen; wie begrenzt die „Reich Gottes"-Verwirklichung nach Ort und Zeit auch gewesen sein mag: Reich Gottes war da und ist da; ein Stück dieser Welt wurde heil, statt im Unheil geblieben zu sein. Jede „Reich Gottes"-Initiative, selbst wenn sie gescheitert sein sollte, hat und behält ihren Sinn. Mag sich dem Engagement entziehen, was als Reich Gottes bis in kosmische Dimensionen hinein[140] ersehnt und verheißen ist, das „kleine Gottesreich" kann täglich verwirklicht werden. Das „große Gottesreich" steht aus, das kleine ist vielfältig da. Weil es die Chance

---

[136] SCHÜRMANN, Worte 32.
[137] G. FRIEDRICH 32f.
[138] R. Schneider zit. nach ZAHN, Gewissen 80.
[139] SCHMID, Markus (5. Aufl. 1963) 37.
[140] Vgl. A. VÖGTLE, Das Neue Testament und die Zukunft des Kosmos, Düsseldorf 1970.

zum kleinen gibt, können Ausständigkeit und Unverfügbarkeit des großen nicht die Hoffnung zunichte machen.

3.2.4 *Gewaltverzicht um des Reiches Gottes willen*

3.2.4.0 *Gewaltverzicht aus Glauben*

Daß die Gottesherrschaft „ausschließlich und in allem Gottes Sache" ist, hat „jedoch nicht einen Quietismus zur Folge. Auch wenn wir Menschen die Gottesherrschaft weder konservativ noch progressiv, weder evolutionär noch revolutionär bauen können, wird der Mensch alles andere als zur reinen Passivität verurteilt. Was von ihm gefordert ist, ist Umkehr und Glaube (Mk 1,15 par)."[141] Das Reich Gottes bietet sich zur Annahme und Verwirklichung an: „Die Zeit ist erfüllt, das Reich Gottes ist nahe. Kehrt um, und glaubt an das Evangelium!" (Mk 1,15) Jesu Verkündigungsziel ist die Verwirklichung des potentiellen Reiches Gottes durch die Umkehr in einem Glauben, der sich ausdrückt im „Verzicht auf eigene Leistung, Eingeständnis der menschlichen Ohnmacht, Anerkenntnis, daß der Mensch sich nicht in sich und aus sich selbst helfen und seine Existenz und ihr Heil begründen kann".[142] Glauben in der Perspektive des Reiches Gottes ist „offen für etwas Anderes, Neues und Zukünftiges" und erwartet nichts mehr von sich, sondern alles von Gott.[143] *„Glauben meint also ein Trauen und Bauen auf die in Jesus wirksame Macht Gottes, ein Gründen der Existenz in Gott. Glauben bedeutet also: ‚Gott-Wirken-Lassen‘, ‚Gott-in-Aktion-treten-lassen‘, Gott Gott sein lassen und ihm die Ehre geben, also seine Herrschaft anerkennen."[144]* In solchem Glauben gibt der Mensch „Gott Raum", wird Gottes Herrschaft konkret.[145] Dieser Glaube ist „gleichsam die Hohlform für das Da-sein der Herrschaft Gottes".[146] Wenn von Gottes Herrschaft und

---

[141] KASPER, Jesus 95f.

[142] Ebd. 96.

[143] Ebd.

[144] Ebd. (Hervorhebung E.S.).

[145] Ebd.

[146] Ebd. – KASPER kritisiert in diesem Zusammenhang, ebd. 96f, das heutige Gottesverständnis: „Statt das christliche Gottesverständnis im Rahmen der von Jesus verkündeten Gottesherrschaft zu entfalten, hat man in der Tradition weitgehend das Gottesver-

Reich die Rede ist, geht es „also nicht primär um ein Reich, sondern um das Herrsein Gottes, um den Erweis seiner Herrlichkeit, um Gottes Gottsein. Es geht um eine radikalisierende Auslegung des ersten Gebots und dessen geschichtsmächtigen Erweis".[147]

Welche Konsequenz dies hinsichtlich des Verhältnisses zur Gewalt nach sich zieht, wurde bereits erörtert (vgl. oben 2.2). Auf eine nochmalige Ableitung des Gewaltverzichts aus der Anerkenntnis der Alleinherrschaft Gottes kann darum an dieser Stelle verzichtet werden. Statt dessen soll im folgenden die Notwendigkeit des Gewaltverzichts – Ziel-Mittel-konsequent – abgeleitet werden aus der charakteristischen Undefinierbarkeit des Gottesreiches einerseits und seiner spezifischen Teilinhalte andererseits.

3.2.4.1 *Gewaltverzicht – der Teilinhalte des Reiches Gottes wegen*

„Wer immer seine Reise auf einer Landstraße beginnt und dann einer falschen Abzweigung folgt, gelangt nicht, wohin er wollte, sondern, wohin die Straße führt."[148] „Man kann keinen Gipfel durch ständiges Bergabgehen erklimmen."[149] „… alle, die zum Schwert greifen, werden durch das Schwert umkommen." (Mt 26,52) Auf

---

ständnis der griechischen Philosophie übernommen und damit das Eigene und Neue des Gottesverständnisses Jesu nicht zur Geltung gebracht." Diese Auffassung unterstreicht, was bereits oben (vgl. bes. 2.2.1) kritisch zum heutigen Glaubensverständnis gesagt wurde.

[147] Vgl. ebd. 97. – Herrschaft oder/und Reich? Die Antwort auf die Frage, was mit dem von Jesus verwendeten aramäischen Begriff *malkuta* (hebr. *Malkut*), der im griechischen Neuen Testament mit *basileia tou theou* bzw. *basileia ton ouranon* wiedergegeben wird, gemeint ist und mit welchem Wort es richtig ins Deutsche zu übersetzen ist, fällt unterschiedlich aus. Vgl. dazu SCHNACKENBURG, Gottes Herrschaft 247f, aber auch KNÖRZER 26: „Bei ,Reich' kommt ein territoriales, bei ,Herrschaft' eher ein funktionales Element zum Ausdruck. Beide aber gehören zusammen. Gottes Herrschaft muß sich nicht nur im Innern des Menschen, sondern auch im Zusammenleben mit anderen Menschen in der Gesellschaft auswirken, ja, Gottes Herrschaft reicht bis in kosmische Dimensionen hinein. So ist Gottes Herrschaft immer auch ,Reich'. Das ,Reich' aber ist nicht eine unpersönliche Größe. Es besteht wesentlich darin, daß Gott zu seiner Herrschaft kommt. So wäre am besten *basileia* mit ,Herrschaft und Reich' wiederzugeben. Dabei ist das Element des königlichen Herrschens nicht mitübersetzt. Das empfiehlt sich aber, da das Wort ,König' heute Assoziationen auslöst, die dem Verständnis von *basileia* eher abträglich sind."

[148] E. MALATESTA, Gesammelte Schriften, Bd. 1, Berlin 1977, 170.

[149] GREGG 93.

Gewalt folgt immer Gewalt.[150] So können heiß herbeigesehnte „Reich Gottes"-Ziele verfehlt werden.

„Es genügt nicht, einen Friedenszustand als Ideal hinzustellen; man muß auch die Mittel kennen, die anzuwenden man entschlossen ist, und daher muß man eine Vorstellung von dem Weg haben, der zum Frieden führt, und schließlich eine bestimmte Vorstellung vom Frieden selbst."[151] Sowohl durch das Gleichnis vom Senfkorn (Mt 13,31f par) als auch durch das Gleichnis vom Sauerteig (Mt 13,33 par) verweist Jesus auf den inneren Zusammenhang von Weg und Ziel, von Anfang und Ende.[152] Wie ein Senfbaum nur aus einem Senfkorn entsteht, kann ein Zustand, der die Bezeichnung „Gewaltfreiheit" verdient, nur auf Wegen der Gewaltfreiheit herbeigeführt werden.

Das gute Ziel kann nur auf entsprechendem Weg erreicht werden. Das gilt auch für das Gottesreich. Nicht weniger als der Irrweg der Gewalt hält Untätigkeit vom Erreichen des Zieles ab. Deshalb sollen Christen, wie es das Zweite Vatikanische Konzil aufträgt, ihre Hoffnung nicht „im Innern des Herzens verbergen", sondern „in den Strukturen des profanen Lebens nach außen hin verwirklichen".[153] „Jetzt schon soll eine ‚umrißhafte Vorstellung der künfti-

---

[150] Vgl. EBACH 57ff.

[151] COMBLIN 38f. – Die Erkenntnis des natürlichen Zusammenhanges von Weg und Ziel gibt bereits Jesaja weiter, wenn er im Zusammenhang seiner Friedensvision fleht: „Er zeige uns seine Wege, auf seinen Pfaden wollen wir gehen. Denn von Zion kommt die Weisung des Herrn, aus Jerusalem sein Wort." (Jes 2,3) und wenn er aufruft: „Ihr vom Haus Jakob, kommt wir wollen unsere Wege gehen im Licht des Herrn" (Jes 2,5), d. h. doch, mit der Vision „Schwerter zu Pflugscharen" heute schon ernst machen. – Vgl. auch E. HAAG, Botschaft 206, der den Gewaltverzicht des deuterojesajanischen Gottesknechts u. a. daraus erklärt, daß „das Verhalten des Mittlers ... sittlich jener Heilsordnung entsprechen (müsse), als deren Repräsentant er auftritt"; vgl. auch ebd. 205.

[152] Dabei kann dahingestellt bleiben, ob es sich hier um Wachstums- oder um Kontrastgleichnisse handelt. Ein kurzer Hinweis nur: Bahnbrechend ist Joachim JEREMIAS dafür eingetreten, daß die erwähnten Gleichnisse einen Kontrast veranschaulichen wollen, deren Sinn der folgende sei: „aus den kümmerlichsten Anfängen, aus einem Nichts für menschliche Augen, schafft Gott seine machtvolle Königsherrschaft, die die Völker der Welt umfassen wird". Vgl. JEREMIAS, Gleichnisse 101, besonders 99-104; vgl. auch MUSSNER, Botschaft 29-32, und ganz besonders SCHNACKENBURG, Gottes Herrschaft 98-109; aber auch X. LEON-DUFOUR, Die Evangelien und der historische Jesus, Aschaffenburg 1966, 447ff; P. Hoffmann in P. HOFFMANN/EID 53; G. FRIEDRICH 56f; KASPER, Jesus 88, und RAGAZ, Gleichnisse 125ff. Vgl. schließlich zur neueren Gleichnisexegese: BAUDLER, Jesus.

[153] Zit. nach GRESHAKE, Preis 61.

gen Welt' entstehen, und damit die Erneuerung der Wirklichkeit zu einer Welt ohne Leiden und Tränen ‚in dieser Weltzeit in gewisser, aber realer Weise vorweggenommen werden'."[154]

Aus den spezifischen Teilinhalten des Reiches Gottes, die vorsichtig mit Frieden, Glück, Heil usw. bezeichnet werden können, ergibt sich logisch die Forderung nach einem entschieden gewaltfreien Handeln.

3.2.4.2 *Gewaltverzicht*
– der Unverfügbarkeit des Reiches Gottes wegen

Nach demselben, eben geltend gemachten Schema der Ziel-Mittel-Logik legt die Forderung, daß offen bleiben muß, was das „Reich Gottes" letztlich für den Menschen bringen wird, ein entsprechend offenes Verhalten nahe. Die Offenheit des Zieles verpflichtet zur Offenheit des Tuns: es muß noch jede Entwicklung möglich sein.

Das ist im Falle der Gewalttat ausgeschlossen – ganz sicher dort, wo sie zum Tode führt. „Bei tötender Gewalt erreicht die Fragwürdigkeit der Gewalt ihren Gipfel. Tötende Gewalt schneidet dem Menschen die Zeit ab, ist Raub nicht nur einzelner, sondern aller Möglichkeiten."[155] „… wie bereits die Ohrfeige das Bild des Menschen nicht nur äußerlich verletzt, so zeichnet jeder Granatsplitter für Generationen das Antlitz der Erde."[156] Unter dem Anspruch des Reiches Gottes ist nicht nur die Zielinadäquanz, sondern auch die „Nicht-Rücknehmbarkeit"[157] der Gewalt ein Problem.[158]

---

[154] Ebd.

[155] H. GOLLWITZER, Die Revolution des Reiches Gottes und die Gesellschaft, in: FEIL/WETH 41-64; 44.

[156] P. EICHHORN, Gewalt und Friedenssicherung. Grundtypen politischer Gewalt, München 1973, 102.

[157] Ebd.

[158] Eng bezogen auf die „tötende" Gewalt findet sich eine theologisch begründete Ablehnung auch bei E. SCHMALENBERG, Tötende Gewalt. Eine theologisch-ethische Studie, Frankfurt/Bern 1982, vgl. etwa 11: „Ein getöteter Mensch kann nicht wieder zum Leben erweckt werden. Tötung bedeutet daher unter Menschen etwas Äußerstes, Letztes" (was allein Gott vorbehalten sei). Die Endgültigkeit, die in (jeder) gewaltsamen Handlung liegt, ist m. E. freilich deshalb so verwerflich, weil sie gegen die unermeßlichen Möglichkeiten Gottes (als einer heilstiftenden, lebensfördernden Macht) steht. Anders als Schmalenberg, der der tötenden Gewalt die Tötung Gottes und damit verbunden die Selbstvergöttlichung vorausgehen sieht, geht es mir hier darum, zu zei-

Wo Gewalt herrscht, herrscht Enge. Gewalt läßt nur ganz bestimmte Entwicklungen zu und erstickt andere im Keim. Hinter der Gewalttat steht die Anmaßung, nach eigenem jeweiligen Gutdünken aussortieren zu dürfen. Leicht verhindert sie das Wirksamwerden anderer Weltgestaltungsfaktoren und damit Fortschritte in unvorstellbare, unvorhersehbare Heilsdimensionen. Mit den irreparablen Akten der Gewalt stoppt der Gang ins weite Gelobte Land. Gewalt legt fest, begrenzt, engt ein, hält ab und verbaut.[159]

Das Optimum des Heils braucht Raum, um sich ereignen zu können. Gewaltverzicht erst schafft diesen Raum. In seinem Klima sind noch Heils-Ereignisse möglich; hinter dem Verzicht auf Gewalt ist noch „alles drin". Gewaltverzicht verbaut nicht, sondern erschließt den Weg ins verheißene Land. So ist die Seligpreisung der Gewaltfreien[160] zu verstehen: *„Selig, die keine Gewalt anwenden; denn sie werden das Land erben."* (Mt 5,5)

---

gen, daß sich in jeder (erst recht *tötenden*) Gewaltanwendung die Verabschiedung Gottes manifestiert. – Zu dem in der Diskussion über Gewalt und Gewaltverzicht oft erwähnten Tötungsverbot des Dekalogs vgl. jetzt die mir leider nur erst in der Ankündigung bekannte Veröffentlichung von F.-L. HOSSFELD, Du sollst nicht töten! Studien über den Bedeutungsumfang und die Entwicklung von *rasah* – „töten", Stuttgart 1986.

[159] Vgl. auch die tendenziell damit übereinstimmenden Überlegungen in H. BÜCHELE, Bergpredigt und Gewaltfreiheit, in: Stimmen der Zeit 106 (Bd. 199, 1981) 632-640; 636: „Der erkenntnis- und handlungsleitende Unterschied zwischen Gewalt und ‚schöpferischem Widerstand' (Büchele meint damit den gewaltfreien Widerstand; E.S.) besteht darin, daß Gewalt zwingt, sie hebt die Selbstbestimmung des Menschen auf, sie verbaut jeden Spielraum für eine neue Entscheidung, die Kommunikation bricht ab, während der ‚schöpferische Widerstand' ... Appell an eine neue Entscheidung bleibt, den Entscheidungsraum grundsätzlich offenhält und eine qualitativ neue Kommunikationsform – als freie, gerechte Übereinkunft in gegenseitiger Selbsterschließung und Bejahung – anzielt."

[160] Vgl. hierzu P. TRUMMER, Warum Gewaltlose selig sind. Exegetische Hinweise zum Verständnis von Mt 5,5, in: ders. (Hg.), Gedanken 203-236.

Zusammenfassung

Die durch aktuelle Diskussionen über Krieg und Frieden, revolutionäre Gewalt und gewaltlose Befreiung, strukturelle Gewalt und gewaltfreie Formen des Zusammenlebens aufgegebene bibeltheologische Orientierung setzt am auffallend gewaltfreien Handeln Jesu an und kommt zu dem Ergebnis: Jesus konnte gar nicht anders, als in seinem Leben und öffentlichen Wirken auf jegliche Gewalt zu verzichten; jede Zuflucht zur Gewalt hätte nicht nur im Widerspruch zu seiner Theologie, sondern auch zu seiner Verkündigung gestanden. Ihn darin verstanden zu haben, setzt einen weitaus verbindlicheren Maßstab für das eigene Friedenshandeln als es etwa eine moral-pazifistische Gewaltverzichtsforderung vermag.

———

Jesu Gewaltverzicht ist konsequent, das Spektrum seines gewaltfreien Handelns umfassend (vgl. 1), am auffallendsten: sein erklärt gewaltfreies Hineingehen in den Tod am Kreuz (vgl. 1.1) in Verlängerung eines öffentlichen Wirkens, das nicht geprägt ist durch Propaganda, Demagogie und Oktroyation (vgl. 1.1).

Die Reichweite seines Gewaltfreiheitsverständnisses mag manchem hier schon als viel zu weit gesehen erscheinen: wenn es heißt, daß er nicht nur auf das Recht der Gewalt, sondern auch auf die Gewalt des Rechts verzichtet, als dieses nämlich notgedrungen Auseinandersetzungen schematisiert, wo Konflikte individuell und unter sicher erheblichen moralischen Anstrengungen im direkten mitmenschlichen Umgang gelöst werden sollten (vgl. 1.3.1). Bis heute und in die kirchlichen Strukturen hinein ist die Herausforderung des Herrschaftsverzichts Jesu (vgl. 1.3.2) im großen und ganzen nicht angenommen. Sein *basileia*-orientiertes Arbeiten an einer „Kontrastgesellschaft" auf Gemeindebasis in „adiaphorischer Distanz" zur Staatsgewalt, die spätere urkirchliche Existenz anarchischer Liebesgemeinschaften wurden schon zu seiner Zeit nur schwer in ihrer Bedeutung als Politikum und Weg gesellschaftspolitischer Veränderungen verstanden (vgl. 1.3.3). Die Erkenntnis, daß

Befreiung gar nicht anders möglich ist, dürfte freilich auch schon Jesus selbst nicht leicht gefallen sein; doch besteht kein Zweifel, die Versuchungserzählung dokumentiert es: Jesus lehnte nicht nur ein politisch-strukturelles Gewaltsystem an sich ab, er versagte sich selbst auch den revolutionär-gewaltsamen Ausgriff nach Macht (vgl. 1.3.4); seine Strategie gewaltfreien Handelns steht zwar konträr zur Praxis der keineswegs unbedeutenden, gewaltsam operierenden Aufstandsbewegung der Zeloten, läßt sich aber einordnen in eine Reihe zeitgleicher gewaltfreier Aktionen (vgl. 1.3.4.2). Die in Lk 22,35-38 wiedergegebene Strategiedebatte kann nach allem nicht für die Behauptung herhalten, daß Jesus revolutionäre Gewalt nicht konsequent abgelehnt habe; „es ist genug" bedeutet einen Gesprächsabbruch (vgl. 1.3.4.3). Es ist auch dies eine kaum durch die Praxis einholbare Aufforderung: daß der Jünger nämlich nicht einmal einen Stock (als Notwehrwaffe gegen Tier und Mensch) mit auf die Wanderschaft nehmen solle – ein nicht mehr zu überbietendes Friedensprogramm, verborgen in einem so leicht überlesbaren, scheinbar nur beiläufig gesprochenen Wort (vgl. 1.3.5). Selbst im Haß, der am Ende nicht selten über Rufmord in den gewaltsamen Tod führt (Jesus erfährt dies am eigenen Leib), erkennt Jesus Gewalt (vgl. 1.3.6). Nach soviel Feingespür für alle möglichen Formen von Gewalt und nach so entschiedener Ablehnung von Gewalt fällt auf, daß ein direktes Wort Jesu zum Problem der militärischen Gewalt (übrigens auch zur Sklavenfrage oder etwa auch zur Abtreibung) fehlt: Kriegsdienst war aus verschiedenen Gründen kein akutes Thema auf den Straßen in und nach Jerusalem; zuletzt aus dem Kontext seines uns überlieferten Lebens, nicht zuletzt aus seinem, von den Evangelisten berichteten demonstrativen Ritt auf einem Esel (anstelle eines Kriegspferdes) ergibt sich eine eindeutige Antwort (vgl. 1.3.7). In der sog. Tempelreinigung – erstes und letztes Argument gegen die Behauptung eines durchgängigen und radikalen Gewaltverzichts Jesu – kann keine Gewaltaktion gesehen werden; im Sinne einer prophetischen Zeichenhandlung wird diese vielmehr als eine gewaltfreie Aktion Jesu gegen den Mißbrauch des Tempels und für den wahren Gottesdienst interpretiert werden müssen (vgl. 1.4).

In der Bergpredigt, der christlichen Charta der Gewaltfreiheit, scheint brennpunktartig Jesu Bekenntnis zum Gewaltverzicht auf. Während sein – ebenfalls in der Bergpredigt verankertes – Wort zur

Unauflöslichkeit der ehelichen Lebensgemeinschaft als allgemeingültig und für jeden verbindlich ausgelegt wird, soll – einer weitverbreiteten Auslegung nach – Jesu Plädoyer für Feindesliebe und Gewaltfreiheit nur an die Adresse weniger charismatisch begabter Menschen gerichtet sein (vgl. 1.5.1) – eine Diskrepanz, die nicht nur Leo Tolstoi aufgefallen ist (vgl. 1.5.2). Jesu eigenes Beispiel zielt auf gesellschaftliche Veränderung; gelebter Gewaltverzicht setzt nicht erst eine gewaltfreie Gesellschaft voraus (vgl. 1.5.3).

———

Bis hierher und bei dieser Darstellung könnte es scheinen, als sei ein Leben in Gewaltfreiheit das Anliegen Jesu schlechthin gewesen. Dies verkennt jedoch – mit übrigens manchen Spielarten des christlichen Pazifismus' –, daß der erklärte Gewaltverzicht Jesu nur als eine Konsequenz seiner theologischen Überzeugung, seines besonderen Gottesbildes, kurz: seines Ergriffenseins vom beginnenden Anbrechen des Reiches Gottes richtig zu verstehen ist. Jesus ist nicht von vornherein ein Gewaltfreier. Dies zu sehen und ihn sowohl von seinen Wurzeln, den tiefen (wie sich zeigt: ethisch relevanten theologischen) Motiven her als auch von seiner Ausrichtung auf das Reich Gottes in seinem Gewaltverzicht zu verstehen, ist das spezielle Anliegen vorliegender Untersuchung (vgl. 2 u. 3).

Jesu Verhalten ist hinsichtlich seiner Beweggründe auf eine Weise transparent, daß es eine frei gewählte Identifikation (vgl. dagegen die in Abhängigkeit führende Imitation) ermöglicht. So begründet Jesus sein Postulat der Feindesliebe mit dem Gewaltverzicht Gottes: Seid barmherzig, wie euer Vater barmherzig ist (vgl. 2.1). Jesus orientiert an einem Gott, der über weite Strecken des Alten Testaments als ein die Menschen liebender (vgl. 2.1.1), barmherziger (vgl. 2.1.2) und – die feministische Theologie unserer Tage weiß dies auszuführen – mütterlich-zärtlicher (vgl. 2.1.3-4) sowie verzeihender (vgl. 2.1.5), heilstiftender (vgl. 2.1.6), nicht zuletzt (vgl. 1 Kön 19,11-13) gewaltfreier (vgl. 2.1.7) Gott bekannt wird.

Dies freilich läßt sich nur dann ernsthaft herausstellen, wenn nicht die Auseinandersetzung mit der im AT scheinbar besonders weit verbreiteten Vorstellung eines gewalttätigen Gottes gescheut wird; sie erfolgt in dieser Arbeit, wenn auch nur exemplarisch, in einem breitangelegten Exkurs (vgl. 2.1.8): Der im Bemühen um eine annähernde Lösung des Theodizeeproblems beliebte Verweis darauf, daß der evolutive Prozeß eben seinen Preis verlange, der Schöpfergott dabei aber mitleide, steht immer wieder im Zynismusverdacht; daß viele Katastrophen hausgemacht, von Menschen frei ausgelöst sind und nicht dem Konto Gottes angelastet werden können (so ist eben Krieg nicht gottgewollt), muß unbedingt gegen das Argument eines im Grunde doch lieblosen, die Menschen in einem Jammertal verelenden lassenden Gottes angeführt werden (vgl. 2.1.8.1). Wo vom aktiv strafenden Gott die Rede ist, ist in der Regel der Zusammenhang des „Wer andern eine Grube gräbt, fällt selbst hinein", der in der wissenschaftlichen Sprache mit dem Begriff „synthetische Lebensauffassung" belegte bumerangartige Tun-Ergehen-Zusammenhang gemeint: der Mensch straft sich selbst, die von ihm ausgehende Gewalt fällt auf sein eigenes Haupt zurück (vgl. 2.1.8.2). Das bekannte Problem der Fluch- und Rachepsalmen verlangt eine vielschichtige Erörterung; sie gipfelt hier im Hinweis darauf, daß im Gegensatz zum heutigen Menschen der alttestamentliche Beter seine Gefühle nicht verdrängte und, diese einmal ausgesprochen, auch nicht ausleben mußte (vgl. 2.1.8.3).

Wer den gewaltfreien Gott aus den theologisch bunten Texten des AT herausarbeiten und Jesus in der Tradition einer Theologie stehend begreift, die dieses Gottesverständnis hatte, der kann nicht umhin, sich mit weiteren klassischen Argumenten für eine Gewalttätigkeit Gottes auseinanderzusetzen, nicht – übrigens –, um diese völlig zu entkräften, freilich jedoch, um ihren allzu leichtfertigen Gebrauch wenigstens in Frage zu stellen (vgl. 2.1.8.3): sei es dadurch, daß die Erzählung des Isaak-Opfers in der Herausarbeitung seiner menschenfreundlichen Pointe (Gott will gar kein Menschenopfer, wie manche meinen, ein Widder tut's auch!) wieder in ihrer ursprünglichen Bedeutung eines Bekenntnisses zu absolutem Gottvertrauen verstanden wird (vgl. 2.1.8.4.1); sei es dadurch, daß der in Ex 14 berichtete und in unserer Vorstellung sich grausam ereignete Untergang der Ägypter im Schilfmeer von dem in Wirklichkeit nur dürftig vorhandenen kriegerischen und völlig fehlenden triumphalistischen Kolorit befreit und so als religiöses Zeugnis des politisch-konkreten Befreiungshandeln Gottes interpretiert werden kann (vgl. 2.1.8.4.2); sei es dadurch, daß die über eine oberflächliche Lektüre des Buches Joshua sich als gewaltsam darstellende Landnahme als ein Ereignis der mehr friedlichen Infiltration (Weidewechsel der Nomaden) bzw. des siegreichen Aufbegehrens marginaler, unterdrückter Existenzen im Kanaan der Stadtstaaten, in jedem Fall als gottverdankt, wirklichkeitsnäher verstanden wird (vgl. 2.1.8.4.3); sei es dadurch, daß der sog. „Heilige Krieg" und darin insbesondere die abstoßende „Bann-Theorie" (einschließlich der Kinder waren alle Besiegten umzubringen) in der Bedeutung eines zeitlich begrenzten bzw. wirklich rein theoretischen Phänomens erklärt werden (vgl. 2.1.8.4.4). Für eine neue Einschätzung der alttestamentlichen Texte, die in nicht beschönigender Weise von Gewalt handeln und sie dadurch entlarven, hat nicht zuletzt die Girard-Rezeption durch Lohfink, Pesch und Schwager wesentliches beigetragen (vgl. 2.1.8.5); die These vom Gegensatz zwischen Altem und Neuem Testament muß auch und gerade im Hinblick auf den Themenkreis Gewalt-Gewaltlosigkeit zurückgewiesen werden: es ist nicht zuletzt dem sozialpsychologisch zu erklärenden Mechanismus der „Gruppenkohäsion durch Feindbildung" zuzuschreiben, daß im Zuge der Ausbildung christlicher Gemeinden die alttestamentlichen Bücher der jüdischen Gemeinden in ein schlechtes Licht gerückt wurden (vgl. 2.1.8.6).

Jesu Gewaltverzicht wurzelt in der Vorstellung eines dem Menschen barmherzig und gewaltfrei begegnenden und ihn zu ebensolchem Verhalten einladenden Gottes. Weiterhin (vgl. 2.2) verzichtet Jesus auf Gewalt aus einem ungeteilten Vertrauen auf Gott – dies ist vielleicht sein stärkstes und zentrales Motiv. Hinter dieser Ableitung steht die These (vgl. 2.2.0), daß der Einsatz von Gewalt einerseits und Vertrauen auf Gott andererseits einander ausschließen: nimmt der Gewalttäter alles selbst in die Hand, sucht er allein, mit Hilfe von Gewalt über den Lauf der Dinge zu bestimmen, so nimmt der Gewaltfreie durch seinen Verzicht auf Gewalt nicht nur sich selbst zurück, er schafft im Streit der Parteien der lebenbringenden göttlichen Macht einen Raum, in den diese verbindend, versöhnend, heilend wirken kann. In diesem Sinn ist Gewaltanwendung atheistisch, Ausfluß mangelnden Vertrauens auf Gott.

Aus dem alttestamentlichen Glaubensverständnis ist das näher zu begründen (vgl. 2.2.1). Den im ersten Gebot des Dekalogs ausgeschlossenen Götzendienst (vgl. 2.2.1.1) nennt Jesus Mammon-Dienst (vgl. 2.2.1.2); Glauben an Gott meint dabei (vgl. 2.2.1.3) mehr als jenes philosophisch geprägte „Fürwahrhalten" ein ungeteiltes, die gesamte menschliche Existenz betreffendes Vertrauen auf Gott (der so Glaubende spricht von: vertrauen auf Gott, bauen auf Gott, stehen in Gott), das sich in der alles von Gott erwartenden Haltung der Armut (vgl. 2.2.1.4) und, darin eingeschlossen, dem vertrauensvollen Gewaltverzicht manifestiert. Daß die im Griechischen differenzierte Haltung der Armut und des Gewaltverzichts (in den Seligpreisungen der Bergpredigt ist die Rede von den „ptochoi", den Armen, und den „praeis", den Gewaltfreien) im Hebräischen durch ein und dasselbe Wort „anah" (etwa: arm sein) beschrieben wird, unterstreicht eben dies: daß der auf Gott bauende Mensch in der Haltung der Armut wie selbstverständlich auch auf Gewalt verzichtet (vgl. 2.2.2.1).

Jesu Gewaltverzicht wurzelt – theologisch gesehen – also im ersten der Zehn Gebote. Dem ist in der altjüdischen Tradition noch stärker nachzugehen (vgl. 2.2.2), insbesondere dort, wo Propheten zum Verzicht auf militärische Gewalt im Vertrauen auf Gott mahnen (vgl. 2.2.2.2): herausragendes Beispiel ist hier Jesaja (vgl. Jes 7,9), der seinen König und sein Volk vor die Wahl stellt: entweder sich militärisch zu verteidigen und dabei unterzugehen oder in der gottvertrauenden Bereitschaft „ohne den Schutz von Waffen" zu leben (wie dies 1975 vom Ökumenischen Rat der Kirchen in Nairobi neu und in die Gegenwart hinein formuliert wurde) und dadurch gerettet zu werden. Daß Jesaja hier durchaus in einem Entweder-Oder gedacht hat und nicht der militärischen Gewaltanwendung i. S. des „Gott-mit-uns" (also des auf Gott vertrauenden Gewalteinsatzes) das Wort geredet hat, unterstreicht jener aufregende, leicht übersehbare, wenn auch in den biblischen Schriften vielfach begegnende Gegensatz von „Pferd oder Gott" (vgl. 2.2.2.3): gemeint ist auch hier die Alternative, auf das Kriegspferd (d. h. militärische Rüstung) zu bauen oder auf Jahwe zu vertrauen (vgl. z. B. Ps 20,8f; Hos 14,4, wo in einem Atemzug sowohl das Reiten auf Pferden als auch das Anbeten von Machwerk der Hände als Götzendienst verworfen wird).

Die Konkretheit solchen Glaubens zeigt sich einmal mehr dort, wo Jahwe unter dem Anspruch der Alleinherrschaft (vgl. 2.2.3 bes. 2.2.3.1) durch seine Propheten menschliche Herrschaftsausübung als eine ins Unheil führende Anmaßung (vgl. 2.2.3.2) zurückweist und vor die Alternative stellt: ein König *oder* ich (in einer kaum bis zum Ende durchdenkbaren aktuellen Form: eine Gesellschaft mit politischer Zentralgewalt *oder* ein Zusammenleben allein aus der göttlichen *Dynamis*). Israels Glauben ist – das zeigen die antiköniglichen Texte (vgl. 1 Sam 8) – in einer provozierenden Weise bis in den politischen Alltag hinein konkret. Die Zeloten haben das noch ansatzhaft gewußt (vgl. 2.2.3.3).

Es muß einer weiteren Arbeit über gewaltfreies Handeln vorbehalten bleiben zu ergründen, wie die Macht Gottes (Gandhi würde von der „Macht der Wahrheit" sprechen) im konkreten Fall zu wirken und in einer Weise mit anderen Mächten zu konkurrieren vermag, daß sie diese nicht nur ersetzt, sondern völlig in den Schatten stellt, ja als gemeinschaftszerstörend erkennen läßt; das radikal gläubige Israel hat die heilsgeschichtliche Wirkmächtigkeit Gottes in konkreten politischen Lebensbezügen erfahren (Exodus, Landnahme, königsfreie Richterzeit), und es erwartet sie auch (messianische Hoffnung) für die Zukunft (vgl. 2.2.4).

Jesu Gewaltverzicht ist bestimmt durch *Imitatio Dei*, durch die Orientierung an einem barmherzigen, gewaltfreien Gott; er ist zentral motiviert durch ein ungeteiltes Vertrauen auf Gott; er ist schließlich Konsequenz der Liebe (vgl. die sachliche Zusammengehörigkeit der Forderung nach Feindesliebe und Gewaltverzicht in der Logienquelle), was in der vorliegenden Arbeit nur angedeutet (vgl. 2.3) und nicht vertieft werden brauchte, da dieser ethische Begründungszusammenhang schon immer gesehen und akzeptiert wurde.

———

Jesu umfassender und konsequent durchgehaltener Gewaltverzicht ist durch seine Menschenfreundlichkeit und Liebe (vgl. 2.3) ethisch, durch seine Erfahrung eines gewaltfreien Gottes (vgl. 2.1) und sein Vertrauen auf Gott (vgl. 2.2) aber auch – und das gilt es hier besonders hervorzuheben – theologisch motiviert. Diese, seine religiösen, in einer bestimmten Theologie wurzelnden Motive sind bis heute entweder gar nicht oder in zu geringem Maße und dann nur vereinzelt bei den Versuchen einer Einschätzung und Ergründung seines gewaltfreien öffentlichen Wirkens bedacht worden. Ein letzter, ebenfalls kaum berücksichtigter Gesichtspunkt, der dazu beitragen kann, sein Handeln als ein entschieden gewaltfreies zu begreifen, ist der seiner besonderen Zielsetzung (vgl. 3): So ist Jesu in seiner Feindesliebe und in seinem Gewaltverzicht immer noch schwer zu verstehen, wenn man diese nicht auch als eine Strategie der Entfeindung und Verbrüderung (vgl. 3.1) und nicht als absichtslose, sich selbst genügende Gesinnung zu begreifen vermag. Endlich ist zu beachten, daß – dem Naturgesetz der *Mittel-Ziel*-Relation gehorchend – sowohl den „pazifistischen" Teilinhalten als auch der Undefinierbarkeit des Reiches Gottes nur entsprochen werden kann durch ein gewaltfreies Verhalten und Handeln: was den „Frieden" betrifft, so ist nur der Weg ein verantwortbarer, der noch alles offen läßt, der nicht (wie es die Gewalt tut) Endgültigkeiten schafft (vgl. 3.2.1 und 3.2.4.2). So erst – mit dem Blick auf sein handlungsleitendes Interesse – ist, neben der Herausarbeitung seiner übrigen theologischen und ethischen Beweggründe, Jesu Gewaltverzicht zu verstehen und daraus eine umfassende Orientierung in der Frage „Gewalt – Gewaltverzicht – Gewaltfreiheit" zu gewinnen.

Literaturverzeichnis

a) Bibelausgaben, Bibelübersetzungen

Biblia Hebraica. Das Alte Testament hebräisch-deutsch, Stuttgart 1974.

Novum Testamentum, Graece et Latine. Utrumque textum cum apparatu critico imprimendum curavit Eberhard Nestle novis curis elaboraverunt Erwin Nestle et Kurt Aland, Stuttgart (editio vicesima secunda) 1963/1969.

Die Bibel. Altes und Neues Testament. Einheitsübersetzung, hrsg. Im Auftrag der Bischöfe Deutschlands, Österreichs, der Schweiz, des Bischofs von Luxemburg, des Bischofs von Lüttich, des Bischofs von Bozen-Brixen, für die Psalmen und das Neue Testament auch im Auftrag des Rates der Evangelischen Kirche in Deutschland und des Evangelischen Bibelwerks in der Bundesrepublik Deutschland, Stuttgart (Lizenzausgabe Freiburg/Basel/Wien) 1980.

Die Bibel. Die Heilige Schrift des Alten und Neuen Bundes. Deutsche Ausgabe mit den Erläuterungen der Jerusalemer Bibel, herausgegeben von D. Arenhoevel /A. Deissler/A. Vögtle, Freiburg/Basel/Wien 5. Aufl. 1973.

Die Heilige Schrift des Alten und des Neuen Testaments, Zürich 1966 (Zürcher Bibel).

Das Neue Testament in die Sprache der Gegenwart übersetzt und kurz erläutert von L. Albrecht, Stuttgart 8. Aufl. 1957.

Das Neue Testament. Stuttgarter Kepplerbibel, neu bearbeitet und mit Erläuterungen versehen von P. Ketter, Stuttgart (Sonderdruck) 1965.

Das Neue Testament übersetzt und kommentiert von U. Wilkens, beraten von W. Jetter, E. Lange und R. Pesch, Hamburg/Köln/Zürich 3. Aufl. 1971.

Die Gute Nachricht. Das Neue Testament in heutigem Deutsch, hrsg. von den Bibelgesellschaften und Bibelwerken im deutschsprachigen Raum, Stuttgart 3., neuübersetzte Aufl. 1971.

Nou Testament, versiô del text original i notes pels monjos de Montserrat (J. M. Bruguera), Andorra 3. Aufl. 1963.

b) Sonstige Literatur

ABRAMSKY, M.S.: The House of Rechab (hebr.), in: Eretz Israel 8 (1967) 255-264 (english summary, ebd. Anhang, 76)

AKTION SÜHNEZEICHEN/FRIEDENSDIENSTE (Hg.): Christen im Streit um den Frieden. Beiträge zu einer neuen Friedensethik – Positionen und Dokumente (zusammengestellt und bearbeitet von W. Brinkel u. a.), Freiburg 1982

ALAIN (E.A. Chatier): Mars oder Die Psychologie des Krieges, Frankfurt 1985

ALBERTZ, H.: Ohne Waffen („Wort zum Sonntag" am 27. Oktober 1979), in: Deutsches Allgemeines Sonntagsblatt 33 (4.11.1979, Nr. 44) 10

ALT, A.: Kleine Schriften zur Geschichte des Volkes Israel, Bd. 1, München 1953

ALT, A.: Zur Talionsformel, in: K. Koch (Hg.), Um das Prinzip der Vergeltung in Religion und Recht des Alten Testaments, Darmstadt 1972, 407-411

Alt, F.: Frieden ist möglich. Die Politik der Bergpredigt, München/Zürich 1983

ALTANER, B./STUIBER, A.: Patrologie. Leben, Schriften und Lehre der Kirchenväter, Freiburg/Basel/Wien 7., völlig neubearbeitete Aufl. 1966

ARENHOEVEL, D.: Erinnerung an die Väter. Genesis 12-50, Stuttgart 1975

ARENS, E.: Narrative Theologie und theologische Theorie des Erzählens, in: Katechetische Blätter 110 (1985) 866-871

ARON, R.: Die verborgenen Jahre Jesu, München 1973

ARON, R.: Das Liebesgesetz und die Rache, in: M. Prager/G. Stemberger (Hg.), Die Bibel. Altes und Neues Testament in neuer Einheitsübersetzung, Bd. 1 (Kommentarteil), Salzburg 1975, 506f

ARRUPE, P.: Unser Zeugnis muß glaubwürdig sein. Ein Jesuit zu den Problemen von Kirche und Welt am Ende des 20. Jahrhunderts, Ostfildern 1981

AUSWÄRTIGES AMT, Referat Öffentlichkeit (Hg.): Menschenrechte in der Welt. Konventionen, Erklärungen, Perspektiven, Bonn 2. Auflage (in Zusammenarbeit mit dem Presse- und Informationsamt der Bundesregierung) 1979

BACH, R.: „… der Bogen zerbricht, Spieße zerschlägt und Wagen mit Feuer verbrennt", in: H. W. Wolff (Hg.), Probleme biblischer Theologie. Festschrift Gerhard von Rad, München 1971, 13-26

BÄUMER, C. u. a. (Hg.): Friedenserziehung als Problem von Theologie und Religionspädagogik, München 1981

BAINTON, R.H.: Die frühe Kirche und der Krieg, in: R. Klein (Hg.), Das frühe Christentum und der römische Staat, Darmstadt 1971, 187-216

BALDERMANN, I.: Der Gott des Friedens und die Götter der Macht. Biblische Alternativen, Neukirchen- Vluyn 1983

BALTHASAR, H.U. von: Klarstellungen. Zur Prüfung der Geister, Freiburg/Basel/ Wien 1971

BAMMEL, F.: Die Religionen der Welt und der Friede auf Erden. Eine religionsphänomenologische Studie, München 1957

BARDTKE, H.: Art. Rachepsalmen, in: Calwer Bibellexikon, hrsg. von T. Schlatter, Stuttgart 2. Aufl. 1967, Sp. 1101f

BARRET, C.K.: The Gospel According to St. John. An Introduction with Commentary and Notes and the Greek Text, London 1956

BARTH, G.: Pistis in hellenistischer Religiosität, in: Zeitschrift für neutestamentliche Wissenschaft 73 (1982) 110-126

BAUDLER, G.: Einführung in symbolisch-erzählende Theologie. Der Messias Jesus als Zentrum der christlichen Glaubenssymbole, Paderborn/München/Wien/ Zürich 1982

BAUDLER, G.: Jesus im Spiegel seiner Gleichnisse. Das erzählerische Lebenswerk Jesu – ein Zugang zum Glauben, Stuttgart und München 1986

BAUER, J.B.: Die Zeit Jesu. Herrscher, Sekten und Parteien, Stuttgart 1969

BAUER, W.: Das Johannesevangelium, Tübingen 2., völlig neubearbeitete Aufl. 1925

BAUER, W.: Der Palmesel (1953), in: ders., Aufsätze und kleine Schriften (hrsg. V. G. Strecker), Tübingen 1967, 109-121

BAUER, W.: Griechisch-deutsches Wörterbuch zu den Schriften des Neuen Testaments und der übrigen urchristlichen Literatur, Berlin durchgesehener Nachdruck der 5., verbesserten und stark vermehrten Aufl. 1963

BAUERNFEIND, O.: Eid und Friede. Fragen zur Anwendung und zum Wesen des Eides, Stuttgart 1956

BAUERNFEIND, O.: Art. Polemos, polemo in: Theologisches Wörterbuch zum Neuen Testament, hrsg. von G. Kittel, Bd. 6, Stuttgart 1959, 501-515

BAUMBACH, G.: Antijudaismus im Neuen Testament – Fragestellung und Lösungsmöglichkeit, in: Kairos 25 (1983) 68-85

BAUMBACH, G.: Die Zeloten – ihre geschichtliche und religionspolitische Bedeutung, in: Bibel und Liturgie 41 (1968) 2-25

BAUR, J. (Hg.): Zum Thema Menschenrechte. Theologische Versuche und Entwürfe, Stuttgart 1977

BECK, E.: Gottes zärtliche Liebe. So zärtlich liebt Gott, in: Dienender Glaube 54 (1978) 114-118

BECKER, J.: Gottesfurcht im Alten Testament, Rom 1965

BECKER, J.: Johannes der Täufer und Jesus von Nazareth, Neukirchen-Vluyn 1972

BEISSER, F.: Das Reich Gottes, Göttingen 1976

BEN-CHORIN, S.: Bruder Jesus. Der Nazarener in jüdischer Sicht, München 1972

BEN-GAVRIÊL, M.Y.: Das nomadische Ideal in der Bibel, in: Stimmen der Zeit 88 (1962/63) 253-263

BERDIAJEW, N.: Das Reich des Geistes und das Reich des Caesar, Darmstadt und Genf 1952

BERG, W.: Die Eifersucht Gottes – ein problematischer Zug des alttestamentlichen Gottesbildes?, in: Biblische Zeitschrift 23 (1979) 197-211

BERGER, C.: Leo Tolstoi und die Bergpredigt, in: Der Christ in der Welt 16 (1966) 71-76

BERGER, K.: Die Gesetzesauslegung Jesu. Ihr historischer Hintergrund im Judentum und im Alten Testament, Neukirchen 1972

BERGGRAV, E.: Der Staat und der Mensch, Hamburg 1946

BERNHARD, J.H.: A critical and exegetical Commentary on the Gospel According to St. John, Volume I, Edinburgh 4. Aufl. 1953

BESCHLUß DER GEMEINSAMEN SYNODE DER BISTÜMER IN DER BUNDESREPUBLIK DEUTSCHLAND „Der Beitrag der Katholischen Kirche in der Bundesrepublik Deutschland für Entwicklung und Frieden", hrsg. vom Sekretär der Gemeinsamen Synode (Heftreihe: Synodenbeschlüsse Nr. 13), Bonn o.J., 37 (Nr. 2.3.1)

BETZ, H.D.: Nachfolge und Nachahmung Jesu Christi im Neuen Testament, Tübingen 1967

BEUTTER, F.: Christliche Ethik in der pluralen Gesellschaft, in: Theologische Zeitschrift 34 (1974) 212-220

BIBEL UND KIRCHE, Themenheft 2/1986

BIBLISCH-HISTORISCHES Wörterbuch, s. B. Reicke/L. Rost

BIEMER, G.: Thesen zur Friedenserziehung als Aufgabe der Religionspädagogik, in: Christlich-pädagogische Blätter 97 (1984) 458-464

BILL, J.: Vom zärtlichen Menschen, Stuttgart 3. Aufl. 1978

BIRKENMAIER, W.: Das bürgerliche Erpressungsmittel, in: ders. / O. Häberle / B. Smithmans / W. Kramny, Zum Thema: Eid und Repression, Stuttgart 1970, 9-17

BIRKENMAIER, W./Häberle, O./Smithmans, B./Kramny, W.: Zum Thema: Eid und Repression, Stuttgart 1970

BISER, E.: Das Heil als Heilung. Aspekte einer therapeutischen Theologie, in: J. Sudbrack u. a., Heilkraft des Heiligen, Wien 1975, 102-139

BLANK, J.: Die Auslegung des Willen Gottes im Neuen Testament, in: G. Denzler u. a., Zum Thema: Wille Gottes, Stuttgart 1973, 83-114

BLANK, J.: Im Dienst der Versöhnung. Friedenspraxis aus christlicher Sicht, München 1984

BLANK, J.: Die Entscheidung für den Frieden, in: P. Eicher (Hg.), Das Evangelium des Friedens. Christen und Aufrüstung, München 1982, 13-26

BLANK, J.: Evangelium und Gesetz. Zur theologischen Relativierung und Begründung ethischer Normen, in: Diakonia 4 (1974) 363-375

BLANK, J.: Gewaltlosigkeit – Krieg – Militärdienst im Urteil des Neuen Testaments, in: Orientierung 46 (1982) 157-163

BLANK, J.: Jesus von Nazareth, Freiburg 1972

BLANK, J.: Kirche und Staat im Urchristentum, in: G. Denzler (Hg.), Kirche und Staat auf Distanz. Historische und aktuelle Perspektiven, München 1977, 9-28

BLANK, J.: „Zieht die Waffenrüstung Gottes an …" Gewaltlosigkeit – Krieg – Militärdienst: Im frühen Christentum, in: Orientierung 46 (1982) 213-216

BLINZLER, J.: Die Niedermetzelung von Galiläern durch Pilatus, in: Novum Testamentum 2 (1958) 24-49

BLOCH, E.: Atheismus im Christentum. Zur Religion des Exodus und des Reichs, Reinbek 1970

BODAMER, J.: Vertrauen zu sich selbst. Menschsein im technischen Zeitalter, Freiburg/Basel/Wien 2. Aufl. 1977

BOECKER, J.: Die Beurteilung der Anfänge des Königtums in den deuteronomistischen Abschnitten des 1. Samuelbuches. Ein Beitrag zum Problem des „deuteronomistischen Geschichtswerks", Neukirchen-Vluyn 1969

BÖHME, W. (Hg.): Ist Gott grausam? Eine Stellungnahme zu Tilmann Mosers „Gottesvergiftung", Stuttgart 1977

BOFF, L.: Pueblas Herausforderung an die Franziskaner (Berichte, Dokumente, Kommentare, Nr. 1, hrsg. von der Missionszentrale der Franziskaner), Bonn 1979

BOHNE, R.: Das katholische System. Eine Skizze, Zürich/Einsiedeln/Köln 1972

BONAVENTURA: Die Legende des heiligen Franziskus, in: A. Dempf (Hg.), Der heilige Franziskus, Kempen 1949, 76-123

BONHOEFFER, D.: Gesammelte Schriften, Bd. 1 (Ökumene, Briefe, Aufsätze, Dokumente, 1928-1942), hrsg. V. E. Bethge, München 1958

BONHOEFFER, D.: Widerstand und Ergebung. Briefe und Aufzeichnungen aus der Haft, hrsg. von E. Bethge, Hamburg 8. Aufl. 1974

BONNARD, P.: L'Evangile selon Saint Matthieu, Neuchatel 1963

BORNÉ, G.: Bergpredigt und Frieden, Olten und Freiburg 1982

BORNKAMM, G.: Ist Gott grausam? – Über den Sühnetod Christi, in: W. Böhme (Hg.), Ist Gott grausam? Eine Stellungnahme zu Tilmann Mosers „Gottesvergiftung", Stuttgart 1977, 55-74

BORNKAMM, G.: Jesus von Nazareth, Stuttgart/Berlin/Köln/Mainz 9. Aufl. 1971

BOROS, L.: Heute Christ sein. Über die christliche Gesinnung und die Liebe zur Welt, Freiburg/Basel/Wien 1978

BOSOLD, I.: Pazifismus und prophetische Provokation. Das Grußverbot Lk 19,46 und sein historischer Kontext, Stuttgart 1978

BOTTERWECK, G.J.: Israels Errettung im Wunder am Meer, in: Bibel und Leben 8 (1967) 8-33

BRANDENBURGER, E.: Frieden im Neuen Testament, Gütersloh 1973

BRANDON, S.G.F.: Jesus and the Zealots, Manchester 1967

BRANTSCHEN, J.B.: Gott ist größer als unser Herz, Freiburg/Basel/Wien 1981

BRAUN, H.: Der Mann aus Nazareth und seine Zeit, Berlin 1969

BROCKMÜLLER, K.: Christentum am Morgen des Atomzeitalters, Frankfurt 4. Aufl. 1955

BRÖCKER, G.: Ich liebe Dich!, in: Dienender Glaube 54 (1978) XVIII-XX

BROER, I.: Plädierte Jesus für Gewaltlosigkeit? Eine kritische Frage und ihre Bedeutung für die Gegenwart, in: Bibel und Kirche 37 (1982) 61-69

BRONGERS, H.A.: Der Eifer des Herrn Zebaoth, in: Vetus Testamentum 13 (1963) 369-384

BROOTEN, B.J.: Jüdinnen zur Zeit Jesu, in: Theologische Quartalschrift 161 (1981) 281-285

BUBER, M.: Zwei Glaubensweisen, in: ders., Werke, Bd. 1 (Schriften zur Philosophie), München/Heidelberg 1962, 651-782

BUBER, M.: Königtum Gottes, Heidelberg 3., neu vermehrte Aufl. 1956

BUBER, M.: Nachahmung Gottes, in: ders., Werke, Bd. 2 (Schriften zur Bibel), München und Heidelberg 1964, 1053-1065

BUBER, M.: Der utopische Sozialismus, Köln 1967

BÜCHELE, H.: Bergpredigt und Gewaltfreiheit, in: Stimmen der Zeit 106 (Bd. 199, 1981) 632-640

BÜSCHER, W./Wensierski, P./Wolschner, K. (Hg. unter Mitarbeit von R. Henkys): Friedensbewegung in der DDR. Texte 1978-1982, Hattingen 1982

BULTMANN, R.: Das Evangelium des Johannes, Göttingen 11., durchgesehene Aufl. 1950

BULTMANN, R.: Theologie des Neuen Testaments, Tübingen 6. Aufl. 1968

BULTMANN, R.: Das Urchristentum im Rahmen der antiken Religionen, Reinbek 1962

BUNDESARBEITSBLATT 10/1980

BURKERT, W.: Anthropologie des religiösen Opfers (Vortrag vor der C. F. v. Siemens-Stiftung vom 21 Nov. 1983 in München), München (v. Siemens-Stiftung) 1985

BURROWS, M.: Old Testament Ethics and the Ethics of Jesus, in: J.L. Crenshaw/J.T. Willis (Hg.), Essays in Old Testament Ethics. J. Philip Hyatt in memoriam, New York 1974, 225-243

CADOUX, C.J.: The Early Christian Attitude to War. In the Early Church and the World, Edinburgh 1925

CAHIERS DE LA RECONCILIATION 44 (9/1977 : Themenheft „L'Objection de Conscience au Troisieème siècle")

CALWER BIBELLEXIKON, hrsg. von T. Schlatter, Stuttgart 2. Aufl. 1967

CAMPENHAUSEN, H. Freih. v.: Der Herrentitel Jesu und das urchristliche Bekenntnis, in: Zeitschrift für die neutestamentliche Wissenschaft 66 (1975) 127-129

CAMPENHAUSEN, H. Freih. v.: Der Kriegsdienst der Christen in der Kirche des Altertums, in: ders., Tradition und Leben. Kräfte der Kirchengeschichte. Aufsätze und Vorträge, Tübingen 1960, 203-225

CARDENAL, E.: Das Evangelium der Bauern von Solentiname. Gespräche über das Leben Jesu in Lateinamerika, Bd. 1, Wuppertal 1976

CARDONNEL, J.: War Christus für Gewalt?, in: J. Degen, Das Problem der Gewalt. Politische Strukturen und theologische Reflexion, Hamburg 1970, 132-143

CARMICHAEL, J.: Leben und Tod des Jesus von Nazareth, München 1965

CARRETTO, C.: Wo der Dornbusch brennt. Geistliche Briefe aus der Wüste, Freiburg/Basel/Wien 1973

CARRETTO, C.: Denn du bist mein Vater. Bekenntnis eines Lebens, Freiburg/Basel/Wien 2. Aufl. 1975

CARSTENS, K.: Zum Gebrauch der Bergpredigt, in: Aktion Sühnezeichen/Friedensdienste (Hg.), Christen im Streit um den Frieden. Beiträge zu einer neuen Friedensethik – Positionen und Dokumente (zusammengestellt und bearbeitet von W. Brinkel u. a.), Freiburg 1982, 58f

COMBLIN, J.: Theologie des Friedens. Biblische Grundlagen, Graz/Wien/Köln 1963

COSTE, R.: Gewalt und Frieden. Die Aktionen des Friedens gegen die Systeme der Gewalt, Trier 1970

CROMPHOUT, F. (Hg.): Eine Zeit des Redens. Gebete und liturgische Texte, Frankfurt 1971

CRÜSEMANN, F.: „… und die Gesetze des Königs halten sie nicht" (Est 3,8). Widerstand und Recht im Alten Testament, in: Wort und Dienst, N.F. Bd. 17 (1983) 9-25

CRÜSEMANN, F.: Die unveränderbare Welt. Überlegungen zur „Krisis der Weisheit" beim Prediger (Kohelet), in: W. Schottroff/W. Stegemann (Hg.), Der Gott der kleinen Leute. Sozialgeschichtliche Bibelauslegung, Bd. 1 (Altes Testament), München/Gelnhausen/Berlin/Stein 2., unveränderte Aufl. 1979, 80-104

CRÜSEMANN, F.: Der Widerstand gegen das Königtum. Die antiköniglichen Texte des Alten Testaments und der Kampf um den frühen israelitischen Staat, Neukirchen-Vluyn 1978

CULLMANN, O.: Hatte Jesus Christus politische Ziele? (Zweiteilige Veröffentlichung), in: L'Osservatore Romano 9 (16.3.1979, Nr. 11; 30.3.1979, Nr. 13) jeweils 8f

CULLMANN, O.: Jesus und die Revolutionären seiner Zeit. Gottesdienst, Gesellschaft, Politik, Tübingen 1970

CULLMANN, O.: Petrus. Jünger, Apostel, Märtyrer. Das historische und das theologische Problem, Zürich/Stuttgart 2., umgearbeitete und ergänzte Aufl. 1960

CULLMANN, O.: Der Staat im Neuen Testament, Tübingen 2., veränderte Aufl. 1961

DAHL, A.: Das Volk Gottes. Eine Untersuchung zum Kirchenbewußtsein des Urchristentums, Oslo 1941

DAUM, W.: Ursemitische Religion, Stuttgart/Berlin/Köln/Mainz 1985

DAUSCH, P.: Die drei älteren Evangelien, Bonn 4., neu bearbeitete Aufl. 1932

DAUTZENBERG, G.: Ist das Schwurverbot Mt 5,33-37; Jak 5,12 ein Beispiel für die Torakritik Jesu?, in: Biblische Zeitschrift, N.F. 25 (1981) 47-66

DEGEN, J. (Hg.): Das Problem der Gewalt. Politische Strukturen und theologische Reflexion, Hamburg 1970

DEISSLER, A.: Wozu brauchen wir das Alte Testament? Ein Gespräch mit Professor Alfons Deissler, in: Herder-Korrespondenz 35 (1981) 618-624

DEISSLER, A.: „An mir findest du reiche Frucht" (Hos 14,9). Meditationshilfen zum Hosea-Buch, Freiburg/Basel/Wien 1977

DEISSLER, A.: Das Gebot gibt Leben. Anregungen für Prediger und Seelsorger aus dem Alten Testament, in: Lebendige Seelsorge 30 (1979) 162-167

DEISSLER, A.: Die Grundbotschaft des Alten Testaments. Ein theologischer Durchblick, Freiburg/Basel/Wien 1972

DEISSLER, A.: Zwölf Propheten. Hosea – Joël – Amos (Die Neue Echter Bibel), Würzburg 1981

DEISSLER, A.: Die Psalmen, I. Teil (Ps 1-41), Düsseldorf 4. Aufl. 1971

DEISSLER, A.: Die Psalmen, II. Teil (Ps 42-89), Düsseldorf 2. Aufl. 1967

DEISSLER, A.: Die Psalmen, III. Teil (Ps 90-150), Düsseldorf 2. Aufl. 1969

DELFOS, L.: Alte Rechtsformen des Widerstandes gegen Willkürherrschaft, in: A. Kaufmann (Hg. in Verbindung mit L. E. Backmann), Widerstandsrecht, Darmstadt 1972, 59-86

DELP, A.: Worte der Hoffnung, Freiburg/Basel/Wien 3. Aufl. 1974

DEMPF, A. (Hg.): Der heilige Franziskus, Kempen 1949

DENEKE, A.: Variationen zu Abraham, in: H. Nitschke (Hg. in Zusammenarbeit mit H. W. Dannowski und H. D. Knigge), Erzählende Predigten, Gütersloh 2. Aufl. 1977, 28-32

DENKER, R.: Aufklärung über Aggression, Stuttgart/Berlin/Köln/Mainz 5., überarbeitete und erweiterte Aufl. 1975

DENNERT, J.: In den Fenstern der Großstadt. Beim Berliner Prozeß gegen Josef Bachmann, in: Deutsches Allgemeines Sonntagsblatt 23 (16.3.1969, Nr. 11) 2 und 7

DENZLER, G. (Hg.): Kirche und Staat auf Distanz. Historische und aktuelle Perspektiven, München 1977

DENZLER, G.: Im Namen Gottes ... Belastendes Material aus der Kirchengeschichte, in: G. Denzler/E. Beck/J. Blank/H. Lang/F.J. Kuhnle, Zum Thema: Wille Gottes, Stuttgart 1973, 9-49

DESELAERS, P.: Jahwe – Der Arzt seines Volkes. Das Buch Tobit als Beispiel biblischer Heilslehre (Promotionsvortrag im Fachbereich Katholische Theologie der Westfälischen Wilhelms-Universität Münster am 17.7.1981, unveröffentl. Manuskript)

DEUTSCH, K.W.: Der Stand der Kriegsursachenforschung, DGFK-Hefte: Friedens- und Konfliktforschung, Nr. 2, Sept. 1973, Bonn-Bad Godesberg

DIBELIUS, M.: Die Bergpredigt, in: ders., Botschaft und Geschichte. Gesammelte Aufsätze (in Verbindung mit H. Kraft hrsg. von G. Bornkamm), Bd. 2, Tübingen 1956, 79-174

DIBELIUS, M.: Rom und die Christen im ersten Jahrhundert, in: ders., Botschaft und Geschichte. Gesammelte Ausätze (in Verbindung mit H. Kraft hrsg. von G. Bornkamm), Bd. 2, Tübingen 1956

DIETRICH, W.: Israel und Kanaan. Vom Ringen zweier Gesellschaftssysteme, Stuttgart 1979

DIETRICH, W.: Jesaja und die Politik, München 1976

DIETRICH, W.: Rache. Erwägungen zu einem alttestamentlichen Thema, in: Evangelische Theologie 36 (1976) 450-472

DIGNATH-DÜREN, W.: Kirche, Krieg, Kriegsdienst. Die Wissenschaft zu dem aktuellen Problem in der ganzen Welt, Hamburg-Volksdorf 1955

DOMMERSHAUSEN, W.: Die Umwelt Jesu. Politik und Kultur in neutestamentlicher Zeit, Freiburg/Basel/Wien 1977

DONNER, H./HANHART, R./SMEND, R. (Hg.): Beiträge zur alttestamentlichen Theologie. Festschrift Walther Zimmerli, Göttingen 1977

DOSTOJEWSKI, F. M.: Die Brüder Karamasow, München 1968

DREWERMANN, E.: Der Krieg und das Christentum. Von der Ohnmacht und Notwendigkeit des Religiösen, Regensburg 1982

DREWERMANN, E.: Tiefenpsychologie und Exegese, Bd. 2 (Wunder, Vision, Weissagung, Apokalypse, Geschichte, Gleichnis), Olten 1985

DUPONT, J.: Die Versuchung Jesu in der Wüste, Stuttgart 1969

DURKHEIM, E.: Über die Teilung der sozialen Arbeit, Frankfurt 1977

DUYN, R. v.: Die Botschaft eines weisen Heinzelmännchens. Das politische Konzept der Kabouter. Eine Betrachtung über das philosophische Werk von Peter Kropotkin in Verbindung mit der heutigen Wahl zwischen Katastrophe und Heinzelmännchenstadt, Wuppertal 1971

EAKIN, F.E.: The Plagues and the Crossing of the Sea, in: The Review and Expositor 74 (1977) 473-482

EBACH, J.: Das Erbe der Gewalt. Eine biblische Realität und ihre Wirkungsgeschichte, Gütersloh 1980

EDWARDS, G.R.: Jesus and the Politics of Violence, New York/Evanston/San Francisco/London 1972

EGGER, W.: Nachfolge Jesu und Verzicht auf Besitz. Mt 10,17-31 aus der Sicht der neuesten exegetischen Methoden, in: Theologisch-praktische Quartalschrift 128 (1980) 127-136

EHRING, K./Dallwitz, M. (Hg.): Schwerter zu Pflugscharen. Friedensbewegung in der DDR, Reinbek bei Hamburg 1982

EICHER, P. (Hg.): Das Evangelium des Friedens. Christen und Aufrüstung, München 1982

EICHER, P.: Dem Staat mehr gehorchen als Gott? „Ich schwöre beim Staat, dem Allmächtigen." Zur Staatsideologie eines deutschen Verwaltungsgerichts, in: Publik Forum 10 (30. Okt. 1981, Nr. 22) 16f

EICHHOLZ, G.: Auslegung der Bergpredigt, Neukirchen-Vluyn 4. Aufl. 1978

EICHHORN, P.: Gewalt und Friedenssicherung. Grundtypen politischer Gewalt, München 1973

EICHRODT, W.: Theologie des Alten Testaments, Bd. 1, Stuttgart 6. Aufl. 1959

EISING, H./LÖNING, K.: Herrschaft Gottes und Befreiung des Menschen, in: W. Weber (Hg.), Macht, Dienst, Herrschaft in Kirche und Gesellschaft, Freiburg/Basel/Wien 1974, 38-60

EISLER R. : Jesous basileus ou basileusas. Die messianische Unabhängigkeitsbewegung vom Auftreten Johannes des Täufers bis zum Untergang Jakobs des Gerechten nach der neuerschlossenen Eroberung von Jerusalem des Flavius Josephus und den nichtchristlichen Quellen, 2 Bde, Heidelberg 1929 und 1930

ELTZBACHER, P.: Der Anarchismus, Berlin 1977 (Ersterscheinung: Berlin 1900)

EMEIS, D.: Wegzeichen des Glaubens. Über die Aufgabe der Katechese angesichts einer von Science und Technik geprägten Mentalität. Mit didaktischen Skizzen zu den Themen „Liebe und Geschlecht" und „Friede", Freiburg / Basel / Wien 1972

ENGEL, H.: Abschied von den frühisraelitischen Nomaden und der Jahweamphiktyonie. Bericht über den Zusammenbruch eines wissenschaftlichen Konsensus, in: Bibel und Kirche 38 (1983) 43-46

ENGEL, H.: Grundlinien neuerer Hypothesen über die Entstehung und Gestalt der vorstaatlichen israelitischen Stämmegesellschaft, in: Bibel und Kirche 38 (1983) 50-53

ERKLÄRUNG ZU FRIEDEN UND GERECHTIGKEIT DER VI. VOLLVERSAMMLUNG DES ÖRK in Vancouver 1983, in: Vorabdruck aus der Zeitschrift „der überblick" 19 (1983, H. 3)

OFFIZIELLE ERKLÄRUNG DER V. VOLLVERSAMMLUNG DES ÖKUMENISCHEN RATES DER KIRCHEN vom 23. Nov. – 10. Dez. 1975 in Nairobi (Kenia), in: Beiheft zur Nr. 4/1976 der Zeitschrift „Junge Kirche"

ERNST, J.: Das Evangelium nach Lukas, Regensburg 1977

ERNST, J.: Das Evangelium nach Markus, Regensburg 1981

DAS ETHOS DER BERGPREDIGT – FERMENT DER POLITIK? Äußerungen von Politikern und Theologen zur politischen Friedensdiskussion (zusammengestellt
von R. Mensing), in: rhs (Religionsunterricht an höheren Schulen) 25 (1982)
93-106

FAHLGREN, K.H.: Die Gegensätze von sedaka im Alten Testament, in: K. Koch
(Hg.), Um das Prinzip der Vergeltung in Religion und Recht des Alten Testaments, Darmstadt 1972, 87-129

FALCKE, H.: Die Zukunft des Lebens offenhalten, in: der überblick 19 (1983, H. 3)
26-29

DIE FEIER DER HEILIGEN MESSE. Meßbuch. Für die Bistümer des deutschen Sprachgebietes. Authentische Ausgabe für den liturgischen Gebrauch. Kleinausgabe. Das Meßbuch deutsch für alle Tage des Jahres, Einsiedeln/Köln/Frei-
burg/Basel/Regensburg/Wien/Salzburg/Linz 1975

FEIL, E./WETH, R. (Hg.): Diskussion zur „Theologie der Revolution", München /
Mainz 1969

FERGUSON, J.: The Politics of Love. The New Testament and Non-violent Revolution, Cambridge (James Clarke) o.J.

FEUILLET, A.: Die Versuchungen Jesu, in: Internationale Katholische Zeitschrift 8
(1979) 226-237

FIEBIG, P.: Jesu Worte über die Feindesliebe im Zusammenhang mit den wichtigsten rabbinischen Parallelen erläutert, in: Theologische Studien und Kritiken 91 (1918) 30-64

FIEDLER, P.: Jesus und die Sünder, Bern/Frankfurt 1976

FIEDLER, P.: Der Sohn Gottes über unseren Weg in die Gottesherrschaft, in: P.
Fiedler/D. Zeller (Hg.), Gegenwart und kommendes Reich. Schülergabe Anton Vögtle, Stuttgart 1975, 91-100

FLEISCHER, J.: Christ und Staatsgewalt. „Christlicher" Staatsbürger oder „staatenloser" Christ?, Freiburg 1964

FLENDER, H.: Die Botschaft Jesu von der Herrschaft Gottes, München 1968

FOHRER, G.: Geschichte Israels. Von den Anfängen bis zur Gegenwart, Heidelberg 3., durchgesehene und ergänzte Aufl. 1982

FOHRER, G.: Geschichte der israelitischen Religion, Berlin 1969

FOHRER, G.: Glaube und Hoffnung. Weltbewältigung und Weltgestaltung in alttestamentlicher Sicht, in: Theologische Zeitschrift 26 (1970) 1-21

FOHRER, G.: Die symbolischen Handlungen der Propheten, Zürich (Zwingli-Verlag) 1953

FOHRER, G.: Der Mittelpunkt einer Theologie des Alten Testaments, in: Theologische Zeitschrift 24 (1968) 161-172

FOUCACHON, F. : Jésus Politicien ?, in : La revue réformée 37 (1986) 105-112

FRANKEMÖLLE, H.: Friede und Schwert. Frieden schaffen nach dem Neuen Testament, Mainz 1983

FRANKEMÖLLE, H.: Jesus – Anspruch und Deutungen, Mainz 1979

FREUD, S.: Warum Krieg?, in: E. Krippendorff (Hg.), Friedensforschung, Köln 4.
Aufl. 1974, 115-123

FREUD, S.: Zeitgemäßes über Krieg und Tod, in: ders., Gesammelte Werke, Bd. 10, Frankfurt 4. Aufl. 1967, 324-355

FRIEDEN WAHREN, FÖRDERN UND ERNEUERN. Eine Denkschrift der Evangelischen Kirche in Deutschland, Gütersloh 1981

FRIEDRICH, G.: Utopie und Reich Gottes. Zur Motivation politischen Verhaltens, Göttingen o.J.

FRIEDRICH, J./PÖHLMANN, W./STUHLMACHER, P.: Zur historischen Situation und Intention von Röm 13,1-7, in: Zeitschrift für Theologie und Kirche 73 (1976) 131-166

FUCHS, C.: Reichtum der Armen, in: Communion (Taizé), (Mai 1975, Nr. 7) 5-10

FÜGLISTER, N.: Gott der Rache?, in: T. Sartory (Hg.), Entdeckungen im Alten Testament, Göttingen 1970, 117-133

FÜGLISTER, N.: Vom Mut zur ganzen Schrift, in: Stimmen der Zeit 94 (1969, Bd. 94) 186-200

FÜRST, W.: Der Eid – eine metaphysische Daumenschraube? (Mt 5,33-37), in: M. Müssle (Hg.), Die Humanität Jesu im Spiegel der Bergpredigt. Matthäus 5,13-7,29 und Lukas 6,27-49, München 1971, 128-140

FURGER, F.: Bewaffnet gewaltlos?, Freiburg i.d. Schweiz/Konstanz/Mödling 1981

FURGER, F.: Christ und Gesellschaft. Elemente zu einer christlichen Sozialethik, Freiburg/Schweiz 1978

GAECHTER, P.: Das Matthäusevangelium, Innsbruck/Wien/München 1963

GALLI, M.v./PLATE M. (Hg.): Kraft und Ohnmacht. Kirche und Glauben in der Erfahrung unserer Zeit, Frankfurt 1963

GALTUNG, J.: Strukturelle Gewalt. Beiträge zur Friedens- und Konfliktforschung, Reinbek 1975

GANDHI, M.K.: Eine Autobiographie oder Die Geschichte meiner Experimente mit der Wahrheit, Gladenbach 1977

GANDHI, M.K.: Sarvodaya (Wohlfahrt für alle), Gladenbach o.J.

GAUTHIER, P.: Die Armen, Jesus und die Kirche, Graz/Wien/Köln 1964

GELIN, A.: Die Armen – Sein Volk, Mainz 1957

GERHARDS, T. (Hg.): Pazifismus und Kriegsdienstverweigerung in der frühen Kirche. Eine Quellensammlung, Uetersen (Internationaler Versöhnungsbund, Kuhlenstr. 5a-7, 2082 Uetersen) 4., überarbeitete Aufl. 1986

GERSTENBERGER, G./SCHRAGE, W.: Leiden, Stuttgart/Berlin/Köln/Mainz 1977

GESE, H.: Erwägungen zur Einheit der biblischen Theologie, in: Zeitschrift für Theologie und Kirche 67 (1970) 417-436

GESE, H.: Ezechiel 20,25f und die Erstgeburtsopfer, in: H. Donner / R. Hanhart / R. Smend (Hg.), Beiträge zur Alttestamentlichen Theologie. Festschrift für Walther Zimmerli, Göttingen 1977, 140-151

GESE, H.: Lehre und Wirklichkeit in der alten Weisheit, in: K. Koch (Hg.), Um das Prinzip der Vergeltung in Religion und Recht des Alten Testaments, Darmstadt 1972, 213-235

GESSEL, W.: Kirche und Staat in der Alten Kirche, in: G. Denzler (Hg.), Kirche und Staat auf Distanz. Historische und aktuelle Perspektiven, München 1977, 9-28

GEWALTFREIER WIDERSTAND GEGEN RÜSTUNGSGEWALT. Tonbild zur Internationalen Defence Electronic Exposition (IDEE), zusammengestellt von E. Bachmann und M. Zint (1983)

GEWALTFREIHEIT UND WIDERSTAND IM FRÜHEN CHRISTENTUM – eine Handlungsperspektive für uns heute? Reader (erhältlich bei Pax Christi, Frankfurt), o.O. u. o.J.

GEYER, K.: Theologie des Friedens. Literaturbericht zu Arbeiten aus dem Bereich der neutestamentlichen Wissenschaft, in: G. Liedke (Hg.), Frieden – Bibel – Kirche (Studien zur Friedensforschung, Bd. 9), Stuttgart/München 1972, 187-199

GIESEN, H.: Der verdorrte Feigenbaum – Eine symbolische Aussage? Zu Mk 11,12-14.20f, in: Biblische Zeitschrift, N.F. 20 (1976) 95-111

GINZEL, G.B.: „... suche den Frieden und jage ihm nach!" Zum Schalom in der Hebräischen Bibel, in: V. Deile (Hg.), Zumutungen des Friedens. Festschrift Kurt Scharf, Reinbek 1982, 136-150

GIRARD, R.: Das Ende der Gewalt. Analyse des Menschheitsverhängnisses, Freiburg/Basel/Wien 1983

GIRARD, R.: Das Evangelium legt die Gewalt bloß, in: Orientierung 38 (1974) 53-56

GIRARD, R. : La violence et le sacré, Paris 1972

GLAUBENSVERKÜNDIGUNG FÜR ERWACHSENE. Deutsche Ausgabe des Holländischen Katechismus, Freiburg 2. Aufl. 1971

GLOBAL 2000. Der Bericht an den Präsidenten, Frankfurt (Verlag Zweitausendeins) 52. Aufl. Juli 1986

GNILKA, J.: Christus unser Friede – ein Friedens-Erlöserlied in Eph 2,14-17. Erwägungen zu einer neutestamentlichen Friedenstheologie, in: G. Bornkamm / K. Rahner (Hg.), Die Zeit Jesu (Festschrift Heinrich Schlier), Freiburg 1970, 190-207

GÖRG, M.: Ausweisung oder Befreiung? Neue Perspektiven zum sogenannten Exodus, in: Zeitschrift für Religionswissenschaft und Theologie 20 (1978) 272-286

GOLDSTEIN, H.: Skizze einer biblischen Begründung der Theologie der Befreiung, in: K. Rahner u. a. (Hg.), Befreiende Theologie. Der Beitrag Lateinamerikas zur Theologie der Gegenwart, Stuttgart/Berlin/Köln/Mainz 1977, 62-76

GOLLING, R.: Zeugnisse von Menschenopfern im Alten Testament, Berlin 1975 (masch. Diss.)

GOLLWITZER, H.: Zum Problem der Gewalt in der christlichen Ethik, in: ders., Forderungen der Umkehr, München 1976

GOLLWITZER, H.: Die Revolution des Reiches Gottes und die Gesellschaft, in: E. Feil / R. Weth (Hg.), Diskussion zur „Theologie der Revolution", München/Mainz 1969, 41-64

GOLLWITZER, H.: Ohne Waffen leben, in: Zeichen 3/1977, 9-11

GONDA, J.: Die Religionen Indiens, Bd. 1: Veda und älterer Hinduismus, Stuttgart 1960

GOSS-MAYR, H.: Geschenk der Armen an die Reichen. Zeugnisse aus dem gewaltfreien Kampf der erneuerten Kirche in Lateinamerika, Wien/München/Zürich 1979

GOSS-MAYR, H.: Die Gewaltlosigkeit Jesu – Antwort auf die Gewalt unserer Zeit, Linz (Veritas) o.J.

GOSS-MAYR, H.: Der Mensch vor dem Unrecht. Spiritualität und Praxis gewaltloser Befreiung, Wien 1976

GOTTWALD, N.K.: The Tribes of Yahweh. A Sociology of the Religion of Liberated Israel 1250-1050 B.C.E., Maryknoll, New York (Orvis Books) 1979

GRADWOHL, R.: Israels Zug durchs Schilfmeer. Hypothesen und archäologische Ausgrabungen, in: Israelitisches Wochenblatt 20 (1969) 40f

GREELEY, A. M.: Maria. Über die weibliche Dimension Gottes, Graz/Wien/Köln 1979

GREGG, R.B.: Die Macht der Gewaltlosigkeit, Gladenbach/Hessen 3. Aufl. 1975

GREIFENSTEIN, H. (Hg.): Macht und Gewalt. Leitlinien lutherischer Theologie zur politischen Ethik heute. Erarbeitet von einem theologischen Ausschuß im Auftrag des Landeskirchenrates der Evangelisch-Lutherischen Kirche in Bayern, Hamburg 1978

GREINACHER, N.: Im Angesicht meiner Feinde – Mahl des Friedens. Zur politischen Dimension des Herrenmahls, Gütersloh 1982

GREINACHER, N.: Herrschaftsfreie Gemeinde, in: Concilium 7 (1971) 181-190

GREINACHER, N.: Herr und Knecht, in: Theologische Quartalschrift 164 (1984) 66-68

GRESHAKE, G.: „Unter Euch soll es nicht so sein!" Vortrag anläßlich einer Diakonweihe, abgedruckt im Korrespondenzblatt des Collegium Germanicum et Hungaricum, Rom 85 (Dez. 1978) 35-39

GRESHAKE, G.: Der Preis der Liebe. Besinnung über das Leid, Freiburg/Berlin/Wien 1978

GREßMANN, H.: Die Anfänge Israels, Göttingen 1914

GROLLENBERG, L.H.: Zwischen Gott und Politik. Der Prophet Jesaja, Stuttgart 1971

GRUNDMANN, W.: Das Evangelium nach Lukas, Berlin 8. Aufl. 1978

GRUNDMANN, W.: Das Evangelium nach Markus, Berlin 7., neu bearbeitete Aufl. 1977

GRUNDMANN, W.: Das Evangelium nach Matthäus, Berlin 4. Aufl. 1975

GUARDINI, R.: Johanneische Botschaft. Meditationen über Worte aus den Abschiedsreden und dem ersten Johannesbrief, Freiburg 1966

GUBLER, M.-L.: Die frühesten Deutungen des Todes Jesu. Eine motivgeschichtliche Darstellung aufgrund der neueren exegetischen Forschung, Göttingen 1977

GUBLER, M.-L.: Juden und Christen – die fremden Brüder, Stuttgart 1981

GUIST, R.: Die religionspädagogische Vertretbarkeit der biblischen Vaterfigur. Zum Problem der Gottesdarstellung, Frankfurt/Bern 1981

GUNNEWEG, A.H.J.: Geschichte Israels bis Bar Kochba, Stuttgart/Berlin/Köln/ Mainz 1972

GUNNEWEG, A.H.J./Schmithals, W.: Herrschaft, Stuttgart/Berlin/Köln/Mainz 1980

GUTBROD, K.: Das Buch vom König. Das erste Buch Samuel, Stuttgart 4. Auflage 1975

GUTIÉRREZ, G.: Theologie der Befreiung, München/Mainz 1973

HAAG, E.: Die Botschaft vom Gottesknecht – ein Weg zur Überwindung der Gewalt, in: N. Lohfink (Hg.), Gewalt und Gewaltlosigkeit im Alten Testament, Freiburg/Basel/Wien 1983, 159-213

HAAG, E.: Gottes Herrschaft und Reich im Alten Testament, in: Internationale Katholische Zeitschrift 15 (1986) 97-109

HAAG, H.: Vor dem Bösen ratlos?, München/Zürich 1978

HÄBERLE, O.: Der Eid im staatlichen Recht, in: W. Birkenmaier / O. Häberle / B. Smithmans/W. Kramny, Zum Thema: Eid und Repression, Stuttgart 1970, 1-36

HÄRING, B.: Umrüsten zum Frieden. Was Christen heute tun müssen, Freiburg/Basel/Wien 1983

HÄRING, B.: Das Gesetz Christi. Moraltheologie, Bd. 2, Freiburg 6., erweiterte und gründlich bearbeitete Aufl. 1961

HÄRING, B.: Gewaltlosigkeit – Die Revolution des Evangeliums, in: Stimmen der Zeit 94 (1969, Bd. 185) 107-116

HÄRING, B.: Die Heilkraft der Gewaltfreiheit, Düsseldorf 1986

HAGEMEYER, O.: Maximilian, in: P. Manns (Hg.), Reformer der Kirche, Mainz 1970, 136-138

HAHN, F.: Heil und Heilung aus der Sicht des Neuen Testaments, in: M. Scheel/ W. Erk, Ärztlicher Dienst weltweit, Stuttgart 1974, 175-185

HAHN, F.: Christologische Hoheitstitel. Ihre Geschichte im frühen Christentum, Göttingen 3. Aufl. 1966

HALBFAS, H.: Das Welthaus. Ein religionsgeschichtliches Lesebuch, Stuttgart/ Düsseldorf 2. Aufl. 1984

HALKES, C.J.M.: Gott hat nicht nur starke Söhne. Grundzüge einer feministischen Theologie, Gütersloh 2. Aufl. 1980

HALKES, C.J.M.: Feministische Theologie. Eine Zwischenbilanz, in: Concilium 16 (1980) 293-300

HAMMER, F.: Macht. Wesen – Formen – Grenzen, Königstein/Ts. 1979

HAMMER, K.: Christen, Krieg und Frieden. Eine historische Analyse, Olten und Freiburg 1972

HAMPE, J.C.: Die Gemeinde als die neue Gesellschaft. Bericht von der integrierten Gemeinde, in: H. v. Gizycki/H. Habicht (Hg.), Oasen der Freiheit. Von der Schwierigkeit der Selbstbestimmung. Berichte, Erfahrungen, Modelle, Frankfurt 2. Aufl. 1979, 175-180

HANSEN, K.: „Terrorismus" – eine sprachliche Auseinandersetzung, in: Liberal 20 (1978) 290-303

HARDMEIER, C.: Verkündigung und Schrift bei Jesaja. Zur Entstehung der Schrift-prophetie als Oppositionsliteratur im alten Israel, in: Theologie und Glaube 73 (1983) 119-134

HARNACK, A. v.: Das Evangelium vom fremden Gott. Eine Monographie zur Ge-schichte der Grundlegung der katholischen Kirche. Neue Studien zu Markion. Texte und Untersuchungen, Darmstadt 1960

HARNACK, A. v.: Militia Christi. Die christliche Religion und der Soldatenstand in den ersten drei Jahrhunderten, Darmstadt 1963

HASENHÜTTL, G.: Herrschaftsfreie Kirche. Soziotheologische Grundlegung, Düs-seldorf 1974

HASKAMP, R.: Der Zärtlichkeit Raum geben, in: Dienender Glaube 54 (1978) 118-12

HAUCK, F.: Das Evangelium des Markus, Leipzig 1931

HAUCK, F.: Art. Mamonas, in: Theologisches Wörterbuch zum Neuen Testament, Bd. 4, hrsg. von G. Kittel, Stuttgart 1942, 390-392

HAUCK, F./BAMMEL, E.: Art. Ptochos, ptocheia, ptocheuo, in: Theologisches Wör-terbuch zum Neuen Testament, Bd. 6, hrsg. von G. Kittel, Stuttgart 1959, 885-915

HAUCK, F./SCHULZ, S.: Art. Prays, praytes, in: Theologisches Wörterbuch zum Neuen Testament, Bd. 6, hrsg. von G. Kittel, Stuttgart 1959, 645-651

HAUCK, W.-A.: Rudolf Sohm und Leo Tolstoi. Rechtsordnung und Gottesreich, Heidelberg 1950

HAUSCHILD, W.-D.: Der römische Staat und die frühe Kirche (Texte zur Kirchen- und Theologiegeschichte, H. 20), Gütersloh 1974

HAUSER, R.: Was des Kaisers ist. Zehn Kapitel christlicher Ethik des Politischen, Frankfurt 1968

HAVEL, V.: Versuch, in der Wahrheit zu leben. Von der Macht der Ohnmächtigen, Reinbek 1980

HEIDELMEYER, W. (Hg.): Die Menschenrechte. Erklärungen, Verfassungsartikel, Internationale Abkommen, Paderborn 2., vollständig überarbeitete Auflage 1977

HEISING, A.: Die Botschaft der Brotvermehrung. Zur Geschichte eines Christus-bekenntnisses im Neuen Testament, Stuttgart 1966

HELMER, S.: Gleichheit vor Gott – Gleichheit von Gott, in: Hochland 66 (1974) 12-21

HENGEL, M.: Christus und die Macht. Die Macht Christi und die Ohnmacht der Christen. Zur Problematik einer „Politischen Theologie" in der Geschichte der Kirche, Stuttgart 1974

HENGEL, M.: Christus und die Macht, in: E. Kellner (Hg.), Christliche Politik – ein fehlgeschlagenes Experiment?, Wien 1976, 15-27

HENGEL, M.: Gewalt und Gewaltlosigkeit. Zur „politischen Theologie" in neutes-tamentlicher Zeit, Stuttgart 1971

HENGEL, M.: War Jesus Revolutionär?, Stuttgart 4. Aufl. 1970

HENGEL, M.: Nachfolge und Charisma. Eine exegetisch-religionsgeschichtliche Studie zu Mt 8,21f und Jesu Ruf in die Nachfolge, Berlin 1968

HENGEL, M.: Der stellvertretende Sühnetod Jesu. Ein Beitrag zur Entstehung des urchristlichen Kerygmas, in: Internationale katholische Zeitschrift 9 (1980) 1-25 und 135-147

HENGEL, M.: Die Zeloten. Untersuchungen zur jüdischen Freiheitsbewegung in der Zeit von Herodes I. bis 70 n. Chr., Leiden 2., verbesserte und erweiterte Aufl. 1976

HENNING, R.: Richtet nicht – oder doch? Der Christ und die Strafgewalt des Staates (Kirche und Gesellschaft, Nr. 65), Köln 1979

HENNING, R.: Der Maßstab des Rechts im Rechtsdenken der Gegenwart, Münster 1961

HENRICI, P.: Die christliche Armut. Aus der Zeitschrift „Christus", Paris, übertragen und herausgegeben von P. Henrici, Frankfurt 1966

HENRIQUEZ, P.S.: Die Armut mit Armut überwinden, in: J.C. Hampe (Hg.), Die Autorität der Freiheit. Gegenwart des Konzils und Zukunft der Kirche im ökumenischen Disput, Bd. 3, München 1967, 382-384

HERBST, K.: Was wollte Jesus selbst? Die vorkirchlichen Jesusworte in den Evangelien, Bd. 1, Düsseldorf 2., durchgesehene Aufl. 1981

HERMANN, J.: Art. Rache, rächen, in: Calwer Bibellexikon, hrsg. von T. Schlatter, Stuttgart 2. Aufl. 1967, Sp. 1100f

HERRMANN, S.: Geschichte Israels in alttestamentlicher Zeit, München 1973 u. 1980 (2., überarbeitete und erweiterte Aufl.)

HERRMANN, S.: Israels Aufenthalt in Ägypten, Stuttgart 1970

HERWIG, M.: Herrschaft Gottes – Freiheit des Menschen. Biblische Perspektiven zur Neugestaltung der Gesellschaft, Wuppertal 1977

HILPERT, K.: Zwischen Harmlosigkeit und Radikalität. Zur ethischen Rezeption der Bergpredigt, in: rhs (Religionsunterricht an höheren Schulen) 25 (1982) 69-80

HINKER, W./SPEIDEL, K.: Wenn die Bibel recht hätte …, Stuttgart 1970

HINRICHER, G.: Die Fluch- und Vergeltungspsalmen im Stundengebet. Überlegungen zu 15 Jahren Erfahrungen mit dem gemeinsamen Chorgebet im Karmel Dachau, in: Bibel und Kirche 35 (1980) 55-59

HIPPOLYT: Der aethiopische Text der Kirchenordnung des Hippolyt, nach 8 Handschriften hrsg. und übersetzt von H. Duensing, Göttingen 1946

VIER HOCHGEBETE BEI BESONDEREN ANLÄSSEN. Votivhochgebet „Versöhnung". Drei Hochgebete für Eucharistiefeiern mit Kindern. Studienausgabe, Einsiedeln/Zürich/Freiburg/Wien 1975

HÖFFER, J./RAHNER, K. (Hg.): Lexikon für Theologie und Kirche, Bd. 1-14, Freiburg 2., völlig neu bearbeitete Aufl. 1957-1967

HÖFFNER, J.: Frieden, wie ihn die Welt nicht geben kann, Frieden, wie ihn die Welt braucht. Ansprache bei der Kundgebung im Rheinstadion am 3. Sept. 1982, in: Sekretariat der Deutschen Bischofskonferenz (Hg.), Die christliche Friedensbotschaft. Ansprachen, Reden und Vorträge zum Thema Frieden beim Katholikentag in Düsseldorf (1.-5. Sept. 1982), 5-9

HOFFMANN, H.: Die Kirche und der Friede, Wien/Leipzig 1933

HOFFMANN, N.: Sühne. Zur Theologie der Stellvertretung, Einsiedeln 1981

HOFFMANN, P.: Herrschaftsverzicht, in: Christ in der Gegenwart 29 (23.10.1977, Nr. 43) 359

HOFFMANN, P.: Studien zur Theologie der Logienquelle, Münster 1972

HOFFMANN, P.: Die Versuchungsgeschichte in der Logienquelle. Zur Auseinandersetzung der Judenchristen mit dem politischen Messianismus, in: Biblische Zeitschrift, N.F. 13 (1969) 207-223

HOFFMANN, P./EID, V.: Jesus von Nazareth und eine christliche Moral. Sittliche Perspektiven der Verkündung Jesu, Freiburg/Basel/Wien 1975

HOLL, A.: Jesus in schlechter Gesellschaft, Stuttgart 1971

HOLZINGER, H.: Kurzer Hand-Commentar zum Alten Testament, Freiburg/Leipzig/Tübingen 1898

HOMMES, U.: Die Frage nach dem Heil, in: U. Hommes/J. Ratzinger, Das Heil des Menschen. Innerweltlich-christlich, München 1975, 11-30

HOPPE, R.: Gleichnis und Situation. Zu den Gleichnissen vom guten Vater (Lk 15,11-32) und gütigen Hausherrn (Mt 20,1-15), in Biblische Zeitschrift, N.F. 28 (1984) 1-21

HORST, F.: Recht und Religion im Bereich des Alten Testaments, in: K. Koch (Hg.), Um das Prinzip der Vergeltung in Religion und Recht des Alten Testaments, Darmstadt 1972, 181-212

HORSTMANN, J. (Hg.): Und wer ist mein Nächster? Reflexionen über Nächsten-, Bruder- und Feindesliebe, Schwerte 1982

HOSKYNS, E.C.: The Fourth Gospel, London 1947

HOSSFELD, F.-L.: Du sollst nicht töten! Studien über den Bedeutungsumfang von rasah – „töten", Stuttgart 1986

HOSSFELD, F.-L.: Glaube und Politik bei den Propheten, in: Lebendige Seelsorge 35 (1984) 106-112

HUBER, W./TÖDT, H.E.: Menschenrechte. Perspektiven einer menschlichen Welt, Stuttgart/Berlin 2. Aufl. 1977

HÜNERMANN, P.: Art. Reich Gottes, in: Herders Theologisches Taschenlexikon, hrsg. von K. Rahner, Bd. 6, Freiburg/Basel/Wien 1973, 185-197

HUNTEMANN, G.: Die politische Herausforderung des Christen, Wuppertal 1972

HUTHMANN, M.: Ich bin nicht gekommen, den Frieden zu bringen, sondern das Schwert (Mt 10,34). Überlegungen zu einer biblischen Friedenstheologie, Bonn (Oscar-Romero-Haus, Heerstr. 205, 5300 Bonn 1) 1982

IMSCHOOT, P. v.: Art. Fluchpsalmen, in: Bibel-Lexikon, hrsg. von H. Haag, Einsiedeln/Zürich/Köln 2., neubearbeitete und vermehrte Aufl. 1968, Sp. 488f

JAHRBÜCHER DES STOCKHOLM INTERNATIONAL PEACE RESEARCH INSTITUTE (SIPRI)

JENNI, E.: Art. *Ahb*, in: Theologisches Handwörterbuch zum Alten Testament, Bd. 1, hrsg. von E. Jenni unter Mitarbeit von C. Westermann, München/Zürich 1971, Sp. 60-73

JEPSEN, A.: Art. *Amn*, in: Theologisches Wörterbuch zum Alten Testament, hrsg. von G.J. Botterweck und H. Ringgren, Bd. 1, Stuttgart/Berlin/Köln/Mainz 1973, Sp. 313-348

JEPSEN, A.: Gnade und Barmherzigkeit im Alten Testament, in: Kerygma und Dogma 7 (1961) 261-271

JEREMIAS, J.: Die Gleichnisse Jesu (Kurzausgabe) Göttingen 2., durchgesehene Auflage 1966

JEREMIAS, J.: Neutestamentliche Theologie. Erster Teil: Die Verkündigung Jesu, Gütersloh 1971

JEWISH PEACE FELLOWSHIP (Ed.), Roots of Jewish Nonviolence, New York o.J.

JOHANNES PAUL I.: Die Lektion des Weihnachtsesels, in: J. Ratzinger, Licht, das uns leuchtet. Besinnungen zu Advent und Weihnachten, Freiburg/Basel/Wien 6. Aufl. 1980, 51-64

JOHANNES PAUL II.: Enzyklika „Dives in Misericordia" (über das göttliche Erbarmen), veröffentlicht vom Pressedienst des Sekretariats der Deutschen Bischofskonferenz mit Datum vom 1.12.1980 (danach veröffentlicht in: Verlautbarungen des Apostolischen Stuhls, Nr. 26, hrsg. vom Sekretariat der Deutschen Bischofskonferenz, Bonn 1980)

JOHANNES PAUL II.: Der Frieden, Gottes Geschenk, den Menschen anvertraut. Botschaft des Papstes zum Weltfriedenstag am 1. Jan. 1982, in: L'Osservatore Romano 12 (1.1.1982, Nr. 1) 1 und 4f

JOHANNES PAUL II.: Begnügt euch nicht mit einem Mittelmaß! Ansprache des Papstes an die Teilnehmer des Europa-Kongresses der internationalen Bewegung „Pax Romana" vom 13. Sept. 1982, in: L'Osservatore Romano 12 (1. Okt. 1982, Nr. 40) 4

JOHANNES PAUL II.: „Höre meine Stimme und gewähre der Welt deinen immerwährenden Frieden!" Ansprache des Papstes vor dem Friedensdenkmal in Hiroshima am 25. Februar 1981, in: L'Osservatore Romano 11 (6.8.1981, Nr. 10) 1 und 20

JOHANNES PAUL II.: Eine „Stunde der Gnade" für Lateinamerika. Ansprache von Papst Johannes Paul II. auf der dritten Generalversammlung der Lateinamerikanischen Bischöfe in Puebla am 28. Januar, in: L'Osservatore Romano 9 (2.2.1979, Nr. 5) 1 und 8-11

JOHANNES PAUL II.: Über das Verhältnis von Gewalt und Recht. Ansprache des Papstes an die Vereinigung katholischer Juristen Italiens am 6. Dezember 1980, in: L'Osservatore Romano 9 (16.1.1981, Nr. 3) 9

JONAS, H.: Das Prinzip Verantwortung. Versuch einer Ethik für die technologische Zivilisation, Frankfurt 1979

JONES, G.H.: „Holy War" or „Jahwe War"?, in: Vetus Testamentum 25 (1975) 642-658

JOSEPHUS, Flavius.: Jüdische Altertümer, Wiesbaden 1979

JÜCHEN, A. v.: Die Kampfgleichnisse Jesu, München 1981

JÜCHEN, A. v.: Das Tabu des Todes und der Sinn des Sterbens, Stuttgart 1984

JÜNGLING, H.-W.: „Auge für Auge, Zahn für Zahn". Bemerkungen zu Sinn und Geltung der alttestamentlichen Talionsformel, in: Theologie und Philosophie 59 (1984) 1-38

JÜNGLING, H.-W.: Die egalitäre Gesellschaft der Stämme Jahwes. Bericht über eine Hypothese zum vorstaatlichen Israel, in: Bibel und Kirche 38 (1983) 59-64

JÜNGLING, H.-W.: Ich bin Gott – keiner sonst. Annäherung an das Alte Testament, Würzburg 1981

JÜNGLING, H.-W.: Plädoyer für das Glauben. Tagebuchnotizen aus der Zeit des Propheten Jesaja (Jes 7,1-9), in: VB-Materialien (Internationaler Versöhnungsbund, Kuhlenstr. 5a-7, 2082 Uetersen), Uetersen 1983, 16-19

JÜNGLING, H.-W.: Propaganda für das Königtum. Die Tendenzgeschichte in Ri 19, in: Bibel und Kirche 38 (1983) 64f

JUNKER, H.: Der alttestamentliche Bann gegen heidnische Völker als moraltheologisches und offenbarungsgeschichtliches Problem, in: Trierer Theologische Zeitschrift 56 (1947) 74-89

JUNKER, H.: Das theologische Problem der Fluchpsalmen, in: Pastor bonus 51 (1940) 65-74

KÄSEMANN, E.: Bergpredigt – eine Privatsache?, in: Aktion Sühnezeichen/Friedensdienste (Hg.), Christen im Streit um den Frieden. Beiträge zu einer neuen Friedensethik – Positionen und Dokumente (zusammengestellt und bearbeitet von W. Brinkel u. a.), Freiburg 1982

KAISER, O.: Einleitung in das Alte Testament. Eine Einführung in ihre Ergebnisse und Probleme, Gütersloh 2., verbesserte Aufl. 1970

KAISER, O.: Den Erstgeborenen deiner Söhne sollst du mir geben. Erwägungen zum Kinderopfer im Alten Testament, in: ders. (Hg.), Denkender Glaube. Festschrift Carl Heinz Ratschow, Berlin/New York 1976, 24-48

KAISER, O.: Der Prophet Jesaja. Kapitel 1-12, Göttingen 3. Aufl. 1970

KALTENBRUNNER, G.-K.: Ist der Heilige Geist weiblich?, in: Una Sancta 32 (1977) 273-279

KAMPHAUS, F.: Was dir zum Frieden dient, Freiburg/Basel/Wien 2. Aufl. 1983

KAMPHAUS, F.: „Selig die Friedensstifter". Ein friedliches Streitgespräch über den Frieden, in: Die christliche Friedensbotschaft. Ansprachen, Reden und Vorträge zum Thema Frieden beim Katholikentag in Düsseldorf (1.-5. Sept. 1982), hrsg. vom Sekretariat der Deutschen Bischofskonferenz und dem Zentralkomitee der deutschen Katholiken, Bonn 1982, 48-55

KANTZENBACH, F.W.: Häresie oder Methodenzwang?, in: Zeitschrift für Religions- und Geistesgeschichte 38 (1986) 49-57

KASPER, W.: Jesus der Christus, Mainz 7. Aufl. 1978.

KASPER, W.: Politische Utopie und christliche Hoffnung, in: Hirschberg 25 (1972) 200-207

KAUFMANN, A. (Hg.): Widerstandsrecht (mit einer ausführlichen Bibliographie zum Widerstandsrecht, von L. E. Backmann zusammengestellt, 561-615), Darmstadt 1972

KEEL, O.: Feinde und Gottesleugner. Studien zum Image des Widersachers in den Individualpsalmen, Stuttgart 1969

KEHL, M.: Gemeinde und politisches Handeln, in: Stimmen der Zeit 108 (Bd. 201, 1983) 770-778

KEHRER, G. (Hg.): „Vor Gott sind alle gleich". Soziale Gleichheit, soziale Ungleichheit und die Religionen, Düsseldorf 1983

KELLENBACH, K. v.: Antisemitismus in biblischer Matriarchatsforschung?, in: Berliner Theologische Zeitschrift 2 (1986) 144-147 (Rezension zu G. Weiler, Ich verwerfe im Lande die Kriege. Das verborgene Matriarchat im Alten Testament, München 1984)

KELLER, C.A.: Das quietistische Element in der Botschaft des Jesaja, in: Theologische Zeitschrift 11 (1955) 81-97

KELLNER, W.: Der Traum vom Menschensohn. Die politisch-theologische Botschaft Jesu, München 1985

KENTENICH, J.: Jesus von Nazareth – Abbild des barmherzigen Vaters, in: Regnum 15 (1980) 51-60

KERTELGE, K. (Hg.): Der Tod Jesu. Deutungen im Neuen Testament, Freiburg/Basel/Wien 1976

KESSLER, H.: Die theologische Bedeutung des Todes Jesu. Eine traditionsgeschichtliche Untersuchung, Düsseldorf 2. Aufl. 1971

KIERKEGAARD, S.: Gesammelte Werke, 4. Abt., Düsseldorf/Köln 1962

KILIAN, R.: Isaaks Opferung. Zur Überlieferungsgeschichte von Gen 22, Stuttgart 1970

KILIAN, R.: Die Verheißung Immanuels. Jes 7,14, Stuttgart 1968

KING, P.J.: Die Archäologische Forschung zur Ansiedlung der Israeliten in Palästina, in: Bibel und Kirche 38 (1983) 72-76

KIRCHE UND KERNBEWAFFNUNG. Materialien für ein neues Gespräch über die christliche Friedensverantwortung, als Handreichung vorgelegt von der Generalsynode der Nederlandse Hervormde Kerk, hrsg. v. H.-U. Kirchhoff, Neukirchen-Vluyn 1981

KLEIN, G.: „Reich Gottes" als biblischer Zentralbegriff, in: Evangelische Theologie 30 (1970) 642-670

KLEIN, L.: Jerusalem. Einheit in Gegensätzen, Freising 1979

KLENGEL, H.: Zwischen Zelt und Palast. Die Begegnung von Nomaden und Seßhaften im alten Vorderasien, Wien 1972

KLOSTERMANN, E.: Das Lukasevangelium, Tübingen 2., völlig neubearbeitete Aufl. 1929

KLOSTERMANN, E.: Das Matthäusevangelium, Tübingen 4. Aufl. 1971

KLOSTERMANN, F.: Demokratie und Hierarchie in der Kirche, in: Wort und Wahrheit 27 (1972) 323-336

KNOCH, O.: Wer Ohren hat, der höre. Die Botschaft der Gleichnisse Jesu. Ein Werkbuch zur Bibel, Stuttgart 1983

KNÖRZER, W.: Reich Gottes. Traum – Hoffnung – Wirklichkeit, Stuttgart 1970

KOCH, E.R.: Krebswelt. Krankheit als Industrieprodukt, Köln 1981

KOCH, K.: Die israelitische Auffassung vom vergossenen Blut, in: ders. (Hg.), Um das Prinzip der Vergeltung in Religion und Recht des Alten Testaments, Darmstadt 1972, 432-456

KOCH, K. (Hg.): Um das Prinzip der Vergeltung in Religion und Recht des Alten Testaments, Darmstadt 1972

KOCH, K.: Gibt es ein Vergeltungsdogma im Alten Testament?, in: ders. (Hg.), Um das Prinzip der Vergeltung in Religion und Recht des Alten Testaments, Darmstadt 1972, 130-180

KOCH, R.: Art. Rache, in: Bibel-Lexikon, hrsg. von H. Haag, Einsiedeln/Zürich/ Köln 2., neubearbeitete und vermehrte Aufl. 1968, Sp. 1442f

KOHLHAMMER, W.: Zusammenfassung der Veröffentlichung von C. Bravo, El milagro en los relatos del Exodo, aus: Estudios Bíblicos 27 (1968) 5-26, in: Internationale Zeitschriftenschau für Bibelwissenschaft und Grenzgebiete 16 (1969-70) 41

KOLAKOWSKI, L.: Der Himmelsschlüssel. Erbauliche Geschichten, München 1965

KOLPING, A.: Einführung in die Katholische Theologie. Geschichtsbezogenheit, Begriff und Studium, Münster 2., vermehrte Aufl. 1963

KOLPING, A.: Fundamentaltheologie, Bd. 2: Die konkretgeschichtliche Offenbarung Gottes, Münster 1974

KRAUS, H.-J.: Vom Kampf des Glaubens. Eine biblisch-theologische Studie, in: H. Donner/R. Hanhart/R. Smend (Hg.), Beiträge zur alttestamentlichen Theologie. Festschrift Walther Zimmerli, Göttingen 1977, 239-256

KRAUS, H.-J.: Theologie der Psalmen, Neukirchen- Vluyn 1979

KRAUSS, S.: Talmudische Archäologie, Bd. 2, Hildesheim (Reprografischer Nachdruck der Ausgabe Leipzig 1911) 1966

KREBS, W.: Die Santorin-Katastrophe und der Exodus, in: Das Altertum 13 (1966) 135-144

KRECK, W.: Grundfragen der Dogmatik, München 1970

KRECK, W.: Kirche in der Krise der bürgerlichen Welt. Vorträge und Aufsätze 1973-1978, München 1980

KREPPOLD, G.: Die Bibel als Heilungsbuch, Münsterschwarzach 1985

KRIPPENDORFF, E. (Hg.): Friedensforschung, Köln 4. Aufl. 1974

KRONE, G.: Tod auf dem Scheiterhaufen. Die Ermordung des Inka-Königs Atahuallpa, in: Deutsches Allgemeines Sonntagsblatt 32 (3.9.1978, Nr. 36) 24

KROPOTKIN, P.: Ethik. Ursprung und Entwicklung der Sitten, Berlin 1976

KRÜGER, K.: Der Staat ist reine Menschensache. Unzeitgemäße Betrachtungen zu einem zeitgemäßen ethischen Problem, Stuttgart 1975

KÜNG, H.: Christ sein, München (Taschenbuchausgabe) 1976

KÜNG, H.: Existiert Gott? Antwort auf die Gottesfrage der Neuzeit, München 1981

KUHN, H.-W.: Das Reittier Jesu in der Einzugsgeschichte des Markusevangeliums, in: Zeitschrift für neutestamentliche Wissenschaft 50 (1959) 82-91

LABOA, J.M.: Die Gewalt in der Geschichte der Kirche, in: Internationale katholische Zeitschrift 9 (1980) 108-123

LAND, S. v.d. (deutsche Bearbeitung: E. Beck): Meine Bilderbibel. Das große Buch von Gott und den Menschen, Konstanz und Kevelaer 1976

LANG, B.: Kein Aufstand in Jerusalem. Die Politik des Propheten Ezechiel, Stuttgart 2. Aufl. 1981

LANG, B.: Prophetie. Prophetische Zeichenhandlung und Politik in Israel, in: Theologische Quartalschrift 161 (1981) 275-280

LANGER, B.: Vom Leiden Gottes nach Jeremia, in: Bibel und Liturgie 58 (1985) 3-8

LANZA DEL VASTO: Definitionen der Gewaltlosigkeit, Überlingen o.J.

LAPIDE, P.E.: Wie liebt man seine Feinde? Mit einer Neuübersetzung der Bergpredigt (Mt 5-7) unter Berücksichtigung der rabbinischen Lehrmethoden und der jüdischen Muttersprache Jesu. Mainz 1948

LAPIDE, P.E.: Der Rabbi von Nazaret. Wandlungen des jüdischen Jesusbildes, Trier 1974

LAPIDE, P.E.: Er predigte in ihren Synagogen. Jüdische Evangelienauslegung, Gütersloh 3. Aufl. 1982

LASSERRE, J.: Der Krieg und das Evangelium, München 1956

LATTKE, M.: Neue Aspekte der Frage nach dem historischen Jesus, in: Kairos. N.F. 21 (1979) 288-299

LAUB, F.: Die Begegnung des frühen Christentums mit der antiken Sklaverei, Stuttgart 1982

LAURETIN, R.: Jesus und die Frauen: Eine verkannte Revolution?, in: Concilium 16 (1980) 275-283

LEEUW, G. v.d.: Phänomenologie der Religion, Tübingen 2., durchgesehene und erweiterte Aufl. 1956

LEON-DUFOUR, X.: Die Evangelien und der historische Jesus, Aschaffenburg 1966

LERCH, D.: Isaaks Opferung christlich gedeutet. Eine auslegungsgeschichtliche Untersuchung, Tübingen 1950

LEVI, W.: Über die Ursachen des Krieges und die Voraussetzungen des Friedens, in: E. Krippendorff (Hg.), Friedensforschung, Köln 1974, 181-194

LEVINSON, C.: PVC zum Beispiel. Krebserkrankungen bei der Kunststoffherstellung, Reinbek 1975

LEVINSON, P.N.: Einführung in die rabbinische Theologie. Darmstadt 1982

LEWEK, C./STOLPE, M./GARSTECKI, J. (Hg. im Auftrag des Sekretariats des Bundes der Evangelischen Kirchen in der DDR): Menschenrechte in christlicher Verantwortung, Berlin 1980

LEXIKON FÜR THEOLOGIE UND KIRCHE (s. J. Höffer/K. Rahner, Lexikon für Theologie und Kirche)

LIEDKE, G. (Hg.): Frieden – Bibel – Kirche (Studien zur Friedensforschung, Bd. 9), Stuttgart/München 1972

LIEDKE, G.: Israel als Segen für die Völker. Bemerkungen zu Lothar Perlitt „Israel und die Völker", in: ders. (Hg.), Frieden-Bibel-Kirche (Studien zur Friedensforschung, Bd. 9), Stuttgart/München 1972

LIEDKE, G.: Theologie des Friedens. Literaturbericht zu Arbeiten aus dem Bereich der alttestamentlichen Wissenschaft, in: ders. (Hg.), Frieden-Bibel-Kirche (Studien zur Friedensforschung, Bd. 9), Stuttgart/München 1972, 174-185

LIENEMANN, W.: Gewalt und Gewaltverzicht. Studien zur abendländischen Vorgeschichte der gegenwärtigen Wahrnehmung von Gewalt, München 1982

LIMBECK, M.: Was Christsein ausmacht. Nachfolge Jesu als unverzichtbarer Weg, Stuttgart 1976

LIMBECK, M.: Auserwählt – doch nicht für den Himmel!, in: Bibel und Kirche 35 (1980) 17-22

LIMBECK, M.: Aus Liebe zum Leben. Die Zehn Gebote als Weisungen für heute, Stuttgart 2. Aufl. 1983

LINDEMANN, A.: Die Kinder und die Gottesherrschaft. Markus 10,13-16 und die Stellung der Kinder in der späthellenistischen Gesellschaft und im Urchristentum, in: Wort und Dienst, N.F. 17 (1983) 77-104

LINNEMANN, E.: Gleichnisse Jesu. Einführung und Auslegung, Göttingen 6., durchgesehene und ergänzte Aufl. 1975

LOH, J.: Gott der Vater. Ein Beitrag zum Gespräch mit der Psychologie über den praktisch-theologischen Sinn der Vater-Symbolik, Frankfurt/Bern/Nancy/New York 1984

LOHFINK, G.: Gottes Taten gehen weiter. Geschichtstheologie als Grundvollzug neutestamentlicher Gemeinden, Freiburg/Basel/Wien 1985

LOHFINK, G.: Wie hat Jesus Gemeinde gewollt?, Freiburg/Basel/Wien 1982

LOHFINK, G.: Der ekklesiale Sitz im Leben der Aufforderung Jesu zum Gewaltverzicht (Mt 5,39b-42 / Lk 6,29f), in: Theologische Quartalschrift 162 (1982) 236ff

LOHFINK, N.: Die messianische Alternative. Adventsreden, Freiburg/Basel/Wien 1981

LOHFINK, N.: Die segmentären Gesellschaften Afrikas als neue Analogie für das vorstaatliche Israel, in: Bibel und Kirche 38 (1983) 55-58

LOHFINK, N. (Hg.): Gewalt und Gewaltlosigkeit im Alten Testament, Freiburg/Basel/Wien 1983

LOHFINK, N.: „Gewalt" als Thema alttestamentlicher Forschung, in: ders. (Hg.), Gewalt und Gewaltlosigkeit im Alten Testament, Freiburg/Basel/Wien, 15-50

LOHFINK, N.: Warum brauchen wir überhaupt Hypothesen über die Frühzeit Israels?, in: Bibel und Kirche 38 (1983) 47-50

LOHFINK, N.: „Ich bin Jahwe, dein Arzt" (Ex 15,26). Gott, Gesellschaft und menschliche Gesundheit in einer nachexilischen Pentateuchbearbeitung (Ex 15,25b.26), in: H. Merklein/E. Zenger (Hg.), „Ich will euer Gott werden". Beispiele biblischen Redens von Gott, Stuttgart 1981, 11-73

LOHFINK, N.: Was hat Jesus genutzt?, in: Bibel und Kirche 34 (1979) 39-43

LOHFINK, N.: Die Schichten des Pentateuch und der Krieg, in: ders. (Hg.), Gewalt und Gewaltlosigkeit im Alten Testament, Freiburg/Basel/Wien 1983

LOHFINK, N.: Der Schöpfergott und der Bestand von Himmel und Erde. Das Alte Testament zum Zusammenhang von Schöpfung und Heil, in: G. Altner u. a., Sind wir noch zu retten? Schöpfungsglaube und Verantwortung für unsere Erde, Regensburg 1978, 15-39

LOHFINK, N.: Das Siegeslied am Schilfmeer. Christliche Auseinandersetzung mit dem Alten Testament, Frankfurt 2. Aufl. 1966

LOHFINK, N.: Altes Testament – Die Entlarvung der Gewalt. Exegetische Anmerkungen zu einem aktuellen Thema, in: Herder Korrespondenz 32 (1978) 187-193

LOHFINK, N.: Altes Testament – Die Entlarvung der Gewalt, in: N. Lohfink/R. Pesch, Weltgestaltung und Gewaltlosigkeit. Ethische Aspekte des Alten und Neuen Testaments in ihrer Einheit und ihrem Gegensatz, Düsseldorf 1978, 45-61

LOHFINK, N.: Altes Testament – Ethos der Weltgestaltung, in: N. Lohfink / R. Pesch, Weltgestaltung und Gewaltlosigkeit. Ethische Aspekte des Alten und Neuen Testaments in ihrer Einheit und ihrem Gegensatz, Düsseldorf 1978, 9-24

LOHFINK, N.: Die Verbindung des gesellschaftlichen Willens mit dem Jahweglauben im frühen Israel, in: Bibel und Kirche 38 (1983) 69-72

LOHFINK, N.: Die davidische Versuchung der Kirche. Zur Vereinnahmung des Alten Testaments für staatskirchliche und sakralstaatliche Leitbilder, in: Orientierung 42 (15.4.1978, Nr. 7) 80-84

LOHFINK, N.: Unsere großen Wörter. Das Alte Testament zu Themen dieser Jahre, Freiburg/Basel/Wien 2. Aufl. 1979

LOHFINK, N./PESCH, R.: Weltgestaltung und Gewaltlosigkeit. Ethische Aspekte des Alten und Neuen Testaments in ihrer Einheit und ihrem Gegensatz, Düsseldorf 1978

LOHMEYER, E.: Das Evangelium des Markus. Göttingen 17. Aufl. 1967

LOHMEYER, E.: Das Evangelium des Matthäus. Nachgelassene Ausarbeitungen und Entwürfe (für den Druck erarbeitet und hrsg. von W. Schmauch), Göttingen 3., durchgesehene Aufl. 1962

LOHSE, E.: Emuna und Pistis – Jüdisches und urchristliches Verständnis des Glaubens, in: Zeitschrift für neutestamentliche Wissenschaft 68 (1977) 147-163

LOHSE, E.: Märtyrer und Gottesknecht. Untersuchungen zur urchristlichen Verkündigung vom Sühnetod Jesu Christi, Göttingen 2. Aufl. 1963

LOISY, A. : La Quatrième Evangile. Les Epitres Dites de Jean, Paris deuxième Edition refondue 1921

LORETZ, O.: Leberschau, Sündenbock, Asasel in Ugarit und Israel, Altenberge 1985

LORSON, P.: Wehrpflicht und christliches Gewissen, Frankfurt 1952

LÜHRMANN, D.: Liebet Eure Feinde (Lk 6,27-36 / Mt 5,39-48). In: Zeitschrift für Theologie und Kirche 69(1972) 412-438

LÜNING, H.: Sie ermordeten ihn am Altar, in: Weltbild (1980, H. 8) 8-11

LÜTHI, W.: Die Zehn Gebote. Ausgelegt für die Gemeinde, Basel 1950

LUTHER, M.: Von weltlicher Obrigkeit. Schriften zur Bewährung des Christen in der Welt, Stuttgart 3. Aufl. 1978

LUYTEN, P.: Die Perikope der Tempelreinigung. Eine redaktionsgeschichtliche Untersuchung, Würzburg 1969 (masch. Diss.)

LUZ, U.: Die Bedeutung der biblischen Zeugnisse für kirchliches Friedenshandeln, in: ders. U. a., Eschatologie und Friedenshandeln. Exegetische Beiträge zur Frage christlicher Friedensverantwortung. Stuttgart 1981, 195-214

MAAG, V.: Malkût Jahwe, in: Supplements to Vetus Testamentum. Congress Volume (Oxford 1959), Leiden 1960, 129-153

MACGREGOR, G.H.C.: Friede auf Erden? Biblische Grundlegung der Arbeit am Frieden, München 1955

MACGREGOR, G.H.C.: The Gospel of John, London 2. Aufl. 1953 (1. Aufl. 1928)

MACNUTT, F.: Heilung für Leib und Seele. Erfahrungen aus dem Glauben, Graz/Wien/Köln 1980

MAHNKE, H.: Die Versuchungsgeschichte im Rahmen der synoptischen Evangelien. Ein Beitrag zur frühen Christologie, Frankfurt/Bern/Las Vegas 1978

MAISCH, I.: Die Botschaft Jesu von der Gottesherrschaft, in: P. Fiedler/D. Zeller (Hg.), Gegenwart und kommendes Reich. Schülergabe für Anton Vögtle, Stuttgart 1975, 27-41

MALATESTA, E.: Gesammelte Schriften, Bd. 1, Berlin 1977

MANZANERA, M.: Theologische Anmerkungen zur „revolutionären Gewalt" in Lateinamerika, in: K. Rahner u. a. (Hg.), Befreiende Theologie. Der Beitrag Lateinamerikas zur Theologie der Gegenwart, Stuttgart/Berlin/Köln/Mainz 1977, 106-122

MAÒR, H.: Gewalt und Gewaltfreiheit im Judentum, in: W. Maechler (Hg.), Gewaltfreie Aktion. Das Problem der Gewalt bei Christen, Juden und Moslems, Stuttgart 1969, 51-57

MARCHAL, R. : Evangile selon Saint Luc, Paris 1950

MARQUARDT, F.-W. / FRIEDLÄNDER, A.: Das Schweigen der Christen und die Menschlichkeit Gottes. Gläubige Existenz nach Auschwitz, München 1980

MARTI, K.: Theologie der Zärtlichkeit? Notizen, in: Almanach 10 für Literatur und Theologie. Thema: Zärtlichkeit. Mit einer Anthologie lateinamerikanischer Gegenwartspoesie, hrsg. von A. Weyer, Wuppertal 1976

MARTI, K.: Zärtlichkeit und Schmerz. Notizen, Darmstadt und Neuwied 1981

MARTINI, C.: Der Acker ist die Welt. Was uns Jesus in Gleichnissen sagt, Freiburg/Basel/Wien 1986

MARXER, F.: Christliche Armut heute, Aschaffenburg 1970

MAYER, A.: Der zensierte Jesus. Soziologie des Neuen Testaments, Olten und Freiburg 1983

MCCARTHY, D.J.: Der Gottesbund im Alten Testament, Stuttgart 2. Aufl. 1967

MEIDINGER-GEISE, I. (Hg.): Wer ist mein Nächster? 70 Autoren antworten auf eine zeitgemäße Frage, Freiburg/Basel/Wien 1977

MEINHOLD, P.: Römer 13. Obrigkeit, Widerstand, Revolution, Krieg, Stuttgart 1960

MENDENHALL, G.E.: The Hebrew Conquest of Palestine, in: The Biblical Archaeologist 25 (1962) 66-87

MENDNER, S.: Die Tempelreinigung, in: Zeitschrift für neutestamentliche Wissenschaft 47 (1956) 93-112

MERKLEIN, H.: Die Gottesherrschaft als Handlungsprinzip. Untersuchung zur Ethik Jesu, Würzburg 2. Aufl. 1981

MERKLEIN, H.: Jesu Botschaft von der Gottesherrschaft. Ein Skizze, Stuttgart 1983

MERTENS, A.: Handbuch der Bibelkunde. Literarische, historische, archäologische, religionsgeschichtliche, kulturkundliche, geographische Aspekte des Alten und Neuen Testaments, Düsseldorf 2., neu barbeitete Aufl. 1984

MERTON, T.: Faith and Violence. Christian Teaching and Christian Practice, Notre Dame, Indiana (University of Notre Dame Press) 3. Printing 1976

MESTERS, C.: Vom Leben zur Bibel – von der Bibel zum Leben. Ein Bibelkurs aus Brasilien für uns, Bd. 1, Mainz und München 1983

METTE, N.: Zum Friedenshandeln erziehen. Thesen zu einer religionspädagogischen Aufgabe, in: P. Eicher (Hg.), Das Evangelium des Friedens. Christen und Aufrüstung, München 1982, 165-188

METTNER, M./THIELE, J.: Entwaffnender Glaube. Frieden als Thema in Religionsunterricht, Jugendarbeit und Erwachsenenbildung, München 1983

METZ, J.B.: Zur Theologie der Welt, Mainz 1973

METZGER, M.: Grundriß der Geschichte Israels, Neukirchen-Vluyn 3. Aufl. 1972

MEURER, S.: Das Recht im Dienst der Versöhnung und des Friedens. Studie zur Frage des Rechts nach dem Neuen Testament, Zürich 1972

MEYER, H.-B.: Was bedeutet die Königsherrschaft Christi für die Welt?, in: Das Zeichen (1979) 334

MICHEL, D.: Überlieferung und Deutung in der Erzählung von Isaaks Opferung (Gen 22), in: P. v. d. Osten-Sachen (Hg.), Treue zur Thora. Festschrift Günther Harder, Berlin 1977, 13-15

MICHEL, O.: Eine philologische Frage zur Einzugsgeschichte, in: New Testament Studies 6 (1959/60) 81f

MIETH, D.: Die Kunst, zärtlich zu sein. Wege zur Sensibilität, Freiburg/Basel/Wien 2. Aufl. 1983

MIETH, I.: Katechese in der Küche. Kinderfragen verlangen Antwort, Mainz 1979

MILLER, A.: Am Anfang war Erziehung, Frankfurt 1983

MODERAMEN DES REFORMIERTEN BUNDES: Das Bekenntnis zu Jesus Christus und die Friedensverantwortung der Kirche. Eine Erklärung des Moderamen des Reformierten Bundes, Gütersloh 1982

MOLLAT, M.: Die Armut des Franziskus: Eine christliche und gesellschaftliche Grundentscheidung, in: Concilium 17 (1981) 706-712

MOLTMANN, J.: Menschenwürde. Recht und Freiheit, Stuttgart/Berlin 1979

MOLTMANN, J.: Theologie der Hoffnung. Untersuchungen zur Begründung und zu den Konsequenzen einer christlichen Eschatologie, München 1973

MOLTMANN, J.: Umkehr zur Zukunft, München/Hamburg 1970

MOLTMANN-WENDEL, E.: Ein eigener Mensch. Frauen um Jesus, Gütersloh 2. Aufl. 1980

MONTCHEUIL, Y. de: Das Reich Gottes und seine Forderungen, Mainz 1961

MOSER, T.: Gottesvergiftung, Frankfurt 1976

MÜLLER, M. (Hg.): Senfkorn. Handbuch für den Katholischen Religionsunterricht Klassen 5-10, Bd. I/1: Klassen 5 und 6, Stuttgart 1985

MÜLLER, P.G.: Zum Thema des Heftes: Die Anfänge Israels, in: Bibel und Kirche 39 (1983) 41f

MÜSSLE, M. (Hg.): Die Humanität Jesu im Spiegel der Bergpredigt. Matthäus 5,13-7,29 und Lukas 6,27-49, München 1971

MULACK, C.: Die Weiblichkeit Gottes. Matriarchale Voraussetzungen des Gottesbildes, Stuttgart 1983

MULLER, J.-M.: gewaltlos. Ein Appell, Luzern/München 1971

MUSSNER, F.: Die Botschaft der Gleichnisse Jesu, München 2. Aufl. 1964

MUSSNER, F.: Traktat über die Juden, München 1979

NAGEL, E.-J./OBERHEM, H.: Dem Frieden verpflichtet. Konzeptionen und Entwicklungen der katholischen Friedensethik seit dem Zweiten Weltkrieg, München und Mainz 1982

NAUCK, W.: Art. Mammon, in: Biblisch-Historisches Wörterbuch, hrsg. von B. Reicke und L. Rost, Bd. 2, Göttingen 1964, Sp. 1135

NELIS, J./HAAG, H.: Art. Auszug, in: Bibel-Lexikon, hrsg. von H. Haag, Einsiedeln/Zürich/Köln 1968, Sp. 142-154

NEUGEBAUER, F.: Die dargebotene Wange und Jesu Gebot der Feindesliebe: Erwägungen zu Lk 6,27-36/Mt 5,38-48, in: Theologische Literaturzeitung 110 (1985) 865-876

NIFTRIK, G.C. v.: Menschheit im Fortschritt, Neukirchen-Vluyn 1969

NIGG, W.: Das ewige Reich. Geschichte einer Hoffnung, München und Hamburg (Taschenbuchausgabe) 1967

NISSEN, A.: Gott und der Nächste im antiken Judentum. Untersuchungen zum Doppelgebot der Liebe, Tübingen 1974

NISSEN, R.: Heilung und Glaube, in: Theologische Zeitschrift 24 (1968) 102-110

NORDSIEK, R.: Das Reich Gottes – Hoffnung der Welt. Das Zentrum der Verkündigung Jesu, Neukirchen 1979

NOTH, M.: Das zweite Buch Mose. Exodus, Göttingen 2. Aufl. 1961

NOTH, M.: Geschichte Israels, Göttingen 7. Aufl. 1969

NUß, S.: Studie zum Stabverbot, Freiburg o.J. (unveröffentlichte Arbeit)

OEMING, M.: Gesamtbiblische Theologien der Gegenwart. Das Verhältnis von AT und NT in der hermeneutischen Diskussion seit Gerhard von Rad, Stuttgart 1985

OEPKE, A.: Das neue Gottesvolk, Gütersloh 1950

OHLER, A.: Grundwissen Altes Testament. Ein Werkbuch, Bd. 1, Stuttgart 1986

OPPEN, D. v.: Als Christ leben. Themen des Glaubens – Themen des Alltags, Stuttgart/Berlin 3. Aufl. 1972

OTTO, R.: Reich Gottes und Menschensohn. Ein religionsgeschichtlicher Versuch, München 3., unveränderte Aufl. 1954

PAKOZDY, L.M.: Der Begriff „Frieden" im Alten Testament und sein Verhältnis zum Kampf, in: Communio Viatorum 14 (1971) 253-266

PANIKKAR, R.: Rückkehr zum Mythos, Frankfurt 1985

PANNENBERG, W.: Der Friede Gottes und der Weltfriede, in: Deutscher Evangelischer Kirchentag, Hannover 1967, 730-747

PANNENBERG, W.: Geschichtstatsachen und christliche Ethik. Zur Relevanz geschichtlich-politischer Sachfragen für die christliche Ethik, in: H. Peukert (Hg.), Diskussion zur „politischen Theologie", Mainz/München 1969, 231-246

PASTORALBRIEF DER KATHOLISCHEN BISCHOFSKONFERENZ DER USA ÜBER KRIEG UND FRIEDEN „Die Herausforderung des Friedens – Gottes Verheißung und unsere Antwort", in: Pax Christi, Deutsches Sekretariat (Hg.), Herausforderung Frieden. Antworten der Bischöfe der USA, der Niederlande, der DDR, Österreichs, Ungarns, der Schweiz, Belgiens, Irlands und Japans, Frankfurt 1983, 5-129

PAX CHRISTI (Hg.): Herausforderung Frieden. Antworten der Bischöfe der USA, der Niederlande, der DDR, Österreichs, Ungarns, der Schweiz, Belgiens, Irlands und Japans, Frankfurt 1983 (Pax Christi, Deutsches Sekretariat)

PEDERSEN, J.: Seelenleben und Gemeinschaftsleben, in: K. Koch (Hg.), Um das Prinzip der Vergeltung in Religion und Recht des Alten Testaments, Darmstadt 1972, 8-26

PEREIRA, A.: Jugend mit Gott. Gedanken und Gebete, Kevelaer 1971

PESCH, O.H.: Das geheimnisvolle „Muß" im Leben Jesu. Durch Leiden und Tod zur Herrlichkeit, in: Geist und Leben 49 (1976) 81-87

PESCH, R.: Das Evangelium der Urgemeinde, Freiburg/Basel/Wien 1979

PESCH, R.: Zwischen Karfreitag und Ostern. Die Umkehr der Jünger Jesu, Zürich / Einsiedeln / Köln 1983

PESCH, R.: Das Markusevangelium. I. Teil (Einleitung und Kommentar zu Kap. 1,1-8,26), Freiburg/Basel/Wien 1976

PESCH, R.: Neues Testament – Kein Ethos der Weltgestaltung?, in: N. Lohfink / R. Pesch, Weltgestaltung und Gewaltlosigkeit. Ethische Aspekte des Alten und Neuen Testaments in ihrer Einheit und ihrem Gegensatz, Düsseldorf 1978, 25-44

PESCH, R.: Neues Testament – Die Überwindung der Gewalt, in: N. Lohfink / R. Pesch, Weltgestaltung und Gewaltlosigkeit. Ethische Aspekte des Alten und Neuen Testaments in ihrer Einheit und ihrem Gegensatz, Düsseldorf 1978, 62-80

PESTALOZZI, H.A. / SCHLEGEL, R. / BACHMANN, A. (Hg.): Frieden in Deutschland. Die Friedensbewegung: wie sie wurde, was sie ist, was sie werden kann, München 1982

PEUKER, H.: Art. Jonadab, in: T. Schlatter (Hg.), Calwer Bibellexikon, Stuttgart 2. Aufl. 1967, Sp. 681

PEUKERT, H. (Hg.): Diskussion zur „politischen Theologie", Mainz / München 1969

PFISTER, X.: Eingeladen zum Gewährenlassen. Das Unkraut unter dem Weizen (Matthäus 13,24-30), in: A. Steiner/V. Weymann (Hg.), Gleichnisse Jesu. Bibelarbeit in der Gemeinde. Themen und Materialien, Zürich/Köln/Basel 1979, 103-128

PFISTER, X.: Jesus als Gleichniserzähler, in: A. Steiner/V. Weymann (Hg.), Gleichnisse Jesu. Bibelarbeit in der Gemeinde. Themen und Materialien, Zürich/ Köln/Basel 1979, 56-62

PHILIPPIDIS, L.J.: Die „Goldene Regel" religionsgeschichtlich untersucht, Leipzig 1929

PISSAREK-HUDELIST, H.: Feministische Theologie – Eine Herausforderung?, in: Zeitschrift für katholische Theologie 103 (1981) 289-308 und 400-425

PLATH, S.: Furcht Gottes. Der Begriff *jare* im Alten Testament, Stuttgart 1963

PÖHLMANN, W.: Die Abschichtung des Verlorenen Sohnes (Lk 15,12f) und die erzählte Welt der Parabel, in: Zeitschrift für neutestamentliche Wissenschaft 70 (1979) 194-213

POHLE, L.: Die Christen und der Staat nach Römer 13. Eine typologische Untersuchung der neueren deutsch-sprachigen Schriftauslegung, Mainz 1984

PRAGER, M./STEMBERGER, G. (Hg.): Die Bibel. Altes und Neues Testament in neuer Einheitsübersetzung, Bd. 1, Salzburg 1975

PREISER, W.: Vergeltung und Sühne im altisraelitischen Strafrecht, in: K. Koch (Hg.), Um das Prinzip der Vergeltung in Religion und Recht des Alten Testaments, Darmstadt 1972, 236-277

PREUß, H.D.: Alttestamentliche Aspekte zu Macht und Gewalt, in: H. Greifenstein (Hg.), Macht und Gewalt. Leitlinien lutherischer Theologie zur politischen Ethik heute. Erarbeitet von einem theologischen Ausschuß im Auftrag des Landeskirchenrates der Evangelisch-Lutherischen Kirche in Bayern, Hamburg 1978, 113-134

RABENAU, K. v.: Die beiden Erzählungen vom Schilfmeerwunder in Ex 13,17-14,31, in: G. Schille/P. Wätzel, Theologische Versuche, Berlin 1966, 7-29

RAD, G. v.: Der Heilige Krieg im alten Israel, Göttingen 5. Aufl. 1969

RAD, G. v.: Das Opfer des Abraham. Mit Texten von Luther, Kierkegaard, Kolakowski und Bildern von Rembrandt, München 1971

RAD, G. v.: Theologie des Alten Testaments, Bd. 1, München 4. Aufl. 1962

RADBRUCH, G.: Rechtsphilosophie, hrsg. von E. Wolf und H.-P. Schneider, Stuttgart 8. Aufl. 1973

RAGAZ, L.: Die Bergpredigt Jesu, Hamburg 1971

RAGAZ, L.: Die Bergpredigt und die Politik, in: Neue Wege 73 (1979) 43-49

RAGAZ, L.: Die Gleichnisse Jesu. Seine soziale Botschaft, Hamburg 1971

RAHNER, H.: Kirche und Staat im frühen Christentum, München 1961

RAHNER, H.: Der spielende Mensch, Einsiedeln 5. Aufl. 1960

RAHNER, K.: Der Advent als Mittel gegen die Utopie, in: ders., Chancen des Glaubens. Fragmente einer modernen Spiritualität, Freiburg/Basel/Wien 1971, 33-36

RAHNER, K.: Chancen des Glaubens. Fragmente einer modernen Spiritualität, Freiburg/Basel/Wien 1971

RAHNER, K.: Die gesellschaftskritische Funktion der Kirche, in: ders., Schriften zur Theologie, Bd. 9, Einsiedeln/Zürich/Köln 1970, 569-590

RAHNER, K.: Heilsmacht und Heilungskraft des Glaubens, in: ders., Schriften zur Theologie, Bd. 5, Einsiedeln/Zürich/Köln 1962

RAHNER, K.: Rede des Ignatius von Loyola an einen Jesuiten von heute, in: Ignatius von Loyola, Freiburg/Basel/Wien 2. Aufl. 1978, 10-38

RAHNER, K.: Theologie der Armut, in: ders., Schriften zur Theologie, Bd. 7, Einsiedeln/Zürich/Köln 1966, 435-478

RAHNER, K.: Theologie und Lehramt, in: Stimmen der Zeit 105 (1980, Bd. 198) 363-375

RAHNER, K.: Marxistische Utopie und christliche Zukunft des Menschen, in: ders., Schriften zur Theologie, Bd. 6, Einsiedeln/Zürich/Köln 1965, 77-88

RAHNER, K. u. a. (Hg.): Befreiende Theologie. Der Beitrag Lateinamerikas zur Theologie der Gegenwart, Stuttgart/Berlin/Mainz 1977

RANKE-HEINEMANN, U.: Ein Gott mit blutigen Händen, in: Der Spiegel 30 (20.12.1976, Nr. 52) 144-146

RATZINGER, J.: Gottes Angesicht suchen. Betrachtungen im Kirchenjahr, Meitingen/Freising 1978

RAUHUT, F.: Hat Jesus die Händler im Tempel geschlagen?, in: Der Christ in der Welt 15 (1965) 137f

RAUSCHER, R.: Bergpredigt und Gewaltlosigkeit (Reihe: Kirche und Gesellschaft, Nr. 92), Köln 1982

REBER, A.: Katholische und protestantische Rechtsbegründung heute, Frankfurt 1962

REICKE, B./ROST, L. (Hg.): Biblisch-Historisches Handwörterbuch. Landeskunde, Geschichte, Religion, Kultur, Literatur, Bde 1-4, Göttingen 1962-1979

RENGSTORF, K.H.: Das Evangelium nach Lukas, Göttingen 17. Aufl. 1978

REUTER, H.-R.: Bergpredigt und politische Vernunft, in: R. Schnackenburg (Hg.), Die Bergpredigt. Utopische Vision oder Handlungsanweisung?, Düsseldorf 2. Aufl. 1984, 60-80

REVENTLOW, H. Graf: „Sein Blut komme über sein Haupt", in: K. Koch (Hg.), Um das Prinzip der Vergeltung in Religion und Recht des Alten Testaments, Darmstadt 1972, 412-431

REVENTLOW, H. Graf: Opfere deinen Sohn. Eine Auslegung von Genesis 22, Neukirchen-Vluyn 1968

RICHARDSON, A.: The Gospel According to Saint John, London 2. Aufl. 1960

RICHTER, G.: Deutsches Wörterbuch zum Neuen Testament, Regensburg 1962

RICKERS, F.: Friedenserziehung im Religionsunterricht. Ein Literaturbericht, in: P. Biehl/C. Bizer/H.- G. Heimbrock/F. Rickers (Hg.), Jahrbuch der Religionspädagogik (JRP), Bd. 1, Neukirchen 1984, 120-136

RIDEZ, L.: Die Bergpredigt. Mensch sein nach Jesus, Zürich/Köln 1979

RIESNER, R.: Formen gemeinsamen Lebens im Neuen Testament und heute, Gießen und Basel 1977

RINGGREN, H.: Einige Schilderungen des göttlichen Zorns, in: E. Würthwein / O. Kaiser (Hg.), Tradition und Situation. Studien zur alttestamentlichen Prophetie. Festschrift A. Weiser, Göttingen 1963, 107-113

ROBINSON, H.W.: Hebrew Sacrifice and Prophetic Symbolism, in: Journal of Theological Studies 43 (1942) 129-139

ROBINSON, H.W.: Prophetic Symbolism, in: D.C. Simpson (Ed.), Old Testament Essays, London 1927, 1-17

RÖHRICH, L.: Lexikon der sprichwörtlichen Redensarten, Bd. 1, Freiburg/Basel/Wien 3. Aufl. 1974

ROLOFF, J.: Gewalt und Gewaltlosigkeit nach der Verkündigung Jesu, in: J. Strauß (Hg.), Glauben und Gewalt (Tutzinger Texte, Nr. 10), München 1971, 9-28

ROSE, M.: „Entmilitarisierung des Krieges"? (Erwägungen zu den Patriarchen-Erzählungen der Genesis), in: Biblische Zeitschrift, N.F. 20 (1976) 197-211

ROSENAU, H.: Die Erzählung von Abrahams Opfer (Gen 22) und ihre Deutung bei Kant, Kierkegaard und Schelling, in: Neue Zeitschrift für systematische Theologie und Religionsphilosophie 27 (1985) 251-261

ROST, L.: Erwägungen zum Begriff *salom*, in: K.H. Bernhardt (Hg.), Schalom. Studien zu Glaube und Geschichte Israels. Festschrift Alfred Jepsen, Stuttgart 1971, 41-44

RUCKSTUHL, E.: Die Unheilslast der unerlösten Menschheit im Blick des Neuen Testaments, in: R. Schmid/E. Ruckstuhl/H. Vorgrimler, Unheilslast und Erbschuld der Menschheit, Luzern/München 1969, 45-113

RÜGER, H.P.: mamonas, in: Zeitschrift für neutestamentliche Wissenschaft 64 (1973) 127-131

RÜSTOW, A.: Ortbestimmung der Gegenwart. Eine universalgeschichtliche Kulturkritik, Bd. 1 (Ursprung der Herrschaft), Erlenbach-Zürich 1950

RÜTERSWÖRDEN, U.: Die Beamten der israelitischen Königszeit. Eine Studie zu sr und vergleichbaren Begriffen. Stuttgart/Berlin/Köln/Mainz 1985

RUPP, W.: Erstaunliche Gleichnisse. Das Himmelreich ist wie …, Graz/Wien/Köln 1985

RUPPERT, L.: Klagelieder in Israel und Babylonien – verschiedene Deutungen der Gewalt, in: N. Lohfink (Hg.), Gewalt und Gewaltlosigkeit im Alten Testament, Freiburg/Basel/Wien 1983, 111-158

RUPPERT, L.: Der Umgang mit dem Volksangehörigen und mit dem Fremden im alttestamentlichen Gottesvolk, in: J. Horstmann (Hg.), Und wer ist mein Nächster? Reflexionen über Nächsten-, Bruder- und Feindesliebe, Schwerte 1982, 1-36

RUSSELL, B.: Warum ich kein Christ bin, Reinbek 7. Aufl. 1972

SANTA ANA, J. de: Gute Nachricht für die Armen. Die Herausforderung der Armen in der Geschichte der Kirche, Wuppertal 1979

SAPIR, B.: Dostojewsky und Tolstoi über Probleme des Rechts, Tübingen 1932 (jetzt auch Aalen 1977)

SARTORY, G.: Herunter vom Richterstuhl (Mt 7,1-5; Lk 6,37f), in: M. Müssle (Hg.), Die Humanität Jesu im Spiegel der Bergpredigt, München 1971, 116-127

SARTORY, T.: Der Mündigkeitsspruch, in: M. Müssle (Hg.), Die Humanität Jesu im Spiegel der Bergpredigt, München 1971, 8-20

SATTLER, W.: Die Anawim im Zeitalter Jesu Christi, in: R. Bultmann/H. v. Soden (Hg.), Festgabe für Adolf Jülicher, Tübingen 1927, 1-15

SAUER, G.: Die Bedeutung des Königtums für den Glauben Israels dargestellt als Grundlage für die Erörterung der Frage nach menschlicher Autorität im Alten Testament, in: Theologische Zeitschrift 27 (1971) 1-15

SCHAEFER, H./BLOHMKE, M.: Sozialmedizin. Einführung in die Ergebnisse und Probleme der Medizin. Soziologie und Sozialmedizin, Stuttgart 1978

SCHARBERT, J.: Rezension zu ,H. Seebaß, Der Gott der ganzen Bibel. Biblische Theologie zur Orientierung im Glauben, Freiburg/Basel/Wien 1982', in: Theologische Revue 80 (1984) Sp. 455-458

SCHAKER, M. : La foi qui ouvre la mer, in : Bible et Vie Chrétienne 103 (1972) 37-41

SCHARBERT, J.: SLM im Alten Testament, in: K. Koch (Hg.), Um das Prinzip der Vergeltung in Religion und Recht des Alten Testaments, Darmstadt 1972, 300-324

SCHELER, M.: Die Idee des Friedens und der Pazifismus, Berlin 1931

SCHELKLE, K.H.: Meditationen über den Römerbrief, Einsiedeln/Zürich/Köln 1962

SCHELKLE, K.H.: Theologie des Neuen Testaments, Bd. 3 (Ethos), Düsseldorf 1970

SCHENKER, A.: Der strafende Gott. Zum Gottesbild im Alten Testament, in: Katechetische Blätter 110 (1985) 843-850

SCHENKER, A.: Versöhnung und Sühne. Mit einem Ausblick auf das Neue Testament, Freiburg (Schweiz) 1981

SCHILLEBEECKX, E.: Jesus. Die Geschichte von einem Lebenden, Freiburg 7. Aufl. 1980

SCHILLING, A.: Randfigur des Christentums. Über Johannes den Täufer, in: Christ in der Gegenwart 31 (24.6.1979, Nr. 25) 209-211

SCHLATTER, A.: Der Evangelist Johannes. Wie er spricht, denkt und glaubt, Tübingen 1930

SCHLATTER, A.: Das Evangelium des Lukas aus seinen Quellen erklärt. Stuttgart 1931

SCHLATTER, A.: Art. Pferd, in: ders. (Hg.), Calwer Bibellexikon, Stuttgart 2. Aufl. 1967, Sp. 1045f

SCHLATTER, A.: Die beiden Schwerter. Luk. 22,35-38. Ein Stück aus der besonderen Quelle des Lukas, Gütersloh 1916

SCHLEICHER, J.: Jahwe – ein mütterlicher Gott, in: Anzeiger für die Seelsorge 92 (H. 1, Jan. 83) 8-10

SCHLENKER, W.: Glaubwürdig Christ sein. Bibel und Bekenntnis heute, Stuttgart/ Berlin 1977

SCHLETTE, H.R.: Art. Staat, in: Handbuch theologischer Grundbegriffe, hrsg. von H. Fries, Bd. 4, München 1970 (vom Hg. durchgesehene und ergänzte Taschenbuchausgabe), 112-116 (biblischer Teil)

SCHMALENBERG, E.: Tötende Gewalt. Eine theologisch-ethische Studie, Frankfurt/ Bern 1981

SCHMAUS, M.: Der Glaube der Kirche. Handbuch katholische Dogmatik, Bd. 1, München 1969

SCHMID, H.-H.: Frieden ohne Illusion. Die Bedeutung des Begriffs *schalom* als Grundlage für eine Theologie des Friedens, Zürich 1971

SCHMID, H.-H.: salôm. „Frieden" im Alten Orient und im Alten Testament, Stuttgart 1971

SCHMID, J.: Das Evangelium nach Lukas, Regensburg 4., durchgesehene Auflage 1960

SCHMID, J.: Das Evangelium nach Markus, Regensburg 4. Auflage 1958 und 5., durchgesehene Auflage 1963

SCHMID, R.: Meerwunder- und Landnahme-Traditionen, in: Theologische Zeitschrift 21 (1965) 260-268

SCHMIDT, Hans: Frieden, Stuttgart/Berlin 1969

SCHMIDT, Helmut: Politik und Geist, in: Aktion Sühnezeichen/Friedensdienste (Hg.), Christen im Streit um den Frieden. Beiträge zu einer neuen Friedensethik – Positionen und Dokumente (zusammengestellt und bearbeitet von W. Brinkel u. a.), Freiburg 1982, 55-57

SCHMIDT, L.: König und Charisma im Alten Testament. Beobachtungen zur Struktur des Königtums im alten Israel, in: Kerygma und Dogma 28 (1982) 73-87

SCHMIDT, R.: Die Fluchpsalmen im christlichen Gebet, in: Jos. Ratzinger / J. Neumann (Schriftleitung), Theologie im Wandel. Festschrift zum 150-jährigen Bestehen der Katholisch-Theologischen Fakultät an der Universität, Tübingen 1817-1967, Bd. 1, München/Freiburg 1967, 377-393

SCHMIDT, W.H.: Königtum Gottes in Ugarit und Israel. Zur Herkunft der Königsprädikation Jahwes, Berlin 2., neu bearbeitete Aufl. 1966

SCHMIDT, W.H.: Kritik am Königtum, in: H. W. Wolff (Hg.), Probleme biblischer Theologie. Festschrift Gerhard von Rad, München 1971, 440-461

SCHMITZ, P.: Die Armut in der Welt als Frage an die Christliche Sozialethik, Frankfurt 1973

SCHNACKENBURG, R.: Die Bergpredigt. Utopische Vision oder Handlungsanweisung?, Düsseldorf 2. Aufl. 1984

SCHNACKENBURG, R.: Das Evangelium nach Markus, Bd. 1, Düsseldorf 2. Auflage 1976

SCHNACKENBURG, R.: Gottes Herrschaft und Reich. Eine biblisch-theologische Studie, Freiburg/Basel/ Wien 4. Aufl. mit einem Nachtrag 1965

SCHNACKENBURG, R.: Das Johannesevangelium. I. Teil, Freiburg/Basel/Wien 1965

SCHNACKENBURG, R.: Maßstab des Glaubens. Fragen heutiger Christen im Licht des Neuen Testaments, Freiburg 1978

SCHNACKENBURG, R.: Die Seligpreisung der Friedensstifter (Mt 5,9) im mattäischen Kontext, in: Biblische Zeitschrift, N.F. 27 (1982) 161-178

SCHNEIDER, C.: Art. *Rabdos*, in: Theologisches Wörterbuch zum Neuen Testament, Bd. 6, hrsg. von G. Kittel, Stuttgart 1959, 966-970

SCHNEIDER, R.: König aller Zeit, in: M. v. Galli/M. Plate (Hg.), Kraft und Ohnmacht. Kirche und Glauben in der Erfahrung unserer Zeit, Frankfurt 1963, 294-301

SCHNEIDER, R.: Winter in Wien. Aus meinen Notizbüchern 1957/58, Freiburg 1958

SCHNIEWIND, J.: Das Evangelium nach Matthäus, in: H. Strathmann/J. Schniewind/K.H. Rengstorf, Die drei ersten Evangelien, Göttingen 1963

SCHÖN, K.: Das Verhältnis der Kirche zur politischen Macht, in: F.X. Arnold, K. Rahner, V. Schurr, L.M. Weber (Hg.), Handbuch der Pastoraltheologie. Praktische Theologie der Kirche in ihrer Gegenwart, Bd. II, 2, Freiburg/Basel/Wien 1966, 337-377

SCHOENBORN, P.G.: Dem gewaltfreien Jesus nachfolgen. Erfahrungen mit der Bergpredigt, Offenbach 1986

SCHOTTROFF, L.: Feindesliebe. Überlegungen zu Kriterien für ethische Entscheidungen, in: Theologia Practica 11 (1976) 279-290

SCHOTTROFF, L.: Gewaltverzicht und Feindesliebe in der urchristlichen Jesustradition. Mt 5,38-48; Lk 6,27-36, in: G. Strecker (Hg.), Jesus Christus in Historie und Theologie. Festschrift Hans Conzelmann, Tübingen, 197-221

SCHOTTROFF, L.: Die Güte Gottes und die Solidarität von Menschen. Das Gleichnis von den Arbeitern im Weinberg, in: W. Schottroff/W. Stegemann (Hg.), Der Gott der kleinen Leute. Sozialgeschichtliche Bibelauslegung, Band 2 (Neues Testament), München / Gelnhausen /Berlin / Stein 2., unveränderte Aufl. 1979, 71-93

SCHOTTROFF, L.: Der Sieg des Lebens. Biblische Traditionen einer Friedenspraxis, München 1982

SCHOTTROFF, W./STEGEMANN, W. (Hg.): Der Gott der kleinen Leute. Sozialgeschichtliche Bibelauslegung, Bd. 1 (Altes Testament), München/Gelnhausen/Berlin/Stein 2., unveränderte Aufl. 1979

SCHOTTROFF, W./STEGEMANN, W. (Hg.): Der Gott der kleinen Leute. Sozialgeschichtliche Bibelauslegung, Bd. 2 (Neues Testament), München/Gelnhausen/Berlin/Stein 2., unveränderte Aufl. 1979

SCHRAGE, W.: Das Verständnis des Todes Jesu Christi im Neuen Testament, in: E. Bizer u. a., Das Kreuz Jesu Christi als Grund des Heils, Gütersloh 1967, 49-89

SCHRAML, W.J.: Einführung in die moderne Entwicklungspsychologie für Pädagogen und Sozialpädagogen, Stuttgart 1972

SCHREY, H.-H.: Ist Gott ein Mann? Zur Forderung einer feministischen Theologie, in: Theologische Rundschau, N.F. 44 (1979) 227-238

SCHÜNGEL-STRAUMANN, H.: Kritik am Königtum im Alten Testament, in: Bibel und Kirche 36 (1981) 194-201

SCHÜRMANN, H.: Der Abendmahlsbericht Lukas 22,7-38 als Gottesdienstordnung, Gemeindeordnung, Lebensordnung, in: ders., Ursprung und Gestalt, Düsseldorf 1970, 108-150

SCHÜRMANN, H.: Das Lukasevangelium. Erster Teil (Kommentar zu Kap. 1,1-9,50), Freiburg/Basel/Wien 1969

SCHÜRMANN, H.: Worte des Herrn. Jesu Botschaft vom Königtum Gottes, Freiburg/Basel/Wien 1961 (Nachdruck der 3., verbesserten Auflage Leipzig 1960)

SCHULZ, A.: Art. Nachfolge Christi (in der Schrift), in: Lexikon für Theologie und Kirche, hrsg. von J. Höffer und K. Rahner, Bd. 7, Freiburg 2., völlig neu bearbeitete Aufl. 1962, Sp. 758-759

SCHULZ, A.: Nachfolgen und Nachahmen. Studien über das Verhältnis der neutestamentlichen Jüngerschaft zur urchristlichen Vorbildethik, München 1962

SCHULZ, S.: Hat Christus die Sklaven befreit? Sklaverei und Emanzipationsbewegungen im Abendland, in: Evangelische Kommentare 5 (1972) 13-17

SCHUMACHER, G.: Die Botschaft vom Kreuz. Leiden – die Probe aufs Leben, in: Kirche und Mann 29 (April 1976, Nr. 4) 1

SCHUTZ, R.: Dynamik des Vorläufigen. Hat die Ökumene erst begonnen?, Freiburg/Basel/Wien 1967

SCHWAGER, R.: Inkonsequente Normfindung für Gewalt und Ehescheidung, in: Orientierung 44 (1980) 144-147

SCHWAGER, R.: Brauchen wir einen Sündenbock? Gewalt und Erlösung in den biblischen Schriften, München 1978

SCHWAGER, R.: Der Tod Christi und die Opferkritik, in: Theologie der Gegenwart 29 (1986) 11-20

SCHWEITZER, A.: Die Mystik des Apostels Paulus, Tübingen 1930

SCHWEITZER, W.: Freiheit zum Leben. Grundfragen der Ethik, Stuttgart/Gelnhausen 2. Aufl. 1959

SEEBASS, H.: Der Gott der ganzen Bibel. Biblische Theologie zur Orientierung im Glauben, Freiburg/Basel/Wien 1982

SEEBASS, H.: Biblische Hermeneutik, Stuttgart/Berlin/Köln/Mainz 1974

SEEBER, D.A.: Ist Revolution eine christliche Alternative?, in: E. Feil/R. Weth, Diskussion zur „Theologie der Revolution", München/Mainz 1969, 1-16

SELG, H.: Die Frustrations-Aggresssions-Theorie, in: ders. (Hg.), Zur Aggression verdammt? Ein Überblick über die Psychologie der Aggression, Stuttgart/Berlin/Köln/Mainz 4., überarbeitete und erweiterte Aufl. 1975, 11-36

SIDER, J.: Jesus und die Gewalt, Maxdorf 1982

SIEBEL, W.: Freiheit und Herrschaftsstruktur in der Kirche. Eine soziologische Studie, Berlin 1971

SIEDL, S.: Das Alte Testament und das Neue Testament. Ihre Verschiedenheit und Einheit, in: Theologisch-praktische Quartalschrift 119 (1971) 314-324

SIGRIST, C.: Regulierte Anarchie. Untersuchungen zum Fehlen und zur Entstehung politischer Herrschaft in segmentären Gesellschaften Afrikas, Olten und Freiburg 1967

SILLER, P.: Ohne Feindschaft leben lernen. Zur Rolle christlicher Basisgemeinden in der Friedensbewegung, in: BasTa 3/1981, 5f

SKWERES, D.E.: Das Motiv der Strafgrunderfahrung in biblischen und neuassyrischen Texten, in: Biblische Zeitschrift, N.F. 14 (1970) 181-197

SMEND, R.: Zur Geschichte von *hamin*, in: B. Hartmann u. a. (Hg.), Hebräische Wortforschung. Festschrift Walter Baumgartner, Leiden 1967, 284-290

SMEND, R.: Jahwekrieg und Stämmebund. Erwägungen zur ältesten Geschichte Israels, Göttingen 2., durchgesehene und ergänzte Aufl. 1966

SMITHMANS, B.: Der Eid im alten und neuen Bund, in: W. Birkenmaier / O. Häberle / B. Smithmans / W. Kramny, Zum Thema Eid und Repression, Stuttgart 1970, 35-50

SMITTEN, W.T. i. d.: Einführung in die alttestamentliche Geschichte Israels, Bern/ Frankfurt/München 1976

SOGGIN, J.A.: Das Königtum in Israel, Ursprünge, Spannungen, Entwicklungen, Berlin 1967

SPAEMANN, H.: Armut – Gewaltlosigkeit – Friede (eine mir zufällig in die Hände gekommene Kopie einer Ausarbeitung für einen Vortrag oder eine Zeitschrift; möglicherweise mittlerweile veröffentlicht)

SPAEMANN, H.: Orientierung am Kind, Düsseldorf 1973

SPANNEUT, M. : La non-violence chez les peres africans avant Constantin, in : P. Granfield/J.A. Jungmann (Hg.), Kyriakon. Festschrift Johannes Quasten, Bd. 1, Münster 1970, 36-39

SPEIGL, J.: Der römische Staat und die Christen, Amsterdam 1970

SPIEGEL, E.: „Assur kann uns nicht retten ..." Theo-anthropologische Voraussetzungen der gewaltfreien sozialen Verteidigung, in: gewaltfreie aktion 18 (2./3./4. Quartal 1986) 18-22

SPIEGEL, E.: War Jesus gewalttätig? Bemerkungen zur Tempelreinigung, in: Theologie und Glaube 75 (1985) 239-247

SPIEGEL, E.: Pferd oder Gott. Anmerkungen zu den Begriffen Gewaltverzicht, Gewaltlosigkeit, Gewaltfreiheit, in: Bruder Franz 36 (1983) 70f

SPIEGEL, E.: Wege in die Gewaltfreiheit. Argumente – Materialien – Impulse, (unveröffentlichte) Bde 2 u. 3 (Diss.), Freiburg 1982

SPITTA, F.: Das Johannes-Evangelium als Quelle der Geschichte Jesu, Göttingen 1910

STAAB, K.: Das Evangelium nach Matthäus, Würzburg 1958

STÄHLI, M.J.: Reich Gottes und Revolution. Christliche Theologie und Praxis für die Armen dieser Welt. Die Theologie des Religiösen Sozialismus bei Leonhard Ragaz und die Theologie der Revolution in Lateinamerika, Hamburg-Bergstedt 1976

STAUFFER, E.: Christus und die Caesaren. Historische Skizzen, München/Hamburg 7., für die Taschenbuchausgabe erweiterte Aufl. 1966

STECK, O.H.: Friedensvorstellungen im alten Jerusalem, Zürich 1972

STECK, O.H.: Ist Gott grausam? Über Isaaks Opferung aus der Sicht des Alten Testaments, in: W. Böhme (Hg.), Ist Gott grausam? Eine Stellungnahme zu Tilmann Mosers „Gottesvergiftung", Stuttgart 1977, 75-95

STECK, O.H.: Rettung und Verstockung. Exegetische Bemerkung zu Jesaja 7,3-9, in: Evangelische Theologie 33 (1973) 77-90

STEGEMANN, W.: Das Evangelium und die Armen. Über den Ursprung der Theologie der Armen im Neuen Testament, München 1981

STEIGER, L.: Krieg und Frieden. Herkunft und Vergangenheit einer Unterscheidung, in: Evangelische Kommentare 3 (1970) 642-647

STEINER, A./WEYMANN V. (Hg.): Gleichnisse Jesu. Bibelarbeit in der Gemeinde. Themen und Materialien, Zürich/Köln/Basel 1979

STEINMÜLLER, W.: Hypothesen und Fragen zu einer katholischen Rechtsbegründung, in: A. HollerbachW. Maihofer/T. Würtenberger (Hg.), Mensch und Recht. Festschrift für Erik Wolf, Frankfurt 1972, 236-249

STENDEBACH, F.J.: Friede – was ist das? Überlegungen zu einem zentralen biblischen Begriff, in: Erwachsenenbildung, H. 3/1982, 181-189

STENDEBACH, F.J.: Rezension zu R. Schwager, Brauchen wir einen Sündenbock? Gewalt und Erlösung in den biblischen Schriften, München 1978, in: Bibel und Kirche 35 (1980) 76

STERNSTEIN, W.: Leiden als Tun, in: Junge Kirche 38 (1977) 184-189

STOEBE, H.J.: Die Bedeutung des Wortes *häsäd* im Alten Testament, in: Vetus Testamentum 2 (1952) 244-254

STOEBE, H.J.: Heilung und Glaube, in: Theologische Zeitschrift 24 (1968) 111-122

STOECKLE, B.: Handeln aus dem Glauben. Moraltheologie konkret, Freiburg/Basel/Wien 1977

STÖGER, A.: Das Evangelium nach Lukas, Bd. 1, Düsseldorf 1964

STOLZ, F.: Jahwes und Israels Kriege. Kriegstheorien und Kriegserfahrungen im Glauben des alten Israel, Zürich 1972

STUHLMACHER, P.: Historisch unangemessen, in: Evangelische Kommentare 5 (1972) 297-299

STUHLMACHER, P.: Der Begriff des Friedens im Neuen Testament und seine Konsequenzen, in: W. Huber (Hg.), Historische Beiträge zur Friedensforschung (Studien zur Friedensforschung, Bd. 4), Stuttgart/München 1970, 21-69

STRACHAN, R.H.: The Fourth Gospel. Its Significance and Environment, London 3. Aufl. 1943

STRATHMANN, H.: Das Evangelium nach Johannes, Göttingen 1963

STRATMANN, F.M.: Die Heiligen und der Staat, Bd. 1 (Jesus Christus), Frankfurt 1949

STROBEL, A.: Macht und Gewalt in der Botschaft des Neuen Testaments, in: H. Greifenstein (Hg.), Macht und Gewalt. Leitlinien lutherischer Theologie zur politischen Ethik heute. Erarbeitet von einem theologischen Ausschuß im Auftrag des Landeskirchenrates der Evangelisch-Lutherischen Kirche in Bayern, Hamburg 1978, 71-112

SWARTLEY, W.M.: Gebt dem Kaiser ... Die Kriegssteuerfrage im Neuen Testament (Reihe: Der Weg des Friedens, Nr. 17; eine Veröffentlichung des Deutschen Mennonitischen Friedenskomitees), Frankfurt o.J.

TASKER, R.V.G.: The Gospel According to St. John, London 1960

TAYLOR, G.R.: Das Experiment Glück. Entwürfe zu einer Neuordnung der Gesellschaft, Frankfurt 1978

TEMPLE, W.: Readings in St. John's Gospel, London 1945

TEUBNER, M.: Soziale Gesetzgebung in Israel und die kapitalistischen Auswüchse der Königszeit, in: Bibel und Kirche 36 (1981) 206-212

TEXTE DER KIRCHENVÄTER. Eine Auswahl nach Themen geordnet, zusammengestellt und hrsg. von A. Heilmann unter wissenschaftlicher Mitarbeit von H. Kraft, Bd. 3, München 1964

THEISSEN, G.: „Wir haben alles verlassen" (Mc. X. 28). Nachfolge und soziale Entwurzelung in der jüdisch-palästinischen Gesellschaft des 1. Jahrhunderts n. Chr., in: ders., Studien zur Soziologie des Urchristentums, Tübingen 1979, 196-141

THEISSEN, G.: Studien zur Soziologie des Urchristentums, Tübingen 1979

THEISSEN, G.: Die Tempelweissagung Jesu. Prophetie im Spannungsfeld von Stadt und Land, in: Theologische Zeitschrift 32 (1976) 144-158

THEOLOGISCHES WÖRTERBUCH ZUM NEUEN TESTAMENT, Bd. 6, hrsg. von G. Kittel, Stuttgart 1959, u. Bd. 10, hrsg. von G. Friedrich, Stuttgart/Berlin/Köln/Mainz 1979

THIEL, W.: Die soziale Entwicklung Israels in vorstaatlicher Zeit, Neukirchen-Vluyn 2., durchgesehene und ergänzte Aufl. 1985

THIELICKE, H.: Theologische Ethik, Bd. 1 (dogmatische, philosophische und kontroverstheologische Grundlegung), Tübingen 1951

THIELICKE, H.: Das Leben kann noch einmal beginnen. Ein Gang durch die Bergpredigt, Stuttgart (Taschenbuchausgabe) 1965

TÖDT, H.E.: Friedensforschung als Problem für Kirche und Theologie. Einführung in die „Studien zur Friedensforschung", in: Studien zur Friedensforschung, Bd. 1, hrsg. von G. Picht und H.E. Tödt, Stuttgart 1969, 7-72

TOLSTOI, L.: Über das Recht. Briefwechsel mit einem Juristen, Heidelberg/Leipzig 1910

TOLSTOI, L.: Das Reich Gottes ist inwendig in Euch oder Das Christentum als eine neue Lebensauffassung, nicht eine mystische Lehre, Lorch 1934

TOLSTOI, L.: Der Tod des Iwan Iljitsch, Stuttgart 1971

TOURNIER, P.: Vom Sinn unserer Krankheit, Freiburg/Basel/Wien 1979

TOYNBEE, A.J. (Hg.): Auf diesen Felsen. Das Christentum – Grundlagen und Weg zur Macht, Wien/München 1970

TRAUTMANN, M.: Zeichenhafte Handlungen Jesu. Ein Beitrag zur Frage nach dem geschichtlichen Jesus, Würzburg 1980

TRILLING, W.: Art. Armut, in: Handbuch theologischer Grundbegriffe, hrsg. von H. Fries, Bd. 1, München durchgesehene und ergänzte Ausgabe 1970, 126-130 (biblischer Teil)

TRILLING, W.: Die Botschaft Jesu. Exegetische Orientierungen, Freiburg/Basel/ Wien 1978

TRILLING, W.: Das Evangelium nach Matthäus, 1. Teil, Düsseldorf 1962

TRILLING, W.: Die Stellung der Frau im Neuen Testament, in: Theologisches Jahrbuch, Leipzig 1986,76-100

TRUMMER, P. (Hg.): Gedanken des Friedens, Graz 1982

TRUMMER, P.: Gewalt und Gewaltlosigkeit. Die Zeugnisse der Schrift und der Urkirche, in: Wort und Wahrheit 26 (1971) 504-517

TRUMMER, P.: Warum Gewaltlose selig sind. Exegetische Hinweise zum Verständnis von Mt 5,5, in: ders. (Hg.), Gedanken des Friedens, Graz 1982, 203-236

TRUMMER, P.: Gewaltloser Widerstand in neutestamentlicher Zeit und was daraus zu lernen ist, in: ders. (Hg.), Gedanken des Friedens, Graz 1982, 165-201

TSATSOS, T.: Zur Begründung des Widerstandsrechts, in: A. Kaufmann (Hg. in Verbindung mit L.E. Bachmann), Widerstandsrecht, Darmstadt 1972, 505-524

TYRELL, B.J.: Christotherapie. Selbsterfahrung und Heilung, Graz / Wien / Köln 1978

UBERTIN VON CASALE: Arbor Vitae Crucifixi Jesu, in: A. Dempf (Hg.), Der heilige Franziskus, Kempen 1949, 131-142

UDE, J.: Du sollst nicht töten!, Dornbirn 1948

UELLENBERG, G.: Die neue Freiheit (Mt 5,17-20, Lk 16,17), in: M. Müssle (Hg.), Die Humanität Jesu im Spiegel der Bergpredigt. Matthäus 5,13-7,29 und Lukas 6,27-49, München 1971, 21-32

DIE UNO-STUDIE: Kernwaffen, München 1982

UNTERGAßMAIR, F.G.: Zum Thema: Friede nach den Evangelien. Handreichung für Erwachsenenbildung, Religionsunterricht und Seelsorge, Paderborn 1983

UTTERS, E.: Fixpunkte. Betrachtungen zum Kirchenjahr, Düsseldorf 1981

VALENTIN, H. u. a.: Arbeitsmedizin. Ein kurzgefaßtes Lehrbuch für Ärzte und Studenten in 2 Bänden, Bd. 1 (Grundlagen für Prävention und Begutachtung), Stuttgart 1979

VATICANUM II: Erklärung über das Verhältnis der Kirche zu den nichtchristlichen Religionen (Nostra Aetate), in: K. Rahner / H. Vorgrimler, Kleines Konzilskompendium. Sämtliche Texte des Zweiten Vatikanums, Freiburg/Basel/ Wien 9. Aufl. 1974, 355-359

VATICANUM II: Lumen Gentium. Dogmatische Konstitution über die Kirche, in: K. Rahner/H. Vorgrimler, Kleines Konzilskompendium. Sämtliche Texte des Zweiten Vatikanums, Freiburg/Basel/Wien 9. Aufl. 1974, 123-197

VAUX, R. de: Das Alte Testament und seine Lebensordnung, Bd. 1 (Fortleben des Nomadentums. Gestalt des Familienlebens. Einrichtungen und Gesetze des Volkes), Freiburg/Basel/Wien 2., durchgesehene Aufl. 1964

VAUX, R. de: Das Alte Testament und seine Lebensordnungen, Bd. 2 (Heer und Kriegswesen. Die religiösen Lebensordnungen), Freiburg/Basel/Wien 2. Auflage 1966

VEIJOLA, T.: Das Königtum in der Beurteilung der deuteronomistischen Historiographie. Eine redaktionsgeschichtliche Untersuchung, Helsinki (Suomalinen Tiedeakatemia) 1977

VEITH, M.: Die Gottesfrage in einer nachtheistischen Zeit, in: Schönberger Hefte 6 (1976) 3-8

VERENO, M.: Karman. Betrachtungen zu einem Schlüsselbegriff des indischen Denkens, in: Kairos 23 (1981) 189-205

VERSCHIEDENE WEGE – EIN GOTT. Lapide zur neuen Enzyklika, in: Bonifatiusbote 93 (Nr. 6 v. 8.2.1981)

VÖGTLE, A.: Was ist Frieden? Orientierungshilfen aus dem Neuen Testament, Freiburg/Basel/Wien 1983

VÖGTLE, A.: Das Neue Testament und die Zukunft des Kosmos, Düsseldorf 1970

VÖLKL, R.: Frühchristliche Zeugnisse zu Wesen und Gestalt der christlichen Liebe, Freiburg 1963

VORLÄNDER, H.: Mein Gott. Die Vorstellungen vom persönlichen Gott im Alten Orient und im Alten Testament, Neukirchen-Vluyn 1975

WAGNER, F.: Zur theologischen Kritik der Gewalt. Ein Beitrag zum Verhältnis von dogmatischer und ethischer Urteilsbildung, in: Zeitschrift für Theologie und Kirche 78 (1981) 320-344

WAGNER, S.: Rezension zu N. Lohfink (Hg.), Gewalt und Gewaltlosigkeit im Alten Testament, Freiburg/Basel/Wien 1983, in: Theologische Literaturzeitung 110 (1985) 804-806

WALDMANN, M.: Die Feindesliebe in der antiken Welt und im Christentum, Wien 1902

WEBER, M.: Politik als Beruf, in: ders., Gesammelte politische Schriften, hrsg. von J. Winckelmann, Tübingen 2. Aufl. 1958, 493-548

WEBER-MÖCKL, A.: „Das Recht des Königs, der über euch herrschen will". Studien zu 1 Sam 8,11ff in der Literatur der frühen Neuzeit, Berlin/München 1986

WEDER, H.: Die Gleichnisse Jesu als Metaphern. Traditions- und redaktionsgeschichtliche Analysen, Göttingen 1978

WEILER, G.: Ich verwerfe im Lande die Kriege. Das verborgene Matriarchat im Alten Testament, München 1984

WEIMAR, P.: Die Meerwundererzählung. Eine redaktionskritische Analyse von Ex 13,17-14,31, Wiesbaden 1985

WEIMAR, P./ZENGER, E.: Exodus. Geschichte und Geschichten der Befreiung Israels. Stuttgart 1975

WEIPPERT, M.: „Heiliger Krieg" in Israel und Assyrien. Kritische Anmerkungen zu Gerhard von Rads Konzept des „Heiligen Krieges im alten Israel", in: Zeitschrift für die alttestamentliche Wissenschaft 84 (1972) 460-493

WEIPPERT, M.: Die Landnahme der israelitischen Stämme in der neueren wissenschaftlichen Diskussion. Ein kritischer Bericht, Göttingen 1967

WEISMANN, J.: Talion und öffentliche Strafe im Mosaischen Rechte, in: K. Koch (Hg.), Um das Prinzip der Vergeltung in Religion und Recht des Alten Testaments, Darmstadt 1972, 325-406

WEISS, B.: Die Evangelien des Markus und Lukas, Göttingen 9. Aufl. 1901

WELLHAUSEN, J.: Das Evangelium Johannis, Berlin 1908

WELTE, B.: Determination und Freiheit, Frankfurt 1969

WELTE, B.: Vom Sinn und Segen der Armut, in: M. v. Galli/M. Plate (Hg.), Kraft und Ohnmacht. Kirche und Glauben in der Erfahrung unserer Zeit, Frankfurt 1963, 227-243

WELTE, B.: Über das Wesen und den rechten Gebrauch der Macht. Eine philoso-phische Untersuchung und eine theologische These dazu, Freiburg 1960

WENZ, H.: Theologie des Reiches Gottes. Hat Jesus sich geirrt?, Hamburg 1975

WESTCOTT, B.F.: The Gospel to St. John. The Authorised Version with a new In-troduction by Adam Fox, London 1958

WESTERMANN, C.: Was ist Frieden – eine Anfrage an die Bibel, in: Mitteilungen, Nr. 10, Okt./1980, 4-8

WESTERMANN, C.: Der Frieden (Shalom) im Alten Testament, in: G. Picht/H.E. Tödt (Hg.), Studien zur Friedenforschung, Bd. 1, Stuttgart 1969, 144-147

WESTERMANN, C.: Lob und Klage in den Psalmen, Göttingen 5., erweiterte Auf-lage 1977

WESTERMANN, C.: Altes Testament, in: C. Westermann/G. Gloege, Tausend Jahre und ein Tag. Einführung in die Bibel, Stuttgart/Berlin (Sonderausgabe) 1977, 3-270

WESTERMANN, C.: Vergleiche und Gleichnisse im Alten Testament, Stuttgart 1984

WESTOW, T.: Wer ist mein Nächster?, Trier o.J.

WIEDERKEHR, C.: Perspektiven der Eschatologie, Zürich/Einsiedeln/Köln 1974

WIERSINGA, H.: Leid: Herausforderung des Lebens. Auseinandersetzung mit ei-ner Grundfrage, München 1982

WIKENHAUSER, A.: Das Evangelium nach Johannes, Regensburg 3. Aufl. 1961

WILDBERGER, H.: Art. Amn, in: Theologisches Handwörterbuch zum Alten Testa-ment, hrsg. von E. Jenni unter Mitarbeit von C. Westermann, Bd. 1, München/ Zürich 1971, Sp. 177-209

WILDBERGER, H.: „Glauben". Erwägungen zu hamin, in: B. Hartmann u. a. (Hg.), Hebräische Wortforschung. Festschrift Walter Baumgartner, Leiden 1967, 372-386

WILDBERGER, H.: „Glauben" im Alten Testament, in: Zeitschrift für Theologie und Kirche 65 (1968) 129-159

WILDBERGER, H.: Jesaja. I. Teilband: Jes 1.12, Neukirchen-Vluyn 1972

WILDBERGER, H.: Samuel und die Entstehung des israelitischen Königtums, in: Theologische Zeitschrift 13 (1957) 442-469

WILDMANN, G.: Die katholische Friedensdiskussion 1982-1984. Ein Literaturbe-richt, in: Theologisch- praktische Quartalschrift 133 (1985) 59-66

WILKENS, W.: Die Versuchungsgeschichte Luk. 4,1-13 und die Komposition des Evangeliums, in: Theologische Zeitschrift 30 (1974) 262-272

WILSON, A.: Das Abrüstungshandbuch. Analysen, Zusammenhänge, Hinter-gründe, Hamburg 1984

WIMMER, A. (Hg.): Die Menschenrechte in christlicher Sicht, Freiburg/Basel/Wien 1953

WINDENGREN, G.: Religionsphänomenologie, Berlin 1969

WINDISCH, H.: Der messianische Krieg und das Urchristentum, Tübingen 1909

WOLF, E.: Recht des Nächsten. Ein rechtstheologischer Entwurf, Frankfurt 1958

WOLFF, H.: Jesus als Psychotherapeut. Jesu Menschbehandlung als Modell mo-derner Psychotherapie, Stuttgart 1978

WOLFF, H.: Neuer Wein – Alte Schläuche. Das Identitätsproblem des Christentums im Lichte der Tiefenpsychologie, Stuttgart 1981

WOLFF, H.W.: Dodekapropheton 1. Hosea, Neukirchen-Vluyn 3., verbesserte Auflage 1976

WOLFF, H.W.: Frieden ohne Ende. Jesaja 7,1-17 und 9,1-6 ausgelegt, Neukirchen 1962

WOLFF, H.W.: „So sprach Jahwe zu mir, als die Hand mich packte". Was haben Propheten erfahren?, in: Theologie der Gegenwart 28 (1985) 77-86

WOLPERT, W.: Die Liebe zum Nächsten, zum Feind und zum Sünder, in: Theologie und Glaube 74 (1984) 262-282

WORT DER DEUTSCHEN BISCHOFSKONFERENZ ZUM FRIEDEN „Gerechtigkeit schafft Frieden", hrsg. vom Sekretariat der Deutschen Bischofskonferenz (Reihe: Hirtenschreiben der deutschen Bischöfe Nr. 34), Bonn 1983

WÜRTHWEIN, E.: Gott und Mensch im Dialog und Gottesreden des Buches Hiob, Tübingen 1938 (masch. Habil.)

WÜRTHWEIN, E.: Wort und Existenz. Studien zum Alten Testament, Göttingen 1970

WURZ, E.: Das Mütterliche in Gott, in: Una Sancta 32 (1972) 261-272

YODER, J.H.: The Politics of Jesus. Vicit Agnus Noster, Grand Rapids (Michigan, USA) 1972; jetzt auch deutsch: J.H. Yoder, Die Politik Jesu – der Weg des Kreuzes, Maxdorf 1981

ZAHN, G.C.: Er folgte seinem Gewissen. Das einsame Zeugnis des Franz Jägerstätter, Graz/Wien/Köln 1979 (unveränderter Nachdruck der im Jahre 1967 erschienenen Ausgabe)

ZAHRNT, H.: Stammt Gott vom Menschen ab?, Zürich/Einsiedeln/Köln 2. Auflage 1980

ZEFFIRELLI, F.: Jesus von Nazareth (Film)

ZENETTI, L.: Texte der Zuversicht. Für den einzelnen und die Gemeinde, München 1972

ZENGER, E.: Das Buch Exodus, Düsseldorf 1977

ZENGER, E.: Der Gott der Bibel. Sachbuch zu den Anfängen des alttestamentlichen Gottesglaubens, Stuttgart 1979

ZENGER, E.: Jesus von Nazareth und die messianischen Hoffnungen des alttestamentlichen Israel, in: W. Kasper (Hg.), Christologische Schwerpunkte, Düsseldorf 1980, 37-67

ZENGER, E.: Rezension zu R. Schwager, Brauchen wir einen Sündenbock? Gewalt und Erlösung in den biblischen Schriften, München 1978, in: Theologischer Literaturdienst 11 (1979) 49f

ZIEGLER, A.W.: Entwicklungstendenzen der frühchristlichen Staatslehre, in: P. Granfield / J.A. Jungmann (Hg.), Kyriakon. Festschrift für Johannes Quasten, Bd. 1, Münster 1970, 40-58

ZIEGLER, A.: Hinweise zur moraltheologischen Frage der Gewaltanwendung. Prolegomena zu einem aktuellen Problem, in: J. Pfammatter / F. Fuger (Hg.), Theologische Berichte I. Zürich/Einsiedeln/Köln 1972, 285-370

ZIMMERLI, W.: Grundriß der alttestamentlichen Theologie, Stuttgart/Berlin/Köln/ Mainz 3., neu durchgesehene Auflage 1978

ZIMMERLI, W.: 1. Mose 12-25: Abraham, Zürich 1976

ZINK, J.: Wie übt man Frieden? Über den Umgang mit dem Bösen und die Liebe zum Feind, Stuttgart/Berlin 1982

DIE ZWÖLFAPOSTELLEHRE. Eine urchristliche Gemeindeordnung, aus dem Griechischen übertragen, eingeleitet und erklärt von L. A. Winterswyl, Freiburg 2. Auflage 1954

Bibelstellenregister

Adolf von Harnack
Militia Christi

Die christliche Religion und der Soldatenstand
in den ersten drei Jahrhunderten.
Mit einem einleitenden Essay von Franz Segbers

edition pace | Regal: Pazifismus der frühen Kirche 1
Herausgegeben von Peter Bürger
(ISBN: 978-3-7597-6020-3; Paperback; 180 Seiten; 9,99 €)

1905 veröffentlichte der protestantische Gelehrte Adolf von Harnack
(1851-1930) seine jetzt als Neuedition vorgelegte Spezialstudie *„Militia
Christi"* mit dem Untertitel: „Die christliche Religion und der Soldatenstand in den ersten drei Jahrhunderten". Darin, so resümiert Herbert
Koch, „führte Harnack den Nachweis, dass es für die Christen bis zum
Ende des 2. Jahrhunderts eine Selbstverständlichkeit war, keinen Dienst
im römischen Heer zu leisten. Ein Problem entstand erst, als es mit fort-
schreitender Ausbreitung des Christentums auch Soldaten gab, die getauft werden wollten. Dies wurde dann zugestanden, aber nur unter
Auflagen, etwa der, die Beteiligung an Hinrichtungen (tötender Gewalt)
zu verweigern. Eine Studie wie diese hatte es bis dahin nie gegeben."

Der Anhang dieser Neuausgabe enthält noch das „Soldatenkapitel" aus
dem Werk „Mission und Ausbreitung des Christentums" (1902/1906)
sowie „Anmerkungen" zu Harnacks unrühmlicher Rolle als Staatsdie-
ner während des Ersten Weltkriegs. – Franz Segbers beleuchtet in seinem einleitenden Essay den Pazifismus der frühen Christenheit als „unzeitgemäße Erinnerung zur Zeitenwende": „Wie die Theologen der Alten Kirche in den vorkonstantinischen Jahrhunderten für ihre Zeit des
Imperium Romanum eine kontextuelle Theologie der Gewaltfreiheit
entworfen haben, ist es auch den Theologen und Theologinnen im 21.
Jahrhundert aufgegeben, den Zusammenhang von Kapitalismus, Mili-
tarisierung und Rückkehr des Krieges als Kontext ihrer Theologie zu re-
flektieren."

Thomas Gerhards
Pazifismus und Kriegsdienstverweigerung in der frühen Kirche

Eine Quellensammlung. – Mit einer Einleitung von Konrad Lübbert.
Neuedition der sechsten, überarbeiteten Auflage von 1991.

edition pace | *Regal: Pazifismus der frühen Kirche* 2
Herausgegeben von Peter Bürger
(ISBN: 978-3-7693-2108-1; Paperback; 108 Seiten; 6,99 €)

Die hier ohne Änderungen erneut edierte Quellensammlung „Pazifismus und Kriegsdienstverweigerung in der frühen Kirche" kursierte 1984 als ‚Geheimtipp' unter friedensbewegten Christenmenschen und wurde dann aufgrund der starken Nachfrage bis 1991 vom deutschen Zweig des Internationalen Versöhnungsbundes in sechs Auflagen verbreitet, versehen mit einem Vorwort von Konrad Lübbert.

Im einleitenden Teil erläuterte der Bearbeiter Thomas Gerhards vor vier Jahrzehnten seine Intention: „Eine der großen Fragen, mit denen ich mein Studium der Theologie begann, lautete: Wie kommt es, dass Christen, denen Jesus die völlige Gewaltlosigkeit vorlebte …, nicht klarer gegen das immer erschreckendere Wettrüsten Stellung beziehen? Müsste seine Kirche die Haltung Jesu nicht deutlicher herausstellen? Ist, angesichts der heutigen Situation, die Kriegsdienstverweigerung für eine/n Christin/en nicht die notwendige Konsequenz? Ich entdeckte, dass die frühe Kirche viel entschlossener die gewaltlose Botschaft Jesu zu leben suchte. Aus zweijähriger Beschäftigung mit dem Thema erwuchs diese Quellensammlung, da ich immer wieder feststellte, wie … unzureichend das Wissen um die Haltung der frühen Christen zu Krieg und Kriegsdienst war. – Die Dokumente aus den ersten drei Jahrhunderten des Christentums sind zu bedeutsam, als dass man sie – wie die herrschende Kirchenhistorie – mit wenigen Sätzen abtun und dann zum ‚gerechten Krieg' übergehen kann."

edition pace

Begründet von Thomas Nauerth & Peter Bürger

John Dear
EIN MENSCH DES FRIEDENS UND DER GEWALTFREIHEIT WERDEN
Ausgewählte Aufsätze und Reden.
Norderstedt: BoD 2018 – ISBN: 978-3-7460-8898-3

Heinrich Missalla
„GOTT MIT UNS"
Die deutsche katholische Kriegspredigt 1914-1918.
Norderstedt: BoD 2018 – ISBN: 978-3-7528-1568-9

Christian Weisner / Friedhelm Meyer / Peter Bürger (Hg.)
„GEDENKT DER HEILIGSPRECHUNG VON OSCAR ROMERO
DURCH DIE ARMEN DIESER ERDE"
Dokumentation des Ökumenischen Aufrufes zum 1. Mai 2011.
Norderstedt: BoD 2018 – ISBN: 978-3-7460-7979-0

Reinhard J. Voß
DIE KATHOLISCHE KIRCHE IN DER DR KONGO
IM KONTEXT VON GESELLSCHAFT UND ÖKUMENE.
Norderstedt: BoD 2019 – ISBN: 978-3-7481-4482-3

Matthias-W. Engelke
ZELT DER FRIEDENSMACHER
Die christliche Gemeinde in Friedenstheologie und Friedensethik.
Norderstedt: BoD 2019 – ISBN: 978-3-7494-3645-3

IM SOLD DER SCHLÄCHTER
Texte zur Militärseelsorge im Hitlerkrieg
Hg. von R. Schmid, Th. Nauerth, M.-W. Engelke, P. Bürger.
Norderstedt: BoD 2019 – ISBN: 978-3-7481-0172-7

John Dear
GEWALTFREI LEBEN
Aus dem Englischen von Ingrid von Heiseler,
herausgegeben von Thomas Nauerth.
Norderstedt: BoD 2019 – ISBN: 978-3-7494-5179-1

DIE SEELEN RÜSTEN
Zur Kritik der staatskirchlichen Militärseelsorge
Hg. von R. Schmid, Th. Nauerth, M.-W. Engelke, P. Bürger.
Norderstedt: BoD 2019 – ISBN: 978-3-7494-6804-1

Peter Bürger
OSCAR ROMERO, DIE SYNODALE KIRCHE UND ABGRÜNDE DES KLERIKALISMUS
Zum 40. Todestag des Lebenszeugen aus El Salvador.
Norderstedt: BoD 2020 – ISBN: 978-3-7504-9377-3

Ullrich Hahn
VOM LASSEN DER GEWALT
Thesen, Texte, Theorien zu Gewaltfreiem Handeln heute.
Hg. von Annette Nauerth & Thomas Nauerth.
Norderstedt: BoD 2020 – ISBN: 978-3-7519-4442-7

Wilhelm Wille
SIE SAGEN FRIEDE, FRIEDE … Zwanzig Jahre Forum Friedensethik
in der Evangelischen Landeskirche in Baden (FFE).
Norderstedt: BoD 2020 – ISBN: 978-3-7526-2956-9

Thomas Nauerth /
Ökumenisches Institut für Friedenstheologie (Hg.)
WAS IST FRIEDENSTHEOLOGIE ? EIN LESEBUCH.
Norderstedt: BoD 2020 – ISBN: 978-3-7526-4444-9

George Pattery S.J.
GANDHI ALS GLAUBENDER. Eine indisch-christliche Sichtweise.
Aus dem Englischen von Ingrid von Heiseler.
Herausgegeben von Klaus Hagedorn & Thomas Nauerth.
Norderstedt: BoD 2021 – ISBN: 978-3-7557-0056-2

Ulrich Frey
AUF DEM WEG DER GERECHTIGKEIT UND DES FRIEDENS
Texte aus drei Jahrzehnten. Herausgegeben von Gottfried Orth.
Norderstedt: BoD 2022 – ISBN: 978-3-7543-8569-2

Thomas Nauerth / Annette M. Stroß (Hg.)
IN DEN SPIEGEL SCHAUEN
Friedenswissenschaftliche Perspektiven für das 21. Jahrhundert.
Ein Lesebuch mit Texten von Egon Spiegel.
Norderstedt: BoD 2022 – ISBN: 978-3-7562-2081-6

Jochen Vollmer
„FRIEDENSKIRCHE WERDEN – ANKOMMEN IM
POSTKONSTANTINISCHEN ZEITALTER"
Friedenstheologische Beiträge zur Entgiftung von Kirche und Glauben.
In Zusammenarbeit mit dem OekIF, hg. von Matthias-W. Engelke.
Norderstedt: BoD 2023 – ISBN: 978-3-7583-0420-0

Gottfried Orth (Hg.)
… DASS GERECHTIGKEIT UND FRIEDEN SICH KÜSSEN
Helmut Gollwitzer (1908-1993).
Norderstedt: BoD 2024 – ISBN: 978-3-7583-7214-8

Alfred Hermann Fried
GESCHICHTE DER FRIEDENSBEWEGUNG
Eine Darstellung zum Pazifismus bis 1912.
(Regal: Geschichte der Friedensbewegung 1)
Norderstedt: BoD 2024 – ISBN 978-3-7597-0334-7

Ludwig Quidde
ÜBER MILITARISMUS UND PAZIFISMUS
Vier friedensbewegte Texte aus den Jahren 1893-1926.
(Regal: Geschichte der Friedensbewegung 2)
Norderstedt: BoD 2024 – ISBN 978-3-7597-0320-0

Richard Barkeley
DIE DEUTSCHE FRIEDENSBEWEGUNG 1870-1933
Unveränderter Text der Darstellung von 1947 – Bibliographie.
(Regal: Geschichte der Friedensbewegung 3)
Norderstedt: BoD 2024 – ISBN 978-3-7597-0405-4

Eberhard Bürger
FRIEDENSBEWEGUNGEN IN DER ÖKUMENE
UM DIE ZEIT DES ERSTEN WELTKRIEGS – EIN ÜBERBLICK
(Regal: Geschichte der Friedensbewegung 4)
Norderstedt: BoD 2024 – ISBN 978-3-7597-0660-7

Dieter Riesenberger
DIE KATHOLISCHE FRIEDENSBEWEGUNG IN DER WEIMARER REPUBLIK
Neuedition der Auflage von 1976. – Mit einem Vorwort von Walter Dirks
und einem Nachruf für Dieter Riesenberger von Helmut Donat.
(Regal: Geschichte der Friedensbewegung 5)
Norderstedt: BoD 2024 – ISBN 978-3-7597-0649-2

David Low Dodge
K<small>RIEG IST MIT DER</small> R<small>ELIGION</small> J<small>ESU</small> C<small>HRISTI UNVEREINBAR</small>
Eine pazifistische Pionierschrift aus dem Jahr 1812,
mit einer Einführung von Edwin D. Mead –
aus dem Englischen von Ingrid von Heiseler.
(Regal: Geschichte der Friedensbewegung 6)
Norderstedt: BoD 2024 – ISBN: 978-3-7597-3038-1

Erasmus von Rotterdam
A<small>LLE MÜSSEN DEN</small> K<small>RIEG VERLÄSTERN</small>
„Die Klage des Friedens" 1517, übersetzt von Rudolf Liechtenhan –
mit einem Vorwort von Eugen Drewermann.
Norderstedt: BoD 2024 – ISBN: 978-3-7583-8178-2

Johann von Bloch
D<small>IE WAHRSCHEINLICHEN POLITISCHEN UND WIRTSCHAFTLICHEN</small>
F<small>OLGEN EINES</small> K<small>RIEGES ZWISCHEN</small> G<small>ROSSMÄCHTEN</small>
Neuedition der Übersetzung von 1901 mit Begleittexten
von B. Friedberg, Manfred Sapper und Jürgen Scheffran
(Regal: Pazifisten & Antimilitaristen aus jüdischen Familien 1)
Norderstedt: BoD 2024 – ISBN: 978-3-7597-2313-0

Rudolf Goldscheid
M<small>ENSCHENÖKONOMIE</small>, W<small>ELTKRIEG UND</small> W<small>ELTFRIEDEN</small>
Ausgewählte Schriften 1912 – 1926
(Regal: Pazifisten & Antimilitaristen aus jüdischen Familien 2)
Norderstedt: BoD 2024 – ISBN: 978-3-7597-7885-7

Moritz Adler
W<small>ENN DU DEN</small> F<small>RIEDEN WILLST, BEREITE</small> F<small>RIEDEN VOR</small>
Texte wider den Krieg 1868 – 1899
(Regal: Pazifisten & Antimilitaristen aus jüdischen Familien 3)
Norderstedt: BoD 2024 – ISBN: 978-3-7597-9450-5

Eduard Loewenthal
D<small>ER</small> K<small>RIEG IST ABZUSCHAFFEN</small>
Friedensbewegte Schriften für das Europa
der Völker und einen Weltstaatenbund, 1870 – 1912
(Regal: Pazifisten & Antimilitaristen aus jüdischen Familien 4)
Norderstedt: BoD 2024 – ISBN: 978-3-7583-5069-6

Eduard Bernstein
DER FRIEDE IST DAS KOSTBARSTE GUT
Schriften zum Ersten Weltkrieg. Mit einem Essay von Helmut Donat.
Herausgegeben von Peter Bürger.
(Regal: Pazifisten & Antimilitaristen aus jüdischen Familien, 5)
Norderstedt: BoD 2024 – ISBN: 978-3-7693-1268-3

Adolf von Harnack
MILITIA CHRISTI
Die christliche Religion und der Soldatenstand
in den ersten drei Jahrhunderten.
Mit einem einleitenden Essay von Franz Segbers.
(Regal: Pazifismus der frühen Kirche 1)
Norderstedt: BoD 2024 – ISBN: 978-3-7597-6020-3

Thomas Gerhards
PAZIFISMUS UND KRIEGSDIENSTVERWEIGERUNG IN DER FRÜHEN KIRCHE
Eine Quellensammlung. – Mit einer Einleitung von Konrad Lübbert.
Neuedition der sechsten, überarbeiteten Auflage von 1991.
(Regal: Pazifismus der frühen Kirche 2)
Norderstedt: BoD 2024 – ISBN: 978-3-7693-2108-1

Egon Spiegel
GEWALTVERZICHT
Grundlagen einer biblischen Friedenstheologie.
Neuedition nach der Zweiten Auflage 1989.
(Regal: Pazifismus der frühen Kirche 3)
ISBN: 978-3-7693-2404-4

edition pace

Die hier fortgesetzte *edition pace*,
initiiert von Thomas Nauerth und Peter Bürger,
erschließt Quellentexte, Inspirationen & Forschungsbeiträge
zu folgenden Themenschwerpunkten:

Kultur der Gewaltfreiheit und des Friedens;
Persönlichkeiten, Spiritualität und Praxis
des gewaltfreien Widerstands;
Friedenstheologie, Kritik der Kriegsreligion;
Kirchliche Friedenslehren und Geschichte des
religiös motivierten Pazifismus;
Ökumenische und interreligiöse Lernprozesse
in der Bewegung für Gerechtigkeit, Frieden und
Bewahrung der Schöpfung.

Ergänzend:
Regal zur Geschichte der Friedensbewegung.

Regal: Pazifisten & Antimilitaristen
aus jüdischen Familien.

Buchausgaben:
https://buchshop.bod.de/
(Suchfunktion ǀ Eingabe: *edition pace*)